都江堰

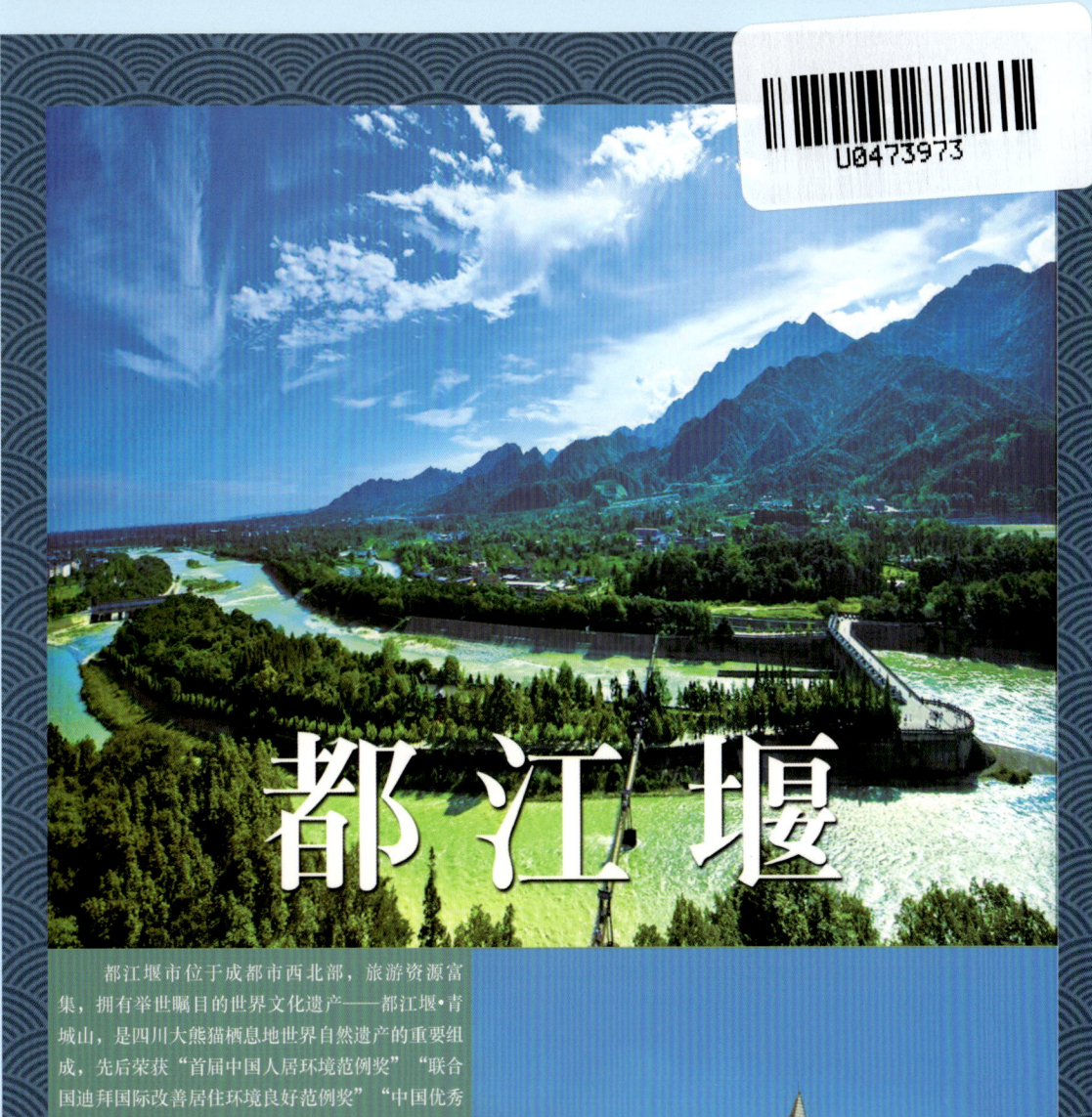

　　都江堰市位于成都市西北部，旅游资源富集，拥有举世瞩目的世界文化遗产——都江堰·青城山，是四川大熊猫栖息地世界自然遗产的重要组成，先后荣获"首届中国人居环境范例奖""联合国迪拜国际改善居住环境良好范例奖""中国优秀旅游城市""国家级重点风景名胜区""国家级历史文化名城""国家级生态示范区""国家园林城市"等殊荣。正在积极创建全国全域旅游示范市，倾力推进国际旅游名城建设。

318

四川快捷叁壹捌汽车旅馆投资管理有限公司

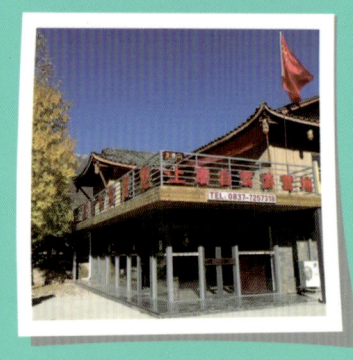

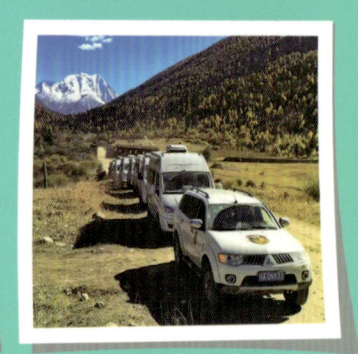

　　四川快捷叁壹捌汽车旅馆投资管理有限公司（以下简称叁壹捌公司）是旅游新业态下的创新企业，是国家旅游局目前大力推动的自驾车房车营地产业中极具影响力的先锋品牌企业。

　　叁壹捌公司在以318景观大道为主轴的旅游线路上，率先建立了以涵盖房车露营地、汽车落地自驾租赁、异地还车、旅游规划为新业态的自驾游营地连锁体系。目前共建设营地26个（其中已开业运营16个），并计划在五年内完成自建营地200个、发展加盟营地300个的目标。

　　未来，叁壹捌公司将携手港中旅集团，与自驾游产业上、下游供应商多方面合作，依托四川省自然风光，大力发展中国西部自驾游营地建设，五年内完成"318旅游+互联网"产业融合，为进一步推动全域旅游发展、旅游脱贫作出应有的贡献。

地址：成都市高新区天府大道530号东方希望天祥广场1幢1706室
网址：www.318h.com
电话：028-85538217　传真：028-61362318
邮箱：hotel318@126.com

世界遗产地 荔波
地球绿宝石 欢迎您
WELCOME TO LIBO

荔波位于贵州省南部，全县总面积2431.8平方公里，总人口18万人，其中少数民族占总人口的92%，主要有布依族、水族、苗族、瑶族，是中共一大代表邓恩铭烈士的故乡。

荔波山清水秀，气候宜人，旅游资源十分丰富。1996年加入联合国教科文组织"人与生物圈"保护网络。2007年，荔波以其绝无仅有的喀斯特森林系统及其生物多样性成为中国第六个、贵州第一个世界自然遗产地，2015年成为国家AAAAA级景区，国家级卫生县城。县境内拥有国家级樟江风景名胜区、茂兰国家级自然保护区、瑶山古寨景区四季花海景区赛娥布依风情湾、水葩原生水寨等知名景区景点。

荔波是一块神奇多彩的土地，中国南方喀斯特地貌造就的自然美景令人迷不思返，少数民族沉淀的大山文化与独特的风情让人激动不已，人与自然和谐在这方水土上得到了最生动的诠释，生态旅游、民族旅游在这里得到最完美的体验。

2015年9月探险家贝尔·格里尔斯在荔波拍摄亚洲首档大型自然探索类纪实真人秀《跟着贝尔去冒险》，在世界自然遗产地完成了亚洲首秀。

小七孔景区

赛娥布依风情湾

《跟着贝尔去冒险》拍摄地

茂兰景区

中国南方喀斯特峰丛核心区

荔波宣传官方微信二维码

荔波旅游官方微信二维码

旅游咨询　0854-3619810
　　　　　　　0854-3610651

网址　www.libo.gov.cn　www.liboly.com

- 中国至美休闲乡村
- 全国生态文化村
- 中国历史文化名村
- 江苏太湖三山岛国家湿地公园
- 中国传统村落
- 国家AAAAA级旅游景区
- 全国农业旅游示范点
- 中国低碳旅游示范地
- 国家特色景观旅游名村
- 江苏苏州太湖国家地质公园
- 中国乡村旅游模范村

苏州太湖三山岛

——鸟儿向往，人类圆梦的地方

网址：www.ssdly.com.cn

新浪微博：苏州太湖三山岛景区　　http://weibo.com/suzhoussd

醉美遵义 世界遗产

——茶乡湄潭、国酒茅台、丹青赤水、醉美公路，带您鉴国酒之髓、赏河谷之美、看古镇之绝、观丹霞之伟、近瀑布之美！

河谷骑行之旅

——遵义 / 土城古镇 / 佛光岩 / 复兴驿站 / 风溪驿站 / 丙安古镇 / 河谷公路 / 茅台驿站

赤水河谷旅游公路似一条红飘带镶嵌在赤水河上，使赤水河更加神秘而光彩！南至仁怀茅台镇，北至赤水市中心，沿河而下，茅台酒、习酒、怀酒、董酒、郎酒等酒厂依山而建；沿河而下，世界上最大的摩崖石刻汉字——美酒河映入眼帘；沿河而下，世界醉美骑行公路让您欲罢不能！沿河而下，国酒茅台、世界自然遗产地、非物质文化遗产、中国历史文化名村等邀您静赏。

双遗产旅游线

——遵义 / 海龙囤 / 赤水大瀑布 / 燕子岩国家森林公园 / 丹霞展示中心 / 佛光岩

羁縻之制，以夷制夷，播州之乱，土司遗址——海龙囤见证了中国少数民族政策由羁縻之制到土司制度再到"改土归流"的演变，见证了杨氏家族统领下播州的辉煌与覆灭。中国最红、最绿、最美的地方——赤水，坐落于贵州省西北部的一座小城市，因赤水河绕城而过而得名。丹山碧水、翠林飞瀑，1300平方公里的青年早期丹霞地貌，色如渥丹、灿若明霞。

（参见455页）

最 | 美 | 之 | 旅

江西 清婺景

"清婺景·最美之旅"集结了世界最美的山——三清山、中国最美的乡村——婺源和最美的瓷窑——景德镇古窑这三个世界级旅游景区，不仅地域相邻、文化相融、资源互补，而且处在京福高铁沿线，旅游产品优势突出，是江西最具代表性的特色旅游资源，是江西旅游品质最好、资源价值最高的旅游线路。

"清婺景·最美之旅"萌芽于2014年年底，三清山、婺源、景德镇古窑三家5A级景区根据国内旅游市场走势，结合景区地域和资源优势，借助传统旅行社和新兴媒体的力量，以远端市场、新兴市场、海外市场为突破点，通过品牌包装，活动策划，一经推出引起了市场强烈反响，受到了旅游业界和游客的极大关注。

"清婺景·最美之旅"旅游线路处在江西旅游黄金线路上，景区车程在1小时范围内，有理由相信，占据"天时、地利、人和"的"清婺景"，将会成为国内外炙手可热的热门旅游线路，成为江西跨区域旅游合作的高地，成为继"昆大丽"之外的又一条区域旅游合作的示范线路。

三清山

▲ 游客眼里：终结我对山的所有想象

小学开始看武侠小说，对江湖世界里的奇山险峰，有很多想象！走过许多地方，也见过很多山，往往失落，很是遗憾：所见到的山，往往平淡无奇，和我心中想象的，拔地而起，直耸入云的山，相去甚远！而三清山几乎满足了我对山的所有想象，"三清天下秀"当之无愧。

婺源

◀ 游客眼里：中国最美的乡村

油菜花中有江南，油菜花中有徽韵。有江岭梯田的如链似带、层层叠叠，高低错落的油菜花海；有掩映在粉红的桃花、洁白的梨花与白墙黛瓦间的村落花海；有透着清新的泥土气息、诗画般的田园花海，宛如世外桃源。

景德镇古窑

▶ 游客眼里：最美的瓷窑

景德镇千年不熄的窑火闪烁着中华文明之光，"白如玉，明如镜，薄如纸，声如磬"的瓷器蜚声海内外。景德镇陶瓷艺术是中国文化宝库中的重要财富。到景德镇，你不得不去参观一下景德镇古窑，被国内外专家和陶瓷爱好者称为"活的陶瓷博物馆"。

联系电话：0793-2189189 2407066

（参见327页）

中国·温州 雁荡山欢迎您！

荡起想象
天下奇秀雁荡山

雁荡山精品线路推荐

▶ 线路一：户外登山游
D1：从灵峰景区的朝阳洞口拾级而上，体验幽、深、奇、险的雁荡山之美，登顶后远眺东海，感受独特的山海奇观。下午从灵岩景区入口翻山至方洞景区，沿途小径曲幽，鸟语花香，感受雁荡独有的山林美景。晚上住雁荡山别具小资情调的民宿，深度体验当地的人文风情。

D2：早餐后登山至雁荡山得名之处——雁湖景区，感受"岗顶有湖，芦苇丛生，结草为荡，秋雁宿之"的诗意雁荡山，晚上露营雁湖顶，欣赏纯净的星空之美。

D3：早起观看"雁湖日出"，后下山，结束愉快的登山之旅！

▶ 线路二：地质科普游
雁荡山形成于1.28亿年前的白垩纪时期，历经数次火山喷发，在景区里随处都能看到火山喷发后留下的痕迹。让我们在雁荡展开一场地质科普之旅吧！

D1：早上游灵峰景区（朝阳嶂、天冠峰、观音洞、北斗洞、古洞）；三折瀑景区（中折瀑火山口喷发遗址）。下午游灵岩景区（小龙湫两旁崖壁、屏霞嶂、龙鼻洞等）；

D2：早上大龙湫景区（剪刀峰、沿途流纹岩、球泡岩）；方洞景区（观音峰、地质考察点——金腰带）。下午参观雁荡山地质博物馆，馆内观看模拟火山喷发，了解雁荡山地质成因。下午适时返回，结束愉快旅程！！

▶ 线路三：经典"三绝"游
D1：早上游览中国四大名瀑之一——【大龙湫】；为"雁荡三绝"之一，一道势不可挡的瀑布飞泻而下，坠入197米深的峡谷，仪态万千，气势不凡；下午游览被誉为雁荡山之明庭——【灵岩·小龙湫】"雄壮浑庞，莫若灵岩"，天柱之雄伟，展旗之阔大，天窗之幽异；晚餐后夜游山峰变幻多姿的剪影——【灵峰夜景】"日景耐看，夜景销魂"，每当夜幕降临时山峰都披上神秘的盛装，惟妙惟肖，如入仙境一般，朦胧美妙不可言。

D2：早上游"雁荡山东大门、雁荡山第一洞天"——【灵峰日景】风景以峰、洞、岩石、泉、门、嶂称胜，奇峰怪石、悬崖叠嶂、奇峰环绕、千形万状、美不胜收；下午适时返回，结束愉快旅程！！

温州市雁荡山风景旅游管理委员会 0577-62178888
地址：浙江省乐清市雁荡镇雁荡山路88号 / http://www.wzyds.com

（参见298页）

秦岭北麓，动物乐园
——西北首家野生动物园

终南山下，动物乐园，曲径通幽之处，兽鸣鸟语之境——西安秦岭野生动物园（Xi'an QinLing Wildlife Park）。

西安秦岭野生动物园是西北五省首家、动物种类及存栏数最多、最具影响力的野生动物园，更是唯一选址于我国中央国家山脉秦岭山脉浅山地带的动物园，其得天独厚的区位、气候、林区等条件，均为大熊猫、朱鹮、金丝猴、羚牛这"秦岭四宝"提供了最接近其野生条件的生活环境，目前展养动物共300余种、10000余头（只）。

作为国家AAAA级旅游景区，全国野生动物保护科普教育基地，全国"青年文明号"单位，陕西省和西安市青少年教育基地，中国动物园协会副会长单位，西安秦岭野生动物园占地2600余亩，并拥有全国最大的生态草原放养区，其间覆盖上万株平均树龄200余年的珍稀板栗古树。

动物为根本、创新为枝干、体验为叶片、品质为花果，西安秦岭野生动物园常年举办各具特色的各类主题活动，周周有活动，月月有亮点，季季有变化，年年有颠覆，特别是每年的7、8两月暑期，以连续举办4年的"动物探索学院"青少年品质夏令营和"夏季嘉年华"系列暑期欢乐游园产品为代表的丰富多彩、别出心裁的体验内容及项目，也一一呈现给广大游客。

山不在高，有仙则名，水不在深，有龙则灵，秦岭野生动物园独特的区位和地理条件、丰富的动物资源、别具匠心的经营理念及模式，使其自成一派，脚踏实地地立于中国动物园之林，深受广大游客，尤其是青少年群体的青睐和追逐，2015年游客接待量已突破150万人次，位列陕西省AAAA级以上景区三甲。

西安秦岭野生动物园位于西安市正南28公里处，关中环线子午-沣峪段核心区，毗邻终南山世界地质公园多个核心景区，交通便利，提供5000多个自驾车位，停放无忧，周边住宿、餐饮配套齐全，静谧安心。

景区地址：西安市长安区滦镇
自驾线路：经包茂高速(西安市长安大道或子午大道)至环山路可达
旅游热线：029-85670000

西安旅游集团

（参见495页）

国家中央公园
西安秦岭终南山世界地质公园

　　西安秦岭终南山世界地质公园，以秦岭造山带地质遗迹、人文宗教遗存、峡谷山涧水体景观、第四纪冰川地质地貌遗迹等为特色。由翠华山山崩地貌区、南五台佛教文化区、朱雀冰晶顶韧性剪切带与构造混合岩化区、太平深谷流水景观带等多个各具特色又互相联系的区域组成。

　　公园地处中国南北大陆板块碰撞拼合的主体部位，是中国南北天然的地质、地理、生态、气候、环境乃至人文的分界线，有"中国天然动物园"、"亚洲天然植物园"之称。2009年8月，秦岭终南山地质公园被联合国教科文组织批准加入世界地质公园网络，戴上了"世界级"桂冠，成为我国西北地区首个世界地质公园。

　　独特的地质背景，造就了中国东部最高的山峰与广阔富饶的渭水盆地。从距今约132.7万年前的旧石器时代，终南山脚下就有古人类在此繁衍生息，这里滋养出华夏文明，是人类与自然和谐共处最有代表性的地带，是中国诗词文化、佛道宗派、造园艺术的发源地，是中华民族历史文化的缩影。

山 崩奇观 翠华山

西安秦岭终南山世界地质公园核心景区翠华山地处秦岭北麓，位于西安市长安区太乙镇，距市区20公里，主峰终南山海拔2604米。翠华山以秀美的湖光山色、罕见的山崩地貌而著称，素有"终南独秀"、"中国地质地貌博物馆"的美誉。集山、石、洞、水、林、庙等景观为一体，为国家4A级景区、首批国家地质公园、国家森林公园、世界地质公园、国家水利风景区、中国驰名商标、全国青少年活动基地、中国最美的十大地质公园、"醉美陕西"品牌景区、生态文明教育基地。

景区地址：西安市长安区太乙宫镇
自驾线路：西安绕城—包茂高速（西柞段）太乙宫口下向南或子午大道、长安大道沿环山旅游线向东
旅游热线：029-85892176

终 南佛国 南五台

南五台风景名胜区，位于陕西西安长安区子午镇东8公里，距西安约30公里，山形拔峭，风景秀美。为终南山支脉。南五台风景名胜区，群山起伏，自古为佛教名山与皇家避暑之地，其内森林景观优美，植物种类繁多，森林季节变化丰富，四季景色各异。景区内圣寿寺塔建于隋代，方形七层，高23米。据传，大雁塔曾仿此塔而建，为西安现存最早的佛塔。

景区地址：西安市长安区五台街办
自驾线路：西安绕城—包茂高速（西柞段）太乙宫口下向西或子午大道、长安大道沿环山旅游线向东
旅游热线：029-85949234

秦 岭明珠 冰缘遗迹

朱雀国家森林公园位于秦岭涝峪，地处华夏龙脉、秦岭之巅，万顷森林腹地。海拔3015的第四纪冰缘地貌与原始森林相嵌相拥，气势恢宏，壮观无比，行走在秦岭第二高峰的"山脊环线"上，辽阔的秦岭山顶风光一览无余。另外，秦岭首家青少年儿童营地，先后吸引了国内外数万名青少年儿童走进秦岭、以华夏龙脉秦岭为课堂，领略秦岭风光、探索自然奥秘。

景区地址：西安·秦岭·涝峪   自驾线路：西安—西汉高速—朱雀出口
旅游热线：029-84970888

紫 荆花海 流瀑景观

太平国家森林公园位于秦岭太平峪，园内有石门、黄羊坝、月宫潭、秦岭梁、桦林湾五大景区近百个景点，自然山水独特，园内10余处瀑布组成了罕见的瀑布群。这些瀑布从海拔1800米处的彩虹瀑布顺流而下，沿途经龙口瀑布、烟霞瀑布、仙鹤桥瀑布等，落差高达1000余米。不仅如此，公园独特的气候孕育了秦岭独有的繁花景观，每年4月，紫荆花春开如潮、漫山遍野，因此被游客称为"鲜花与瀑布的世界"。

景区地址：西安·秦岭·太平峪   自驾线路：西安—沣峪口转盘向西—太平峪口
旅游热线：029-84959806

（参见495页）

苏州西部生态旅游度假区

Suzhou Eco-Town 苏州西部生态城

苏州太湖国家湿地公园

> 苏州西部生态旅游度假区，位于高新区西部的太湖之滨，规划总面积19平方公里，坐拥苏绣之乡——镇湖，自然环境优美，人文底蕴深厚，区内绿化覆盖率达70%，是太湖沿岸养生、休闲、旅游、度假的理想之地。

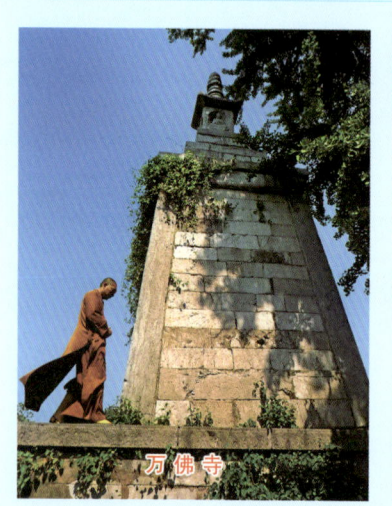

万佛寺　　中国刺绣艺术馆　　刺绣　　贡山夕阳

（参见273页）

太湖一号房车露营公园

西京湾花田区　　　　新盛茶园

▶ 作为高新区首个省级旅游度假区，苏州西部生态旅游度假区旅游资源丰富。区内有融原生态人文自然保护、休闲观光旅游、科普教育及吴文化展示于一体的国家4A级旅游景区——苏州太湖国家湿地公园，有集苏绣生产、展示、销售、观光、交流于一体的绣品街与中国刺绣艺术馆组成的国家4A级旅游景区——中国刺绣艺术馆景区。沿太湖25公里岸线有自然岛屿——大、小贡山，马山游客咨询服务中心，太湖大堤创意文化闸站，省级自驾游基地——太湖一号房车露营公园等时尚、生态、休闲旅游景点。承办国家一类赛事的杵山生态公园已经成为集生态环保湿地、娱乐休闲旅游、国际专业垂钓等功能于一体的生态型主题公园。在占地3805亩，总投资10亿元的苏州最大现代农业项目——西京湾生态农场中，融合了西京国际马会、裸心泊、新盛茶园、翠湖雅居、上山岛居、花田区、玫瑰园等众多现代生态休闲旅游业态。此外，原始村落——三洋村、千年古寺——万佛寺等人文古迹和苏绣、玉雕、缂丝、仿明清家具、雕件、仿古青铜器、香山古建、檀香宫扇、织绣类服装服饰等民间传统工艺，均独具匠心，蜚声海内外。

赏湖光山色，品锦绣人生。欢迎您来到苏州西部生态旅游度假区，享受触手可及的惬意。

上山岛居　　　杵山生态公园　　　杵山生态公园

欢迎您来到苏州西部生态旅游度假区，享受触手可及的惬意！

苏州西部生态城　中国刺绣艺术馆　苏州太湖国家湿地公园　太湖一号房车露营公园　杵山生态园二维码　西京湾微信二维码

9

迪庆州旅游集团
DiQingZhouLvYouJiTuan

◀ 香格里拉 白水台 「华泉台地，东巴之源」

白水台占地面积3平方公里，属温带气候，降雨较多，年平均气温为11.4℃。这里是中国纳西民族文化的发祥地之一。据考证，白水台最初是作为神祇来敬奉的。相传纳西族东巴教的第一圣祖丁巴什罗从西藏学习佛经回来，途经白水台被其美景吸引，留下来设坛传教，因此是纳西族东巴教徒的神圣之地。附近纳西族的民居、服饰和工艺品也很有特色。

景点特色：白水台有"仙人遗田"的美称。步临台地，但见白水台层层叠叠，宛若片片斜月散落人间，又似纳西少女的银饰，叠饰成无数的银环，朝晕夕照，银光散射给人以抛金削玉般的清新。

小贴士：白水台距离县城100公里，香格里拉周天上午和下午各有一班发往三坝乡的大客车，票价16元，4小时可到，上午的车终点在白水台，下午的车终点在哈巴村。也可坐出租车前往，往返约200元/天。

旅游咨询电话：0887-8806982

◀ 香格里拉 虎跳峡 「长江第一峡」

香格里拉虎跳峡位于香格里拉县虎跳峡镇，距离香格里拉市105公里，距丽江市60公里，是国家级AAAA级旅游景区，虎跳峡景区包括上、中、下虎跳峡和高路徒步线，其中：上虎跳峡是整个景区的核心部分；虎跳峡徒步线被誉为"世界十大经典徒步线之一"，主要由高路徒步线和中虎跳徒步线两大部分组成

旅游咨询电话：0887-8806982

官方微信二维码

公司网站：http://www.chinashangri-la.cn/

◀ 香格里拉 滇金丝猴国家公园　「云南骄子，雪山精灵」

响古箐素有"灵灵家园""云南省白茫雪山国家级生态保护区"之美称，是滇金丝猴和许多珍稀物种最后的栖息地——萨玛阁原始林地的重要组成部分。这里风光集险、奇、秀、美于一体，还可以在野外观看到滇金丝猴，是维西县原始生态和植被保存最完好的地方之一，维西塔城滇金丝猴国家公园是迪庆香格里拉旅游集原始生态、新石器遗址、宗教朝拜圣地、滇金丝猴乐园、多民族风情为一体的国家公园。

旅游咨询电话：0887-8756223

香巴拉时轮坛城　「一馆阅遍藏历千年」▶

本着弘扬和展示藏文化的宗旨，以展现和谐美丽的"香巴拉"净土，打造世界的香巴拉文化体验为目的，于2015年7月基本建成并对外开放。

集香客颂经朝拜、文物研究保护、精品陈列展览、文化宣传教育等功能为一体的文博中心，重点陈列着时轮坛城、时轮金刚、唐卡、藏医药《四部医典》、法器、藏族古兵器、服饰以及众多的佛、护法神的塑、画像等。其中，时轮坛城于2015年3月12日通过吉尼斯认证，被评为世界室内最大的坛城，并于5月28日由十一世班禅大师赐名"香巴拉时轮坛城"；2015年6月21日展出了1699幅唐卡，获吉尼斯世界单次展出最多纪录；时轮金刚和藏医药《四部医典》曼唐则被列入中国大世界基尼斯记录。

旅游咨询电话：0887-8286868

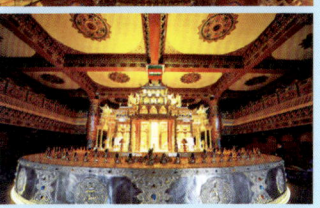

▼ 香格里拉 民俗诗画

20世纪30年代，英国作家詹姆斯·希尔顿在小说《消失的地平线》里描写了一个叫香格里拉的中国西南藏区，立体的地貌、多种气候带使这里成为一片七彩的乐土，这里有世界上最美的金字塔般的雪山，有神奇险峻的高山峡谷，还有原始森林、草甸花海、高山湖泊、珍稀动物，金碧辉煌的寺庙……这里生活着以藏民族为主体的多种民族。在这片乐土上，各民族和睦相处，多元文化和谐共存。由于香格里拉反映了世人对理想家园的共同向往，掀起了半个多世纪持久不衰的寻找香格里拉的热潮。20世纪90年代，世人把寻找香格里拉的目光投向中国云南迪庆，无数来到香格里拉的人们欢呼雀跃"我找到香格里拉了！"

香格里拉是一个什么样的地方，能如此长久地吸引人们的目光，打动世人的心扉？本剧通过歌舞向您展示这片神奇美丽的人间乐土，这人与自然和谐的家园，这多元文化交相辉映的水乳大地。

旅游咨询电话：0887-8227499

（参见130页）

遵交旅集团

中国酱酒文化精品旅游线
——遵义 / 茅台 / 国酒文化城 /1915 广场 / 茅台 / 美酒河摩崖石刻 / 赤水国家级风景名胜区。

酱酒,尤以国酒茅台为优胜者,素有"川盐走贵州,秦商聚茅台"的说法,1915 年茅台酒在巴拿马万国博览会上荣获金奖,一碎成名!赤水河又称美酒河,茅台酒厂临河而建,特有酿造工艺,胜有赤水河水、独有空气气候让酱酒文化世人皆知!顺河而下,那一弯绿、一弯红浮现在眼前,中国最红、最绿、最美的地方——赤水,正靠在赤水河边远远地向我们招手。品国酒之精髓、赏瀑布之秀丽、观丹霞之壮美!醉美之路静等您的到来!

中国瀑布城之旅
——赤水国家级风景名胜区 / 四洞沟 / 丹霞展示中心 / 中国侏罗纪公园 / 佛光岩 / 赤水大瀑布 / 丙安古镇。

赤水——中国最红、最绿、最美的地方!在 1852 平方公里的行政区划面积中,3 米以上的瀑布就有 4000 余挂,是名副其实的千瀑之市!赤水最为壮美的瀑布当属赤水大瀑布,这挂高 76 米、宽 80 米的自然之作,被誉为长江水系第一瀑、中国丹霞第一瀑!一挂甘沟之水连接 27 级梯级瀑布带您感受大自然的鬼斧神工!万竹之园、小家碧玉、没有败笔的风景名胜区——四洞沟带您体验瀑布的静谧之美!

遵义茶海、竹海房车之旅
——遵义 / 湄潭 / 赤水 / 赤水大瀑布 / 张家湾房车露营地 / 赤水河谷旅游公路 / 竹海国家森林公园 / 土城古镇 / 茅台驿站

邀三五好友或同家人一起,驾一辆房车,来遵义慢游赤水河谷。品"湄潭翠芽""遵义红""贵州针""湄江翠片",触赤水河谷旅游公路 12 驿站地域风情,观延绵不绝赤水竹海之浩瀚。体验赤水河谷房车旅游新篇章,绿荫竹林、蔚蓝天空、纯净河谷、明艳丹霞带您走进遵义新旅游!

赤水河谷漂流旅游线

——赤水国家级风景名胜区 / 赤水大瀑布景区 / 大同古镇 / 四洞沟 / 赤水河谷旅游公路。

赤水——因赤水河绕城而过而得名，又因中国工农红军四渡赤水而扬名。在赤水，冒险与勇闯同在。赤水，海拔1500多米落差，3米以上的瀑布就有4000多挂，天生就是漂流竞技的好场地。赤水大瀑布漂流，以其独特的雄、险吸引无数的倾慕者，伴着瀑布之水，就着红色的砂砾岩，绕过无数的天然崩积体，给您带来不一样的漂流新体验！

侏罗纪之旅

——遵义 / 赤水 / 佛光岩 / 中国侏罗纪公园 / 赤水大瀑布 / 燕子岩国家级森林公园。

赤水——我国唯一以行政区划名命名的国际级风景名胜区，这里，山丹如霞，水碧成画！这里，天佑福泽，人美如花！赤水最绿，绿在原始秘境，古地理环境的活化石——桫椤成片成群！130平方公里的桫椤面积，孕育出了双头桫椤，三头桫椤等奇观景象。15万多株与恐龙同生共荣的桫椤在这里竞相争艳，这里，被誉为"濒危生物的栖息地和避难所"，是贵州首个"国家级生态市"。中国侏罗纪公园，位于赤水国家级桫椤自然保护区内的缓冲区，在这里，那叶如凤尾，冠如巨伞的美丽植物随处可见。在这里，绿色植被与红色丹霞相映成趣！这里，是可以放松心情，尽情深呼吸的养生天堂！

红色遵义旅游线

——遵义 / 土城古镇、四渡赤水纪念馆 / 佛光岩 / 丹霞展示中心 / 赤水大瀑布 / 四洞沟 / 遵义会址。

遵义——"转折之城，会议之都"！1935年，中国共产党在遵义召开了"遵义会议"，成为党生死攸关的转折点。党结束"左"倾错误思想，肯定毛泽东正确的军事主张，挽救了处于死亡边缘的中国共产党！四渡赤水出奇兵，在面对几十万国民党军队的包围下，纵横驰骋、辗转回旋于赤水河，最终彻底粉碎反动派企图围歼红军于川黔滇边境的狂妄计划，赤水河也蒙上了一帘传奇的色彩！沿赤水河而下，红色的印记越发地明显，丹霞之冠、红色圣地——赤水城因红军四渡赤水而扬名。佛光岩的那一抹红，犹如佛光万丈，神秘而庄重；佛光岩的那一抹红，犹如红军精神，伟岸而挺立；佛光岩的那一抹红，犹如阳光普照，明亮而温暖。临河而建吊脚楼、明清时代青石板、单纯古朴简生活。屹立在红色鳌基石上的木质吊脚楼，明清建筑与历史的活化石，千年军商古城堡——丙安古镇，让您感受在都市快节奏中难得的慢生活！

（参见455页）

涪陵旅游

两江福地 神奇涪陵

畅游涪陵微信公众号

重庆市涪陵区，位于长江上游、三峡库区腹心、重庆市中部，踞长江与乌江交汇处，历来是长江上游的重要港口和乌江流域的物资集散地，素有"巴国故都""乌江门户""榨菜之乡"之美誉，现属重庆五大功能分区之城市发展新区。涪陵历史悠久，人文丰厚。春秋战国时期，巴国曾在此建都，是历史记载和民间传说中的比翼鸟的故乡；"水下碑林"白鹤梁被誉为世界第一古代水文站；北岩点易洞为程朱理学发祥地之一，北宋理学家程颐曾在此讲学注《易》；涪陵是中国榨菜的原产地，涪陵榨菜居"世界三大腌菜"之列，享誉中外。承天地造化、两江浸润，更得益于当代涪陵人的精心装扮，涪陵展现出江城特有的魅力和风采。2001 年，美国著名作家彼得·海斯勒以其在涪陵的生活为背景创作出版了《江城》一书，江城涪陵，美名远播，成为中外游人的向往之地。

涪陵是长江上游重要的旅游目的地，是国际大都市重庆的一张名片。她拥有武陵山大裂谷、白鹤梁水下博物馆、涪陵 816 地下核工程等世界级的旅游景区，还拥有武陵山旅游度假区、武陵山国家森林公园、大木花谷·林下花园等避暑养生赏花胜地，更拥有一大批引人流连忘返的乡村美景，未来还将推出 1898 涪陵榨菜文化小镇、涪陵点易园、特色古镇等景区。涪陵是一座迅速崛起的旅游城市，它以神奇而独特的魅力感召天下客人。走进涪陵，品味江城，乃人生之快事也！

重庆市涪陵区精品旅游线路推荐

一、"武陵山大裂谷 +"二日游

交通线路：重庆主城——经 G50s 沿江高速——至涪陵南下道右转——沿 319 国道涪陵至白涛街道——过建峰乌江大桥——至武陵山旅游度假区。

游览点：武陵山大裂谷＋任一景点（武陵山国家森林公园、大木花谷·林下花园景区、816 地下核工程）。

二、武陵山大裂谷、白鹤梁水下博物馆一日游

交通线路：重庆主城——经 G50s 沿江高速——至涪陵南下道左转——沿 319 国道至涪陵城区白鹤梁水下博物馆——沿 319 国道涪陵至白涛街道——过建峰乌江大桥——至武陵山旅游度假区

游览点：武陵山大裂谷、白鹤梁水下博物馆。

白鹤梁水下博物馆　　武陵山国家森林公园　　大木花谷·林下花园　　816地下核工程

武陵山大裂谷旅游景区位于重庆市涪陵区城东南约45公里的武陵山乡境内，是国家4A级旅游景区，目前，正全面创建5A级旅游景区。武陵山大裂谷以地球上古老的"伤痕"——剧烈地壳运动所致绝壁裂缝称奇，有着"中国动感峡谷"美誉。景区处处分布着奇观异景：靠亿万年地质运动形成的铜墙铁壁、抬头仅见一线天光的地缝霞光、地缝凌空中的峡谷栈道等独具特色的景点。山峰、台地、沟谷高低错落，层次丰富，海拔从600米到1980米，山势奇峻多姿，极具壮观之美。

白鹤梁水下博物馆被誉为"世界第一古代水文站"，是国家4A级旅游景区，它成为国内外同类文化遗产成功保护的首例，是目前世界上唯一建成的水下博物馆，联合国教科文组织将其誉为"世界首座非潜水可到达的水下遗址博物馆"。

武陵山国家森林公园位于重庆市涪陵区城东南约55公里的大木乡境内，是国家4A级旅游景区，有独具特色的鸟巢宾馆，五星级标准的禅修别墅，是春季赏花、夏季避暑、秋季观景、冬季赏雪之绝佳胜地，森林公园已成为距重庆主城最近、负氧离子含量最高的休闲避暑、度假养生天堂。

大木花谷·林下花园位于重庆市涪陵区大木乡，是国家4A级旅游景区，距涪陵城区57公里，平均海拔1000米，被誉为重庆第一高山花乡，号称中国的"普罗旺斯"。林下花园是一座森林花园，是目前国内最大的耐阴花卉观赏园，充分利用松树林、山坡及岩石间的空地种植不同花期上千个品种的耐阴花卉，营造出四季各异的林下花卉景观。

816地下核工程位于重庆市涪陵区白涛街道，被誉为"世界第一大人工洞体"，是三线建设时期1100多个大中型项目中的典型代表和超级工程之一。其壮观程度让人叹为观止，其命运让人感怀时代洪流，参观者无不感受到强烈的视觉和心灵冲击。

服务电话：023-72280210　　官方网站：www.flta.gov.cn

武陵山大裂谷——铜墙铁壁

（参见430页）

全国重点镇　全国文明镇　中国历史文化名镇　国家AAAA级旅游景区

洛带古镇

洛带古镇位于四川省成都市东郊"中国国际桃花节"主办地龙泉驿区，距成都市区16公里，是全国重点镇、全国文明镇、中国历史文化名镇、国家4A级旅游景区。洛带古镇历史文化底蕴深厚，相传三国时成街，后"湖广填四川"成为内陆客家人集居地，是名副其实的千年古镇和西部客家第一镇，又被世人称为"世界的洛带、永远的客家"。古镇景区历史遗存众多、客家文化保存完好、文化艺术氛围浓郁、生态旅游环境优美。近年来，洛带古镇文化旅游产业发展迅速，年游客接待已达600万人次，旅游总收入达12亿元以上。随着文化旅游和产业的不断发展，未来的洛带将成为一个"望得见山、看得见水、记得住乡愁"的美丽地方。

联系电话:028-88493892　　官网http://www.luodai.gov.cn

（参见437页）

黄果树旅游区

> 黄果树风景名胜区是中国第一批国家重点风景名胜区，景区内以黄果树大瀑布（高77.8米，宽101.0米）为中心，分布着雄、奇、险、秀风格各异的大小十余个瀑布，形成一个庞大的瀑布"家族"。并已被大世界基尼斯总部评为世界上最大的瀑布群，列入世界基尼斯纪录。
>
> 龙宫风景名胜区也是中国国家级的风景名胜区，景区以溶洞、洞穴、瀑布为主体。因与黄果树风景区毗邻，名瀑加上名洞，风景资源的互相补充，让两个景区也一直串联成贵州的一条黄金旅游线路。
>
> 而在屯堡文化风景名胜区，则聚居着一支与众不同的汉族群体"屯堡人"，他们的语言、服饰、民居建筑及娱乐方式至今仍沿袭着600年前明代的文化习俗，堪称明代历史的"活化石"。
>
> 黄果树是贵州地标性旅游景区，龙宫景区造化神奇，走进屯堡又能让人瞬间穿越600年。三大景区的整合，就像"珍珠"串成了"项链"，也让安顺成为旅游体制机制改革的先行者，推进旅游资源整合和全域抱团发展。
>
> 2016年8月13日安顺市黄果树旅游区管理机构正式挂牌成立，黄果树、龙宫和大屯堡三大景区正式实现了一体化规划、建设、管理、营销和发展，安顺旅游业大格局、大融合、大发展的时代已经到来。

(参见450页)

厦门 鼓浪屿

不登日光岩，不算到厦门

鼓浪屿，海上明珠，岛上四季鲜花竞开，海岸曲折逶迤，岩石起伏有致，各式建筑错落点缀，深巷琴音隐约，享有"海上花园""钢琴之岛""万国建筑博览""中国最美城区"等诸多美誉。郑成功、弘一法师、鲁迅、马约翰、林语堂、林巧稚等众多名人在此留下身影。时间的风雨锤洗，赋予了鼓浪屿中西文化交会、自然景观与人文景观交融的深厚内涵。日光岩、菽庄花园、皓月园以及风琴博物馆、国际刻字艺术馆是岛上固有核心景点。

日光岩，又称龙头山，是鼓浪屿的最高峰。日光岩顶部有一直径40多米的巨石凌空屹立，浑然天成，为厦门的象征。登峰俯瞰，厦鼓风光一览无遗。民族英雄郑成功收复台湾时，曾屯兵于此，现尚存水操台、龙头山寨门等古迹，山上历代摩崖题刻甚多，每一个摩崖题刻有着各自不同的故事与传说。坐落山麓的日光岩寺始建于明代，广有信众，闻名遐迩。弘一法师曾在此闭关八个月抄写经文。琴园有英雄园、殷承宗音乐人生展室等游览点。日光岩是厦门最主要的旅游景区。俗话说得好："不登日光岩，不算到厦门。"

菽庄花园坐落在鼓浪屿港屿仔后沙滩。园主原为我国台湾富商林尔嘉，又名叔臧，花园即以他的名字的谐音而命名，庭院以静为主，静中生趣，楼台亭榭不一其形，迤桥低栏，形若游龙，极天山海之致，复有岩洞之幽。后山的听涛轩，建立了"中国唯一，世界一流"的鼓浪屿钢琴博物馆，馆内有不少古钢琴是难得一见的稀世珍品。

皓月园位于鼓浪屿东南端，依山傍海，是中国仅有的一座为纪念民族英雄郑成功而建造的雕塑公园。郑成功纪念碑廊、皇帝殿等以及郑成功巨型石雕和青铜群合称"皓月雄风"。园中的休闲度假别墅令人流连忘返。

鼓浪屿风琴博物馆设于鼓浪屿地标性建筑八卦楼内，是世界一流、中国唯一的专门展示古风琴的博物馆，展出的藏品有来自英国、德国、美国、澳大利亚等国家的管风琴、簧片风琴、手风琴、口风琴等种类多样的古风琴珍品。馆内所陈列展览的风琴均由旅澳华人胡友义先生捐建，人们在这里不仅可以看到管风琴的外形和内部结构，还能定期欣赏到管风琴庄严圣洁的演奏。

鼓浪屿国际刻字艺术馆是国内首家现代刻字艺术馆，馆内共珍藏并展示了中国、日本、韩国、新加坡、马来西亚五个国家的数百件作品，代表了国际、国内最高现代刻字艺术水准。

微信号：厦门市鼓浪屿游览区管理处　网站：http://www.glyylq.com
官方微博：@天风海涛鼓浪屿　旅游咨询电话：0592-2060777　票务咨询电话：0592-2060444

微信二维码

（参见323页）

吉林·敦化

六 鼎 山

如来敦化　大德吉祥

　　吉林省敦化六鼎山文化旅游区位于敦化市南郊，是国家5A级旅游景区、吉林省第一家文化旅游区、东北亚旅游黄金大通道的重要节点和旅游目的地，拥有佛教文化、渤海文化、清始祖文化和生态文化，景区内有唐渤海国最早的王室贵族墓葬群、全国重点文物保护单位——六顶山古墓群；世界最大的满族祭祀祠堂——清祖祠；世界最高的释迦牟尼青铜坐佛——金鼎大佛；世界知名尼众道场——正觉寺；国内顶级的宗教文化展示中心——佛教文化艺术馆；这里是长白山腹地，天然的森林氧吧、避暑胜地，湿地群、六顶山、云龙山、圣莲湖、吉祥花海等构成了自然生态的天堂、修心养身的净土，现已成为吉林省乃至东北亚地区无可替代的复合型文化景观，堪称"文化圣境 度假天堂"。

六鼎山文化旅游区门票价格：80元。
六鼎山文化旅游区观光车票价格：10元。
营业时间：冬季7:30--16:30 夏季7:30--17:00
公交车：1、一客运站乘8路公交车到终点站
　　　　2、火车站乘2路公交车到"兴旺阳光城站"下车，路对面倒乘8路公交车到终点站
出租车：从市区到六鼎山文化旅游区车费约15-20元。
自驾游：敦化高速路口下，走G201到华康大街，行至南环路与敖东大街交汇处，左转至六鼎山路直行。

网　站：http://www.jindingdafo.com
咨询电话：0433-6688330　0433-6688222
E-mail：1805157870@qq.com
Q Q：1805157870

20　　　　　　　　　　（参见226页）

镜泊湖

镜泊湖风景区距牡丹江市80千米，是由镜泊湖晚期火山群历经五次喷发，熔岩流阻塞牡丹江古河道而形成的世界第一大火山堰塞湖。规划总面积1726平方千米。风景资源由百里长湖景区、火山地质景区和渤海古国景区三部分组成。

1982年被国务院首批审定为国家重点风景名胜区；2006年被联合国教科文组织批准为世界地质公园；2010年被全国旅游景区质量等级评定委员会评为国家AAAAA级旅游景区；2011年享有"唐长城"之誉的镜泊湖边墙被列入中国长城世界文化遗产名录。

吃

镜泊湖美食
镜泊湖鱼类纯天然、无污染。盛产鲤鱼、鲫鱼、大白鱼、红尾鱼等40余种，鱼品营养丰富、鲜嫩味美，用鱼的各个部位煎、炒、蒸、炸、烤、炖均可，菜品达120多种。

朝鲜美食
朝鲜美食清淡不油腻，朝鲜民俗村地道的朝鲜美食深受人们的喜爱。

绿色无污染山野菜
镜泊湖山野菜品种繁多、营养丰富，无污染，具有浓郁鲜味。蕨菜、刺嫩芽、松茸蘑、猴头、四叶菜等深受游客喜爱。

住

镜泊湖宾馆
镜泊湖宾馆位于景区核心区域的镜泊山庄码头，四星级标准，客房85间，床位近150张，可同时容纳350人就餐，是集商务中心、多功能厅、卡拉OK、茶艺厅，商务会议为一体的综合型宾馆。
预订电话：0453-6270091

元首楼
镜泊湖宾馆元首楼由两栋高档别墅组成，拥有各式客房27间，其中总统套房1间，部长套房2间及豪华标间12间、单间10间、套房2间；风格各异的大小餐厅5个，可以同时容纳近300人就餐，并设有商务中心。

路线介绍

1 镜泊湖之旅一日游

行程
出发：牡丹江乘车前往镜泊湖风景名胜区（80KM 车程约1小时）
上午：游览吊水楼瀑布、抗联园、渤海风情园、红罗女文化园、奇径碑林
下午：乘船游湖赏湖上八景、刘少奇木屋、刘少奇钓鱼台、药师古刹、毛公山瞻仰台

吊水楼瀑布　奇径碑林　宁罗女文化园　山庄码头　药师古刹

2 镜泊湖之旅一日游

行程
出发：牡丹江乘车前往火山口地下森林公园（130KM 车程约2.5小时）
上午：游览地下森林四号火山口、观望齐天亭、鸳鸯池等景点
下午：吊水楼瀑布、抗联园、渤海风情园、红罗女文化园、渤海鞨鞠绣、奇径碑林，结束愉快的行程。

齐天亭　镜泊湖游船　鸳鸯池　镜泊湖俯瞰图 　跳水表演 　雄狮岩洞

行

牡丹江-镜泊湖班车

发车地点	发车时间	到达地点	到达时间
牡丹江客运站	13:20 14:20	镜泊湖南门	15:30 16:20
镜泊湖南门	6:00 8:00	牡丹江客运站	8:00 10:00
牡丹江客运站	11:25	镜泊湖北门	13:25
镜泊湖北门	6:30	牡丹江客运站	8:30
火车站西广场（镜泊湖一日游）	7:00	镜泊湖北门	9:00

一日游预订报名热线：0453-6911196/6939909/6912256
客运订票：0453-6238650

火车

从北京出发：北京站，24小时，空调快速 牡丹江站
从大连出发：大连火车站，19小时，牡丹江站
从沈阳出发：沈阳北火车站，12小时，牡丹江站
从长春出发：长春火车站，7小时46分，牡丹江站
铁路问事处：0453-8823772

高速公路

北京—镜泊湖：北京-京沈高速-沈阳-沈吉高速-长春-哈尔滨-绥满高速-牡丹江-鹤大高速-镜泊湖
上海—镜泊湖：沪宁高速-福姚高速-济庁高速-宁亳高速-同三高速-秦沈高速-哈大高速-哈尔滨-牡丹江-镜泊湖
哈尔滨—镜泊湖：哈尔滨高速直达，全程约4个小时。您也可以乘车至牡丹江陆路中心，约需要2.5小时。

飞机

从北京出发：首都机场，2小时，牡丹江海浪机场
从上海出发：虹桥机场，3小时，牡丹江海浪机场
从广州出发：白云国际机场，5小时，牡丹江海浪机场
从深圳出发：宝安国际机场，5小时35分，牡丹江海浪机场
从南京出发：禄口国际机场，4小时，牡丹江海浪机场
从天津出发：滨海国际机场，4小时10分，牡丹江海浪机场
从青岛出发：流亭国际机场，4小时10分，牡丹江海浪机场
从威海出发：威海国际机场，4小时10分，牡丹江海浪机场
从烟台出发：蓬山国际机场，5小时，牡丹江海浪机场
从大连出发：大连国际机场，4小时10分，牡丹江海浪机场
从哈尔滨出发：太平国际机场，1小时40分，牡丹江海浪机场
民航订票：0453-6939627/6939909

官方微信二维码　镜泊湖管委会二维码

（参见244页）

亲情沂蒙 长寿仙山

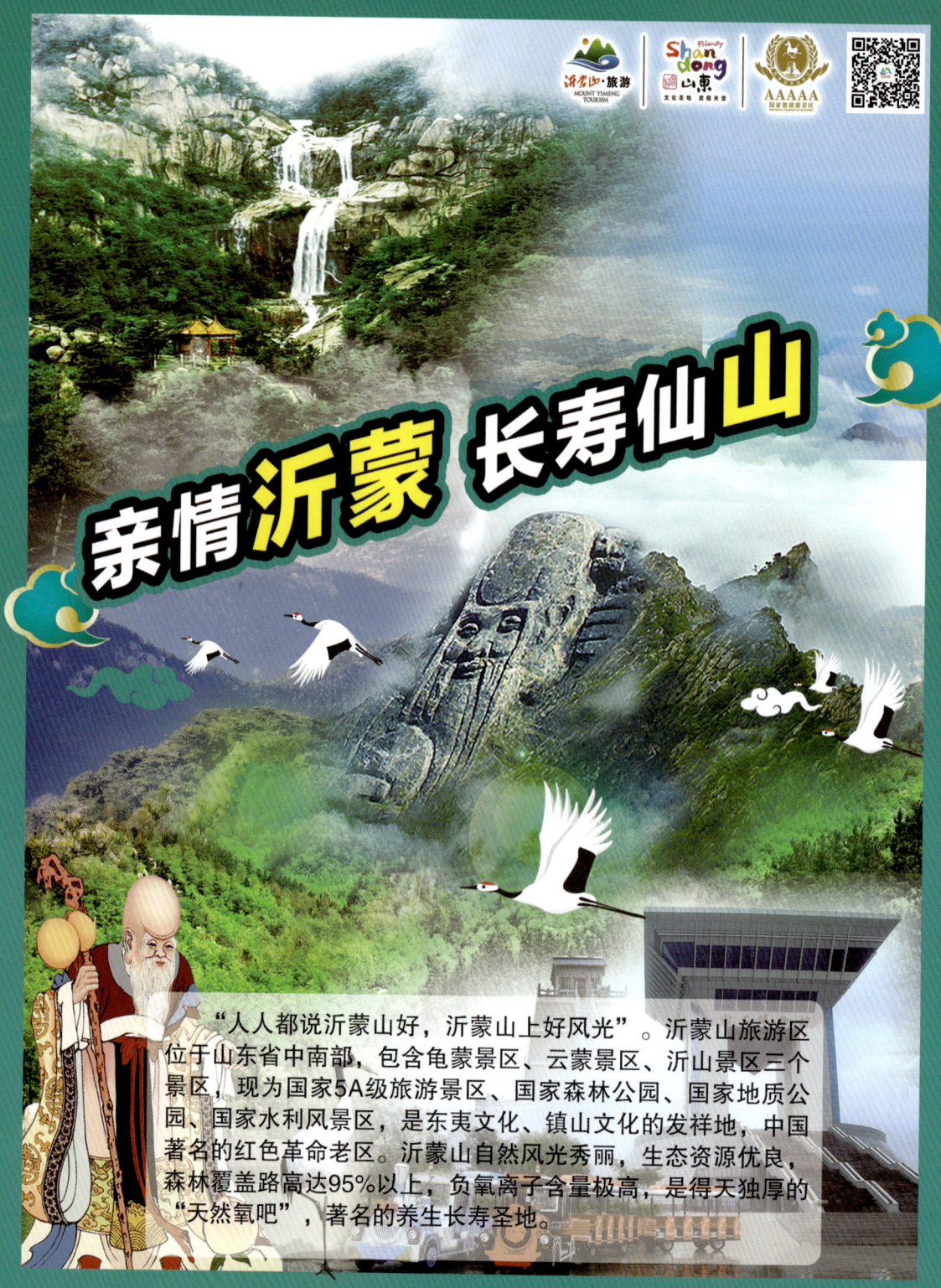

"人人都说沂蒙山好，沂蒙山上好风光"。沂蒙山旅游区位于山东省中南部，包含龟蒙景区、云蒙景区、沂山景区三个景区，现为国家5A级旅游景区、国家森林公园、国家地质公园、国家水利风景区，是东夷文化、镇山文化的发祥地，中国著名的红色革命老区。沂蒙山自然风光秀丽，生态资源优良，森林覆盖路高达95%以上，负氧离子含量极高，是得天独厚的"天然氧吧"，著名的养生长寿圣地。

山东.沂蒙山旅游区　电话：4000-393-999

（参见343页）

麦积山 风景名胜区

麦积山风景名胜区位于甘肃省天水市麦积区内，地处西秦岭北支的东端，秦岭、贺兰山、岷山三大山系交会处，中国版图中心带；长江、黄河两大流域分水岭穿过景区。规划面积215平方公里，由麦积山、仙人崖、石门、曲溪、街亭温泉五个子景区180多个风景点组成，景区内动植物物种丰富多样，地质地貌、气候典型独特，石窟文化保存完好，1982年被国务院审定公布为首批国家级风景名胜区，是中国国家自然与文化双遗产、国家重点文物保护单位、国家级森林公园、国家级地质公园、全国文明风景旅游区创建先进单位、国家5A级旅游景区。2014年6月22日，景区内的麦积山石窟成功申报为世界文化遗产。

景区在中国南北、气候、生态过渡带上，气候温润，冬无严寒，夏无酷暑，山峦叠翠，拥有丰富多样的生物类型和物种，以及雄伟险峻的花岗岩峰峦、红色砂砾岩的赤壁丹崖、幽深曲折的变质岩、郁郁葱葱的森林等类型多样、景色秀丽的自然景观；有"麦积烟雨""仙人送灯""石门夜月""净土松涛"等风景奇观，被称为"陇上林泉之冠"，具有深厚的旅游价值，是丝绸古道黄金旅游线上的一颗耀眼的艺术明珠和最具潜力的旅游胜地！

麦积秋色

曲溪流韵　　石门秋韵　　仙人湖光

麦积山旅游公众号

网址：www.517mjs.cn　　微信公众号：麦积山旅游
电话：0938-2731407 / 2729661

（参见508页）

济公故里——浙江天台山

浙江天台是立县1800年的浙东名邑，素以"佛宗道源、山水神秀"著称于海内外。天台山为"中华十大名山"之一，是国家级风景名胜区、国家5A级旅游景区，以"古、幽、清、奇"为特色，各景天然成趣、别具一格、各擅其胜，美不胜收。主要景区有国清寺、石梁飞瀑、赤城山、华顶国家森林公园、琼台仙谷、济公故居、天湖、龙穿峡、寒山湖等。

天台山秀丽的山水，令无数文人骚客为其倾倒，孙绰、李白、徐霞客、王羲之、谢灵运等名士硕儒都在天台山留下了深深的足迹。奇山异水孕育了深厚的天台山文化，这里是佛教天台宗发源地、道教南宗创立地、五百罗汉应真地、济公活佛出生地、刘阮桃源遇仙地、王羲之书法悟道地、诗僧寒山隐居地、唐诗之路目的地、徐霞客首游开篇地和合文化发祥地。

| 济公故居 |  华顶国家森林公园 |  琼台仙谷 |
|  南黄古道 |  后 岸 |  赤城山 |

天台精品旅游线路

1、一日游
线路一：上午国清寺、高明寺，下午济公故居、桐柏宫
线路二：上午华顶国家森林公园，下午龙穿峡
线路三：上午赤城山、石梁飞瀑，下午琼台仙谷、天湖景区
线路四：上午济公故居、国清寺，下午石梁飞瀑
线路五：上午国清寺、金地岭、高明寺，下午霞客古道华顶段或石梁段

2、二日游
线路一：D1上午国清寺、高明寺，下午石梁飞瀑
　　　　D2上午琼台景区，下午桐柏宫、万年寺
线路二：D1上午赤城山、华顶国家森林公园，下午龙穿峡或天湖
　　　　D2上午寒山湖、寒明岩，下午天台特色乡村旅游
线路三：D1上午济公故居、赤城山，下午国清寺
　　　　D2上午石梁飞瀑，下午琼台仙谷

天台旅游咨询电话：0576-83802345　网址：www.tts.gov.cn　（参见296页）

湘湖 国家级旅游度假区

浙江湘湖旅游度假区地处杭州市钱塘江南岸,规划面积35平方公里,以历史文化、自然生态、休闲度假为定位,是国家旅游局2015年公布的首批国家级旅游度假区。

湘湖是浙江文明和越文化的发祥地。这里发掘的跨湖桥文化遗址,将浙江文明史前推了800年;城山之巅的越王城遗址,距今有2500多年的历史。如今的湘湖,山水自然景观与人文景观融洽和美,被誉为杭州西湖的"姊妹湖"。

度假区拥有湘湖、杭州乐园、极地海洋公园、东方文化园4个4A级景区,形成了城山、下孙、跨湖桥、湖山、老虎洞、石岩山、定山等7大景群,为游客带来丰富的娱乐休闲体验。

2016年9月,湘湖三期建成开园。千年积淀,十年锤炼,湘湖将进一步成为海内外宾朋游览、观光、休闲、度假的重要目的地。

湘湖微博二维码　湘湖微信二维码

联系电话:0571-82360666、82360128、82361777(传真)
地　　址:中国浙江省杭州市萧山区风情大道2758号
官方网站:www.xianghu.gov.cn/　邮编:311203

(参见278页)

大运之美　沧海之州

沧　州

官方微信二维码

　　沧州是一座有着悠久历史的古城，2017年沧州建市1500周年，史前盘古开天辟地的传说地之一就源于沧州的青县盘古镇。临海和运河的交通便利，孕育了沧州独特的民俗民风，留下了丰厚的历史文化积淀，沧州成为举世闻名的武术之乡、杂技之乡、铸造之乡、鸭梨之乡、金丝小枣之乡、冬枣之乡，形成了丰富的宗教文化和多民族的生活习俗，造就了得天独厚的大运河两岸人文景观。铸造于后周广顺年间的沧州铁狮子，重达40吨，已有1000多年的历史，体现了沧州古老"铸造之乡"铸造艺术的神韵。东光铁佛寺始建于973年，大雄宝殿中供奉的释迦牟尼佛像是我国最大的坐式铁佛像。沧州文庙、泊头清真寺、青县青云观等古迹独具风姿。

　　沧州是地势平坦的滨海平原，南大港湿地公园保持着良好的生态环境的多处湿地及硕大的苇海，是200多种候鸟的迁徙停留地。"华北明珠"白洋淀是中国北方水乡旅游休闲胜地，任丘白洋淀风景区十里荷香，长堤烟柳，被誉为"淀上明珠"。

　　沧州是中国武术发源地之一。1992年，沧州市被国家体委首批命名为"武术之乡"。千百年来，沧州武林精英荟萃，豪侠云集，形成浓厚的习武、尚武民风。源起或流传沧州的武术门类、拳械达53种之多，其中沧州八极拳和劈挂拳被列入国家最具代表性的十大优秀传统拳种之中。吴桥县的杂技艺术历史悠久，民谣有"上自九十九，下至刚会走，吴桥耍杂技，人人有一手"。吴桥杂技艺术以其源远流长、技艺精湛、人才济济而成为杂技艺术的发祥地，在国内外享有盛名，被誉为"杂技之乡""世界杂技艺术的摇篮"。吴桥杂技大世界为国家首批4A级景区。在这个浓缩的杂技世界里，可追寻杂技艺术源远流长的历史，领略中外杂技艺术的精华，身临其境地触摸到杂技艺术的方方面面。

　　以沧州旅游文化为核心，旅游景区（点）逐步形成了一城三带五大聚集区的格局，以此为依托形成了三条精彩主干旅游线路，分别是：

　　沧州西部历史文化休闲游线路——任丘白洋淀风景区、郛州大庙、河间府署、马本斋纪念馆、献县温泉水乐园、献县献王公园、单桥。

　　沧州中部运河文化观光游线路——青县盘古庙、青县司马庄蔬菜观光园、沧州铁狮子景区、纪晓岚文化园、沧州名人植物园、狮城公园、泊头三井大运河文化工业园、京杭大运河景观带、东光铁佛寺、东光氧生园森林公园、吴桥杂技大世界。

　　沧州东部滨海生态游线路——南大港湿地、中捷尼特拉酒庄、中捷盛泰温泉、中捷欢乐世博园、中捷金太阳生态观光园、黄骅聚馆古贡冬枣园、河北海盐博物馆。

（参见86，187页）

青州市

　　青州旅游资源丰富。拥有国家 A 级景区 13 处，其中 4A 级风景区 3 处、3A 级景区 5 处、2A 级景区 5 处，青州古城旅游区顺利通过国家 5A 级旅游景区景观质量评审。拥有国家重点文物保护单位 6 处，省级重点文物保护单位 38 处，青州博物馆为国家一级博物馆中唯一的县级综合性地志博物馆。境内有被誉为"中华之最"的云门山大"寿"字、凿有 638 尊石窟造像的全国重点文物保护单位驼山、魏碑鼻祖郑道昭的玲珑山题刻、全国首届十大"历史文化名街之一"的青州昭德古街、世界罕见长达 2500 米的山体巨佛、被评为中国"20 世纪百项考古发现"之一的龙兴寺佛教造像、国家级湿地公园弥河文化旅游区、号称北方九寨沟的黄花溪、以"一窍仰穿，天光下射"而得名的国家森林公园仰天山、穿越青州城区的人文景观河南阳河以及山东省保存最好的明代古村落——井塘古村和清风寨、柿子沟、红叶谷等众多旅游胜地。

　　近年来，青州市旅游发展持续升温，成功入选国家首批全域旅游示范区创建单位名单，荣获 2014"美丽中国"十佳旅游县（区）、2015 年全国休闲农业与乡村旅游示范县、潍坊市首家山东省乡村旅游发展示范市荣誉称号。青州市旅游知名度和美誉度不断提升。国内游客大量增长，韩国、中国台湾、中国香港、新加坡、马来西亚、印度尼西亚等国家和地区的团队游客持续增多。周末和节假日宾馆、酒店"一床难求"现象成为常态，旅游淡旺季之分不再明显。中央电视台、山东电视台、《大众日报》等多次对青州市旅游发展情况进行报道。2015 年，全市共接待境内外游客 723.4 万人次，同比增长 14.38%，实现旅游总收入 68.23 亿元，同比增长 13.25%。

（参见 350 页）

千里凉山 万般风情

五彩凉山 度假天堂

　　凉山彝族自治州位于四川省西南部，总面积6.04万平方公里；辖17个县市。全州有彝、汉、藏、回、蒙等14个世居民族，总人口510万，其中彝族占总人口的51.3%，是全国最大的彝族聚居区和四川省民族类别最多、少数民族人口最多的地区。自古以来，就是通往祖国西南边陲的重要通道，是古"南方丝绸之路"必经之地。州府西昌，是中国优秀旅游城市之一。这里海拔1500米，年均气温18.1℃，日照2500多小时，冬无严寒，夏无酷暑，天空洁净清朗，月亮晶莹皎洁，素有"月城"雅称，是举世闻名的航天城，被誉为一座"春天栖息的城市"。2015年，"西昌邛海"被评为国家级旅游度假区。

　　这里自然风光秀美：有邛海泸山、螺髻山、泸沽湖、灵山、会理古城等5个4A级景区，西昌卫星发射基地等6个3A级景区。州内拥有国家级风景名胜区、国家级生态旅游示范区景区、国家级自然保护区各1个。还有160多个景区景点正在如火如荼的开发建设当中。这里民族风情浓郁：凉山是全国彝族文化保存最为完整、内容最为丰富的地区，有被列为中国十大民俗节庆和非物质文化遗产推荐名录和"东方情人节"之称的彝族火把节，神秘奇特的彝族毕摩文化。同时，还有泸沽湖摩梭母系氏族文化、木里藏传佛教文化和德昌傈僳族风情文化等，异彩纷呈，交相辉映。此外，在全国12个"重点红色旅游区"中，凉山红色旅游是滇北川西北区的一个重要部分。在全国"红色旅游经典景区"中，会理皎平渡遗址、会理会议遗址、冕宁长征纪念馆和彝海结盟遗址位列其中。

　　"千里凉山 万般风情"，古老而多情的凉山大地期盼着你的到来。

（参见441页）

双遗之城·多彩之旅

遵义市

▶ D1上午游览：遵义会议纪念馆（包括会议会址、陈列馆、红军总政治部旧址、博古旧居）——1935街区——红军街（遵义特色商品一条街）
中餐：捞沙巷（遵义特色小吃一条街）
下午游览：海龙屯（世界文化遗产、土司遗址）
晚餐：遵义特色小吃（羊肉粉、豆花面、刘二妈米皮）
住宿：遵义城区酒店
D2遵义至茅台
上午游览：茅台酒镇（酒文化主题小镇）——国酒文化城（集中展示中国历代酒业的发展历史及过程的酒文化博物馆）
中餐：茅台当地特色小吃（合马羊肉）
仁怀至习水（可沿赤水河谷自行车旅游公路一路骑行欣赏绝美风景）
下午游览：习水土城（盐运文化、红色文化名镇）——四渡赤水纪念馆（四渡赤水战役纪念馆）
晚餐：习水当地特色小吃（苕丝糖、苕汤圆、豆腐皮）
住宿：土城精品客栈

▶ D3习水至赤水（可沿赤水河谷自行车旅游公路一路骑行欣赏绝美风景）
上午游览：赤水佛光岩（丹霞地貌面积最大，出露最齐，特色最典型的景区）——丙安古镇（中国历史文化名村）
中餐：赤水特色小吃（猪儿粑、白水鱼、腊猪脚、腊肉）
下午游览：赤水大瀑布（我国丹霞地貌上最大的瀑布）
晚餐：赤水"熊猫宴"（选用各种竹食品，用竹中的竹笋系列、竹荪、竹鼹、竹鸡、竹燕窝、玉兰片等竹食品，调制成的系列美味佳肴）
住宿：赤水城区酒店
D4上午游览：四洞沟（一个仪态万千的瀑布群落博物馆）
中餐：赤水特色小吃
下午游览：竹海森林公园——桫椤自然保护区
晚餐：赤水当地美食
住宿：赤水城区酒店
D5返程
路线概要：遵义至海龙屯景区（45分钟）
　　　　　遵义至茅台（1小时）
　　　　　茅台至习水（1小时）
　　　　　习水至赤水（1小时）

（参见455页）

29

山西省 阳城县

皇城相府迎圣驾表演　　蟒河 群猴望瀑　　析城山瑶池　　九女仙湖

"美丽乡村自驾游"推荐线路

▶A线：山里人家自助游——横河

行——驾车走晋阳高速，阳城出口下，或走晋侯高速，阳城北出口下，至阳城县城，经演礼乡、固隆乡、次营镇、董封乡到达横河镇即到。河南方向游客经横（河）邵（原）公路到横河镇。

住——目前，横河镇山里人家已开发了80家乡村农家乐，日接待800余人住宿。

食——独特的农家菜、土蜂蜜、炒野菜、炖土鸡、老圪生、油圪朵以及地方各种面食，时令果蔬柿子饼、酸枣、红果等野味。

玩——游览析城山、小尖山、户外拓展、采摘、垂钓，游山玩水，亲近自然，红色体验，篝火晚会等。

▶B线：亲近自然休闲游——蟒河

行——驾车走晋阳高速，阳城出口下，或走晋侯高速，阳城北出口下，至阳城县城，（河南方向游客）经阳（城）济（源）公路到西凡村，转西（凡）蟒（河）旅游专线，经蟒河镇，沿乡道驱车10分钟即到泥河村、邢西村、宫上村，再5分钟可到桑林村，再10分钟可达蟒河村。

住——目前，泥河、邢西、宫上、桑林、蟒河村已开发了86家乡村农家乐，日接待千余人住宿。

食——独特的农家菜、土蜂蜜、炒野菜、炖土鸡、老圪生、油圪朵以及地方各种面食，时令果蔬柿子饼、酸枣、红果等野味。

玩——游览蟒河生态旅游区、卧龙湾度假区，游山玩水，亲近自然，出水河垂钓，篝火晚会等。

▶C线：古堡古村落访古游——北留、润城

行——沿晋阳高速，北留、润城出口下车即到。或走晋侯高速，润城北出口下，驱车5分钟即到润城村。

住——北留、润城镇已开发了218家农家乐，日接待1800余人住宿。

食——有3星、4星等不同星级酒店以及地方特色饭店、餐馆，有八八、六六宴席，润城枣糕，东乡馍，上百种面食、小吃。

玩——游览皇城相府、相府生态园、天官王府、海会寺、郭峪古城、史山村、砥洎城、天坛山、屯城等古民居、古村落，玩燕则山漂流。

▶D线：沁河漂流激情游——东冶

行——驾车走晋阳高速，阳城出口下，或走晋侯高速，阳城北出口下，至阳城县城，经阳（城）济（源）公路，到东冶镇，沿乡道驱车10分钟即到蔡节村，再10分钟可到磨滩村。河南方向游客走阳（城）济（源）公路，到东冶镇驱车直达，或乘火车侯月铁路磨滩站下车到磨滩村，乘车10分钟可达蔡节村。

住——目前，蔡节村已开发了54家乡村农家乐，日接待500人住宿。磨滩村已开发53户农家乐，日接待千余人住宿。

食——独特的农家菜、土蜂蜜、炒野菜、炖土鸡、老圪生、油圪朵以及地方各种面食，时令果蔬柿子饼、酸枣、红果等野味。

玩——千里沁河第一漂蔡节漂流、磨滩漂流、逛森林公园、生态采摘园区自主采摘、垂钓、篝火晚会。

阳城——太原	350KM	阳城——大同	630KM
阳城——郑州	180KM	阳城——洛阳	130KM
阳城——西安	470KM	阳城——北京	790KM

阳城县旅游咨询、投诉电话：0356—4666927

（参见199页）

祈福圣地白云观 日出扶桑东方红

佳 县

佳县位于陕西省东北、榆林市东南、秦晋峡谷西岸,历史悠久,人文荟萃,古迹遍布。全县共有自然和人文景观850处,国家AAAA级景区一处,文保单位57处,非物质文化遗产11大类62项,其中国家级2项。白云山是西北地区最大的明清古建筑群和道教圣地,香炉寺是黄河第一奇景,佳州古城是陕西省历史文化名城。目前白云山已创建为榆林市第一个国家AAAA级旅游景区,东方红纪念园按AAAA级景区设计建设,园区工程将正式启动,木头峪古民居建设强力推进,以文化文物、民俗自然与休闲度假为主的旅游体系正在形成。使传统市场、新型市场相得益彰,佳县旅游步入了新的发展时期。

佳县历史悠久。1184年设葭州,1374年撤州设葭县,1964年改为佳县。全县有文物景点276处,其中国保单位2处,省保单位5处。"关西名胜"白云山是西北地区最大的明清古建筑群和道教圣地。

佳县是革命老区。佳县曾涌现出张达志、闫揆要、贺大增、武开章等一批军事将领。1947年毛主席带领党中央机关转战陕北时,在佳县生活战斗了100个日日夜夜,指挥了著名的沙家店战役。毛主席为中共佳县县委题词"站在最大多数劳动人民的一面",为佳县剧团题词"与时并进"。

佳县是民间艺术宝库。民歌、剪纸、雕刻等各具特色。中国剪纸艺术大师郭佩珍作品、农民歌手李有源编唱的《东方红》、李思命编唱的《天下黄河九十九道湾》,闻名天下。

佳县是中国红枣名乡。佳县油枣皮薄、肉厚、个大、核小,富含维生素等多种营养成分,是天然滋补珍品。朱家坬镇泥河沟村现存有1300多年的"千年古枣园",被专家誉为"活化石"。

近年来,佳县紧紧围绕建设"中国有机红枣名县、西北文化旅游强县、陕西新兴工业大县"三大目标,坚持科学发展理念,举全县之力,聚万民之智倾力打造旅游业,努力把佳县旅游打造成榆林市吸引力最强、美誉度最高的旅游目的地。

白云山

香炉寺

赤牛坬乡村旅游

云岩寺

李有源故居

神泉革命纪念馆

木头峪古民居

(参见489页)

佛教历史名山　虞舜文化圣地

千佛山

省级风景名胜区　国家AAAA级旅游景区

千佛山是济南三大名胜之一，海拔285米，面积151.8公顷。周朝以前称历山，相传虞舜曾于山下开荒种田，故又称舜耕山。隋开皇年间，依山势镌佛像多尊，并建"千佛寺"，始称千佛山。唐代将"千佛寺"改名"兴国禅寺"，自元代始，"三月三""九月九重阳节"均举办庙会，明代寺院扩建，遂成佛教圣地。主要景点有兴国禅寺、历山院、千佛崖、舜祠、弥勒胜苑、大舜石图园、齐鲁碑刻文化苑等，现为省级风景名胜区，国家4A级旅游景区，是一处融历史、文化、风景、宗教于一体，服务功能齐全、规模宏大的旅游胜地。目前，千佛山景区正在积极争创国家5A级旅游景区。

电话：0531-82662292　地址：山东省济南市经十一路18号
邮箱：chinaqfs@163.com　传真：0531-82662233
网址：http://www.jnqianfoshan.com　微信公众平台：jnqianfoshan

(参见337页)

32

周村古商城

国家AAAA级旅游景区

鲁商发源地/民俗展演地/影视拍摄地

地址：淄博周村区大街290号

咨询电话：0533—6430009

（参见351页）

四川·泸沽湖

◇神仙居住的地方　◇香格里拉的源头　◇母系氏族的家园

泸沽湖是镶嵌在川滇两省交界处的一颗"高原明珠"，距盐源县城118公里，距州府西昌260公里。规划总面积314平方公里，全湖总面积58.8平方公里，2/3的湖面和主要的景区景点均在四川。湖区由5个全岛、4个半岛、1个海堤长岛、14个湖湾、17个沙洲、21个冲积带组成。景区自然和人文景观资源十分丰富，有天象、地貌、水域、生物、风物、建筑、胜迹7个景观资源中类、16个景观小类、65个景点。景区是以保护摩梭母系氏族文化和具有高原湖泊景观的生态环境为主体的人文景观和自然景观相结合的景区。

湖面海拔2690米，最深处93米，平均水深45米，湖水最大能见度12米，是我国最清澈的高原湖泊之一，水质总体保持国家地面水一类标准。湖水幽蓝如玉，四周青山环抱，水岸曲折多弯，岛屿罗列有致，沙滩绵延逶迤。

泸沽湖转山转海节

15000亩草海构成的高原湿地世所罕见，生长着37种水生植物，栖息着42种珍禽异鸟，是天然的水生动植物栖息地和罕见的生物大观园。

四川泸沽湖湖畔世居着古老而神秘的摩梭人，摩梭人沿袭千年的民族风情，母系大家庭、阿夏走婚、达巴宗教等，是人类保存最为完好的文化遗产。

（参见441页）

《人民日报》评选：美丽中国最美乡村

国家住建部评选全国美丽宜居小镇

1981-2016
发现朱鹮35周年

这里的人们
对山有敬畏
对生灵有善意
对传统有坚持
对美有向往
以最淳朴的方式
诠释着『万物有灵』
的禅心

摄影/王维果
Photography / Weiguo Wang

陕西汉中，洋县华阳，朱鹮之乡。

北纬33°，地球风水之龙脉，中华文明之主体，被誉为"中国中央公园"的秦岭。

海拔1700米，植被覆盖率95%，世界同纬度环境最佳区域。

4大国宝，30种国家重点保护野生动物，311种脊椎动物，2039种种子植物，与人类相生相伴，和谐共生，描绘着美妙的人与自然的画卷。

长青华阳景区
CHANGQING HUAYANG SCENIC SPOT
国家AAAA级景区

（参见497页）

0916-8372586　　http://www.cqhyjq.cn

千户苗寨

西江千户苗寨位于贵州省雷山县东北部，共居住 1380 多户，6000 余人，苗族人口占总人数的 99.5%。这里是中国历史上苗族五次大迁徙的聚居地，是世界上最大的苗寨，距今已有 2000 多年的历史，为中国独有，世界独存。

西江千户苗寨四面环山，梯田依山顺势直连云天，白水河穿寨而过，将西江苗寨一分为二。寨内吊脚楼层层叠叠，顺山而建，又连绵成片，气势恢宏。形成了其独特的背靠青山、脚踏玉带、一水环流的美丽，苗族农耕、节日、银饰、服饰、饮食、歌舞及其遗风古俗在这里世代相传，被中外人类学家和民俗学者誉为保存苗族"原始生态"文化比较完整的地方。1999 年列为全省重点保护与建设民族村镇；2006 年，苗族刺绣、苗族银饰锻制技艺、苗族古歌和苗族吊脚楼营造技艺等 11 项文化遗产被国务院列入国家级非物质文化遗产名录，同年被评为全国农业旅游示范点；2007 年被命名为"中国历史文化名镇"，获得了"中国乡村旅游'飞燕奖'最佳民俗文化奖"及"最佳景观村落"等荣誉称号。西江寨内苗族风情古朴浓郁，洋溢着独特的民族歌舞、民族习俗和民族服饰、银饰等风情，具有"歌舞的海洋"，"芦笙的故乡"等美誉，其特有的穿斗式木质结构干栏式楼群被赞誉为"民族建筑的瑰宝"；2010 年被评为"贵州十大魅力景区"；2011 年被评为"中国十大最美村落"及"贵州最具魅力民族村寨"。景区内森林覆盖率高，空气清新，山清水秀，2011 年通过国家级 4A 旅游景区评审。2015 年获得"全国十佳生态文明景区"和"世界十大乡村度假胜地"殊荣。西江满载着民族文化的硕果，正日益成为贵州省最大的原生态民族风情旅游中心，成为民族文化保护和传承的标杆。

"用美丽回答一切，看西江知天下苗寨"，余秋雨先生在这青山环抱的空间，找到了人世间最精彩的汇集。

http://www.xjqhmz.com/

（参见 454 页）

国际山地旅游度假区

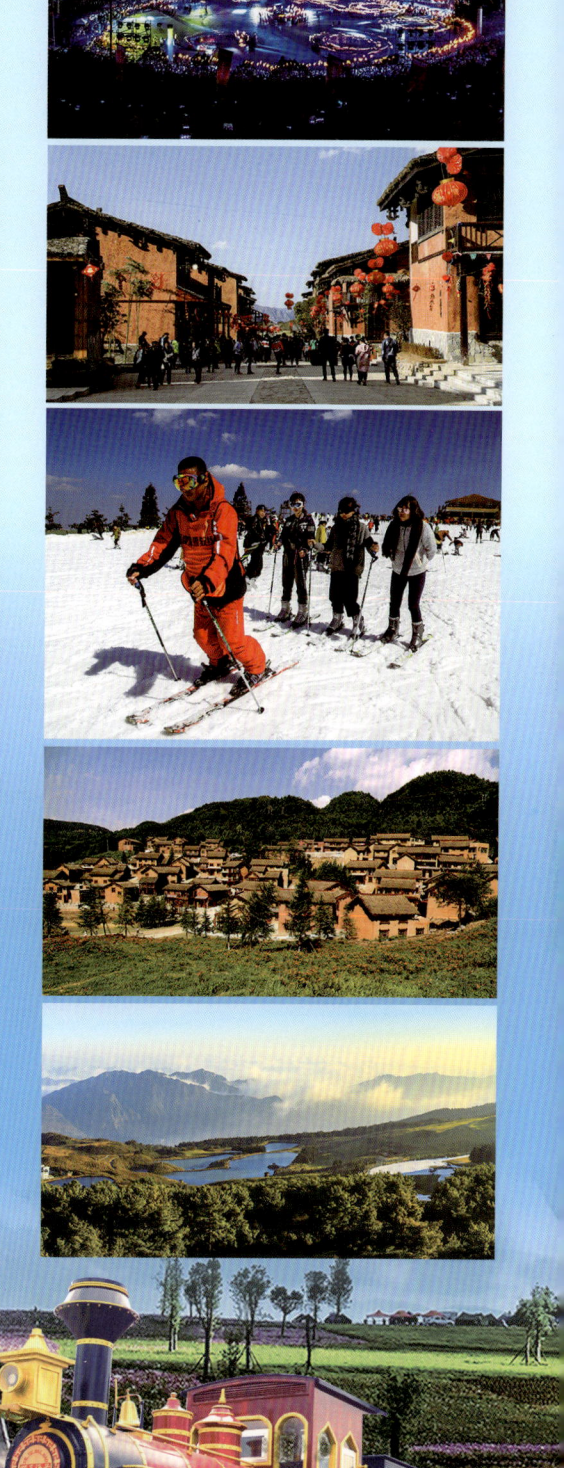

野玉海国际山地旅游度假区位于"中国·凉都"贵州省六盘水市区南郊，距市中心城区12.57公里，景区总面积509.76平方公里，核心区面积68平方公里，核心区由野鸡坪高原户外运动基地、玉舍国家级森林公园和海坪彝族文化小镇组成，是贵州省委、省政府重点规划打造的100个旅游景区之一，景区规划的空间结构为"一核两翼"，"一核"即海坪彝族文化核心区，重点以彝族文化研发为主建设成集度假、休闲、健康养生、旅游商品开发、餐饮、娱乐为一体的海坪彝族文化小镇，总规划面积21平方公里。"两翼"即东翼以玉舍国家级森林公园为中心，重点打造动植物研究、生态观光、森林旅游、森林药浴、夏季滑草、冬季滑雪为一体的避暑、休闲、度假胜地，总规划面积34平方公里；西翼以野鸡坪高原山地运动、牧草风光、花海湿地、拓展训练、漂流探险、峡谷风光、露营等为一体的观赏型、运动型旅游线路，规划面积13平方公里。

野鸡坪高原户外运动基地
玉舍国家级森林公园
海坪彝族文化小镇

(参见451页)

山东·沂蒙红色影视基地

　　山东沂蒙红色影视拍摄基地位于沂南县马牧池乡常山庄村，占地2000亩，由沂南县界湖镇南村社区投资承建。是一处集红色旅游、绿色养生、影视拍摄、红色教育体验、餐饮娱乐等功能于一体综合性休闲度假旅游的国家4A级景区。由《中国红嫂革命纪念馆》《常山古村》《沂州城》《影视基地服务中心》《沂蒙红色写生基地》《龙嘴湖游乐区》6部分组成。已被国家旅游局授予4A级旅游景区，被认定为山东省文化产业示范基地，被评为全国传统古村落、2015 CCTV 中国十大最美乡村，中国乡村旅游示范村。

　　我们以红色影视拍摄促旅游，打造红色文化产业的理念，先后对"古山村"进行了保护性修缮，新建、改建、修复了供拍摄红色影视专用的炮楼、戏台、古道、城门、围墙、古庙、院落等场景。在百年老屋的基础上，建起了"中国红嫂革命纪念馆""人民子弟兵将帅纪念馆""跟着共产党走纪念馆"。参照20世纪20年代风格，建起一座专供影视拍摄的沂州城，可接待1000名大学生的"沂蒙红色写生基地"和总建筑面积为2万平方米的"龙嘴湖游乐区"和服务设施齐全的影视服务中心。

　　目前，沂蒙红色影视基地已拍摄《沂蒙》《红高粱》《斗牛》《铁道飞虎》等160余部影视剧，被誉为"山村好莱坞，明星聚集地"；已有全国妇联、济南军区政治部、山东省关心下一代委员会、临沂大学等60多个党、政、军机关团体及厂矿企事业单位前来挂牌，承接各类培训班2000多个批次，带动前来参观学习的各地党员干部达80多万人次，年接待游客50余万人；先后被山东画院、扬州大学、临沂大学、韩国牧原大学等70余所院校挂牌确定为"红色写生教育基地"得到了社会各界广泛认可。

咨询电话：0539-3762666　网站：www.ymhsys.com　　（参见343页）

畅游美丽中国
实用全面精彩
2017全新力作

美丽中国经典线路

BEAUTIFUL CHINA CLASSIC ROUTE

《美丽中国经典线路》编辑部 编

中国旅游出版社

《美丽中国经典线路》编辑部

主　编：王建华
编　辑：陈冰　张旭　王丛　王军
撰　稿：佘志超　郭强　陈杰　董清　胡铂　孙淑军　等
摄　影：北京全景视觉网络科技股份有限公司
　　　　刘凤玖　滕卫华　郭北洋　曹莎
　　　　王贵明　郝亚如　张颖嗣　杨树田　童文芳　陈晓冰
　　　　何立新　江煌　卢进　吴多明　张永富　卞志武
　　　　马福江　周杰　冷新宇　范学锋　李刚　陈碧信
　　　　罗德林　王达军　廉金贤　王俊　等
设　计：何杰
绘　图：刘凤玖　张喆

本 书 导 读
The book Introduction

《美丽中国经典线路》的问世,无不体现出本书编辑部这十几年来的孜孜以求和独具匠心。

作为旅行者:如何在旅途中享受大自然之美、之壮、之秀、之险、之奇、之益所带来的精神愉悦和视觉冲击?

作为旅行者:如何在自助游和参团游中做出最佳选择,使自己游刃出行,自由上路,让旅途更轻松、更便捷、更愉快?

作为旅行者:如何在旅途中科学、巧妙的利用时间,使旅途更经济、更实惠、更安全?

《美丽中国经典线路》将奉献给你一曲优美的旋律!它将是你的怀中锦囊和贴心导游。

《美丽中国经典线路》共有两个部分:

第一部分是全国线路,盘点了十条全国重点旅游线路:1.天下黄河之旅、2.魅力长江之旅、3.万里长城文化之旅、4.千年运河之旅、5.丝绸之路之旅、6.江南水乡之旅、7.青藏铁路旅游线之旅、8.香格里拉之旅、9.北国冰雪之旅、10.岭南风光之旅。

第二部分是地区线路,涉及全国各省、自治区、直辖市的旅游线路和旅行信息。全书配有40多条"大旅游"线路图,700多幅最经典的景点插图和景点路线图,既能给您提供最实用、最便捷的旅途指南,也可以让您在最短时间内领略一线、一地的最美景色。书中介绍了成百上千个行程怎么走,景点怎么玩的旅行玩乐方式,它将与您分享最真实的旅行体验、最有趣的旅行故事、最划算的住宿和最地道的当地美食。

● **鱼与熊掌兼得——大旅游线路设计 + 城市、景点攻略**

精选哪些城市和景点去旅行?怎样设计这些城市和景点之间的旅游路线?如果这两个问号代表的是鱼和熊掌,那么我们推出的《美丽中国经典线路》,就可能实现了鱼与熊掌的兼得。

美丽中国经典线路 Beautiful China Classic Route

　　本书在您眼前会呈现出诗意的江南、沧桑的大漠、北国冰雪的大线路。您可根据自己的兴趣、爱好和需求去选择景点。也可清晰地了解游览相关景色的重点是什么，应该看什么，因为几乎所有景点都是笔者和编者亲身踩线的成果。身临其境，感同身受，无不体现出其旅游线路设计的精巧构思！

● 手把手教你怎么玩——可以走遍中国的行程攻略

　　选择旅行目的地，比如大的旅游线路是适合自驾还是乘坐高铁，具体每一站的行程中，省内城市间的交通是坐高铁方便，还是坐汽车方便，如果只有两三天时间，到底游玩哪些经典景点，本书均做了细心安排并坚持点对点的细节追求。特产一定推荐到具体的店铺，到哪里买最正宗最合适；美食一定要追踪到饭店，吃鸭血粉丝汤要去哪里，吃盐水鸭哪里最正宗，在哪里找到精品美食；主体景点周边有哪些顺路必赏必看的景色；这个景点是不是安排景点地图更方便游览。

● 在路上，旅行中的寻宝——来自亲身体验的旅游锦囊

　　对于很多人来说，旅行已然成为一种习惯，成为生活的一部分，每当我们闲下来的时候，总会想到去哪里游玩，如果一年之中足不出户，那将是多大的遗憾！

　　穷有穷的玩法，富有富的乐道。中国的地域之大，山川之美，足以给我们提供这种旅行的可能性。我们在山水之间释放情绪，在草原雪域抒发情怀。看着别样的风光、新鲜的事物，您感到满足了吗？如果告诉您，您才刚刚浅尝辄止，而深度的旅行内容层面您并未涉及，您会惊讶吗？的确，有很多各地深藏的"宝藏"您还没有去找，原因是不清楚"宝藏"是什么。"宝藏"就是本书的旅游锦囊，出行前掌握必要的当地旅行知识和攻略诀窍，这就是我们的宗旨，带着这种好奇和独有的锦囊，去发现旅行的乐趣。了解旅行地的旅游锦囊不是一件枯燥的事，相反，解读之后，再面对缤纷的世界您会发现能看到更多的差异和脉络了，江南之行，您自然会流露出诗意的温情；荒漠之地，您会幻象出历史的风云；建筑之旅，您会看出结构层面的精彩之处。总之，兴奋和喜悦会随着您的阅历的增长而不断蔓延……

本书导读 The book Introduction

大旅游概念线路
介绍线路具体怎么走，大线路以城市为主，小线路以景点为主。

线路印象
介绍线路具体怎么走，对线路涉及区域的风土人情、自然人文进行解读，丰富读者的阅读体验。

线路行程攻略
讲解这条线路怎么玩，主要划分自由行、参团和自驾等几个方面。

线路内每一站的城市介绍
介绍每一站城市的主要特色和历史人文、自然景观。

城市行程推荐
讲解前往目的地的交通工具，及如何安排在城市内的旅行方案等。

旅游锦囊
介绍当地的美食、住宿和特产等。

旅游锦囊
提醒一些容易被人忽略的当地旅行特色，比如扬州早茶等。

对您来说，本书既可以为自助游设计线路，又可以作为跟团旅游参考。在市面上很难看到一本攻略书这样照顾您的每一个概念和细节想法，带在身边，既可以用它确定要去的启程目的地，又可以查询大体的线路走法；在旅途疲惫时，还能浏览下城市和景点的深层次介绍，看看有哪些旅游锦囊，增添旅行的乐趣；还能把它当成一个旅游咨询师，指导您的吃喝住宿。告别景点罗列的陈腐自助游，开启您的美丽中国经典旅游线路游吧！

《美丽中国经典线路》编辑部

目 录
Contents

美丽中国十大经典线路

天下黄河之旅 50
东营—济南—郑州—三门峡—临汾壶口瀑布—吕梁碛口古镇—包头—银川—兰州—青海省果洛藏族自治州

魅力长江之旅 62
上海—南京—九江—武汉—宜昌—重庆

万里长城文化之旅 70
丹东—葫芦岛—承德—秦皇岛—天津—北京—大同—嘉峪关

千年运河之旅 82
北京—通州—天津—沧州—聊城—淮安—扬州—镇江—苏州—湖州—杭州

丝绸之路之旅 96
西安—天水—兰州—西宁—敦煌—吐鲁番—乌鲁木齐—阿勒泰

江南水乡之旅 106
南京—扬州—镇江—无锡—苏州—上海—杭州—黄山风景区

青藏铁路旅游线之旅 116
西宁—格尔木—玉珠峰—楚玛尔河—沱沱河—唐古拉—错那湖—那曲—当雄—羊八井—拉萨

香格里拉之旅 126
昆明—大理—丽江—迪庆藏族自治州

北国冰雪之旅 132
北京—张家口—沈阳—铁岭—长春—查干湖—吉林—牡丹江—哈尔滨—雪乡—雪谷—北极村

岭南风光之旅 146
南宁—玉林—云浮—肇庆—广州—佛山—阳江—湛江—海口—三亚

目 录 Contents

区域旅游经典线路

穿越北京中轴线 160
永定门—正阳门（前门）—毛主席纪念堂—人民英雄纪念碑—天安门城楼—故宫—景山公园—钟鼓楼—奥林匹克公园（鸟巢、水立方、奥林匹克森林公园）

山海人文品天津 170
天津市内—天津滨海新区—蓟州区

河北避暑之旅 176
张家口地区—承德地区—唐山—秦皇岛—保定地区—沧州

从北向南走山西 188
大同—忻州—太原—晋中—临汾—运城—晋城

环游呼伦贝尔大草原 200
海拉尔—阿尔山—新巴尔虎左旗—新巴尔虎右旗—满洲里—中俄边防公路—黑山头—室韦—临江屯—老鹰嘴—月亮泡子—莫尔道嘎国家森林公园—根河湿地—白桦林—陈巴尔虎旗—莫尔格勒河—海拉尔

乐游辽宁 不虚此行 212
大连—丹东—本溪—沈阳

避暑胜地 冰雪天堂 220
长春—吉林—蛟河—敦化—安图—延边—珲春

冰雪之冠·黑龙江 230
哈尔滨—大庆—齐齐哈尔—黑河—大兴安岭—伊春—鹤岗—佳木斯—双鸭山—鸡西—牡丹江

上海时尚之都自助游 246
外滩—豫园—陆家嘴—迪士尼—朱家角—崇明岛

游园林、宿水乡，江苏全景游 258
南京—扬州—常州—无锡—苏州

浙江游西湖、住水乡之旅 274
杭州—湖州—嘉兴

游鲁迅故里，祈福普陀山之旅 286
杭州—绍兴—宁波—舟山—台州—温州

安徽黄山、九华山、天柱山连线之旅 300
黄山—池州—安庆

安徽北线天堂寨之旅 310
合肥—六安—阜阳—亳州

福建山水风情游 318
武夷山—福州—厦门—永定

江西徽派文化与山水风情游 326
南昌—三清山—婺源—景德镇—庐山—江西·明月山

45

美丽中国经典线路　Beautiful China Classic Route

看山看海寻仙拜圣之山东行 334
济南—泰安—济宁—临沂—日照—青岛—烟台—威海—青州—淄博

河南中原文化环线之旅 352
郑州—开封—商丘—许昌—三门峡—洛阳—焦作—安阳—新乡—郑州

湖北神农架、武当山和长江三峡经典游 364
武汉—宜昌—神农架—武当山—十堰

湖湘大地精华游 372
岳阳—长沙—衡山—湘西凤凰古城—张家界

广东岭南文化深度游 382
广州—珠海—深圳—惠州—汕尾—汕头—潮州—韶关—海陵岛·大角湾

广西全景无憾之旅 394
南宁—崇左—百色—河池—桂林

广西绝美海滩、边境连线之旅 404
北海—涠洲岛—防城港

海南阳光沙滩度假天堂之旅 414
海口—琼海—万宁—三亚

重庆市区周边游 424
重庆—武隆—涪陵—大足

天府之国·四川 432
成都—都江堰—青城山—乐山—峨眉山—凉山彝族自治州—九寨沟—黄龙

神州大地　醉美贵州 444
贵阳—安顺—六盘水—兴义—荔波—西江千户苗寨—遵义

旅游天堂　七彩云南 456
昆明—石林—大理—丽江—西双版纳

探访西藏，世界屋脊的明珠 470
拉萨—日喀则—珠穆朗玛峰—阿里

陕西秦风、汉唐长安行 478
西安—临潼—华山—延安—榆林

陕西一路南行，一路风情 490
西安—咸阳—宝鸡—秦岭—汉中—成都

甘肃北线嘉峪关敦煌之旅 498
嘉峪关—酒泉（敦煌）

甘肃南线兰州天水平凉之旅 504
兰州—天水—平凉

青海湖昆仑山之旅 510
西宁—格尔木

塞上江南宁夏之旅 516
石嘴山—银川—吴忠—中卫—固原

新疆北部自然风光之旅 524
乌鲁木齐—吐鲁番—阜康—阿勒泰—克拉玛依

特别推荐

安徽·黄山 ....封面, 115, 302
云南·普达措国家公园 ......封二, 130
四川·都江堰市 ....拉页, 438
贵州·荔波县 ....拉页, 453
四川快捷叁壹捌汽车旅馆
投资管理有限公司 ....拉页, 436
江苏·苏州太湖三山岛 ......拉页, 271
贵州·遵交旅集团 ....首页, 1, 455
山东·沂蒙红色影视
拍摄基地 ....扉页对页, 38, 343
云南·梅里雪山 ....封三, 131
云南·石林风景名胜区 ......封底, 459

江西·三清山 2, 329
浙江·温州雁荡山 4, 298
陕西·西安旅游集团 5, 495
江苏·苏州西部生态城 8, 273
云南·迪庆州旅游集团 10, 130
贵州·遵交旅集团 12, 455
重庆市·涪陵区 14, 430
四川·成都市洛带古镇 16, 437
贵州·黄果树旅游区 18, 450
福建·厦门鼓浪屿游览区 19, 323

吉林·六鼎山 20, 226
黑龙江·镜泊湖 21, 244
山东·沂蒙山旅游区 22, 343
甘肃·天水麦积山 23, 508
浙江·天台山 24, 296
浙江·湘湖国家级
旅游度假区 25, 278
河北·沧州市 26, 86, 187
山东·青州市 27, 350
四川·凉山州 28, 441
贵州·遵义市 29, 455
山西·阳城县 30, 199
陕西·佳县 31, 489
山东·济南市千佛山 32, 337
山东·淄博市周村古商城 33, 351
四川·凉山州泸沽湖 34, 441
陕西·长青华阳景区 35, 497
贵州·黔东南
西江千户苗寨 36, 454
贵州·六盘水市野玉海
国际山地旅游度假区 37, 451
江西·明月山 333
广东·阳江大角湾 393

47

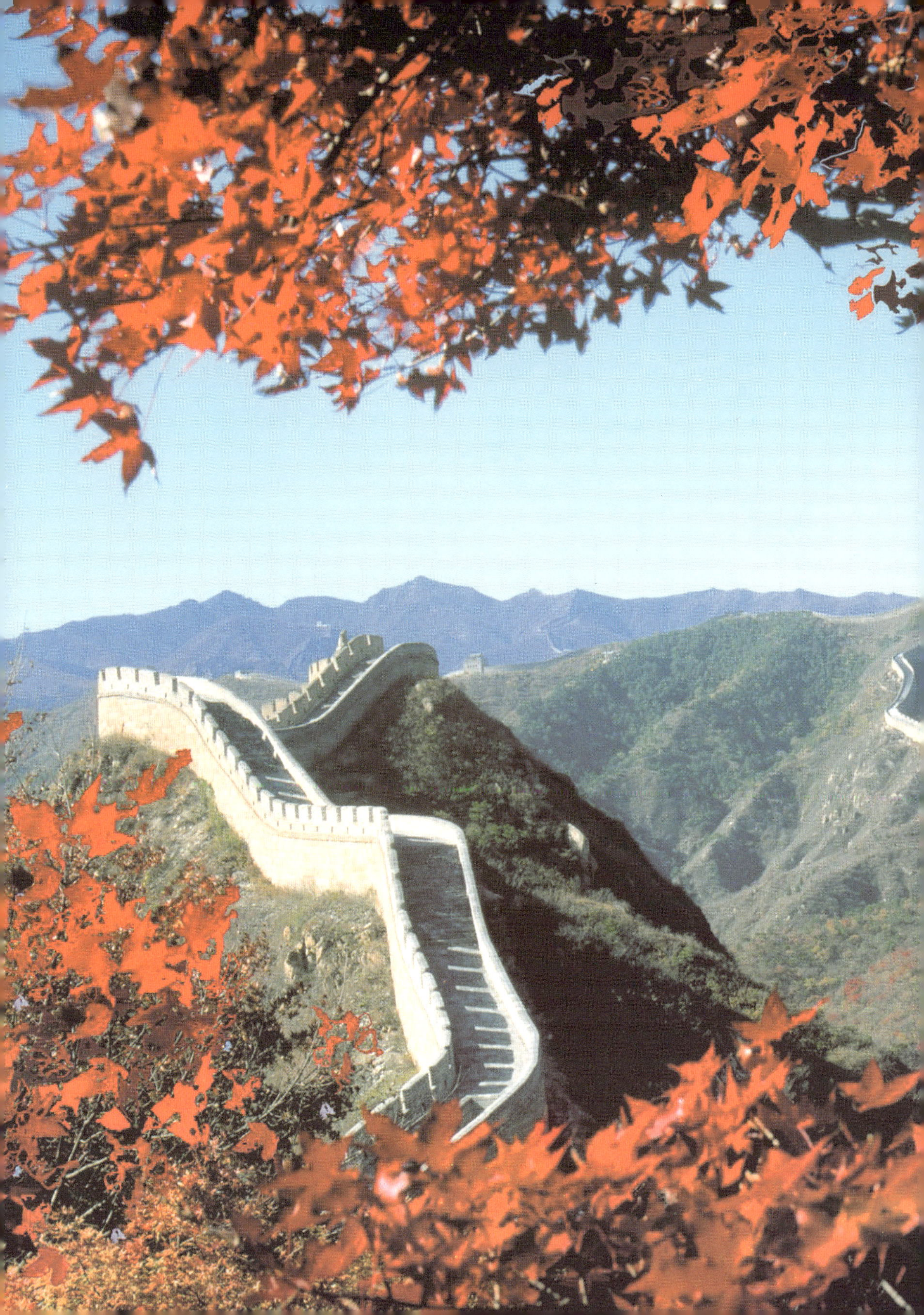

美丽中国十大经典线路

　　带你深入探访独具特色的中国母亲河黄河、诗意的长江、巍峨的万里长城，还有气势恢宏的千年运河，神秘魅力的丝绸之路。走访中国人心底的梦里水乡——江南之旅，追寻神奇的天路——青藏铁路之旅。时光流转，遇见"心中的日月"的香格里拉，白雪皑皑的北国冰雪，有着亚热带和热带风情的岭南风光。万物有怀，停观风景，中国历史文化、地理和美食在这里一一展开，更有秀美中国线路游的攻略详解。

- ◆ 天下黄河之旅
- ◆ 魅力长江之旅
- ◆ 万里长城文化之旅
- ◆ 千年运河之旅
- ◆ 丝绸之路之旅
- ◆ 江南水乡之旅
- ◆ 青藏铁路旅游线之旅
- ◆ 香格里拉之旅
- ◆ 北国冰雪之旅
- ◆ 岭南风光之旅

美丽中国经典线路 Beautiful China Classic Route

天下黄河之旅
Tour Along the Yellow River

*

线路： 东营➡济南➡郑州➡三门峡➡临汾壶口瀑布➡吕梁碛口古镇➡包头➡银川➡兰州➡青海省果洛藏族自治州

Route: Dongying ➡ Jinan ➡ Zhengzhou ➡ Sanmenxia ➡ Linfen Hukou Waterfall ➡ Lüliang Qikou Ancient Town ➡ Baotou ➡ Yinchuan ➡ Lanzhou ➡ Qinghai Guoluo Prefecture

黄河之水天上来，奔流到海不复还！
The water of the Yellow River comes from the heaven. Flow into the sea, never to return.

　　黄河，中华文明最主要的发源地，是中国人民的"母亲河"。

　　黄河全长约5464公里，流域面积约752443平方公里。是世界第六大长河，中国第二长河。诗人说"黄河之水天上来"，因其实际源头位于青海省青藏高原的巴颜喀拉山脉北麓的玛曲。黄河呈"几"字形，自西向东分别流经青海、四川、甘肃、宁夏、内蒙古、陕西、山西、河南及山东9个省（自治区），最后流入渤海。

　　黄河途经9省区，到处都有好风光。但一般游客追寻黄河之旅，最好还是以较大城市为目的地，因为这些城市旅游业发展较为成熟，旅游基础设施也比较齐全，如果时间充足的话，可以选择某个主要城市为驻地，再逆流或顺流仔细去考察各段风光各异的黄河景色。

天下黄河之旅　　Tour Along the Yellow River

第一站：东营
The first station: Dongying

● **东营，黄河入海口**

东营市位于山东省东北部、黄河入海口的三角洲地带，是黄河三角洲的中心城市。东营区位优势明显，东临渤海，北靠京津唐经济区，南连山东半岛经济区，向西辐射广大内陆地区，是环渤海经济区的重要节点、山东半岛城市群的重要组成部分。

"黄河之水天上来，奔流到海不复回。"九曲十八弯的黄河水，携沙带泥，奔腾万里，最终从东营进入大海。这一壮观场面，可在东营黄河口湿地生态旅游区（国家4A级景区）里尽情饱览。这里不仅有世界上独一无二的黄河入海口，让你看到中华民族母亲河入海的样子，观赏河海交汇的景观，还有一望无际的芦苇湿地景观，这里是中国"六大最美湿地之一"。由此，这里目前已成为保护母亲河生态教育基地。

黄河东营段上起滨州界，自西南向东北贯穿东营市全境，在垦利区东北部注入渤海，全长138公里。黄河口湿地生态旅游区就在垦利区境内。这里旅游资源丰富，除黄河入海口外，这里还有30万亩芦苇荡、20万亩槐林、3万亩柳林以及国内罕见的天然柽柳林，构成了黄河口"野、奇、新、美"的独特景观，海鸥、野鸭等野生动物一年四季随处可见，这里还会见到天鹅、丹顶鹤等珍稀鸟类，有"鸟的乐园"之称。这里还有美丽的海滨景观，海滨滩涂平整、泥质细腻、生物丰富，是赶海、观潮、赏月、观日出的理想境地。

● **东营行程描述**

东营适合一日游。从东营到黄河口生态旅游区车程约2小时。因景区面积较大，可以开车入内。这里每年的5月份会举办赏槐节，闻槐花万里飘香，品槐花独特美食。每年的10月份芦花飞雪之时，举办品蟹节，黄河口独有的野生蟹，味道鲜美。而更让人心动之处是这里广阔且游人不多，景色独特，最能让人身心放松。主要景点有：黄河入海、湿地之窗、观鸟塔、芦花飞雪、红地毯。

除黄河入海口外，位于垦利区胜坨镇的天宁寺文化旅游区也是国家4A级旅游景区，免费对外开放。东营是古代大军事家孙武的故里，如果有时间的话，还可以去孙子文化旅游区（地址：东营市广饶县城东新区）与我国著名的"兵圣"做一次精神上的亲密交流。

▲ 黄河口湿地生态旅游区 (The Yellow River Estuary Eco-tourism Zone)

51

美丽中国经典线路 Beautiful China Classic Route

第二站：济南
The second station: Jinan

● **济南，处处清泉相伴黄河水**

　　济南市是山东政治、文化、教育中心。济南因境内泉水众多，被称为"泉城"，是国家历史文化名城，首批中国优秀旅游城市，史前文化"龙山文化"的发祥地。

　　泉城济南，泉群众多、水量丰沛，被称为天然岩溶泉水博物馆。济南城内分布着久负盛名的趵突泉、黑虎泉、五龙潭、珍珠泉四大泉群，市区周边还分布着另外六大泉群：济南东郊白泉泉群、章丘明水的百脉泉泉群、历城彩石的玉河泉泉群、历城柳埠的涌泉泉群、长清万德的袈裟泉泉群、平阴洪范池泉群。

　　黄河是济南境内主要河流之一。追寻黄河之旅，不能不提及济南市黄河森林公园。黄河森林公园南临黄河，北靠齐烟九点鹊山，向东500米就是著名的有百年历史的铁路大桥，飞跨在黄河之上。而桥的南面，与黄河森林公园隔河相望的则是济南百里黄河风景区，在这里可以欣赏被誉为中国"水上长城"的黄河堤防、险工、水闸等工程景观，更可体会凌"悬河"之上奇伟之感。这里是人们认识黄河、了解黄河、体验黄河的重要窗口。到这里做一次"黄河游"，可以饱览灿烂的民族文化遗迹和迷人的济南黄河自然风光。

● **济南行程描述**

　　山东境内交通极为方便，除高速路四

▲ 大明湖 (Daming Lake)

通八达外，国道、省道也非常便捷且风景优美，如果自驾的话，建议多走走国道与省道，你会时不时有个小惊喜。济南101省道可以将游客直接带到黄河森林公园，公园内有古黄河长80公里，公园总面积1660公顷，其中森林面积1080公顷，园内林荫茂密，金蝉伴唱，百鸟齐鸣，黄河公园、河滨公园、水景园和生态园等园中园引人入胜，是人们游憩、疗养、避暑及进行文化娱乐和科学研究的佳境。黄河森林公园还是《甘十九妹》《武训》《孔子》《孙子兵法》等电视剧的外景拍摄地，游客可以在此体验孙子排兵布阵的军事生涯，感受孔子的儒家文化。

> **温馨提示**
>
> 去济南黄河森林公园不仅可以走101国道，也可走济广高速（G2001），从市内去，可乘k92、111、108路公交车在黄河公园站下车，或乘114路公交车在二环北路站下车，后步行约2公里可达。

天下黄河之旅　Tour Along the Yellow River

第三站：郑州
The third station: Zhengzhou

● **郑州，黄河风景名胜区**

郑州北临黄河，西依嵩山，东南为广阔的黄淮平原。郑州作为黄河流域的腹地、黄河中下游的交界处，在黄河文明中居于中心地位。不仅黄河文明的肇始与之密切相连，而且黄河文明中心地位的建立亦与之息息相关。

郑州黄河风景名胜区位于河南省会郑州市西北20公里处黄河之滨，南依巍巍岳山，北临滔滔黄河。雄浑壮美的大河风光，源远流长的黄河文化，这里是黄河地上"悬河"的起点，黄土高原的终点，黄河中下游的分界线等一系列独特的地理特征形成了博大、宏伟、壮丽、优美的自然景观。历经40年的开发建设，景区目前已形成了融观光旅游、休闲度假、科普教育、寻根祭祖、弘扬华夏文明为一体的大型风景名胜区，成为国内不可多得的旅游胜地，是"中华民族之魂"——黄河之旅的龙头景区。

郑州黄河风景名胜区内有炎黄景区、五龙峰、岳山寺、骆驼岭、星海湖五大景区，有炎黄二帝、哺育、大禹、战马嘶鸣、黄河儿女等塑像，黄河碑林，《西游记》等古代名著大型砖雕，浮天阁、极目阁、开襟亭、畅怀亭、依山亭、牡丹亭、河清轩、引鹭轩等亭台楼阁，以及低空索道、环山滑道、黄河气垫船等现代化游乐设施等40余处景点。每年接待上百万中外游客，是万里黄河上的一颗璀璨明珠。

旅游锦囊

到郑州游览黄河，不可错过的美食就是郑州黄河鲤鱼。郑州市黄河河段特产的黄河鲤鱼是中国地理标志产品（农产品地理标志）。由于黄河特有的水质和郑州的地理环境，郑州黄河鲤鱼金鳞赤尾，色彩艳丽，外形美观，肉质细腻，营养丰富，俗称铜头铁尾豆腐腰。历史上曾作为贡品上贡朝廷，列为中国四大名鱼之首。

▲ 黄河风景名胜区内的尧舜塑像 (Sculptures of Emperor Yao & Shun in Yellow River Scenic Area)

53

美丽中国经典线路 Beautiful China Classic Route

▲ 黄河小浪底水利枢纽风景区（Yellow River Xiaolangdi Water Control Project Scenic Area）

● 郑州行程描述

从济南到郑州有高铁直达，行程大约5.5小时。乘动车的话时间略长些，要7个多小时。自驾的话，全程高速路况都不错，时间大约也是5个小时。郑州市交通也较方便，乘坐游1、游16路公交车直达黄河国家地质公园，票价5元，车程约1小时。

在郑州黄河风景区名胜区周围，还有古人类文化遗址——大河村遗址，有反映汉代生产力发展水平和冶铁技术的古荥汉代冶铁遗址，有反映仰韶文化时期我国早期文明起源和形成的北郊田村西山遗址，有古代水路交通枢纽鸿沟遗址，有清朝雍正皇帝为祭河神而修建的淮、黄诸河龙王庙嘉应观。有兴趣的游客不妨顺便游览。

既然是追寻黄河之旅，且已经到了郑州，就不得不提及与郑州相离不到160公里的黄河小浪底风景区。黄河小浪底水利枢纽风景区位于黄河中游最后一段峡谷的出口处，地理位置在洛阳的孟津县小浪底镇，距济源市也较近。景区地跨南北两岸，南岸的黄鹿山为景区最高点，可俯视大坝全景。北岸有太行山和王屋山。小浪底水库内有大量的半岛、孤岛、险峰，因此亦被誉为"小千岛湖"，集三峡之险与漓江之秀于一体，景色优美壮观。每年7～8月进行调水调沙，黄河之水奔腾咆哮、气势磅礴、如从天而来的场面非常令人震撼。

从郑州到黄河小浪底有多条线路可选，自驾的话可走连霍高速或郑少洛高速转二广高速在吉利站出口下，一直向西即可到达。乘车的话可先到洛阳，再从洛阳去小浪底，也可先到济源，然后从济源前往。从郑州到洛阳每天有多趟高铁线路，时间约40分钟。郑州到济源则每天有数十趟班车。目前河南城际铁路已经提上建设日程，建成后从郑州到济源时间不会超过50分钟。洛阳和济源都有到小浪底的专线车，十分方便。

第四站：三门峡
The fourth station: Sanmenxia

● **三门峡，黄河第一坝**

三门峡位于河南西部，东与千年帝都洛阳市为邻，南依伏牛山与南阳市相接，西望古城西安，北隔黄河与三晋呼应，是历史上三省交界的经济、文化中心。三门峡是一座因黄河第一坝的建设而新兴的城市，相传大禹治水时用神斧将高山劈成"人门、神门、鬼门"三道峡谷，三门峡由此得名。

三门峡的旅游资源得天独厚。源远流长的黄河文化，独具特色的民间艺术，如烂漫的山花遍及城乡。这里有三面环水的黄河游览区、举世闻名的黄河大坝、新石器时代的仰韶文化遗址、西周晚期至春秋早期的虢国车马坑群、荆山轩辕黄帝陵、战国时代的秦赵会盟台、老子著《道德经》处函谷关、中国古代四大回音建筑之一的宝轮寺塔……厚重的历史文化为这里留下了许多驰名中外的名胜古迹和人文景观。

近年来，三门峡市把发展"大旅游"作为三门峡加快经济转型的重要战略举措，以黄河景观为主线、黄河文化为内涵，着力打造"黄河三门峡·美丽天鹅城"城市品牌，连续举办了19届国际黄河旅游节，倡导建立了中部六省与沿黄九省（区）合作开发的"6+9"大黄河之旅联盟，以"大黄河·大旅游·大智慧·大合作"为主旨，实施黄河旅游发展战略，推动黄河沿线区域旅游合作共赢。

黄河三门峡大坝位于三门峡市区东北部，距市区不足20公里。三门峡大坝于1957年4月破土动工，1960年10月建成蓄水，是我国在黄河干流兴建的第一座大型水利枢纽工程，因此被誉为"万里黄河第一坝"。每年6～10月，大坝泄洪放水，滔滔黄河水如脱缰野马，怒吼狂奔，峡谷滚雷，凌空现虹，景况极为壮观。

▲ 三门峡黄河 (The Yellow river in Sanmenxia)

美丽中国经典线路　Beautiful China Classic Route

▲ 三门峡黄河边天鹅（Swans in Yellow River, Sanmenxia）

天鹅湖国家城市湿地公园是国家4A级旅游景区，是三门峡市委、市政府为创建最宜人居城市、加强对黄河湿地国家级自然保护区的保护和开发而实施的一项重点工程。公园核心景区包括白天鹅观赏区、陕州公园和沿黄生态林三大部分。自2002年8月以来，三门峡市在原来陕州公园的基础上先后建成青龙坝、苍龙坝、双龙桥以及沿黄道路和绿化、景观等工程，形成了一个连接三门峡市东、西两区的自然生态区。每年10月至次年3月，园区吸引数万只白天鹅来这里栖息越冬，三门峡市因此被誉为"天鹅之城"。2007年2月，天鹅湖景区被国家建设部命名为河南省内唯一的一家国家级城市湿地公园。

茅津古渡是黄河上著名的三大古渡之一，位于三门峡市区北部6公里处的会兴镇，与北岸的山西省平陆县隔河相望。茅津古渡地势险要，历来是兵家必争之地。晋南假虞灭虢，由茅津渡渡河南下，一举奏捷。秦穆公伐郑，晋出奇兵从茅津渡河，以逸待劳，败秦军于崤山。《为了六十一个阶级兄弟》的故事也发生在古渡两岸。历史上运城的盐、晋南的粮食和棉花，也多由此摆渡向中原转运。新中国成立后，茅津渡经过几次整建，成为黄河上最大的机动船舶渡口之一。1993年12月，三门峡黄河公路大桥建成通车后，茅津古渡才失去了往日的繁忙与喧闹。

● **三门峡行程描述**

从郑州到三门峡，乘高铁的话，一个半小时即到，非常方便。如果是自驾游，可走连霍高速（G30）直达。三门峡旅游最佳季节为3～5月以及9月和10月。这里属暖温带半干旱内陆性气候。气候温暖，四季分明。三门峡风景区比较多，山水景色春秋最佳，还很容易看到白天鹅。建议游玩两天。三门峡冬天则多为积雪覆盖，没有观赏价值，不宜旅游。

温馨提示

三门峡美食有观音堂牛肉（建议到三门峡市内的豫菜馆品尝）、三门峡麻花、脂油烧饼（三门峡当地小吃店品尝）。

天下黄河之旅　Tour Along the Yellow River

第五站：临汾壶口瀑布
The fifth station: Linfen Hukou Waterfall

● **临汾壶口瀑布，世界最大的黄色瀑布**

　　黄河流经晋陕峡谷，在临汾吉县壶口镇一带河床突然下跌数十米，流水直泻，形成壶口瀑布——中国仅次于贵州黄果树瀑布的第二大瀑布，也是世界最大的黄色瀑布。壶口一带，两岸苍山夹峙，把黄河水约束在狭窄的黄河峡谷中，河水聚拢，收束为一股，奔腾呼啸，跃入深潭，溅起浪涛翻滚。壶口瀑布东濒山西省临汾市吉县壶口镇，西临陕西省延安市宜川县壶口乡，为两省共有。在水量大的夏季，壶口瀑布气势恢宏；而到了冬季，整个水面全部冰冻，结出罕见的巨大冰瀑。

● **临汾壶口瀑布行程描述**

　　从临汾火车站乘到延安的班车，就可以到达壶口，不过这趟班车发车时间早，每天只有一次。如果赶不上的话，也可以先乘到吉县的班车，然后从吉县再去壶口，可乘从吉县到宜川的班车，或者也可以包车，这样时间上可以从容些。

第六站：吕梁碛口镇
The sixth station: Lvliang Qikou Ancient Town

● **吕梁碛口古镇，九曲黄河第一镇**

　　在吕梁市临县黄河边上，坐落着一座古镇——碛口。碛口因黄河第二大碛——大同碛而得名（黄河第一碛就是著名的壶口）。碛口是很有些古韵的。古老的民居，明代的、清代的，依地形斜坡状排列组合，构筑成一条条街道，分布在黄河岸边。古老的黄河卵石铺成的街面，古老的砖瓦构筑的房舍，处处飘逸着古风古韵。碛口，黄河在这里转个大弯，划下了一条美丽的曲线，使这里成为摄影发烧友的拍片佳地；从碛口再往下游走，河道中的暗礁和激流以及巨大的落差，使船只不适合通行。上游来的商船只能在碛口停泊，货物改走陆运，这使得碛口一度成为重要的水陆交通枢纽，曾享有"水旱码头小都会，九曲黄河第一镇"的美誉。如今这里依然保留着当年的店铺、钱庄等各种商埠的痕迹。一条条青石，一排排大瓮，一个个油篓子，一座座饮马槽，无不展示着当年浓郁的商业氛围，默默地诉说着当年的辉煌。

　　到碛口，从太原出发可走离石高速，从吕梁市出发可走209国道。到碛口古镇旅游最好住上一晚，碛口不仅可游之地较多，如西湾村、李家山村、晋陕黄河大峡谷等，如果天气好，黄昏日落时分在黄河大拐弯处拍照，你会有不小的收获。

57

美丽中国经典线路　Beautiful China Classic Route

第七站：包头
The seventh station: Baotou

● **包头，恬静的黄河岸边之草原钢城**

包头，蒙古语意为"有鹿的地方"，所以又叫鹿城。包头是内蒙古最大的城市，包头地处环渤海经济圈和沿黄经济带的腹地，位于蒙古高原的南端，南濒黄河。黄河流经包头境内214公里，是包头地区工农业生产和人民生活的主要水源。黄河进入包头，河道变得宽阔，水流变得平静，像一条黄色的宽丝带，轻轻地从包头南边飘然而过，却为这个城市带来无尽的宝藏。包头市矿产资源种类多、储量大、品位高、分布集中、易于开采，尤以金属矿产得天独厚，是世界最大的稀土矿床——白云鄂博铁矿所在地，是中国重要的钢铁工业基地，包头因此亦被称为"钢城"。

包头南海湿地景区是国家4A级湿地旅游风景区，位于包头市区南侧，与城区相接，南邻黄河，是黄河改道南移后形成的湖泊和滩涂地，是黄河流域保存较好的省级湿地

▲ 包头黄河公路一桥雕塑（Sculpture of The First Bridge over the Yellow River Road）

▲ 包头美岱召（Baotou Meidaizhao）

自然保护区。总面积1585公顷，从北向南依次分布着面积320公顷的南海湖、面积187公顷的二海子和辽阔的草原风光区，集江南水乡的灵秀与内蒙古大草原的深厚与宽广于一体，常被人们称为"塞外西湖"。

● **包头行程描述**

包头交通方便，环境优美，空气新鲜，极适合旅游。可游之地众多，除了南海湿地景区外，值得一去的景区还有五当召、美岱召、北方兵器城、青鸟生态养生庄园等。中国最大的城中草原——赛罕塔拉生态园就坐落在包头市青山区。另外，在达茂联合旗的东南部还有希拉穆仁草原。包头适合2～3日游。

温馨提示
包头美食　手抓羊肉、黄河开河鱼、炖羊棒骨、背头烧卖、炒酸粥等。

天下黄河之旅　Tour Along the Yellow River

▲ 银川风光 (Scenery of Yinchuan)

第八站：银川
The eighth station: Yinchuan

● **银川，黄沙古渡原生态旅游景区**

　　银川西依贺兰山、东临黄河，是发展中的区域性中心城市。黄河流经银川80多公里，南北贯穿。银川平原引用黄河水自流灌溉已有2000多年的历史。历史上由于黄河不断改道，银川湖泊湿地众多，古有"七十二连湖"之说，现有"塞上湖城"之美称。全市有湿地面积3.97万公顷，主要为湖泊湿地和河流湿地，其中天然湿地占湿地面积的60%以上，自然湖泊近200处，面积100公顷以上的湖泊20多处。较著名的有鸣翠湖、阅海、鹤泉湖、宝湖、西湖等。

　　黄沙古渡原生态旅游景区是国家4A级旅游景区、国家级湿地公园、中国最佳生态休闲旅游胜地、明清宁夏八景之一。自魏晋南北朝时期，黄沙古渡就是黄河水运的重要港口。

　　唐高祖李渊为防御突厥，曾在黄河上建立起我国第一支舰队，黄沙古渡其时又变成了军港。清代康熙皇帝从陆路来宁夏，返京时则从黄沙古渡乘船走水路，途中作诗一首："历尽边山再渡河，沙平岸阔水无波。汤汤南去劳疏筑，唯此分渠利赖多。"以此描述黄沙古渡的繁忙景象及其在交通上的重要地位。在黄沙古渡景区，您可以亲临康熙大帝渡黄河的古渡口、昭君出塞和亲留在大漠的月牙湖。景区内的大漠风光、黄河古韵、自然湿地、黄沙拥长河的塞外奇景，是原生态自助游的好去处。古老的羊皮筏子，原始的沙漠之舟骆驼，现代的黄河龙舟，刺激的沙海冲浪，是宁夏最好玩的地方。中国原生藏獒展示基地、宁夏民俗文化博物馆、宁夏沙漠野生动物救助中心均落户于此。

● **银川行程描述**

　　从银川如果自驾前往黄沙古渡原生态旅游景区，既可以通过大团结广场走203国道往北直达，也可走银古高速上203国道往北到达。公交的话，乘13路中巴（首班7点发车，每隔30分钟一趟）即可；从银川汽车南站乘银川到陶乐的快客（每隔40分钟一趟）也可到达。

59

美丽中国经典线路 Beautiful China Classic Route

第九站：兰州
The ninth station: Lanzhou

● **兰州，黄河之都**

兰州，甘肃省省会，西北地区重要的工业基地和综合交通枢纽，西部地区重要的中心城市之一，丝绸之路经济带的重要节点城市。兰州市区南北群山环抱，东西黄河穿城而过，是唯一黄河穿越市区中心而过的省会城市，因此有"黄河之都"之别称。

兰州地势西部和南部高，东北低，黄河自西南流向东北，横穿全境，切穿山岭，形成峡谷与盆地相间的串珠形河谷。

兰州是一个东西向延伸的狭长形城市，夹于南北两山之间，黄河在市北的九州山脚下穿城而过。经过城建部门的规划建设，沿黄河南岸，已开通了一条东西数十公里长的滨河路。因路面宽阔笔直，两旁花坛苗圃，星罗棋布，被誉为"绿色长廊"，现已成为全省最长的市内滨河马路，被称为"兰州外滩"。游客游览滨河路，可以欣赏黄河风情，参观沿途点缀的平沙落雁、搏浪、丝绸古道、黄河母亲、西游记等众多雕塑；并参观中山桥、白塔山公园、水车园等景点。

2016年兰州引进新型观光游艇以及高速快艇，推出"美丽兰州·夜游黄河"项目及多条水上旅游产品，水上交通更加便捷、多样，更加安全，极大地促进了黄河水上旅游的发展。

● **天下黄河第一桥——中山桥**

中山桥俗称"中山铁桥""黄河铁桥"，位于滨河路中段北侧、白塔山下、金城关前，建于1907年（清光绪三十三年），是兰州历史最悠久的古桥，也是5000多公里黄河上第一座真正意义上的桥梁，因此有"天下黄河第一桥"之称，是兰州市内标志性建筑之一。

● **兰州行程描述**

兰州交通极为便利。兰州中川机场是西北最大的航空枢纽之一，有飞往北京、上海、广州、深圳、成都、香港等国内大部分主要城市的航班。兰州火车站更是四通八达，同时满足普速火车和动车的始发和过路停靠，也是丝绸之路上一颗璀璨耀眼的明珠。在兰州，使用最频繁、线路最多、覆盖范围最广的当数火车，强烈建议乘坐火车抵达兰州。

兰州的最佳旅游季节是3～6月，建议游玩时间1～2天。兰州因为"兰州拉面"闻名中外，所以到兰州建议一定找一家正宗的拉面馆一饱口福。另外兰州因为黄河水的滋养，瓜甜果美，是闻名全国的"瓜果城"，喜欢水果的食客定会流连忘返了。

▲ **中山桥 (Zhongshan Bridge)**

天下黄河之旅　Tour Along the Yellow River

第十站：青海省果洛藏族自治州
The tenth station: Qinghai Guoluo Prefecture

● **青海省果洛藏族自治州，万里黄河之源**

黄河，蜿蜒万里，黄浪滔滔，而其源头，却是清清细流，出于青海省果洛藏族自治州。

果洛州位于青海省的东南部，州府驻于玛沁县。果洛的水资源比较丰富，有大小河流36条，总流程3300多公里，分别注入黄河和长江两大水系。

阿尼玛卿雪山，山势巍峨磅礴，由13座山峰组成，主峰玛卿岗日海拔6282米，是雪域高原上的一座著名雪山，"玛卿"藏语意为黄河源头最大的山。山峰呈锯齿重叠形，冰峰雄峙，冰川面积约126平方公里，有冰川57条，其中位于东北坡的哈龙冰川长7.7公里，面积24平方公里，垂直高差达1800米，是黄河流域最长最大的冰川。

年保玉则位于青海省久治县索呼日麻乡、白玉乡境内，是青海果洛草原的一座神山，主峰海拔5369米。壮观的冰体与鬼斧神工般陡峭的山岩和180个湖泊使年保玉则蒙上了

▲ 年保玉则雪山与仙女湖 (Nianbao Yuze Snowy Peak & Fairy Lake)

神秘的面纱。年保玉则的神秘，莫过于变幻莫测的天气，7、8月间，也会领略到春夏秋冬四季之变迁。年保玉则是三果洛的发祥地，山间有湍急的溪流和涓涓小溪，从乱石中翻滚而过，吐出无数道白沫。来自天边的一道道瀑布似白练般垂落，似银河般洒落人间。

● **青海省果洛藏族自治州行程描述**

青海省果洛藏族自治州政府驻地玛沁县是整个果洛州的交通枢纽，有公路直达阿尼玛卿雪山脚下。年保玉则位于青海和四川阿坝交界处，地理位置较为偏僻，因此交通相对来说不是很方便。一般是先到达果洛州的久治县，然后包车或乘出租车前往，建议打出租车，打表计价。包车要价会比出租车贵些。

▲ 阿尼玛卿雪山 (The Amnye Machen Range)

温馨提示
果洛州名胜古迹还有拉加寺、白云寺、黄河源头纪念碑牛头碑。自然景观有鄂陵湖和扎陵湖、托索湖、莫格德哇遗址、白玉寺、格萨尔大王狮龙宫殿、玛玉文化中心、唐蕃古道、玛可河原始森林等。

61

美丽中国经典线路　Beautiful China Classic Route

魅力长江之旅

The Charm of the Yangtze River Tour

线路：上海➡南京➡九江➡武汉➡宜昌➡重庆

Route: Shanghai ➡ Nanjing ➡ Jiujiang ➡ Wuhan ➡ Yichang ➡ Chongqing

长江印象
Impression of the Yangtze River

　　杜甫诗云："无边落木萧萧下，不尽长江滚滚来。"如果你站在浩浩荡荡、气势磅礴的长江边，深吸着江面上那独特的气息，听着江水拍打着岸边的声音，你会更加理解杜甫的诗意。长江是一首诗，它吟唱着从远古走来，它的魅力在于无穷无尽的奔腾的气势。

　　我们可以到重庆吃火锅，欣赏重庆人热油般"雄起"的风骨；可以到宜昌的三峡大坝，看看那"截断巫山云雨"的壮举；至于荆州，那里是历史的博物馆，楚王云雨巫山，屈原行吟作《离骚》……再往下，武汉的黄鹤楼和龟蛇两山迎接着你，你仿佛会听见辛亥革命的枪声；还有九江，你可以谛听到苏轼的感叹和陶渊明的陶醉；过此，南京的秦淮河、莫愁湖、紫金山仿佛像一个个缥缈的金陵六朝梦，最后是上海，近代兴起的一座中国最大的商业城市，黄浦江岸边耸立的无数高楼大厦，无不诠释着现代化的奇迹。

魅力长江之旅　The Charm of the Yangtze River Tour

行程推荐
Describe the itinerary

跟团游可以参考神舟国旅网的三条线路，第一条线路，长江全景夕阳红——船奇之旅：万州大瀑布、大三峡、白帝城、武汉庐山、景德镇、黄山、九华山双卧12日，行程为：第一天，从北京乘火车到重庆；第二天，参观白公馆、渣滓洞—洪崖洞旅游区—重庆解放碑步行街；第三天，石宝寨风景区—万州大瀑布风景区；第四天，白帝城风景区—游览夔门、瞿塘峡、巫峡—小三峡风景区；第五天，神农架风景区—天生桥景区—神农坛景区—穿越三峡大坝五级船闸；第六天，三峡大坝风景区—屈原故里风景区；第七天，可选择游览张家界风景区、岳阳楼风景区；第八天，岳阳南湖广场—岳阳博物馆；第九天，可选择庐山风景区、景德镇一日游、九江一日游；第十天，可选择黄山风景区、九华山风景区、池州一日游；第十一天，抵达本行程终点港南京，参观中山陵风景区、夫子庙、秦淮河风情街；第十二天，从南京乘火车回北京。此线路可以游览长江三峡至南京的全境，沿途景点尽收眼底。

第二条线路，神女系列：宜昌—长江三峡—石宝寨—瞿塘峡—山城重庆双卧7日游，行程为：第一天，从北京乘火车往宜昌；第二天，宜昌市内自由活动；第三天，乘游轮观赏西陵峡风光—游览三峡大坝；第四天，乘游船观赏巫峡风光—游览神女溪、神女峰；第五天，抵达重庆忠县码头，上岸游览石宝寨；第六天，抵重庆改乘火车回北京；第七天，

▲ 湖北武汉东湖樱花园 (Oriental Cherry Park, Donghu Lake, Wuhan City of Hubei Province)

返回北京。这一线路的特点是，大部分时间是在游轮上，可以饱览三峡的大部分风光，还可以上岸游览三峡大坝景区。

第三条线路，长江1号—上水宜昌—三峡大坝—神农溪—丰都鬼城—重庆双飞5日游，行程为：第一天，从北京乘机飞往宜昌；第二天，游览三峡大坝—乘游船上观赏西陵峡风光；第三天，游览神农溪—观赏瞿塘峡；第四天，游览丰都鬼城；第五天，从重庆码头上岸，乘飞机返回北京。

美丽中国经典线路 Beautiful China Classic Route

第一站：上海
The first station: Shanghai

● **上海，大气磅礴，自古繁华**

　　上海给人的感觉是全新的，是大气磅礴！上海是一座国际化的超级大都市，有巨量的人口，有海量的经济信息，有傲视东亚、南亚的宏观远景，有巨大的港口和巨大的仓库，有林林总总的高楼大厦，浦东国际金融中心、上海世贸广场、金茂大厦、上海环球金融中心，一个比一个高，一个比一个豪华……

　　上海又是一座繁华的都市。过去上海被外国人描述成"冒险家的乐园"，如今，人们生活在乐园之中，生活在繁华和梦幻之中。如果有幸，登上高楼观上海的夜景，成片成片、繁星怒放的灯火，仿佛照耀着无数人的向往，充满了诱惑和纸醉金迷。

　　上海保存了许多老建筑，这些陈旧的记忆就像客厅中的古玩，仿佛在诉说着什么。散步外滩，那些凝重的英式建筑每一座都是一个故事；游览城隍庙、豫园，又像是与一位穿长袍的老人喝茶谈话；还有斑驳的石库门，一瞬间把你带进20世纪二三十年代。

　　上海人看上去比较舒服，穿着时尚，追求潮流，说话待人很客气，有条有理，人行道上从来没人闯红灯，横穿马路的更少，等公交也是秩序井然……

● **上海行程描述**

　　跟团游推荐上海—苏州—杭州—乌镇5日4晚游，行程为：第一天，上海自由行；第二天，苏州拙政园、寒山寺—乌镇西栅景区；第三天，杭州西湖—杭州宋城景区；第四天，杭州西溪湿地东区—上海城隍庙商圈；第五天，外滩、观光隧道、东方明珠，返程。

▲ 上海豫园（Yuyuan Garden Of Shanghai）

温馨提示

必吃美食
　　蟹粉小笼包（自然新鲜的汁水是其精髓），咕咾肉（酸酸甜甜。正宗上海本帮菜），炸春卷（外焦里嫩），上海熏鱼（外焦里嫩，口感咸鲜味美）。

推荐住宿
　　住宿推荐上海田林宾馆，位于徐汇区田林路1号，近柳州路，便于出行游览。双床房最低188元。

推荐土特产
　　上海梨膏糖（纯白砂糖与杏仁、川贝、半夏、茯苓等药材熬制而成），南汇水蜜桃（皮薄肉厚、汁多味甜而闻名全国），凤尾鱼罐头（色泽光亮，香气扑鼻，营养丰富，为佐餐佳品）。

魅力长江之旅　The Charm of the Yangtze River Tour

第二站：南京
The second station: Nanjing

● 南京，金陵王气，莺吟燕舞

　　有人说，逛南京像逛古董铺子。南京，一座让人迷恋的古都——中山陵、明孝陵、夫子庙、玄武湖、秦淮河……斑驳中透出曾经的璀璨，繁华中带着女儿的温柔，它的一棵树，一条街，一面湖，一面城墙，无一不镌刻着历史的痕迹。

　　南京到处是高楼大厦，到处是楼台酒阁，南京浸泡在新街口的楼海中，亦被夫子庙灯红酒绿的气息所笼罩。虽然这是现代化的迷失，不过，外地人一到南京，只要走出火车站，看到镜子般的玄武湖、莫愁湖，他们来到的又是憧憬的六朝古都。

　　如果要感受南京的过去，最好的办法，是尝一尝地道的南京鸭血粉丝汤，那一丝丝鲜美，一瞬间把你带到 20 世纪三四十年代的南京，你仿佛会看到卖鸭血汤的老人挑着担子，蹒跚在巷子深处……

　　值得一提的是南京民国建筑群，那些陈旧的达官贵人的官邸、别墅和外事公寓让南京的城市形象更加鲜明，也让外地人随时能够触摸到南京的历史印记。

　　还有紫金山，还有中山陵、明孝陵，这些独特的城市名片，足以让外地人无限的寻觅和怀念。

● 南京行程描述

　　跟团游推荐携程网上海—杭州—苏州—乌镇—南京—无锡 6 日 5 晚游，行程

▲ 中山陵（The Sun Yat-sen Mausoleum）

为：第一天，从北京到上海；第二天，南京中山陵—夫子庙；第三天，无锡灵山小镇拈花湾—灵山大佛—苏州留园—苏州古运河；第四天，苏州寒山寺—杭州西湖—杭州宋城景区；第五天，乌镇—上海城隍庙旅游区—浦江—东方明珠；第六天，上海迪士尼度假区，返程。

　　一日游推荐携程网南京总统府—中山陵—夫子庙—朝天宫—莫愁湖—阅江楼一日游，一天之内玩遍以上景点，价格才 278 元，真是划得来。

温馨提示

必吃美食
　　鸭血粉丝汤、汤包（皮薄如纸，肉多不腻）、盐水鸭（皮黄肉白，味淡香，不油腻）。

推荐住宿
　　住宿推荐携程网的桔子酒店（南京东华门店），位于钟山风景区，离总统府仅 2.8 公里。方便游览购物。

推荐土特产
　　南京板鸭（分腊板鸭和春板鸭两种）、太史饼（酥松香口，甜肥滋润）、糕团（玲珑小巧，色彩缤纷，入口香甜，糯而不腻）。

65

美丽中国经典线路 Beautiful China Classic Route

第三站：九江
The third station: Jiujiang

● **九江，是山是湖，如诗如文**

九江城市不大，人口也不多，九江的名气在于诗，在于文，在于山——唐代白居易写的"浔阳江头夜送客"，九江，古称浔阳也；苏轼则写的"横看成岭侧成峰"，庐山也；还有他写的《石钟山记》，石钟山，九江的名胜也。

庐山是九江的名片，不仅历代文人如陶渊明、谢灵运、李白、白居易、苏轼、王安石在这里留下美丽的诗句，近代政治家如蒋介石、毛泽东也屡屡登临……

来九江一定要登临浔阳楼，在浔阳楼品茶，发思古之幽情，再登楼凭窗眺望，江水滔滔，烟霞浩渺，令人心旷神怡。

有人说，九江是一个小杭州，那九江的甘棠湖则是小西湖了。此湖由庐山山泉汇入而成，犹如一颗明珠镶嵌在了浔阳古城中；如果你看到环湖的长凳上坐满了休闲聊天的老人，你会羡慕九江人的闲适。如果穿越九江的大街小巷，你会发现九江人很平和，随处绝不闻打骂之声，向人问路，他恨不得把你送到了目的地。还有，这里有很咸的萝卜饼，超辣的小龙虾，味道香香的茶饼，鲜美的长江刀鱼……

● **九江行程描述**

跟团游推荐携程网江西南昌—庐山—婺源—景德镇5日游，行程为：第一天，抵达南昌；第二天，东林大佛—庐山会议旧址—

▲ 江西庐山东林寺求经 (Lushan Donglin Temple)

含鄱口—五老峰；第三天，花径—锦绣谷—如琴湖—仙人洞—庐山险峰—白居易草堂—庐山天桥—美庐；第四天，徽州江湾景区—俞氏宗祠—思溪延村—彩虹桥；第五天，李坑—皇窑景区，返回南昌。

特别推荐该网的庐山三叠泉瀑布＋浔阳古楼＋锁江楼一日游，庐山九江游兼顾。

温馨提示
必吃美食 　　九江粉蒸肉，萝卜牛肉煎包（口感外皮焦脆，馅心透着鲜香），脆皮石鱼卷（以庐山石鱼为原料，鲜味浓厚，颜色金黄）。 **推荐住宿** 　　住宿推荐格林豪泰（九江火车站前弘祥商务酒店），位于长虹大道208号，火车站出站右转即到，附近有浔阳楼，游览购物方便。 **推荐土特产** 　　武宁银鱼（被誉为"水中白金"），九江茶饼（色泽金黄，酥而甜香），湖口糟鱼（滋味醇和，咸鲜适口，风味独特）。

66

魅力长江之旅　The Charm of the Yangtze River Tour

第四站：武汉
The fourth station: Wuhan

● **武汉，迷魂阵般的城市**

武汉又名江城，给人的感觉是很大也很乱。长江和汉江把武汉一分为三，就靠三座大桥连着，加上147个星罗棋布的湖泊，在武汉出行，简直就像绕迷魂阵，路上随便就耗一两个小时。

外地人到武汉，有两地是应该去的：一是位于蛇山的辛亥革命武昌起义纪念馆，一是长江边的黄鹤楼。去纪念馆是为了寻觅革命，因为辛亥革命启动了中国现代化的进程；去黄鹤楼则是为了一个虚无缥缈的传说和一首古诗，它给武汉点缀了一丝"白云千载空悠悠"的诗意。

如果要寻觅武汉的过去，最好到户部巷和吉庆街走走，前者是黄鹤楼下一条著名的小吃街，后者是电影《生活秀》里面描述的

汉口老街。

武汉的小吃味美价廉，一点也不输重庆，路边的烧烤便宜得令人可疑，一串烤鱿鱼只要一元钱，不知成本到底多少。

武汉离不开长江，趴在长江大桥的栏杆上，感受着身后车流的震动和大桥下层火车的轰鸣，眺望着暮色中辽阔的江面，一瞬间你会感觉到武汉的一切一切……

● **武汉行程描述**

跟团游推荐携程网神农架—武当山—三峡大坝—武汉—襄阳7日6晚跟团游，行程为：第一天，到武汉入住酒店；第二天，首义广场—黄鹤楼；第三天，葛洲坝—西陵峡—三峡大坝；第四天，神农架；第五天，武当山；第六天，古隆中；第七天，回武汉，返程。

1日游推荐武汉长江大桥+黄鹤楼+武昌起义纪念馆+首义园小吃街+东湖+湖北省博物馆1日游。

▲ 湖北武汉黄鹤楼 (Yellow Crane Tower in Wuhan, Hubei)

温馨提示

必吃美食
热干面（爽滑有筋道，酱汁香浓味美），武昌鱼（肉质细嫩，香味扑鼻），豆皮（馅为糯米，外脆内软，色金而黄）。

推荐住宿
住宿推荐携程网锦江之星（武汉中华路户部巷店），位于户部巷，方便游览购物。
特别住宿推荐7天连锁酒店（武汉华师店），位于武汉卓刀泉南路虎泉街1号，近地铁虎泉站出口，与华东师范大学邻近。

推荐土特产
青山麻烘糕（既有米烘糕的香，又有云片糕甜润易溶），黄陂荆蜜（四大名蜜之一），孝感麻糖（香、甜、薄、脆）。

美丽中国经典线路 Beautiful China Classic Route

第五站：宜昌
The fifth station: Yichang

● 宜昌，小城故事，三峡人家

宜昌古称夷陵，虽然不大，但由于位于西陵峡的起处，因此被称为"三峡门户"。到当代，宜昌因三峡大坝的建成而闻名于世，现在的宜昌，离不开长江，离不开三峡，更离不开三峡大坝。对宜昌来说，三峡大坝不仅仅是旅游，是名片，而且是宜昌城市的外延和支撑，是宜昌的灵魂。

宜昌的历史，随便说说也吓人一跳：屈原祠、昭君故里、关羽陵，个个都与顶级古代历史文化名人有关，还有长坂坡、猇亭古战场，关羽败走麦城、火烧连营七百里，那些令人感叹不已的故事都发生在这里。

▲ 三峡风光(Three Gorges Scenery)

外地人的感觉，宜昌的环境真不错。宜昌街上的人不多，车不堵，宽阔的街道上没有一丝垃圾，两旁尽是四季常青的树木，高大如冠，郁郁葱葱；沿街鲜花盛开，路边的绿化带似长锦缎带，随街而行；各具特色的建筑墙体或灰或蓝，或亮或暗，与整座城市的情趣相得益彰，一切是那样干净、安逸。宜昌就像邓丽君唱的"小城故事多，充满喜和乐"。

● 宜昌行程描述

跟团游推荐携程网宜昌5日4晚半自助游·清江画廊—三峡大坝—三峡人家，行程为：第一天，前往宜昌；第二天，清江画廊—倒影峡—武落钟离山—仙人寨；第三天，葛洲坝—西陵峡—三峡大坝；第四天，三峡人家—三峡猴山—黄龙瀑；第五天，返程。

▲ 湖北宜昌西陵峡天生桥风光(Yichang, Xiling, Hubei gorge natural bridge scenery)

温馨提示

必吃美食

白汤肥鱼（用鮰鱼和肥膘肉共蒸而成，煮后鱼肉鲜嫩，奶白色的汤汁鲜美浓稠），萝卜饺子，（煎炸至金黄色，色泽诱人，香辣脆），土家蒸肉。

魅力长江之旅　The Charm of the Yangtze River Tour

第六站：重庆
The seventh station: Chongqing

● **重庆，山城雾都闷火炉**

重庆是一个山城。走在重庆的街上，你会发现，没人骑自行车，因为坡太陡太多了，骑车会很累。正因为累，重庆衍生出一个帮人担货的行业，重庆人称之为"棒棒"。如果有兴致站在重庆渝中区山顶上看万家灯火，听见朝天门的船笛长鸣，下面是浩荡长江和嘉陵江汇合成长江，入峡东去，实在很惬意。

到重庆不能不吃火锅，火锅原来是纤夫冬天里御寒吃的，因此又麻又辣，并且涮的基本都是"下水"。现在，火锅是重庆一张响亮的名片，外地人到重庆，一定要吃种类繁多的火锅，千万要点微辣、中辣和重辣，重辣是外地人吃不了的。火锅的美味透着重庆人的"热油"风骨。

到重庆，一定要去朝天门和磁器口。朝天门是一个码头，是长江和嘉陵江交汇的地方，虽然江面很低很低，但看上去很壮观。磁器口是一个"千年古镇"，那里可以寻觅重庆的过去，如果要买重庆特产，磁器口是最全的。重庆还有许多可去的地方：红岩村、歌乐山、渣滓洞、解放碑、罗汉寺……

● **重庆行程描述**

跟团游推荐神舟国旅的重庆—渣滓洞磁器口古镇—武隆天坑—大足石刻—昌州古镇双卧6日游，行程为：第一天，从北京乘火车前往重庆；第二天，参观湖广会馆—

▲ **重庆三峡末代船夫**（The boatman of Chongqing Three Gorges）

重庆长江索道—渣宰洞、白公馆、磁器口镇、洪崖洞旅游风貌区；第三天，游览天坑三桥景区—三生地质展览馆—仙女山森林公园；第四天，游览芙蓉洞—芙蓉江大峡谷；第五天，游览昌州古镇—大足宝顶山石刻；第六天，从重庆乘火车返回北京。

温馨提示

必吃美食
重庆火锅，酸辣粉（外地也有，但不正宗），磁器口麻花（分麻辣味、椒盐味、甜味），泉水鸡（香辣可口，回味无穷）。
推荐住宿
住宿推荐江景印象酒店（重庆南滨路店），位于重庆南坪南滨路80号东原1891号，距重庆火车站4.5公里。
推荐土特产
南川杜仲（著名中药，可补肝肾、强筋骨），白市驿板鸭（腊香可口、余味无穷），城口"老腊肉"（经特殊的传统工艺熏制而成）。

69

万里长城文化之旅
A Travel of the Culture of The Great Wall

线路：丹东➡葫芦岛➡承德➡秦皇岛➡天津➡北京➡大同➡嘉峪关
Route: Dandong ➡ Huludao ➡ Chengde ➡ Qinhuangdao ➡ Tianjin ➡ Beijing ➡ Datong ➡ Jiayu Pass

长城印象
The Great Wall impression

  它是世界文化遗产，堪称世界奇迹。它是中华民族的象征，彰显了中华民族不屈的精神。它像一条矫健的巨龙，越群山、经绝壁、穿草原、跨沙漠，起伏在崇山峻岭之巅，蜿蜒奔向苍茫大海。它就是举世瞩目的伟大工程，中华民族的脊梁——万里长城。

  "不到长城非好汉"，当登临者秉持着这种决心踏上长城时，气势磅礴的城墙逶迤于群山峻岭之中，视野所及，不见尽头，顿时感受到"长城雄风万古扬"，领略到中华民族的大智大勇。山海关、居庸关和嘉峪关堪称万里长城的精华荟萃地。它们并称中国三大雄关，以军事要塞著称于世，以长城为主线，以关城为中心，由10大关隘、7座卫城、37座敌台、14座烽火台、14座墩台等建筑组成，主次分明，点线结合，彼此呼应，互相配合，构成一整套科学的防御体系。

万里长城文化之旅　A Travel of the Culture of The Great Wall

▲ 八达岭长城 (Great Wall in Badaling)

行程描述
Describe the itinerary

明长城东起辽宁虎山，西至甘肃嘉峪关，从东向西行经辽宁、河北、天津、北京、山西、内蒙古、陕西、宁夏、甘肃、青海 10 个省（自治区、直辖市）的 156 个县域。2012 年 6 月 5 日，国家文物局在北京居庸关长城宣布，历经近 5 年的调查认定，中国历代长城总长度为 21196.18 公里。

作为既有颜值又有内涵的存在，无论是哪个城市哪个景点附近有长城，人们都会忍不住去看一看的。长城的行程大多与当地景点相结合，因为建筑年代不同，地理位置的差异，不同地域的长城会带给你截然不同的感受。看着长城依山，看着长城傍海，看着长城穿越草原，看着长城横亘大漠，春有芳草萋萋，夏有似锦繁花，秋有红枫落叶，冬有白雪皑皑，那一条巨龙无时无刻不被装点的魅力四射。长城行程大多会是一场体力消耗之旅，准备好体力，怀着一颗做"好汉"的心，就出发吧！长城正在静静地呈现出一幅幅风格迥异的动人画卷，待你去走近观赏。

长城自西向东走向蜿蜒，从头到尾走上一遍，一定是件很有挑战性的事情。如果有骨灰级的长城发烧友打算这样做，那么我们推荐自驾游，带上 GPS 说走就走。当然要乘坐火车的话，也会很有情调。不管方式如何，能够完成这一伟业的人，一定得称作是"好汉"中的"好汉"了！

▲ 嘉峪关 (Jiayu Pass)

71

美丽中国经典线路 Beautiful China Classic Route

第一站：虎山长城
The first station: The Great Wall in Hushan Mountain

● 可以眺望国境线的长城

高中课本里说"长城东起鸭绿江，西至嘉峪关"，这起点处就是虎山长城了。虎山长城位于辽宁丹东市城东15公里的鸭绿江畔虎山景区，虎山主峰高146.3米。峰顶是万里长城的第一个烽火台。站在烽火台上环顾四周，朝鲜的义州城、中国的马市沙洲和连接丹东与新义州的鸭绿江大桥清晰可见。虎山长城始建于明成化五年（1469年），因修建于鸭绿江江畔的虎山而得名。

虎山长城的军事设施，主要包括长城墙体、墙台、敌台、马面、烽火台、护城河、拦马墙等，这些设施构成了较为完备的防御体系。虎山长城现已修复1250米，恢复了当年明长城之首的壮观气势。附近有睡佛、虎口崖、虎山长城博物馆等景点，是丹东城郊绝好的旅游胜地。其中虎山长城博物馆是继八达岭、山海关、嘉峪关之后全国第4座长城博物馆。博物馆分为楼上、楼下两部分，将表达长城的防御作用作为主题，展品主要是虎山长城遗址内挖掘出来的兵器、守城士兵使用的炉灶等出土文物，以及部分艺术品和大型景观画。

● 虎山长城行程描述

虎山长城距离丹东市区约15公里，交通比较便利，从丹东长途客运站乘长途汽车到虎山头站，或者在客运站前乘坐丹东到虎山长城的旅游专线车。在丹东火车站附近有直达虎山长城的中巴，票价3元。也可以包车、拼车或者乘出租车前往。

丹东是一个沿江临海的边境小城，自然风光秀美，人文景观独特，去虎山长城的话，丹东的周边美景也是不容错过的，鸭绿江、大鹿岛、青山沟、凤凰山、绿江村等都值得一游，适合在丹东安排1～3天时间游玩。

▲ 虎山长城冬景 (Winter in The Great Wall in Mount Hushan)

旅游锦囊

鸭绿江对面就是朝鲜的新义州，在丹东市里可以看到很多朝鲜风情的景象：大街上朝鲜牌照的货车，在公园里可以穿朝鲜族的服装拍照，品尝味道正宗的朝鲜族美食，还可以坐船游鸭绿江到朝鲜境内。

丹东的海鲜和烧烤都特别棒，晚上的月亮街很繁华，一条街全是小吃，很赞。饭后沿着江边散步，看看江那边的朝鲜夜深人静，看看江这边的丹东灯火辉煌，别有一番感触。

万里长城文化之旅　A Travel of the Culture of The Great Wall

▲ 九门口长城 (The Great Wall in Jiumenkou)

第二站：九门口长城
The second station: The Great Wall in Jiumenkou

● **水上长城**

九门口长城位于葫芦岛市绥中县李家乡，东距绥中城62.5公里，是明长城的重要关隘，被誉为"京东首关"。九门口建于1381年，建筑独具特色。在宽百余米的九江河上，铺就7000平方米的过水条石，俱为纵行铺砌，边缘与桥墩周围，均用铁水浇注成银锭扣。这就是历史上著名的"一片石"。九门口长城，因其城桥下有九个泄水城门而得名，水势自西向东直入渤海，气势磅礴、壮观，是自然景观和人文景观的完美结合，因而享有"水上长城"的美誉。

长城隧道是九门口长城的又一独特之处。当年这段长城修筑完成以后，根据它所处的险要地理位置，开掘了一条从长城内侧不经过九门城关而秘密直通关外的山中暗道。这条坐落在长城下面山体中的隧道全长1027米，隧道内有29个大小岩洞，隧道中既可以屯兵，发生战争时还可以派一支奇兵，秘密通过隧道出关，如神兵从天而降，从侧后方袭击敌人。

● **九门口长城行程描述**

夏天旅游旺季在山海关有开往九门口的中巴车，淡季的时候可以从绥中县乘长途车到李家堡，然后步行1公里左右可以到达。包车或者自驾前往会比较方便。

葫芦岛是环渤海湾最年轻的城市之一。葫芦岛是半岛，伸向辽东湾内，因头小尾大，中部稍狭，状如葫芦而得名。葫芦岛市旅游资源丰富，旅游景点众多，被誉为"关外第一市""北京后花园"。葫芦岛适合安排1～2日游，除了九门口长城外，周边的兴城古城、兴城温泉、菊花岛、首山等都可以一并游玩。

旅游锦囊
葫芦岛特产： 　　红崖子花生、海蜇、葫芦岛虾皮、绥中草编、板石沟大枣、绥中白梨、绥中猕猴桃。

美丽中国经典线路 Beautiful China Classic Route

第三站：秦皇岛
The third station: Qinhuangdao

秦皇岛是北方著名的沿海旅游城市，拥有长城旅游线上的山海关、老龙头、孟姜女庙和角山长城等景区。

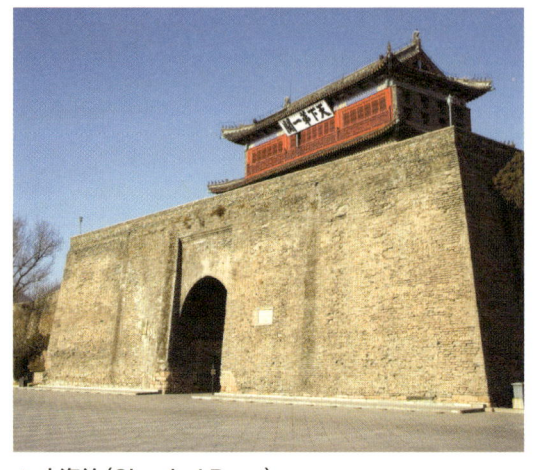

● 山海关，天下第一关

山海关是明长城的东北关隘之一，境内长城26公里，又称"榆关"。山海关是世界文化遗产——中国万里长城的形象代表之一。山海关景区内名胜古迹荟萃、风光旖旎、气候宜人，是著名的历史文化古城和旅游避暑胜地，区内有开发和观赏价值的名胜古迹达90多处。山海关夏季气候凉爽，是理想的避暑胜地。

▲ 山海关 (Shanhai Pass)

万里长城唯一集山、海、关、城于一体的海陆军事防御体系。在600余年的变迁中，老龙头书写了一部历尽沧桑的历史，为爱国主义教育提供了良好的教材。老龙头距山海关4公里。明朝时的长城横跨崇山峻岭，蜿蜒似一条巨龙入渤海，故长城之首称"老龙头"。老龙头由入海石城、靖卤台、南海口关和澄海楼组成。

● 老龙头，海中长城

老龙头位于秦皇岛市山海关区城南5公里处，是明代蓟镇长城的东部起点，也是

▲ 老龙头 (Old Dragon's Head)

万里长城文化之旅　A Travel of the Culture of The Great Wall

第四站：承德
The fourth station: Chengde

● 古北口长城，天下第一关

　　古北口长城位于河北省承德市滦平县，是中国长城史上最完整的长城体系。由北齐长城和明长城共同组成，包括卧虎山、蟠龙山、金山岭和司马台4个城段。古北口是山海关、居庸关两关之间的长城要塞，为辽东平原和内蒙古通往中原地区的咽喉，历来是兵家必争之地，尤其是在辽（907～1125年）、金（1115～1234年）、元、明、清这五朝，大大小小争夺古北口的战役从未停止过，因此长城的作用显得尤为重要。

▲ 古北口长城 (The Great Wall in Gubeikou)

● 金山岭长城，摄影爱好者的天堂

　　金山岭长城位于河北省承德市与北京市密云区交界的燕山山脉中。西起龙峪口，东止望京楼，全线10.5公里。沿线有建筑各异的敌楼67座，烽火台2座，大小关隘5处，这里长城上敌楼密集，一般每隔50～100米有一座，墙体以巨石为基，高5～8米，并设有挡马墙、垛墙和障墙，形式多样，各具特色。

▲ 云雾中的金山岭长城 (The Great Wall in Jinshanling in the clouds)

75

美丽中国经典线路 Beautiful China Classic Route

第五站：天津
The fifth station: Tianjin

● 蓟县黄崖关长城
　保存完整的防御工事体系

　　黄崖关长城位于天津蓟州区最北端30公里处的东山上，东达河北省遵化市的马兰峪长城，西接北京平谷的将军关长城。该段长城建于北齐天保年间（550～559年），明代由抗倭名将戚继光进行整修，是天津境内唯一的一座长城。全长42公里，其中古墙21.5公里，砖墙2公里，敌楼52座，烽火台14座。利用山崖作天然屏障来筑城墙16.5公里。西侧的长城边墙，因地制宜筑有砖墙、石墙以及险山墙、劈山墙等多种形式城墙。沿线敌楼、烟墩有方形、圆形、砖筑、石砌诸多类型，共计20座。其中雄踞关北1公里孤峰上的凤凰楼，砖砌圆形，底径16.1米，高18.3米，上、下两层，顶建砖构楼橹铺房，极为罕见。黄崖关城内还建有我国第一座长城博物馆和长城碑林。

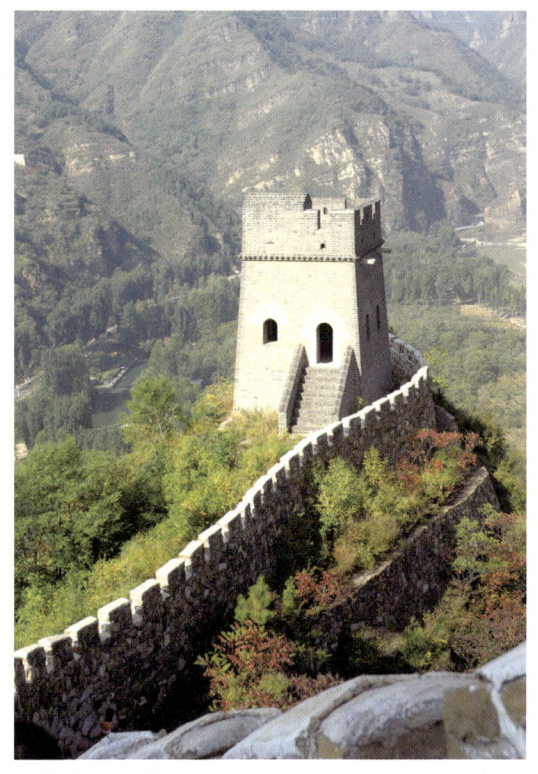

▲ 黄崖关长城 (The Great Wall in Huangya Pass)

● 黄崖关长城行程描述

　　去往黄崖关长城，若从天津出发需要先到蓟州区，从蓟州区古街西口处乘坐小巴，另外北京平谷区有平50路公交车，在黄崖关站下车，可以到达景区。

　　黄崖关长城有东、西两个入口，东侧为太平寨，西侧是主入口黄崖主关，两入口之间的长城距离为2.2公里，游玩时沿着长城步行从一个入口到另一处即可，两个入口之间有电瓶车可通，车程约半小时。登长城需要1～2小时，推荐先到达太平寨入口，从此进入后向黄崖主关游玩，这样一路上都是下坡路，比较节省体力，而且有一些农家院在黄崖主关附近，可以在游玩后直接入住休息，既不需要走回头路又比较舒适。

　　沿路的山坡非常陡峭，露出黄色的岩壁，这也是黄崖关得名的由来。若是傍晚时分，夕阳照在山壁之上非常漂亮，这便是津门十景之一的"黄崖夕照"，摄影爱好者们一定不能错过这里。黄崖主关处还有一座关城可以游玩，总共在景区的游览时间为3小时左右。

万里长城文化之旅　A Travel of the Culture of The Great Wall

第六站：北京
The sixth station: Beijing

● **八达岭长城，最壮观的长城**

　　八达岭长城位于北京市延庆区，是明长城中保存最好、也最具代表性的地段。被列为联合国"世界文化遗产"之一。八达岭长城典型地表现了万里长城雄伟险峻的风貌。作为北京的屏障，这里山峦重叠，形势险要。气势磅礴的城墙南北盘旋延伸于群峦峻岭之中。依山势向两侧展开的长城雄峙危崖，陡壁悬崖上古人所书的"天险" 二字，确切地概括了八达岭位置的军事重要性。八达岭长城驰名中外，誉满全球，是万里长城向游人开放最早的地段。"不到长城非好汉"，迄今，先后有尼克松、里根、撒切尔、戈尔巴乔夫、伊丽莎白等372位外国首脑和众多的世界风云人物登上八达岭观光游览。

● **居庸关，天下第一雄关**

　　居庸关长城位于北京市昌平区，距八达岭长城20公里。这里形势险要，自古为兵家必争之地。它有南、北两个关口，南名"南口"，北称"居庸关"。居庸关两旁，山势雄奇，中间有长达18公里的溪谷，俗称"关沟"。这里清流萦绕，翠峰重叠，有"居庸叠翠"之称，被列为"燕京八景"之一。

● **慕田峪长城，危岭雄关**

　　慕田峪长城位于北京市怀柔区境内，是北京新十六景之一，万里长城的精华所在。慕田峪长城的构筑有着独特的风格，这里敌楼密集，关隘险要，城两侧均有垛口，特别是正关台三座敌楼并矗。著名的长城景观箭扣、牛角边、鹰飞倒仰等位于慕田峪长城西端。慕田峪长城重峦叠嶂，植被覆盖率

▲ 八达岭长城秋色 (Autumn of The Great Wall in Badaling)

美丽中国经典线路 Beautiful China Classic Route

▲ 慕田峪长城冬景 (Winter in The Great Wall in Mutianyu)

达 90% 以上。慕田峪长城设有中国一流的登城缆车、开发了中华梦石城、施必得滑道等项目，形成了长城文化、石文化和体育健身娱乐的有机结合。

● **司马台长城，保持原貌的明长城**

司马台长城，位于北京市密云区东北部的古北口镇境内。司马台长城东起望京楼，西至后川口，全长5.4公里，共有敌楼35座，整段长城构思精巧，设计奇特。长城专家罗哲文教授曾评价：中国长城是世界之最，而司马台长城又堪称中国长城之最，是中国唯一保留明代原貌的古建筑遗址。

● **水关长城**

水关长城是明长城的遗址，距今有400余年历史。此段长城建于险谷口，自水门箭楼长城呈"V"字形，顺应山势而行，如巨龙似鲲鹏展翅欲飞，箭楼即是敌楼同时兼具水门功效，此种建筑方式在沿线长城中极为罕见，故名水关长城。水关长城地势险要，苍龙起伏于崇山峻岭之间，穿行于悬崖峭壁之上，城堡相连，烽燧相望，双面箭垛，拒敌万千。水关长城地处关沟中部，72景似明珠般散落于长城四周，弹琴峡、金鱼池、石佛寺、骆驼石等诸多景点融于方圆500米空间内，为游客提供丰富的旅游资源。

▲ 司马台长城 (The Great Wall in Simatai)

万里长城文化之旅　　A Travel of the Culture of The Great Wall

第七站：大同
The seventh station: Datong

● **塞外长城，古代农业和牧业的分野**

　　山西大同附近的塞外长城像一条巨龙，蜿蜒曲折，横亘于天地之间。长城作为防卫性质的军事建筑，自然和战争结下不解之缘，看今日山西的外长城，赫然就是与内蒙古的省界，这界线表明了农业民族与游牧民族的分野，翻开明代的地图，就可以看到这条外长城根本就是那时的边界要塞。塞外长城历史悠久，历朝历代都有长城遗迹，包括有：赵长城、秦长城、汉长城、北魏长城、隋长城、金长城、明长城、清长城。长城资源调查数据显示，大同市境内明代长城343.149公里，其中浑源县80.309公里，广灵县0.08公里，灵丘县4.298公里，天镇县62.213公里，阳高县49.098公里，左云县37.489公里，新荣区109.662公里。目前这段长城主要修建于明朝。明朝初年，为了对抗蒙古的余支，明军多番出击，同时也沿前线修筑长城。城身的重要地段都以夯土外包条石，置敌台、堡垒、关隘以作守备，同时，沿边建立长期世袭服军役的卫所制度，使他们世世代代守卫边疆。明成祖迁都北京后，皇帝们为保护自身的安全，又加建内长城作为第二道防线。

　　塞外长城从元墩向西经镇川口抵宏赐口。然后分为两路，主体长城由宏赐堡向北转，经河东窑，跨饮马河，西转至镇羌堡，又由镇羌堡经拒墙口、拒门口、助马口至十三边，由十三边长城转向南至砖楼沟继续向南，出大同市入左云县界。另外一条由宏赐堡向习性，经新荣、破虏至吴施窑入左云界。大同市辖南北两条长城共约105公里。

　　由于长城在整个国家和民族的命运中占有如此重要的地位，起着如此重要的作用，所以它既使得历代的最高统治者十分重视它，同时也使得无数铁血男儿凝神北望，挺身上"城"，把这里当成了报国立功的人生大舞台。

● **天镇长城**

　　天镇长城位于山西省大同市天镇县，是明长城的一部分。这段长城是明嘉靖年间修筑的，东面是李二口村。历史上，天镇所辖地域一直是汉民族与北方蒙古游牧民族相融相争的地方。长城，作为一项军事防御工程，为边防安定，开发屯田，保护通信、商旅起到了巨大作用，在我们天镇北川还有汉长城、北魏长城遗址，规模较小，墙体不存，仅留残迹和基础。现存比较完整的是这些明代的外长城。

▲ **天镇长城** (The Great Wall in Tianzhen County)

第八站：嘉峪关
The eighth station: Jiayu Pass

● **嘉峪关，最西雄关**

是明长城西端的第一重关，也是古代"丝绸之路"的交通要塞。它是明代万里长城西端起点，始建于1372年，先后经过168年时间的修建，成为万里长城沿线最为壮观的关城之一。嘉峪关有231米由黄土夯筑的城墙攀缘在高150米、倾斜度为45°的山脊上，似乎长城从山上陡跌而下地势最高的嘉峪山上。

嘉峪关关城依山傍水，扼守南北宽约15公里的峡谷地带，该峡谷南部的讨赖河谷，又构成关防的天然屏障。嘉峪关附近烽燧、墩台纵横交错，关城东、西、南、北、东北各路共有墩台66座。嘉峪关地势天成，攻防兼备，与附近的长城、城台、城壕、烽燧等设施构成了严密的军事防御体系，又被誉为"天下第一雄关"。

● **横穿沙漠戈壁长城城墙**

嘉峪关是明代万里长城的西端起点，也是明代万里长城沿线保存最为完好、规模最为壮观的古代军事城堡，有"雄关"之美誉。

嘉峪关内城墙上还建有箭楼、敌楼、角楼、阁楼、闸门楼共14座，关城内建有游击将军府、井亭、文昌阁，东门外建有关帝庙、牌楼、戏楼等。

● **文昌阁，长城上的祭神之所**

文昌阁始建于明代（1368～1644年），重建于清道光年间（1821～1850年）。楼阁为两层两檐歇山顶式建筑，底层两边为单间铺房，四周立红漆明柱18根，形成回廊。内为

▲ 嘉峪关（Jiayu Pass）

万里长城文化之旅　A Travel of the Culture of The Great Wall

面宽三间、进深两间的官厅。四面装有花格门窗，上部绘制山水人物彩画 80 余幅。此阁在明清时为文人墨客会友、吟诗作画、读书的场所。到了清代末年成为文官办公的地方。

● **天下第一墩，长城巨龙尾巴上的墩台**

位于嘉峪关关城南 7 公里处，与祁连雪峰隔河相望，是明代长城西端第一个台墩起点。第一墩始建于 1539 年。原台长、宽、高均为 14 米，呈正方形棱锥体，后来部分岸壁塌毁，只有现存的台墩依壁而立，其险无比。为了保护这一珍贵的历史遗存，近年来嘉峪关市先后修筑了第一墩北侧 30 多米的仿古长城城墙，并对第一墩设置护栏予以围护。在这里可以凭吊雄浑博大的古代文明，并领略戈壁的浩瀚和大漠的奇异风光。

● **悬臂长城，凌空倒挂的长城**

位于嘉峪关关城北 8 公里处石关峡口北侧的黑山北坡，距市区约 14 公里，属嘉峪关军事防御体系的一部分。始筑于 1539 年，原长 1.5 公里，为片石夹土墙，现存长城 750 米，其中有 231 米的黄土夯筑城墙攀缘于高 150

▲ 天下第一墩 (The first abutment in the world)

▲ 悬臂长城 (Cantilever Great Wall)

米、倾斜度为 45° 的山脊上，似凌空倒挂，因而得名"悬壁长城"。顺城墙顶拾级而上，平坦处如履平地，陡峻处如攀绝壁。

● **嘉峪关行程描述**

嘉峪关机场位于市区东北 9 公里处，已开通嘉峪关至兰州、北京、上海、西安等城市的航线。铁路交通便利，是兰新线上的大站。嘉峪关可看景点众多，来到此处除了体会长城的沧桑与豪迈，还可以到七一冰川或者酒泉卫星发射中心游览。嘉峪关附近可以安排 2～3 天游玩时间。

旅游锦囊

1. 如果自驾游嘉峪关的话，可以留意高速公路上的制高点，眺望或者拍摄嘉峪关长城城楼的全景是很好的选择。
2. 七一冰川海拔较高，有 4000 米以上，前往的游客可能会有高山反应。

美丽中国经典线路 Beautiful China Classic Route

千年运河之旅

Tour Along the Grand Canal From Beijing to Hangzhou

线路：北京➡通州➡天津➡沧州➡聊城➡淮安➡扬州➡镇江➡苏州➡湖州➡杭州

Route: Beijing ➡ Tongzhou ➡ Tianjin ➡ Cangzhou ➡ Liaocheng ➡ Huai'an ➡ Yangzhou ➡ Zhenjiang ➡ Suzhou ➡ Huzhou ➡ Hangzhou

千里运河串珠链
The shining pearls stringed by the Grand Canal

　　笔者到过扬州，那里的人们对隋炀帝表现出了极大的宽容与感激，原因就是他主持开凿了著名的京杭大运河。

　　京杭大运河是世界上里程最长、工程最大的古代运河，也是最古老的运河之一，与长城、坎儿井并称为中国古代的三项伟大工程，并且使用至今。它是中国古代劳动人民创造的一项伟大工程，是中国文化地位的象征之一。大运河南起杭州，北到北京，途经天津市及河北、山东、江苏、浙江四省，贯通海河、黄河、淮河、长江、钱塘江五大水系，全长约1747公里。运河对中国南北地区之间的经济、文化发展与交流，特别是对沿线地区经济的发展起了巨大作用。千里大运河像一条精美的银链，把沿途的城市串联起来，这些城市也因它而闪耀出璀璨的光芒。千年运河之旅就是要带您沿着大运河一路前行，去欣赏它们的华丽与风采。

千年运河之旅　Tour Along the Grand Canal From Beijing to Hangzhou

第一站：北京
The first station: Beijing

● 北京，大运河终端——什刹海

北京是京杭大运河的终点城市，京杭大运河的北端一般认为是在北京的什刹海（主要是积水潭，亦包括前海、后海），自从元朝郭守敬兴修82公里的通惠河后，船只经过北运河沿通惠河直驶入大都（北京）城内积水潭，京杭大运河也就实现了南北大贯通。积水潭及现今什刹海、后海一带，都是600年前大运河漕运的终点，当年商船千帆聚泊，热闹繁华，元朝时每年有两三百万石粮食从南方运往京城。《马可·波罗游记》中记载了元大都的繁华盛景。"比较大的码头、最热闹的景象应集中在离鼓楼最近的银锭桥、烟袋斜街一带，最盛时，积水潭舳舻蔽水，盛况空前。"

明代，皇城将流经元代皇城东墙外的运河圈入，为保证皇家用水，水路被切断。从此，通惠河与积水潭失去了联系，积水潭也与京杭大运河切断了脉络，成了园林湖水，仅有些游船画舫在水上悠游。

● 北京行程描述

北京什刹海包括前海、后海和西海（又称积水潭）三个水域及临近地区，与"前三海"相呼应，俗称"后三海"。什刹海也写作"十刹海"，四周原有十座佛寺，故有此称。清代起就成为游乐消夏之所，为燕京胜景之一。什刹海景区的不少古建筑在北京城市建设发展史上及政治文化史上占有重要地位，

▲ 什刹海夜色 (Night of Shichahai)

主要代表有恭王府及花园、宋庆龄故居及醇王府、郭沫若纪念馆、钟鼓楼、德胜门箭楼、广化寺、汇通祠、会贤堂。

逛完北京什刹海，一定要去逛逛北京南锣鼓巷。南锣鼓巷（简称南锣）是北京最古老的街区之一，居住过许多达官贵人、社会名流，从明朝将军到清朝王爷，从北洋政府"总统"到国民党总裁，从文学大师到画坛巨匠，这里的每一条胡同都留下历史的痕迹。近几年南锣成为许多时尚杂志报道的热点，不少电视剧在这里取景拍摄，许多国外旅行者把其列为在北京的必游景点。由于游人过多，南锣自己申请摘掉了国家3A级旅游景区的牌子，不过仍然挡不住游客的脚步，只是因为它太有吸引力了。

温馨提示
1.什刹海景区全天免费开放。晚上的什刹海更加美丽，后海的酒吧街很有名，既有老北京的特色，也有现代化的气息。
2.最佳季节：6～8月、12月至次年2月。什刹海夏天可以划船，冬天可以滑冰。

83

美丽中国经典线路　Beautiful China Classic Route

第二站：通州
The second station: Tongzhou

● 通州，大运河森林公园

"南通州，北通州，南北通州通南北"，这个对联中的北通州就是如今的北京通州，之所以能通南北，就是因为此处有条北运河。积水潭不通航后，大运河运来的物资一般到通州便弃舟，改用马车运进朝阳门。通州就因运河而名，取"漕运通济之义"，曾因运河而鼎盛一时。如今，这里的北运河未断流，因此也被一些专家认定为大运河的北端点。

从通州到天津的北运河，在通州境内有36公里，现在部分河段已被整修和扩容。尤其是城区内河段，在两岸修建了大运河森林公园。大运河森林公园北起六环路潞阳桥，南至武窑桥，河道全长约8.6公里，总建设面积713公顷（约10700亩），其中水面面积约2500亩，绿化面积约8200亩，为国家4A级旅游景区。大运河通州段宽阔的河水和堤岸，在北京"独一无二"。因此，大运河森林公园体现了"以绿为体，以水为魂，林水相依"的设计理念，在河道两侧构建了"一河、两岸、六园、十八景"的格局，建有潞河桃柳景区、月岛闻莺景区、银枫秋实景区、丛林活力景区、明镜移舟景区、高台平林景区。

● 通州行程描述

通州大运河森林公园，里面相当大，非常适合散步。公园里适合扎帐篷、吊床，在树林里非常舒服。在这里待上一天是件很惬意的事。如果赶上瓜果成熟的季节，森林公园附近还有采摘园，可以采摘鲜桃、油桃、蟠桃、大枣。

通州大运河森林公园沿河往北，还有一个运河公园，其中包括运河文化广场、运河奥体公园及运河生态园三个分园，在东关大桥的南北两侧。运河公园是集休闲娱乐教育、体育竞技健身、水上游乐观光为一体的综合性场所。公园内有燃灯塔、验粮楼等景区。

▲ 通州大运河森林公园夜景 (Night scene of Grand Canal Forest Park in Tongzhou)

温馨提示

1. 大运河森林公园及运河公园均免费向游客开放。
2. 自驾车路线：京通快速—沿八通线至京津公路（京塘公路），过张家湾工业园区（张家湾镇政府路口）前行至第一个路口（潞城方向）左转至宋梁路，继续行驶1000米右手边即到。
公交、地铁八通线土桥站附近乘坐通州森林公园1路可到大运河森林公园南门站及森林公园各景区站点。乘坐公交938路、通13路、通20路、通21路、通22路到创展家居站下车后步行300米左右即是。
3. 游玩最佳时间：每年5月、9月、10月。

千年运河之旅　Tour Along the Grand Canal From Beijing to Hangzhou

第三站：天津
The third station: Tianjin

● **天津，大运河载来的城市**

　　天津是一座因运河而生的城市，随着漕运的发展，天津逐渐成为南方粮、绸北运的水陆码头。天津段大运河开凿于元代。包括天津至北京通州的北运河和天津至山东临清的南运河的一部分。南、北运河与海河在天津三岔口相汇。元代庞大的漕运（南粮北运）促进了直沽（天津）的繁荣发展，直沽因而被马可·波罗誉为"天城"。三岔口作为运河漕运中转站，当年船舶云集，元朝在三岔口两岸敕建有天后宫，成为船工酬神、聚会场所。

　　俗话说"先有三岔口，后有天津卫"。可以说三岔口是天津城市的"原点"，是天津城的摇篮。传说中哪吒闹海的故事就发生在三岔口。明时朱棣率大军在三岔口修整后誓师南下，一路攻取沧州、济南、扬州，待朱棣登上皇位后，就在三岔口敕建天津卫城，并于建成之日御赐"天津"之名，取"天子津渡"之意。

　　如今三岔口跨河建起"永乐桥"，永乐桥上建起世界首座跨桥高空观览车——"天津之眼"摩天轮。北运河、南运河、海河就像是支撑着摩天轮的三根支架，而"天津之眼"则成为天津一张崭新的城市名片。

　　近年来，天津市逐步打造京杭大运河天津段文化旅游，先后完成境内北、南运河河道维护、堤岸绿化和沿线道路铺设等工程，打造了天津武清郊野公园及北运河休闲驿站、三岔河口旅游区和杨柳青古镇运河景观等景点，让游客在运河游的同时感受世界文化遗产的魅力。天津境内大运河全长约190公里，其中全长71公里的北、南运河天津三岔河口段已被列入世界文化遗产名录。

▲ 海河风光（Scenery of the Haihe River）

美丽中国经典线路　Beautiful China Classic Route

第四站：沧州
The fourth station: Cangzhou

● **沧州，运河古都　沧海之州**

沧州市地处河北省东南，东临渤海，北靠天津，与山东半岛及辽东半岛隔海相望，距北京200公里，距天津100公里，距石家庄和济南均为220公里。

沧州市因东临渤海而得名，意为沧海之州。沧州是国务院确定的经济开放区、沿海开放城市之一，也是石油化工基地和北方重要陆海交通枢纽，是环渤海经济区和京津冀都市圈重要组成部分。

京杭大运河贯穿沧州市区，在沧州市画了一个漂亮的"Ω"形。沧州是京杭大运河流经城市中境内运河里程最长的城市，全长达253公里，沧州人很亲切地称之为母亲河。古老的大运河承载着钱塘江、长江、淮河、黄河、海河五大水系的灵气，孕育了崇文尚武、勤劳质朴、坚韧不拔、自强不息的沧州文化。大运河如今已是十大"沧州名片"之一。近年来，沧州市着力打造"靓丽运河""繁华运河"，重点推进滨河公园建设，运河景观带将成为新沧州的中心，为游客和市民带来更多亲近运河、欣赏运河的休闲去处。

● **沧州行程描述**

沧州交通非常方便。从北京乘高铁到沧州不到1小时。沧州境内有京福（州）、京广、山（海关）深（圳）、黄（骅）银（川）、大（庆）广等国家级公路；有京沪铁路、京沪高铁、京九、朔黄及邯黄5条铁路干线，有京沪线、津汕线、大广线、沿海线、沧廊线、石黄线、保沧线及邯港线8条高速公路。

沧州十大旅游名片除大运河外，其他九个分别是：铁狮子、吴桥杂技、沧州武术、石油之城、管道之都、黄骅港、金丝小枣、诗经传承地、著名人物纪晓岚。

▲ 沧州风光（Scenery of Cangzhou）

千年运河之旅　Tour Along the Grand Canal From Beijing to Hangzhou

● 沧州铁狮子

位于河北省沧州市东南郊，距离市区16公里。铸成于后周广顺三年（953年），民间称之为"镇海吼"，相传为遏海啸水患而造，是我国现存年代最久、形体最大的铸铁狮子。沧州铁狮子的铸造工艺堪称奇绝。身披障泥（防尘土的垫子），肩负巨大莲花盆，相传是文殊菩萨莲座。狮身毛发呈波浪状或做卷曲状，披垂至颈部，胸前及臀部飘有束带，头顶及颈下铸有"狮子王"三字，腹腔内有以秀丽的隶书字体铸造的金刚经文。铁狮子总重3万公斤，是我国铸造工艺的一大珍品。

● 吴桥杂技大世界

位于世界闻名的杂技之乡吴桥县，是一处以表现杂技艺术为主的主题公园。这里汇集了全国各地经典的古典杂技、杂耍艺术，还有众多吴桥当地杂技艺人的表演。另外，吴桥杂技大世界景区内的建筑古色古香，很有小古镇的感觉，适合漫步拍照。杂技大世界靠近吴桥县城西北侧的吴桥县汽车站，从县城内步行即可到达。

● 纪晓岚文化园

位于纪晓岚故里沧州市沧县崔尔庄。文化园内建有宦海书丛馆、阅微草堂、滦如槐姑室、九十九砚亭、文漪阁等仿古建筑。文化园内园林面积宽广，水榭亭台，树木环绕，外围红色长墙，清幽雅致。

▲ 沧州铁狮子（Cangzhou Irion Lion）

● 东光铁佛寺

坐落于沧州东光县普照大街59号。俗言"沧州狮子景州塔，东光县的铁菩萨"，铁佛寺始建于北宋开宝五年(972年)，红色的山门、红色的围墙、红色的圆柱、红色的窗棂展出铁佛寺独特的风采，蔚为壮观。寺内主体建筑为大雄宝殿，宝殿正中面南端坐释迦牟尼佛，完全由生铁铸成，高8.24米，重48吨，是现今中国最大的坐式铁铸佛像。

温馨提示

沧州特产

驴肉火烧、金丝小枣、黄骅冬枣、泊头鸭梨、青县羊角脆、十里香白酒、肃宁裘皮、万里镇蔬菜。

美丽中国经典线路 Beautiful China Classic Route

第五站：聊城
The fifth station: Liaocheng

● **聊城，江北水城 运河古都**

聊城地处鲁西平原，是山东省的西大门，毗邻河南、河北，位于华东、华中、华北三大区域交界处。聊城城区独具"江北水城"特色，素有"中国北方的威尼斯"之称。黄河与京杭大运河在此交汇。明清时期借助京杭大运河漕运之利，聊城成为沿岸九大商都之一，繁荣昌盛达400年之久，被盛誉为"江北一都会"。市区环抱的东昌湖是中国北方最大的城市湖泊，南岸的聊城摩天轮"水城之眼"为亚洲三大摩天轮之一。

● **聊城行程描述**

聊城春季气温适中，降水相对较少，微风徐徐，自然风光秀丽多姿。夏季气温高，这里可戏水避暑。每年的3～5月、9～11月是东昌湖的最佳游玩时间，东昌湖景区免费开放，一般半天时间即可。东昌湖景区附近还有孔繁森纪念馆、佛教圣地护国隆兴寺。聊城市南郊有集林果栽培、园林观光、游览休闲于一体的姜堤乐园。如果是2日游的话，也可以乘长途汽车到阳谷县景阳冈景区，去武松喝醉酒的"三碗不过冈"酒店小饮一杯，然后去打虎处领略一下武松当年打虎的英雄气概。

东昌湖风景区以建于北宋时期的聊城古城为中心，京杭大运河穿风景区而过，景区内建有中国运河文化博物馆。景区以水面辽阔、风景秀丽、环绕于古城区四周的东昌湖为依托，集中体现了聊城"水、古、文"的特色，营造出聊城"城中有湖，湖中有城，城湖河一体"的独特风貌，是山东西部和冀、鲁、豫接壤地区最为著名的风景游览区。

温馨提示
东昌湖风景区及中国运河文化博物馆均免费开放。博物馆开放时间：周二至周日，中午闭馆。

▲ 东昌湖风光（Scenery of Dongchang Lake）

第六站：淮安
The sixth station: Huai'an

● **淮安，中国漕运博物馆**

淮安位于江苏省中北部，江淮平原东部，是苏北重要中心城市，南京都市圈紧密圈层城市，长江三角洲城市群成员。坐落于古淮河与京杭大运河交汇点，境内有全国第四大淡水湖洪泽湖，是江淮流域古文化发源地之一。

淮安秦时置县，至今已有2200多年的历史。境内有著名的"青莲岗文化"遗址。曾是漕运枢纽、盐运要冲，驻有漕运总督府、江南河道总督府。历史上与扬州、苏州、杭州并称运河沿线的"四大都市"，有"中国运河之都"的美誉，亦享有"壮丽东南第一州"之佳名。淮安不仅人杰地灵，而且风景优美。沿大运河，环洪泽湖，山水相连，田园如画。

● **淮安行程描述**

淮安的高等级景区较多，与运河关系最密切的莫过于中国漕运博物馆和里运河文化长廊景区了。历史上的南粮北调、北盐南运，都途经淮安。自隋代起，朝廷便在淮安设立漕运专署，明清时期，朝廷在淮安设立当时国家管理漕运的最高机构——漕运总督署。中国漕运博物馆就建在漕运总督署遗址上。博物馆建筑采用我国明清时期江淮流域建筑的主流风格，典雅凝重、古朴大方。它打破了传统陈列式博物馆模式，通过史料、文物、图板、多媒体互动等形式全面地展示了千年漕运的历史潮汐。里运河文化长廊景区将世界著名运河、经典水城景观浓缩其中，包括阿姆斯特丹水城、巴拿马水城、苏伊士水城、威尼斯水城等，沿河徐徐展开一幅世界运河文化的精美画卷。

淮安是周恩来的故乡。这里有国家5A级景区周恩来故里，另外还有吴承恩故居、淮安博物馆、古淮河文化生态景区、第一山风景名胜区（淮河风光带）、铁山寺国家森林公园、明祖陵等，如果在淮安待上三五天，每天都会有不同的发现，不同的体验。

▲ 中国漕运博物馆（China Water Transport Museum）

温馨提示

最佳季节

4月至10月（夏、秋两季）最佳。淮安属温带季风气候，四季分明：12月下旬至次年2月中旬气温最低，7月中旬至8月上旬气温最高，6月中旬至7月上旬是雨季，气温不太高，但降雨频繁。如果你是小龙虾的狂热爱好者，每年9月的盱眙龙虾节则是前往淮安的最佳时机。

淮安美食

盱眙小龙虾（推荐饭馆：盱眙杨四龙虾馆、洪泽湖老鱼馆）、平桥豆腐（推荐饭馆：清河生态园美食城）、洪泽湖大闸蟹、朱桥甲鱼、软兜长鱼、淮安文楼汤包、淮安茶馓。

美丽中国经典线路　Beautiful China Classic Route

第七站：扬州
The seventh station: Yangzhou

● **扬州，中国运河第一城**

扬州位于长江与京杭大运河交汇处，有着中国运河第一城的美誉。京杭大运河中最古老的一段就在扬州。扬州是世界上最早的，也是中国唯一与古运河同龄的"运河城"。唐代，南北大运河的航运开始兴盛，扬州成为四方商贾云集的宝地。扬州人说，没有古运河，就没有扬州古城；古运河的兴衰史，就是扬州古城的兴衰史。古运河孕育了扬州城市，贯通了扬州湖河，扩大了扬州地域，奠基了扬州文化。古运河已经成为扬州文化的重要组成部分，是扬州的"根"。

扬州是国家重点工程南水北调东线水源地。有着"淮左名都，竹西佳处"之称。京杭大运河扬州段、高邮段、宝应段已经成功入选世界文化遗产名录。成为我国第46个世界遗产项目。

● **扬州行程描述**

扬州旅游的行程一般2～3天就可以，当然如果有时间想慢慢细品扬州古韵，在这里长住，过着"早晨皮包水，晚上水包皮""白天逛名园，夜里游运河"的理想生活，最是人生一大幸事。扬州因运河而繁荣，贸易的兴盛成就一些富商大贾，富商大贾兴建的宅院带着历史的厚重又成就了今日的扬州。除著名的瘦西湖外，何园与个园是到扬州必游之地。游运河可从长江入口处开始，沿岸有瓜洲古渡，全国四大名刹之一的高旻寺，盛唐海上丝绸之路的渡口扬子津，鉴真东渡码头宝塔湾，伊斯兰宗教名胜普哈丁墓以及新老运河的分水岭茱萸湾等。水线再向北延伸可顺游古驿站高邮、莲藕之乡宝应等。

> **温馨提示**
>
> 1. 古运河上的游船从便益门广场码头驶向南门码头，或者反过来航行，从两处码头均可上船，船票60元，运营时间：14:00～21:00。
>
> 2. 晚上运河边亮了灯，夜景很美，可步行游览，建议从何园走到东关街，南门码头—何园、东关街—便益门广场码头。

▲ 扬州京杭大运河夜景 (Night scene of Grand Canal in Yangzhou)

千年运河之旅　Tour Along the Grand Canal From Beijing to Hangzhou

第八站：镇江
The eighth station: Zhenjiang

● **镇江，三山一渡**

镇江地处江苏省西南，是长江与京杭运河交汇处的一个港口和商业贸易转运及转口城市，是长江与京杭运河、长江三角洲经济圈和南京都市圈的交会点。京杭大运河镇江段全长42.6公里。大运河的贯通，使镇江成为漕运咽喉和镇守东南的军事重镇。大运河承载了镇江从古到今的财富与文明，记载了镇江的历史变迁。

镇江旅游资源丰富，名胜古迹众多。"甘露寺刘备招亲""白娘子水漫金山"的传说，"京口瓜州一水间，钟山只隔数重山""何处望神州，满眼风光北固楼""洛阳亲友如相问，一片冰心在玉壶"的诗句，使镇江令人向往。绮丽的金山，雄秀的焦山，险峻的北固山，依山临江、风景俊秀的西津古渡，成为镇江最响亮的旅游名片。

● **镇江行程描述**

镇江的三山景区位置比较集中，交通也比较方便。镇江旅游行程一般1~2天。游金山最好的时间是傍晚，这时候游人也少。如果天清气朗，可以登上慈寿塔俯瞰镇江市区，塔上的视野非常好，可以望到远处的北固山和焦山。

● **镇江三山**

金山因古人把其比作《华严经》里的七金山而得名。金山上建有闻名遐迩的金

▲ 镇江金山寺慈寿塔 (Cishou Tower in Jinshan Temple, Zhenjiang)

山寺。金山寺建于东晋，至今已有1600多年历史。金山寺因中国经典传说《白蛇传》中白娘子与金山寺高僧法海相争时"水漫金山寺"而闻名，金山寺成为到镇江不可不游之地。

山不在高，有仙则灵。焦山的神仙就是东汉隐士焦光。东汉末年，焦光隐居在此，他在山上采药炼丹，治病救人，后人为了纪念他，改樵山为焦山。

北固山位于镇江市区东侧江边，高53米，是京口三山名胜之一，形势险要，有"京口第一山"之称。北固山上的景点多与《三国演义》中的故事有关，以甘露寺最为出名，是刘备招亲结识孙尚香的地方。古往今来，游客到北固山都为寻访三国英雄的足迹，北固山因此也被称为"三国山"。

西津渡原为古渡口，是当时镇江通往江北的唯一渡口。西津渡街是镇江文物古迹保存最多、最集中、最完好的地区，是镇江历史文化名城的"文脉"所在。

美丽中国经典线路 Beautiful China Classic Route

第九站：苏州
The ninth station: Suzhou

● **苏州，因运河而万商云集的人间天堂**

苏州位于江苏省南部，东临上海，南接浙江，西抱太湖，北依长江。京杭大运河贯穿市区之北，由西入望亭镇，南出盛泽镇。苏州段的京杭大运河水网密布，除了主流以外，胥江、护城河都是属于京杭大运河的水网，主流至今仍然是水运的主要航道，每天货运船只来来往往，络绎不绝。沿途有宝带桥、枫桥、寒山寺等著名景点。而护城河则开辟了环城游览的项目，在水上坐船可绕城大半圈，途经20座桥和10座古城河，还可听评弹小调，十分惬意。

● **苏州行程描述**

沿着大运河这条精美的银链一路行进到号称人间天堂的苏州，就不得不多徘徊几天了。在苏州可计划3日的行程，因为这里有太多太美的景区景点吸引着你的脚步。第一日可游寒山寺、虎丘、七里山塘、山塘昆曲馆，第二日可游拙政园、苏州博物馆、平江路、金鸡湖，第三日可游狮子林、网狮园。一定不要忘了我们是追寻大运河而来的，夜游古运河是最佳的选择，乘着精致的画舫船，沿岸绚丽的灯光倒映在荡漾的水波里，与苏州的古城建筑相得益彰，令人陶醉，虽然灵动的光影已不再让你有当年"姑苏城外寒山寺，夜半钟声到客船"的落寞与凄凉，但却会让你充分领略千年古城苏州的柔美和精致。沿途经过盘门、胥门、金门、阊门等10座苏州古城门和20座风格不一的桥梁。再听上一段评弹，感觉极佳。

▲ 苏州寒山寺（Suzhou Hanshan Temple）

▲ 苏州古城（The ancient city of Suzhou）

千年运河之旅　Tour Along the Grand Canal From Beijing to Hangzhou

第十站：湖州
The tenth station: Huzhou

● 湖州，南浔古镇

　　湖州市地处浙江省北部，东邻嘉兴，南接杭州，西依天目山，北濒太湖，与无锡、苏州隔湖相望，是环太湖地区唯一因湖而得名的城市。湖州是一座具有2300多年历史的江南古城，建制始于战国，有优美的自然景观和众多历史人文景观。自古以来素有丝绸之府、鱼米之乡、文化之邦的美誉，且有南太湖明珠之称。

　　在湖州，长约1.6公里的頔塘故道是完好保存的江南运河支线河道，是大运河在水网密布的长江三角洲地区延伸和扩展的河段。頔塘运河始建于西晋太康年间（280年至289年），作为湖州地区的区域运河。隋代初期，贯通南北的大运河建成，頔塘成为湖州联系大运河的重要航道。南宋时期，頔塘成为大运河支线——江南运河西线的一部分。后多次疏浚维修，一直保持着航运的功能。1952年于南浔镇北另开一段航道，绕开原頔塘河道，长约1.6公里的頔塘故道因而得以完好保留，现已无航运功能，主要作为城市排水与景观河道，河堤均为砖石护坡，有多处河埠，保存状况良好。

　　南浔古镇是因大运河（頔塘）而起源、发展、兴旺的市镇的典型例证。大运河及周边地区发达的蚕桑与农耕经济，依托大运河的水利和运输功能，支撑了南浔由一个小渔村发展成为一个历史上的经济重镇。南浔镇历史文化街区总面积1.68平方公里。街区内

▲ 安吉大石浪（Anji Dashilang）

保留着明清历史风貌，较完整地体现了清末民初南浔古镇的街区格局和历史风貌。街区内相关建筑遗产保存完好，重要保护建筑作为博物馆向公众开放，其余民居建筑基本保持了原有的居住功能。

▲ 湖州南浔古镇（Nanxun Ancient Town）

温馨提示

湖州特产
　　湖丝、湖笔、太湖三宝、太湖百合、湖州雪藕、长兴白果、长兴板栗、安吉白片、莫干黄芽、顾渚紫笋等。

湖州美食
　　震远同玫瑰酥糖、丁莲芳千张包子、张一品酱羊肉、周生记馄饨、诸老大粽子、洗沙羊尾、三丝肚裆、老法虾仁、雪梨鸡丝、干挑馄饨、菱湖雪饺、烂糊鳝丝、藏心鱼圆、湖式剪羊肉、长兴干挑面、长兴爆鳝丝等。

93

美丽中国经典线路 Beautiful China Classic Route

第十一站：杭州
The eleventh station: Hangzhou

● **杭州，京杭大运河的最南端**

"上有天堂，下有苏杭"，作为京杭大运河的终端城市，杭州以风景秀丽著称。京杭大运河浙江段（南浔—杭州），全长120多公里，沟通了太湖水系和钱塘江水系，分为东、中、西三条路线。一般以东线代表运河的位置，河道狭窄、弯曲，终年可通机动船舶。当前可通行300吨级的船舶。

京杭大运河最南端位于杭州拱宸桥，桥边立有石碑。该桥是一座三孔的拱桥，初建于明崇祯四年（1631年），至今已有300多年的历史。现存桥为清康熙时重建，全长138米，宽6.6米。石砌桥墩逐层收分，桥面两侧作石质霸王靠，气势雄伟，下面各有两个防撞墩，防止运输船只撞到桥墩。拱宸桥位于杭州市运河文化广场，横跨于古运河之上，是杭州古运河终点的标志。

● **杭州行程描述**

到杭州一般人必游之地是西湖，有关西湖的旅游攻略随处可见。而我们的目的是追寻大运河，因此这里将着重介绍杭州境内与大运河相关景区景点。

● **富义仓**

位于京杭大运河主航道与胜利河交汇处，初建于清光绪六年（1880年）。它与北京的南新仓并称为"天下粮仓"，有"北有南新仓，南有富义仓"之说。富义仓是杭州现存唯一的一个古粮仓。它见证了杭州历史上米市、仓储和码头装卸业曾经的繁荣与辉煌，是杭州运河文化系统的重要组成部分。

● **凤山水城门遗址**

位于中山南路与中河路交会处，东西向横跨中河。中河在历史上是沟通钱塘江与江南运河的城内运河。元至正十九年（1359年），张士诚重筑杭州城，设旱门十、水门五，凤山水城门即五水门之一。凤山水城门是杭州古代五水门中唯一尚存的一座，是研究杭州城池变迁的坐标。

▲ 杭州武林门运河风光（Scene of Grand Canal, Wulin Gate, Hangzhou）

千年运河之旅　Tour Along the Grand Canal From Beijing to Hangzhou

● 桥西历史街区

位于京杭大运河（杭州段）主航道西岸，拱宸桥西侧，是清朝、民国以来的沿运河古镇民居建筑保存最为完整的地带，也是京杭大运河杭州段历史遗存较为集中的区域。它反映了清末民国初地方城市建设的风貌特色及自然环境特色，保存着近代工业发展过程中的生产厂房、生产工具及航运机械，并保持了原有的生活特色，具有丰富的历史文化信息。

● 西兴过塘行码头

位于西兴老街官河沿岸，浙东运河的端头。过塘行一般都设于水陆码头、交通要道，主要是起到票据交换、货物中转的作用。数百年来，浙东地区的粮食、棉花、丝绸、盐酒和山货在西兴过塘，转运到中原各地。西兴码头、河道、永兴闸遗址、浙东运河之头、大城隍庙遗址是浙东入境首个交通枢纽的重要见证。

● 拱宸桥

位于杭州大关桥之北，是京杭大运河到杭州的终点标志。始建于明崇祯四年（1631年），清光绪十一年（1885年）重建，中间几经兴废。拱宸桥东西向横跨京杭大运河（杭州段）主航道，为纵联分节并列法砌筑的石构三孔薄拱薄墩联拱桥。桥的东岸，是运河文化广场。广场上6幅浮雕，讲述着运河的古老历史。

● 广济桥

位于杭州市余杭塘栖镇西北，南北向横跨于京杭大运河上，是古运河上仅存的一座七孔石拱桥，也是大运河上保存至今规模最大的薄墩联拱石桥。始建于唐，明弘治二年（1489年）重建，清康熙年间修缮。

到杭州，我们的千里运河之旅已到终点。绵延千里、流淌千年的京杭大运河穿城入市，也经村过镇，这条闪亮的银链之上其实还有更多的珍珠宝石等待我们去欣赏、去把玩，限于本书篇幅，我们只能大略描绘一下这寥寥数颗珠宝，而它们的风采也足以让我们回味绵长了。

▲ 杭州拱宸桥 (Gongchen Bridge on Grand Canal, Hangzhou)

温馨提示

杭州的公共交通非常方便，距离近的景点步行、骑自行车即可，距离远的景点可选择公共交通或者打车。

杭州乘船游运河，行程大约1小时。可从武林码头到拱宸桥往返，也可以从武林码头到运河文化广场。另外也可以选择乘船1日游，从武林码头到塘西古镇。

美丽中国经典线路 Beautiful China Classic Route

丝绸之路之旅
Tour of the Silk Road

线路：西安➡天水➡兰州➡西宁➡敦煌➡吐鲁番➡乌鲁木齐➡阿勒泰
Route: Xi'an ➡ Tianshui ➡ Lanzhou ➡ Xining ➡ Dunhuang ➡ Turpan ➡ Urumqi ➡ Altay

丝路印象
Silk Road impression

　　丝绸之路是一条横贯亚洲、连接欧亚大陆的著名古代陆上商贸通道。丝绸之路东起长安（今西安），经陕西、甘肃、宁夏、青海、新疆，跨越葱岭（今帕米尔高原），经中亚部分的独联体、阿富汗、伊朗、伊拉克、叙利亚而达地中海东岸（今罗马），全长7000多公里，中国境内的丝绸之路总长4000多公里，比丝绸之路全程的1/2还长。丝绸之路已有2000余年的历史了，它的魅力是永恒的。今天，古老的丝绸之路沿线众多的历史文物、古迹、壮丽的自然风光和多姿多彩的各民族风土人情，仍然吸引着成千上万来自世界各地的旅游者。中国段丝绸之路沿线有着众多的历史文化古迹。主要有：秦始皇兵马俑、塔尔寺、高昌故城遗址、敦煌莫高窟、葡萄沟、喀纳斯湖等。

丝绸之路之旅　Tour of the Silk Road

行程描述
Describe the itinerary

参加旅游团游览丝绸之路一般需要7~9天，例如青海湖—张掖—嘉峪关—敦煌—新疆双飞9日游，或乌鲁木齐—敦煌—兰州双卧8日游。跟团游的好处是省时省心，有车有导游。

自由行的话可以乘坐高铁，兰新第二双线新疆段的高铁动车组从乌鲁木齐开出，经由吐鲁番、哈密，到达兰州，乌鲁木齐到兰州的时间是9小时左右，坐上高铁几乎可以一天之内游完新疆的各大风景名胜。目前从西安到兰州坐火车需要7小时，到2017年宝鸡至兰州客运专线建成后，宝鸡至兰州乘坐高铁需要2小时，西安至兰州乘坐高铁需要3小时。

如选择自驾游，线路和注意事项可有如下参考：

西安—兰州—张掖—嘉峪关

从西安沿连霍高速往西到兰州全程约650公里，是路途较长的一天，需要一大早赶在高峰期前出城。兰州城沿黄河岸边狭长的河谷而建，南北群山对峙，市区内交通拥堵比较严重，注意避开高峰时期。从兰州继续走G30到嘉峪关，先穿过嘉峪关市区然后到达嘉峪关城楼，市区比较新，道路状况良好，车辆、行人都不多。

嘉峪关—敦煌—哈密

过了嘉峪关再往西，逐渐进入河西走廊腹地，道路两旁变得比较荒凉，远处可以看到连绵的祁连山。敦煌莫高窟距离敦煌市区

▲ 陕西历史博物馆（Shaanxi History Museum）

的酒店还有一段距离，有不同的路线可以选择，周边道路施工路况比较复杂。从敦煌到哈密段的高速公路尚未全线贯通，这一段路会经过星星峡，道路非常狭窄，车流量大，常出现大范围堵车。

哈密—吐鲁番

进入新疆之后会经常遇到很强烈的横风，驾驶时要非常小心，尤其是会车、超车的时候感觉更明显，不要随意变线，必要时需要在路边临时停车等候。白天阳光直射，气温很高，气候干燥，风沙很大，室外活动要注意遮蔽阳光和风沙。要随时检查车辆状况，比如水箱温度、胎压、制动等，确保安全驾驶。

吐鲁番—乌鲁木齐

在新疆境内开车，由于戈壁荒漠面积广大，视野单调，很容易疲劳，一定要保持清醒，轮替驾驶。南山牧场内有一些军事禁区，开车时要注意警示牌，避免误入。乌鲁木齐是西北地区一座大型城市，市内人口稠密，交通状况复杂，在市区需要小心驾驶。

美丽中国经典线路 Beautiful China Classic Route

第一站：西安
The first station: Xi'an

● **世界历史名城**

西安，古称"长安""镐京"，是陕西省省会。长安自古帝王都，西安拥有7000多年文明史、3100多年建城史、1100多年的建都史，是中国四大古都之一，中华文明和中华民族重要发祥地之一，丝绸之路的起点。丰镐都城、秦咸阳宫、兵马俑、汉未央宫、长乐宫、隋大兴城、唐大明宫、兴庆宫等勾勒出"长安情结"。

西安是首批中国优秀旅游城市。西安的文化遗存具有资源密度大、保存好、级别高的特点，在中国旅游资源普查的155个基本类型中，西安旅游资源占据89个。西安周围帝王陵墓有72座，其中有"千古一帝"秦始皇的陵墓，周、秦、汉、唐四大都城遗址，西汉帝王11陵和唐代帝王18陵，大小雁塔、钟鼓楼、古城墙等古建筑700多处。

西安自然生态优美。位于西安南面的秦岭被誉为中国的"中央公园"，是中国地理和气候的南北分水岭。2009年秦岭终南山成功通过联合国教科文组织评审，成为世界地质公园。2011年举世瞩目的世界园艺博览会也在西安成功举办。

西安境内现有六处遗产被列入世界遗产名录，分别是：秦始皇陵兵马俑、大雁塔、小雁塔、唐长安城大明宫遗址、汉长安城未央宫遗址、兴教寺塔。

● **西安行程描述**

西安市内公共交通发达，市区内所有景点和主要长途车站均有前往。3、5、9、13、14、20等路经过火车站，3、4、12、18等路公交经过南稍门。还有其他线路公交和游览专线车开往各个景区。西安有1号线、2号线两条地铁线。1号线：后卫寨—纺织城；2号线：北客站—会展中心。

在西安可选择3日或4日游。西安3日游，第一天：游览古城墙、钟楼、鼓楼、小雁塔、陕西历史博物馆、碑林、大雁塔，晚上小吃街、回民街品尝风味美食。第二天：游览（西线）乾陵后去法门寺，晚上返回西安游大唐芙蓉园，住宿市区。第三天：游览（东线）秦始皇陵、兵马俑、华清池、骊山、西安半坡遗址。华山、西安4日游。1～3日的游程与上面的3日游相同。第四天去西岳华山一游。

▲ 兵马俑 (Terra Cotta Warriors)

丝绸之路之旅　Tour of the Silk Road

第二站：天水
The second station: Tianshui

● **羲皇故里**

天水位于甘肃东南部，自古是丝绸之路必经之地和兵家必争之地，全市横跨长江、黄河两大流域，新欧亚大陆桥横贯全境。

天水古称成纪，因相传华夏始祖伏羲氏就诞生于此，所以又有"羲皇故里"之称。天水市历史悠久，历代人文荟萃，境内文物古迹众多，几乎每平方公里就有一处新石器时代的文化遗址，天水伏羲庙、卦台山，是海内外炎黄子孙朝宗拜祖的场所；大家熟知的"马谡失街亭""姜维三战小陇山"的历史故事就发生在天水。武山水帘洞，洞内楼台、泉石、雕塑、画像一应俱全；甘谷大象山，拔地而起，巍峨壮观，山上有安详、宁静的大象山大佛；与麦积山毗邻的仙人崖，群峰对峙，是一处儒、释、道三教合一的游览胜地……还有与敦煌莫高窟、龙门石窟、云冈石窟并称为中国四大石窟的麦积山石窟，以精美的泥塑艺术、险峻的洞窟著称于世。天水是甘肃少有的山清水秀的地方，由麦积山石窟和小陇山植物园、仙人崖、石门与曲溪等景点组成的麦积山风景名胜区，是国务院公布的第一批风景名胜区，区内重峦叠翠、山环水绕，兼具江南水乡的秀美和北国山川的雄奇，是理想的旅游胜地。

● **天水行程描述**

天水市内所有公交车都是1元，无人售票。秦州区前往麦积区的6路、1路、9

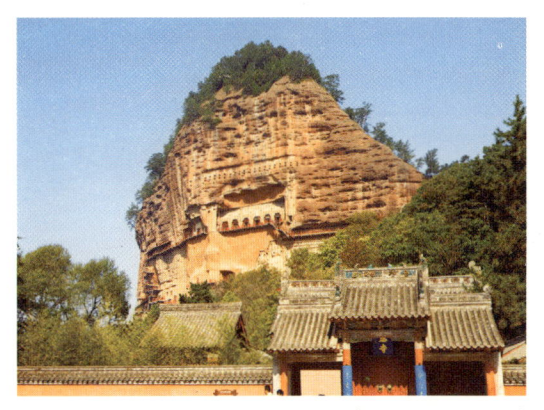

▲ 麦积山 (Maiji Mountain)

路车票刷卡为2.4元，买票是3元。从秦州区前往各县城的车票价不一，均在秦州公交总站坐车。

秦州公交总站地点位于秦州区南大桥东侧桥下，麦积区公交总站位于火车站出站口广场。天水出租车起步价为4元，每公里1元，如果打的的话，从麦积区火车站到秦州区车费约20元。

推荐行程

天水二日游

第一天：麦积山石窟—仙人崖—石门山。8:00从火车站广场乘旅游专线车到麦积山风景区或叫出租车，10:00以前可到麦积山，上午上山游览石窟，大约2小时后，可从麦积山乘车到仙人崖，车费5元，最后再打车或包车去石门景区。下午乘车回北道，晚上可逛一下北道，品尝风味小吃。

第二天：玉泉观—伏羲庙。在天水市内游览，早上到位于秦州北部的玉泉观，下午去伏羲庙，若是正值伏羲文化节期间，可以看到人们朝宗祭祖的热闹场面。

99

美丽中国经典线路 Beautiful China Classic Route

第三站：兰州
The third station: Lanzhou

● **全国十佳避暑旅游城市之一**

兰州是古"丝绸之路"重镇，历史和大自然为兰州留下了许多名胜古迹，市区有五泉山、白塔山、白云观等名胜古迹，还有兰山公园、西湖公园、滨河公园、水上公园等风格各异的景点。兰州是驰名中外的瓜果名城，夏秋季节更是具有避暑和品瓜果的旅游特色。兰州是一个东西向延伸的狭长形城市，夹于南北两山之间，黄河在市北的九州山脚下穿城而过。经过城建部门的规划建设，沿黄河南岸，已开通了一条东西数十公里的滨河路。因路面宽阔笔直，两旁花坛苗圃，星罗棋布，被誉为"绿色长廊"，现已成为全省最长的市内滨河马路。游客游览滨河路，可以欣赏黄河风情，参观沿途点缀的平沙落雁、搏浪、丝绸古道、黄河母亲、西游记等众多雕塑；并参观中山铁桥、白塔山公园、水车园等景点。

● **兰州行程描述**

兰州是西北的一大交通枢纽，交通方式齐全且发达，拥有一座机场，一座火车站和多个长途大巴客运站。兰州机场和主要的城市都有通航，乘坐飞机也很方便。在兰州，使用最频繁、线路最多、覆盖范围最广的当数火车，强烈建议乘坐火车抵达兰州。如果是从周围市县过来，乘坐长途车比较方便。

兰州以市区为中心辟有数十条公共汽车线路，起价都是 1 元／人，最贵不超过 2.5

▲ 黄河母亲雕像 (The Yellow River mother statue)

元／人。兰州没有空调巴士，但是车况都不错。西关什字为兰州最大的交通枢纽，有到达各个地方的公交车。基本来说，乘坐 1 路公交车，沿途各站可达到兰州诸多景点，如：白塔山、省博物馆、张掖路、滨河路、中山桥等。出租车起步价 10 元／3 公里，之后每公里 1.4 元，晚上超过 3 公里的，每公里 1.6 元，累计等候时间为 5 分钟，超出 1 分钟按 1 公里计算。超过 10 公里的，每公里再加价 50%。兰州市区较大，但是交通高峰时期较为拥堵，所以并不推荐租车在市内游玩，可以租车在周边游玩。

推荐市内名胜一日游：上午沿黄河滨河路参观中山桥、黄河风光、白塔山公园、水车园、城市雕塑群，而后赴甘肃省博物馆参观；下午游览五泉山公园、市内购物，晚饭后游兰山公园，欣赏兰州夜晚风光。

旅游锦囊

如何品尝拉面

兰州市内到处都是拉面馆，但建议您一定要去马子禄牛肉面馆吃拉面。兰州市区内有多家马子禄牛肉面的连锁店，拉面 7 元／碗，牛肉 70 元／斤，拉面和牛肉的质量比其他的拉面好许多。可以说，没去过马子禄，就没尝过正宗牛肉拉面的味道。

丝绸之路之旅　Tour of the Silk Road

第四站：西宁
The fourth station: Xining

● **西海锁钥、海藏咽喉**

西宁位于青海省东部，湟水中游河谷盆地，是青藏高原的东方门户，古"丝绸之路"南路和"唐蕃古道"的必经之地，自古就是西北交通要道和军事重地，素有"西海锁钥""海藏咽喉"之称，是世界高海拔城市之一。西宁历史文化源远流长，得天独厚的自然资源，绚丽多彩的民俗风情，使其成为青藏高原一颗璀璨的明珠。西宁的夏季凉风习习，凉爽如秋，是天然的避暑胜地。作为一个历史文化名城和旅游城市，西宁市名胜古迹众多，主要游览点有北山寺、东关清真大寺、马步芳宅邸等，湟中县的塔尔寺是藏传佛教圣地，著名的青海湖距西宁市151公里。

▲ 东关清真大寺（Dongguan Mosque）

● **西宁行程描述**

西宁是青海省的交通枢纽，有多种方式可以到达。曹家堡机场是西宁唯一的民用机场，开通了国内数十个大中城市到达西宁的航班。西宁是兰青、青藏铁路的交会处，乘坐火车到达西宁比较便捷。公路客运方面，西宁八一路汽车站以东线为主，前往兰州、临夏、甘南、互助等地的班车很多。另外这里也是游玩青海湖的主要乘车地点，旺季时每日前往青海湖二郎剑景区的9班旅游专线在这里发车。

西宁市内的公交车基本上满足了穿梭于市内各个地方的需求。而且还有开往湟中县、湟源县、大通县等外县的长线公交，给去外县游玩的游客提供了便利。价格1元。由于西宁城市规模较小，打车价格也不贵，游客乘坐出租车去市内各处游览非常划算。价格：起步价6元3公里，之后1.3元/公里。西宁市内并不适合骑自行车游览，但是如果要到青海湖，可以从西宁租自行车骑行至青海湖环湖公路。西宁市内有多家自行车租赁的地点。各个价格段都有，租车费用50～100元不等。

推荐西宁、青海湖2日游：第一天：早晨从西宁乘客车去青海湖151基地，中午抵达，下午乘船游湖，登海心山观景，看油菜花海，夜宿151基地。第二天：从151基地返西宁，途中游日月山、倒淌河，下午返回西宁后去湟中观塔尔寺。

101

第五站：敦煌
The fifth station: Dunhuang

● **沧桑与美丽并存**

敦煌市是甘肃省酒泉市代管的一个县级市。敦煌古称沙州，位于古代中国通往西域、中亚和欧洲的交通要道——丝绸之路上，以"敦煌石窟""敦煌壁画"闻名天下，是世界遗产莫高窟和汉长城边陲玉门关、阳关的所在地。敦煌南枕祁连山，西接罗布泊荒原，北靠北塞山，东峙三危山，目之所及都是沙漠和戈壁滩零星的骆驼草。这里有中国现存规模最大的石窟，内有大量精美的壁画与雕塑，以及闻名于世的飞天。飞天是莫高窟的名片，也是敦煌的标志，莫高窟的百个石窟里均有飞天形象。被遗忘的辉煌在埋藏千年后终于被发现，并被赋予了新的使命。 敦煌景点分东西两线游览，东线是莫高窟和鸣沙山、月牙泉，离市区近。西线长达300公里，往返8小时左右，苍凉与悲壮之感是其特点，主要景点有：敦煌古城、西千佛洞、河仓城、玉门关、汉长城遗址、雅丹魔鬼城、阳关。

▲ 敦煌莫高窟壁画 (The murals of Mogao Grottoes in Dunhuang)

● **敦煌行程描述**

敦煌贯通中西交通，飞机、火车、长途车都很方便，坐飞机到达敦煌航班较少，价格也比较贵。建议乘坐火车前往敦煌，可在兰州或者西安换乘至敦煌火车站，不需要再坐到柳园火车站。从嘉峪关来或者去嘉峪关的话，去敦煌长途汽车站乘坐长途车比较方便。

目前敦煌市区有4条公交车线路。公交车最实用的有2条，均位于市中心鸣山路上（敦煌饭店附近）。其中3路车可直达鸣沙山、月牙泉，票价1元，空调车票价2元。另外一条是敦煌市区到莫高窟的乡村公交车，经丝路宾馆、敦煌火车站到莫高窟，票价8元。敦煌的出租车，大多没有计价器，主要是按照车的类型和路程的远近收费。在敦煌出租车主要有"桑塔纳"和"夏利"两种车型，市区以内，桑塔纳10元，夏利5元。敦煌出租车昼夜服务。由于敦煌大部分景点距市区都不是太远但是有点分散，可以选择包车出行，包车可到沙洲大酒店十字路口，或鸣沙路市政府招待所南的小十字路口处，那里是出租车聚集地，可以与司机讲价。

游程安排以上午去莫高窟，午后去鸣沙山月牙泉为宜。莫高窟朝东，上午拍外景顺光（加之此时石窟的解说员刚上班不久，精神饱满，讲解易出好效果），而下午从西侧拍月牙泉正合适，很好看。另外在鸣沙山滑沙时的响声已经不大了，但登上山顶看沙海沙山和敦煌市区全景挺好看。次日去看雅丹奇观。去雅丹魔鬼城可乘旅游大巴，车费85元，如包车一般500～550元（含玉门关、敦煌古城、西千佛洞游览）。

第六站：吐鲁番
The sixth station: Turpan

● **葡萄之乡**

吐鲁番市是隶属新疆维吾尔自治区的一个地级市，是吐鲁番地区经济、政治和文化的中心，位于新疆中东部，天山东部山间盆地，又称"火洲"，是我国葡萄主要生产基地，总产量是全中国的 1/5。由于这里气温高、日照时间长、昼夜温差大，特别适合葡萄的生长，因而瓜果丰茂，又因独特的地理位置使吐鲁番的地下水贮量丰富，所以水果中的含糖量非常高。现有葡萄品种有无核白、红葡萄、黑葡萄、玫瑰香、白布瑞克等 500 多种，仅无核白葡萄就有 20 个品种，它的含糖量可高达 22%～24%。堪称"世界葡萄植物园"。除了去葡萄沟品尝香甜的葡萄，游客在吐鲁番还可参观交河故城、高昌故城、阿斯塔那古墓群、火焰山、苏公塔、艾丁湖、坎儿井、吐峪沟麻扎村、库木塔格大沙漠、柏孜克里克千佛洞、连木沁唐朝烽燧台遗址。

● **吐鲁番行程描述：**

吐鲁番的交通以公路为主，吐鲁番有通往各地的班车。市区内有一个机场，但国内航线相对较少。吐鲁番主要有一个客运火车站，疆内很多班次的火车均可到达吐鲁番。市内交通方面，吐鲁番有多条市内公交线路，也有很有特色的"毛驴的士"。从吐鲁番市到周围各景点有公路和班车，能比较方便地往返。吐鲁番有出租车，若不出城均为

▲ 俯瞰葡萄沟（Overlooking the Grape Valley）

5 元。出城的费用需与司机事先谈妥。吐鲁番市内主要有 8 条公交线路，票价统一为 1 元/人。其中经过苏公塔的公交车有 1 路、6 路、102 路公交车。经过葡萄沟的公交车为 5 路公交车。经过坎儿井民俗园的公交车有 1 路、101 路、102 路公交车。包车的话，一天的费用在 300～400 元。

推荐 2 日游行程：第一天上午游柏孜克里克千佛洞、火焰山，午后进葡萄沟，观光至黄昏时出来。第二天上午看苏公塔，返回途中看市博物馆，午后先游坎儿井民俗园，之后去交河故城，观光至黄昏，之后顺路看维吾尔古村。

旅游锦囊

体验维吾尔族家访

这是去吐鲁番必不可少的旅游项目。游客进到维吾尔族人家的院子里围桌坐下，女主人给大家摆上葡萄、西瓜等水果后表演几段维吾尔族舞蹈，并邀请所有游客围成圆圈一起跳舞，气氛活跃起来后男主人开始热情地介绍吐鲁番的特产——各色葡萄干，真是各种功效齐全，堪比补药了。不过真的是让人大开眼界，很多葡萄干的颜色、品种还真是没见过，于是游客都得争先恐后地抢购一空，甚至来个几百块的打包套装把所有品种和买齐全！吃水果买葡萄干是次要的，最主要的还是深入维吾尔族人的生活，感受他们热情的招待。

美丽中国经典线路 Beautiful China Classic Route

第七站：乌鲁木齐
The seventh station: Urumqi

● **充满民族风情的城市**

乌鲁木齐市是新疆维吾尔自治区首府，简称乌市，是新疆政治、经济、文化的中心，中国西部对外开放的重要门户，是新欧亚大陆桥中国西段的桥头堡，地处亚洲大陆地理中心。乌鲁木齐居住着汉、维吾尔、哈萨克、回、蒙古等多个民族，各民族的文化艺术、风情习俗，构成了具有浓郁民族特色的旅游人文景观，独特的服饰和赛马、叼羊、姑娘追、达瓦孜表演、阿尔肯弹唱等民族文化活动以及能歌善舞、热情好客的各族人民，对异国他乡的游客颇具吸引力。乌鲁木齐环山带水，沃野广袤，古老的乌鲁木齐河自南向北，从市区穿过。城东是海拔5400多米的博格达峰，晶莹闪光，极为壮观；城南有雄伟壮丽的天山山脉，峰峦叠嶂，雪峰皑皑，气象万千；城西有充满神话色彩的妖魔山；城正中有红山，小巧而陡峭，状如飞来之物。山顶有一座九级砖塔，称镇龙塔，高耸入云，映衬着远处的雪山。

▲ 乌鲁木齐国际大巴扎 (Urumqi International Bazaar)

● **乌鲁木齐行程描述**

乌鲁木齐地窝堡国际机场是我国西部重要的枢纽机场之一，开通通往各大城市的国内航线和国际航线。坐飞机往返乌鲁木齐是最快捷的方式。乌鲁木齐火车站有开往全国各地的列车，坐火车来乌鲁木齐也是比较不错的选择。新疆的公路交通网络较为完整，省内的城市可以乘坐长途汽车到乌鲁木齐。乌鲁木齐的公交线路已经很完善，除了有开往市区各个位置的公交线路，还有3条BRT快速公交线路，BRT有自己专用的车道，速度很快。票价统一为1元，晚22:00后调整为1.5元。乌鲁木齐的出租车数量比较多，但是高峰期难免遇上打车难的情况。出租车起步价为10元/3公里，之后每公里1.3元。

推荐2日游行程：第一天：上午乘车去天池。大天池池边观景、乘船游湖，观博格达雪峰雄姿，览东小天池、定海神针、顶天之石、龙潭碧月等景秀色。下午回乌鲁木齐市，顺路游红山公园。之后去二道桥市场购物（国际大巴扎是游览要点），晚上在二道桥品尝当地风味美食并出席大巴扎歌舞晚宴。第二天：早晨去南山牧场，观看民族风情表演、品尝当地美食。黄昏时返回乌鲁木齐市，去市政府旁的南湖广场短暂观光，晚上去五一广场、五一星光夜市休闲娱乐。

丝绸之路之旅　Tour of the Silk Road

第八站：阿勒泰
The eighth station: Altay

● **金山银水阿勒泰，人间仙境喀纳斯**

　　阿勒泰地区位于新疆北部。西北与哈萨克斯坦、俄罗斯相连，东北与蒙古国接壤，边境线长 1205 公里。总面积 117988 平方公里。有哈萨克、汉、回、维吾尔、蒙古等民族，少数民族约占总人口的 56%，其中哈萨克族约占总人口的一半。主要风景名胜有闻名遐迩的喀纳斯湖风景区、布尔根河河狸自然保护区、福海海滨风景区、蝴蝶沟、乌伦古湖海滨浴场、白沙湖、鸣沙山以及高山风光、冰川雪岭、湖泊温泉、岩画石刻、切木尔切克古墓群及草原石人。阿勒泰市四面环山，地形奇异。

● **阿勒泰行程描述**

　　外地游客来阿勒泰地区旅游可从乌鲁木齐出发，沿吐（吐鲁番）—乌（乌鲁木齐）—大（大黄山）高等级公路过阜康，经国道 216 线向北前进，往东北方向可达阿勒泰地区东部的青河县、富蕴县，而由东向西可达福海县、阿勒泰市、布尔津县、哈巴河县和吉木乃县。旅游结束后，经国道 217 线向南取道克拉玛依，沿克（克拉玛依）—呼（呼图壁）公路回到乌鲁木齐，全程旅游主线约长 2300 公里。

　　推荐阿勒泰 3 日游：第一天早上从布尔津出发去禾木，上午租车早点出发，中午抵达禾木村后抓紧时间观光。下午拼车或包车从禾木返回贾登屿住宿。第二天购票后乘观光专线车向喀纳斯湖区进发，中途在卧龙湾下车，沿着湖边栈道步行 1.5 小时到神仙湾（此段路边风光很美），之后上观光车到喀纳斯餐厅午餐，之后从餐厅门口乘车去中心湖边的码头，在此乘船游湖。返回上岸后乘观光车去总库（这是各路观光车的总站），抵达后换乘专线车去观鱼亭（需另购车票 120 元），下车后登 1000 余级台阶到亭上览湖区全景之后返回。此时如果时间早可乘车去白哈巴，如时间晚可在湖边住或回贾登屿住宿。第三天在白哈巴观光，览边境原始村庄秀色，晚上住白哈巴或返回布尔津。依上述游程，你可在三日内游览禾木、喀纳斯湖和白哈巴三处景区，观光顺畅，不太费力。

▲ 喀纳斯湖（Kanas Lake）

温馨提示

阿勒泰大尾羊

　　大尾羊是全国闻名的优良羊种，其肉是上等的羊肉，就连尾巴油也肥而不腻，深受游客及当地人的喜爱。当地人风趣地说，阿勒泰大尾巴羊"吃的是中草药，喝的是矿泉水，走的是黄金道"。当地人用大尾巴羊肉做成的手抓肉、抓饭等种类繁多的佳肴，款待四方宾客，成为阿勒泰特有的饮食文化。

美丽中国经典线路 Beautiful China Classic Route

江南水乡之旅

Tour of the Canal Towns in South of the Yangtze

*

线路：南京➡扬州➡镇江➡无锡➡苏州➡上海➡杭州➡黄山风景区

Route: Nanjing ➡ Yangzhou ➡ Zhenjiang ➡ Wuxi ➡ Suzhou ➡ Shanghai ➡ Hangzhou ➡ Mt. Huangshan

江南印象
Canal Towns in South of the Yangtze Impression

　　有着温润气息的江南是每一个中国人心底的"梦里水乡"，作为镶嵌在中国版图上的一块碧玉，这里有梧桐婆娑的南京，有五亭桥风铃幽幽的扬州，著名的鱼米之乡镇江、无锡，江南园林艺术的殿堂苏州，繁华时尚之都上海，还有温柔富贵乡的浙江杭州，最后还可以经千岛湖到黄山风景区走走看看。江南的品茶文化和早茶文化也非常有特点，淮扬早茶与粤式早茶相比更具特色，维扬细点种类众多，虽然在造型上较为传统，但是更加注重味道上的美。江南的儒雅温柔也离不开植根在其中的佛道教文化，常州天宁寺、杭州灵隐寺、宁波普陀寺、苏州寒山寺、镇江金山寺，还有星云大师的祖坛宜兴大觉寺，以及上海的白云观，所有这些都为江南增加了诗意的气氛。

江南水乡之旅　Tour of the Canal Towns in South of the Yangtze

行程描述
Describe the itinerary

江南之旅如果参团旅行的话，一般是5～7天，可以参考途牛网提供的线路，喜欢高品质旅行的可以参考北京—南京—无锡—苏州—乌镇西栅—杭州—上海这条线路，全程入住高档酒店。如果特别喜欢水乡古镇可以参考北京—南京（中山陵、秦淮河夫子庙）—无锡（鼋头渚）—苏州（木渎古镇）—周庄（夜游周庄，宿周庄）—乌镇—杭州（船游西湖）—绍兴（鲁迅故居）—上海（南京路、外滩）这条线路。也可以参考中青旅旗下的遨游网华东5市7日游，跟本文的路线类似，住宿选择的都是中档的如家。

如果是自由行，可以乘坐高铁线（沪宁线、沪昆线等）游览，主要利用12306网站进行高铁票预订。南京到扬州主要是宁启线，于2016年5月开通，南京到扬州仅用40分钟。住宿方面如果是年轻的背包客可以全程选择青年旅舍，像杭州青年会国际青年旅舍、苏州千遇千寻青年旅舍、苏州明堂国际青年旅舍等，还可以选择7天、如家、

▲ 山塘全景（Shantang panorama）

▲ 苏州园林（Suzhou gardens）

锦江之星等经济型连锁酒店，入住体验都比较好。

江南地区总体来说路况良好，而且路的等级多样，路边景色也多样，是一条极具景观的线路，可以选择自驾出行。上海至南京为高速公路，江南六大古镇甪直、周庄、同里之间的是县道，路面有些窄，但路况不错，为柏油路或水泥路。乌镇、南浔、西塘之间路况也不错。南京至黄山的道路是二级公路，双向二车道的柏油路。黄山至徽州的路是山间公路，弯多坡多。徽州至杭州这段路是二级公路，沿着富春江而行很美。杭州至上海为高速公路，可充分领略江南水乡的风韵。自驾出行确定行程后，从网站提前预订3天的酒店住宿，尽量不要选择担保酒店，否则遇到不能到达会有损失。自驾游必须保证停车安全，因此预订的酒店必须可以免费停车，预留车位。

美丽中国经典线路　Beautiful China Classic Route

第一站：南京
The first station:Nanjing

● 南京，金陵与总统府

南京地区的行政设置应以战国时期楚国所设的金陵邑为最早。从此"金陵"就成为古代南京地区的通用名称。钟山、秦淮河、莫愁湖、凤仪门等仍流淌着金陵的血脉，出生于江宁织造署（今南京市内）的《红楼梦》的作者曹雪芹，唐朝最负盛名的诗人之一王昌龄，都为金陵渲染了浓厚的文化氛围。

▲ 南京秦淮河夜景 (Nanjing Qinhuai River Night Scene)

如果说古代南京的代称就是金陵，那么现代历史风云的代称就非"总统府"莫属了。由两江总督署改建的总统府在中国近现代史上地位超拔，几乎见证了清末和"中华民国"的每段历史。它原本是朱元璋建立的汉王府，清王朝辟为江宁织造署、两江总督署，1853年太平天国定都南京时，在此兴建了规模宏大的天王府，1864，曾国藩攻陷太平天国，焚烧天王府，后又重建两江总督署。1912年1月1日清晨，孙中山在总督署大堂暖阁宣誓就职，改总督署为总统府，揭开了"中华民国"的序幕。

● 南京行程描述

南京是华东地区最大的公路交通枢纽之一，不论是省际还是江苏省内的各城镇之间，乘坐长途汽车是最方便的交通方式。还有南京禄口国际机场，有京沪、沪宁高铁线，南京是中国万里长江航线上最大的内河港口，万吨级轮船可终年通航。南京地铁现有1、2、3号3条线路。

如果在南京玩两天的话，可以第一天去南京总统府，然后下午去雨花台，晚上看夫子庙—秦淮河夜景，乘画舫，游秦淮，如果赶上大年三十到正月十八还有秦淮灯会，让你不虚此行。第二天可以去明孝陵，然后去中山陵和灵谷寺，就是钟山风景区，体会一下大气古典的南京。

旅游锦囊

1 必吃美食

鸭血粉丝汤，品尝此汤可以去回味鸭血粉丝汤店，回味是一家连锁店，主要景点多有分布，而且口味有保证。

南京盐水鸭，推荐清真韩复兴板鸭店，这是传说中南京第一美味盐水鸭，即使排长队也值得。

牛肉锅贴，咸中带甜是南京牛肉锅贴的最大特色。推荐南京七家湾锅贴，这家店因在《舌尖上的中国2》中有几秒钟的展示，非常火爆。

2 推荐住宿

青年旅舍推荐南京夫子庙国际青年旅舍，离景点近出行非常方便，还可以选择住7天连锁酒店（夫子庙店），特色住宿可选南京心之旅花园客栈。

3 推荐土特产

主要特产推荐南京盐水鸭、云锦和雨花茶。

江南水乡之旅　Tour of the Canal Towns in South of the Yangtze

第二站：扬州
The second station: Yangzhou

● 烟花三月下扬州

　　扬州的美有种清幽和含蓄，需要细细品味。不论是"二分无赖是扬州"的明月，还是瘦西湖中五亭桥的风铃，或者是有名的早茶，都让你循着当年的隋炀帝的大运河，想象当年扬州作为全国经济中心，全国漕运、盐运集散地，文人们"腰缠十万贯，骑鹤下扬州"的景象。曾有一批文化名人在扬州为官游访，"扬州八怪"画派在中国画坛独树一帜。扬州的瘦西湖和园林，再加上淮扬早茶和精美细腻的淮扬菜都会让你流连忘返。

　　所谓"烟花三月下扬州"，每年的春季，扬州迎来旅游旺季，也是游览扬州的最佳时间。每年4月18日至5月18日，扬州市都举行"烟花三月经贸旅游节"，此时的扬州烟雨蒙蒙，稀有的琼花正当盛开，花香扑鼻，也是旅游的黄金季节。此外，每年9月8日至10月8日在扬州举行的"二分明

▲ 扬州美食（Yangzhou food）

旅游锦囊

到扬州一定要吃早茶，富春茶社、冶春茶社、共和春都是正宗的。特色菜：肴肉、三丁包、五丁包、烫大煮干丝、千层油糕、翡翠烧卖、蟹黄汤包。

月文化节"，是赏月的最佳时节。主要活动有游园赏月、乾隆皇帝水上游、运河夜游、美食节等。

● 扬州行程描述

　　从南京汽车站坐汽车到扬州，大约耗时1小时20分钟，也可以乘坐火车，车次也较多。清代扬州曾有"园林甲天下"之誉，至今还保留着许多优秀的古典园林，如个园、何园等为扬州最著名的旅游景点。

　　在扬州如果安排三日游的话，可以第一天去冶春园吃早茶，三丁包、五丁包、豆腐皮包、千层油糕、松子烧卖、蒸饺都很经典，然后去西园曲水、瘦西湖、虹桥坊和大明寺，第二天去个园、扬州东关街、东关古渡，晚上去陈记菜馆，品尝猪肝和狮子头，第三天早上去聚香斋吃豆腐脑和烧饼，然后去何园，中午去小觉林素菜馆尝尝真正的扬州炒饭和经典淮扬菜，之后去扬州八怪纪念馆。

▲ 扬州瘦西湖五亭桥（Five-Pavilion Bridge in the Lean West Lake of Yangzhou）

109

美丽中国 经典线路 Beautiful China Classic Route

▲ 镇江西津渡民俗文化街区（Zhenjiang Xijin folk culture block）

第三站：镇江
The third station: Zhenjiang

● **镇江，水漫金山寺**

　　说起镇江，大多数人都是从"白娘子水漫金山寺"的神话故事而认识了金山，再了解到镇江的。镇江最有名的景区就是市区沿江自西向东的金山、北固山、焦山，这"三山"风景区，市区西部有被地质界誉为"世界罕见，中国第一"的彭公山方解石晶洞。

　　历史文化名城镇江，至今已有2500多年的历史。东汉末年，孙权从苏州迁到镇江建都，定名京城，不久又西迁南京，镇江改称京口。千百年来，历代名流大家纷至沓来，放歌题咏，挥毫泼墨，李白、白居易、苏轼、陆游、文天祥等人都留下了瑰丽的诗文。更有《白蛇传》的"水漫金山"、《三国演义》的"甘露寺招亲"以及"梁红玉击鼓战金兵"等神话传说和历史故事，给镇江增添了神奇美丽的色彩。

● **镇江行程描述**

　　扬州到镇江交通：1.城际公交车，文昌阁附近有站，13元/人，可以直接到镇江的金山寺、北固山、焦山，车次不多；2.客运长途车，在扬州客运站坐车，基本是15～20分钟一班车，19元/人。3.汽渡。汽渡就是人和车混装过长江的那种大船。到镇江汽渡站下船，马路边有公交车可以到镇江火车站。另外，坐火车的话，沪宁线上几乎所有的列车均停靠镇江。此外，镇江还有始发上海、天津、温州的列车。

　　在镇江可以安排2日游，两天的时间爬山逛街访寺庙，时间充足。第一天在市内，游览金山、焦山、北固山，第二天前往南山国家森林公园，在西津渡古街徜徉，追寻从六朝至清代的历史遗痕。

> **旅游锦囊**
>
> **镇江美食**
>
> 　　镇江美食以维扬菜系为特色，兼收南北风味。镇江美食有"三鱼、三怪"之称。"三鱼"即"长江三鲜"鲥鱼、刀鱼、鮰鱼；"三怪"则为肴肉、香醋、锅盖面，以"镇江三怪"最为出名。在镇江品尝著名的蟹黄汤包和镇江的肴肉，都会去老字号宴春酒楼。而镇江"三怪"中的锅盖面则街边各排档都有。有名的金山之侧的"江鲜一条街"是尝"三鱼"的最佳去处。
>
> 　　镇江市区不大，诸多美食随处可以找到，其中最有名的美食区是位于繁华的市中心地段的大市口美食夜市，这里汇聚了各种民间小吃、高档酒楼和繁华的美食街，是镇江美食、购物、娱乐汇聚的地方。

110

江南水乡之旅　Tour of the Canal Towns in South of the Yangtze

第四站：无锡
The fourth station: Wuxi

● **太湖明珠——无锡**

　　无锡这颗"太湖明珠"位于长江三角洲平原腹地，江苏南部，太湖流域的交通中枢，京杭大运河从中穿过，属吴越文化。无锡自古就是鱼米之乡，素有布码头、钱码头、窑码头、丝都、米市之称。无锡是中国民族工业和乡镇工业的摇篮，是苏南模式的发祥地。无锡有鼋头渚、灵山大佛、无锡中视影视基地，有三国城、水浒城、唐城、梅园、蠡园、惠山古镇、荡口古镇、东林书院、崇安寺、南禅寺等景点。"太湖佳绝处，毕竟在鼋头"就是诗人郭沫若用来形容无锡太湖的风景的。

● **无锡行程描述**

　　从镇江到无锡，可以在镇江客运中心站坐汽车到无锡，或者乘坐动车到无锡。如果要欣赏无锡的自然风光，推荐鼋头渚，可以欣赏太湖风光，下午可以去南禅寺看看，南禅寺外面是步行街，有很多无锡美食餐厅，如蜜桃餐厅、外婆家、熙盛源、王兴记等，晚上南禅寺夜景很漂亮，还可以欣赏一下古运河，感兴趣的话可以坐船游览。如果要感受当地文化，推荐惠山古镇，这里有无锡保存最完整的古街之一，有庞大的祠堂建筑群，街道两旁很多无锡小吃，像西施豆腐花、酥油饼、肉骨烧之类的，惠山古镇边上挨着锡惠公园，可以一起逛逛。

旅游锦囊

1. 惠山公园中的天下第二泉即为名曲《二泉映月》中的"二泉"，曲作者阿炳墓也在公园内。
2. 可以尝尝无锡三凤桥酱排骨、汤包

▲ 惠山古镇 (Ancient town of Huishan)

美丽中国经典线路 Beautiful China Classic Route

▲ 水乡古镇 (Ancient Towns of the South of the Yangtze River)

第五站：苏州
The fifth station: Suzhou

● **镜花水月的苏州**

苏州自古以来就享有"人间天堂，东方水城"的美誉。"君到姑苏见，人家尽枕河。古宫闲地少，水巷小桥多。"这是一座拥有2500多年悠久历史的古城，丰厚的历史文化积淀造就了"小桥、流水、人家"的独特风貌，处处呈现温婉与缠绵，连梅雨天的雨水都细密得看不见。

来到苏州，沧浪亭、拙政园、留园，一座座私家园林曲径通幽，还可以登临国内仅存的水陆古城门，遥望当年吴越春秋的烽烟；可以伫立千年古刹寒山寺，吟诵唐代诗人张继的千古绝唱；也可以到阊门外走走，寻访《红楼梦》中"一二等富贵风流之地"，从古宫陈迹到幽巷老宅，从会馆牌坊到名人故居，天堂苏州处处是岁月的流痕、文化的积淀。绘画、书法、篆刻、诗文、评弹、昆曲、苏剧等都是苏州值得骄傲的文化瑰宝。

● **苏州行程描述**

无锡到苏州，可以坐汽车或者火车，都很方便，火车不到半小时就能到苏州。去苏州主要是游玩园林，如果时间紧可以去拙政园和狮子林，两个景点离得较近，不过拙政园游客较多，如果喜欢清静，可以在艺圃、留园、网师园、狮子林、耦园、沧浪亭中选择两个。苏州的盘门景区也非常值得一赏，如果喜欢历史可以去虎丘和寒山寺。平江路是苏州保存最好的古街，小桥青瓦、流水人家。如果时间充足，再选几个周边的古镇，著名的有周庄、同里，最近的则是木渎，即使只是发发呆也好。如果钟情于山水之间，那就去太湖或者去天平山吧，东山、西山虽只算冷门，但是景色却绝对一流。

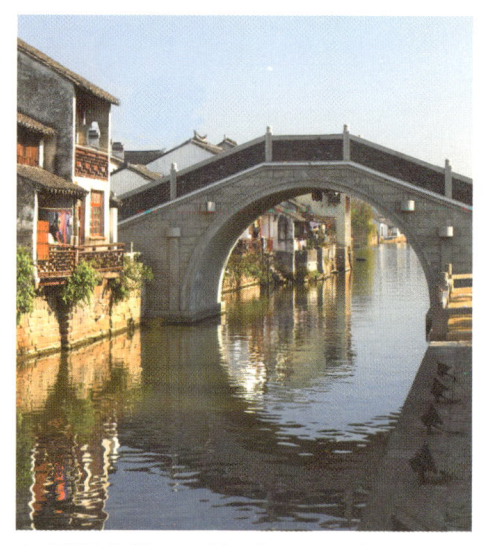

▲ 小桥流水 (A small bridge over the flowing stream)

旅游锦囊
1. 游一游山塘街，体会一下旧日苏州。
2. 尝一尝同得兴的奥灶面，特别推荐枫桥大排面。

江南水乡之旅　Tour of the Canal Towns in South of the Yangtze

第六站：上海
The sixth station: Shanghai

● 五光十色夜上海

　　上海，又称"上海滩"，是一座极具现代化而又不失中国传统特色的国际大都市。百余年来，上海一直是中国商业的中心、财富的汇聚地，是中国仅次于香港的著名"购物乐园"，更是和世界联系最紧密的那根纽带。上海也是一个新兴的旅游目的地，由于它深厚的文化底蕴和众多的历史古迹，如上海的地标——浦西的外滩和新天地。位于浦东的东方明珠广播电视塔与金茂大厦却呈现出另一番繁华景象，它们与上海环球金融中心等建筑共同组成了全球最壮丽的天际线之一。

　　上海作为现代化的大都市，外滩的夜景

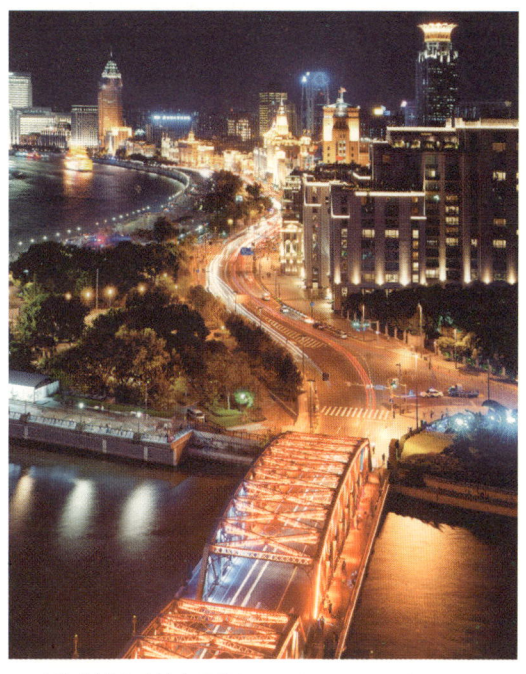

▲ 上海市城市建筑夜景(The night scene of Shanghai city building)

值得一看。商业发达，交通便利。美食方面推荐浓油赤酱的本帮菜，也可以去城隍庙品尝地道的上海小吃。此外，上海迪士尼乐园于2016年6月16日正式开门迎客。

● 上海行程描述

　　从苏州坐高铁到上海只要30分钟。动车40分钟左右。上海3日游的话，推荐第一天去豫园、老城隍庙和上海老街，第二天去人民广场、上海博物馆、南京路、杜莎夫人蜡像馆、外滩、陆家嘴、东方明珠，晚上登东方明珠看上海外滩夜景。第三天可以去文艺清新的田子坊看看，然后到周边的思南路、绍兴路、衡山路走走，非常有感觉，晚上可以去徐家汇看看繁华的夜上海。

旅游锦囊

在上海压马路——衡山路、福州路、绍兴路

　　衡山路很出名，虽然与它毗邻的是上海繁华的商业区淮海路和徐家汇，但从某种意义上而言，衡山路更出名。衡山路仿佛是一条幽静通道，在幽静中又不乏文化韵味，绵延了好几个街区的法国梧桐树，其背后隐匿着很多历史久远的老公寓，还有欧式的私家洋房和特色小店，这些都让人醉心其中。

　　福州路，全国闻名的文化街，是与南京路东路平行的一条东西向马路。这里有上海外文图书公司和上海古籍书店，在来福士广场，里面各种名牌商品汇集，还有酒吧、咖啡馆和各式风味餐厅，连名气不小的季风书店也跻身其中，是上海又一处现代化商城。

　　绍兴路散发着不张扬而又底气十足的文化气息，这种闲适几乎不属于都市。上海新闻出版局、文艺出版总社、上海昆曲团安闲地居于老洋房中，丝毫没有张扬之感。卖书的汉源书店、卖各类古董的五行轩，装饰都是一色的古雅，光看不买也是种享受。

美丽中国经典线路 Beautiful China Classic Route

第七站：杭州
The seventh station: Hangzhou

● 杭州，充满古典的诗意

这是一座"山外青山楼外楼""暖风熏得游人醉"的休闲之都，这座城市有着秀美无比的西湖，与周围群山相得益彰，古今无数名人来过、住过、赏玩过、吟咏过，或为官于斯，或结庐于斯，或爱于斯，或葬于斯，留下无数名胜古迹，点缀着西湖畔的点点荷塘、片片杨柳、粼粼波光、阵阵钟声。这里有钱塘江、有大运河、有虎跑、有龙井、有梅家坞，还有灵隐和西溪湿地。在杭州游玩之后还可以经千岛湖直接到黄山风景区。

▲ 新西湖十景云栖竹径（New Top Ten: Bamboo-lined Path at Yunqi）

旅游锦囊

杭州品茶文化

在杭州的湖山间，有上万张茶桌，基本上玩到哪里都能坐下来喝杯茶。杭州喝茶的地方大致有三类，第一类是各个景点的国营茶室，如虎跑茶室、烟霞洞茶室、葛岭红梅阁茶室、九溪理安寺茶室等，这些茶室都在古老建筑内，风景好。第二类是风景区农户家的茶桌，如梅家坞、龙井、茅家埠等处，很多茶桌都支在室外，这些喝茶的地方一般都能吃农家饭。第三类是自助式的茶馆，提供上百种茶食，分早晚场。曙光路是自助茶馆比较集中的地方，有门耳、风荷、紫艺阁等茶艺馆。

● 杭州行程描述

上海到杭州的高铁和动车车次比较多，时间在一个多小时。杭州市内的交通，以"Y"开头的公交车都是旅游专线，线路涵盖了所有西湖周围的景点。如果时间比较紧张，可以乘坐游9环湖游（票价5元）。因为西湖一边依着城，一边傍着山，乘坐游9路湖光山色与城市景象都能领略到。

如果在杭州玩一天，可以重点游西湖，如果两天，可以加上灵隐寺和西溪湿地，如果玩四天以上，就可以去看看天目山、千岛湖、新安江和黄山了。

杭州的春天山花烂漫，春光明媚，是赏花、踏青的好季节，春天适合游玩所有的景点，沿富春江西上，一路胜景，如诗如画，但时有倒春寒现象，出游时要准备好雨具和备用的衣服。夏天普遍闷热，但赏荷观瀑却正当时，可以去看西湖的荷花，或者到避暑胜地新安江、普陀山等一游。秋季的杭州，满城桂花飘香，普陀山上还可观日出东海。但气温起伏较大，要带件风衣或外套。冬季较为阴冷，可以观赏雪景，也要注意防寒。

江南水乡之旅　Tour of the Canal Towns in South of the Yangtze

第八站：黄山风景区
The eighth station: Mt. Huangshan

● 黄山归来不看岳

黄山集中国各大名山的美于一身，尤其以奇松、怪石、云海、温泉"四绝"著称，是大自然造化中的奇迹。黄山，原称"黟山"，为道教圣地，遗址遗迹众多，因传说中华民族的始祖轩辕黄帝曾在此修炼升仙而改名为黄山。主峰莲花峰，海拔1864.8 米。山中的温泉、云谷、北海、玉屏、梦幻等景区，风光旖旎，美不胜收。明代地理学家徐霞客赐予其"薄海内外，无如徽之黄山。登黄山，天下无山，观止矣"的美誉。 1990年12月被联合国教科文组织列入《世界文化与自然遗产名录》，2004年2月入选世界地质公园。

黄山归来不看岳，仿佛穿梭在人间与仙境。云海与日出很漂亮，天气好的时候光明顶上景色很美。但是景区的门票很贵，山上的食宿也不便宜。

● 黄山行程描述

杭州到黄山很方便，坐汽车直达，两个多小时就到了。而且班车也很多，从早上

▲ 黄山迎客松 (Guest-Greeting Pine in Mt. Huangshan)

▲ 安徽黄山 (Mt. Huangshan of Anhui)

7:10 到下午 16:30 都有班车不间断发车，票价在 65～80 元，车型不一。发车地点在杭州汽车西站。

黄山风景绮丽，四季宜游。春天可以观百花竞开，松树翠绿，夏天可以观松、云雾及避暑休闲，秋天可以观青松、苍石、红枫、黄菊等自然景色，冬天可以观冰雪之花及雾凇，如遇极寒天气，还能欣赏到冰瀑奇观。

黄山的饮食属于徽州菜系。徽菜在烹调方法上擅长烧、炖、蒸、熘，讲究作料，重火功，提倡原汁原味，重油重色。在汤口镇的沿溪街、屯溪老街以及黄山山上都可以品尝到当地的美食。如果去齐云山，齐云山上的美味也不可不尝。特别是那些山珍野味，在当地吃一可尝鲜，二可观世态人情，别有一番风味。

旅游锦囊

观景佳处

①观日出最佳地点：清凉台、曙光亭、狮子峰、始信峰、丹霞峰光明顶、鳌鱼峰、玉屏楼。

②看晚霞最佳地点：排云亭、丹霞峰、飞来石、光明顶、狮子峰。

③看云海最佳地点：玉屏楼观前海、清凉台观后海、白鹅岭观东海、排云亭看西海、光明顶看天海。

④看雪景最佳地点：北海、西海、天海、玉屏楼、松谷、云谷和温泉。

115

美丽中国经典线路 Beautiful China Classic Route

青藏铁路旅游线之旅
Tour of the Qinghai Tibet Railway

线路：西宁➡格尔木➡玉珠峰➡楚玛尔河➡沱沱河➡唐古拉➡错那湖➡那曲➡当雄➡羊八井➡拉萨

Route:Xining ➡ Golmud ➡ Yuzhu Peak ➡ Chumar River ➡ Tuotuo River ➡ Tanggula ➡ Cuona Lake ➡ Naqu ➡ Damxung ➡ Yangbajing ➡ Lhasa

神奇的天路
Wonderful Road

青藏高原是世界上海拔最高和最年轻的大高原，平均海拔 4000 米以上，而且有许多超过雪线、海拔 6000～7000 米的山峰，它以高出周围地区 5000 米的巨大高差突兀于大气对流层中部，而成为中国西高东低的地势中最高的一级台阶，是亚洲许多大河的发源地。"世界屋脊"就是对青藏高原最好的尊称了，青藏铁路就修建在世界屋脊上，它凝结了几代人的梦想和艰辛。这条世界海拔最高、线路最长的高原铁路，被誉为"天路"。青藏铁路格拉段东起青海格尔木，西至西藏拉萨，途经纳赤台、五道梁、沱沱河、雁石坪、翻越唐古拉山，再经西藏自治区安多、那曲、当雄、羊八井到拉萨。青藏铁路在格尔木至拉萨段途经 19 个车站，其中停靠时间最长的 5 个车站分别位于青藏高原最出名的青海湖、昆仑山、长江源、羌塘草原、那曲到拉萨五大景观带，游客可下车尽情饱览美妙绝伦的人文景观和自然景观。

青藏铁路旅游线之旅　Tour of the Qinghai Tibet Railway

▲ 雪中布达拉宫（Potala Palace in snow）

行程描述
Describe the itinerary

　　青藏铁路已经在全国各地开通了7条前往圣城拉萨的线路，有广州到拉萨、上海到拉萨、北京到拉萨、兰州到拉萨、西宁到拉萨、成都到拉萨、重庆到拉萨。已经开通能搭乘去拉萨的火车客运站有：北京、广州、长沙、武昌、郑州、太原、石家庄、上海、无锡、南京、蚌埠、徐州、西安、成都、广元、宝鸡、重庆、广安、达州、兰州、西宁、德令哈、格尔木、沱沱河、安多、那曲、当雄共计27个城市。

　　各城市始发的进藏列车均为新型空调车，车内有制氧送氧设施，可把游客可能产生的高原反应降到最低限度，但有心脑血管疾病、肺部感染和患重感冒的人仍不适宜进藏。除了车厢内的弥漫式供氧和座位旁的管道供氧以外，列车上还备有小型氧气瓶供游客吸用，乘客如有不适可及时向列车员索要。车厢内24小时有热洗脸水，还有220V电源插头供乘客使用吹风机、剃须刀和为手机充电。青藏铁路上各次列车上的列车员都经过相关培训，有高原行车的专业知识和处理相关问题的手段，可以尽力为旅客服务。

　　为了满足游客观赏青藏高原美丽风光的需求，铁路部门精心设计安排了列车开行时间，列车行驶在格尔木至拉萨段的时间都在白天，游客可把沿线的高原风光尽收眼底。此外，青藏路格尔木至拉萨段特设了玉珠峰、可可西里、楚玛尔河、沱沱河、唐古拉、错那湖、那曲、当雄、羊八井等观光车站，旅游列车途经时会停车让游客观景拍照（普通客车并不是每站都停）。能否下车拍照和具体停车时间请咨询列车乘务员。青藏铁路上能看到较好风景的车站和路段有：玉珠峰站——雪山倩景；五道梁——藏羚羊、野驴、野牦牛；风火山隧道——奇异的红褐色山峰岩体；沱沱河——宽阔、宁静的河面和远处的长江源头纪念碑；唐古拉山雪峰等。请乘客留意观览。

　　要提醒大家的是：列车抵达格尔木之前你一定要在车上好好睡觉休息，列车开出格尔木后你就要进入"一级战备"状态，全神贯注地欣赏窗外风光，为您的高原之行留下难忘美好的印象。

第一站：西宁
The first station: Xining

● **高原明珠**

西宁市位于青海省东北部湟水谷地，海拔约 2300 米。地处兰青、青藏铁路的交会点，是青海政治、经济、文化的中心和交通枢纽。因地处高原，又有 2000 多年的历史，故有"高原古城"之称。面积 7472 平方公里，人口 179 万。西宁这座历史悠久的高原古城，古称西平亭，曾是汉后将军赵充国屯田的地方、南凉的都城、唐蕃古道的咽喉、丝绸南路的要道、青藏高原通向中原的门户、河湟文化的发祥地之一，自古就是一颗璀璨的"高原明珠"，"北山烟雨"是西宁古八景中保留最完善的一景。西宁夏季气候凉爽宜人，是旅游最佳季节。名胜古迹有东关清真大寺、北山寺、塔尔寺等。西宁地处黄土高原和青藏高原接合部，是一个多民族城市，其文化艺术的发展具有浓郁的民族特色和地方特色。藏传佛教圣地塔尔寺的酥油花、堆绣、壁画被誉为"艺术三绝"，黄南州的热贡艺术和湟中农民画也在国内外享有盛誉。

● **行程描述**

公路方面：以西宁为中心辐射青海省的交通网络已形成。铁道线路有兰青铁路、青藏铁路、兰新铁路第二双线。火车站有西宁站、西宁西站两个车站。西宁曹家堡机场是青海省唯一的二级机场，也是青藏高原上重要的空中交通枢纽，已开通了直通北京、上海、西安等数十个大中城市的航班。市内交通方面，西宁市有数十条公共汽车线路，连接市内及市郊，票价大多为 1 元。西宁火车站、管理站公交车站（市区南部，南川东路与南山路交会点）都有公交通往塔尔寺。西宁市出租车起步价 6 元，服务较为规范，一般较少出现西部很多城市普遍的中途拼人情况。另外，在车少或晚上难打车时可以叫电召出租车，西宁的电召出租车电话为 96360，电召车服务费 5 元，起步费为 15 元，服务态度很好，不想坐黑车的朋友可以尝试。

在西宁游玩两天的话，第一天上午可去湟中县参观藏传佛教格鲁派六大寺庙之一的塔尔寺，下午可参观互助土族风情园。第二天乘车游览青海湖。

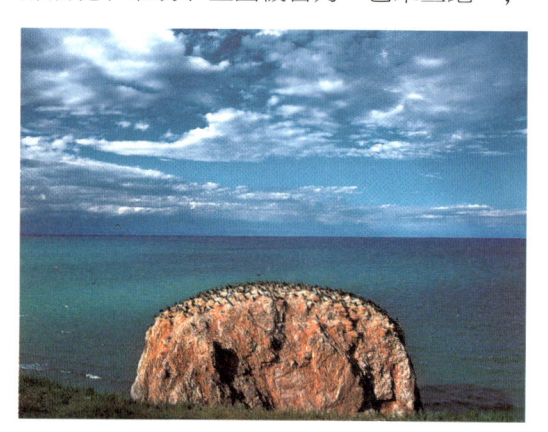

▲ 青海湖（Qinghai Lake）

旅游锦囊

必吃美食

西宁的民族特色的地方风味小吃颇多，如自然肥嫩的手抓羊肉、清凉爽滑的酸奶、酸辣可口的酿皮、筋道正好的牦牛肉，以及狗浇尿、尕面片、酥油糌粑、甜醅等，不仅经济实惠，而且独具特色。

青藏铁路旅游线之旅　Tour of the Qinghai Tibet Railway

第二站：格尔木
The second station: Golmud

● **世界盐湖城**

格尔木市以"青藏高原、世界屋脊、昆仑文化"为轴心的旅游资源十分丰富，境内有长江源头、万丈盐桥、雪山冰川、昆仑雪景、瀚海日出、沙漠森林等独具特色的自然景观。格尔木昆仑旅游区是国家4A级旅游景区。自20世纪80年代以来，相继开辟了青藏高原世界屋脊汽车探险、昆仑山道教寻祖、察尔汗盐湖观光、胡杨林自然风景、蒙古族草原风情、玉珠峰登山探险等十余条旅游线路，相继建成了昆仑山口、玉虚峰、西王母瑶池、昆仑神泉、万丈盐桥、胡杨林、昆仑文化碑林等景点。

● **行程描述**

市内交通：格尔木市内有9条主要公交线路，票价大多为1元。从格尔木包车一般都是沿215国道经察尔汗盐湖前往甘肃敦煌或者沿青藏线经昆仑山口到拉萨，包车费用400～500元（当天回格尔木）。而沿青藏线一路玩到拉萨需要2～3天，从格尔木包车需要3000元左右/车（要算上空返费用），因此尽量选择回拉萨的车，车费可以便宜不少。

游玩察尔汗盐湖大多是从格尔木包车前来，或者自驾青藏线前往格尔木时经过这里。盐厂面积很大，从大门前往湖边需要几公里，所以要开车进入盐厂游玩。盐厂原则上只允许有入访证件的车辆登记进入，所

▲ 察尔汗盐湖（Qarhan Salt Lake）

以在格尔木包车时最好确认是否可以开进厂区。

旅游锦囊

必吃美食
格尔木饭店主要是有火锅、清真羊庄和川菜三种。格尔木宾馆旁边的育红街饭店很多，宾馆北面还有一个市场，那里有露天小吃店。到晚上，八一路的昆仑文化广场对面都是烧烤档，干拌和烤羊肉都比较诱人。

推荐住宿：格尔木四季春天品质酒店
地址：八一中路华兴大厦
房价200多元有双早餐，房间免费矿泉水两瓶。毛巾舒服干净，浴巾够大。

119

美丽中国经典线路 Beautiful China Classic Route

▲ 藏羚羊（The Tibetan antelope）

第三站：玉珠峰
The third station: Yuzhu Peak

东看玉珠西望可可西里。

在玉珠峰站下车往东可以看到著名的昆仑山玉珠峰。海拔6178米，是昆仑山东段最高峰。其两侧矗立着众多5000米左右的山峰，南北坡均有现代冰川发育，地形特点南坡缓北坡陡。玉珠峰的山形地貌对于雪山攀登来说是入门级的线路。其南坡路线清楚明了，攀登技术要求较低，但大本营的高度却相对较高，海拔4800米。同时玉珠峰南坡已被风化成馒头状山峰，坡度较缓，不存在雪崩问题。北坡则相对复杂，具有冰裂缝、冰塔林、冰陡坡、刃形山脊等种种地形，特别适合登山训练活动。

在玉珠峰站下车往西南望去，便是可可西里，平均海拔在4500米以上。可可西里蒙古语意为"美丽的少女"。可可西里地区自然景观独特，河流纵横交错，湖泊星罗棋布，其中1平方公里以上的湖泊就超过100个。雪山、峡谷、石林、盐湖边盛开的朵朵"盐花"，以及冰川下热气蒸腾的沸泉等，有机地组成了特有的雪域景观。可可西里素有青藏高原"动物王国"的美誉。这里栖息着藏羚羊、野牦牛、藏野驴、藏原羚、雪豹、棕熊等高原珍稀野生动物，蓝天白云下飞翔着金雕、黑颈鹤、大天鹅等鸟类，湖中游动着裸腹叶须鱼等鱼类，这些均为青藏高原特有物种。

第四站：楚玛尔河
The fourth station: Chumar River

● 野生动物通道

楚玛尔河站地处藏羚羊在昆仑山东西迁徙通道的核心区，在楚玛尔河站可见长江北源楚玛尔河和专为藏羚羊迁徙而建的楚玛尔河大桥，桥长2565米，大桥的78个桥孔可供藏羚羊等野生动物自由通过，楚玛尔河的两岸是藏羚羊主要的栖息地和迁徙通道。每年6～8月，可见成群结队的临产藏羚羊长途跋涉由昆仑山东部经过此地向西，进入可可西里腹地卓乃湖、可可西里湖、太阳湖等地。

青藏铁路旅游线之旅　Tour of the Qinghai Tibet Railway

第五站：沱沱河
The fifth station: Tuotuo River

● 万里长江的源泉

周边有长江第一桥、长江源头纪念碑、可可西里保护站等。发源于唐古拉山脉主峰各拉丹冬西南侧的沱沱河，是万里长江的源泉，长江从这里流出，自西向东。站在沱沱河站观光台上，可以看到宽阔的沱沱河，水面银光闪耀，清澈的河水在一片片河心滩地之间散乱流淌，时而分岔，时而聚合。沱沱河上架有一座273米长的混凝土公路桥，桥旁铺设有格尔木至拉萨的输油管道。输油管道正西就是被称为长江第一桥的青藏铁路沱沱河铁路桥。

第六站：唐古拉
The sixth station: Tanggula

● 青藏铁路的最高点

唐古拉站是世界上海拔最高的火车站，也是青藏铁路最重要的旅游观光车站，旅客只要站在站台上往西望，就可以看到唐古拉山6621米的最高峰各拉丹冬雪峰的美丽容颜。

各拉丹冬雪峰位于青海省格尔木市唐古拉山乡境内，海拔6621米，是唐古拉山脉最高峰，藏语意为"高高尖尖的山峰"。

各拉丹冬是探险旅游、登山、猎奇、科学考察的理想之地。各拉丹冬冰山群属于山岳冰川，高达六七十米的冰塔林，银盔白甲，高耸入云，一座挨一座，有的像撑天玉柱，有的如摩天水晶楼，有的似宝剑寒气凛凛直刺云天，有的如奇塔异峰千姿百态，冰塔林中，有高高耸起的冰柱，有玲珑剔透的冰笋，有形如彩虹的冰桥，有神秘莫测的冰洞，还有银雕玉琢的冰斗、冰舌、冰湖、冰沟。鬼斧神工，冰清玉洁，简直是一座奇美无比的艺术长廊。夏秋季节，山上银装素裹，山下野花烂漫。

▲ 沱沱河铁路桥（Tuotuo River Railway Bridge）

美丽中国经典线路　Beautiful China Classic Route

第七站：错那湖
The seventh station: Cuona Lake

● **神湖**

错那湖是距离青藏铁路最近的湖泊，其距离青藏铁路最近处仅几十米。从安多县出来二三十公里火车就会经过错那湖，食宿可在安多县城，也可去藏北中心那曲。

错那湖位于藏北草原安多县境内，属于高原淡水湖，湖泊面积 400 多平方公里。它是当地藏族群众心目中的"神湖"。在一望无垠的草原和蓝天的衬托下，"神湖"显得分外美丽。湖中水产丰富，吸引了黑颈鹤、天鹅、野鸭、鸳鸯等多种国家级重点保护野生动物栖息，而湖边宽广的草场则是藏羚羊和黄羊的快乐家园。

错那湖车站是青藏铁路全线最亮丽的旅游观光车站之一，东距美丽的神湖仅 20 米，站台长 500 米，走上站台即可近在咫尺饱览绝佳湖光山色。

旅游锦囊

1. 建议游客提前准备好照相器材，以免在错那湖车站错过难得一见的美丽风光。
2. 注意保护生态环境，不要在景区周围乱扔垃圾。
最佳旅游季节：5～9月。

第八站：那曲
The eighth station: Nagqu

● **世界屋脊的屋脊**

那曲火车站坐落在风景优美的羌塘草原之中，在火车站上向四周看去，蓝天、白云、湖泊、牛羊、草原、雪山构成的壮丽景象，能让旅游者领略到一派藏北高原的瑰丽风光。而那曲平均海拔在 4000 米以上，被称为"世界屋脊的屋脊"。

在一望无际的羌塘草原上，到处都是牧民赖以生存的牦牛和羊群，处处可见牧民栖息之所——帐篷。牧民们在这儿创造了梦幻迷离、色彩斑斓的游牧文化。不仅有远古岩画，也有许多古象雄国的遗址，英雄格萨尔王的足迹及故事遍布藏北，嘛呢堆、经幡、古塔随处可见，为苍茫的大草原增添了几分神秘的色彩。

每年 8 月的那曲赛马节是那曲颇负盛名的传统盛会，旅游者可体会到藏北牧区的民族风情。

▲ 那曲赛马节 (Nagqu Horse Festival)

青藏铁路旅游线之旅　Tour of the Qinghai Tibet Railway

第九站：当雄
The ninth station: Damxung

● **神山圣湖**

到了当雄火车站后，火车站周围草原上的牛羊逐渐增多，草原也更加漂亮。而从当雄火车站出发，翻过几个山头，就是藏族聚居区著名景点，也是中国第二大咸水湖的纳木错。纳木错湖面辽阔，湖水清澈见底，还有大量的水鸟栖息于水上。纳木错湖边的念青唐古拉山，是西藏著名的山脉之一，山脉顶部白雪皑皑非常美丽。念青唐古拉与纳木错是著名的神山圣湖，在神话中也是生死相依的恋人。如果天气状况良好，在扎西半岛湖畔，可以将纳木错晨曦与念青唐古拉山一同拍摄下来。

旅游锦囊

1. 纳木错海拔较高，早晚温度很低，加之湖畔紫外线强烈。来纳木错旅游，记得携带保暖衣服、防晒用品和相关抗高反药物。尤其是早起看日出的时候，爬扎西半岛的山坡，不要快速奔跑，应缓慢步行。

2. 去纳木错要经过5190米的那根拉山口。高原气候不稳定，那根拉山口经常会被冰雪覆盖，此时会封路。所以包车前往纳木错之前，建议确认是否可以通行后再出发。

3. 纳木错湖畔有超多的野狗，晚上去湖畔看星空的话，建议不要携带零食，以免香味吸引野狗聚集。

4. 纳木错湖畔住宿条件一般，多为较简陋的板房，房间内基本无空调，但有电热毯。带独立卫浴的标间更是少之又少。住宿湖畔，要有心理准备。

推荐酒店：当雄白马宾馆

地址：当雄河东路，近当雄人民医院。

客房独具特色，蕴含民族风情，又不失现代化的时尚。现客房拥有藏（汉）式豪华标间、藏（汉）式单间、藏（汉）式套房，店内设有无线网、24小时热水、洗澡、地暖、空调、独立卫生间等各种设备，院内设24小时监控的停车场。本店是您去神湖"纳木错"旅游的最佳居住地点，最主要是方便第二天早上去纳木错看日出。

▲ 纳木错 (Nam Lake)

123

美丽中国 经典线路　Beautiful China Classic Route

▲ 羊八井 (Yangbajing)

第十站：羊八井
The tenth station: Yangbajing

● **地热城**

一路坐车到了羊八井车站，透过车窗，便可以看到一股股热气从距青藏铁路线不远的地热电厂蒸腾而上，顿感温暖如春，这里有丰富的地热资源，当地有一个地热温泉度假村。

羊八井距拉萨90多公里，位于拉萨西北方、念青唐古拉山下的盆地内。羊八井两侧是高耸入云的皑皑雪山、冰川、原始森林，中间盆地则为碧绿如茵的草甸。羊八井拥有丰富的地热资源，已开发出地热温泉旅游，温泉不含硫黄，温度较高。来羊八井，许多游客不仅是为了看风景，更是来体验高海拔地区别有风味的温泉浴，洗去旅途的疲劳。泡温泉分室内游泳池、室外游泳池以及室内小温泉池等，费用从40～100元不等。

● **行程描述**

如果青藏铁路列车在羊八井站不停，可以从拉萨长途汽车站乘班车前往羊八井，但是温泉游泳池距离青藏路口大约还有8公里，可步行或在羊八井的运输站及青藏公路旁搭乘便车到达目的地。

另一个办法是包车去纳木错，在回来的路上顺道前往，不过事先要同司机商量好价格。

旅游锦囊

最佳季节：5～10月最佳。这个时间段内，日照强烈，温度偏高，体感舒适。而且，很多节日都是在这个时间段内，可感受藏民族民俗风情，非常热闹。

特别提示：高原地区氧气消耗量大，泡温泉时不要做太剧烈的运动，以免上岸后体力不支。如果在去纳木错的途中顺道到羊八井，最好选择回程时再去泡温泉，否则会错过观赏纳木错的黄昏景致的，同时由于泡温泉时的体力消耗，可能会加重在纳木错的高原反应。羊八井泡温泉的话，建议自带泳衣，当地买比较贵。

青藏铁路旅游线之旅　Tour of the Qinghai Tibet Railway

第十一站：拉萨
The eleventh station: Lhasa

● **日光之城**

拉萨，藏语里的意思是神居住的地方。它是西藏自治区首府，海拔3700米，被称为"日光之城"。它是藏族人心中的圣城，如今也成为四方游客的"圣城"。几年前说它是个城市还不太恰当，但现在已经越来越接近我们所熟悉的大城市了，酒店、银行、商场、专卖店，繁华到无须考虑这里是雪域高原的事实。包括整修一新的布达拉宫广场，仿若与我们脑海中的拉萨不能对号入座，无论如何，您站在了新时代的拉萨，去接受它吧。不管是布达拉宫、大昭寺，还是八廓街、罗布林卡，总有那么一处，能直逼您内心深处，成为您心灵的归宿。

● **拉萨行程描述**

在拉萨旅行，包车是很常见的一种出行方式。一般像驴友比较集中的亚旅馆、八朗学旅馆、吉日旅馆，都能够找到一些车辆出租的信息。需要注意的是，旅游车辆都必须要有西藏旅游局颁发的专门证件，同时，淡季（11月至次年3月）和旺季（4月至10月）价格会有很大的变化。最好在出发前，能够和司机谈妥计划，并签订包车合同。价格参考：拉萨至格尔木200～240元。拉萨至昌都约280元。拉萨至日喀则50～90元。在拉萨市区打车比较划算，5公里起价10元，出了城区就应该考虑坐公交车了。在拉萨，乘公交车去各景点观光是物美价廉的好事，所有景点都可乘车抵达。在当地报个旅游团也是游览拉萨的好方式。

拉萨市区观光有两天时间可玩得非常从容。第一天：布达拉宫观光，大昭寺游览，八廓街及宇拓步行街购物，黄昏时到拉萨河边观夕阳西下时的美景。第二天：游罗布林卡，观西藏博物馆，去哲蚌寺俯瞰拉萨河谷壮景。色拉寺是否去，看时间和兴趣而定。如果去纳木错、羊卓雍错、林芝、日喀则和其他周边美景游玩，则另需增加1～5日游程。

▲ 布达拉宫（Potala Palace）

旅游锦囊

必吃美食

糌粑是藏族牧民传统主食之一。"糌粑"是炒面的藏语译音，它是用青稞或豌豆等炒熟之后磨成面粉，食用时拌和酥油茶用手捏成团吃，也可调以盐茶、酸奶或青稞酒。与酥油茶一起搭配，别具一番风味。不过初食糌粑可能会吃不惯，建议酌情少点。

酥油茶是藏族的一种饮料。多作为主食与糌粑一起食用。此种饮料用酥油和浓茶加工而成。酥油茶具有极高的热量，醇香可口，喝上一口，精神顿爽，有比较浓的奶味，不过确是补充体力的好东西。

牦牛肉有多种吃法，凉拌、烧烤、涮火锅或者炒菜都是不错的选择。当然，酒要喝当地的青稞酒。

香格里拉之旅
Tour of Shangri-La

线路：昆明 ➜ 大理 ➜ 丽江 ➜ 迪庆藏族自治州
Route: Kunming ➜ Dali ➜ Lijiang ➜ Diqing Tibetan Autonomous Prefecture

香格里拉印象
Shangri-La Impression

香格里拉一词的美好已经成为人们的一种精神向往，作为"心中的日月"，它有雪山、有湖泊、有冰川、有峡谷、有草甸，有看不尽的风光美景。来到昆明，很多人有眼睛被擦亮了的感觉，去看看滇池的海鸥都会心情豁然开朗，大理有着逛不尽的古寺名塔和山环水抱的"银苍玉洱"，丽江有世界文化遗产——丽江古城，世界自然遗产——三江并流，世界记忆遗产——东巴文化，迪庆州香格里拉市有著名的普达措国家公园、独克宗古城、噶丹松赞林寺、虎跳峡、白水台等，迪庆州德钦县有梅里雪山、雨崩、明永冰川等。很难用一个词语来概括香格里拉这条路线的美，因为任何词语在天地大美面前都显得乏力，还是亲身去体验一下来得痛快。

香格里拉之旅　Tour of Shangri-La

第一站：昆明
The first station: Kunming

● 春城昆明

昆明四季如春，夏天避暑，冬天避寒。滇池附近集中了所有昆明景点的精华，沿湖有西山森林公园、观音山、大观楼、海埂公园、云南民族村等景点。可以重点在西山俯瞰滇池，去看滇池的海鸥，雄伟的石林，去翠湖公园体验人与自然，再在周边的云南讲武堂旧址、圆通寺和云南大学等地逛逛，再前往昆明的地标性建筑——金马碧鸡坊，可以悠游大观楼，欣赏五彩斑斓的东川红土地，还可以走远一点去轿子雪山看看，在这座遍地鲜花的城市里走走停停别有一番情趣。

▲ 滇池风光（Lake Dian Scenery）

● 昆明行程描述

昆明的长水机场相当漂亮，主要有往返于北京、上海、西安等地的飞机，及往返迪庆、丽江等地的省内航班。在市内乘坐地铁六号线至机场中心站下车，可到达长水国际机场地下二层，与候机楼联通。也可以选择乘坐出租车前往长水机场，市中心到机场的价格在80～120元。昆明火车站位于昆明市南部，每天都有到大理、丽江、石林等地的火车。昆明的公共交通发达，到市内的各个景点都可以乘坐公交车，到远一点的景点像九乡风景区可以在昆明东部的金马客运站坐车到宜良，到石林景区可以从昆明东部汽车客运站乘坐大巴到石林景区，到东川红土地可以从昆明市北部汽车客运站坐班车前往。

温馨提示

必吃美食

老奶洋芋，是云南美食之一，据说是老奶奶吃的洋芋哦，因为它口感绵密，十分酥软，故得此名。可以去1910火车南站这个饭店去品尝老奶洋芋。

汽锅鸡，是云南的名菜之一，在汽锅下放一盛满水的汤锅，然后把鸡块放入汽锅内，纯由蒸汽将鸡蒸熟。推荐去金碧公园旁的蕙若春品尝这道菜。

云南过桥米线，这种米线吃法独特，将生的鸽蛋或者鸡蛋磕入汤碗，再依次加入生五花肉片和鸡肉片，轻轻搅动后加入烧肉等熟肉，然后加入韭菜、豌豆尖等辅菜和米线，最后放调味料。推荐老滇过桥米线。

推荐住宿

驼峰客栈国际青年旅舍
昆明大脚氏国际青年旅舍
莫泰168(昆明环城南路地铁站店)

推荐土特产

主要特产推荐鲜花饼、小粒咖啡、云烟、野生菌、宣威火腿。

127

美丽中国经典线路 Beautiful China Classic Route

第二站：大理
The second station: Dali

● 侠骨柔情的大理

大理常年气候温和，土地肥沃，以秀丽山水和少数民族风情闻名于世，境内以蝴蝶泉、洱海、崇圣寺三塔等景点最有代表性。大理山水风光秀丽多姿，有"风花雪月"的美称，即下关风、上关花、苍山雪、洱海月。大理还有一股侠骨柔情，大理段王爷被金庸先生封为天下武功前六强的故事大多数武侠迷都知道了，点苍山的点苍派金大侠在江湖上也流传颇广。大理国 22 位皇帝中有 9 位皈依佛门，这份境界颇有些超凡脱俗的意味。

▲ 大理古城（Dali Ancient City）

● 大理行程描述

昆明到大理，如果想行程快的话可以乘坐飞机，1 小时可到达，其次是坐汽车要 5 小时，火车比较慢要 7 小时左右。如果要在大理玩三天的话，可以这样安排，第一天游玩大理古城、三塔、喜洲、周城、蝴蝶泉，晚上去逛洋人街酒吧，第二天可以苍山一日游：玉带云游路、中和寺、龙眼洞凤眼洞、七龙女池、清碧溪和感通寺。第三天可以游玩洱海，洱海码头、小普陀岛、南诏风情岛、双廊风光。这个行程就把古城和苍山洱海都包括进去了。

温馨提示

1. 大理古城西门外还有一座造型与三塔相似的弘胜寺一塔，晚上灯光亮起来时非常漂亮，可以拍照，也可以在傍晚时，从古城墙上拍过去，非常迷人。

2. 如果要照三塔可在下山的缆车上照，或者骑车去东边的田地里照，从苍山上向下拍也不错。

128

香格里拉之旅　Tour of Shangri-La

第三站：丽江
The third station: Lijiang

● 魅惑丽江

丽江曾是丝绸之路和茶马古道的中转站，有着近900年的历史，保留着较为完整的宋、元历史风貌。大研古镇即是人们熟知的丽江古城，是中国为数不多的少数民族古城，小桥流水式的布局，错落有致的民居建筑，让这里多了几分南方水乡的韵味。这里的景观以"二山、一城、一湖、一江、一文化、一风情"为主要代表，常年吸引着成千上万的游客到此。二山指的是玉龙雪山和老君山；一城为丽江古城，即大研古城；一湖为泸沽湖；一江为金沙江；一文化指纳西东巴文化；一风情则为摩梭风情。这里有浪漫的风情和追求浪漫的人们。

丽江，有人说它太商业化，有人说它很小资。不管怎么说，许多人选择了去了一次再去一次，这足以说明它的魅力。来丽江，最惬意的事就是晒太阳、发呆，找一处滨水的小馆，要一份小吃，把街边的游人如织当风景看，好好享受闲暇的时光。

● 丽江行程描述

大理下关至丽江每天有多班中巴往返，乘车地点在下关苍山饭店（大理下关苍山路118号），最晚19:00，车程3～4小时，票价40～60元。大理开往丽江的班车大多是白天发车。大理至丽江的高快发车时间为13:30、14:30、16:30。也可以从大理乘坐火车到丽江。如果在丽江游玩五天，建议第一天去丽江古城，游览古城大水车、吃咏熹土锅老鸭汤，下午去木府、万古楼，晚上吃三锅演义。第二天上午去拉市海，可以骑马、划船，下午去束河古镇。第三天可以包车游上虎跳、中虎跳，下午返回丽江，在四方街闲逛。第四天可以去玉龙雪山，下午前往泸沽湖，夜宿泸沽湖。第五天泸沽湖一日游，夜宿里格。

▲ 丽江黑龙潭（Black Dragon Pond of Lijiang）

美丽中国经典线路 Beautiful China Classic Route

第四站：迪庆藏族自治州
The fourth station: Diqing Tibetan Autonomous Prefecture

● 世外桃源香格里拉

"香格里拉"一词源于《消失的地平线》一书，在藏语中意为心中的日月，因其圣洁优美被誉为"世外桃源"。香格里拉有神圣的雪山，幽深的峡谷，飞舞的瀑布，被森林环绕的宁静的湖泊，徜徉在美丽草原上的成群的牛羊，净如明镜的天空，金碧辉煌的庙宇。香格里拉的景点主要集中在独克宗古城和香格里拉市周边、德钦县以北和虎跳峡一带。正常游览香格里拉需要2～3天，若喜爱徒步，可到虎跳峡与雨崩。

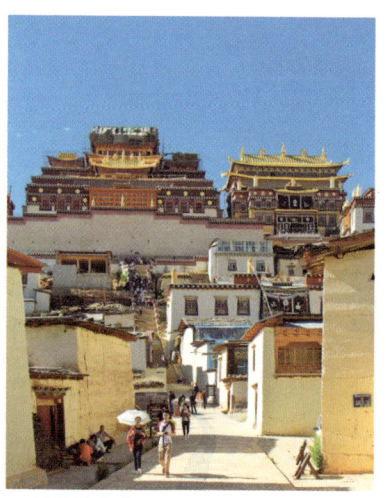

● 普达措国家公园

位于滇西北"三江并流"世界自然遗产中心地带，由国际重要湿地碧塔海自然保护区和"三江并流"世界自然遗产哈巴片区之属都湖景区两部分构成，以碧塔海、属都湖和霞给藏族文化自然村为主要组成部分，也是香格里拉旅游的主要景点之一。

▲ 松赞林寺（Songzanlin Lamasery）

● 香格里拉市行程描述

丽江到香格里拉可以选择乘坐客车，从丽江客运站出发，从早上7:30到下午17:00，每隔半小时到一小时就有一趟车，车程在4小时左右。如果在香格里拉游玩三天，第一天可以去纳帕海、依拉草原，晚上可以在草原的小木屋里住一夜（或者选择露营），这样可以感受草原上的清晨和傍晚寂静的美丽。第二天返回香格里拉城区，参观独克宗古城和噶丹松赞林寺，然后参观中心镇公堂。第三天可以去普达措国家公园，参观属都湖、碧塔海。

▲ 香格里拉（Shangri-La）

旅游锦囊

香格里拉旅行必知

1. 一般不建议在春节期间前往迪庆，因为那段时间迪庆室外的温度最高会在-3℃～8℃，如果是没有取暖设备的宾馆，室内温度是1℃～9℃。结冰的路面行车也很不安全。

2. 去香格里拉建议带上厚一些的外衣或棉服。室外紫外线辐射强，防晒霜、遮阳帽、太阳镜是必备品。

香格里拉之旅　Tour of Shangri-La

▲ 梅里雪山（Meri Snow Mountain）

● **德钦县，拥有梅里雪山的歌舞之乡**

德钦县地处云南省西北部横断山脉地段，素称"歌舞之乡"。德钦又是珍稀动植物的天堂，是最珍贵的滇金丝猴的故乡。该县地处两江流域，境内有巍巍雪山、激流险峡、冰川平湖、深山药材、珍禽异兽、古朴而独特的民族风情，以梅里雪山为中心的风景名胜更是独具一格。境内有国家级自然保护区——白茫雪山保护区，有藏传佛教红坡寺、德钦寺、东竹林寺等16个寺庙，还有清真寺、天主教堂。境内有着极其珍贵的野生植物资源，在县境内各民族都有自己独特的民族服饰、习俗、民族节日、民族艺术、民族工艺，有独具一格的生活方式，特有的民族心理和多彩的民族风情，神秘的宗教活动，动人的歌谣、优美的弦子、锅庄、热巴舞早已远扬藏族聚居区。

● **德钦县行程描述**

香格里拉到德钦县班车一般5～6小时。包车比班车快大约1小时，包车价格根据车型大概500～800元。德钦县可以安排2日游，观梅里日照金山。第一天早晨由香格里拉县城坐班车到达奔子栏乡，在奔子栏乡用午餐，后前往东竹林寺观赏，沿途经过白茫雪山，可欣赏雪山美景，夜宿德钦县。第二天，可以从德钦县出发，先到飞来寺、梅里雪山，然后到雨崩和西当温泉。

温馨提示

周边景点：金沙江第一湾

过奔子栏往德钦方向可以路过金沙江第一湾，公路旁边有观景台，当地司机都知道在此停留供游客拍照。金沙江第一湾非常壮丽，因为公路在半山腰，所以整个"C"形大弯从脚下远远流过。江对面是四川得荣，江边公路是通往得荣方向。这里也被称为"长江第一湾"，从地理角度讲确实要比"石鼓镇第一湾"靠近上游。但从江流角度和方向来说，石鼓镇的第一湾整个将江水转变方向确实是长江所拐的极大的第一湾。单从摄影和视觉效果来说，奔子栏的第一湾更具美感。

131

美丽中国经典线路 Beautiful China Classic Route

北国冰雪之旅
The North Snow Tour

线路：北京➔张家口➔沈阳➔铁岭➔长春➔查干湖➔吉林➔牡丹江➔哈尔滨➔雪乡➔雪谷➔北极村

Route: Beijing ➔ Zhangjiakou ➔ Shenyang ➔ Tieling ➔ Changchun ➔ Chagan Lake ➔ Jilin ➔ Mudanjiang ➔ Harbin ➔ Snow Land ➔ Snow Valley ➔ Arctic Village

北国山水城市印象
Northland landscape city impression

提到北国之旅马上想到风雪弥漫、滴水成冰的画面，不错！这一条线路欣赏的就是雪国冰湖的奇景。你可以先在童话书中找找感觉，也可以看看赵本山拍的电视剧——《刘老根》。从北京到张家口、沈阳，再到铁岭、长春，这一路看的是历史文化：张家口的明城墙，沈阳的故宫，铁岭的"二人转"，长春的伪满皇宫；从查干湖开始，一路上都是欣赏大自然，欣赏冰雪，冰雪的湖，冰雪的山，冰雪的原始森林，还有雪原、雪峰、雪谷、雪屋、雪橇、雪人、雪狗……一个地方比一个地方冷，却一个地方比一个地方热火。每个地方火得有特色——吉林的雾凇，哈尔滨的冰雕，雪乡中冒着炊烟的雪屋，雪谷中白雪皑皑的原始森林，更有北极村的北极光，夏至节的极昼……不过，每个地方也有共同的特点，那就是冰，就是雪，还有东北的小鸡炖蘑菇、酸菜炖白肉，还有东北人那火一般的热情。

北国冰雪之旅　The North Snow Tour

行程推荐
Describe the itinerary

北国冰雪之旅可以考虑四条线路：第一条线路，沈阳—长白山—镜泊湖—哈尔滨—五大连池。这条线路的特点是，从南往北，全程游览北国山水城市，特别是可以游览俄罗斯风情小镇，领略异国风俗人情。这条线路推荐携程网8日跟团游。行程为：沈阳故宫—张氏帅府—长白山北坡景区—小天池—绿渊潭—聚龙泉—长白瀑布—镜泊湖风景区—吊水楼瀑布—龙塔—圣索菲亚大教堂—防洪纪念塔—斯大林公园—太阳岛风景区—俄罗斯风情小镇—中央大街—龙门石寨—北药泉。

第二条线路，哈尔滨—齐齐哈尔—呼伦贝尔—满洲里—阿尔山—乌兰浩特—长白山—长春，这条线路的特点是，从北往南游览北国风光，而且能到扎龙自然保护区欣赏丹顶鹤，喜欢照相的游客不可错过。这条线路推荐携程网双卧11日8晚跟团游，行程为：中央大街—老道外—圣索菲亚大教堂—老黑山—二龙泉—扎龙自然保护区—呼伦湖—阿尔山国家森林公园—天池—三潭峡—石塘林—杜鹃湖—查干湖—长白山天池—长白山西坡景区—梯子河—锦江大峡谷。

第三条线路，吉林长白山—黑龙江镜泊湖—牡丹江—哈尔滨—五大连池—齐齐哈尔—内蒙古呼伦贝尔—满洲里。这条线路的特点是，除了欣赏北国风光之外，还能欣赏内蒙古呼伦贝尔大草原。沿途美景无限，适

▲ 长白山天池（Changbai Mountain Tianchi）

合摄影爱好者游览。这条线路推荐携程网摄影之旅10日跟团游，行程为：乌拉街满族镇—小天池长白山北坡景区—长白瀑布—聚龙泉—峡谷浮石林—镜泊湖风景区—吊水楼瀑布—太阳岛风景区—圣索菲亚大教堂—五大连池风景区—呼伦湖扎赉诺尔猛犸旅游区—扎赉诺尔博物馆—呼伦贝尔大草原。

第四条线路，哈尔滨—漠河。这条线路的特点是，直接深入哈尔滨周边以至于北极村，为名副其实的冰雪之旅。沿途的冰雪仙境，适合摄影爱好者创作。这条线路推荐携程网摄影之旅6日5晚跟团游，行程为：中央大街—防洪纪念塔—龙塔—斯大林公园—俄罗斯风情小镇—李金镛祠堂—林海观音山—胭脂沟—北极村—神州北极广场—中国最北人家—中国最北邮政局。

美丽中国经典线路 Beautiful China Classic Route

第一站：北京
The first station: Beijing

● **北京，紫禁城与鸟巢的交响曲**

北京是中国的首都，城市中所有的皇宫建筑，有一种居高临下又大气磅礴的感觉。这一点如果你来到故宫和天安门广场会特别明显，站在广场中央，你会感到是那样的开阔、通透，虽然看不见，但有一种挥之不去的力量存在。还有东西贯通的长安街，其长度和宽度，大概没有哪个中国城市超过它。北京新建筑则比较西化而时尚，比如圆形的国家大剧院，如巨大的飞碟落在皇城的中央；形似鸟巢的奥运体育场，给人以发散性的启示。最让人不可思议的是中央电视台大楼，被人戏称为"大裤衩"，是好是坏，各有评说。

北京民俗最浓郁的地方是前门、大栅栏、天桥和牛街，在那些地方，你可以看到北京最地道的胡同，可以吃到北京最地道的豆汁、焦圈、炒肝、涮羊肉……其实，北京本地人更愿意去的地方，是什刹海，是鼓楼，那里有海子，有酒楼，有咖啡馆，有胡同，有四合院，还有一座座承载着名人记忆的侯王宅第……

北京要玩的太多了，北海、颐和园、圆明园、长城、十三陵，还有香山、碧云寺、潭柘寺、龙泉寺……说都说不过来，十天半个月是玩不完的，哪怕是待半年一年，也不敢说去了多少地方，要知道这就是京城啊，是皇帝待过的地方啊！

● **北京行程描述**

跟团游推荐携程网北京5日4晚跟团游，行程为：第一天，北京自由行；第二天，天安门广场升旗仪式—毛主席纪念堂—人民英雄纪念碑—恭王府—故宫—王府井大街；第三天，八达岭长城—明十三陵—鸟巢（国家体育场）—水立方（国家游泳中心）—奥林匹克公园；第四天，天坛—颐和园—中央广播电视塔—太平洋海底世界—清华大学—北京大学；第五天，返程。

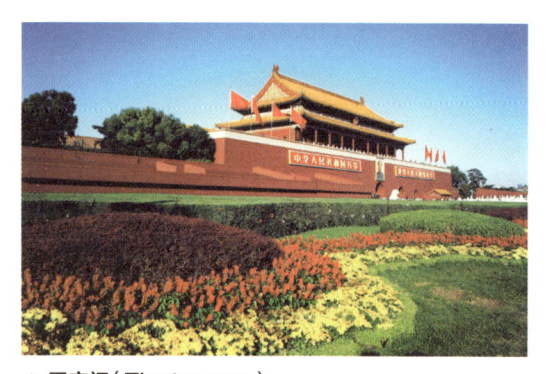

▲ 天安门（Tian'anmen）

特别温馨

必吃美食
北京烤鸭（色泽红润，肉质肥而不腻，外脆里嫩），北京炸酱面，炸焦圈，涮羊肉，卤煮火烧（火烧透而不黏，肉烂而不糟）。

推荐住宿
住宿推荐北京城南旧事精品文化酒店，位于北京西城区枣林前街37号，近地铁7号线广安门内站。大床房最低298元。

推荐土特产
豌豆黄（色泽浅黄，细腻纯净，入口即化）、平谷大桃（个大、色艳、甜度高）、京式果脯（有苹果脯、杏脯、梨脯、桃脯、太平果脯、青梅、果丹皮等）。

北国冰雪之旅　The North Snow Tour

▲ 河北草原天路风光（Grassland scenery in Hebei province）

第二站：张家口
The second station: Zhangjiakou

● **张家口，离蒙古草原最近的城市**

在内地人眼里，张家口是离蒙古草原最近的城市，许多北京人到张家口就是为了就近看草原。张家口其实是一座山城，在群山环抱的山间平原上有一条河穿城而过，把城市分为桥东区和桥西区。如果在4月前到张家口，这里依旧是一片萧瑟，除了到眼前能看到些许的花朵外，远处的大山还保持着冬天的青黑色，正是那句"草色遥看近却无"的真实写照。

张家口素有"塞外山城"之称，至今存有残破的明城墙——大境门，虽然没有山海关那样著名，却一样高大宽厚，尤其是城门上题写的"大好河山"，有着凛然的正气和历史的厚重感。

张家口的武城街是购物的好去处，马路宽阔、干净，路边的店铺一家接一家，那热闹的气氛很难与塞外联系起来，有人认为，在这里购物比上海的南京路还要惬意。

不过，张家口之美还是在草原。张家口的坝上地区地势较平坦，草原广阔，多内陆湖泊、岗梁、滩地、草坡和草滩相间分布。在这里骑马照相，一点也不亚于内蒙古草原。如果冬天来，这里白雪皑皑，一片北国风光，山上积雪数尺，整冬不化，是滑雪旅游的天然胜地。

● **张家口行程描述**

跟团游推荐携程网张北2日1晚跟团游，行程为：第一天，北京自由行；第二天，张北草原—草原天路—返程。

温馨提示

必吃美食
"烧南北"（以塞北口蘑和江南竹笋为主料做成），塞外涮羊肉（肉质细嫩，无膻味，肥而不腻），绣球羊肉（以粉蒸为主、口味属于咸鲜味）。

推荐住宿
住宿推荐张家口香雪假日酒店，位于张家口崇礼区旅游商贸新区，近张沽大道。

推荐土特产
柴沟堡熏肉（用柏木熏制，色泽鲜亮、味道独特），饦饦饼（圆形薄饼，色泽金黄，酥脆香甜），西八里大蒜（紫皮蒜种，肉白，汁辛辣）。

135

美丽中国经典线路 Beautiful China Classic Route

第三站：沈阳
The third station: Shenyang

● 沈阳，传承深厚的老工业名城

人们印象中，沈阳是一座老工业城市，大街上好像总是灰头土脸的，如果与大连作比较，沈阳的建筑没有大连那么亮丽，也没有大连那样湛蓝的海和金色的沙滩，但沈阳的文化和经济实力却比大连强许多，如果考虑物价因素，其实沈阳更适合老百姓生活。

沈阳是一座历史文化名城，清太祖努尔哈赤建立的后金迁都于此，他的儿子皇太极在此改国号为"清"。沈阳人说，大气、庄严、肃穆的北陵大门，最能代表沈阳的城市表情。

沈阳的街道横平竖直，东西向称为路，南北向称为街。沈阳城中有一条浑河缓缓流过，河上横跨着数座美丽的斜拉桥，连接着老城区和浑南新区。河两岸，一座座摩天大楼闪着太阳的光芒，颜色鲜艳的住宅区隐于浓密的树荫之中……

沈阳的故宫虽然没有北京故宫那么大，但沈阳故宫一样有着帝王的气魄，其建筑之繁复之精美，一点也不亚于北京。

沈阳的美食集中了北方美食的精华，随便数一数：老边饺子、李连贵熏肉大饼、杨家吊炉饼、协顺园回头、马家烧卖、西塔大冷面、老山记海城馅饼、那家馆白肉血肠、朝鲜族烤牛肉、打糕、翟家驴肉、海洁灌汤包等，全是北方口味。

● 沈阳行程描述

跟团游推荐携程网沈阳—长白山—镜泊湖—哈尔滨—五大连池7日游，行程为：第一天，沈阳自由行；第二天，沈阳故宫—张氏帅府；第三天，长白山北坡景区—小天池—绿渊潭—聚龙泉—长白瀑布；第四天，镜泊湖风景区—吊水楼瀑布；第五天，龙塔—圣索菲亚大教堂—防洪纪念塔—斯大林公园—太阳岛风景区—俄罗斯风情小镇—中央大街；第六天，龙门石寨；第七天，北药泉—返程。

▲ 沈阳故宫大政殿（Dazheng Hall in Shenyang Imperial Palace）

温馨提示

必吃美食

乱炖（荤的素的，肉的菜的，一锅端出），灶台鱼（以柴火慢炖而成），李连贵熏肉大饼（酥酥脆脆的大饼夹着香嫩的肉），白肉血肠（白肉肥而不腻、血肠口感脆嫩）。

推荐住宿

住宿推荐72家房客酒店公寓，位于沈阳中街大悦城D2店，离地铁站特别近，而且在商圈内购物方便。

推荐土特产

不老林糖（沈阳人春节的必备糖果），克拉古斯香肠（历史可以追溯到19世纪初，为俄罗斯风味），张久礼烧鸡（鸡色金黄，香味直透鸡骨）。

北国冰雪之旅　The North Snow Tour

第四站：铁岭
The fourth station: Tieling

● **铁岭，"二人转"转出的名城**

铁岭是辽宁最小的城市，却因出了赵本山、潘长江而名扬天下。铁岭市以农业为主，属下的昌图县为辽北的大粮仓。也许正因为务农，常年在田头地角，铁岭人有一种天生的幽默，所以"二人转"在铁岭特别盛行，但私下说，这里的"二人转"不能论高雅，但演员的确有一些真功夫，空翻、倒立行走、唱歌等的确有很高的水准，语言诙谐幽默，经常令观众捧腹大笑。因为出了赵本山，赵本山拍的电视剧《刘老根》的外景地——龙泉山庄和凤舞山庄，现在已经成为旅游景点，每到夏天吸引不少的游客，甚至电视剧中的"八碟八碗""药宴"，在饭店里都能吃到。

既然是农业发达，那地方特产自不待说。铁岭的大葱，又白又长，生吃还有一丝甘甜；昌图县产的豁鹅，产蛋多，炖了吃肉质鲜美。还有满街的美食，丁记牛肉火勺、大甸子羊汤、羊肉包子、打饭包、酱骨头，数都数不过来。

如今，铁岭也脱掉了落后的帽子，如果你来到铁岭的凡河边，看着一座座白色的斜拉桥，看着政府大楼前宽阔的广场，看着河边上一排排的高档别墅，相信你对铁岭会另眼相看。

● **铁岭行程描述**

跟团游推荐携程网沈阳—长白山—镜泊湖—哈尔滨7日6晚游，行程为：第一天，沈阳自由行；第二天，沈阳故宫—张氏帅府；第三天，长白山北坡景区—小天池—绿渊潭—聚龙泉—长白瀑布；第四天，镜泊湖风景区—吊水楼瀑布；第五天，龙塔—圣索菲亚大教堂—防洪纪念塔—斯大林公园—太阳岛风景区—俄罗斯风情小镇—中央大街；第六天，龙门石寨；第七天，北药泉—返程。

温馨提示

必吃美食

丁记牛肉火勺、刘记酱猪蹄、酱肉包、干锅猪蹄、羊肉汤（汤汁熬出来的都是奶白色，加上白胡椒粉后口感最佳）。

铁岭李记坛肉：坛肉色泽金黄，味道醇香。肉肥而不腻，入口就化；肉瘦而不柴，酥烂味厚。

汤河鲜鱼：汤河鲜鱼一条街是以经营汤河鲜鱼为主的食街，各类鲜鱼皆取自辽宁省唯一未被污染的水库—汤河水库，主要品种有：鲢鱼、鲫鱼、老头鱼、鲤鱼、草鱼、岛子鱼、麻口、公鱼、嘎牙鱼、虫虫鱼、黑鱼等30多种。

熏肉大饼：熏肉选用鲜猪肉，用温碱水涮净，在清水中浸6-10小时，然后切成方块放入老汤中煮熟，再加红糖熏制。大饼用肉汤食盐和调料加入面粉中和成酥软面团，醒面时间稍长，擀片抹油，重叠复擀几次，烙制成饼。其特点是熏肉肥而不腻，瘦而不柴，熏香浓，色泽红；大饼色黄清香，里软外酥层次多。

推荐住宿

住宿推荐汉庭酒店（铁岭火车站店）铁岭市银州区广裕街35号，铁岭火车站附近，交通购物十分方便。

推荐土特产

铁岭榛子（是产于铁岭而驰名中外的干果），亮桥干豆腐（薄如纸，韧性好，味道美），傅家花生（粒大、皮薄，入口香脆甜）。

美丽中国经典线路 Beautiful China Classic Route

第五站：长春
The fifth station: Changchun

● **长春，汽车和电影的梦想**

长春是有名的汽车城和电影城：说起汽车城，鼎鼎大名的第一汽车厂是新中国耀眼的工业明星，红旗牌国宾车就是一汽生产的；说起电影城，长春电影制片厂有多少影片留在了观众的心中：《白毛女》《钢铁战士》《暴风骤雨》《董存瑞》《人到中年》《开国大典》……

长春历史上是辽金时的黄龙府，曾经是金朝满族人的腹地。《宋史·岳飞传》中岳飞对下属言"直抵黄龙府"，就是这个黄龙府。近代，清朝末代皇帝溥仪还在日本人的扶持下建立了伪满洲国，长春现在还有伪满洲国的皇宫，现已改造为伪满皇宫博物院。

长春是一个宜居的城市，多次当选"中国最具幸福感城市"。在外地人的印象中，长春宜居，一是街道宽敞，交通通畅，整洁有序，特别是还有难得一见的自行车道；二是长春是一个森林城市，到处树木葱茏，花草遍地，马路两旁时不时能见到上百年的松树，尤其是在树荫中时隐时现的现代雕塑，更像是一个个艺术精灵在窥探着往来的行人。

如果你到了长春，不妨到长春的和平大戏院看场东北二人转，每晚都有演出，从不空缺，据说演员都是赵本山的亲传弟子。

● **长春行程描述**

跟团游推荐携程网长春—吉林市—长白山5日4晚游，行程为：第一天，沈阳

▲ **长春伪满皇宫宴会厅**（Changchun Palace Banquet Hall）

自由行；第二天，吉林乌拉文化主题公园—美人松苑—长白山自然博物馆；第三天，长白山天池—聚龙泉—长白瀑布—绿渊潭—锦江木屋村；第四天，长白山天池—梯子河—锦江大峡谷；第五天，返程。

温馨提示

必吃美食
　　酱骨头（肉质鲜美，入味浓而不腻），锅包肉（色泽金黄，外酥里嫩，酸甜可口），炒肉渍菜粉（选用酸菜、细粉和猪肉炒成，咸香微酸）。

推荐住宿
　　住宿推荐吉林省乐府大酒店，位于长春宽城区人民大街1078号，胜利公园旁，交通购物十分方便。

推荐土特产
　　老茂生糖果（名牌产品有人参软糖、鹿茸软糖和菠萝奶糖等），真不同酱菜（长春市特有的酱菜），德惠大曲酒（曾为宫廷御酒，清澈透明、窖香浓郁、甘冽爽口）。

第六站：查干湖
The sixth station: Chagan Lake

● **查干湖，草原和圣湖**

对内地人来说，所有与蒙古有关的景色都是一种梦幻，尤其是草原和圣湖，简直就像天上的仙境。查干湖，蒙古语为"查干淖尔"，意为白色圣洁的湖，大部分位于吉林西北部的前郭尔罗斯蒙古族自治县境内。查干湖的水面很宽阔，大约有307平方公里，是实实在在的碧波万顷。查干湖的美任何文字都难以形容它，你一定要撑着竹筏进入芦苇深处，听听鸥鸟的鸣叫声，或者在竹筏上垂钓，或者近观成片成片的荷花，甚至于上岸接过蒙古族少女手中的银碗饮尽醇香的奶酒，这时你才能领略到它的美丽。

最难得的是，圣湖旁边竟建有一座气势磅礴的藏传佛教寺庙——妙因寺。远看妙因寺，马上令人联想到雄伟的布达拉宫，妙因寺就有布达拉宫的气派，赭色外墙的藏式建筑，高耸的佛塔，远近飘荡着彩色经幡，配合着查干湖的湖光树色，真是无比的美丽。

查干湖景区的最高处有一座五层仿古建筑，名为"鸿鹄楼"，如果登上楼顶，可以眺望整个旅游区的景观，查干湖水面可尽收眼底。

再介绍一点，查干湖的美食全是蒙古族风格——蒙古族牛肉干、蒙古族手把肉、蒙古馅饼、马奶酒、烤全羊，听着都流口水了。

● **查干湖行程描述**

跟团游推荐携程网哈尔滨—齐齐哈尔—呼伦贝尔—满洲里—阿尔山—乌兰浩特—长白山—长春11日10晚游，行程为：第一天，自由活动；第二天，中央大街—老道外—圣索菲亚大教堂；第三天，老黑山—二龙泉；第四天，扎龙自然保护区—呼伦贝尔大草原；第五天，呼伦湖；第六天，阿尔山国家森林公园—天池；第七天，三潭峡—石塘林—杜鹃湖；第八天，查干湖；第九天，自由活动；第十天，长白山西坡景区—长白山天池—梯子河—锦江大峡谷；第十一天，返程。

▲ 查干湖冬捕，祭湖仪式 (Chagan Lake winter fishing, Lake Festival ceremony)

温馨提示

必吃美食

全鱼宴（查干湖野生鱼的20多种吃法），东北酱炖（野生鱼用东北大酱侉炖而成），科尔沁烤羊腿。

推荐住宿

住宿推荐查干湖韩氏三姐妹度假公馆，位于前郭县查干湖旅游度假区王爷府商业街。

推荐土特产

醉鱼干，莲花大米（是中国第一号绿色食品），三青牌马铃薯粉条，四粒红花生（果仁鲜红，有光泽，纯香可口）。

美丽中国经典线路 Beautiful China Classic Route

第七站：吉林
The seventh station: Jilin

● **吉林，雾凇绕江城**

吉林市是著名的"江城"，可以毫不夸张地说，吉林离不开松花江，松花江也离不开吉林。沿着吉林市区的松花江游览，两岸高楼林立，道路两旁绿树成荫，鲜花怒放。美丽、高耸的吉林天主教堂就坐落在松花江边，每逢礼拜日或天主教节日，教堂钟声悠扬，绵延数里。如果你来到世纪文化广场，看到广场气势磅礴的世纪之舟，看到广场周边鳞次栉比的现代建筑，你会感慨：吉林的市容真漂亮。

7月的松花江美极了，一派江南景色，感觉有点像桂林的漓江，不过，冬天的松花江就更美了。吉林是著名的"雾凇"之城，冬季来松花江，两岸冰雪皑皑，沿岸的柳树被江雾结成冰凌倒挂的雾凇，真是玉树琼花，银雕玉砌，千姿百态，有着北国诗情画意之美。

还有，来吉林一定要品尝木炭火锅，红红的火焰，滚滚的白汤，鲜美的鹿肉和狍子肉，会让你领略到满族人的热情，吉林正是满族人的发祥地之一。

● **吉林行程描述**

跟团游推荐携程网吉林市—长白山—哈尔滨+五大连池8日跟团游，行程为：第一天，自由活动；第二天，松花湖；第三天，长白山北坡景区—绿渊潭—长白瀑布—聚龙泉—小天池；第四天，镜泊湖风景区—吊水楼瀑布；第五天，龙塔—圣索菲亚大教堂—斯大林公园—防洪纪念塔—太阳岛风景区—俄罗斯风情小镇—中央大街；第六天，龙门石寨；第七天，北药泉；第八天，返程。

▲ 吉林松花江教堂 (Jilin Songhua River Church)

特别提示

必吃美食
二套碗（最具代表性的满族传统名宴）、清蒸白鱼、人参鸡、白肉血肠。

推荐住宿
住宿推荐如家快捷酒店（吉林世纪广场华山路店），位于吉林市华山路，离松花江咫尺之遥。

推荐土特产
吉林人参、柞蚕蛹虫草（将冬虫夏草菌接种到柞蚕蛹体上生成，药理作用与冬虫夏草相近）、黄松甸灵芝（食用菌）、东山白蜜。

第八站：牡丹江
The eighth station: Mudanjiang

● **牡丹江，林海雪原的故事**

熟悉曲波的小说《林海雪原》的人一定知道牡丹江，小说中那个土匪许大马棒就是在牡丹江一带无恶不作，最后被解放军所灭。20世纪初，牡丹江市人烟稀少、土地荒芜，直到1903年，沙俄在牡丹江沿岸修建了一座火车站，此站被称为牡丹江站。这便是今日牡丹江的雏形。从那以后，牡丹江人口不断增长，发展到今天，成为黑龙江省东南部的经济文化中心。

牡丹江市有一个标志性的景区——镜泊湖。镜泊湖为中国最大的高山堰塞湖，景区内有高山、峡谷、洞穴、石林、火山溶洞、瀑布、泉水、深潭，还有寺庙、摩崖石刻。尤其是烟波浩渺的湖面上，坐在游船上如同在镜子上滑行。往远处望，崇山峻岭蜿蜒竞秀，气势轩昂的大孤山、精巧别致的珍珠门、形神兼备的道士山……一低头，映在水中的倒影变幻无穷，使人慨叹造化无穷。难怪余秋雨在《山居笔记》中写道："今天我的出发地和目的地都很漂亮，想想吧，牡丹江、镜泊湖，连名字也已经美不胜收了……"

来到牡丹江市一定要尝尝朝鲜族美食，如朝鲜冷面、朝鲜烤肉、狗肉汤、狗肉全席等，味道绝对正宗。

● **牡丹江行程描述**

跟团游推荐携程网长春—吉林市—长白山—镜泊湖5日4晚游，行程为：第一天，自由活动；第二天，吉林乌拉文化主题公园；第三天，长白山北坡景区—自由活动；第四天，镜泊湖风景区—吊水楼瀑布；第五天，返程。

▲ 镜泊湖风光（Lake Jingpo falls）

温馨提示

必吃美食
镜泊鲤鱼丝（制作精细、考究，嫩脆鲜香、滑爽适口），朝鲜狗肉汤，朝鲜冷面，老三刀削面。

推荐住宿
住宿推荐牡丹江东方明珠国际大酒店，位于牡丹江西安区七星街130号，靠近步行街，购物出行十分方便。双人床标准价179元。

推荐土特产
干肠（一种自然风干的香肠，在东北很流行，味道鲜美），金丝枣糕（入口丝甜，益气生津），羊肚菌（又称羊肚蘑、羊肝菜、编笠菌）。

美丽中国经典线路 Beautiful China Classic Route

第九站：哈尔滨
The ninth station: Harbin

● **哈尔滨，冬天的俄罗斯童话**

哈尔滨有一首顺口溜："秋林的面包像锅盖，红肠小肚供不上卖，喝起酒来像灌溉，貂皮大衣毛朝外……"十分传神地描述了哈尔滨的风俗中土的一面。哈尔滨还有洋的一面，如果来到中央大街，看到一栋接一栋的欧式建筑，你简直难以相信自己的眼睛——是否来到了欧洲，这里有哥特式、巴洛克式、拜占庭式、折中主义、新艺术运动、法国先锋派以及后现代等各种风格的建筑，是国内罕见的一条建筑艺术长廊。还有圣索菲亚教堂，是一座具有拜占庭风格的东正教教堂，当你来到它的面前，你真以为自己到了莫斯科，或者是到了土耳其。难怪，哈尔滨被称为"东方莫斯科""东方小巴黎"。

这样的美誉不仅在于建筑，也是在称赞哈尔滨人具有欧洲人的艺术品位，每年哈尔滨要举办冰雪节，他们像欧洲人一样热爱冰雪，他们展出的大型冰雕，一点也不比欧洲人做得差，如今哈尔滨的冰雪节已经成为世界品牌，与日本札幌雪节、加拿大魁北克冬季狂欢节和挪威奥斯陆滑雪节并称世界四大冰雪节。

别忘了，哈尔滨还有太阳岛，细软金黄的阳光沙滩，岛上郁郁葱葱的白桦林，木质的欧式别墅，原汁原味地再现了昔日太阳岛淳厚的俄罗斯风情。

● **哈尔滨行程描述**

跟团游推荐携程网吉林市—长白山—哈尔滨6日5晚游，行程为：第一天，自由活动；第二天，松花湖；第三天，小天池—长白山北坡景区—绿渊潭—聚龙泉—长白瀑布；第四天，镜泊湖风景区—吊水楼瀑布；第五天，龙塔—圣索菲亚大教堂—防洪纪念塔—中央大街—太阳岛风景区—俄罗斯风情小镇；第六天，返程。

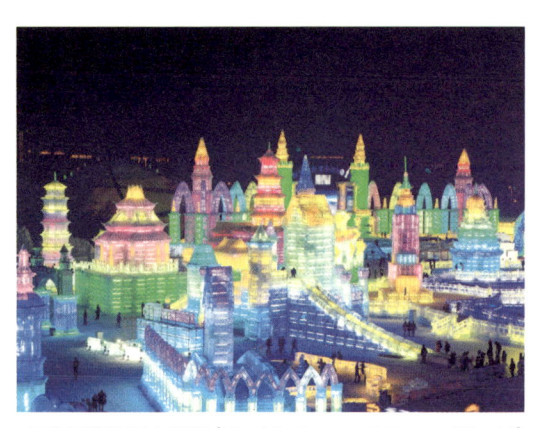

▲ 哈尔滨冰雪大世界 (Harbin Ice and Snow World)

温馨提示

必吃美食
得莫利炖鱼（鲤鱼和豆腐、宽粉条子一起炖，味道鲜美），马迭尔冰棍（几乎是哈尔滨的象征了，甜而不腻，牛奶味很浓），红菜汤（起源于乌克兰的美味）。

推荐住宿
住宿推荐哈尔滨晴天假日公寓，位于哈尔滨尚志大街99号公馆，离中央大街和圣索菲亚大教堂很近，购物游览十分方便。双人床标准价126元起。

推荐土特产
哈尔滨红肠，大列巴（俄罗斯面包，外皮焦脆，内瓤松软，又宜存放），大马哈鱼，老鼎丰月饼（口感清淡，香酥可口）。

北国冰雪之旅　The North Snow Tour

第十站：雪乡
The tenth station: Snow Land

● **雪乡，雪屋和星星相遇的地方**

　　雪乡位于牡丹江西南部海林市大海林林业局内，距离牡丹江170公里。雪乡其实就是一林场，原名双峰林场，占地面积500公顷。雪乡的出名，主要因为2013年湖南卫视在这里拍摄大型亲子秀《爸爸去哪儿》。现在，雪乡公路已经建设完毕，来往交通非常方便，每年来雪乡的游客络绎不绝。

　　雪乡是中国赏雪玩雪最好的地方。雪乡从每年的10月至次年5月积雪连绵，平均积雪厚度达2米，雪量堪称中国之最，且雪质好。雪乡只有百余户居民，房舍屋顶雪厚如被，连在一起，犹如一座连绵的"雪屋"；覆在屋顶的积雪在风力的作用下可达1米厚，其状好似奔马、卧兔、神龟、巨蘑……千姿百态，仿佛是天上的朵朵白白云飘落。雪乡的夜景尤为美丽，雪乡人喜欢在家门口挂起大红灯笼，洁白的雪在大红灯笼的照耀下，有一种奇妙的色彩变幻，似红似白，在寒夜给人们带来温暖的感觉。

　　在雪乡滑雪最爽最棒！雪乡双峰景区有一个滑雪场，有长450米、宽50米的滑雪道，有50套雪具及拖牵设备。穿上鲜艳的滑雪服，飞驰于崇山峻岭、林海雪原之间，一定是许多旅游者的梦想。

● **雪乡行程描述**

　　跟团游推荐携程网哈尔滨—雪乡5日4晚游，行程为：第一天，自由活动；第二天，防洪纪念塔—龙塔—中央大街—斯大林公园—圣索菲亚大教堂—俄罗斯风情小镇；第三天，雪乡—雪乡国家森林公园—双峰滑雪场；第四天，梦幻家园；第五天，返程。

▲ 雪乡景色 (Snow Land scenery)

温馨提示

必吃美食
　　酸菜猪肉炖粉条、小鸡炖蘑菇、排骨土豆炖油豆角。
推荐住宿
　　住宿推荐雪乡二浪河丛家家庭旅馆，位于大海林林业局雪乡二浪河景区，离雪乡国家森林公园不远，方便游览。
推荐土特产
　　蘑菇、蜂蜜、刺五加茶、鹿茸酒、山野菜等。

▲ 雪乡风情 (Snow Land style)

美丽中国 经典线路　Beautiful China Classic Route

第十一站：雪谷
The eleventh station: Snow Valley

● **雪谷，大秃顶子山**

雪谷位于北凤凰山国家森林公园东部，东南与雪乡接壤，占地面积800多公顷。雪谷内坐落着龙江第一峰——大秃顶子山，海拔1691米，山顶六月带雪帽、十月飘雪花；100多公顷的原始森林苍苍莽莽，森林中生长着多种名贵药材和近百种奇花异草，有山参、高山红景天、刺五加、五味子、灵芝、党参等，山珍有猴头、薇菜、木耳、刺老牙、各种蘑菇；还有成片成片的偃松和岳桦，林中经常能看到珍稀野生动物，有马鹿、黑熊、水獭、林蛙、飞龙、獐子、紫貂、悬羊等，野猪、狍子则随处可见。拉林河最大支流牤牛河发源于大秃顶子山脚下，河水清澈透底，咆哮飞泻而下，沿途河谷密布，树美草秀，鸟语花香。

来到雪谷少不了要吃东北名菜小鸡炖蘑菇、猪肉炖粉条、酸菜饺子，如果运气好还可以吃到"野猪肉"（山里野猪）和"蛤蟆"（野生林蛙），还有蘑菇、蕨菜、刺老牙、野生松果、木耳、沙耳等山野菜。冬天雪谷夜色来得早，游客可以选择住在当地居民的雪屋，享受民风民俗，翌日继续游玩。

● **雪谷行程描述**

跟团游推荐携程网哈尔滨—雪乡4日3晚游，行程为：第一天，自由活动；第二天，雪乡—大雪谷；第三天，圣索菲亚大教堂—防洪纪念塔—中央大街—俄罗斯风情小镇—冰雪大世界；第四天，返程。

▲ 哈尔滨雪谷的星空 (Harbin Snow Valley stars)

北国冰雪之旅　The North Snow Tour

第十二站：北极村
The twelfth station: Arctic village

● **北极村，最北邮戳的出发地**

白雪皑皑的小村庄里，小木屋被厚厚的积雪覆盖得只能看见窗口橘黄色的灯光，明亮的星星钻石般镶在深蓝色的夜空……这就是我国最北端的小村庄——漠河北极村的剪影，如童话世界般而浪漫。漠河北极村是我国大陆最北端的临江小镇，位于大兴安岭山脉北麓的七星山脚下，与俄罗斯阿穆尔州的伊格娜恩依诺村隔江相望，素有"北极村""不夜城"之称。

北极村随意一个地方，都可以说是中国最北，最北的邮局、最北的小学、最北的乡政府、最北的哨所……甚至还有最北的厕所。来这里的人，临走前都不忘在中国最北端的邮局里买张明信片，盖上最北端的邮戳，留作纪念。

有农户243户，居民房屋大部分为砖瓦结构的平房，还有一些"木刻楞"式的小木屋。每年夏至节，这里有近20小时可以看到太阳，这便是人们常说的极昼现象，幸运时还会看到异彩纷呈、绚丽多姿的北极光。这一天，北极村人都在江边举办夏至节篝火晚会，载歌载舞，通宵达旦。

黑龙江在北极村边缓缓流过，江里盛产哲罗、细鳞、重唇、鳇鱼等珍贵冷水鱼。来北极村千万要尝尝江水炖江鱼啊！其味之鲜，无与伦比。

● **北极村行程描述**

跟团游推荐携程网黑龙江漠河5日4晚游，行程为：第一天，自由活动；第二天，西山公园—松苑原始森林公园；第三天，林海观音山—胭脂沟—李金镛祠堂—中国最北一家—北极点—神州北极广场—最北派出所北极边防派出所—北极村；第四天，漠河县城；第五天，返程。

▲ 中国最北邮局（The most north post office in China）

温馨提示

必吃美食
大丰收，农家炖黑龙江冷水鲤鱼，清炖鳌花鱼（颜色白、汤味鲜、肉嫩味美），朝鲜族泡菜。

推荐住宿
住宿推荐漠河北极村缘聚客舍，位于北极村北极大街与乡村街交口处，离最北邮局200米。

推荐土特产
香脆油炸糕、刺老牙、野生松果、沙耳、蜂王浆、林蛙油。

美丽中国经典线路 Beautiful China Classic Route

岭南风光之旅
South of the Five Ridges Scenery

线路：南宁➡玉林➡云浮➡肇庆➡广州➡佛山➡阳江➡湛江➡海口➡三亚
Route: Nanning ➡ Yulin ➡ Yunfu ➡ Zhaoqing ➡ Guangzhou ➡ Foshan ➡ Yangjiang ➡ Zhanjiang ➡ Haikou ➡ Sanya

岭南印象
Impression of south of the Five Ridges

岭南，中国一个特定的区域，古称百越之地，秦末汉初，它是南越国的辖地。岭南即五岭之南（五岭即越城岭、都庞岭、萌渚岭、骑田岭、大庾岭），大体分布在广西东部至广东东部一带。岭南的大部分地区属亚热带湿润季风气候，雷州半岛、海南岛一带属热带气候。这样的气候决定了岭南一带的植被繁茂，特有的热带植物如椰子树、榕树给人印象深刻，还有热带水果如杧果、香蕉、荔枝、龙眼等，令人回味无穷。

岭南的传统建筑风格厚重，且融合了诸多西洋元素，如森严的西关大屋，中西合璧、上楼下廊的商业骑楼，甚至色彩瑰丽的佛山祖庙，都给人文化斑斓的印象。岭南的饮食更是以精致著称，无论是形色俱佳的早茶，还是热气蒸腾的大排档，足以让外地人垂涎欲滴。

岭南风光之旅　South of the Five Ridges Scenery

行程推荐
Describe the itinerary

岭南之旅如果参团旅行的话，一般在7～10天，可以参考神舟国旅集团的广州—深圳—珠海—肇庆双卧8日游。从北京出发，坐火车卧铺，行程8天。如果想体验"食在广州"，亲口尝尝广东特色早茶、老火靓汤，这是一条最佳线路。

还可以参加广西全景超值游双卧8日游，线路为桂林—漓江—南宁—德天瀑布—通灵大峡谷。这一线路一个亮点自然是桂林—漓江，所谓"桂林山水甲天下"，坐游船在漓江中穿行，看两岸群峰如洗，江波如练，境界空灵，清远无限。这一线路还有一个亮点，就是位于靖西县的通灵大峡谷，由念八峡、铜灵霞、古劳峡、新灵峡、新桥峡组成，总长10多公里。有念八河依次穿越五个峡谷，流入湖润台地。每个峡谷内荟萃了罕见的特高瀑布群、洞中瀑布、地下暗河、峡谷溪流、洞穴奇观、古石垒、古悬葬、原始植被等自然景观与人文景观。

如果选择自驾游，那么推荐深圳—潮州—汕头游，这一线主要在海边，从深圳出发，出梅林关，沿着机荷高速公路上深惠高速公路，直奔汕头目的地。这一线的景点有凤凰山上的天池，这里还是畲族的发源地；有海湾环抱的天然滨海风景名胜区——礐石风景名胜区；有南澳岛生态旅游区，登上海岛天高海阔；有风车阵耸立、蔚为壮观的南澳风力发电场游览区；还有千古藏金之谜"金银岛"、雄镇关、长山炮台等景点。沿

▲ 广州城市建筑夜景 (The night view of Guang-zhou City)

途不可忘记潮汕地方小吃，有鱼丸、鱼饺、鱼面、牛肉丸、蚝烙、鲜蚶、鱼什锦汤、棕球、糯米猪肠等。

还推荐一条线路——乳源自驾游。先驾车先到韶关，韶关到乳源约40公里，每天7:00~17:00，有大巴，车程45分钟，住处很多，车站招待所最便宜。乳源大峡谷位于乳源县西南68公里的大布镇，峡谷长达15公里，谷深300多米，奇峰林立、峰峦层叠，属石英砂岩。大峡谷内有许多溶洞，大峡谷的地貌与丹霞山的地貌非常相似。附近景点：云门寺、南华寺、丹霞山、南岭森林公园。

147

美丽中国经典线路 Beautiful China Classic Route

第一站：南宁
The first station: Nanning

● **南宁，半城绿树半城楼**

王维诗曰："红豆生南国，春来发几枝。劝君多采撷，此物最相思。"诗意的红豆寄托了友人的相思，也是南宁的城市自然名片。南宁汉代称为郁林，唐代又改称为邕州，此地汉壮杂居，以壮族人口为多，是著名的壮都，壮族的稻作文化、龙母文化、歌圩文化、铜鼓文化、壮锦文化、绣球文化等都是旅游的重要元素。

▲ 南宁五象湖的五象塔（Five Elephant Lake of Nan ning）

随意游览南宁周边，可以去林木茂盛、遮天蔽日的青秀山，也可以去号称"植物王国"的良凤江国家森林公园，如果对古建筑和民居有兴趣，那可以去扬美古镇、蔡氏古宅，如果对大海和海岛有兴趣，则可以去海浪排天、椰风习习的大王滩。

到南宁不要忘了吃水果，南宁沿街都可见到热带水果的摊贩，南宁又被称为杧果之乡，每到旺季，大街小巷可以见到又大又好的杧果，与其他地方吃的杧果味道绝对不一样。

● **南宁行程描述**

南宁，是广西自治州的首府，市区可以游览扬美古镇、良凤江国家森林公园、邕江、青秀山、琅东，晚上可去中山路美食一条街品尝美食。

还可以参考神舟国旅的"海滨之旅：绿城南宁—寿乡巴马—北海银滩双卧7日游"，行程有南宁、巴马、北海、桂林，其中亮点是巴马长寿村。

也可以参团桂林—南宁—北海—涠洲岛双飞8日游，行程有：桂林独秀峰—漓江百里山水画廊—靖江王府邸—通灵大峡谷—涠洲岛。

如果是自驾游，推荐线路：南宁—花山—凭祥—龙州—德天—南宁。这是一条从南宁出发，沿着中越边境旅游的线路，沿途经过少数民族聚集地区。

温馨提示

必吃美食
南宁属于粤菜体系，但味道偏酸辣。推荐柠檬鸭、炒螺、老友粉、肉粽、牛杂。

推荐住宿
推荐南宁青芒果青年公寓，距离南宁火车站和人民公园仅5分钟步程，方便游览。公寓设有明亮采光、通风良好的客房，并有免费Wi-Fi。特色住宿可以选南宁美誉公寓标准客房，为酒店式公寓，35平方米，每晚才168元。

推荐土特产
杧果干、粉利、刘圩香芋。

148

岭南风光之旅　South of the Five Ridges Scenery

第二站：玉林
The second station: Yulin

● **玉林，甘香酥脆满嘴油**

"千州万州郁林州，甘香酥脆满嘴油"，"肉蛋落地跳三跳，牛巴甘香味道妙，竹板一响云吞来，还有茶泡天下游"，这些流传于玉林民间的打油诗，形象生动地道出了玉林人对玉林风味食品的赞叹和自豪。外地人对玉林的第一印象，首先是美食。走进玉林的大街小巷，到处都可以看到大摊小摊的，什么牛腩粉、大肉云吞、肥婆粉、田螺煲、炒牛料、贵妃宴、福绵鸭、陆川凉拌猪脚等，应有尽有。

玉林古称为"郁林州"，历史上是一座商业城市，也是一座移民城市，今天还是著名的侨乡城市。玉林的建筑，一眼看去，满是时尚而又现代的高楼大厦，时不时一些怪诞的现代派的标志性建筑点缀其间，标志着外来文化的影响。不过多走几个地方，就能看到一些气势壮观的仿古建筑，如玉林云天宫，建筑的宏大和雕塑的精美令人赞叹。如果来到一些小街小巷，那些传统的青砖青瓦的古民居，则给人以历史的沧桑感。

玉林人口以壮族和汉族为主。汉族文化中客家文化也是一个亮点，一到博白县、陆川县的乡下，你可以随意看到客家独特的民居建筑，如堂横式合院、围龙屋等，有点类似福建永定的土楼，是一种特殊类型的客家民居。

● **玉林行程描述**

玉林市区的旅游可以安排两天左右，行程有：真武阁—贵妃园—都峤山（为道教三十六洞天之第二十洞天）。

如果自驾游，可以参考玉林3日游行程：第一天行程：到达玉林后，前往云天宫文化城，然后驱车前往陆川，入住九龙山庄，享受温泉浴。第二天行程：早餐后，参观谢鲁山庄，下午乘车前往北流，游览中国道教三十六洞天之第二十二洞天北流勾漏洞。晚餐后，参观玉林夜景、步行街。第三天行程：早餐后，乘车前往都峤山风景区。

▲ 广西玉林市文化园 (Yulin, Guangxi Cultural Park)

温馨提示

必吃美食
　　玉林牛巴、大肉云吞、肥婆粉。
推荐住宿
　　推荐精途酒店，位于玉林师范学院，离玉林火车站不远，便于游览市区风光。酒店建筑环境均不错。
推荐土特产
　　推荐沙田柚、何源记豉油膏（一种调味品）、博白三滩龙眼干。

149

美丽中国经典线路 Beautiful China Classic Route

第三站：云浮
The third station: Yunfu

● **云浮，六祖惠能的家乡**

提起云浮市，一般人很少知道，但是如果说起佛教禅宗六祖惠能，那很多人就知道了。其实，惠能就出生于云浮市的新兴县，最后圆寂于新兴县龙山的国恩寺。现在，国恩寺及惠能禅宗是云浮市的一大亮点，形成了一系列文化产业，朝拜六祖惠能而回溯历史文化的旅游者大有人在。

云浮市还有一个特色，就是城市花园化，所谓城中有山，山中有水，绿树花香，山水相映。云浮位于广东省中西部，西江中游以南。东与肇庆市、江门市、佛山市交界。这一片区域都是广东植被丰茂的地区。在云浮市区随意望去，到处都有类似桂林那种山石耸立、绿植如瀑的山崖，市区的马路就沿着山崖绕行。住在市区内就像住在一个大公园里面一样，所谓开门见山，推窗见山，山水相映，云浮人实在有福气啊。

● **云浮行程描述**

如果随团游，可以参考驴妈妈旅游网的云浮3日游：第一天，前往金水台温泉度假村泡温泉，晚上参加露天卡拉OK烧烤篝火晚会。第二天，前往国恩寺、藏佛坑游览，吃斋菜。第三天，参观大湾古民居建筑群。

如果是自驾游，可以考虑这样的行程：国恩寺—八排山—藏佛坑—光大二屋—天露山。这一线路是突出文化旅游，可以瞻仰禅宗六祖惠能圆寂的国恩寺，又可以到藏佛

▲ 云浮国恩寺 (Yunfu State Grace Temple)

坑吃斋菜，还可以参观清代的古堡，感受迷宫式的回字形民居建筑。当然八排山、天露山的山水风光也是非常美的，尤其是天露山山谷内的杜鹃树，一到开花季节，满山遍野都是灿烂花海。

温馨提示

必吃美食
萝卜牛腩、猪肠粉、龟苓膏、芋头糕、南乳花生。

推荐住宿
推荐如家快捷酒店（云浮汽车总站店），位于云浮市兴云东路229号，云浮汽车总站对面，毗邻蟠龙洞、风情步行街、酒吧一条街。

特色住宿推荐丹枫白露酒店公寓，位于云浮市中心主干道兴云东路上，与蟠龙洞天天湖广场比邻而居，凭栏望去，天湖波光粼粼。每个房间配有私家厨房，一房一厅的每晚198元。

推荐土特产
推荐郁南无核黄皮、郁南无核沙糖橘、聚龙大米。

岭南风光之旅　South of the Five Ridges Scenery

第四站：肇庆
The fourth station: Zhaoqing

● **肇庆，国都名砚，山水肇庆**

"国都名砚，山水肇庆"，这是肇庆旅游局宣传单上的广告词，提示着游人，到肇庆，首先是要赏端砚，买端砚，再就要游七星岩，游鼎湖山。其实，一般人来肇庆就是冲着端砚和七星岩的湖光山色来的。

肇庆古称端州，据说是宋徽宗——端王登上皇帝宝座时亲笔御书"肇庆府"三字，因此至今沿用。其实肇庆就坐落在美丽的湖山之间，七星岩、鼎湖山其实就离城区不远，随便在城区走走，到处都可以看到树影婆娑，到处都可以看到湖光山色，古色古香的仿古建筑与鳞次栉比的高楼大厦交相辉映，到处都可以看到碑刻和文人题咏，到处都是卖古玩和端砚的商店，充满了文化色彩。游罢肇庆，你会感叹生在肇庆真是有福气，不知是上辈子做了多少功德。

肇庆端砚石质纯净细嫩，蘸墨笔锋经久不退，其雕刻也相当精湛，被历代列为贡品。唐诗人李贺"端州石工巧如神，踏天磨刀割紫云"，就是赞美端砚制作的精湛。

● **肇庆行程描述**

跟团游推荐，北京青旅网的休闲肇庆—开平碉楼—浪漫海陵岛豪华双飞5日游，行程为：第一天，岭南印象园—黄埔军校；第二天，肇庆鼎湖山—七星岩；第三天，海陵岛—海上乐园—马尾岛—十里银滩；第四天，开平碉楼群—赤坎水乡一条街；第五天回返。

自驾游两天的行程：第一天，肇庆七星岩—鼎湖山—盘古生态文化景区；第二天，阅江楼—梅庵—龙山风景区。

温馨提示

必吃美食
鼎湖上素（据说是肇庆鼎湖山庆云寺一位老和尚创于明朝永历年间，以蒸菜为主，鲜嫩滑爽，清香四溢，乃素菜上品）。鼎湖泥煀鸡，肇庆裹蒸（是粽子的一种）。

推荐住宿
住宿推荐肇庆北苑时尚酒店，位于肇庆市端州区火车站广场西侧，住宿舒适，美观，价格不贵。
特别推荐肇庆玉兰花度假酒店，位于肇庆七星岩旅游度区二区，出门就是七星岩，住在山中，景色优美，空气清新，服务到位。

推荐土特产
推荐七星剑花（有去痰火和止咳的功用，多用以煲汤），肇实（肇庆的芡实）。

▲ 肇庆星湖七星岩 (Zhaoqing Lake Qixingyan)

美丽中国经典线路 Beautiful China Classic Route

第五站：广州
The fifth station: Guangzhou

● **广州，羊城盛景惊客来**

广州被称为羊城、花城。称为羊城是有一个五羊的传说，据说有五位仙人乘五羊赐给广州人稻穗，也就是赐福与广州人；称为花城，则是广州人爱花，每到春节必办花街花市，再则广州一年四季鲜花盛开，广州人面如花靥。其实，广州作为"北上广深"之一的大城市，其内涵远不止如此。比如广州有中山纪念堂，有农民运动讲习所，还有黄埔军校旧址，这标志着广州曾经是一座革命的城市，有着革命的历史元素。从历史来看，广州又是南越国的都城，秦代在广州设南海郡治和番禺县治，到西汉时赵佗却建立了南越国。从宗教来看，广州光孝寺则是禅宗六祖惠能剃度的地方，那个"风动幡动"就发生在此地。如果从饮食来看，所谓"食在广州"名不虚传，广州街上的饮食，随便一个大排档，口味可以与其他城市的大酒店比。如果从经济方面看，广州近代以来一直是一个大商业城市，近年，广州的GDP仅次于上海、北京，有机会到天河CBD看看成群的大厦，看看中信建筑群，看看珠江双塔建筑群，看看宛如天宫的广州花园大酒店，你对广州的商业成就当会有所感受了。

▲ 广州夜景 (Night view of Guangzhou)

● **广州行程描述**

跟团游推荐同城旅游网的穿越岭南亲子5日游，第一天，广州花城广场—广东省博物馆—海心沙—珠江夜游；第二天，肇庆岭南印象园—白石端砚文化村—阅江楼—宋城墙；第三天，肇庆七星岩—佛山祖庙—岭南新天地；第四天，番禺长隆野生动物园—天河时尚圈；第五天，陈家祠（陈式书院）—广州越秀公园。

自驾游推荐"广州花都红山村—广州从化西和村天适樱花基地—东莞桥头莲湖—佛山市盈香生态园"这条路线，特点是有大片大片的油菜花、樱花供你观赏、照相，实地感受广州郊外的乡村风光和趣味。

温馨提示
必吃美食 粤式肠粉、水晶虾饺、干炒牛河。 **推荐住宿** 推荐广州长隆星伦国际主题式度假公寓，位于广州番禺区汉溪大道东381号，邻近广州长隆旅游度假区，广州长隆野生动物世界，广州长隆欢乐世界，广州长隆水上世界。价格不贵。 **推荐土特产** 推荐增城挂绿荔枝，增城丝苗米，从化荔枝蜜。

岭南风光之旅　South of the Five Ridges Scenery

第六站：佛山
The sixth station: Foshan

● **佛山，一城人文典故，千年魅力商**

有人说，佛山有三宝：陶瓷、武术和粤曲。佛山是著名的陶都，其石湾陶瓷传统南派风格，工艺精致，重彩工笔，是佛山亮丽的名片。佛山还是著名的武术之乡，自清以来，民间武馆盛行，而且出了两个武术名人，一个是黄飞鸿，为南拳的一代大宗师；一个是叶问，为咏春拳的一代宗师，两人上镜率都非常高，当然不是本人，是演员演的。来到佛山，古色古香的"黄飞鸿纪念馆"是必去的。一般人不太了解的是，佛山还是粤剧的发源地，粤剧最早的行会组织——琼花会馆就建在佛山。南派粤剧的高、雷、廉、琼四大流派都出自佛山吴川，具有浓郁的地方特色，以粗犷朴实、勇武刚烈的风格著称。到佛山还不得不说说祖庙。佛山，佛山，佛家之山，所以又称为禅城。祖庙不仅仅是一座寺庙，也是一座露天的艺术博物馆，庙里的建筑，诸多的石雕、砖雕、木雕，还有壁画和各种彩绘，真是美不胜收啊！

● **佛山行程描述**

跟团游推荐携程网的广州—佛山—开平碉楼—海陵岛—珠海—深圳6日5晚游，线路为佛山祖庙—南风古灶—逢简水乡—自力村碉楼群—立园—十里银滩—闸坡大角湾—圆明新园—澳门环岛游—莲花山公园—世界之窗。

自驾游可以考虑这条线路：第一天，佛山祖庙—岭南新天地—黄飞鸿展览馆—千灯湖公园；第二天，参观西樵山景区。

▲ 佛山祖庙（Foshan Ancestral Temple）

温馨提示

必吃美食
西樵大饼（外形圆大，不起焦，入口松软，清香甜滑），姜撞奶（味道香醇爽滑，甜中微辣且有暖胃表热作用），佛山九层糕（甜米糕，层次分明，软滑可口）。

推荐住宿
住宿推荐携程网的桔子酒店·精选（佛山祖庙店），位于佛山禅城区汾江中路76号，属于祖庙商圈，参观购物特别方便。

特别住宿推荐途家网的"佛山八号公寓恒福店精品复式房"，位于佛山禅城区李华六路11号，为佛山金融中心区，一房一厅，可做饭。

推荐土特产
大良嘣砂（由面粉拌和猪油、南乳、白糖等配料油炸而成的食品），柱侯酱（调味品），合水粉葛（味道清甜甘凉、天然、无渣）。

153

美丽中国经典线路　Beautiful China Classic Route

第七站：阳江
The seventh station: Yangjiang

● **阳江，中国十大最具幸福感城市之一**

阳江南临南海，依山傍海，著名的国家级景点海陵岛、十里银滩都在此地。但阳江的幸福感不仅在海景。阳江是一个边陲小城，有机会到阳江，你走到街上，到处充满着阳光和闲适，三三两两的行人，简朴可口的小吃，还有脍炙人口的民谣、淳朴的民风，这些都令人感动啊！

阳江被誉为"中国风筝之乡"。阳江人无论男女老少都有一手放风筝的绝活。每年一度的风筝节都会于重阳节这一天，在阳江南国风筝竞技场举行，飒飒秋风中成千上万的纸鸢展翅高飞，场面蔚为壮观。阳江人能歌善舞，每年一度的山歌节会在市区北山公园、体育场等地举行，人们自发地唱歌、斗歌，内容丰富精彩。还有，龙舟节每年都会在漠阳江、鸳鸯湖等地进行，激烈的逆水赛龙舟是对阳江人奋勇拼搏精神的最佳诠释。

有一首写阳江的诗："这里的土地大大，这里的天空蓝蓝，这里的江水长长，这里的

▲ 阳江 (Yangjiang)

▲ 阳江海陵岛风光 (Hailing Island Yangjiang Scenery)

大海远远……"生活在这片土地上，一切是那么的轻松自然，一切是那么的顺理成章。

● **阳江行程描述**

自由行可以参考携程网的阳江海边二日游，行程：第一天，海陵岛—闸坡大角湾；第二天，十里银滩—广东海上丝绸之路博物馆。多人对于阳江的印象就是闸坡的海，这里有十里银滩，有大角湾的海湾。海边待两天，感受无忧无虑的日子，放松心情，远离喧嚣，真正体会这片海。

温馨提示

必吃美食
　　猪肠碌（用豆芽、炒河粉做馅，以整张的河粉做皮，味道咸中带香），闸坡鱼丸，鱼面（独特之处是软、滑、甜、爽）。

推荐住宿
　　住宿推荐阳江闸坡好望角宾馆，酒店位于阳江市中心，从侧面可以观赏到整个大角湾海滩和马尾岛的山，甚至整个闸坡海滩景区尽收眼底。

推荐土特产
　　阳江姜豉（以黑豆配以鲜姜制成，质量松化、味道鲜甜），阳春砂仁（为中国四大南药之一，被视为"医林珍品"），益智果（别名益智仁，既可药用，也可加工成食用凉果）。

岭南风光之旅　South of the Five Ridges Scenery

第八站：湛江
The eighth station: Zhanjiang

● **湛江，如同越南的法式浪漫**

有湛江的朋友说，湛江是由三种色彩组成的：蓝色代表浩瀚无垠的蔚蓝大海，绿色代表郁郁苍苍的翠绿田野，红色代表热烈浓郁的红土风情。总之，湛江是浪漫的，如同越南的法式浪漫。湛江曾是法国的租借地，湛江的浪漫在海边，大片大片的海滩，一排排拍打着岩石的海浪，还有那变幻莫测的瑰丽的天空。无论在观海长廊还是东海岛，都可以看到年轻的男女依偎在海边的绿地，白发的老人携手依偎着散步，无忧无虑的孩子在海边奔跑，蓝天、白云、大海，如诗如画……

湛江的浪漫也在美食上，湛江的海鲜是超一流的，无论是高档酒店，还是路边的大排档，海鲜是随便吃的，应有尽有，而且价格不贵。印象中湛江还是热带水果的王国，从北方去的游客可能会为从来没有见过的水果而惊呼：高高的王椰，大大的杧果，鲜活的荔枝。

总之，湛江位于中国大陆最南端雷州半岛，是一个海滨城市，如果你想感受越南的风情，那就来湛江吧！

● **湛江行程描述**

自由行可以考虑两条线路：一是绿色生态游，行程为湖光岩风景区—湛江红树林国家级自然保护区—湛江三岭山省级森林公园—南亚热带作物植物园—蓝月湾温泉—鹤地水库—赤坎水库—雷州龙门瀑布—徐闻响水潭瀑布。一是霞山法式建筑老街游：法式建筑遗迹主要有广州湾法国公使署旧址，广州湾法国警察署旧址，维多尔天主教堂（又名霞山天主教堂），东方汇理银行旧址，霞山福音堂，法国爱民医院旧址。这些遗址都聚集在霞山老街，霞山欧陆风情街（又称霞山法国风情街区），还有汉口路、东堤路、霞山枇杷街、逸仙路等。

▲ 湛江观海长廊 (Zhanjiang Guanhai Gallery)

温馨提示

必吃美食
雷州清汤牛杂（一大盘牛杂，加入酸菜、咸菜、白萝卜，入特制高汤熬成）、咖喱肠粉（肠粉吸足了咖喱的味道，好吃极了）、马鲛鱼丸、烧蚝撸串（不吃烧蚝不算到湛江）。

推荐住宿
住宿推荐湛江枫叶国际酒店，位于湛江市赤坎区椹川大道北380号。如果不怕远，可以住徐闻皇廷大酒店，位于徐闻县城东大道中段。

推荐土特产
徐闻良姜（又名高良姜，名贵中药材）、廉江红阳桃、愚公楼菠萝、遂溪极品番薯。

155

美丽中国经典线路 Beautiful China Classic Route

第九站：海口
The ninth station: Haikou

● **海口，椰风醉人的美丽城市**

有人说，海口是一个椰风醉人的城市。12月的海口是比较好的季节，走在大街上，一行行一片片的椰子树成了海口最抢眼的风光。外地人对海南女人戴着竹编斗笠不解，来了才知道，原来这里白天太阳酷热，紫外线很强，防晒是必需的；而且海风好大，戴着斗笠也能防头被吹得痛。海口是没有冬天的，最冷的时候仍旧椰风习习，穿件薄毛衣就可以到海边散步。

游览一座城市，一般要了解景观、古迹和乡风民俗，所以，到海口，你可以游览国家火山口公园，陶醉于热带植物的绿色之中；你可以参观海南博物馆、五公祠、明代忠臣海瑞墓，在陈旧斑驳的历史和文化中寻觅；你可以到海口骑楼老街，慢慢地品味充满南洋建筑风情的骑楼；还可以到西海岸海滩漫步，有人说，那里的傍晚是欣赏海上夕阳和踏浪的最美妙时光！

海口的大街上到处有美食排档，在这里吃海鲜，价格便宜得令人难以想象。

● **海口行程描述**

推荐携程网摄影之旅·海南海口—三亚—天涯海角—呀诺达6日5晚跟团游，行程为：第一天，入住酒店；第二天，分界洲岛—兴隆热带药用植物园；第三天，椰田古寨—呀诺达雨林—龙沐湾；第四天，大小洞天—天涯海角—亚龙湾沙滩；第五天，三亚—奥特莱斯文化旅游区—农垦万嘉果园—海口。

温馨提示

必吃美食
清补凉（夏天吃的凉粉，用新鲜椰肉、菠萝、葡萄干和通心粉制成），海南粉（在制好的米粉上加上油炸花生米、炒芝麻、豆芽、葱花、肉丝、香油、酸菜、香菜等），海南萝卜糕（以糯米浆、白萝卜丝为主料，先蒸后煎）。

推荐住宿
住宿推荐如家快捷酒店（海口高铁东站振兴路店），位于海口琼山区振兴路3-1号，近高铁东站和东线高速。特点是方便旅游，价格便宜。
特别住宿推荐海口途家荣域园景双床房，酒店式公寓，一室一卫，可做饭。

推荐土特产
波罗蜜（又名木波罗、树波罗），胡椒，椰子汁，番荔枝（又名佛头果）。

▲ 海口西岸风光 (Haikou west Coast Scenery)

156

岭南风光之旅　South of the Five Ridges Scenery

第十站：三亚
The tenth station: Sanya

● **三亚，请到天涯海角来……**

人们说，三亚有五大元素：阳光、沙滩、海水、绿色、空气。三亚的梦幻在大海，在海湾，更在海滩。想象一下：一个半月形海湾，沙滩平缓，沙质洁白细软，湾内波平浪静。绿山怀抱着清澈海水，绝佳海滨浴场和休闲度假胜地。如果你入住亚龙湾的酒店，推开阳台窗户，映入眼帘的是一片无边无际的大海，一到夜晚，又可以看到绚丽多彩的夜景：酒店露天的泳池和音乐灯光喷泉，在迷人的灯光幻影中，游客可以一边品尝海鲜、烧烤，一边欣赏异国风情的歌舞表演……

奇妙的是，三亚不仅可以避寒过冬，而且可以消暑度夏。三亚不像内地城市夏天闷热，如坐蒸笼，最炎热的天气，三亚最高气温不超过35℃。别看在烈日炎炎下的热浪熏人，有如芒刺在背，然而一躲进绿荫，就会感到凉风拂面，神清气爽。

到三亚如果不到南山，回去一定遗憾！南山的美在于自然，更在于佛教文化，在于

▲ 天涯海角 (The end of the earth Tianya Haijiao)

▲ 三亚大东海 (Dadonghai of Sanya)

那座高达108米的观音圣像……

● **海口行程描述**

跟团游推荐北京青年旅行社的海南三亚蜈支洲南山亚龙湾大东海双飞5日游，行程为：第一天，飞往海口；第二天，博鳌东方文化苑—日月湾南海渔村；第三天，椰田古寨—蜈支洲岛—亚龙湾热带天堂森林公园；第四天，南山佛教文化苑—天涯海角风景区—大东海国家旅游度假区；第五天，奥特莱斯文化旅游区—农垦万嘉果热带植物园—文笔峰。

温馨提示

必吃美食
　　椰子饭（外边是椰肉，里面是黏米，加上特殊的香料蒸熟），文昌鸡（色油亮，味醇香，骨软肉嫩），小正抱罗粉（米粉，底料有猪肉、牛肉、猪肚等，加入店家自制的辣椒酱，滋味超赞），黎家竹筒饭（竹节青翠，米饭酱黄，香气飘逸，柔韧透口）。

推荐住宿
　　住宿推荐三亚华源温泉海景度假酒店，位于三亚湾路191号，四星级酒店，价格却不贵。

推荐土特产
　　椰子粉（椰香浓郁、纯正可口、即冲即饮），椰子糖，三亚阳桃（皮薄如膜、纤维少、果脆汁多、甜酸可口），波罗蜜干（金黄色肉包，肥厚柔软，清甜可口，香味浓郁）。

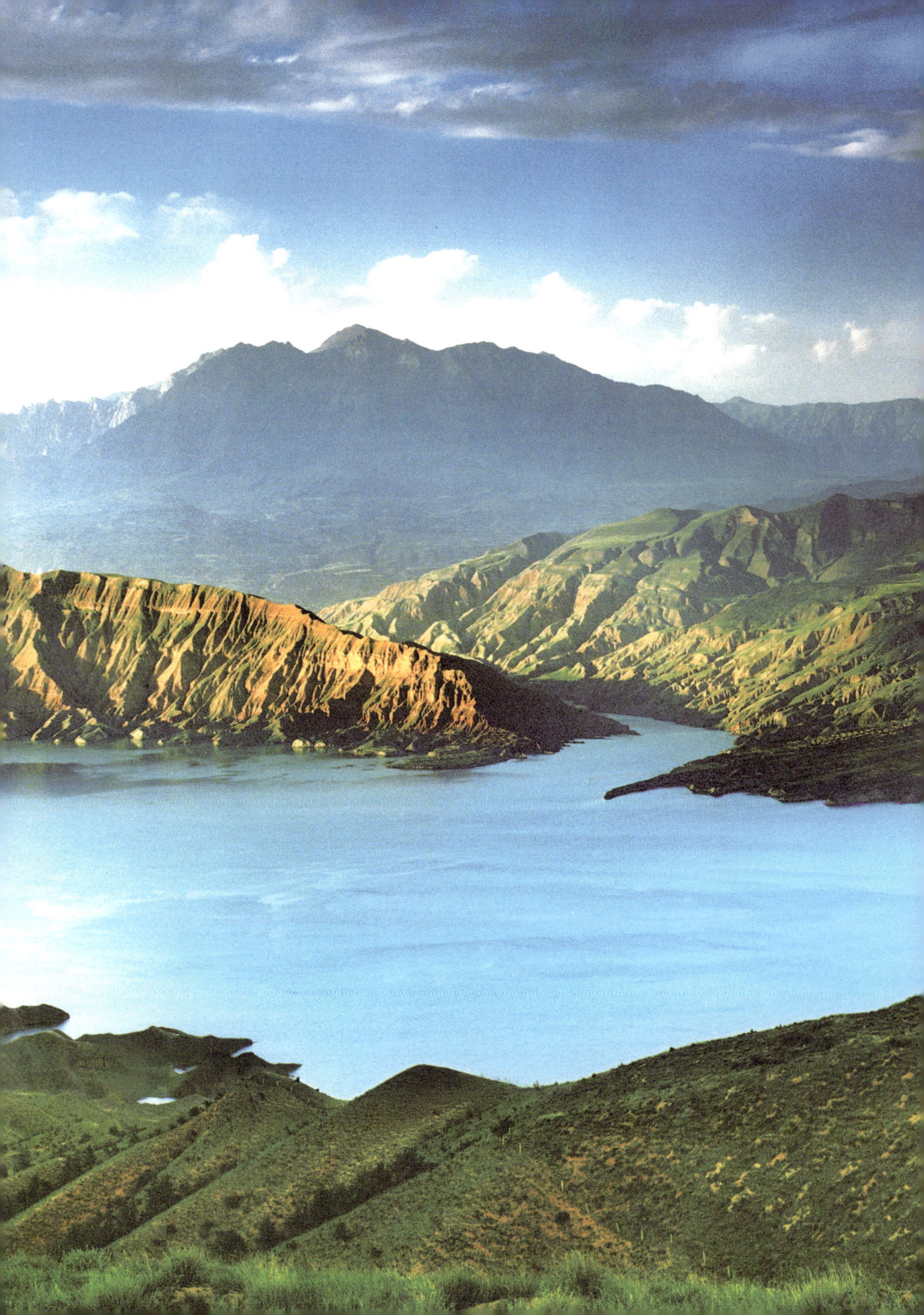

区域旅游经典线路

七彩云南、醉美贵州、世界屋脊的西藏、湖湘大地的畅游，中国各省、各区域的神奇秀美，都给游人带来了无限的可能，你可以去北京穿越中轴线，去山海天津品人文，去环游呼伦贝尔大草原，去陕西探访秦风、汉唐，去海南享受阳光沙滩，去新疆北部体验自然风光，去台湾环岛深度游。旅行，是生命最好的注脚之一。

- ◆ 穿越北京中轴线
- ◆ 山海人文品天津
- ◆ 河北避暑之旅
- ◆ 从北向南走山西
- ◆ 环游呼伦贝尔大草原
- ◆ 乐游辽宁　不虚此行
- ◆ 避暑胜地　冰雪天堂
- ◆ 冰雪之冠·黑龙江
- ◆ 上海时尚之都自助游
- ◆ 游园林、宿水乡，江苏全景游
- ◆ 浙江游西湖、住水乡之旅
- ◆ 游鲁迅故里，祈福普陀山之旅
- ◆ 安徽黄山、九华山、天柱山连线之旅
- ◆ 安徽北线天堂寨之旅
- ◆ 福建山水风情游
- ◆ 江西徽派文化与山水风情游
- ◆ 看山看海寻仙拜圣之山东行
- ◆ 河南中原文化环线之旅

- ◆ 湖北神农架、武当山和长江三峡经典游
- ◆ 湖湘大地精华游
- ◆ 广东岭南文化深度游
- ◆ 广西全景无憾之旅
- ◆ 广西绝美海滩、边境连线之旅
- ◆ 海南阳光沙滩度假天堂之旅
- ◆ 重庆市区周边游
- ◆ 天府之国·四川
- ◆ 神州大地　醉美贵州
- ◆ 旅游天堂　七彩云南
- ◆ 探访西藏，世界屋脊的明珠
- ◆ 陕西秦风、汉唐长安行
- ◆ 陕西一路南行，一路风情
- ◆ 甘肃北线嘉峪关敦煌之旅
- ◆ 甘肃南线兰州天水平凉之旅
- ◆ 青海湖昆仑山之旅
- ◆ 塞上江南宁夏之旅
- ◆ 新疆北部自然风光之旅

美丽中国经典线路 Beautiful China Classic Route

穿越北京中轴线
Through the Central Axis of Beijing

线路：永定门➡正阳门（前门）➡毛主席纪念堂➡人民英雄纪念碑➡天安门城楼➡故宫➡景山公园➡钟鼓楼➡奥林匹克公园（鸟巢、水立方、奥林匹克森林公园）

Route: Yongdingmen ➡ Zhengyangmen(Qianmen) ➡ Chairman Mao Zedong Memorial Hall ➡ The Monument to the People's Heroe ➡ Tian'anmen Rostrum ➡ the Palace Museum ➡ Jingshan Park ➡ Bell and Drum Towers ➡ Olympic Park(Bird's Nest、Water Cube、Olympic Forest Park)

北京中轴线印象
Impression of Beijing in the central axis

　　如果我们有机会从空中的某个适当的高度来俯瞰北京城，就会清晰地看到在北京城的中心有一条直线，这是一条有800年历史的中轴线，自元代确立了这条中轴线起，它就成为北京城市布局的中心。自南向北，中轴线长达7.8公里。它南起永定门，在它的两侧分列着天坛、先农坛。再向北穿过正阳门、毛主席纪念堂、人民英雄纪念碑、天安门城楼，再往北穿过故宫、景山门、万春亭殿、地安门桥，继续向北直至鼓楼、钟楼。不过，这是到清代时的中轴线的情况。据说，以前的中轴线的设计是君主要"面南而王"的思想。今天在北京城，中轴线则一直向北延伸，直至奥林匹克公园之中。

穿越北京中轴线　Through the Central Axis of Beijing

行程推荐
Describe the itinerary

　　北京中轴线徒步一日游全程18.9公里，如果通过故宫就是大概20多公里，所需时间为5～7小时。第一站永定门是北京外城的南大门，也是北京中轴线的最南端。它是老北京外城7座城门中最大的一座，也是从南部出入京城的通衢要道。永定门往北就是天坛。天坛是世界上最大的古代祭天建筑群之一，明永乐以后，每年冬至、正月上辛日和孟夏（夏季的首月），帝王们都要来天坛举行祭天和祈谷的仪式。天坛再往北走就是珠市口大街，再一直往北走就是前门大街，前门大街可是北京非常著名的商业街，与天桥南大街相连。走着走着你会发现，有个大铁门上书写着"大栅栏"三个字，往里面胡同走去小饭馆很多，中午时分，每家饭馆都有一两个伙计站在店门口招呼过往行人，吆喝声此起彼伏。

　　前门大街正对着的是正阳门。正阳门俗称前门，现存城楼与箭楼，所谓"前门楼子九丈九"指的就是这里。还可以去前门附近的北京市规划展览馆看看。再往前就是毛主席纪念堂和人民英雄纪念碑，笔直向北就是天安门城楼。天安门雄伟壮丽，气势恢宏，夜景很漂亮。天安门往北是故宫的端门，再沿路向前就是故宫的午门，要知道在旅游旺季，午门的广场会十分热闹，购票处人满为患。出故宫拍完角楼，就来到景山公园，其实故宫北门对着的就是景山公园。在公园的万春亭上可以看到紫禁城的全貌。沿着地

▲ 太和门及铜狮 (The gate and the lion)

外大街往北走，就到了荷花市场大牌楼，沿着后海走到银锭桥，然后到烟袋斜街，进入钟楼湾胡同就看到了钟楼和鼓楼，钟楼与鼓楼交相辉映，静静地展现古都的魅力。鼓楼到奥林匹克公园（鸟巢、水立方）的距离较远，可以乘坐地铁8号线在奥体中心站下车，去奥林匹克森林公园可在8号线的森林公园南门站下车。

　　北京中轴线徒步1日游餐饮安排：可自带餐饮，也可以去吃地安门内大街的满福楼涮羊肉，在钟鼓楼旁有家姚记炒肝店，喜好北京小吃者可以光顾一下九门小吃、爆肚张等什刹海美食。

美丽中国经典线路 Beautiful China Classic Route

▲ 永定门（Yongdingmen）

第一站：永定门
The first station: Yongdingmen

　　永定门，是明清北京外城城墙的正门，位于北京中轴线上，于左安门和右安门中间，是北京外城城门中最大的一座，也是从南部出入京城的通衢要道。永定门始建于明嘉靖三十二年（1553 年），寓"永远安定"之意。城楼形制一如内城，重檐歇山三滴水楼阁式建筑，灰筒瓦绿琉璃瓦剪边顶，面阔五间，通宽 24 米；进深二间，通进深 10.50 米；楼连台通高 26 米。

　　永定门瓮城城墙于 1950 年开始被陆续拆除，1957 年因妨碍交通和已是危楼的缘故，永定门城楼和箭楼被拆除，2004 年北京永定门城楼复建，其中瓮城和箭楼尚待修建，成为北京城第一座复建的城门。

旅游锦囊

四九城美食游

　　北京的饮食文化源远流长、兼容并包，在我国传统的四大风味、八大菜系之中并无北京菜，传统意义的北京菜是由山东菜、清真菜和宫廷菜组合演变而成。今日的北京不仅有名目繁多的传统小吃，更汇集了中国和世界各地的风味美食。前门大街和鲜鱼口美食街是老字号餐厅的聚集地，全聚德烤鸭、都一处烧卖、天兴居炒肝，吃的就是老北京的味道。牛街则集中了月盛斋的酱牛肉、东来顺和聚宝源的铜锅涮肉、大顺斋的羊排等北京最地道的清真美食，若是在 10 月初伊斯兰教开斋节来牛街，更有一番热闹光景。至于北京的小吃，以南来顺、护国寺、隆福寺三家最为知名，西四一护国寺一新街口一带更是汇集了奶酪魏、满记爆肚、聚德华天等北京各色传统小吃，豆汁、炸灌肠、芥末墩、豌豆黄、奶油炸糕等美食不可错过。私家菜创意菜等胡同美食集中在什刹海、鼓楼、南锣鼓巷一带，北海仿膳、白家大院、那家小馆是官府菜的代表，夜晚来到三里屯有各色异国美食，簋街的红灯笼下是京城最红火的大排档，老字号餐厅和新派创意菜、宫廷御宴和异国餐厅、胡同小食和街边排档，各种口味各种风格，京城美食令过往食客忍不住指大动渴望大快朵颐。

穿越北京中轴线　Through the Central Axis of Beijing

第二站：正阳门（前门）
The second station: Zhengyangmen(Qianmen)

● 前门大街

　　城市的发展不能以丧失文化为代价，前门大街的修缮正是这一原则的体现。前门大街在北京南中轴线上，距今已有570余年历史，素有"天街"之称。它是老北京著名的商业街，也是民俗风情的博物馆。新修缮的前门大街在奥运前迎来了四面八方的友人。现在的步行街，我们可以看到的是左右两边古香古色的建筑，这些都是依据历史上的前门大街进行的仿建，特别是夜景非常富丽堂皇。两边的店铺多以老字号为主，最先入驻的是北京标志性的全聚德、都一处、大北照相馆等。

▲ 前门大街铛铛车 (Qianmen Dangdang Tramcar)

　　街上随处能看到带有古代韵味和老北京特色的小物件，像鸟笼形的灯饰、刻有吉祥图案的抱鼓石、老字号前的石雕。而更加增强这一仿古气氛的就是行走在街上的铛铛车，这种电车仿佛把人带入了老电影的影像里。

▲ 前门大街拨浪鼓灯饰 (Qianmen street eight) 　　▲ 前门大街鸟笼灯饰 (Qianmen street light) 　　▲ 前门箭楼 (Qianmen watchtower)

美丽中国 经典线路 Beautiful China Classic Route

第三站：毛主席纪念堂
The third station: Chairman Mao Zedong Memorial Hall

毛主席纪念堂位于天安门广场人民英雄纪念碑南面。1977年5月落成，占地5.7万多平方米，总建筑面积为2.8万平方米。纪念堂对外开放厅室主要有：北大厅，正中是毛泽东汉白玉坐像，总高3.45米。背景是一幅《祖国大地》绒绣，宽23.74米，高6.6米；瞻仰厅，正中间的水晶棺中，安放着毛泽东遗体；毛泽东、周恩来、刘少奇、朱德、邓小平、陈云革命业绩纪念室；电影厅，在二楼电影厅，可观看纪录片《怀念》；南大厅，镌刻着毛泽东诗词《满江红·和郭沫若同志》手迹，字体全部是银胎镏金。北门和南门外的东西两侧，各有一组长15米、高3.5米的群雕。

温馨提示

毛主席纪念堂

开放时间：星期二至星期日08:00～12:00，星期一不开放，毛泽东、周恩来等六位伟人革命业绩纪念室，每周二至周日上午8:30～11:30免费开放（仅限接待团体）。另外，9月9日（毛泽东同志逝世纪念日）、12月26日（毛泽东同志诞辰纪念日）开放时间为：8:00～11:30，14:00～16:00。元旦、春节、五一、十一节日开放时间另行通知，届时请看毛主席纪念堂四周的瞻仰告示牌。遇有特殊情况，瞻仰开放暂停时，将提前告示。7、8月暑期时，每天仅上午开放。根据季节气候和瞻仰来宾的数量，将实施提前开放或延后结束。

门票：无须门票，凭证件领票。

注意事项：瞻仰需存包，纪念堂内不许照相。因纪念馆开放时间变动较大，可拨打纪念堂咨询电话010-65132277，了解近期参观时间。

▲ 毛主席纪念堂（Chairman Mao Zedong Memorial Hall）

穿越北京中轴线　Through the Central Axis of Beijing

第四站：人民英雄纪念碑
The fourth station: The Monument to the People's Heroes

人民英雄纪念碑位于北京天安门广场中心。1949年9月30日，中国人民政治协商会议第一届全体会议决定，为了纪念在人民解放战争和人民革命中牺牲的人民英雄，在首都北京建立人民英雄纪念碑。纪念碑于1958年4月22日落成，同年5月1日隆重揭幕。人民英雄纪念碑呈方形，建筑面积为3000平方米。纪念碑分碑身、须弥座和台座三部分，共高37.94米。台座分两层，四周环绕汉白玉栏杆，均有台阶。

下层四面镶嵌着八幅汉白玉大型浮雕，分别以虎门销烟、金田起义、武昌起义、五四运动、五卅运动、南昌起义、抗日游击战争、渡江战役为主题。在渡江战役的浮雕两侧，另有两幅装饰性浮雕，主题分别为支援前线和欢迎人民解放军。浮雕概括而生动地表现出我国近百年来惊天动地的革命史实。

碑身正面（北面）镌刻毛泽东题词"人民英雄永垂不朽"八个镏金大字。碑身两侧装饰着用五星、松柏和旗帜组成的浮雕花环，象征人民英雄的伟大精神万古长存。整座纪念碑用17000多块花岗石和汉白玉砌成，肃穆庄严，雄伟壮观。

▲ 人民英雄纪念碑 (The Monument to the People's Heroes)

美丽中国经典线路 Beautiful China Classic Route

第五站：天安门城楼
The fifth station: Tian'anmen Rostrum

天安门最早建于明永乐十五年（1417年），原名承天门，意为"承天启运，受命于天"，是一座3层重檐的木坊。后数次毁于火灾又数次修复。清顺治八年（1651年）重建为宽九楹、深五楹的重檐歇山顶城楼意味"九五之尊"，清统治者对"安"与"和"的策略非常重视，所以改名为天安门。在古代，这里是帝王颁诏举行庆典的地方，在近现代，五四运动、开国大典都以这里为舞台。

1949年10月1日下午，毛主席在34.7米高的城楼上向全世界宣布："中华人民共和国、中央人民政府成立了。"1984年大修天安门城楼内厅，以富有中华民族传统特点的"金龙和玺"彩绘取代了"文革"彩绘，并以一盏450公斤重的主宫灯和16盏350公斤重的辅灯组成众星捧月的图案。1988年元旦，天安门城楼正式对外开放，普通民众也可以登上天安门城楼了

● **外金水桥**

城楼前的7座汉白玉石桥即为外金水桥。正中的桥叫御路桥，旧时为帝后专用，现在每日升降旗仪仗队均从此桥进出。两侧为皇族桥，再外为品级桥，供三品以上官员专用。最外侧两座供四品以下官员行走，分别连通中山公园和劳动人民文化宫。

● **华表**

天安门城楼前后共有4座华表，建于明永乐年间，均为汉白玉雕塑，以衬托主体建筑的威严宏伟。天安门华表柱上端怪兽叫作"望天吼"，形状似狗，相传是一种吃人的怪兽，天安门南面的头向南方，意为"望帝归"；天安门北面的两个蹲兽，头向北方，意为"望帝出"，被视为上传天意，下达民情。西侧华表残破处为1900年八国联军炮轰紫禁城的罪证。

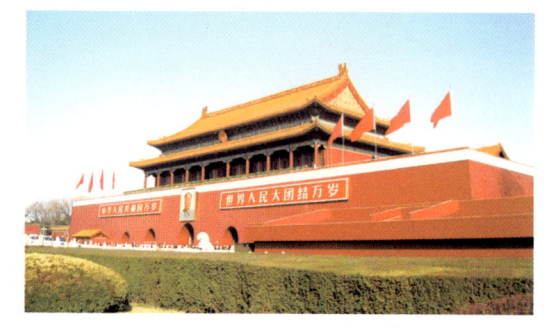

▲ 天安门 (Tian'anmen)

▲ 华表 (Cloud Pillar)

穿越北京中轴线　Through the Central Axis of Beijing

第六站：故宫
The sixth station: the Palace Museum

　　旧称紫禁城，在北京市中心。明、清两代的皇宫，我国现存最大最完整的古建筑群，明永乐四年（1406年）始建，明永乐十八年（1420年）基本建成。迄今560多年，历经24个皇帝。虽经明、清两代多次重修和扩建仍然保持原来的布局。占地72万多平方米，现存楼宇8704间，建筑面积15万平方米。周围宫墙长约3公里，四面矗立着风格绚丽的角楼，墙外有宽52米的护城河环绕，形成一个森严壁垒的城堡。故宫建筑气势雄伟、壮丽，是我国古代建筑艺术的精华。故宫还保存着大量珍贵文物，有研究明、清两代历史和历代艺术的重要资料。故宫宫殿的建筑布局有外朝、内廷之分。

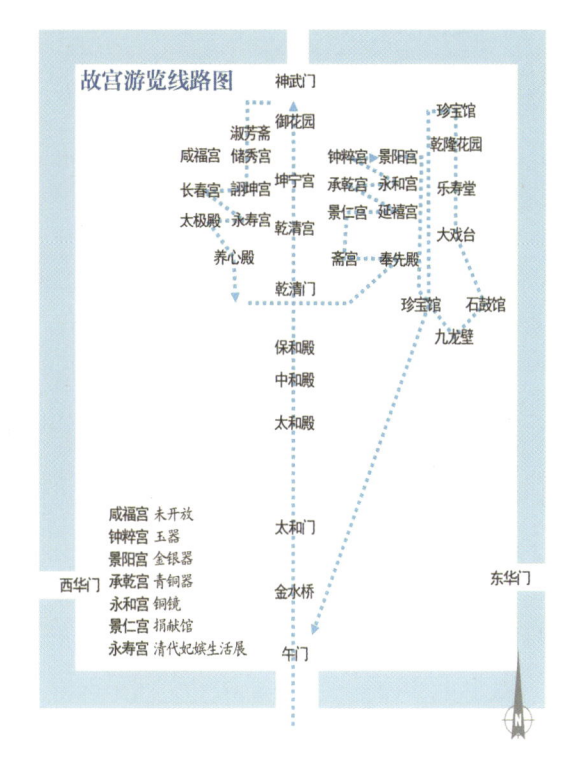

▲ 故宫铜鹤 (The Imperial Palace copper crane) 　　▲ 御花园的千秋亭 (A Imperial Garden Pavilion)

167

美丽中国经典线路 Beautiful China Classic Route

第七站：景山公园
The seventh station: Jingshan Park

景山公园位于故宫博物院神武门正北，占地面积 23 公顷、垂直高度 43 米。景山在金代就堆土成丘，元代辟为皇室禁苑名为青山，明永乐年间又将挖护城河的泥土及拆卸南移城垣的渣土都堆积于此，取名万岁山亦称煤山。

1644 年春，李自成率领农民起义军攻进北京时，明朝最后一个皇帝崇祯上吊自缢于景山歪脖树。清代顺治十二年(1655 年) 将此山改名为景山，并于清乾隆年间(1749 ~ 1751 年) 进行了大规模的扩建。依山而建五大名亭，自东向西为：观妙亭、周赏亭、

▲ 景山公园 (Jingshan Park)

万春亭、富览亭、辑芳亭。五亭中原来各供奉一铜佛，分别代表酸、苦、甘、辛、咸五味神灵，现已遗失。景山位于城市南北中轴线的中心点，其主峰万春亭是北京古城中轴线上的最高点，这里曾是历朝皇帝后妃登高览胜的地方，现在也是俯瞰拍摄故宫全貌的最佳所在，爱好唱歌的人经常会集在这里自发地举行大合唱，很热闹。

第八站：钟鼓楼
The eighth station: Bell and Drum Towers

始建于明永乐十八年（1420 年），其职责便是准确地向全城报时。鼓楼不仅是清代时期京城的报时中心，也是全国的政治中心和重要的商业中心。在当时鼓楼前的街道是著名的商业区。2001 年岁末的午夜 11 时 57 分，北京鼓楼沉寂了近百年的群鼓再度被敲响，鼓楼从 2002 年元旦起，正式对外开放。

钟楼在鼓楼北面，相距约 100 米，钟楼楼上悬挂着一口铸有"永乐年、月、吉日制"印记的特大铜钟，可称中国古钟之最。鼓楼和钟楼，一红一灰，和谐美妙。鼓楼击鼓定更，钟楼撞钟报时，在没有钟表计时的古代，钟鼓声对老北京人的起居劳作起着相当重要的作用，因此人们常说"暮鼓晨钟"。

举个古人生活中的实例，大臣们凌晨 3 点就要在午门排队准备上朝，而钟楼的钟声正是他们起床的闹钟，古代没有高大建筑对声音的阻挡，说来很神奇，钟声传得很远，即使在现在的通州也能听到，可见其作用之大。

穿越北京中轴线　Through the Central Axis of Beijing

第九站：奥林匹克公园（鸟巢、水立方、奥林匹克森林公园）
The nine station: Olympic Park Green(Bird's Nest、Water Cube、Olympic Forest Park)

这是一个为举办 2008 年奥运会而建的、具有 21 世纪水平的奥林匹克公园。它位于城市中轴线的北端，占地 1200 余公顷。公园内有 10 个奥运会比赛场和 7 个非竞赛场馆，其中包括新建的一座可容纳 8 万人的主体育场、北京国际展览体育中心、两座大型综合体育馆以及运动员村等建筑。公园还包括 760 公顷的森林绿地，并把已有的国家奥林匹克体育中心和中华民族园规划在内。北京 2008 年奥运会有 12 个运动大项的比赛在此举行，这里已成为集体育、展览、文化和休闲为一体的综合性建筑群。其中，比较有特色的景观除了鸟巢和水立方，还有下沉花园、大鼓门、玲珑塔、北顶娘娘庙、森林公园和中国科学技术馆。另外，还建设了嘉年华娱乐场。

● 鸟巢

北京国家体育场"鸟巢"，因为结构如树枝编成，故有此昵称。它不但是一座高科技的建筑，而且充分绿色环保，鸟巢获评《时代》2007 年世界十大建筑奇迹。

国家体育场位于北京奥林匹克公园中心区南部，为 2008 年第 29 届奥林匹克运动会的主体育场。奥运会、残奥会开闭幕式、田径比赛及足球比赛决赛在这里举行。奥运之后，这里亦举办重要的国际、区域和国内赛事及非传统体育赛事，还有一些大型的文艺演出。

国家体育场在奥运会后已向游人开放。在这里游客可参观奥运赛场、观看奥运精彩比赛回放、购买奥运及鸟巢纪念品等。可以去看看其中星光大道上体育健儿留下的手印，内外部装饰也颇有特色，如蜂巢般的吊灯、鸟巢般的路灯，简约而不失大气。服务设施非常人性化，充分考虑到残障人士等的行动方便。

▲ 鸟巢 (Bird's Nest)　　　　　▲ 水立方 (Water Cube)

美丽中国经典线路 Beautiful China Classic Route

山海人文品天津

Mountain, Sea, Culture, the Tast of Tianjin

线路：天津市内 ➡ 天津滨海新区 ➡ 蓟州区
Route: Downtown ➡ Binhai New District ➡ Jizhou District

天津的味道
The Tast of Tianjin

一说起天津的味道，你可能最先想到的是狗不理包子、十八街大麻花，如果你再听一听天津的相声、普通天津人的对话，你会觉得天津的味道远不止这些。天津的山、天津的海、天津的人文，无一不值得我们细细品味。

天津，是海河之畔的一颗耀眼明珠。海河贯穿了整个天津卫，孕育了这座城，也倒映出这座城的魅力。1860年，英、法联军占领天津，天津被迫开放，列强先后在天津设立租界，将天津变为一个"万国建筑博览馆"。漫步于各个租界，仿佛置身于异国他乡，你会有一种空间穿梭感。由于毗邻京城，近代史上天津卫成为各色人物避居或者韬光养晦的地方，也留下无数名人故居，穿行其间，你会有一种历史穿越感。

山海人文品天津　Mountain, Sea, Culture, the Tast of Tianjin

▲ 天津电视塔 (Tianjin TV Tower)

行程推荐
Describe the itinerary

虽然天津版图并不大，但天津有着其他所有城市所不具备的独特魅力。去天津旅游，至少要三天才可以将天津的味道品出些意思。第一天，你可以在繁华市内细细品味古老的天津卫（天津古文化街），也可流连于西洋风格的各式建筑之中，在众多名人故居门前，回顾那些历史风云（意大利风情区）。第二天，你可以到海边，来到大沽口炮台，看一看当年护卫国家海疆的将士们浴血奋战之遗址，亲手打出一炮，祭奠当年的英灵。你可以登上基辅号航空母舰，在猛烈的炮火与飞溅的浪花中体验当年海战的激烈与残酷。第三天，不可不去的是位于天津最北端蓟州区、有着"京东第一山"美誉的盘山和千年名刹独乐寺。

天津，不仅有西方殖民时代的烙印，还饱含传统的中国文化。除了说学逗唱的天津相声，惟妙惟肖的泥人张彩塑，精致的杨柳青木版年画，技艺精湛的魏记风筝，名震中外的武林高手霍元甲故乡，都揭示着天津卫的丰厚底蕴。

其实天津可品可赏的远不止这些，如果时间允许你在这里待上一周，相信每一天你都会有不同的感受，你会一天比一天更爱这个城市。

旅游锦囊

天津市的马路很特别，基本上都是斜的，而且很多马路是单行道，因此很多人到天津总会迷路。如果是自驾游的话，高清导航是必备的。天津的公共交通十分方便，公交、地铁、轻轨四通八达。到古文化街和意式风情街的公交车站都有多个，有几十条公交线路，地铁2号线也可到达。从市内到基辅号航母主题公园可以乘坐公交462、133、459路、游1路、游2路等。盘山、独乐寺都位于天津蓟州区，有旅游专线可达。自驾的话，从天津市内出发可走津蓟高速，从北京出发可走京平高速，路况都不错。

第一站：天津市内
The first station: Downtown

天津市内有许多可圈可点的必游之地，除了天津古文化街、意大利风情区、洋货市场、天津之眼"摩天轮"等著名景点外，瓷房子、利顺德大饭店、静园等很多很有历史的地方都值得一看。

● **天津古文化街**

天津古文化街是南开区的一条由仿中国清代民间小式店铺组成的商业步行街，位于海河西岸，北起老铁桥大街（宫北大街），南至水阁大街（宫南大街）。南北街口各有牌坊一座，上书"津门故里"和"沽上艺苑"，是天津最早的文化、宗教和商贸聚集之地。作为津门十景之一，天津古文化街一直坚持"中国味，天津味，文化味，古味"经营特色，以经营文化用品为主。

● **五大道文化旅游区**

五大道是一个区域的泛指，位于天津中心市区的南部，这里东、西向并列着以中国

▲ 天津古文化街（Tianjin ancient culture street）

西南名城成都、重庆、常德、大理、睦南及马场为名的5条街道，共有22条马路。天津人把这里统称为"五大道"。五大道地区拥有20世纪二三十年代建成的英、法、意、德、西班牙不同国家建筑风格的花园式房屋2000多所，其中风貌建筑和名人故居有300余处，被公认为天津市独具特色的"万国建筑博览馆"。这些风貌建筑丰富多彩，有文艺复兴式、希腊式、哥特式、浪漫主义、折中主义以及中西合璧式等，构成了一种凝固的艺术。

五大道地区是天津名居名宅最为集中的地区。许多近现代名人在这里留下了他们的足迹，每幢建筑里都蕴含着故事，充分展现了近代中国百年风云。包括大总统曹锟、徐世昌以及北洋内阁六位总理、美国总统胡佛、国务卿马歇尔等上百位中外名人都曾居住于此。

如果赶上绵绵细雨天，撑把伞，漫步在幽雅、别致、安静的五大道各色小洋楼之间，其妙趣不可言说。

● **意大利风情区**

原为意大利租界，位于天津市河北区，是由五经路、博爱道、胜利路、建国道这四条道路合围起来的四方形地区。意大利风情区内有保存完整的欧式建筑200余栋。其中包括很多名人故居，如梁启超的饮冰室、曹禺故居、李叔同故居、袁世凯及冯国璋的府邸等。风情区中心有欧式圆形马可·波罗广场，广场中心有为纪念第一次世界大战胜利而建的"和平女神"雕塑。

山海人文品天津　Mountain, Sea, Culture, the Tast of Tianjin

▲ 天津之眼 (eyes of Tianjin)

● "天津之眼"摩天轮

　　天津之眼，全称天津永乐桥摩天轮，坐落在天津市红桥区海河河畔，是一座跨河建设、桥轮合一的摩天轮，兼具观光和交通功用。是世界上唯一建在桥上的摩天轮，是天津的地标之一。

　　摩天轮直径为110米，轮外装挂48个360°透明座舱，每个座舱可乘坐8个人，可同时供384个人观光。摩天轮旋转一周所需时间为28分钟，到达最高处时，周边景色一览无余，能看到方圆40公里以内的景致，被誉为"天津之眼"。

● 天津洋货市场

　　洋货市场坐落在天津市滨海新区杭州道街道抚顺道，它是华北地区首家建立的专门进行进口货交易的市场。市场贸易自由度高，购货方式灵活多样，货品价位低廉又不乏"珍、奇、特"，因此洋货市场成了覆盖"三北"、辐射全国的北方最大洋货集散地，成为天津的"沙头角"，充分体现"洋货、洋味、洋品牌"的特色，吸引了众多京津及周边的游人。近年来，随着网络购物的日益兴盛，洋货市场受到一定的冲击。如今的洋货市场已很难再有当年顾客摩肩接踵的热闹场面。但是正因如此，游客可以仔细逛一逛，在这种类繁多的商品之海里，没准你会以最合适价钱淘到最心仪的宝贝呢。

● 天津水上公园

　　天津水上公园原称青龙潭，1950年开始建为公园，1951年7月1日正式对游客开放，是天津最大的公园，有"北方的小西子"之称。天津水上公园总面积为125公顷，其中，水域面积75公顷，由东、西、南三个大湖及春岛、夏岛、秋岛、冬岛、瀛岛五个岛屿组成，岛屿之间分别由拱桥、曲桥、平桥和桃柳堤相连接，景色优美。公园南部有动物园，内有上百种珍稀动物。公园内还有一处游乐区，各种游艺设施齐全，人称"津门小迪士尼乐园"。

第二站：天津滨海新区
The second station: Binhai New District

滨海新区位于天津东部沿海，拥有中国最大的人工港、最具潜力的消费市场和最完善的城市配套设施。滨海新区旅游项目极为丰富多彩，不但有滨海航母主题公园、海昌极地海洋世界、东疆湾沙滩景区，还有历史上著名的大沽口炮台。另外，北塘古镇、天津方特欢乐世界等景区也是众多游客青睐之地。滨海新区的海河外滩公园是滨海地区最大的休闲广场，每到夜晚，广场内外装点各种灯光，另有风格各异的青铜景观雕塑点缀在广场的不同部位，极具观赏价值。

● 滨海航母主题公园

天津滨海航母主题公园地处天津市滨海新区生态城，为国家4A级旅游景区，总规划面积22万平方米，是以"基辅"号航母这一独特旅游资源为主体，是集航母观光、武备展示、主题演出、会务会展、拓展训练、国防教育、娱乐休闲、影视拍摄八大板块为一体的大型军事主题公园。

● 滨海旅游度假区

天津海滨旅游度假区素有"海滨温泉"美称，是中国最大的人工海滨浴场之一，建有全中国规模最大、15米高的具有三个直滑道和两个旋转滑道的冲水滑梯。滨海旅游度假区，是天津重点推广的旅游项目之一。除了温泉游乐宫、海上滑梯、露天温泉按摩园等休闲项目，还可以赶海拾贝、尽享美味海鲜。

▲ "基辅"号航母 (The Kiev, Aircraft-carrier)

● 大沽口炮台遗址景区

大沽口炮台历史上是我国重要的海防屏障，素有"南有虎门，北有大沽"之说，是"津门之屏"。明代，大沽口开始设防，清代修炮台，置大炮，设施不断加强，逐渐形成以"威，镇，海，门，高"为主体的完整防御体系。近代，随着外国列强对华侵略，大沽地区更成为北方的军事要地。现保存较好的是"威"字南炮台和"海"字老炮台两座遗址。目前大沽口炮台遗址已被评为"津门十景"之一，并确定为天津市爱国主义教育基地。

● 东疆湾沙滩景区

东疆湾沙滩景区系我国最大的人造沙滩景区，位于天津港东疆港区的东南部。景区设有沙滩亲水区、沙滩游泳休闲区、水上运动休闲中心和水上休闲娱乐区。海上、沙滩上的各种娱乐休闲项目应有尽有。即使什么都不做，您也可以悠闲地漫步在沙滩上，或是懒懒地晒晒太阳，伴着清爽的海风享受浪漫的夏日。

山海人文品天津　Mountain, Sea, Culture, the Tast of Tianjin

第三站：天津蓟州区
The third station: Jizhou District

蓟州区原名蓟县，古称为"渔阳"，唐朝名蓟州。2016年6月改为蓟州区。蓟州区是天津的"后花园"，有山有水，风光独特，尤以盘山、黄崖关长城及独乐寺而闻名。近年来，蓟州区大力发展旅游业，多次举办各类主题活动，如长城国际马拉松、渔阳金秋旅游节、独乐寺庙会、梨花节、盘山滑雪节等，吸引大批游客。同时蓟州区的旅游基础设施也日益完善，旅游接待能力明显增强。

● 盘山

盘山位于蓟州区城西12公里处，似一条巨龙，盘桓于京东津北。盘山为国家5A级旅游景区，其始记于汉，兴于唐，极盛于清，是自然山水与名胜古迹并著。据统计，盘山保存完好、清晰可辨的石刻有224处，其中题字102处，题文22处，题诗120处，在这些石刻中，属于乾隆的石刻最多，其中题诗118处，题文1处，题字12处，超过了盘山石刻的半数。乾隆皇帝对盘山情有独钟，曾数十次登临盘山，并发出"早知有盘山，何必下江南"的慨叹。

● 独乐寺

独乐寺，又称大佛寺，位于蓟州区西大街，是中国仅存的三大辽代寺院之一，也是国内最古老的高层木结构楼阁式建筑。独乐寺占地总面积1.6万平方米，寺内现存最古老的两座建筑物山门和观音阁，皆为辽圣宗统和二年（984年）重建。

关于独乐寺寺名的由来有三种说法。其一，因观音塑像内部支架是一棵参天而立的大杜梨树，以"杜梨"的谐音而取名；其二，佛家清心寡欲，恪守戒律，独以普度众生为乐，故名独乐寺；其三，独乐寺为安禄山起兵叛唐誓师之地。独乐之名，亦安禄山所命，盖安禄山思独乐而不与民同乐，故而命名。

独乐寺于每年正月初一（弥勒佛诞辰日），二月十九（观音诞辰日），四月初八（佛祖诞辰日），六月十九日（观音菩萨成道日），九月十九（观音出家日），十二月初八（佛祖成道日），举行规模盛大的纪念法会，八方信徒云集至此。

● 黄崖关长城

黄崖关长城在蓟州区北30公里的崇山峻岭之中，是世界文化遗产，国家首批4A级旅游景区。历史上，蓟州城共有守营墩台十八座，黄崖关为其一，也是最为重要的关隘。

▲ 盘山挂月峰（Guayue Peak of Panshan Mountain）

河北避暑之旅
Hebei summer tour

线路：张家口地区 ➡ 承德地区 ➡ 唐山 ➡ 秦皇岛 ➡ 保定地区 ➡ 沧州

Route: Zhangjiakou area ➡ Chengde area ➡ Tangshan ➡ Qinhuangdao ➡ Baoding area ➡ Cangzhou

避暑山庄和北戴河印象
Mountain Resort and Beidaihe impression

清朝的康熙皇帝每年都要从古北口或喜峰口出关，如此频繁地出巡，导致清朝的最高权力机关也随之北移，为了便于皇帝批阅奏章和随巡官员处理政务，在塞外修建一座长期性的行宫就变得十分必要。清康熙三十九年（1700年）前后，康熙开始在塞外寻求一块适合修建永久行宫的地址，经过蒙古族贵族的推荐，康熙来到了今天的承德市区，一眼看中了这块人迹罕至、草木繁茂的牧场。这就是避暑山庄的由来，当时也被称作"热河行宫"。清初的避暑山庄实际上充当的是陪都的角色。北戴河西起戴河口，东至鹰角石，是一处天然海滨浴场。从1954年起，北戴河被正式定为中央领导暑期办公地，毛泽东和其他国家领导人几乎每年夏天都到北戴河来度假办公，新中国成立以来，中共中央的许多重大决策都是在这里做出的。

河北避暑之旅　Hebei summer tour

行程推荐
Describe the itinerary

河北省的旅游基本分成四条主题线。

1. 冀中穿越直隶之旅：保定直隶总督署。是现存唯一的一座清代省级总督署衙，直隶总督统辖的区域，远远大于今河北省的行政区划，尤其到了晚清，管辖区域达7州104个县，行政区划伸展到内蒙古、山东、奉天、山西境内的一部分，南北长2600余里，东西宽1200余里。有"一座总督衙署，半部清史写照"之称。遵化、易县——清东西陵。遵化清东陵和易县清西陵是清王朝的两大皇家陵寝，为世界文化遗产。

2. 冀南民俗体验游之旅：沧州吴桥是世界杂技文化的摇篮，历史悠久，底蕴丰厚。其以源远流长的杂技历史，高超精湛的技艺，成为举世闻名的杂技之乡。吴桥杂技大世界为国家首批4A级旅游景区。途中可游览海河平原最大的湖泊群白洋淀，体验淀内渔民生活。在霸州体验温泉，霸州茗汤温泉的最大特点就是水质很好，是极为罕见的碳酸型温泉，对美容养颜效果特别好。

3. 冀东海滨之旅：秦皇岛市的主要旅游景观是以山、海见长的海滨风光，著名旅游胜地有以北戴河为中心的海滨旅游风景区、以山海关为中心的关城旅游景区和以老岭为核心的山岳旅游景区。皇岛属海滨旅游城市，有"夏都"之誉。

4. 冀北坝上之旅：1681年，清帝康熙为锻炼军队、安抚边疆，在现在塞罕坝的地方开辟了1万多平方公里的狩猎场——木兰围场，此后每年秋季举行一次军事色彩浓厚的狩猎活动，史称"木兰秋狝"。但到同治二年（1863年）开围放垦，森林植被逐渐被破坏，后来又遭受日本侵略者的掠夺采伐和连年山火，到新中国成立初期，原始森林已荡然无存，塞罕坝地区退化为黄沙漫天的荒丘。新中国成立后，几代人克服了重重困难，在此建成了中国最大的人工生态林场。如今围场森林、草原、古长城，全称塞罕坝国家森林公园。塞罕坝是围场的精华部分，蒙语叫"塞罕达巴罕色钦"，意为美丽的高岭，这里森林和草原两种景色相互辉映，以红山军马场为中心，方圆40～50公里内都是景点，围场因此成为离京最近最著名的摄影基地。

▲ 承德避暑山庄 (Chengde Mountain Resort)

美丽中国经典线路 Beautiful China Classic Route

第一站：张家口地区
The first station: Zhangjiakou area

历史上曾以张家口为界划分"口内"和"口外"，足见张家口的军事、商贸地位。仰望大境门上"大好河山"的题字和背后的蜿蜒长城，依然可以感受到边塞鼓角峥嵘的印记，而那悠扬的晋戏唱腔则是数代晋商留在张家口的思乡之情。鸡鸣驿古旧的驿站、蔚县宁静的老巷幽塔，如潮来潮往遗留在岁月沙滩上的精美贝壳，让旅行者流连忘返。去华北第一高峰的小五台登山，是户外爱好者最为推崇的自虐路线。而冬季的张北则成为滑雪爱好者们的家园。

● 鸡鸣驿

鸡鸣驿又名鸡鸣山驿，坐落在怀来县西北洋河北岸的鸡鸣山下。鸡鸣驿始建于元代，明朝永乐十八年（1420年）扩建为宣化府进京师的第一大站。直至1913年，北洋政府宣布"裁汰驿站，开办邮政"，鸡鸣驿的驿站功能也宣告终止。鸡鸣驿在明、清两代对我国的军事、政治、经济、通信等方面都起过极其重要的作用，其特殊的战略位置使之独驿成城。它是迄今为止国内最大、功能最齐全、保存最好的一座古代驿站。城内设有驿丞署、把总署、公馆院、马号、戏楼、店铺等，还有多座寺庙，其中永宁寺是驿城中最早的建筑，已距今800多年。寺庙内明清时期遗留下的壁画至今色彩依旧。东、西城墙偏南处设东、西两座城门，门额分别为"鸡鸣山驿""气冲斗牛"。八

▲ 鸡鸣驿 (Jimingyi Dak)

国联军侵占北京城，慈禧及光绪皇帝逃往西安途中曾在鸡鸣驿当地富户家住了一天，现古建筑遗址尚存。近年来这里独特的风貌受到电影界的青睐，《血战台儿庄》《血战长城》《大决战》《国士无双》《大话西游》等影片先后在此拍摄，使得鸡鸣驿名扬天下。

● 张北坝上草原

位于张家口市张北县以北，曾经是清帝秋游巡猎的地方。坝上是指北京北部、内蒙古高原最南端的区域，包括张家口坝上的张北、尚义、康保、沽源四县，承德坝上的丰宁、围场两县，总面积20多万平方公里。张北尚义地区的察汗淖和安固里淖，是整个坝上地区最大的草原湖泊。这里空气纯净，污染极少，是一处保存完整的天然草原。

▲ 张北坝上草原 (Zhangbei dam on the grassland)

河北避暑之旅　Hebei summer tour

第二站：承德地区
The second station: Chengde area

承德是清王朝第二政治中心，历经康、雍、乾三朝的大规模建设，构建了以"避暑山庄""外八庙"为主体的庞大宫殿、寺庙群落，被联合国教科文组织定为世界文化遗产。而承德以北的面积辽阔的坝上围场地区，则是当年清王朝圈定的围猎场所，自然风光美不胜收，特别是初秋的草原森林五彩纷呈，是摄影爱好者眼中的天堂。承德东南部的雾灵山则是京东第一高峰，当年是清东陵的风水屏障，严禁采伐林木，所以保留了独一无二的自然环境和山色风光。

● 避暑山庄

承德避暑山庄又名承德离宫或热河行宫，位于河北承德市区内。建于清朝康熙四十二年至乾隆五十七年（1703～1792年），是由皇帝宫室、皇家园林和宏伟壮观的寺庙群所组成。避暑山庄占地564万平方米，相当于颐和园的2倍，也是中国现存最大的皇家园林，仅环绕山庄蜿蜒起伏的宫墙就长达万米。

借助原有的自然山水的景观特点和有利条件，避暑山庄吸取唐、宋、明历代造园的优秀传统和江南园林的创作经验，加以综合、提高，形成了南侧宫殿区、东侧湖区、西北山区和东北草原的布局，整个山庄设计模式与中国西北多山、东南多水的总体地势相吻合，共同构成了中国版图的缩影。其中有康熙皇帝以四字命名的"三十六景"和乾隆皇帝以三字命名的"三十六景"，史称"康乾七十二景"。清朝的康熙皇帝及乾隆皇帝，每年大约有半年时间要在承德度过，清前期重要的政治、军事、民族和外交等国家大事，都在这里处理。因此，避暑山庄素有"第二个政治中心"之称。众多历史文化遗迹的完好保存，使承德避暑山庄被列入"世界文化遗产名录"、全国"四十四个风景区"和"十大名胜"之列。承德市也因此而被誉为中国历史文化名城。

▲ 承德避暑山庄（Chengde Mountain Resort）

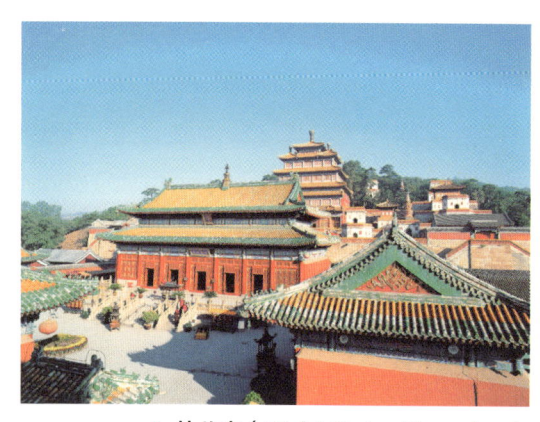

美丽中国经典线路 Beautiful China Classic Route

▲ 外八庙（Eight Outer Temples）

● 外八庙

在避暑山庄的东面和北面，武烈河两岸和狮子沟北沿的山丘地带，共有11座寺院，因分属8座寺庙管辖，又位于古北口外，称外八庙。

这些建筑群陆续建于清康熙和乾隆年间，是清代藏传佛教的中心之一。由于清初统治者奉行扶持藏传佛教，以笼络西方和北方少数民族的政策，外八庙多仿照西藏藏传佛寺庙的风格，气势宏大、富丽堂皇，融华夏多民族文化，集中国古代寺庙建筑之大成者，反映出清代前期建筑技术和建筑艺术的成就。同时也是清王朝加强统治，巩固全国统一的思想体现，有"一座喇嘛庙，胜抵十万兵"一说。

外八庙现有5座对外开放，分别是普宁寺、普陀宗乘之庙、须弥福寿之庙、安远庙、普乐寺。2010年，承德整合旅游景区为四大景区，除避暑山庄景区外。普陀宗乘之庙、须弥福寿之庙整合为布达拉行宫景区；普宁寺、普佑寺整合为普宁寺景区；普乐寺、安远庙、磬锤峰国家森林公园整合为磬锤峰景区。

● 布达拉行宫景区

布达拉行宫景区坐落于避暑山庄正北狮子岭南麓，占地25.79万平方米。景区由皇家寺庙群中的普陀宗乘之庙和须弥福寿之庙组成，两座寺庙先后修建于乾隆三十二年（1767年）、乾隆四十五年（1780年）。因仿拉萨布达拉宫和日喀则扎什伦布寺而建，俗称小布达拉宫和班禅行宫。布达拉行宫景区为两座汉藏结合式寺庙，建筑规模宏大，雄伟庄严，形成了一幅雪域高原的风情画卷。游览布达拉行宫景区，沐浴在赐寿祈福的宏伟神光之中，是对藏文化的一次全面解读。

● 丰宁坝上草原

坝上草原位于北京正北的河北省丰宁满族自治县，是离北京最近的天然草原，又名"京北第一草原"。草原地处内蒙古高原边沿，是内蒙古高原南部边缘地带。这里洼水清澈，芳草如茵，群羊如云，骏马奔腾；坝缘山峰如簇，碧水潺潺。夏日清凉无暑，是避暑的理想去处。

▲ 丰宁坝上草原（On Fengning Bashang Prairie）

河北避暑之旅　Hebei summer tour

第三站：唐山
The third station: Tangshan

唐山地处环渤海中心地带，素有"京东宝地"之称，被誉为"中国近代工业的摇篮"。1976年的灾难性地震将繁荣的唐山市变成一片瓦砾。唐山人民以顽强不息的毅力再建唐山新城，为此联合国授予唐山市"人居荣誉奖"。唐山拥有山、海、林、岛等多种独具特色的自然景观，境内的清东陵更是我国现存规模最大、建筑体系最完整的皇家陵寝，被列为世界文化遗产。长城关隘、景忠山、菩提岛、金银滩、李大钊纪念馆等众多人文自然景观，也都是旅游的好去处。

● 遵化清东陵

是我国现存规模最大、体系最完整的帝王陵墓群之一。始建于清顺治十八年（1661年）到1935年最后一位墓主落葬，前后历两个半世纪。其建筑恢宏，壮观而精美。清东陵以其重要的历史、艺术和科学价值，于2000年被正式列入世界文化遗产名录。

15座陵寝中，共葬有5位皇帝，15位皇后，136位妃嫔，2位公主，3位阿哥，共计161人。主体建筑包括皇陵5座——顺治帝的孝陵、康熙帝的景陵、乾隆帝的裕陵、咸丰帝的定陵、同治帝的惠陵，以及东（慈安）、西（慈禧）太后等后陵4座、妃园5座、公主陵1座。整个陵区以孝陵为中心，诸陵分列两侧，其玉石殿陛，雕梁画栋，宏伟而壮丽。从陵区最南面的石牌坊到孝陵宝顶，这条长约5公里的神道上，井然有序地排列着大红门、圣德神功碑亭、石像生、棱恩门、棱恩殿、方城明楼等建筑，肃穆典雅，雄伟壮观。陵园外围以大红门为中心东西延伸20余公里的围墙护卫。整座东陵在木构和石构两方面都有精湛的技巧，可谓集清代宫殿建筑之大成。

▲ 清东陵裕陵华表 (Huabiao in Qing Dongling Yuling)

美丽中国经典线路 Beautiful China Classic Route

第四站：秦皇岛
The fourth station: Qinhuangdao

秦皇岛以秦始皇东临碣石求仙而得名，秦始皇、汉武帝、唐太宗、曹操等帝王将相留下的传说遗迹遍布。最为著名的旅游景观就是万里长城的东起点"天下第一关"——山海关了。老龙头、姜女庙、角山长城等众多景点围绕山海关如群星抱月。北戴河作为海滨度假胜地，已经有上百年的历史，沿岸建立的别墅、疗养院鳞次栉比。其后开发的南戴河、昌黎则有丰富的现代化娱乐设施供游客尽情享受美好假期。每年盛夏是秦皇岛最热闹的季节，无数游客蜂拥而至，到海滨沙滩避暑度假。

● **秦皇岛**

秦皇岛，简称秦，位于河北省东北部，首批全国沿海开放城市。因公元前215年中国的第一个皇帝秦始皇东巡至此，并派人入海求仙而得名，现为河北省省辖市，中国北方著名港口城市。是2008年北京奥运会的协办城市。秦皇岛，素有"京津后花园"之美誉。拥有长城、滨海、生态等良好的旅游资源。国家历史文化名城山海关、避暑胜地北戴河、南戴河旅游度假区、昌黎黄金海岸等40多个旅游景区独具魅力，每年吸引上千万海内外游客慕名而至。

秦皇岛市区中心在海港区，这里是秦皇岛的经济中心和生活中心，但旅游者通常前往的旅游景区分别位于市区东北17公里的山海关区和西南22公里的北戴河区，三地之间有发达的公共交通系统，而其中北戴河区则是海滨旅游住宿的首选地。后开发的昌黎黄金海岸地区则位于秦皇岛市区西南约40公里处。

● **山海关**

山海关关城建于明洪武年间（1381年），北依燕山山脉，南临渤海湾，因此得名。山海关是万里长城的最东端，是一座防御体系完整的城关，华北地区与东北地区最重要的交通关隘，也曾是重要的军事要塞。我们所说的关内、关外就是以山海关来划分的。由于地势险要，素有京都锁钥之称。

游览山海关主要是参观东门镇远楼，也就是"天下第一关"关楼。这座城门高约13米，分为上、下两层，造型美观大方，雄壮威严。登上城台远眺，北望长城蜿蜒山间，南眺渤海波涛浩淼。楼西面上层檐下，悬有"天下第一关"匾额，笔画遒劲雄厚，与城楼规制浑然一体。现属山海关境内的长城全长26公里，主要包括：老龙头长城、南翼长城、关城长城、北翼长城、角山长城、三道关长城及九门口长城等地段。

▲ 山海关 (Shanhaiguan)

河北避暑之旅 Hebei summer tour

▲ 老龙头 (Old Dragon's Head)

● 老龙头

老龙头是明长城的东起点，是长城入海的端头部分，万里长城好似一条巨龙，在此引颈入海，故得名"老龙头"。与城北的角山长城，城东的威远城构成掎角之势，拱卫着山海关城。老龙头伸入渤海中约 20 多米，大部分用石块垒砌而成，主要由入海石城、靖虏台、南海口、澄海楼、宁海城等组成。入海石城一半位于海平面上，一半在海平面以下，相传是明代抗倭名将戚继光所筑。据说初建时，在海底反扣了许多铁锅，用以减少海水对石城的冲击，这种独特的建筑方法曾被载入建筑史册。

澄海楼是老龙头的最高点，全部木结构，是清康熙、乾隆回奉天祭祖时，登楼观海、饮酒赋诗之处，现在城楼上的"澄海楼"匾额就是乾隆皇帝御笔亲书。澄海楼前还有一块古碑，上面只有四个赫然大字："天开海岳"，字体浑厚古朴，遒劲苍郁。这四个字将老龙头一带海阔天高、山岩耸峙的气势描绘得淋漓尽致。传说这是唐代名将薛仁贵当年东征高丽时所立。八国联军破坏老龙头后，仅存"天开海岳"碑，不久，这块石碑又被英国军队挖弹药库时推倒。1927 年，张学良将军到老龙头浴场游泳，发现了这块石碑才命人将石碑重新竖立起来。

● 燕塞湖

因地处燕山要塞而得名。燕塞湖环绕在深山峡谷之中。沿岸悬崖峭壁千姿百态、苍松翠柏、野杏山桃，素有北方"小桂林""小三峡"之美称。

燕塞湖亦称石河水库，是山海关这座军事要塞的一道天堑。隋、唐、辽、金时期的民族军事冲突多发生在这里。明末农民起义军领袖李自成率 20 万大军与明蓟辽总兵吴三桂和清将多尔衮在这里大战。1933 年 1 月，日本侵略军进攻华北，爱国将领何柱国将军也在这里奋起抗战。景区内有缆车、滑道、游船连通鸟语林、松树园等景区。也可乘坐缆车抵达山顶然后沿山脊步行至角山长城，路程约 1 小时。

▲ 山海关燕塞湖 (Shanhaiguan Yansai Lake)

183

美丽中国经典线路 Beautiful China Classic Route

▲ 北戴河中海浴场 (Beidaihe Bathing Beach)

● 北戴河海滨

北方最好的海滨避暑胜地之一。北戴河海滨位于北京正东279公里，距秦皇岛市16公里。京山、京秦、大秦铁路和102国道、205国道、京沈高速公路横贯境内。北戴河海滨受海洋气候的调节，夏无酷暑，冬无严寒，气候独佳。西面是联峰山，南面是漫长的海岸线，海滨环境优美，风光秀丽。

北戴河海滨共分为4大景区：东山风景区（鸽子窝景区）、中海滩景区、东联峰山风景区、西联峰山风景区。前两者为海滨浴场，后两者为海滨丘陵。北戴河最为热闹的要数北戴河海滨避暑区，西起戴河口，东至鹰角亭。海滩沙质比较好，坡度也较平缓，是一个优良的天然海水浴场，也是北戴河海滨的精华。北戴河还是世界著名的观鸟地，是我国第一个候鸟保护区。

● 南戴河

南戴河与北戴河隔戴河相邻，这里的海滨，沙软潮平，滩宽水清，潮汐稳定，风爽无尘，海水浴场得天独厚，被众多的旅游者称颂为"天下第一浴"。虽然海滩与北戴河比较为分散，但是距离市区和车站较远，有北戴河难得的清静。南戴河海滨靠近沙滩便是茂密葱郁的树林，这里原本是抚宁县的林场，绿树沿海岸绵延曲折几十里，形成一道天然的屏障。整个海滨区，建筑千姿百态，小路曲折通幽，令人赏心悦目。

● 昌黎黄金海岸

位于北戴河西南17公里处，因当时的开发者称这里的海岸风光堪与澳大利亚著名海滨黄金海岸媲美，于是就有了"黄金海岸"这一美称。海岸线沙细、滩软、水清、潮平，是进行海水浴、阳光浴、沙浴、森林浴、空气浴的理想地点，这里最吸引人的运动就是滑沙了。国际滑沙娱乐中心坐落在黄金海岸的中部。苍翠的林木带衬托着连绵40多公里的沙丘，与大海奇妙地组合在一起，构成一幅神奇自然的海洋大漠风光。来到这里，便见一道道并列的沙山，一直延伸到海滩。这些沙山，高达20～40米，陡缓起伏。

游人乘坐索道缆车直达沙顶，沿途还可以游览一望无垠的沙海，观赏黄金海岸独有的沙漠风光。然后从沙顶坐着竹木制成的滑沙板，从几十米高的沙山上呼啸而下，感觉既新鲜刺激又安全可靠。滑沙的方式有两种，既可以选择从沙山滑向谷底，也可以选择滑向大海。

河北避暑之旅　Hebei summer tour

第五站：保定地区
The fifth station: Baoding area

这里曾经是清朝直隶总督府所在地，李鸿章、袁世凯都曾在此做直隶总督。保定西依太行山，东抱白洋淀，与离北京较近的野三坡、白洋淀、天桥瀑布群、白石山、狼牙山一样，是京城郊游族们追捧的避暑去处。保定的历史颇值自傲，在距今2000年的春秋时代，晋国就在这里建下保定历史上的第一座城池，以后在各朝各代又分别成为县、路、府、直隶省会等，历来为军事重镇，与京、津呈三足鼎立。市中心的古莲花池是清雍正年间高等学府的所在地，是当时十大名园之一。这里还有因出土金缕玉衣而名噪一时的西汉中山靖王刘胜的满城汉墓，有埋葬着雍正等清代四位皇帝的清西陵。

● **直隶总督署**

直隶总督署位于保定市繁华的市中心地带，是清代直隶总督的办公处所，我国保存最为完整的一座省级衙署。直隶总督署在清代自雍正至宣统8帝187年的历史中，历任总督74人99任次，承载了74位总督的功过是非。其中有修建莲池书院、备受雍正帝信赖的"模范督抚"李卫，有勤政廉洁的一代廉吏唐执玉，有兴农治水、被列为"乾隆五督臣"之一的方观承，更有清末重臣曾国藩、李鸿章、袁世凯等。历尽沧桑的直隶总督署，是清王朝政治、经济、军事、文化的缩影，正可谓"一座总督衙署，半部清史写照"。

直隶总督署坐北朝南，具有典型的北方衙署建筑风貌。其格局是严格按照清朝关于省级衙署的规制修建的。占地近30000平方米，以两条南北向的更道为界将建筑分割成中、东、西三路。主体建筑在中路，主要有大门、仪门、大堂、二堂、官邸、上房等。大门前对称的两根旗杆各高33.6米，为全国古建旗杆之最。院内是数十株已有460多年的树龄的"古柏群"。总督署大堂是总督署的主体建筑。正中的屏风上悬挂的"恪恭首牧"匾，为雍正皇帝的亲笔御书。室内陈列的公案桌、诰封架、职衔牌、万民伞和车轿等物品，是总督的办公用品和出巡仪仗，堂内悬挂历任总督所题匾额对联。二堂又称"退思堂""思补堂"，是总督日常办公和接见外地官员的地方。内宅包括三堂和四堂。三堂又称官邸，是总督的书房和内签押房（办公室）。四堂又称上房，是总督及其家眷生活居住的地方。

▲ **保定直隶总督署**（Baoding Province Governor）

美丽中国经典线路 Beautiful China Classic Route

● 古莲池

古莲池是中国十大名园之一,古莲池初名雪香园,始建于金代正大四年(1227年)。当时的雪香园"帘户疏越,澄澜荡漾,鱼泳鸟翔,虽城市嚣嚣而得三湘七泽之乐"。后保定地区发生大地震,这座名园"近皆废毁"。直到明代嘉靖年间才加以修复,并修建了亭台和围墙,辟为"水鉴公署",意即以水为鉴,鉴身、鉴心,成为达官贵人饮宴享乐的场所。清雍正二年(1724年),又将原直隶巡抚衙门升级为总督部院,从此保定府成为直隶省会。雍正十一年(1733年)直隶总督李卫奉旨在莲池开办书院,增置宾馆,后将宾馆扩建为行宫。乾隆、嘉庆、光绪三朝帝后均曾来此驻跸巡幸。1921年修复莲池时,北洋政府总统徐世昌书"古莲花池"四字匾额,至今仍用该名。莲池园林以池为主体,临漪亭为中心,构成"湖中有景,景中含诗"的优美画卷。莲池东廊为碑林,有清乾隆、嘉庆、道光等皇帝御笔碑文7通,北廊壁上嵌有明、清书法家书写或临摹的碑碣88方。古莲池兼南北园林之美,有"城市蓬莱""三湘七泽""小西湖"等美誉。

● 易县清西陵

易县境内的清西陵是清朝皇室陵墓群,背依永宁山,西傍紫荆关,东濒战国燕下都遗址,南临易水。清初先建陵于遵化市马兰峪西,雍正八年(1730年)选易州永宁山下太平峪为陵址,翌年兴建泰陵,乾隆时有诏定父子不葬一地之制,相间在东、西二陵分

▲ 易县清西陵 (Yixian County Qing Xiling)

葬,自此清皇室陵有东西陵之分。清西陵占地面积100余平方公里。先后建有帝陵4座:雍正泰陵、嘉庆昌陵、道光慕陵、光绪崇陵;后陵3座,妃陵3座,王公、公主园寝4座,共14座陵墓,葬76人。各陵的规制和形式都严格遵守封建等级制度,后陵小于帝陵,园寝又小于后陵。在建筑形式上,帝、后陵和藏传佛教寺庙是红色围墙,黄琉璃瓦顶;妃、公主园寝是红色围墙、绿琉璃瓦顶;外宫和衙署则是砖墙灰瓦顶。各陵的主要建筑有碑楼、神厨库、朝房、隆恩门、配殿、隆恩殿、明楼、宝顶等。泰陵是西陵的中心,其余诸陵分别在东西两侧。陵区的四周层峦叠嶂,松柏葱茏,景色清幽,十分雅致。

整个清西陵气势磅礴、雄伟壮观,实为中国陵寝古建筑中的精美杰作。中国末代皇帝爱新觉罗·溥仪曾在清西陵选址建陵,但由于清王朝的灭亡而中止。1995年溥仪的骨灰移到崇陵北面的皇家华龙陵园内安葬。2000年,清西陵被联合国教科文组织列入世界文化遗产名录。

河北避暑之旅　Hebei summer tour

第六站：沧州
The sixth station: Cangzhou

沧州人杰地灵。古代有战国时代名医扁鹊，军事家孙膑，唐代地理学家贾耽，著名边塞诗人高适，清代有《四库全书》总编纂纪晓岚，清末洋务派首领张之洞等。近代革命将领有赵博生、马本斋等，现代有著名作家王蒙、柳溪、蒋子龙、艺术家李德伦、斐艳玲等。沧州是全国著名的"杂技之乡""武术之乡""鸭梨之乡""金丝小枣之乡""铸造之乡"和"弯头管件之乡"。

● **沧州铁狮子**

民间流传着"沧州狮子定州塔，赵州石桥正定大菩萨"河北四宝的说法。沧州铁狮子位居第一足以见得其卓尔不群的地位，沧州也因此有"狮子城"的美誉。

沧州铁狮子身高5.4米，体长6.3米，总重约40吨。体态魁梧，头南尾北，四肢叉开，神态作疾走乍停并张口怒吼状，别名"镇海吼"。狮子的腹腔内铸有隶书《金刚经》文，但多已剥蚀而无法辨认。根据狮身上的铭文可知，沧州铁狮子铸造于后周广顺三年（953年）。

● **吴桥杂技大世界**

吴桥，作为我国杂技艺术的发祥地，以其悠久的杂技历史和精湛的杂技艺术在国内外杂技界被称作"杂技艺术的摇篮"，1954年吴桥被周恩来总理亲自命名为"杂技之乡"。吴桥杂技大世界建江湖文化城、红牡丹剧场、梦幻剧场、杂技博物馆、小泰山、普济寺、财神庙、民俗风情园、滑稽动物园、马戏游乐园等十大景点，集娱乐、参与、表演、餐饮于一体的综合旅游园区。

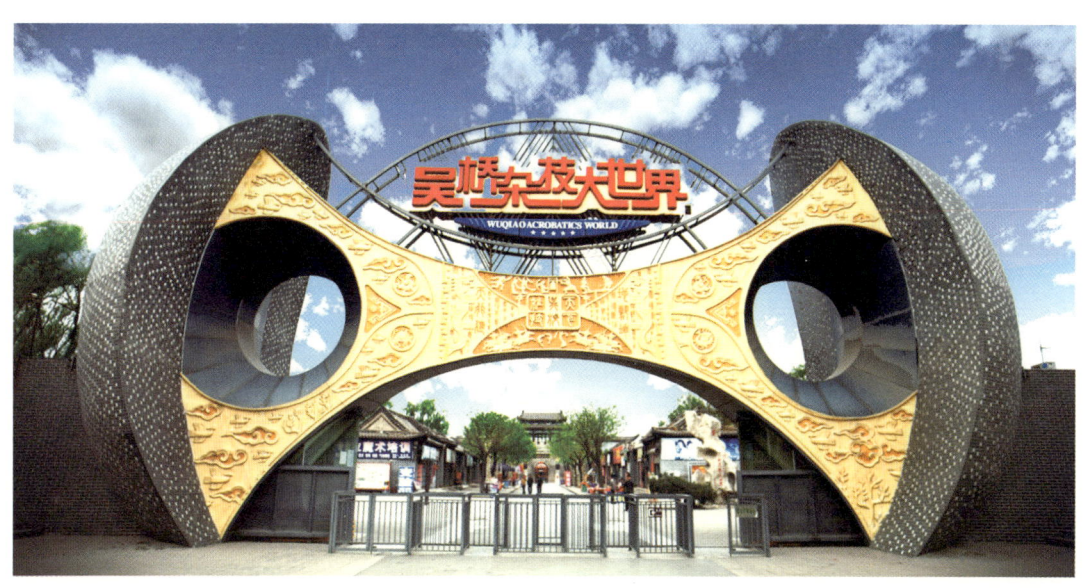

▲ **吴桥杂技大世界**（Wuqiao Circus World）

美丽中国经典线路　Beautiful China Classic Route

从北向南走山西

Touring Shanxi From the North to the South

线路：大同➤忻州➤太原➤晋中➤临汾➤运城➤晋城

Route: Datong ➤ Xinzhou ➤ Taiyuan ➤ Jinzhong ➤ Linfen ➤ Yuncheng ➤ Jincheng

人说山西好风光
Good Scenery in Shanxi

"人说山西好风光，地肥水美五谷香。左手一指太行山，右手一指是吕梁。"曾经，这首歌唱遍华夏大地。无论是否去过山西，我们都知道了山西的风光好。其实山西不仅风光好，它还是中华民族的发祥地，是"华夏文明摇篮"，是"中国古代文化博物馆"。

"女娲补天"的传说，华夏民族的始祖黄帝和炎帝，我国上古时代的三个帝王尧、舜、禹，都与山西有着密不可分的联系。尧都平阳、舜都蒲坂、禹都安邑都在山西（分别为今临汾市、永济市和夏县）。明初，山西因经济繁荣、人口稠密，成为向外移民的主要地区。在长达半个世纪的时间内，山西曾向外移民十几次。洪洞县大槐树是当时一个主要移民站。全国不少地方流传的"问我祖先在何处，山西洪洞大槐树"，即由此而来。明清时期，晋商和山西票号崛起，著称中外。

从北向南走山西　Touring Shanxi From the North to the South

行程推荐
Describe the itinerary

此线路适合从北方来的游客，如果游客从南而来，不妨将本线路前后调整一下。山西省境内的大运高速公路，贯穿南北，把山西许多著名旅游景点串联一线，游名山（绵山）、观名城（平遥古城）、看名院（王家大院、乔家大院）、祭名树（洪洞大槐树寻根祭祖）……大运高速会把游客送到每个想去的地方。山西境内多山路，如果驾驶技术过硬，强烈推荐自驾游。因为在弯弯曲曲的山路上，到处都有美景，自驾的话可以随时停车欣赏一番，比较自由，也能看到与景区里不一样的景观。但车技不甚熟练的人、心脏不好的人，最好不要自驾，因为山西的山路开起车来真的是让人心跳胆寒。

乘火车游此线，推荐同蒲铁路线，这条铁路从山西北部大同经太原市南至运城市蒲州镇，继而在风陵渡过黄河，在华山站接入陇海铁路。许多景区都在这条线上，乘火车一站一站地走过，每一站背后都有一段深厚的历史，你会觉得自己仿若坐上时空机。喜欢乘高铁的游客有望迎来大西高铁的全线贯通。大西高铁也是从山西北边的大同一路南下，经朔州、忻州、太原、晋中、临汾、运城等市，贯穿整个山西省，在山西境内设站 21 个，从永济出山西通往陕西西安。这一高铁线路的贯通，将为游客从北向南游山西带来更多便利。

游山西必不能忽略山西的美食，山西素有"中国面食之乡"美名，刀削面、豌豆面、

▲ 水墨画一般的山西 (Scenery of Shanxi Looks Like a Beautiful Wash Painting)

黄糕、荞麦圪坨、莜麦面、羊杂粉汤、面麻片、凉粉等特色名吃，哪一样都是令吃货们垂涎的。尤其是山西的刀削面，被称作"面食之王"，而大同的刀削面更是被誉为"面食王中王"。太原的面食则以品种多、历史久、制作方法各异、浇头菜码考究而著名。平遥美食大到丰盛的传统宴席"八碗八碟"，小到风味独特的当地小吃，都值得细细品味，而平遥最有代表性的美食当数平遥牛肉了。运城闻名的是闻喜的煮饼，甜而不腻，越嚼越香。

山西美食数不胜数，我们从北向南一路看美景，一路饱口福。山西旅游，不虚此行。

美丽中国经典线路 Beautiful China Classic Route

第一站：大同
The first station: Datong

大同，是国家历史文化名城，是山西省省域副中心城市，山西省第二大城市，位于山西省北部大同盆地的中心、晋冀蒙三省区交界处、黄土高原东北边缘，实为全晋之屏障、北方之门户，且扼晋、冀、内蒙古之咽喉要道，是历代兵家必争之地，有"北方锁钥"之称。

大同古称云中、平城，曾是北魏首都，辽、金陪都，境内古迹众多，著名的文物古迹包括云冈石窟、华严寺、善化寺、恒山悬空寺、九龙壁等。

大同是中国最大的煤炭能源基地之一，国家重化工能源基地，神府、准格尔新兴能源区与京津唐发达工业区的中点。素有"凤凰城"和"中国煤都"之称。

大同这座有着独特自然地理条件的城市，历经多年的投资与建设，城市绿化与园林覆盖取得明显效果。2014年1月14日，大同市被国家住建部正式命名为"国家园林城市"。

大同是晋北的门户，是沟通华北与西北省份的桥梁和枢纽。大同交通十分方便，公路有大运、大塘、大准、大张等10多条干线；铁路有京包铁路、同蒲铁路、大秦线、大准铁路以及大西高铁；大同云冈机场已经开通了北京、天津、上海、太原、沈阳、广州、成都等全国各大城市的航班。

● **大同云冈石窟**

云冈石窟位于大同市西郊17公里处的

▲ 云冈石窟（Yungang grotto）

武周山南麓，石窟依山开凿，东西绵延1公里。存有主要洞窟45个，石雕造像5.1万余尊，其中最高的达17米，为中国规模最大的古代石窟群之一，与敦煌莫高窟、洛阳龙门石窟和天水麦积山石窟并称为中国四大石窟艺术宝库。1961年被国务院公布为全国首批重点文物保护单位，2001年被联合国教科文组织列入世界遗产名录，2007年被国家旅游局评为首批国家5A级旅游景区。

云冈石窟大部分皆完成于北魏迁都洛阳之前，是当时北魏皇室集中全国技艺和人力、物力所雕凿，是由一代代、一批批的能工巧匠创造出的一座佛国圣殿。

从北向南走山西　Touring Shanxi From the North to the South

● **华严寺**

大同华严寺位于大同市西部，始建于辽代。是依据佛教华严宗的经典《华严经》而修建。华严寺殿宇嵯峨，气势雄伟壮观，是第一批全国重点文物保护单位。

因辽代佛教华严宗盛行，道宗亦曾亲撰《华严经随品赞》十卷，故云中（即云中郡，今大同雁北一带）特建华严禅寺。因寺内曾奉安诸帝石像、铜像，当时还具有辽皇室祖庙性质。明朝时整座寺院分为上、下两寺，各开山门，自为一体，1963年又合为一寺。

华严寺内最大看点是上华严寺的大雄宝殿和下华严寺的薄伽教藏殿。其中大雄宝殿因辽末毁于兵火，金天眷三年（1140年）重建，后几经修缮，是中国现存规模最大的佛殿。大雄宝殿正脊上的鸱吻就高达4.5米。殿内顶部彩绘千余块，每块图案都是不一样的，绝无重复！下华严寺的薄伽教藏殿建于辽代，殿内完整保存31尊辽代泥塑，体态自然，表情生动。其中一尊合掌露齿胁侍菩萨是最大看点，她有别于一般菩萨的造型，露齿微笑，甚为罕见。

● **煤矿井下探秘景区**

晋华宫"煤矿井下探秘景区"是充分利用与云冈石窟隔河相望的地理优势，利用井下开采完的边角工作面开发设计的集知识性、趣味性于一体的工业特色旅游项目。主要景区位于地下300多米深处。景点依次分布有原始采煤、炮采、普采、高档普采、综采和综合掘进6个工作面，工作面全部采用实际生产中使用的工具、设备，通过采煤职工的现场演示，真实地再现不同采煤时期不同设备的采煤过程，使游客更直观地了解各个时期的采煤方法、发展过程及煤炭开采发展史，同时，工作面的一些特殊多变的煤矿地质结构会使游客叹为观止，整个景区设计科学合理、布局严谨，游客在这里可以了解1.4亿年前的侏罗纪时期煤炭形成的历史，体验坐矿车、穿矿服并亲手操作采煤机械的真实生活。

● **恒山风景区**

讲到中国的名山大川，最先想到的就是"五岳"。其中的"北岳"指的就是恒山。恒山是塞外高原通向冀中平原的咽喉要冲，自古是兵家必争之地。主峰天峰岭海拔2016.1米，位于大同市浑源县城南10公里处，距大同市市区62公里。被称为"人天北柱""绝塞名山""天下第二山"。恒山风景区内名胜古迹众多，其中最著名的是悬空寺，为恒山第一景。悬空寺悬挂在恒山金龙峡西侧翠屏峰的悬崖峭壁间，始建于1400多年前的北魏王朝后期，根据道家"不闻鸡鸣犬吠之声"的要求建设。悬空寺距地面高约50米，其建筑特色"奇、悬、巧"，是我国古代建筑的精华。

旅游锦囊

1. 每年农历四月初八，悬空寺都会举行浴佛法会；
2. 每年公历8月间，云冈恒山旅游文化节举办；
3. 恒山所在的浑源县浑源凉粉风味奇特，别具一格，不可不尝。
4. 恒山附近王庄堡镇汤头村有温泉，泡温泉可大大缓解爬山之后的腰腿酸疼。

美丽中国经典线路 Beautiful China Classic Route

第二站：忻州市
The second station: Xinzhou

忻州市位于山西省中北部，北依长城与大同、朔州为邻，西隔黄河与陕西、内蒙古相望，东临太行与河北接壤，南屏石岭关与太原、阳泉、吕梁毗连。忻州是旅游热区，拥有佛教圣地五台山、"九塞尊崇第一关"的雁门关等著名景点；拥有"摔跤之乡""中国八音之乡""中国杂粮之都""双拥模范城""中国观光旅游投资竞争力百强城市""国家历史文化名城——代县""中国最佳生态休闲旅游示范城市""国家智慧城市"等城市名片。

● **五台山**

五台山位于忻州市五台县境内，是中国佛教建筑最早的地方之一，与浙江普陀山、安徽九华山、四川峨眉山并称"中国佛教四大名山"。五台山是文殊菩萨的道场，位居中国佛教四大名山之首，亦与尼泊尔蓝毗尼花园、印度鹿野苑、菩提伽耶、拘尸那迦并称为世界五大佛教圣地。据《名山志》记载："五台山五峰耸立，高出云表，山顶无林木，有如垒土之台，故曰五台。"五台山山上气候多寒，盛夏气温也不会高于25℃，故又别称清凉山。五台山还是当今中国唯一兼有汉地佛教和藏传佛教的佛教道场。每逢盛夏，海内外游人香客前来游览观光、烧香拜佛、络绎不绝。

● **芦芽山**

芦芽山系管涔山的主峰，地处忻州市宁武县、五寨县、岢岚县交界处，因形似一"芦芽"而得名，海拔2739米，恰似一尊巨人手擎利剑直插云霄。这里峰峦重叠，怪石嶙峋，沟壑纵横，林木茂密，崖沟跌宕，溪水淙淙，有大小瀑布30余处。每有云雾萦绕，雄峰突兀，如同青翠的芦芽破土而出。芦芽山于1997年经国务院批准为国家级自然保护区，既是褐马鸡的集中分布区，也是中国暖温带残存的天然次生林分布区中保存最完整、分布最集中的地区之一，保存有大面积华北落叶林和大片的云杉林。芦芽山景区内主要景点有芦芽山佛顶、马仑草原、情人谷、万年冰洞、石门悬棺、悬崖栈道、汾河源头、天池湖群、九重瀑布等。

这里每个景点都极富特色，精美绝伦，最是吸引摄影爱好者。拍着最美的景色，吸着最清新的空气，你的心会被它迷住，不想走。

▲ 五台山（Wutai Mountain）

从北向南走山西　Touring Shanxi From the North to the South

第三站：太原
The third station: Taiyuan

说起太原，人们最先想到的，可游之地是晋祠，可吃之食是刀削面，可品之特产是陈醋，闻名之产业是煤炭。似乎太原除了这些，再没有别的可以让人记忆深刻了。而实际上，太原作为山西省省会城市、国家历史文化名城、国家园林城市、山西省政治、经济、文化、交通和国际交流中心，怎么可能只有这些呢？太原是一座具有4700多年历史、2500多年建城史、"控带山河，踞天下之肩背""襟四塞之要冲，控五原之都邑"的历史古都。太原市三面环山，黄河第二大支流汾河自北向南流经，自古就有"锦绣太原城"的美誉，是中国北方军事、文化重镇，世界晋商都会，中国能源、重工业基地之一。太原的旅游景区除了著名的晋祠，还有蒙山大佛、太原森林公园、中国煤炭博物馆、山西省博物馆、汾河公园等，太原的美食除了刀削面，还有莜面栲栳栳、过油肉、荞面灌肠……太原的特产除了陈醋，还有大米、葡萄、玉雕、仿古铁器……只有你亲自来上一次或几次，你才会知道太原的魅力。

● 晋祠

中学语文课文《晋祠》让全中国几代的中小学生们认识了晋祠，"晋祠之美，在山美、树美、水美"，课文让我们知道了晋祠坐落于环境优美之地，"然而，最美的还是祖先留给我们的古代文化，这里保存着我国

▲ 晋祠 (Jinci Temple)

古建筑的'三绝'"，课文也告诉我们晋祠的厚重历史。晋祠原名为晋王祠，初名唐叔虞祠，据《史记》载桐叶封弟之故事：周时"成王与叔虞戏，削桐叶为圭以与叔虞，曰：'以此封若。'"天子无戏言，于是周成王把唐封给叔虞。因境内有晋水，唐便更名为晋。晋人缅怀姬虞的功绩，便在悬瓮山下修祠堂来祀奉他，即为晋祠。晋祠位于太原市晋源区晋祠镇，是中国现存最早的皇家园林。祠内有几十座古建筑，具有汉文化特色。课文说的古建筑三绝是圣母殿、殿前柱上的木雕盘龙和殿前的鱼沼飞梁，一说整个晋祠也有"三绝"，分别是难老泉、侍女像、圣母像，又一说晋祠"三绝"为周柏唐槐、圣母殿内宋代的彩塑以及难老泉。无论哪种说法，都明证了晋祠内的精品之盛。

193

美丽中国经典线路 Beautiful China Classic Route

第四站：晋中
The fourth station: Jinzhong

说起晋商，人们总会想到票号，想到平遥，想到晋中。晋中是晋商故里，晋商作为中国的金融前驱，纵横商界数百年，创造了亘古未有的世纪性繁荣，使晋商文化驰名华夏。晋中，如其名，位于山西省中部，东依太行山，西临汾河，北与省会太原市毗邻。晋中文物旅游资源十分丰富，境内自然和人文景观星罗棋布，可开发的旅游景点约占山西省的十分之一。以晋商文化为主要特色的"两城（平遥古城、榆次老城）、两寺（双林寺、资寿寺）、四山（介休绵山、榆次乌金山、灵石石膏山、寿阳方山）、五院（曹家大院、乔家大院、渠家大院、王家大院、常家庄园）"等景区是山西省旅游热线之一。

晋中，也是中国最美休闲度假旅游城市。

● 平遥古城

平遥古城位于晋中市辖平遥县境内，始建于西周宣王时期（前827～前782年）。平遥是"保存最为完好的四大古城"之一，也是中国仅有的以整座古城申报世界文化遗产获得成功的两座古城市之一。2015年7月13日，平遥古城被评为国家5A级旅游景区。

平遥县春秋时属晋国，战国时属赵国。秦置平陶县，汉置中都县，为宗亲代王的都城。北魏时改名为平遥县。明朝初年，平遥古城原夯土城垣改为砖石城墙，明清时期先后维修20余次，更新城楼，增设敌台。四

▲ 平遥票号（Ancient Bank in Pingyao）

隅建有角楼四座，东城墙上有点将台，东南角城顶上筑魁星楼和文昌阁。平遥古城内部，有纵横交错的四大街、八小街、七十二条蚰蜒巷。其中南大街为平遥古城的中轴线，北起东、西大街衔接处，南到大南门（迎熏门），以古市楼贯穿南北，街道两旁，老字号与传统名店铺林立，是最为繁盛的传统商业街，清朝时期南大街控制着全国50%以上的金融机构，被誉为中国的"华尔街"。平遥古城内的民居建筑布局严谨，轴线明确，左右对称，主次分明，轮廓起伏，外观封闭，庭院高深。精巧的木雕、砖雕和石雕惟妙惟肖，栩栩如生，集中体现了14～19世纪前后汉民族的历史文化特色，是中国汉民族城市在明清时期的杰出范例。

温馨提示

1. 去平遥旅游，可以在卖票点租讲解机，如果有需求的话可以在古城大南门停车场导游服务中心，或者古城的旅行社聘请持证导游为您服务，讲解质量有保证。

2. 平遥的推光漆器比较有名，种类繁多，制作精美，价格也不贵。

3. 1.2米以下儿童、现役军人、残疾人、60岁以上老人凭证免费；学生凭证半价优惠。

从北向南走山西 Touring Shanxi From the North to the South

● 介休绵山

春秋时晋文公重耳侍臣介子推助文公即位后,提出"不言禄",携母隐居晋中介休绵山之中,文公为使介子推出山便放火烧山,介子推被焚身死,文公悲愤交加,命将绵山改为介山,并于清明节前一天,即介子推被焚的日子,不许烧火,家家户户只能吃冷饭,谓之"寒食节",绵山也因此被命名为"中国清明寒食文化之乡"。

绵山地处太原盆地西南端、太岳山北侧、汾河南畔,绵延百里,西入灵石县境,南与沁源县毗连。绵山早在北魏之时就有寺庙建筑,唐初时已具有相当规模的佛教禅林。目前,绵山共有20余座寺庙,2000余间殿宇。仅大罗宫道教建筑群面积即达3万平方米,为全国之最。佛教寺院也遍布方圆数十里的中岩、岩沟和岩上、岩下。悬空建筑和亭榭之多也是绵山的一大特色,总共不下30余处。

放眼绵山,层峦叠嶂,到处是一片醉人的绿。绵山,佛、道、儒三教文化在这里兼容并存,有一种包容天地吞吐万物的大气。

▲ 绵山风光(Scenery of Mianshan Mountain)

▲ 大寨旅游区(Dazhai Tourism Area)

● 中国大寨旅游区

20世纪60年代举国上下开展的那场轰轰烈烈的"农业学大寨"活动,让晋中市晋阳县的大寨成为全中国农村生产生活的榜样。大寨浓缩了新中国成立以后中国农村的发展和变迁,承载了几代中国农民追求温饱和富裕生活的梦想。

大寨是举世无双的世界名村,人文名胜得天独厚。20世纪60年代,以陈永贵带头的大寨人自力更生、艰苦奋斗,以战天斗地的英雄气概,改造恶劣的自然环境和靠天吃饭的落后面貌,为大寨留下众多史迹。

如今的大寨,经济繁荣、社会和谐、环境优美、村民富裕,是"全国农业旅游示范点",是"山西省红色旅游景区",是生态旅游和爱国主义教育的好去处。新一轮发展让大寨再铸辉煌。

195

美丽中国经典线路 Beautiful China Classic Route

● 王家大院

王家大院与绵山近在咫尺，位于晋中灵石县城东12公里处的中国历史文化名镇静升镇。是清代民居建筑的集大成者，被人们称誉为"天上取样人间造，雕艺精湛世上绝"。王家大院由历史上灵石县四大家族之一的太原王氏后裔——静升王家经明清两朝、历时300余年修建而成，建筑规模宏大，气势壮观，装饰精微，构思巧妙，散发出华夏民族传统文化的精神、气质、神韵。

王家大院包括五巷六堡一条街，总面积达25万平方米，规模超过乔家大院。现已开放的高家崖、红门堡、崇宁堡三大建筑群皆为黄土高坡上全封闭城堡式建筑群，共有大小院落231座，房屋2078间，面积8万余平方米。主体院落为前堂后寝式布局，不同身份人的居所和不同功能的院落均按照封建等级制度巧妙布设在有限的空间中，不仅体现了功能齐全、成龙配套的实用性，而且形成了院内套院、门内有门、层楼叠院、错落有致的艺术构架。巧夺天工的三雕装饰品俯仰皆是，中国传统的吉祥花草、珍禽瑞兽、历史典故等在古代匠人的精雕细琢下，定格成一幅幅或抒发情怀，或寄托希望，或勉励自身，或训诫后辈的美丽画卷，集中展示了中华民族深厚的文化底蕴和王氏家族独特的治家理念。

王家大院于2006年被列为全国重点文物保护单位，同年12月15日，列入《中国世界文化遗产预备名单》。王家大院以其

▲ 王家大院局部（Part of Wang's Courtyard）

雄浑磅礴的规模气势，叹为观止的建筑艺术，深沉厚重的文化品位，被国内外众多专家学者誉为"中国民间故宫""华夏民居第一宅"和"山西的紫禁城"。"家是一个院，院是半座城""王家归来不看院"，这些流传极广的口碑，使王家大院成为众多旅游者来山西的必游之地。

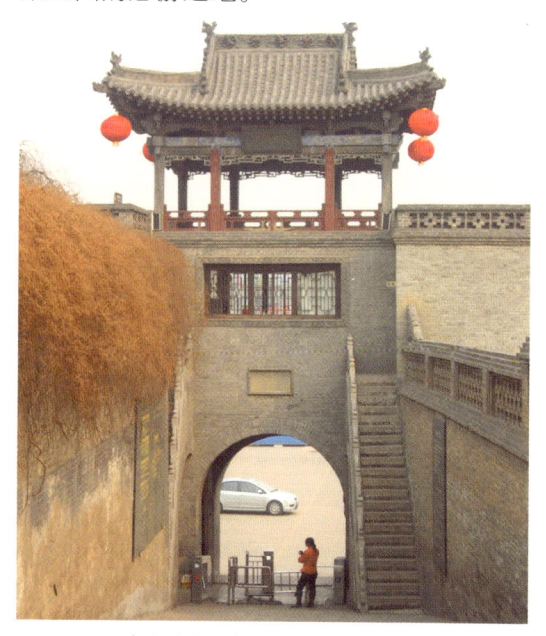

▲ 王家大院大门（Gate of Wang's Courtyard）

从北向南走山西　Touring Shanxi From the North to the South

第五站：临汾
The fourth station: Linfen

临汾市位于山西省南部，东枕太岳余支，西依吕梁山脉，中部是广阔的河谷平原，汾河干流纵横南北，两岸土地肥沃。临汾是一座历史悠久的文化古城，城市建设日新月异，街道整洁，绿树成荫，花果飘香，是黄土高原上的"花果城"。临汾的旅游资源十分丰富，拥有众多的国家4A级旅游景区，如黄河壶口瀑布风景名胜区、洪洞大槐树寻根祭祖园旅游景区、临汾汾河公园、云丘山风景区、临汾市尧庙—华门旅游区、古县牡丹文化旅游区、彭真故居等，有国家重点文物保护单位晋国遗址、丁村民宅、尧陵、娲皇庙等，有国家级森林公园太岳山国家森林公园。

临汾境内高速公路、国道、省道四通八达，有火车站三座，同蒲铁路、大西高铁均在临汾设站，交通十分方便。随着旅游业的不断发展，临汾的旅游接待设施也日趋完善，旅游接待能力较强，游客可以放心出游，无后顾之忧。

● **洪洞大槐树寻根祭祖园**

"问我祖先在何处，山西洪洞大槐树。"大槐树寻根祭祖园位于临汾洪洞县城西北2公里处的广济寺旁边，是闻名全国的明代迁民遗址，是海内外数以亿计的大槐树后裔寻根祭祖的圣地。也是全国唯一以"寻根"和"祭祖"为主题的民祭圣地，国家4A级旅游景区，山西省重点文物保护单位，2008年大槐树祭

▲ **洪洞大槐树寻根祭祖园**(Large Pagoda Tree Worship Park)

祖习俗被列入国家级非物质文化遗产名录。

元朝末年，阶级矛盾与民族矛盾日益激化，全国各地人民纷纷起义，元军镇压也极为残酷，再加水、旱、蝗、疫不断，民不聊生，使河南、山东、河北等中原地区"道路皆榛塞，人烟断绝"。明朝建立后，中原地区处处是"人力不至，久致荒芜"，而山西大部分地区既没被兵乱波及，也未遭受水旱蝗等天灾，经济繁荣，人丁兴盛。于是明朝洪武年间，朝廷实行移民屯田的战略，自此，一场大规模的历经50余年的移民高潮就开始了。明代洪武三年至永乐十五年（1370～1417年），在这将近50年的时间里，大槐树共发生大规模的官方移民达18次。经过600年的辗转迁徙，繁衍生息，如今全球凡有华人的地方就有大槐树移民的后裔。洪洞大槐树早已在炎黄子孙的心中深深地扎下了认祖归宗之根，被当作"家"，被称为"祖"，被看作"根"。

美丽中国经典线路 Beautiful China Classic Route

第六站：运城
The sixth station: Yuncheng

在山西版图的最南端，就是运城。运城因"盐运之城"得名，是中华文明的重要发祥地之一。女娲补天、黄帝战蚩尤、舜耕历山、禹凿龙门、嫘祖养蚕、后稷稼穑等传说均发生在运城，因此，素有"五千年文明看运城"之说。运城是舜帝的故乡，也是三国蜀汉名将关羽的故乡。从尧舜禹开始，运城便是帝王的建都之地，是当时的"万国之中"，即"中国"。从"帝王所都为之中"、京师为"万国之中"的角度看，运城是古代最早被称作"中国"的地方。

悠久的历史为运城留下无数的文物古迹。武庙之祖"解州关帝庙"、中国四大名楼之一的鹳雀楼、道教三大祖庭之一的永乐宫、《西厢记》故事发生地普救寺、中华祭祀圣地后土祠，以及西滩、李家大院、五老峰、历山、司马光墓等，众多的历史故事可以从这里找到踪迹。

● 运城盐湖（中国死海）景区

运城即因"盐运之城"而得名，是人类最早食用盐的地方。运城的盐湖形成于新生纪第四代，由于山出海退，大量含盐类的矿物质汇集在这里，经过长期的沉淀蒸发，形成了天然的盐湖。封建社会，运城盐湖的盐税曾占全国财政收入的1/8，为中华民族的生息繁衍做出过重大贡献。运城盐湖与美国犹他州大盐湖、俄罗斯西伯利亚库楚克盐湖并称为世界三大硫酸钠型内陆盐湖。

盐湖阡陌纵横、银岛万千，湖内银岛奇景是常年展现满眼的硝堆，环绕盐湖的数十平方公里湿地常年栖息着数十种候鸟。对运城盐湖水的重金属含量检测表明，运城盐湖含有丰富的盐分，湖水密度达每立方厘米1.25～1.29克（大于人体密度），所产生的浮力比淡水高出三成。人入水后可自然漂起，水不没腹，因此盐湖又被誉为"中国死海"。

盐湖中的黑泥经数万年沉淀而成，蕴含7种常量和16种微量元素，包括对人体有益的黄腐酸、β-胡萝卜素、维生素等有机物和营养物质。盐湖（中国死海）景区以此开发了黑泥养生旅游项目，在黑泥养生的过程中，黑泥中的矿物质和营养物质能够促进皮肤新陈代谢，减轻黄褐斑、痤疮等症状，使皮肤保持弹性、光泽和红润；另外黑泥中富含的胶体、有机质等可使其具有良好的黏滞性和可塑性，在温热状态下能调节神经系统，具有较好的消炎、消肿、镇静、止痛和提高免疫力功能，在明代李时珍《本草纲目》中有详细记载。做完一次黑泥养生后，会明显感觉到皮肤变白、变嫩且富有弹性，更加光滑，这一项目尤其深得爱美女性的青睐。

> **温馨提示**
> 1. 在运城市区可乘坐21路、66路、88路公交车直达景区。
> 2. 如果身上有外伤就不要做盐水漂浮，会很疼。

从北向南走山西　Touring Shanxi From the North to the South

第七站：晋城
The seventh station: Jincheng

晋城，古称泽州，数万年前就有人类繁衍生息，是一方古老而神奇的宝地，境内至今仍传有"轩辕访道""尧畿禹远"之所。史书记载，这里秦汉时为高都县，隋代开是年，司改名丹川县，唐代初年改晋城县，明代并入泽州、清代为凤台县，民国时为晋城县，1985年设省辖市。

● 阳城县

古称获泽，隶属于山西省晋城市，位于山西省东南端，地处太岳山脉东支、中条山东北，太行山以西，沁河中游的西岸。

阳城县总面积1930.7平方公里。2012年，阳城县全年全县实现生产总值1600516万元，比2011年增长14.5%。清康熙、雍正年间，阳城与陕西韩城、安徽桐城同为文化发达之乡，在泽州府所辖五县中文风最高，赢得了"名列三城，风高五属"的美誉。阳城县有"中国北方第一文化巨宅"、国家5A级景区皇城相府、有保存较好的明代民居建筑群海会寺、天官王府、郭峪古城等，以及中华名山析城山、蟒河与历山自然保护区。

● 皇城相府

皇城相府位于晋城市阳城北流镇，是清文渊阁大学士、《康熙字典》的总阅官、作了康熙皇帝35年经筵讲师陈廷敬的故居。其建筑依山就势、随形生变，城墙雄伟，房屋则朴实典雅、错落有致，是一座别具特色的城堡式建筑群。

皇城相府分内城、外城两部分，共有院落16座，房屋640间，总面积3.6万平方米。内城始建于明崇祯五年（1632年），有大型院落八座，为明代建筑风格。外城完工于康熙四十二年（1703年），布局讲究、雕刻精美。康熙御赐的"午亭山村"匾额及对联"春归乔木浓荫茂，秋到黄花晚节香"至今保存完好。这里御碑之多、御书之富、保留之完整，为国内少见。

陈氏家族在明清两代，科甲鼎盛，人才辈出。从明孝宗到清乾隆（1501～1760年）间的260年中，共出现了41位贡生，19位举人，并有9人中进士，6人入翰林，出现了父翰林，子翰林，父子翰林；兄翰林，弟翰林，兄弟翰林的盛况，堪称为北方的文化巨族。康熙皇帝对陈廷敬有"房姚比雅韵，李杜并诗豪"的评价，乾隆皇帝亲书"德积一门九进士，恩荣三世六翰林"的楹联，对陈廷敬及陈氏家族予以褒奖。

▲ 阳城县皇城相府 (Royal Prime Minister's Palace in Yangcheng County)

美丽中国经典线路　Beautiful China Classic Route

环游呼伦贝尔大草原
Around the Hulun Buir prairie

线路：海拉尔➡阿尔山➡新巴尔虎左旗➡新巴尔虎右旗➡满洲里➡中俄边防公路➡黑山头➡室韦➡临江屯➡老鹰嘴➡月亮泡子➡莫尔道嘎国家森林公园➡额尔古纳➡根河湿地➡白桦林➡陈巴尔虎旗➡莫尔格勒河➡海拉尔

Route: Hailar➡Arxan➡Xin Barag Left Banner➡Xin Barag Right Banner➡Manzhouli➡Border highway between China and Russia➡The ancient city of Black Hills➡Lwei➡Linjiang Tuen➡Eagle mouth➡The Moon Lake➡Moridaga National Forest Park➡Ergun➡Root River Wetland➡Birch forest➡Chen Barag Banner➡Mergel River-Hailar

魂牵梦萦的绿色净土
Dream of green land

蓝蓝的天空，清清的湖水，蜿蜒的河流，高耸的白桦，奔驰的骏马，洁白的羊群，威严的国门，精致的小镇，洁白的哈达，可爱的套娃——这就是美丽的呼伦贝尔。

呼伦贝尔草原牧场辽阔，因呼伦湖、贝尔湖而得名，是世界四大草原之一，被誉为"世界上最美的草原"。呼伦湖烟波浩渺，鱼跃鸟翔；贝尔湖，清澈见底，坦荡开阔；莫尔格勒河身姿婀娜，被誉为"天下第一曲水"；额尔古纳河，源远流长，流传着游牧民族的古老故事。

环游呼伦贝尔大草原 Around the Hulun Buir Prairie

行程推荐
Describe the itinerary

呼伦贝尔的美，就在于没有加入任何的人为修饰，就是自然、淳朴、宁静……呼伦贝尔大草原的灵韵在生生不息的河流和灵气飞动的湖泊中；呼伦贝尔大草原的气韵在蓝天、白云、霞光、彩虹、天边和清新空气中；呼伦贝尔大草原的风韵在路上，而不在要去的地方。

呼伦贝尔面积辽阔，班车衔接难度大，建议自驾或者包车游。环游呼伦贝尔一般需要7～8天，行程会紧凑而充实。每天都要走100～200公里，有的时候甚至更多，好的风景都在路上，包车可以让游客更轻松，随心所欲想停就停，想怎么拍就怎么拍，没有时间限制。夏季是呼伦贝尔旅游旺季，交通住宿都很紧张，很有必要提前预订往返机票、火车票，如果包车也要提前预约。

环游呼伦贝尔的行程可以从交通枢纽海拉尔开始，一路向南先去火山熔岩地貌的阿尔山国家森林公园，在阿尔山市享受一天

▲ 艳阳下的敖包 (The oboo Under the sun)

▲ 呼伦贝尔大草原 (Hulun Buir Grassland)

的森林风光之后，穿越新巴尔虎左旗和新巴尔虎右旗体验天苍苍野茫茫的草原风光，感受草原牧民的生活，吃手把羊肉，品马奶酒，住蒙古包，近近地看着繁星闪耀，然后在草原的晨雾中醒来。接下来的行程是口岸城市满洲里，感受浓郁的俄罗斯风情，看国门在蓝天白云中威严屹立。中俄边防公路是一段景色绝美的边境景观大道，沿着它一路去黑山头古城、室韦小镇、临江屯，万众风情在你眼前一一掠过之后，再穿过湿地与白桦林，还有那动人的天下第一曲水——莫尔格勒河，直到返回海拉尔，一路颠簸前行、风尘仆仆，但这一定是一条让你终生难忘的环游之旅。

201

美丽中国经典线路　Beautiful China Classic Route

第一天：海拉尔—阿尔山
The first day: Hailar-Arxan

海拉尔，呼伦贝尔市的市辖区，是呼伦贝尔市政治、经济、文化中心，在蒙古语中"海拉尔"是"野韭菜"的意思，据说是因为海拉尔城区周围盛产这种植物而得名。海拉尔交通便利，火车站及飞机场都在离市区不远的地方，到呼伦贝尔旅行的人，大多都会始达海拉尔，然后再开始未来的行程，行程最后又会返回到海拉尔，再去往全国各地。

● **世界反法西斯战争海拉尔纪念园**

位于海拉尔城区北部，为国家4A级旅游景区，是战争主题公园，总面积110公顷，是在原侵华日军海拉尔要塞遗址上建立的，是集爱国主义、国际主义、革命英雄主义为一体的军事主题红色旅游景区，是国内少有同类题材主题公园之一。

▲ 阿尔山风光（Arxan scenery）

侵华日军海拉尔要塞（也称海拉尔筑垒地域）始建于1934～1937年，是日本关东军在海拉尔修筑的以内陆防御为主的军事工事，共5个主阵地及4个辅助阵地，占地21平方公里。其中的北山阵地，是国内同类遗址中地上地下工事最为复杂、规模最大、设施最全、保存最完好的一处环行防御阵地，也是海拉尔防区的指挥中心。这里是日本侵华和我国各族人民反抗斗争的历史见证，同时也是第二次世界大战日本关东军在中国所犯罪行的有力证据之一，更是中国劳工修建工事的血泪史。

● **阿尔山国家森林公园**

阿尔山市，位于内蒙古兴安盟西北部，横跨大兴安岭西南山麓，是中国目前面积最小的城市，也是全国纬度最高的城市之一，其西部与蒙古国接壤。这里地处大兴安岭林区腹地，是呼伦贝尔草原、锡林郭勒草原、科尔沁草原和蒙古草原四大草原交会处，森林覆盖率与绿色植被率极高，空气中负氧离子含量非常高。

阿尔山国家森林公园内有阿尔山天池、驼峰岭天池、石塘林、松叶湖、鹿鸣湖、玫瑰峰、杜鹃湖、不冻河、地池等多处景观，是非常值得一去的地方。公园内的地貌属于大兴安岭西侧火山熔岩地貌，由于火山喷发熔岩壅塞及水流切割，造成一系列有镶嵌性质的截头锥火山。

环游呼伦贝尔大草原 Around the Hulun Buir Prairie

第二天：新巴尔虎左旗—新巴尔虎右旗
The second day: Xin Barag Left Banner- Xin Barag Right Banner

新巴尔虎左旗位于呼伦贝尔草原西南腹地，大兴安岭北麓。新巴尔虎左旗毗邻两国一盟四旗市，西南与蒙古国接壤，东北与俄罗斯隔额尔古纳河相望，南接兴安盟阿尔山市，西隔乌尔逊河、呼伦湖与新巴尔虎右旗、满洲里市相邻。

新巴尔虎右旗，简称新右旗，西旗，是呼伦贝尔牧业三旗之一，位于祖国东北边陲中、俄、蒙三国交界处，国境线长515.4公里。东北部与全国最大的陆路口岸城市满洲里毗邻。

巴尔虎，为蒙古族喀尔喀部之一部落名，因该旗的巴尔虎人比陈巴虎旗的巴尔虎人进驻呼伦贝尔的时间迟两年，故名新巴尔虎。在蒙语里，左是东的意思，右是西的意思。

● 甘珠尔庙

又叫寿宁寺，是呼伦贝尔地区最大的藏传佛教庙，距新巴尔虎左旗阿木古郎镇西北20公里。庙中主供释迦牟尼、官布、扎木苏伦等佛像，由于寿宁寺曾收藏过藏蒙文《甘珠尔经》，故而得名为甘珠尔庙。寺庙建筑风格集中原、蒙古、西藏三种迥异的风格为一体，反映了三种文化的巧妙融合。

● 宝格德乌拉山

位于新巴尔虎右旗阿拉坦额莫勒镇正南45公里处，海拔922.3米。"乌拉"是蒙古语，译为"山"或"圣山"。每年的农历五月十三和七月初三，草原上的牧民都要在

▲ 晨光中的蒙古包 (In the dawn of Mongolia package)

▲ 晨雾中的勒勒车 (In the morning mist LeLeChe)

宝格德乌拉圣山举办隆重的民间祭山盛会，数百年来，方圆几百里，千万牧民如期而至，有高僧主祭，为凡黎祈福。

美丽中国经典线路 Beautiful China Classic Route

第三天：满洲里
The third day: Manzhouli

套娃广场是满洲里标志性旅游景区，广场集中体现了满洲里中、俄、蒙三国交界地域特色和三国风情交融的特点。广场主体建筑是一个高30米的大套娃，建筑面积3200平方米，是目前世界上最大的套娃，主体套娃内部为俄式餐厅和演艺大厅。套娃外部彩绘由代表着中、俄、蒙三国的美丽女孩组成，在广场音乐喷泉的周围还有代表中国传统文化的十二生肖和西方占星文化的十二星座。

满洲里婚礼宫坐落在内蒙古自治区满洲里市东山植物园山巅，是集旅游观光、婚礼庆典、宗教活动于一体的欧式旅游观光婚礼宫。总占地2万平方米，主体建筑高度37.2米，主体塔顶高57.8米，大厅面积近3000平方米。其外观为哥特式建筑造型，内部体现"福音派"基督教风格，简朴、庄重、

▲ 满洲里婚礼宫 (Manchuria wedding)

典雅，内设典礼大厅、接待室、观光电梯及观光楼台、游客游览回廊、婚礼留影平台等场所，以展示俄罗斯风情为主。

▲ 套娃广场 (Taowa square)

环游呼伦贝尔大草原 Around the Hulun Buir Prairie

● 俄罗斯艺术馆

位于满洲里的套娃广场和博物馆之间,这个俄罗斯艺术博物馆占地 4600 平方米,这座蓝墙金顶的建筑是典型的俄罗斯风格建筑,是内蒙古第一个以展览俄罗斯艺术品为主的博物馆,整个展馆最有特色的就是室内墙壁上全部都是俄罗斯和欧洲风格的大型壁画。走进博物馆中,室内的感觉有点像教堂,高耸的穹顶透着一种肃穆。墙面上全部是壁画,屋顶上也不例外,据说是请俄罗斯画家来画的,聚集了俄罗斯许多的名画,金碧辉煌中演绎着俄罗斯的艺术之风范。

● 满洲里

是一座拥有百年历史的口岸城市,融合了中、俄、蒙三国风情,素有"东亚之窗"的美誉。满洲里原称"霍勒津布拉格",蒙语意"旺盛的泉水",1901 年因东清铁路的修建而得名。满洲里的旅游景点很有特色,呼伦湖、国门、套娃广场、婚礼宫都不容错过,满洲里的夜景也堪称一绝,吃着地道的俄餐,看着俄罗斯歌舞表演,或许会让你恍惚间以为自己已经在莫斯科。

满洲里国门,位于满洲里西部中俄边境处。该国门建成于 2008 年,总长 105 米,高 43.7 米,宽 46.6 米。国门庄严肃穆,在国门乳白色的门体上方嵌着"中华人民共和国"七个鲜红大字,上面悬挂的国徽闪着金光,国际铁路在下面通过。国门景区占地面积 13 平方公里,包括 41 号界碑、国门、红色国际秘密交通线遗址、和平之门主体雕塑和满洲里历史浮雕、红色旅游展厅、火车头广场等景点。国门与界碑是祖国领土的象征,庄严神圣,不可侵犯。

● 呼伦湖

是内蒙古第一大湖、中国第五大内湖,中国第四大淡水湖,水域宽广,沼泽湿地连绵,草原辽阔,水产丰富。呼伦湖是鸟类和鱼类的天堂。其中丹顶鹤、白鹤、黑鹳、大鸨、金雕等是国家一级保护鸟类。全世界有鹤类 15 种,而呼伦湖保护区就有 5 种。

▲ 呼伦湖河道 (Hulun River)

知识链接

提到呼伦湖,就不得不说的贝尔湖

贝尔湖,位于呼伦贝尔草原的西南部边缘,是中蒙两国共有的湖泊,却仅有 1/14 的水域为我国所有,与呼伦湖为姊妹湖。湖内盛产鱼类,周围草场优质。贝尔湖水质非常好,是个野餐的好去处。只是地处草原深处,没人带路的话当心迷路哦。

美丽中国经典线路 Beautiful China Classic Route

第四站：中俄边防公路—黑山头古城—室韦
The fourth day: Border highway between China and Russia-The ancient city of Black Hills-Lwei

从满洲里出发一路向北，沿着中俄边境线上的边防公路，经过黑山头、五卡、七卡一直到室韦小镇。这是一段绝美的景观大道，是在呼伦贝尔旅游必须体验的一段行程，整个边防公路沿着额尔古纳河绵延近700公里。这段公路纵向跨度大，天气多变，出发时也许是艳阳高照，蓝天白云，一会儿工夫就能偶遇一场突如其来的大雨，雨后出彩虹的机会极多，可谓大气磅礴。沿着中俄边防公路一路前行，可以看到各关卡驻防哨所巍然挺立，驻守着边防的安全。这是1689年"中俄尼布楚条约"中明确划出的中俄边界。一路"过五关"下来，沿途的景色美不胜收，尽收眼底。只是路况一般，出行前需要做好功课或者咨询当地人近期的天气情况。如果运气好，你将在这里看到如画般的美景：肥沃的黑土地、明媚的油菜花、金色的麦田、黄色的大草垛……

▲ 黑山头口岸 (Black mountain port)

● 黑山头古城

因地处额尔古纳市黑山头镇而得名。古城分内城和外城，城墙均为土筑，为辽代遗址。残城墙高1～2米，最高处在4米以上；墙体顶宽2米，底宽6米。城墙外有护城壕，壕底宽5～9米，深1～2米。四面均设有城门，门垣宽9～12米。门外设瓮城，城墙外每隔100米左右有一马面，城墙拐角处有高大的角楼突出于墙垣之外。

内城处于外城中间偏西偏北位置，呈长方形，周长560米，占地18871平方米，有东西两座小门，城外亦有壕。整个建筑呈"干"字状，域内花岗岩圆形柱础排列有序，间距4米，其间琉璃瓦、青砖、龙纹瓦当和绿釉覆盆残片俯拾皆是。

外城西城里北侧有一内方外圆建筑，外围墙顶宽2米，有一座宽5米的南门。外城东北角有子城一座，有水井一口，现已坍塌；外城北墙内有一连串小型居址遗存。

据相关史集记载及有关专家论证，蒙古汗国时期，额尔古纳河流域为成吉思汗大弟拙赤·哈撒尔封地。黑山头口岸，西与俄罗斯口岸相望，是国家一类口岸。

环游呼伦贝尔大草原 Around the Hulun Buir Prairie

▲ 草原上的童话小镇（Fairy tale town on the grassland）

● 室韦

位于额尔古纳市的北端，与俄罗斯小镇奥罗奇仅一河之隔，被称为"中国十大魅力名镇"之一，是一座美丽的边陲小镇。室韦历史人文气息浓厚，这里是蒙古族的发祥地，同时也是我国屈指可数的俄罗斯族民族乡。走进小镇第一感觉就是"静"，穿行在古风独特的小镇上，这里没有城市的喧闹，街上行人很少，"中央大街"也是由沙石铺就，整洁干净，随处可见的木刻楞是当地人的居所，散发着木香的院落里种满了各式各样的小花。近年来，室韦以其独特的自然风光及浓郁的俄罗斯风情吸引了众多旅游摄影爱好者前来此地。

▲ 木刻楞小屋（Wooden hut）

知识链接

游界河（额尔古纳河）

额尔古纳河是中俄的界河，两岸同游一条河，共饮一江水，炊烟袅袅，犬吠相闻。在室韦东山边防哨所山脚下的河谷码头可以坐船游界河。这是一段短线的界河游。坐上游船沿河而去，一边是令人神往的异域风情，一边是风景旖旎的界河风光。游船穿过室韦口岸的友谊桥后就返航了。如果天气好，你会看到俄罗斯小镇奥罗奇岸边，黄头发、蓝眼睛、高鼻梁的俄罗斯人在河边垂钓、游泳，还有嬉戏玩耍的孩子们向游人挥手致意。

美丽中国经典线路 Beautiful China Classic Route

第五天：临江屯－老鹰嘴－月亮泡子
The fifth day: Linjiang Tuen-Eagle mouth-The Moon Lake

临江屯，是一个地图上找不到的美丽村落。地处额尔古纳河右岸的中俄边境线上，隶属于室韦。屯子小巧精致，只有80多户人家，200多口人，而其中有2/3是俄罗斯血统。现在生活在这里的华俄后裔为第三代、第四代。他们大部分都生着一副欧洲人的面孔，一张口，却是地道的东北口音，听起来非常亲切。整个村落已有100多年的历史。这里的人们纯朴、好客，一切都是原汁原味，大部分仍保留着较为完好的俄罗斯文化和生活习俗。游客即使不出国门，也可完整地领略异国风情。

● 老鹰嘴

这里因为有一块形如老鹰嘴的巨石而得名，然而这块石头，并不是我们真正要寻找的美景。额尔古纳河的支流，在这块巨石下淌过，一个河湾像丝巾一样在漂荡。放眼东望，河湾、湿地、缓坡，到远处的于里亚河南山，层次非常分明。老鹰嘴的西面，种植着大片的油菜花和麦田，这里也是电影《麦田》的外景地。老鹰嘴是人与自然融合的地方，科学的轮耕使土壤得到很好的保护，在获得人类需要的粮油同时，自然也没有被破坏。一边是淳朴的自然风光，一边是人类征服自然的农田，而无论哪一边，都是无与伦比的美景。而秋季，是老鹰嘴最美的季节。

● 月亮泡子

到了临江屯，去月亮泡子观惊艳日落是必修课之一。月亮泡子，是一个淤积的湖泊。位于临江屯正北23公里处的额尔古纳河畔，就和她的形象一样，弯弯的、静静地躺在山坳边，湖的四周被绿树所环绕，显得月亮泡子更加如众星捧月一般尊贵。这里同样也是摄影家们必去的景点。

▲ 月亮泡子 (The Moon Lake)

温馨提示

来临江，必须要做这些事：
1. 看北山日出和界河晨雾；
2. 观南山日落和额尔古纳河大拐弯；
3. 在南山顶上找中俄112号界碑；
4. 河边山岭策马；
5. 赏春夏野花；
6. 拍金秋白桦林；
7. 住原汁原味的俄式木刻楞；
8. 尝额尔古纳河野生鲇鱼；
9. 品原生态的农家自种小菜；
10. 从室韦徒步到临江，11公里土路哦！
11. 去月亮泡子观惊艳日落；
12. 去老鹰嘴看麦浪滚滚，找《麦田》中的取景地。

环游呼伦贝尔大草原 Around the Hulun Buir Prairie

第六天：莫尔道嘎国家森林公园
The sixth day: Moridaga National Forest Park

莫尔道嘎国家森林公园，是内蒙古大兴安岭首家国家森林公园，占地面积45.5万公顷，是目前国内面积最大的森林公园，森林覆盖率为93.3%，所谓"南有西双版纳，北有莫尔道嘎"。其中最著名的便是白鹭岛，是一个非常壮观的河道大拐弯，是摄影家们热衷的地方。就其风景来说，整个莫尔道嘎森林公园，更具北国特色，保存着我国最后一片寒温带明亮针叶原始林景观。

● 龙岩山

龙岩山位于莫尔道嘎镇中东侧，海拔1000米，东西长70余里，西坡横卧一条长200余米的龙形巨岩，龙头高耸，威武峥嵘；龙身苍劲，铁骨铜甲；龙尾挺峭，深藏山中，龙岩山因此而得名。

龙岩山上天然林生长茂密，樟子松、落叶松、白桦、山杨等兴安主要树种，内蒙古莫尔道嘎国家森林公园应有尽有；杜鹃、刺莓、百合、柳兰等各类花卉草药比比皆是。山前建有游人登山甬道，山后建有车辆盘山公路，

游人登临，不论是步行还是坐车，穿行于绿色廊道之中均会感悟到大兴安岭的幽野新奇。

● 偃松幽径

位于莫尔道嘎森林公园内12公里处，占地1900多公顷，因莫尔道嘎国家森林公园的偃松面积大、密度高，被科考的生态专家称为"兴安奇景"。

偃松，即马尾松、五针松，是大兴安岭高山岩石缝中生长的常绿灌木。枝干婉蜒曲折，长约10米，叶五针一束，淡黄色，紫红色球形花蕊，显现其雌雄同株特性，人们常将偃松作为观赏植物栽于庭院或盆中。沿偃松幽径攀山，山上纤细的偃松枝叶苍翠欲滴、松香袭人。每当果实成熟，采一筐偃松籽，或煎或炒，香酥可口。

● 鹿道

位于莫尔道嘎国家森林公园14公里处，因有一条狍鹿下山喝水踩出的小道而得名。鹿道上下各有一株距今300年以上的高大樟子松，树干粗大奇特，在森林里大有鹤立鸡群之感，上下两树遥相呼应。坡下的树上长有状如钱币的巨大圆形松包，被称作"摇钱树"；坡上的树先被雷击而枯，后又因雷击而活，且生长得特别茂盛，被称作"大寿松"。当地山民有这样的习俗，对着山峰摆上祭品，摸一摸摇钱树，拜一拜大寿树，会人财两旺。游人可重温山民旧俗，祈祷自身吉祥如意。

▲ 莫尔道嘎国家森林公园 (Moridaga National Forest Park)

美丽中国经典线路 Beautiful China Classic Route

第七天：额尔古纳—根河湿地—白桦林
The seventh day: Ergun-Root River Wetland-Birch forest

额尔古纳市，是隶属内蒙古自治区呼伦贝尔市的一个县级市，位于呼伦贝尔市大兴安岭西北麓，呼伦贝尔大草原北端，额尔古纳河右岸。这是中国最北的边境城市，它的西部及北部隔额尔古纳河与俄罗斯相望，整个边境线长达671公里。额尔古纳是蒙古语"捧呈、递献"之意。后又逐渐把它修饰为"奉献"之意。

● 根河湿地保护区

位于呼伦贝尔市额尔古纳市近郊，距市区仅3公里。保护区占地12.6万公顷，现为内蒙古自治区级自然保护区，位于根河、额尔古纳河、得尔布干河和哈乌尔河交汇处。保护区还包括根河、得尔布干河、哈乌尔河及两岸的河漫滩、柳灌丛、盐碱草地、水泡子及其支流。根河湿地包含有特别大范围的冲积平原，并在此形成了一个三角洲。是现今我国保护最完整、面积最大的湿地，被誉为"亚洲第一湿地"。这里地形平缓开

▲ 白桦林 (Birch forest)

阔，额尔古纳河的支流——根河从这里蜿蜒流过，形成了美丽绝伦的河流湿地景观。河流、湖泊、植被的颜色随四季而变，尤其是秋季，一片五彩的天地，更是摄影爱好者的天堂。

● 白桦林

白桦的花语是生与死的考验，深居北国的白桦树，不畏寒冷，坚定地直直地向着天空生长，披着白色外衣的躯干，从未弯下它的腰，它高洁挺拔的身姿，仰慕已久。白桦是额尔古纳的市树，无论是在额尔古纳市、郊区，还是恩和、临江，一路上其实处处可见，激动的心也慢慢平复下来。

▲ 根河湿地 (Root River Wetland)

环游呼伦贝尔大草原　Around the Hulun Buir Prairie

第八天：陈巴尔虎旗—莫尔格勒河—海拉尔
The eighth day: Chen Barag Banner-Mergel River-Hailar

陈巴尔虎旗地处呼伦贝尔大草原腹地，为著名的牧业三旗之一，是呼伦贝尔最好的天然草场，也是我国有机牛羊肉生产基地。陈巴尔虎旗水草丰沛，境内有莫尔格勒河、海拉尔河、额尔古纳河等5条河流，大小湖泊317个，天然矿泉95处。这里还分布有丰富的矿产资源，是国家重要能源基地。巴尔虎部落是蒙古族最古老的部落，铜石并用时代居住在贝加尔湖湖畔，是呼伦贝尔原住民之一。

● 金帐汗蒙古部落

是"天苍苍，野茫茫，风吹草低见牛羊"的呼伦贝尔草原腹地，历史上很多游牧民族都在这里成长和壮大。当年这里是游牧部落的天下，如今游客们在这里可以感受到浓浓的游牧部落文化。

在金帐汗蒙古部落内，游客能够欣赏到精彩的套马、驯马表演，蒙古式博克、角力擂台赛、祭敖包、萨满宗教文化表演，还能参加热闹的篝火晚会，尝试入住蒙古族特色的蒙古包。这里的娱乐活动也很多，你可以骑骑马、骑骑骆驼，或者坐坐马车在草原上飞驰。

● 莫尔格勒河

分布在陈巴尔虎旗境内，号称天下第一曲水，它发源于大兴安岭西麓，由东北向西南，流经著名的呼伦贝尔大草原，注入呼和诺尔湖后流出，再汇入海拉尔河，全长290多公里。莫尔格勒河以"曲"名闻天下，是一条河道狭窄，弯曲度极大的河流，最宽处也不过五六米。在飞机快要降落到海拉尔机场的时候，你可以看到它好似一条蓝色绸带，一会儿东行，一会儿西走，一会儿南奔，一会儿北进，那是河水蜿蜒迂回。河水由涌泉汇聚形成，流经杳无人烟的山地、草原，河水洁净，是完全没有经过污染的水源，河岸茵茵牧草，成群牛羊，点点蒙古包，极其壮观，俨然一幅完美的草原风情画。

▲ 天下第一曲水 (The most crooked River)

美丽中国经典线路　Beautiful China Classic Route

乐游辽宁　不虚此行

Happy Travel in Liaoning, a Rewarding Trip

线路：大连➡丹东➡本溪➡沈阳
Route: Dalian ➡ Dandong ➡ Benxi ➡ Shenyang

乐享辽宁
Enjoy Liaoning

辽宁地处我国东北，是东北唯一的沿海省份，也是我国近代开埠最早的省份之一，是新中国工业崛起的摇篮，被誉为"共和国长子""东方鲁尔"。

辽河流域是中华民族灿烂文化的发祥地之一，辽宁寓意"辽河流域，永远安宁"。辽宁像是一本厚重的历史书，九一八纪念馆、张氏帅府、沈阳故宫、旅顺口等景点在诉说着一段段尘封的往事；辽宁又像是一本民俗书，刘老根大舞台、东北二人转、东北大秧歌各种文化艺术项目缤彩纷呈；辽宁还像是一本风景画册，大连的星海广场、老虎滩海洋公园和金石滩度假区、盘锦的红海滩和丹东鸭绿江，都是绝美的风景名胜。

212

乐游辽宁　不虚此行　Happy Travel in Liaoning a Rewarding Trip

行程推荐
Describe the itinerary

辽宁交通四通八达，十分便利。它拥有全国密度最高的铁路网，以沈阳为中心，呈放射性状向东西南北延伸，是沟通东北三省和内蒙古及关内的纽带和桥梁。作为全国最先建设高速公路的省份，辽宁全省97%的陆地县（区）开通了高速公路，基本达到了发达国家的高速路网水平。此外，辽宁还拥有2178公里的海岸线，优良海港众多。

这条线路的行程从大连开始：大连只有一个国际机场，就是大连周水子国际机场（大连国际机场），机场距市中心10余公里，十分便捷，所以去大连旅行，推荐乘坐飞机。大连火车站一共有两座，分别是大连火车站和大连北站。大连火车站位于大连市区内，是沈大线的终点站，所以客流量很大，通往全国的线路较多。专设了大连至沈阳的"辽东半岛号""金石滩号"旅游特快列车和大连至北京、长春、哈尔滨的全空调旅游专线高速列车。大连北站位于大连市区北部，是为哈大高速铁路和丹大高速铁路而新建的客运车站。大部分高铁列车在此站停靠，距既有大连站里程13.1公里。大连的轮船交通十分方便，也是到大连的一种比较方便的方式。大连市内的公共交通非常发达，完全可以乘公交车自助行，其中有全国仅存的有轨电车线路3条。其中部分线路还是旅游专线巴士。起步价8元，3公里后1.2元每公里加50%空驶费，所以实际是1.8元每公里。出租车上的蓝色顶灯代表国营，白色顶灯代表集体或合营，黄色顶灯代表私营。从大连到丹东可以选择乘坐动车或者高铁，时长在2～3小时，也可选择自驾或者去胜利广场乘坐丹大快客，车程约为4小时。从丹东到本溪以及本溪到沈阳的路程，同样可以选择动车或者高铁。

▲ 大连城市风光 (Dalian City Scenery)

美丽中国经典线路 Beautiful China Classic Route

第一站：大连
The first station: Dalian

大连市位于欧亚大陆东岸，辽东半岛最南端，是东北、内蒙古连通华北、华东和世界各地的海上门户，也是我国北方旅游和疗养胜地。大连古称青山，19世纪末，相继被俄、日帝国主义侵占，改名为大连。大连是闻名世界的北方不冻港，是东北地区最大的对外贸易港口和主要渔业生产基地，石油化工、造船、化工机械、纺织等工业发达，又是我国最大的苹果产区之一。

大连海滨自然风光绝佳，是著名的海滨休养、避暑和旅游城市。著名的海滨黑石礁石林，酷似"小桂林"。大连风景名胜主要有星海公园、老虎滩公园、金石滩等风景区。

● 老虎滩海洋公园

位于大连市南部海滨的中段滨海中路9号，占地118万平方米，有曲折海岸线约4000余米。这里依山傍海，山清水秀。一座30多米高的山冈伸入海湾，好似猛虎卧滩，十分雄伟壮观，故有老虎滩之称。老虎滩公园创下了许多"中国之最"：有全国最大的花岗岩动物石雕；全国最大的半自然状态的人工鸟笼——鸟语林；全国最长的大型跨海空中索道；亚洲最大的以展示珊瑚生物群为主的大型海洋生物馆——珊瑚馆；世界最大、中国唯一的展示极地海洋动物和极地体验的场馆——极地馆，它是一个展示海洋文化，集观光、娱乐、科普和文化于一体的现代海洋主题公园。

▲ 大连老虎滩海洋公园 (Dalian Laohutan Ocean Park)

● 老铁山

位于大连市旅顺口区的西南隅，面临大海，是陡峭的岩壁。景区面积172.8公顷，以老铁山为主体，附近有新石器时代郭家村和汉代牧羊遗址等。主峰大崖顶海拔465.6米，占地40平方公里。这里满山遍野是树木和野草，是鸟类觅食、栖息的场所。每到秋季，北方南迁的240多种、上百万只候鸟从老铁山路过，经歇息后飞往南方过冬，老铁山就成了南迁候鸟的中转站，此时的老铁山成了鸟的世界。现已成为大连旅游景点。

温馨提示

大连美食

大连人大多是山东人的后裔，因此大连菜也属于鲁菜系，以海鲜为主要原料，形成了自己大连菜海鲜的独特风格。大连盛产鱼、虾、蟹、贝、藻，是全国重点水产基地之一。如果想吃海鲜最好在入秋来，这时的海鲜是一年中最肥的时候。

大连的名菜有清蒸灯笼鲍鱼、五彩雪花扇贝、咸鱼饼子、大连虾酱、炒海肠子、海珍品海参、拌海凉粉、海鲜焖子等。

乐游辽宁　不虚此行　Happy Travel in Liaoning a Rewarding Trip

● **金石滩风景名胜区**

位于大连市北郊金州区东部，距大连经济开发区20公里。是由海、滩、礁山组成的风景名胜区，因为海滩上遍布五色石，故取名金石滩，它是我国罕见的6亿年前形成的生物灰岩海蚀喀斯特景区。

金石滩风景名胜区距市区5公里，区内陆地面积为62平方公里，海域面积58平方公里，海岸线30公里，有"东北小江南"之称。龙宫是金石滩最大的景区，有龙王床、龙王鼎、恐龙吞海等景观；鳌滩的"龟裂石"，被国外专家称之为"天下奇石"。金石滩冬无严寒，夏无酷暑，交通方便，是多功能的海滨风景区。内建有中国第一所专业模特艺术学校、第一个旅游高尔夫俱乐部、第一个游艇俱乐部、第一个西式婚礼殿堂等观光休闲设施。

● **星海公园**

位于大连市西南角，与海滨黑石礁相连。这里有平坦的海滩，柔和的海岛，是避暑胜地和理想的海滨浴场。公园内有一半面积是岛，三面临海，岛上还有一个探海洞，游人沿岩石阶梯盘旋而下，即可到浪花飞溅的大海边。公园北侧是陆上园林。公园东侧有星石矶，传为古代陨落的陨石，星海公园因此得名。

● **海水浴场**

大连海水浴场较多，除星海公园、老虎滩公园外，闻名的还有棒槌岛、夏家河子、傅家庄浴场等，都是避暑疗养的胜地。它们各具特色，游客们可以各选所好。棒槌岛在大连市东南海上，远望小岛像一支静卧在海上的巨大人参，东北人俗称人参为棒槌，故名。岛上有多种海鸟栖息，风景优美，海水平静，是大连最好的海滨浴场。

西北部的渤海水域呈平原海岸特征，典型的夏家河子海水浴场，沙滩广阔平坦，水浅浪小，水温比其他浴场略高，是老年人、儿童及初学游泳者活动的理想地方。

南部黄海水域海滨属山地港湾海岸，如傅家庄、棒槌岛和金石滩海水浴场，水深、滩陡、浪大、水温低，但清洁度较高，是较为熟悉水性的游泳者振臂遨游之所。

▲ 金石滩夕阳 (Pebble Beach Sunset)

▲ 星海公园雕塑（Xinghai Park Sculpture）

美丽中国经典线路 Beautiful China Classic Route

第二站：丹东
The second station: Dandong

丹东历史悠久，远在1.8万年以前的旧石器时代晚期，就有人类劳动、生息、繁衍在这片土地上。丹东市临江沿海，自然风光优美，人文景观独特，北有重峦叠嶂的青山为屏，南有一望无际的良田沃野与黄海相接。丹东是中国海岸线最北端的一座城市，甲午海战就发生在大东港附近黄海海面；丹东是全国最大的边境城市，与朝鲜民主主义人民共和国隔江相望；丹东有满目的青山，不必说有"辽东第一名山"之誉的凤城凤凰山，蕴含深厚文化底蕴的东港大孤山，单是宽甸满族自治县境内就有海拔1000米以上的山峰近20座；丹东有满目的绿水，举世闻名的鸭绿江紧贴市区穿过。

● 大鹿岛

位于丹东东港市大孤山镇，是我国海岸线北端的第一大岛，形如一只马蹄，北高南低，岛上气候宜人，树木森森，是旅游度假胜地。大鹿岛以渔业生产为主，但早已不

▲ 大鹿岛 (Dalu Island)

▲ 青山沟 (Castle Peak)

再是传统渔村的面貌了，不但修筑了柏油路面，而且有了星级宾馆，渔家的小楼星散在海边，大鹿岛，酷似一个海上小城。大鹿岛前的月亮湾，是一个天然浴场。滩沙细腻无海底礁石，为全国少有的优质浴场。游人可在滩上追波逐浪，乘船游弋海上。入夜，岸上霓虹灯倒映海中，令人目眩。

● 青山沟

青山沟位于辽宁省丹东市宽甸满族自治县境内北部山区，距丹东市城区175公里，由八大景区构成，已开发出"虎塘沟""青山湖""飞瀑涧""中华满族风情园"四大景区，景区面积149.8平方公里。其中水域面积23.3平方公里。景区内有126个景点，大小瀑布36条。青山沟曾被新加坡新闻界称为"神仙住过的地方"。又有"西有九寨沟，东有青山沟"之赞誉。碧绿的浑江宛若两条龙须盘绕奇峰异石，缓缓流入鸭绿江，山峦间大小瀑布36条，新发现的"飞云瀑"落差81米，居东北之首，八面威山顶的小天池，至今没人能说清她的奥秘，点缀在128平方公里的奇观圣景，更是神秘莫测。

第三站：本溪
The third station: Benxi

本溪是一座闻名遐迩的煤铁之城，是国家重要的原材料工业基地。这里峰岭耸翠，重峦叠嶂，山地约占总面积的80%。本溪市依山建城，群山环绕，又有太子河穿城而过。登高俯瞰全市，楼群在高岗低丘间鳞次栉比，街道于山岭之中纵横交错。山中有城，城中有山，构成独特的城市景观。本溪历史悠久，在庙后山考古发掘出的古人类文化遗址表明，在四五十万年前的旧石器时代，人类祖先就在这里繁衍生息。

● 本溪水洞

位于本溪市35公里的东部山区太子河畔。为数百万年前形成的大型碳硫水溶洞。总面积44.72平方公里，风景区以本溪水洞为主体，集山、水、洞、泉、湖及古人类文化遗址为一体，由水洞、温泉寺、关门山、铁刹山、庙后山等5个景区组成。洞口在峭壁下，高和宽均为20米，内分水旱两洞，旱洞长300米，水洞暗河纵深2300余米，面积3.6万平方米，洞水清澈见底。洞中有钟乳石、石笋、石柱，不加修凿，宛若仙境。本溪湖，为洞外开凿的人工湖，湖水出自深邃的石灰岩洞，扩建为溪湖公园，奇山秀水引人入胜。有"北国一宝"称誉。

● 关门山

本溪关门山森林公园位于本溪市东南70公里处，它山形奇特，树木繁盛，水清

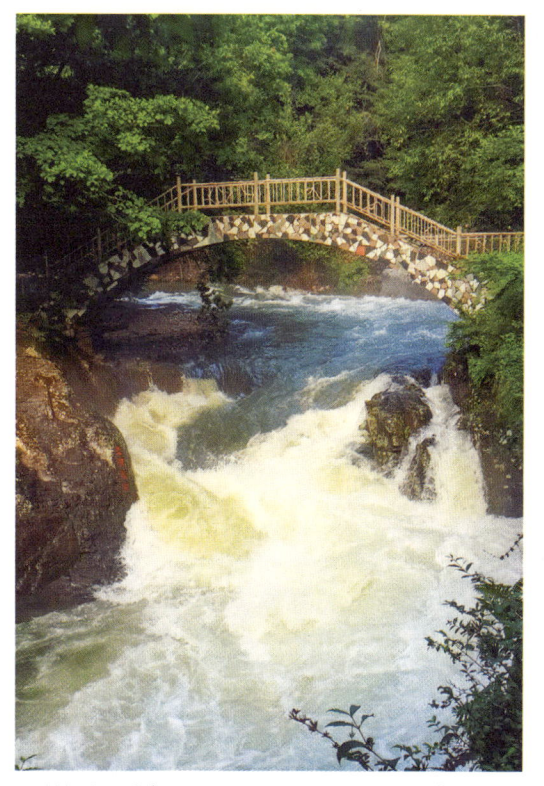

▲ 关门山溪流 (Closed Mountain Streams)

景秀。由于山峻景秀，酷似黄山而得名"小黄山"，被誉为"燕东胜景"之一。关门山内有四大景区：小黄山景区、夹砬子景区、龙门峡景区和月台子景区，约108处景点，各具特色，相互辉映。观音阁水库风景区位于本溪县境内，距本溪水洞6公里。天龙洞风景区坐落在山清水秀的本溪县小市镇境内，距本溪水洞也是6公里。经国家地质专家考证，本溪水洞的潺潺流水，来自天龙洞内外的汤河水和岩溶水的渗透。一条长6公里的地下暗河，将天龙洞和本溪水洞首尾相连，源头探险成为旅游者的一大乐趣。

美丽中国经典线路 Beautiful China Classic Route

第四站：沈阳
The fourth station: Shenyang

沈阳是一座历史文化名城，因地处古沈水（浑河支流）之北而得名，是辽宁省的政治、经济、文化中心。沈阳旅游资源丰富，有反映7200年前人类祖先活动的新乐遗址，有标志着清代建筑特色的两陵一宫，有以棋盘山水库为中心，包括14个景区在内的辉山风景区，还有长达14多公里的带状公园。

● **沈阳故宫**

位于旧城中心。是清太祖努尔哈赤和清太宗皇太极营建的皇宫，清世祖福临（顺治帝）也在此即位称帝。清顺治元年（1644年），清政权移都北京，沈阳故宫便作为"陪都"。沈阳故宫以崇政殿为核心，从大清门到清宁宫为中轴线，将故宫辟为东路、中路、西路三个部分。东路正中为大政殿，是举行大典场所。中路是故宫主体——"大内宫阙"。穿过凤凰楼门洞，便进入后妃居住的台上五宫。台上五宫清宁宫、关雎宫、麟趾宫、衍庆宫、永福宫，呈"四合院"建筑模式。故宫西路是乾隆四十七至四十八年（1782~1783年）增建的，包括文溯阁、仰熙斋等，最前边为校马场、戏台、嘉荫堂，是皇帝东巡时消遣娱乐的地方。

沈阳故宫现已辟为沈阳故宫博物院，院内有皇宫的华贵陈设，还有宫廷史迹、历史文物、明清艺术品等展品。

● **张氏帅府**

在沈阳故宫的南面，便是张作霖、张学良的府邸，即张氏帅府，又称大帅府。始建于1914年，占地2.9万平方米，总建筑面积2.7万平方米，是集中西建筑风格于一体的庞大建筑群，是我国近代优秀建筑群之一，也是迄今为止东北地区保存最完好的名人故居，是全国重点文物保护单位、国家4A级旅游景区。张氏帅府按照建造的时间和使用可分为东院、西院两部分，二者之间以院内的青砖墙为界，东院是帅府的早期建筑，包括四合院、小青楼、大青楼、关帝庙以及东墙外的赵四小姐楼等，西院则是后期建筑。

温馨提示

交通情况：

沈阳的公交系统比较发达，运营的线路非常多。市内公交大巴多为无人售票车。票价一般是1元。沈阳目前还开通了观光巴士，往返辽宁大厦和奥体之间，途经沈阳各商业街区和各大景点。沈阳目前投入运营的地铁线路有1号线和2号线。

▲ 张氏帅府内景 (Marshal Zhang's Mansion)

乐游辽宁　不虚此行　Happy Travel in Liaoning a Rewarding Trip

▲ "九一八"事变纪念馆（"918" Memorial Museum）

● "九一八"事变纪念馆

位于沈阳市大东区望花街46号。1999年9月18日建成开馆，时任总书记的江泽民题写了馆名。博物馆外形犹如一本巨大的台历。占地面积3.5万平方米，建筑面积1.26万平方米，展览面积9180平方米。馆内采用现代化高科技陈列方式，设8个展厅。在总长510米展线上，有照片800余幅，实物300余件，文献、档案资料近100件，大小场景19组，雕塑4尊，油画、国画20余幅，电脑触摸屏14台，大屏幕电视录像机2台。反映了"九一八"事变后，在中国共产党领导下，东北人民浴血奋战最终取得抗战胜利的历史。为全国百家爱国主义教育基地之一，是沈阳市人文景观和文化旅游胜地。

● 沈阳北陵

位于沈阳（盛京）古城北约10华里，因此也称"北陵"，是清代皇家陵寝和现代园林合一的游览胜地。清昭陵是清朝第二代开国君主太宗皇太极以及孝端文皇后博尔济吉特氏的陵墓，占地面积16万平方米，是清初"关外三陵"中规模最大、气势最宏伟的一座。昭陵全陵占地18万平方米，园内古松参天，草木葱茏，湖水荡漾，楼殿威严，金瓦夺目，充分显示出皇家陵园的雄伟、壮丽和现代园林的清雅、秀美。昭陵除了葬有帝后外，还葬有关雎宫宸妃、麟趾宫贵妃、洐庆宫淑妃等一批后妃佳丽，是清初关外陵寝中最具代表性的一座帝陵，是我国现存最完整的古代帝王陵墓建筑之一。

● 沈阳怪坡

位于沈阳市北30公里沈北新区清水台镇附近，1990年4月发现。怪坡由西往东倾斜，长约80米，宽约15米。上坡时，自行车不蹬踏板、汽车熄火后可顺利地往坡上滑行；下坡时自行车不蹬踏板、汽车不发动往下滑行却很困难。在其东南100米处，还有一怪，即用脚跺地，会发出隆隆响声。顺坡至山顶，使锤砸地，响声似雷，人称"嗡顶"。现在怪坡附近已开发出许多旅游项目，形成了有20多个景点的怪坡风景区。

● 沈阳鸟岛

鸟岛，是沈阳唯一一座自然生态的鸟类观赏中心。鸟岛又名干河子岛，位于棋盘山开发区境内，在东陵公园东侧，世博园南侧，是浑河水系中的一个岛屿，占地面积49.26公顷。历史上的鸟岛就因其形恰似一条巨龙卧于（浑河）水中而得名"龙滩垂钓"，成为著名的"辉山八景"之一。

219

美丽中国经典线路 Beautiful China Classic Route

避暑胜地　冰雪天堂

Summer Resort, Ice and Snow Paradise

---*---

线路：长春➡吉林➡蛟河➡敦化➡安图➡延边➡珲春
Route: Changchun ➡ Jilin ➡ Jiaohe ➡ Dunhua ➡ Antu ➡ Yanbian ➡ Hunchun

风情吉林
Jilin style

　　这是一片肥沃的黑土地，早在4万年前就有了人类繁衍。省会长春作为城市虽然只有200年的建城历史，还很年轻，但因其特殊的工业、交通地位，使得长春在近代历史中成为东北经济乃至全国经济中不可替代的工业大城市。吉林市历史上的名气要胜过长春，清政府宁古塔将军曾驻守吉林城。吉林具有丰富、优势和得天独厚的旅游资源，自然景观千姿百态，人文景观独具特色。东部有长白山自然保护区，"雄山托天池，林海藏珍奇"，是世人瞩目的神奇之地。冰清玉洁的吉林雾凇诉说着"冬天里的春天"般的诗情画意，中部有长春净月潭国家级森林公园，其规模堪称亚洲人工林之最。西部有通榆向海自然保护区，在中国七大湿地中面积最大、生物物种最丰富。由于吉林省曾经是清政府入关前的主要活动地，也是历史上北方一些少数民族的发祥地。现在还留有不少的古迹。

避暑胜地　冰雪天堂　Summer Resort, Ice and Snow Paradise

▲ 雾凇美景 (Rime Scenery)

行程推荐
Describe the itinerary

吉林省的交通网络比较完善，航空、铁路和公路四通八达，省内的长春、长白山、延吉等城市都有自己的机场，航线通往国内主要的大中城市。全国重要铁路干线之一京哈线则贯穿吉林省南北，多趟火车可直达哈尔滨、沈阳、大连、北京、天津、石家庄、济南、南京、上海等全国主要城市。

长春是这条线路的始发站，长春拥有一个民用机场——长春龙嘉国际机场，乘坐飞机是到达长春最快捷的方式。市内有三个火车站，分别是位于市中心的长春站、高速列车通过的火车西站，以及停靠列车较少的火车南站。长春市内拥有两个主要的长途客运站，东北三省的主要城市以及北京都有大巴直达长春。长春市内公交网络比较发达，出行非常方便。公交车基本为无人售票。此外，还有一条有轨电车线路，途经长春电影制片厂、电影城（长春汽车博物馆）等重要旅游景点。吉林市的航空、铁路、公路交通与长春市一样发达，不同的是还有航运，主要通航河流有松花江、嫩江、图们江和鸭绿江。一般4月中旬至11月下旬为通航期。从长春到吉林可以选择铁路或者公路交通，乘坐高铁非常便捷，40分钟即可到达，而且车次很多。也可以去长春客运中心站、高速公路汽车站乘坐大巴前往，车程约2.5小时。吉林、蛟河、敦化、安图以及延边和珲春之间距离比较近，都可以选择公路和铁路交通。

221

美丽中国经典线路 Beautiful China Classic Route

第一站：长春
The first station: Changchun

长春，古称喜都，是吉林省省会，中国最大汽车工业城市，也是中华人民共和国最早的汽车工业基地和电影制作基地，有东方底特律之称。作为北方的窗口城市，有着深厚近代城市文化底蕴和众多历史古迹，绿化度居于亚洲大城市之冠，是中国四大园林城市之一。长春也是闻名中外的国际汽车城、电影城、光学城、科教文化城和森林城，以及新兴的绿色食品城和国际知名的雕塑城。长春，是一座镶嵌在东北亚中心如耀眼的明珠般美丽的城市，拥有丰富而独具特色的旅游资源。

● 伪满皇宫

位于长春市东北角，占地 13.7 万平方米，建筑风格独特，既有中国传统四合院砖木结构建筑，又有日式殿阁，还有欧洲哥特式楼房。"九一八"事变第二年，日本侵略者成立"伪满洲国政府"，定都长春，改名新京，将溥仪推出当傀儡皇帝。溥仪皇宫分外廷、内廷及御花园几个部分，外廷是溥仪进行政治活动的场所，主要建筑有勤民楼、怀远楼、嘉乐殿等。内廷是溥仪及其后妃日常生活区域，分东西两院，西院有缉熙楼，东院有同德殿。

▲ 南湖公园 (South Lake Park)

● 净月潭

净月潭风景名胜区位于长春市东南部，距长春市中心 12 公里。国家 5A 级景区。有台湾日月潭姊妹潭之称。 区内包括净月潭国家重点风景名胜区、净月潭国家森林公园和吉林省净月潭旅游度假区。净月潭因筑坝蓄水呈弯月状而得名，因山清水秀而闻名。

▲ 伪满皇宫 (the Manchukuo Palace)

避暑胜地　冰雪天堂　Summer Resort, Ice and Snow Paradise

第二站：吉林
The second station: Jilin

吉林市位于吉林省中部偏东，松花江中游。吉林市是中国唯一一个与省重名的城市，吉林为满语"吉林乌拉"，意为沿着大江。吉林旅游资源丰富，是一个依山傍水的美丽城市，位于长春市以东124公里处。吉林的冬季格外引人注目，吉林雾凇那神奇造化的冰雪景观令海内外宾客心驰神往，与长江三峡、桂林山水、云南石林并称中国四大奇观。还有全国著名的北大湖滑雪场是亚洲设备最先进、条件最好的滑雪场。

● 北山公园

位于吉林市西北，是著名的风景区，占地135万平方米，主峰海拔270米。北山以横跨山谷的石拱桥为界分东西二路。西路林木葱郁，景象幽深，从山底环行而上，如在绿色海洋之中。登上顶峰，使人有天高云低之感。

往东过东西两峰间拱形石桥——鸳佩桥，即为东路，东路寺庙鳞次栉比、堂阁交辉，一年四季游人云集。主要古代建筑有关帝庙、药王庙、玉皇阁、坎离宫等，其中以玉皇阁规模最大。

关帝庙和药王庙初建于清康熙三十一年（1692年），后几经扩建，现有正殿、松风堂、暂留轩、蓦鹤轩、澄江阁及钟鼓楼。药王庙几经修葺和扩建。庙内正殿祭祀三皇（伏羲、神农、轩辕）及药圣孙思邈，还附祀历代名医张仲景、华佗、王叔和等人。

北山最大庙宇为玉皇阁，初建于清雍正

▲ 北山公园大门（The Beishan Park Gate）

三年（1725年）。玉皇阁内建有观音殿、朵云殿和吟秋阁等。其中朵云殿高耸入云，成为北山一带最高建筑。当年这里匾额交辉，楹联满柱，留下许多名人墨迹。北山东路除以上建筑外，还有晚清修建的坎离宫，颇有满族的建筑特点。

每逢农历四月二十八，北山都要举行规模宏大的药王庙会，热闹非凡。

● 雾凇岛

雾凇岛因雾凇多且美丽而得名。雾凇岛周边的景点超级多，可以不重样地玩上好几天！这里的地势较吉林市区低，又有江水环抱。冷热空气在这里相交，冬季里几乎天天有树挂，有时一连几天也不掉落。岛上的曾通屯是欣赏雾凇最好的去处，曾有"赏雾凇，到曾通"之说。这里树形奇特，沿江的垂柳挂满了洁白晶莹的霜花，江风吹拂银丝闪烁，景色既野又美。雾凇只有冬季才出现。这是因为雾凇的形成有它自己独特的环境和条件。雾凇分为粒状和晶状两种。粒状雾凇结构紧密，形成一粒粒很小的冰块，而晶状雾凇结构比较松散呈较大的片状。吉林的雾凇就属于晶状。

223

美丽中国经典线路 Beautiful China Classic Route

▲ 清晨的松花湖 (In the Early Morning of the Songhua Lake)

● 松花湖

位于吉林市东南24公里处的松花江上游。湖面海拔261米，为丰满水电站截流大坝形成的人工湖，湖区面积550多平方公里。

松花湖水沿着幽深的峡谷延伸，曲折多变，长200公里，最宽处10余公里，最深75米，最大蓄水量108亿立方米；具有防洪、灌溉、排涝、发电、养鱼、航运以及旅游等多种功能。湖水清澈，碧波盈盈，群山环抱，奇峰林立。主要景点有五虎岛、金龟岛、骆驼峰、比天山、卧龙潭、醉石坡等组成。大坝上游20公里处有湖心岛——五虎岛，树木苍翠，并有供游人就餐、游泳、钓鱼、划船等娱乐设施，成为人们畅游场所。每年1月份平均气温在-20℃以下，松花江上冒着一股股蒸气，依然不冻。沿江两岸树枝上，被银白色霜花包裹着，像银菊朵朵，又似蜡梅盛开，这就是中国东北冬季的自然绝景——雾凇。

● 磐石官马溶洞

官马溶洞位于吉林省吉林市磐石市东北烟筒山镇。官马溶洞景物奇特，巧夺天工，洞中有洞，敢与桂林七星岩媲美。溶洞具有鲜明的中国北方型溶洞特征，分为上、中、下三层，目前已经开发的是溶洞的中、上层，其他部分正陆续开发中。这里已经开发的部分由6个景区组成，景观奇丽多姿，变幻莫测，共有4种类型和20多种形态的钟乳石。巨大的石花壁和露滴石国内罕见，堪称东北之最；地河水清澈见底，据传在"圣水仙河"里洗洗手、洗洗脸，会给游人带来好运气。

● 红石国家森林公园

红石国家森林公园隶属吉林省桦甸市行政区。公园主要依托白山湖、红石湖及周边的自然景观：山、岛、湖三位于一体，优美俊秀。公园内天然林千姿百态，森林和湖泊构成了特有的气候，植被完整，万物生息，负氧离子极高，被誉为"天然氧吧"。园内动植物十分丰富：植物190余种，动物230余种，其中红松、柞树、水曲柳等珍贵树种在这里竞相生长。黑熊、梅花鹿、白鹳等动物同栖于林溪湖畔。园内有鱼类30余种，松花江"三花一岛"驰名中外。园内野生珍品十分丰富，在诸多的天然绿色食品中，松子、林蛙、木耳、人参，被誉为关东林莽的新"四宝"。松花江上"三湖联珠"，贯串长白山风景区，是关东大地上一道亮丽的风景线。走进红石国家森林公园能使您在嗅觉、感觉、知觉、视觉、触觉上真正体会到"回归大自然、感受原生态"的魅力。

避暑胜地　冰雪天堂　Summer Resort, Ice and Snow Paradise

第三站：蛟河
The third station:Jiaohe

蛟河市位于吉林省东部，长白山西麓。松花江、牡丹江水系贯穿其中，属亚温带大陆性季风气候。蛟河市自然资源丰富，现已探明矿产资源35种，是全国四大花岗岩产地之一，镍矿探明储量居全省第二位，泥炭资源探明储量占全地区40%，林地面积45万公顷，是全省林业重点县和木材生产基地之一，以林蛙、食用菌、中草药材为代表的野生动植物资源开发利用潜力很大。

● 红叶谷

出吉林市沿至蛟河的公路走士路进解放屯，过一个石桥后，既进入吉林红叶谷。

▲ 蛟河红叶谷风光 (Jiaohe Red Leaves Valley Scenery)

2010年11月由《中国国家地理》杂志组织地理、植物、气象、旅游、建筑、动物、美术、摄影等方面的11名资深专家组成专家评委会，专家提名并按照植被繁茂、秋色鲜明、秋景色彩丰富、规模宏大、具有震撼力等5条标准设定的分值打分，综合专家评委会提名次数和评分，评出前10名作为"中国十大秋色"。吉林红叶谷被评为第三名，90.75分。红叶谷风景区的山、水、草、木、走兽、飞禽无不保持着原始质朴的风貌，鲜见一丝人工痕迹，以天然山谷的优雅形态展示给人们。红叶谷美，美在自然。集红叶、叠瀑、奇树、怪石于一体，以其自然天成、美妙绝伦的自然风光蜚声关东大地。主要景观有清澈甘甜的万寿泉、世间罕见的槭树王、独具匠心的玉女桥。

● 拉法山

位于吉林市管辖的蛟河市北部17公里处，山峰拔地而起，略呈等腰三角形，东西走向，海拔886.12米，占地面积2万多公顷，其水上面积300多平方公里。景区内仪态万千的"八十一峰，七十二洞"、凌空飞泻的瀑布及其他错落有致的胜景70多处，集幽、奇、秀、险于一身。拉法山是古代道士修炼之所，曲径通幽。山中古木参天，浓荫蔽日，有几十种鸟类在林中繁衍生息。山中有众多的岩洞、怪石和奇木。枝繁叶茂的原始森林与清流碧水交相辉应，鸟语花香，亭台楼榭，令人赏心悦目。登上陡峭悬崖之巅，又令人感叹山势之雄奇。

美丽中国 经典线路　Beautiful China Classic Route

第四站：敦化
The fourth station: Dunhua

敦化市位于吉林省东部，四季分明，景色秀美。敦化市地处长白山区腹地，得益于长白山的自然优势，拥有得天独厚的资源优势，森林、旅游、野生动植物、矿产、水利等资源丰富，种类繁多，享有"长白山立体宝库"之美誉。森林面积辽阔，野生植物种类繁多，人参、灵芝等名贵中药材240种，是全国5个无公害中药材生产示范基地之一。敦化市是美丽的沿边城市，近邻朝鲜、俄罗斯远东地区，市区山环水绕，景色宜人，冬季银装素裹，夏季绿树成荫。举世闻名的长白山自然风光，得天独厚的满族民俗风情和积淀深厚的古渤海历史文化遗迹，无不使人领略到东北边疆的独特风情。

● 雁鸣湖国家自然保护区

保护区有以雁鸣湖、塔拉湖为主的大小水域80余处，盛产各种野生淡水鱼和莲藕，山、水、林组合极佳，"小桥、流水、人家"的乡村气息极浓，是休闲、避暑、度假的旅游佳地。该区属低山丘陵区，总体地势北高南低，张广才岭余脉马鹿岭、小岭等由北向南延伸到牡丹江沿岸，其间分布有森林、谷地、溪流及草甸，构成本区复杂多样的地貌类型。

● 敦化六鼎山文化旅游区

吉林敦化六鼎山文化旅游区位于市南郊5公里处牡丹江南岸，为国家5A级旅游景区，省级旅游开发区，景区内集渤海文化、佛教文化和清始祖文化于一体，规划面积52平方公里，由中国旅游设计院规划设计，重点开发佛教文化、清始祖文化、渤海文化等人文旅游项目。

▲ 雁鸣湖秋景 (Autumn Scenery of Yanming Lake)

避暑胜地　冰雪天堂　Summer Resort, Ice and Snow Paradise

第五站：安图
The fifth station: Antu

安图素有长白山第一县之称，地处吉林省东部，延边朝鲜族自治州的西南部，南部与朝鲜民主主义人民共和国接壤，北处"东北亚旅游圈"的中心地带和"东北亚经济合作圈"的腹地。坐落在安图境内的"中华十大名山"之一长白山的主峰是中国东北海拔最高，喷口最大的火山体，其独特的火山地貌，构成了中国乃至亚欧大陆北半部极具代表性的"温带极地"山地自然综合体，先后被联合国教科文组织和世界自然基金会列入全球"人与生态圈保护网"及全球40个自然保护区之一。安图地处长白山北麓，境内群山起伏，沟壑纵横，长白山脉由南向北延伸，使全县地势呈现南高北低、东高西低、南北长东西窄的特点。 旅游业是安图的领航产业，县境内的长白山天池、瀑布、温泉群、美人松园、地下森林、药王谷、风蚀浮石林等自然景观星罗棋布；长白山神庙、古塔、古城、清祖降生地等人文景观众若繁星。

● 二道白河

二道白河镇位于吉林省延边朝鲜族自治州安图县长白山北坡。因聚落坐落于二道白河两岸，故名"二道白河"，因与河重名，1983年改称"二道"。宝马为唐渤海国中京兴州城址；和平营子一带属明建州女真讷殷部。清视镇域为其发祥之地。二道白河镇地处长白山脚下，素有"长白山第一镇"之美称，距长白山核心景观35公里，距双目峰边境65公里，是进出长白山的门户。

● 长白山自然博物馆

长白山自然博物馆位于安图县二道白河镇。建于1986年6月，由四个大厅组成，展出长白山山川地貌、垂直景观、自然资源及其历史与现状，宣传自然保护对于人类生存的意义与作用，促进学术交流，向游客普及科学知识，增强观赏趣味。 生态厅以标本、图表、照片等展示了长白山四个垂直植物带的动植物分布情况，使参观者身临其境； 资源厅不但展示长白山动植物资源，还有丰富的水利、风力、矿产、旅游等非生物资源； 综合厅全面系统地介绍了自然保护区概况及其保护设施。"怪兽厅"，展览了自20世纪初以来有关长白山天池"怪兽"的历史记载、现代人目睹"怪兽"的资料，并根据这些资料制作了两个"怪兽"的模型：一个类似长颈恐龙，一个类似大水牛。

▲ 安图的秋天 (Autumn in Antu)

美丽中国经典线路 Beautiful China Classic Route

第六站：延边
The sixth station: Yanbian

延边朝鲜族自治州位于吉林省东部，东与俄罗斯滨海边疆区毗邻，南与朝鲜咸境北道、两江道隔图们江相望，是一个有山皆绿、有水皆清的美丽地方。长白山脉蜿蜒起伏，长白林海绵延千里，图们江、第二松花江、牡丹江、绥芬河，宛如彩练玉带，纵横流淌在青山绿野之间。地貌呈山地、丘陵、盆地三个梯度，基本上是"八山一水半草半分田"。山峦叠嶂，森林茂密。大田作物和水果、烟叶等经济作物都产于丘陵地带。依江河而形成的盆地宜种水田，这些地区不仅农业发达，而且交通方便，人口集中，经济也较为繁荣。

● 帽儿山国家森林公园

帽儿山国家森林公园位于延吉市西南部与龙井交界处，是延吉市重要的休闲度假胜地，距延吉市区中心仅3公里，车程只需8分钟。园内的帽儿山为延吉市海拔最高处，站在山顶可以俯瞰整个延吉市。在这里呼吸着新鲜的空气，感受着大自然的气息，可以放松在都市里疲惫的身心，尽情投入到大自然的怀抱。帽儿山上还有汇集了朝鲜各式民居的朝鲜族民俗园，是游客了解延边风情的一个窗口。民俗园内有马戏表演等众多娱乐项目。每到节假日，穿着盛装的朝鲜族同胞往来于此，气氛热烈而欢快。

● 防川

防川位于中朝和朝俄界河图们江入海口，人称"东方第一村"。中朝俄交界的中心地带。登高远眺，三国风光近在咫尺，在这里，您可以体验"鸡鸣闻三国，犬吠惊三疆，花开香四邻，笑语传三邦"的感受，领略欧亚交汇的异域风情。防川国家级风景区，蕴藏着丰富的自然旅游资源和人文旅游资源，这里有一眼望三国景点，有金玉生辉、碧水环绕的绿洲沙漠，还有生长着具有1.35亿年历史的图们江红莲等自然景观，也有清代勘立的中俄"土字"牌界碑，日苏张鼓峰战役遗址，防川朝鲜族民俗村等人文景观。优美的风景、浓厚的历史文化，为防川风景区增添了无与伦比的迷人色彩。

▲ 帽儿山云海日出 (Maoer Mountain Sunrise Over the Cloudsea)

避暑胜地　冰雪天堂　Summer Resort, Ice and Snow Paradise

第七站：珲春
The seventh station: Hunchun

珲春市位于吉林省东南部的图们江下游地区，地处中、朝、俄三国交界地带，是东北亚地区的几何中心。珲春东南以珲春岭为界与俄罗斯滨海边疆区接壤，中俄边境线长232.7公里。珲春西南隔图们江与朝鲜民主主义人民共和国相邻，中朝边境线长139.5公里。珲春市是一个新兴的边境开放城市。具有优越的地理位置，秀美的自然风光，独特的人文古迹。中、俄、朝三国交界和东北亚几何中心，这是珲春市旅游业发展最坚实与有利的基础条件。珲春依山面海，气候宜人，植物繁茂，江河纵横，山川锦绣，自然风光秀美独特。

▲ 敬信湿地（Jingxin wetland）

● 玄武岩柱石

玄武岩柱石景观又称六棱石景观，位于珲春市老爷岭山脉东南，距密江乡43公里，距珲春61公里。该景观是由火山喷发后形成的基性火山岩矿体所组成。本矿体为第四系船底山玄武岩，矿体出露地表，长度为85米，宽度40米，矿体上部因风化多为10～30cm，长0.8～1.2m的六面柱状体散布在矿体之上，并按山坡坡度方向排列。下部为接合较紧的六面柱体为一整体，矿体明显呈现沿其河谷右向流动，并向下呈U形。肉眼观察岩石呈黑色，隐晶质、半隐晶质致密的岩石，镜下观察为全晶质或半玻璃质的显微粒状或斑状结构，以普通辉石为主，少量橄榄石、斜长石、

基质为辉石和斜长石组成的显微嵌晶结构。因岩石中含部分铁质，比重较大，一般在2.9～3.2。玄武岩景观自发现以来，已有许多国内外游客及科研人员来此观光考察。此景观为纯天然景观，具有很高的观赏及科研价值。

● 敬信湿地

敬信湿地位于图们江入海口处，连片面积5874公顷，水域沼泽800余公顷，拥有大马哈鱼、林蛙、鳖、草虾等生物以及芦苇、菱角、莲藕等产量较高的水生经济作物。随着这几年生态环境保护的升级，敬信湿地的候鸟无论是数量还是种类都在逐年大增。初春时节，广袤的东北大地上白雪正渐渐消融，在珲春市南部的敬信镇，金色的湿地上空，已是雁飞如潮。数以万计的候鸟自长江流域北归，经历漫长、艰辛的飞行后，回到这里，驻足、觅食、休憩，形成了一道独特的生态景观。构建"冬住三亚、夏住珲春"的宜居宜游目的地。

美丽中国经典线路 Beautiful China Classic Route

冰雪之冠·黑龙江

Ice and Snow Crown Heilongjiang

线路：哈尔滨➡大庆➡齐齐哈尔➡黑河➡大兴安岭➡伊春➡鹤岗➡佳木斯➡双鸭山➡鸡西➡牡丹江

Route: Harbin ➡ Daqing ➡ Qiqihar ➡ Heihe ➡ Da Hinggan Mountains ➡ Yichun ➡ Hegang ➡ Jiamusi ➡ Shuangyashan ➡ Jixi ➡ Mudanjiang

北国风光　自然龙江
North Country and The natural scenery of Heilongjiang

黑龙江位于中国版图的最北端，是我国纬度最高的省份，这里曾被称作"北大荒"，而如今已有了沧海桑田的变化。在这片神奇的土地上，有连绵起伏的大、小兴安岭，有沃野千里的松嫩平原，有气势磅礴的黑龙江、乌苏里江、松花江、嫩江水域，有风景秀丽的镜泊湖、五大连池，还有绿草如茵的天然牧场，这些无不勾勒出一幅幅绚丽的画卷。黑龙江是中国火山遗迹较多的省区之一，火山活动为其创造了著名的旅游资源，如五大连池市的五大连池、温泉及熔岩地貌，镜泊湖的吊水楼瀑布及火山口森林、熔岩隧道等。连绵的山地和广阔的沼泽地是动植物资源宝库，有天鹅、丹顶鹤、东北虎、东北豹、麝等珍稀动物。黑龙江冬季漫长而寒冷，多冰雪，"冰雪之冠·黑龙江"是它的又一张名片。

冰雪之冠·黑龙江　Ice and Snow Crown Heilongjiang

行程推荐
Describe the itinerary

黑龙江省面积辽阔，旅游资源丰富，均匀分散于各个城市。为了一览它的大好风光，我们设计了这条大环线，从省会城市哈尔滨出发向西经大庆市、齐齐哈尔市、黑河市，一直到祖国的最北端大兴安岭地区，再一路向东，经过伊春市、鹤岗市到达最早看到太阳的佳木斯市，然后途经双鸭山市、鸡西市，最后回归南部城市牡丹江市，饱览黑龙江全境的大好风光。

环游黑龙江的线路推荐铁路交通与公路交通相结合的方式，全省铁路网方便快捷，个别城市间没有火车直达的可以选择公路交通。哈尔滨市是全省的交通枢纽，从哈尔滨去大庆市乘坐火车非常方便，全天有几十趟列车可以到达，根据车次不同，耗时从50分钟到3个多小时不等。从大庆到齐齐哈尔的情况与之相似，距离更近耗时更短。齐齐哈尔到黑河目前只有一个车次，距离较远需要耗时11个多小时。漠河的铁路交通则不那么发达，在省内多是从哈尔滨出发途经齐齐哈尔、加格达奇，从黑河去漠河，可以选择乘坐大巴车或者包车前往。从漠河往伊春和鹤岗方向，依然主要依靠公路交通。而从鹤岗到佳木斯再到鸡西、牡丹江，铁路交通又变得便利起来，每天都有多趟列车可供选择。黑龙江省的航空也很发达，在哈尔滨、齐齐哈尔、牡丹江、佳木斯、大庆、黑河、鸡西、漠河和加格达奇均设有机场，可供选择。

如果选择旅行团的话，受时间和交通的限制一般不会走这条大环线，旅行社提供的线路有哈尔滨一日游；神州北极游：哈尔滨—漠河—北极村；也有和周边吉林省、内蒙古自治区旅游胜地相结合的跨省游。此外，黑龙江省旅游局也为广大游客倾力打造了一系列精品线路可供大家选择，如梦幻冰雪游、火山边陲游、华夏东极游。

▲ 哈尔滨夜景 (Night view of Harbin)

美丽中国经典线路 Beautiful China Classic Route

第一站：哈尔滨
The first station: Harbin

哈尔滨市是黑龙江省省会，是全省政治、经济、文化和交通中心，也是一座既古老又年轻的城市。来到哈尔滨，迎面而来的便是饱含着历史的厚重感，漫步在这个城市的街头，古旧的洋楼、华丽的教堂，一个个小细节让你在不经意间感慨万千。哈尔滨是一座洋气十足的城市，大街上身着皮草、金发碧眼的俄罗斯女郎比比皆是。雪后的哈尔滨尤其漂亮，玲珑剔透的冰雕雪塑、巧夺天工的冰灯圣境，让你仿佛置身于冰雪奇缘的世界。

哈尔滨有美丽的松花江由西向东穿城而过；坐落于市区北侧的太阳岛，是避暑、野游的胜地；市内还有斯大林公园、儿童公园、兆麟公园，一幢幢风格迥异的建筑物和栩栩如生的艺术雕塑点缀其间。

● 中央大街

中央大街步行街始建于1898年，初称中国大街。1925年改称为沿袭至今的中央大街，现在发展成为哈尔滨市最繁华的商业街。大街北起松花江防洪纪念塔，南至经纬街，全长1450米，被誉称哈尔滨第一街，以其独特的欧式建筑，鳞次栉比的精品商厦，花团锦簇的休闲小区以及异彩纷呈的文化生活，成为哈尔滨市一道亮丽的风景线。最奇特的是中央大街上铺的石头，它是长方形条形石，但以纵向冲上铺满。还有街上71栋欧式及仿欧式的建筑颇有看点，巴洛克式、折中主义，以及19世纪末20世纪初的新艺术运动建筑统统在这里体现。这些建筑是西方建筑艺术的精华，称中央大街为一条建筑的艺术长廊也不为过。

● 圣索菲亚大教堂

是远东地区最大的东正教堂，始建于1907年3月，原是西伯利亚步兵师修建的随军教堂。教堂全高53.35米，占地面积721平方米，整座教堂为庭式建筑，中央一座主体建筑有个标准的大穹隆，巍峨宽敞。教堂外观富丽堂皇，典雅脱俗，是拜占庭式建筑的典型代表。

教堂周围开辟了休闲广场，总面积6648平方米，具有中世纪的广场风格。地面以花岗岩为主，广场南北两侧设有块状绿地，广场内的每一物件，大到广场绿化树木，小到座椅、围栏都采用欧式风格设计，与教堂相辉映，具有浓郁的欧式风情。

▲ 圣索菲亚大教堂（Hagia Sophia）

冰雪之冠·黑龙江 Ice and Snow Crown Heilongjiang

▲ 冰雪大世界 (Ice and Snow World)

▲ 太阳岛 (Sun Island)

● **冰雪大世界**

冰雪大世界集天下冰雪艺术之精华，融冰雪娱乐活动于一园。在这里，既可以欣赏世界最高、最长、最大的冰雪景观、全球知名建筑、经典卡通形象，还能观看欧洲风情歌舞表演、哈尔滨冰上杂技秀、室外大型冰雪实景演出等异彩纷呈的冰雪活动。这里已然成为哈尔滨的城市名片。这里的大滑梯、攀冰岩、迷宫、雪地激战、雪地足球、冰砂壶球等冰上项目足够让你见识哈尔滨的冰雪风光，特别是到了晚上，当五颜六色的灯光开放时，如同置身于冰灯的童话世界。

● **松花江游览区**

松花江位于哈尔滨市区北部。在长堤沿江有3个公园（九站公园、斯大林公园、道外公园）毗连，总长约5公里，是我国最长的沿江公园之一。北岸是著名的太阳岛风景区，3座大桥横跨大江南北。岸边长堤垂柳，楼台亭阁，锦绣花坛，风光迷人。

松花江两岸和江心岸沙滩是天然的游览区和日光浴场。游览松花江，由九站码头登船，沿江眺望两岸瑰丽景色，观赏江上俱乐部、水上运动站、防洪纪念塔、友谊宫、江心岛、太阳岛、3座大桥等，游程约1个小时。

● **太阳岛**

美丽的太阳岛位于松花江北岸，与斯大林公园隔江相望，总面积38平方公里，是中国有名的避暑游览胜地。20世纪80年代初，著名歌唱家郑绪岚一首《美丽的太阳岛上》，使太阳岛闻名全国。质朴、粗犷、天然无饰，富有原野风光特色，是野游、野餐的好地方。太阳岛景区由太阳岛与附近岛屿和沙洲组成。岛上有水阁云天、仙鹤群和长堤垂柳等20多个景点，游览区内有太阳山、太阳湖、荷花湖、儿童乐园、花卉园和沿江风景线数十处特色景观，形成了湖山相映、瀑飞泉流、柳绿鱼跃、天人合一的美丽景色。严冬季节，松花江千里冰封，江上开展滑雪橇、溜冰、打冰球和乘冰帆等多种冰上活动及运动。每年都在太阳岛举办哈尔滨雪雕艺术博览会。

233

美丽中国经典线路 Beautiful China Classic Route

第二站：大庆
The second station: Daqing

大庆市地处黑龙江省西部、松嫩平原中部，是黑龙江省西部中心城市，被誉为天然百湖之城、绿色油化之都、北国温泉之乡。大庆市内景观独具特色。被列为国际旅游景点的中国最大的石油科技博物馆、全国爱国主义教育基地铁人王进喜纪念馆、标志大庆油田诞生的松基三井等景点，可以使游人直观感受厚重的石油文化；草原赛马、水上狩猎、参观民族博物馆等旅游项目，可以使游客亲身体验民族风情；"中国温泉之乡"林甸县地热资源丰富，旅游项目备受青睐，形成了到哈尔滨赏冰、亚布力滑雪、大庆洗温泉的精品旅游线路。

● 铁人纪念馆

铁人纪念馆是 1989 年在"铁人王进喜同志英雄事迹陈列室"旧址上新建的。全馆总占地面积 5.4 万平方米，在主馆前面广场平台上，两大片草坪间，耸立着一尊铁人王进喜手持刹把的高大塑像。绕过塑像，进入展览室，室内开放三个展厅，共陈列了 200 余幅照片和 300 多件珍贵实物，展示出了铁人的主要经历，他在大庆石油会战中的英雄业绩和大庆人 35 年来学习铁人精神的情况。主体建筑外形为"工人"二字组合，鸟瞰呈"工"字形，侧看为"人"字形，象征这是一座工人纪念馆。主体建筑高 47 米，正门台阶共 47 级，寓意铁人 47 年不平凡的人生历程。建筑顶部为钻头造型，象征大

▲ 铁人纪念馆 (The Iron Man Memorial Museum)

庆油田奋发向上、积极进取。

● 连环湖

连环湖，按字面意思解释，它的特点即昭然若揭，由一连串娇小的浅水湖构成。这些湖的名字很形象：哈布塔泡、他拉红锡、马圈泡、德龙泡、北津泡、羊草壕泡、西葫芦泡、二八股子泡、小尚泡、红源泡、亚门气泡、敖包泡、那什代泡、火烧黑泡、铁哈拉泡、阿木塔泡、牙门喜泡、东湖，共 18 个像气泡般的小湖泊就组成了连环湖。连环湖温泉景区集温泉与自然湖水相结合、室内温泉与室外温泉相结合、冰雪与温泉相结合、蒙医药与温泉相结合、动态温泉与静态温泉相结合、大众温泉与私密温泉相结合、温泉与园林相结合、人与自然相结合 8 大特色于一体。建有文化广场、温泉养生与沙滩洗浴、水上综合娱乐、特色别墅度假、休闲健身 5 大功能区，是目前已知的东北高寒地区标准最高、功能最全的室外温泉疗养、休闲养生的度假景区。

冰雪之冠·黑龙江　Ice and Snow Crown　Heilongjiang

▲ 扎龙自然保护区（Zhalong Nature Reserve）

第三站：齐齐哈尔
The third station: Qiqihar

　　齐齐哈尔位于黑龙江省西部地区，是一座历史悠久的文化古城。齐齐哈尔蒙语意为"边境之地"。齐齐哈尔也被称为"鹤城"。世界著名的扎龙湿地是中国最大的国家级珍稀水禽自然保护区。拥有百年历史的龙沙公园，是东北地区最大的综合性园林。苇荡清韵，仙姿廓野。雪地观鹤，世界一绝。五岭峰的鹿鸣峰翠，嫩江的纯净浩荡，泰湖的轻灵浩渺，共同构成了沁人心脾的生态之美。齐齐哈尔旅游资源丰富、人文历史悠久，有绚丽的自然风光，典雅的古老建筑及独特的历史遗迹，加之交通便捷、通信完善，旅游业快速发展，现已发展成为一座新兴的旅游城市。

● 扎龙自然保护区

　　位于齐齐哈尔市东南部 27 公里处，乌裕尔河下游。保护区总面积约 21 平方公里。因地势低平，形成大片沼泽，芦苇丛生，成为丹顶鹤栖息、觅食、生息繁衍的场所。还有各种珍贵的水禽及经济水禽 296 余种。世界现存鹤类 15 种，我国有 9 种，而扎龙地区就有 6 种，丹顶鹤约占全世界鹤类总数的 1/4。

　　这里是闻名中外的丹顶鹤故乡。丹顶鹤身高腿长，体羽主要为白色，头顶为鲜红的肉冠，在我国属一级保护动物。鹤属永久性配偶鸟类，交配前常有十分精彩的对舞和对唱。幼鹤出壳后几天就能自行觅食，3 个月后能飞翔，幼鹤成年即被"驱逐"。10 月中上旬北国深秋，丹顶鹤即离开故乡，向南方飞翔。扎龙自然保护区已建立了丹顶鹤驯化饲养组，使候鸟变为留鸟，并将驯养的部分丹顶鹤送往国外。

美丽中国经典线路 Beautiful China Classic Route

第四站：黑河
The fourth station: Heihe

黑河市位于小兴安岭的北麓，与俄罗斯的布拉戈维申斯克市隔江相望，是东西方文化的融汇点。黑河是中国首批沿边开放城市，地处中国东北边陲，是一个面积辽阔、区位优越、资源富集、美丽神奇的边境地区，著名的五大连池、小兴安岭都在黑河地区。素有"北国明珠""欧亚之窗"的美称。隶属于黑河市的五大连池市是著名的旅游城市，境内的沾河国家森林公园是我国最大的森林湿地，大沾河漂流享有"神州第一漂"的美誉。五大连池境内的重碳酸、偏硅酸、弱碱性矿泉水各有千秋，宜饮健身、宜浴疗疾。偏硅酸矿泉水已引入市区作为居民生活饮用水，使五大连池成为继法国维希之后世界第二个、亚洲第一个矿泉城。

▲ 五大连池火山口（Wudalianchi Crater）

● **五大连池**

五大连池火山群是由远古、中期和近代火山喷发形成的，火山地质地貌保存完好，是世界上少见的类型齐全的火山地质地貌景观，具有科学性、系统性、完整性、典型性和美学性，是世界著名中国首屈一指的火山。五大连池自然保护区总面积1060平方公里，有耕地35.8万亩、林地32.1万亩、草原5.73万亩、湿地15万亩。五大连池矿泉水是世界三大冷泉之一，有铁硅质、镁钙型重碳酸低温冷矿泉水，天然含汽，可饮可浴，健身治病；有偏硅酸、氡等类型矿泉水。享有"药泉""圣水"之誉。五大连池有纯净的天然氧吧、独特的火山全磁环境、特效的药性洗泉、灵验的药用矿化离子水、神奇的火山岩太阳能理疗场等。

● **大沾河国家森林公园**

大沾河国家森林公园位于黑龙江省五大连池市沾河林业局辖区内，小兴安岭北麓，距著名的世界自然遗产五大连池火山风景区30公里，有着与五大连池一脉相承的原始森林和火山喷发遗留的独特自然景观。大沾河以其独特秀丽的风光被专家、学者及海外探险者称为"塞北三峡"。大沾河自南向北蜿蜒曲折，两岸悬崖峭壁、山高林密。山河相伴相随，景色绮丽多姿。有的河段流水如镜，有的河段卵石横卧、浪流翻滚，河水清澈见底，有三峡之动，漓江之静。大沾河起源于高山密林中的无人区，全长200多公里，流入黑龙江，整个流域无人居住，是亚洲唯一未被污染的河流。

冰雪之冠·黑龙江　Ice and Snow Crown Heilongjiang

第五站：大兴安岭
The fifth station: Da Hinggan Mountains

大兴安岭位于黑龙江省、内蒙古自治区北部，是内蒙古高原与松辽平原的分水岭。北起黑龙江畔，南至西拉木伦河上游谷地，东北—西南走向，全长1200多公里，宽200～300公里，海拔1100～1400米，主峰索岳尔济山。大兴安岭原始森林茂密，是我国重要的林业基地之一。主要树木有兴安落叶松、樟子松、红皮云杉、白桦、蒙古栎、山杨等。春天的兴安岭，满山红杜鹃，山岭沟壑，处处生机；夏日岭上行，林莽又飘香，青翠欲滴的大森林是避暑度假和领略极夜美景的理想胜地；秋日兴安，层林尽染，极目远眺，天高云淡。"五花山"的美景伴着丰收的喜悦，收获着满山遍野串如珍珠的越橘（北国红豆）、都柿、榛子、稠李子、山丁子以及各种名贵的中草药材；冬到大兴安岭更有诗意，万顷林海一片银装，四季常青的美人松映衬着皎洁晶莹的冰雪世界，让你顿感一种大自然的伟大。

● 北极村

漠河北极村原名漠河村，是我国大陆最北端的临江小镇。位于大兴安岭山脉北麓的七星山脚下，纬度高达53°33′30″，与俄罗斯阿穆尔州的伊格娜恩依诺村隔江相望，素有"北极村""不夜城"之称。这里是全国观赏北极光和极昼胜景的最佳之处。

在北极村，有北陲哨兵、神州北极碑、古水井、最北第一家、金鸡之冠、138界碑等景点。因为独特的地理位置，所以这里的邮局、宾馆、商店都被冠以"最北"的称号。每年夏至节期间都在江边举办夏至节篝火晚会，载歌载舞、通宵达旦。一天24小时几乎都是白昼，午夜向北眺望，天空泛白，像傍晚，又像黎明，人们在室外可以下象棋、打球。

北极村常年寒冷，夏季也只有半个月左右，而最高温度不过20℃。理论上是我国唯一能够欣赏光耀天地的"北极光"的地方。每年夏至前后，有近20小时可以看到太阳，这便是人们常说的极昼现象，幸运时还会看到异彩纷呈、绚丽多姿的北极光。漫长的冬日的白天非常短，最短时只有3个多小时。这里是极限旅游爱好者的心仪之地，春可观开河、吃鲜鱼；夏可体会几乎转瞬即逝的黑夜；冬天可以感受−40℃的极寒温度。

▲ 北极村美景 (Arctic Village Beauty)

温馨提示
如果您去了北极村，一定要记得到最北邮局为亲友寄上一张来自北极圈的明信片，填好之后放入邮筒，大概经过漫长的15天，就可以收到这张高纬度的明信片。

美丽中国经典线路 Beautiful China Classic Route

第六站：伊春
The sixth station: Yichun

伊春是座美丽的林业城市，是国家重要的木材生产基地。这里因盛产珍贵树木"红松"而被誉为"红松故乡""祖国林都"。这里曾挖掘出了我国第一具恐龙化石——被称为"神州第一龙"的黑龙江满洲龙，在其附近又新发现了隐藏量巨大的鸭嘴龙、霸王龙、虚骨龙和甲龙的化石群。伊春因而又被称为"恐龙故乡"。伊春有世界上面积最大的红松原始林，号称为"天然氧吧"。独具特色的森林生态旅游以其原始、自然、粗犷、神奇而闻名遐迩。伊春市的市树、市花和市鸟分别是红松、兴安杜鹃和啄木鸟。

● 五营

五营国家森林公园坐落在黑龙江省伊春市境内，位于小兴安岭南坡的中麓，这里有世界最大最完整的红松原始林和国家级森林公园。五营国家森林公园内古树参天，林海茫茫，风景宜人。近年来，已成为以红松原始林生态旅游为品牌的重点旅游区，五营国家森林公园有250多种珍禽猛兽，七八百种植物、药材、山野菜等。园内共有达子香景区、微缩景区、石虎山景区、野外露营区等8大景区，包含有松乡桥、观涛塔、虎啸山、天赐湖、绿野仙居、森林小火车、森林浴场等20个景点，它们都由公园大门处的长17公里的"8"字形公路连接在一起。

▲ 汤旺河石林 (Tangwanghe Forest)

● 汤旺河石林

汤旺河石林旅游风景区属于小兴安岭山脉，形成于古生代末期，海西宁褶皱运动山系，岩石主要以花岗岩、闪长岩等为主，由于漫长的地质运动，受多种地应力作用影响形成多种断裂，地形地貌上表现出独特的峰石景观。汤旺河国家公园以稀有的花岗岩石林地貌景观和完善的原始生态为特色，植被繁茂，山色葱翠。置身公园，云绕山梁，溪流低谷，空气中负氧离子高达每立方厘米5万个，夏季平均温度在18～23℃，是一处清凉的世界、一个世外桃源，是黑龙江黄金旅游区和小兴安岭北国特色风光旅游区的核心。汤旺河国家公园融奇石、森林、冰雪、峰涧、湖溪于一体，集奇、险、秀、幽于一身，可登山、漂流、垂钓、原始林探险、科普修学、源头寻踪、野菜野果采摘，是科学考察、休闲度假、旅游观光的胜地。

温馨提示

伊春菜除了具有浓郁的东北特色外，最重要的特点就是拥有较多的山珍野味，对于远道而来的游客，还是比较富有吸引力。推荐菜：风味山野菜、烤全兔、蜜汁鹿肉、狍肉烩萝卜。

冰雪之冠·黑龙江 Ice and Snow Crown Heilongjiang

第七站：鹤岗
The seventh station: Hegang

鹤岗市位于黑龙江省东北部，地处小兴安岭向三江平原过渡地带，北隔黑龙江与俄罗斯相望，东南临松花江与佳木斯接壤，西屏小兴安岭与伊春为邻。鹤岗市高楼林立、各具风格的城市建筑，宽阔的城市道路，花红柳绿、绿草如茵的园林绿化，宽敞的花园广场，内涵寓意深刻的城市雕塑，淋泉、旱地喷泉，构成一幅幅美丽的画卷，花灯、华灯、霓虹灯流光溢彩，构成一个不夜城，具有大都市风采的现代化鹤岗已展现在世人面前。

● 鹤岗国家森林公园

鹤岗国家森林公园占地面积8万公顷，包括细鳞河民俗风情园、十里河生态风景区和桶子沟原始天然红松母树林。十里河生态旅游风景区位于十里河水库之滨。景区内有度假山庄，水上乐园、沙滩浴场、空鉴水帘桥、临流赏澜长廊、短距离惊险漂流、森林浴、龙吟泉。细鳞河民俗风情园集生态美景、民俗风情、民间歌舞、漂流于一园，被业内人士誉为"三江的西双版纳"。公园内群山连绵，森林茂密，鸟语花香，河流纵横，登山远望，重峦叠翠，烟波浩渺如波涛汹涌之大海，令人心旷神怡。这里物种繁多，有红松、水曲柳、胡桃楸等珍贵树种，有黄芪、党参、五味子等名贵中草药，还大量出产猴头蘑、榛蘑等食用真菌；野生动物300余种，时有马鹿、梅花鹿、黑熊等国家重点保护动物在林间出没；有大片的森林湿地保持着原始风貌，栖息着大量水鸟和珍禽，如天鹅、鸳鸯等。

● 小兴安岭原始森林公园

小兴安岭原始森林公园，位于黑龙江鹤岗南麓腹部五营区境内。共有3块面积较大的原始森林保护区，其中面积最大的是位于鹤岗林业局联营的红松母树保护区。这里古树参天、松涛滚滚。市区西部的金顶山原始森林保护区最长的树龄达到千年。沐浴在原始森林中，才能真正有回归大自然的感觉。日月峡是小兴安岭的一部分，植物种类在数量上仅次于云南的热带雨林。有十八拐风景线、腾龙山原始森林公园、鹿野苑、透龙等9峰58景。

▲ 鹤岗国家森林公园 (National Forest Park of Hegang)

▲ 层林尽染的小兴安岭（Colorful little Xingan ridge）

美丽中国经典线路 Beautiful China Classic Route

第八站：佳木斯
The eighth station: Jiamusi

佳木斯地处黑龙江、乌苏里江和松花江汇流的三江平原腹地，隔黑龙江、乌苏里江与俄罗斯相望，边境线长达 580 公里。是我国最东端的城市、中国最早迎接太阳升起的地方，被誉为"东方第一城""华夏东极"。佳木斯作为北国江城、边境城市，四季分明。原始生态游、冰雪特色游、赫哲民俗游、异国风情游、革命缅怀游等旅游项目为人们所喜爱。佳木斯旅游资源丰富，有中国最大的淡水沼泽湿地（也是世界仅有的原始湿地），有国家一级保护鸟类白鹳，还有大天鹅、丹顶鹤，有茂密苍翠的原始森林、波涛万顷的人工林海。其中著名的景点包括汤原大亮子河森林公园、同江街津口森林公园等，都是国家级森林公园。

▲ 黑瞎子岛 (Heixiazi Island)

● 大亮子河

大亮子河国家森林公园位于黑龙江省东部小兴安岭南麓汤原县大亮子河红松母树林场境内，始建于 1987 年，是国内建园最早的国家级森林公园之一。大亮子河国家森林公园是以红松原始林景观为主体的天然生态旅游地，展现出古木奇伟、森林广奥、山石奇特、山水清幽，四季景象丰富多彩，自然风光隽美怡人的景观特色，被誉为"兴安明珠，三江翡翠"。公园内有驰名中外的原始红松母树林、瞭望塔、巨树岛、神木鸳鸯湖、抗联密营、望松楼、盘石松、千年古树、百年大鸟巢、野生动物展馆、原始猎屋等自然景观。

● 黑瞎子岛

黑瞎子岛又称抚远三角洲、熊瞎子岛，是位于黑龙江和乌苏里江交汇处的一个岛系，其西半部为中华人民共和国所有，东半部为俄罗斯联邦所有。2010 年 11 月 23 日，中国和俄罗斯共同发表中俄总理第十五次定期会晤联合公报称"双方将共同对黑瞎子岛进行综合开发"。2012 年 3 月 30 日，黑龙江省公安边防总队黑瞎子岛公安边防正式对黑瞎子岛中方区域实行常态化治安、边境管理。

东极广场是黑瞎子岛重点旅游景区之一，是我国陆地领土最东端的地标性景观。广场背依祖国、面向东方，三角形的河口沙洲形状如同锋利的军舰舰艏，劈波斩浪，将乌苏里江分为主航道和抚远水道两块，以"起航"为总体景观意象，以高 39.5 米的东极极标雕塑为桅杆，以昂然挑起的河口观景广场为舰艏，象征着中国这艘巨轮正起航驶向东方。岛上有东极塔、界碑以及湿地公园，很漂亮。俄罗斯兵营的旧址里，老旧的澡堂仍有当年的痕迹。

冰雪之冠·黑龙江   Ice and Snow Crown Heilongjiang

● 乌苏镇

乌苏镇在黑龙江与乌苏里江汇合处的小岛上，东临大江，西依小河。从地球经度上看，它是中国疆域的最东端，是国人每天早晨最早迎来"太阳升起"的地方，故号称"东方第一镇"。每年夏至，黎明降落在这"东极小镇"上。此时登上伊力嘎山头，看第一轮红日从两江交汇处涌出，"沧海浴日，金轮荡漾"，万物披上了金黄晨缕的奇观令人难忘。乌苏镇是中国最小的镇，也是世界上最小的镇子。说这里是"镇"，其实这镇上原来只有一位男性居民。后来有位姑娘与这位居民结了婚，才使这里有了唯一的家庭。镇上有条唯一的街道，长十几米，是由 6 栋厂房组成的。另外就是一个边防排，一个哨所，就构成了一个镇，也是一个名声在外的镇。

▲ 乌苏里镇（Wusu Town）

▲ 三江自然保护区（Sanjiang Nature Reserve）

● 三江自然保护区

黑龙江三江国家级自然保护区地处黑龙江与乌苏里江汇流的三角地带，属低冲积平原沼泽湿地，为三江平原东端受人为干扰最小的湿地生态系统的典型代表，也是全球少见的淡沼泽湿地之一。区内泡沼遍布，河流纵横，自然植被以沼泽化草甸为主，并间有岛状森林分布，均保持着原始自然状态。保护区内特殊的自然环境，良好的植被和水文条件为各种野生动物提供栖息和繁衍场所，据初步调查，共有脊椎动物 291 种，其中兽类 5 目 12 科 37 种，鸟类 15 目 167 种，爬行类 2 目 3 科 5 种，两栖类 2 目 2 科 5 种，鱼类 9 目 17 科 77 种，列为国家一级保护的野生动物有白鹳、丹顶鹤、白尾海雕等 9 种，列为国家二级保护的野生动物有大天鹅、白枕鹤、雷鸟、水獭、猞猁等 32 种。区内野生植物资源也比较丰富，有高等植物近 500 种，其中野大豆、黄菠萝、水曲柳被列为国家二级保护野生植物。

241

第九站：双鸭山
The ninth station: Shuangyashan

双鸭山市是黑龙江省下辖的一个地级市，位于黑龙江省东部，因城东北两座形似卧鸭的山峰而得名。是中国重要的煤矿基地，煤炭储量位居黑龙江省第一位。境内生态环境良好，旅游资源丰富，拥有国家著名景区，也是中国最主要的湿地保护区之一。其中挠力河流域形成的七星河、长林岛、雁窝岛等17万公顷湿地，是三江平原保存最为完整、最具代表性和原始性的湿地。还有北秀公园、青山国家森林公园、珍宝岛东升湿地国家森林公园等旅游景点。

● 红旗岭千鸟湖景区

千鸟湖位于双鸭山市区东北处的红旗岭农场内，核心区域达16万亩，是国内现存最完整、景色最优美、湿地多样性特征最显著的全国最美的湿地之一，以山、水、城一体的园林特色为主，是感受北大荒神奇魅力的理想之处。千鸟湖是一处天然遗迹，更是一本内容丰富的活体科普教材。湿地内水系发达，水资源极为丰富，主要有植物500种和国家重点保护鸟类、全球性珍稀濒危鸟种，是水禽栖息、繁衍的重要活动场所，也是欧亚大陆野生动物必经之地。千鸟湖以大白鹭、苍鹭、东方白鹳等大型水鸟居多，其中丹顶鹤、白枕鹤、东方白鹳还被列为国际濒危物种。放眼远望，水泽茫茫，植物茂密，百鸟翔集，浑然天成。湿地景区内建有中心广场、花卉苑区、风情阁、观景台、百鸟居、柳林岛、栈道、码头等设施。另外，千鸟湖还修建了湿地环形观光路、汽车露营地，配备了观光电瓶车，方便游客休闲观光。

● 七星河国家级自然保护区

七星河国家级自然保护区位于三江平原腹地，距宝清县城60公里，总面积2万公顷。保护区内有高等植物386种，脊椎动物263种，其中有国家一级保护动物丹顶鹤、东方白鹳、玉带海雕、白头鹤4种；国家二级保护动物白琵鹭、大天鹅、白枕鹤等17种；国家二级濒危植物野大豆、貉藻等。保护区是一个以保护原始沼泽湿地生态系统及湿地珍稀水禽为主要对象的自然保护区。

● 安邦河湿地公园

安邦河湿地公园位于集贤县境内，是我国东北颇具特色的湿地公园，是我国目前最大的湿地宣教中心。主要景点包括黑龙江省安邦河湿地宣教中心馆、仿真园林景观、旅游文化长廊、北大荒民俗风情展馆、野生动物救护中心、休闲广场、观鸟台、垂钓场、莲花湖、湿地游船码头等。是一处大规模、高层次、高水准、独具特色的集湿地旅游、科研宣教、环境保护于一体的旅游园区，也是集自然保护区与自然景观为一体的湿地型自然风景旅游区。曾被评为"黑龙江最值得去的100个地方"之一。

第十站：鸡西
The tenth station: Jixi

鸡西市位于黑龙江省东南部，是以煤炭为主体，兼有机械、电力、化工、建材等门类的资源型城市。鸡西旅游景点星罗棋布，集雄、奇、秀于一身，冰雪、湖泊、湿地、森林古墓遗址等特色旅游资源丰富。最具特色的有烟波浩渺、气势磅礴的北国绿宝石，兴凯湖，有水深流急、江山多娇的乌苏里江；有世界仅存的第二次世界大战遗址被称作"东方马其诺防线"的虎头军事要塞；有举世闻名的中苏自卫反击战发生地珍宝岛；有历经百年沧桑的"东方第一庙"虎头关帝庙；有"东方第一绝景"千亩野生荷花月牙湖；有山峰奇丽、风光秀丽的麒麟山；有集自然景观与人文景观为一体的卧龙湖、哈达河、八楞山、凤凰山森林公园、北大荒书法艺术长廊等旅游景区；有辽金古城、沿江长达631公里的中俄边境线；有密山、吉祥两个国家一类陆路口岸。鸡西可谓是黑龙江省旅游黄金线上的"东方明珠"。

● **兴凯湖**

兴凯湖为满语，原为中国内湖，1860年中俄《北京条约》签订后，变成了中俄界湖。素有"东方夏威夷"之美称。罕见的原生态湿地环境已成为摄影人心中的理想国及影视剧外景拍摄基地。兴凯湖由大、小两湖组成。大兴凯湖和小兴凯湖虽然离得很近，景观却迥然不同。小兴凯湖温柔恬静，鱼跃鸟飞，帆影点点，湖水静悄悄的，水面平如明镜，

▲ 兴凯湖 (Xingkai Lake)

是我国内湖。大兴凯湖烟波浩渺，天水一色，横无际涯，气势磅礴，被称为"绿宝石"。

● **珍宝岛**

珍宝岛位于虎林市境内的乌苏里江上，长约2公里，因形似元宝故名为珍宝岛。自古以来就是中国领土。原是从中国方面伸入乌苏里江的半岛，后来经过长期的水流冲击，才成为一个小岛。现在每逢夏季枯水期，珍宝岛还与乌苏里江的中国陆地连在一起，恢复原来的半岛面目。在乌苏里江上作业的老一辈中国渔民，称珍宝岛为"翁岛"。

● **麒麟山**

麒麟山风景区位于鸡东县兴农镇西侧，距鸡西市中心约42公里，自然景观秀丽迷人，人文景观别致新颖，山峰陡峭，湖水清幽，是一处不可多得的旅游胜地。麒麟山山峰头朝北、尾朝南，北峰似麒麟的头角，南峰似麒麟的尾，细看起伏的山脉，犹如麒麟的腰身，故此得名。

美丽中国经典线路 Beautiful China Classic Route

第十一站：牡丹江
The eleventh station: Mudanjiang

牡丹江位于黑龙江省东南部，风光旖旎，景色天成，素有"塞北江南"之称。拥有世界第二大火山熔岩堰塞湖、世界地质公园——镜泊湖、国家级森林公园地下森林、中国北方地区最大的人工湖——莲花湖等风景各异的景点，森林虎园惊心动魄，冰雪旅游独具特色，跨国旅游风情迥然，拥有丰富的旅游资源。

● 镜泊湖

镜泊湖距离牡丹江市区仅百余公里，"镜泊"意为"清平如镜"。红罗女的传说为这里的山水倍添灵性，许多伟人的行踪墨宝也给名湖增色不少。镜泊湖蜿蜒曲折，湖中大小岛屿星罗棋布，而最著名的湖中八大景，犹如八颗光彩照人的明珠镶嵌在这条在万绿丛中的缎带上。镜泊湖原始天然，风韵奇秀，山重水复，曲径通幽，可谓春华含笑，夏水有情，秋叶似火，冬雪恬静，四季分明。万种风情让人久久难忘，无限眷恋。

● 小九寨

小九寨位于柴河林业局宏声林场，距牡丹江市 95 公里，坐落于全国最大的国家级森林公园——威虎山国家森林公园内。公园总面积 34.5 万公顷，位于长白山余脉张广才岭东麓，景区内奶头山最高峰海拔 1018 米。小九寨是一块新近开发的原始森林风景区。景区内有多座秀丽的石峰、奇松怪石，原始森林高耸挺拔，红松成片，各种奇花异草相互辉映，林中环境古朴清幽，花气袭人。由于落差较大，多处跌水形成壮观的东北罕见的高山瀑布群、山泉叠落、终年不息。最高瀑布落差达 15 米。灵山韵水之外，长篇小说《林海雪原》和现代京剧《智取威虎山》中的英雄杨子荣追歼残匪的故事大多发生在这块土地上，革命故事广为流传。这里不仅可赏森林参天古木，也可观北国独特风光，亲身体验大森林的神秘和林海雪原的意境。这里群山一片葱郁，泉溪流水在山间奔流，绝无人迹之处，只有空山响彻着流水的声音。

▲ 镜泊湖 (Jingpo Lake)

冰雪之冠·黑龙江　Ice and Snow Crown　Heilongjiang

▲ 地下森林 (Underground forest)　　　▲ 雪房子 (Snow house)

● 地下森林

地下森林位于黑龙江省宁安市境内，距市中心92公里，东南毗邻镜泊湖国家风景名胜区，东靠唐代渤海国遗址。森林蓄积量100万立方米，景区面积8965公顷，其中水面417公顷，是一个以湖光山色为主的自然风光旅游胜地，是集森林生态环境、森林保健功能、自然景观、人文景观于一体的生态公园。

距今1万年前，火山喷发形成了7个直径大小不等的火山口及岩浆流淌形成的地下溶洞群。在原生裸地上形成的阔叶红松林是森林演替的顶级群落，俗称"地下森林"，在国内外享有很高的知名度。公园内的小北湖，同镜泊湖一样都是典型的高山堰塞湖。公园内不仅名胜景点多，自然景观奇特，而且动植物门类齐全，已被国家列为珍稀保护动物的鸟类有15种，占全省总数的70%；兽类10种，占全省总数的27%。已被列为世界濒临保护鸟类红皮书的中华秋沙鸭，全国仅200只，小北湖就占40只。在小北湖生长的荷花，被专家确定为黑龙江红莲，距今已有1.35亿万年，被称为"生物界的活化石"。

● 雪乡

雪乡其实不是一个正式的称呼，它的学名叫双峰林场，是大海林林业局下属的一个林场。雪乡周边的景点超级多，可以不重样的玩上好几天！但是去往各个景点的交通并不是很方便，如果想省去交通上的烦恼，可以考虑找一个当地向导或者直接报名户外游玩团。这里雪期长、降雪频繁。积雪期长达7个月，雪量堪称中国之最，且雪质好，黏度高，素有"中国雪乡"的美誉。国家滑雪训练基地八一滑雪队就在雪乡，为国家培养出了很多优秀的世界级滑雪运动员。除了滑雪场以外，雪乡影视城的土匪窝、跑马场、木屋等也构成了一道原始的人文风情，还有羊草山上的日出更是令人称叹。

美丽中国经典线路　Beautiful China Classic Route

上海时尚之都自助游
Self Help Tour to Fashion Shanghai

线路：外滩➡豫园➡陆家嘴➡迪士尼➡朱家角➡崇明岛
Route: Waitan ➡ Yuyuan ➡ Lujiazui ➡ Disney ➡ Zhujiajiao ➡ Chongming Island

现代大都会
The Modern metropolitan

　　上海，中华人民共和国直辖市，繁荣的国际大都市，魔幻大都市。

　　因为占了地理的优势，在中国众多的城市中上海从来都是因为一副开放的姿态而显出它的特立独行。上海拥有深厚的近代城市文化底蕴和众多历史古迹，江南的吴越传统文化与各地移民带入的多样文化相融合，形成了特有的海派文化。上海的历史就是中国近代史的"浓缩和剪影"，许多大的历史事件和体制改革都在这里发生发展并影响全国。上海亦是全国有名的历史文化和旅游名城，近百处古迹名胜、城市佳景在黄浦江两岸相映生辉。东方明珠电视塔、上海中心大厦的倩影，杨浦大桥、南浦大桥的雄伟身姿，南京路和外滩的摩天广厦把缤纷富丽的城市风光装点到了极致。2016年新开业的迪士尼度假区更为上海添上灿烂的一笔。上海是一座奇异而迷人的城市，它有悠久的历史，更具秀丽的新姿，这颗东方明珠的灿烂光华和磅礴气势带给人的是无尽的感叹和回味。

上海时尚之都自助游　Self Help Tour to Fashion Shanghai

行程推荐
Describe the itinerary

　　上海的公共交通系统非常完善，所以买张最新的交通图或打开手机地图完全可以乘坐公共交通自助游览。公共交通分为常规路线（覆盖市郊）、专线线路和旅游线路，实行单一票价2元，郊县线路则从1元至11元不等，按里程实行多级票价。推荐游览车：都市观光1号线，中途停靠15个站点，串联起人民广场、南京路、外滩、城隍庙、淮海路、新天地、金茂大厦、东方明珠等著名景观，任何一个点都可以上车。提示：每20分钟1班，票价为30元/人。单向行驶，24小时内在各站点随意上下车游览，且无限次免费换乘。运营时间：4月1日～10月31日：09:00～21:30；11月1日～次年3月31日：09:00～19:30。

　　上海地铁目前已开通14条地铁线。单次票按路段收费，3～7元不等，相比之下，套票更划算。1日票（18元）和3日票（45元）可以在24小时和72小时内无限次乘坐。地铁首班车一般为5:30～6:00，末班车为22:00～22:30。如果频繁在上海乘坐交通工具，建议购买地铁1日通或者3日通票，即使不买，为了方便，公交卡也是必要的。

　　对于有一定经济基础的游客来说，在上海租车游玩既方便快捷，又有很大的自由度。上海汽车租赁可以自驾也可以代驾。

　　沿着黄浦江，上海有多处轮渡口在两岸通达，目前开行17条线路，轮渡接受上海公交卡，如今，轮渡已经不是最主要的交通方式，但是如果有兴趣还是可以考虑坐坐轮渡，很有上海风味。上海有多处渡口可到达崇明岛，如吴淞客运码头、宝杨路轮船码头、芦潮港轮船码头、秦皇岛路轮渡站、东昌路轮渡站等。

　　由于迪士尼旅游度假区的建成开放，各大旅行社纷纷推出迪士尼和上海及周边主要景点的组合旅游团，例如驴妈妈旅游网的上海迪士尼乐园、上海东方明珠电视塔双飞3日跟团游、途牛网的华东四市+上海迪士尼乐园双飞6日游等，景点组合非常丰富，出游前可以在网上多多比较，挑选一条适合自己的线路。

▲ 陆家嘴夜景 (Night view of Lujiazui)

247

美丽中国经典线路 Beautiful China Classic Route

第一站：外滩
The first station: Waitan

外滩是指中山东一路一带。无疑，所有的人都倾慕着外滩，向往着外滩。今日的外滩，从某种意义上来说，是建筑史上的一种辉煌，更成为上海时尚界争宠夺爱的地盘。除了时尚高端的购物环境，更让游人惦记的是情人墙的甜蜜、黄浦公园的沧桑、外白渡的钢筋铁骨。在地理与历史上，永远与外滩无法分割的是十里洋场南京路与海派文学的发源地福州路。这两条路是上海风云里举足轻重的地域，但今日，也许更应该把人民广场加进来。上海博物馆让你温故而知新，而上海美术馆、上海大剧院以及上海音乐厅却使你沉醉在艺术的海洋里。上海的外滩是热闹的，也是时尚的，是游人的惊奇，更是上海人的血脉与真真切切的浪漫与实际交融的生活。

● 上海海关大楼

上海海关大楼位于上海市中山东一路13号，由英公和洋行设计。这个昔日汇丰银行的"姐妹楼"，建于1927年，结合了欧洲古典主义与文艺复兴时期建筑的特点，与雍容典雅的汇丰银行大楼齐肩并列，相得益彰。大楼的钟楼有十层楼高，是仿美国国会大厦的大钟制造，在美国造好后运到上海组装。据说花了2000多两白银，是世界著名大钟之一。钟楼依次分为钟坠、钟面、主机、鸣钟几部分，是一组调音谐和的鸣钟装置。

▲ 外白渡桥 (Garden Bridge)

● 外白渡桥

充满了刚劲与沧桑气息的外白渡桥已经是个百岁老人了，建于1907年，在苏州河上一直默默地守望着上海。它跨度52.16米，宽18.3米，是上海市区连接沪东的重要通道，过桥人流量、车流量很大。最初苏州河两岸没有桥梁，人来人往都靠摆渡船运送。后来一位叫韦尔斯的英国人，出面组织"苏州河桥梁建筑公司"于河上建桥，并开始向行人征收过桥税，因该桥的位置在外摆渡，当时上海人都习惯地称为"外摆渡桥"。后来随着人民怨声越来越高，没办法，工部局先于1873年在外摆渡桥西约数十米处建造了一座木桥，定名为"公园桥"，从此人们过桥不必再付钱，于是大家就称之为"外白渡桥"（"白"为不付报酬之意）。1906年，工部局又着手建造铁桥，第二年建成，并于年底举行通车典礼。由于其丰富的历史和独特的设计，外白渡桥成为上海的标志之一，同时也是上海的现代化和工业化的象征。1994年2月15日，上海市人民政府将外白渡桥列为优秀历史保护建筑之一。

上海时尚之都自助游　Self Help Tour to Fashion Shanghai

● 南京东路步行街

这里汇集了上海的很多老字号，曾经是上海最繁华的街道。1853 年福利公司在此开业，1862 年，老德记药房等 14 家洋行、9 家洋布呢绒庄等在此开设，而永安百货、先施服装公司、新新食品公司、大新百货（现在的中百一店）、中国国货五大百货公司的崛起标志着南京东路的繁华时代的到来。现在这条路被装饰得分外妖娆，往来的人群拥挤非凡，无疑是很多外地人到上海来的首选之地。除了那些老牌的大商场外，鹤鸣、蓝棠、博步皮鞋、盛锡福的帽子、张小泉剪刀等中华老字号店铺也在这里开店。

● 沐恩堂

红色的古老砖墙、菱形花的玻璃窗，远远的，沐恩堂就矗立在人民广场一侧的高大梧桐树下。"沐恩"二字意为沐浴于主恩之中。沐恩堂是由美国基督教监理公会传教士李德创立的监理会堂，建于清光绪十三年（1887年）。1900 年为纪念信徒慕尔的襄助，监理会堂改名为慕尔堂。教堂最早建在汉口路云南路口，后来位于西藏中路 316 号的中西女塾转让给慕尔堂建造新堂。新教堂于 1929 年开工，1931 年落成。新堂建筑面积为 3138 平方米，由著名的建筑设计师邬达克担任设计。教堂建成后，立即被赞叹为"建筑雄伟，居全国各堂之首"。1936 年，有位美国教徒捐款，在塔楼顶部安装 5 米高的霓虹灯十字架，并在十字架的底座装了马达，马达开动，可以使闪亮的十字架转动，直到现在都是人民广场上的一大景观。

● 上海博物馆

博物馆是于 1993 年开建的，花了 3 年的时间才建成，可见工程的浩大。据说新馆从远处眺望，圆形屋顶加拱门的上部弧线，整座建筑宛如一尊中国古代的青铜器，象征"天圆地方"。博物馆内的珍藏以青铜器、陶瓷以及历代书画为特色。青铜器主要来自江南几位收藏大家的一批藏品以及 20 世纪 30 年代后发现的文物，如著名的大克鼎、浑源彝器中的精华牺尊等；陶瓷也集中了江南陶瓷的精品，而历代书画中，江南书画精品更是占据了半壁江山。其他如钱币、玉器等古物，在新馆内有着很好的保管系统。

温馨提示
最佳看点 　　除了各种风格的建筑，早上看晨练，晚上看夜景，才是外滩的精华。尤其是节假日或周末期间，外滩所有建筑物（包括对岸浦东的建筑）的灯光全部点亮，流光溢彩，分外繁华，也十分拥挤。乘坐黄浦江游轮观赏两岸的夜景是来上海旅游不可错过的游览项目。

▲ 南京路步行街 (Nanjing Road Pedestrian Street)

美丽中国经典线路 Beautiful China Classic Route

第二站：豫园
The second station: Yuyuan

豫园是上海的风雅之处。就像上海的小点心，虽没有大手笔，却处处精致，处处回味，使人仿佛在严冬里晒着了温煦的阳光，只想闭上眼认认真真地享受一会儿，又像品到了一壶上好的新茶，那种一辈子难忘的清香沁人心脾。在园林里，能达到这种境界的，恐怕也是不多。豫园出自一位上海明嘉靖年间的大孝子潘允端。潘允端，曾任过四川布政使，于1559年开始在上海城内东南区建造了这座私家园林，工程浩大，一造就是近20年，直至明万历五年（1577年）园林才规划整齐。潘允端取《诗经》中"逸豫无期"安乐之意，同时也是"愉悦双亲，颐养天年"，把这座充满了新奇的园林命名为豫园，可惜未等豫园全部造成，他的父母就相继去世了。清初，潘氏家族开始衰败，缺乏修缮和管理的豫园也逐渐变得荒芜起来，后裔以低价将园林卖出。由此，豫园的宁静一去不再，先是成为行业公会的办公和经营场所，后在19世纪的鸦片战争以及上海小刀会起义期间，又相继成了兵家争夺的目标和外国侵略者的屯兵之地。直至1958年，被列为上海市重点文物保护单位，豫园才又重见了天日。园内的石雕、泥塑、木刻，历史悠久，包括《郭子仪上寿图》《梅妻鹤子》《上京赶考》《神仙图》《八仙过海》等，极具观赏价值。

豫园现珍藏书画、家具、陶瓷等文物几千件。豫园内开设了一个藏有石雕的展馆——石头城，规模很大，奇石也比较多，如果感兴趣的话可以去看一下。

▲ 豫园（Yuyuan Garden）

上海时尚之都自助游　Self Help Tour to Fashion Shanghai

第三站：陆家嘴
The third station: Lujiazui

浦东是一个崭新的区域，除了浦东机场之外，陆家嘴几乎就是浦东的代表。频繁出现在青春偶像电视剧里的东方明珠电视塔、国际会议中心，频繁出现在广告画面里的金茂大厦……对于陆家嘴的一切精华，全中国的人几乎都熟悉得好似是自己家门前的画面。而对于上海人来说，陆家嘴是新生活的一种形式，浦东新区也是新生活的开始，渡轮、隧道是每天生活在陆家嘴的很多人都离不开的名词。他们每天穿行在黄浦江的脚下，仿佛更深切地贴近这座城市的血脉，他们如蜜蜂般争分夺秒地为这座城市的建筑和发展忙碌着。

● **东方明珠广播电视塔**

东方明珠广播电视塔是上海的标志性文化景观之一，位于浦东新区陆家嘴，塔高约468米。该建筑于1991年7月兴建，1995年5月投入使用，承担上海6套无线电视发射业务，地区覆盖半径80公里。东方明珠广播电视塔是国家首批5A级旅游景区。塔内有太空舱、旋转餐厅、上海城市历史发展陈列馆等景观和设施，1995年被列入上海十大新景观之一。

凡是去外滩的人都可以从浦西瞭望到它的身影。可载50人的双层电梯和每秒7米的高速电梯，只需40秒就可把您直接送上球体观光层，观光层高263米。当风和日丽时，举目远望，上海的景致一览无余，

▲ 东方明珠电视塔 (The Oriental Pearl TV Tower)

蜿蜒的黄浦江上，巨轮如梭。

● **上海中心大厦**

上海中心大厦造型别致，连续120°缓缓螺旋上升，形成了独特优美的流线型玻璃晶体，体现了现代中国蓬勃的生机。该建筑总高度632米，结构高度580米。地上127层，地下5层，总建筑面积57.6万平方米，是一座集办公、酒店、会展、商业、观光等功能于一体的垂直建筑。与金茂大厦、环球金融中心一起成为上海新地标，并刷新了上海新高度。

美丽中国经典线路 Beautiful China Classic Route

第四站：迪士尼
The fourth station: Disney

上海迪士尼度假区是一个全方位的度假目的地，集梦幻、想象、创意和探险于一身，让每一位游客在由主题乐园、主题酒店、购物餐饮娱乐区和配套休闲区中乐享"不止一日"的沉浸式神奇体验。度假区还包含两座主题酒店：上海迪士尼乐园酒店、玩具总动员酒店；一座地铁站：迪士尼站；一座小镇：迪士尼小镇；一个公园：星愿公园。

上海迪士尼乐园，是中国内地首座迪士尼主题乐园，位于上海市浦东新区川沙新镇，于2016年6月16日正式开园。乐园拥有六大主题园区：米奇大街、奇想花园、探险岛、宝藏湾、明日世界、梦幻世界。六大主题园区内充满花园、舞台表演、游乐项目。耳熟能详的迪士尼故事变身为一个个具体的场景，游客可在这里亲历许多迪士尼之最，包括最大的迪士尼城堡、第一个以海盗为主题的园区、最长的迪士尼花车巡游路线，并沉浸在创意、探险和刺激之中。

游客可通过官方票务直营渠道购票：上海迪士尼度假区官方网站、上海迪士尼度假区预订服务中心、上海迪士尼度假区官方微信公众号、上海迪士尼度假区阿里旅行官方旗舰店。也可通过官方授权合作伙伴订购乐园门票、两家主题酒店预订和《狮子王》音乐剧演出票。

▲ 上海迪士尼乐园的城堡（Shanghai Disney Park Castle）

温馨提示

乘地铁到达迪士尼

搭乘地铁11号线到终点站，距离上海迪士尼乐园、迪士尼小镇及星愿公园仅数步之遥，或在下地铁后乘坐迪士尼度假区穿梭巴士前往度假区内的酒店。

迪士尼快速通行证

如果您在某个景点前发现排队队伍很长，希望可在指定时间回到景点，不必排长队等待，请到适用景点的游客服务中心领取迪士尼快速通行证，不必交付额外费用。迪士尼快速通行证适用景点应需而变，仅限持有有效门票的游客领取。

迪士尼快速通行证适用景点包括：
- 创极速光轮——明日世界主题园区
- 巴斯光年星际营救——明日世界主题园区
- 七个小矮人矿山车——梦幻世界主题园区
- 小熊维尼历险记——梦幻世界主题园区
- 小飞侠天空奇遇——梦幻世界主题园区
- 翱翔·飞越地平线——探险岛主题园区

上海时尚之都自助游　Self Help Tour to Fashion Shanghai

● 游乐项目

您可以尽情探索古老文明，寻找神兽；加入海盗们来一场寻宝之旅；体验炫酷的"创极速光轮"，身临迪士尼经典电影场景！

● 娱乐演出

普通话版《狮子王》音乐剧恢宏上演，绚烂夺目的光效在夜空中绽放，活力四射的乐团现场演奏，所有游客一起舞动，在乐园洒遍幸福快乐的魔法！

● 美食体验

无论您想在奇幻童话城堡的"皇家宴会厅"中享受一番，还是像在宝藏湾有着传奇经历的海盗一样大快朵颐，这里都会满足您。多国菜系，多种菜式，多样服务，任君挑选！

● 购物体验

寄情于达菲熊的收藏徽章？这里纪念品、主题商品和定制商品一应俱全。把魔法带回家，让这个旅程成为一生难忘的回忆！

▲ 花车巡游 (Float Parade)

● 住宿

到上海迪士尼乐园游玩，不妨给自己一次独一无二的酒店体验，上海迪士尼乐园酒店拥有雅致的室内环境、华贵的新艺术装饰和迪士尼梦幻故事，您可以跟许多钟爱迪士尼的朋友来一次难忘的邂逅。上海迪士尼乐园酒店位于波光粼粼的湖畔旁，环境优美，是一处理想的度假胜地。令人赞叹不已的三层挑空大堂、奢华美味的餐饮、豪华高档的室内游泳池、游乐区和其他设施，每一处的设计都将给您留下难以忘怀的记忆。

▲ 晶彩奇航中的小美人鱼（The Little Mermaid in Voyage to the Crystal Grotto)

253

美丽中国经典线路 Beautiful China Classic Route

第五站：朱家角
The fifth station: Zhujiajiao

古镇"朱家角"西滨淀山湖，"长街三里，店铺千家"，自宋元起一直是著名集镇，俗称"角里"。1991年被命名为"中国文化名镇"。现在因为旅游开发，古镇的旁边又建了一座新镇，由新镇向前走再右转便来到了古镇。古镇的入口处有很多刚建的仿古建筑，由此进去之后就到了由两条小溪和一条大河构成的水乡古镇。

● 放生桥

是镇的中心点，站在桥上可以一览古镇风貌。自镇口路过一个医院后，就到了这座放生桥，这也是镇的中心点。建设此桥的僧人性潮曾规定在桥下只准放生鱼鳖，而不得撒网捕鱼，此桥便得名为放生桥。它是一座五孔石拱桥，建于明万历年间，桥身很高，现在两边建了很多新的建筑，把以前的那种优美景致给破坏掉了。桥下桥上都有很多农民，捧着一盆盆的小鱼，兜售给游人。

● 课植园

位于朱家角北首西井街，俗称"马家花园"。其结构布局错落有致，疏密得当，独具匠心。环境幽静，风光独好，是镇上最大的庄园式园林建筑，寓意"课读之余，不忘耕植"。

知识链接

放生桥独具特色

江南古镇的一些石拱桥走势陡峭，使过桥有如登山，备感吃力。放生桥的走势却显得平缓舒坦，它的台阶特别薄，最薄处厚度仅有3厘米，一般不超过8厘米，因此过放生桥如履平地。放生桥南北两面台阶合计达122级。这么多的级数在江南石拱桥中是非常罕见的，可见古代造桥者的聪明才智和对路人的一份人文关怀。

▲ 朱家角的放生桥 (The Released Bridge in Zhujiajue)

上海时尚之都自助游　Self Help Tour to Fashion Shanghai

▲ 佘山的教堂和天文台 (Churches and Observatory in Sheshan)

● 北大街

是最富有代表性的明清建筑精华所在，又称"一线街"。距今已有 400 多年历史，全长两里多路，其东起放生桥，西至美周弄的 300 多米，街很窄，抬头看天，只有窄窄的一条，这就是一线街的由来。现在成为一条旅游街，两旁有很多售卖土布、旅游纪念品的小商铺。

● 陈家弄

是朱家角全镇最古老的弄堂。位于朱家角西井街漕港滩，是条上有楼面的内弄堂，前段约 40 米，昏暗而幽静，弄内墙壁凿有两个凹形壁孔，为古代放置油盏蜡烛、供行人照明之用，显得十分幽深。朱家角古弄很多，其他还有财神弄、一人弄等，别有情趣。朱家角可看的地方很多，它的小巷弯来弯去，不经意时就会看到一个个小景点。朱家角的人也很友好，会任您去参观他们的院子，不会赶人。泰安桥和廊桥这两座桥四周的水乡风情最浓。两座桥之间，经常有渔船靠在岸边卖鱼虾。

▲ 朱家角的游船 (Cruise Ship in Zhujiajiao)

周边景点

佘山国家旅游度假区

佘山自东北向西南有大小 12 座山峰，绵延 13 公里，因松江别称"云间"，故简称"云间九峰"，是上海人比较喜欢去的一个地方，整个景区的地方并不是很大，所以一到假日这里就游人如织。佘山不高，现在分为东西佘山两处，东佘山里有佘山森林公园，相对于东佘山来说，西佘山更有文化的味道，高 97 米，中国第一座天文台——佘山天文台以及佘山天主教堂都坐落在这里。若是在两山之间徒步行走，会看到一座建于北宋年间的秀道者塔。

美丽中国经典线路 Beautiful China Classic Route

第六站：崇明岛
The sixth station: Chongming Island

崇明岛是中国第三大岛，处于长江黄金水道和以上海市为中心的黄金海岸的交汇点，内通长江沿岸18个省市，外通太平洋。岛南沿有深水岸线40多公里。崇明岛作为世界上最大的沙岛，是一处周末晒太阳、露营等户外活动的好地方。

崇明岛自618年露出水面后，迄今已有1300多年历史。直到今天，由于长江携带的大量泥沙淤积，崇明岛每年仍以143米的速度向东海延伸。因为历史悠久，所以岛上不仅有明清的名胜古迹，还有华东地区最大的国家森林公园——东平森林公园。在崇明岛的西南端还有个大水潭，当地人称为"崇明西湖"或"明潭"。岛的东部是候鸟自然保护区，每到冬季，就会有大批的候鸟前来越冬，是很好的观鸟季节。

崇明岛还有一大宝贝——水仙花，崇明水仙球根自然分株较少，且芳香浓郁，经月不散，为他地水仙所不及。

● **崇明学宫**

出崇明南门码头，仅走两三百米，便能望见学宫那层层叠叠的古建筑群，两座石柱牌楼古朴沉稳，上书"德配天地，道冠古今"。门前有两株350年、3人才能合抱的银杏树，守门的是一对大石狮。学宫最大的建筑是大成殿，是祭祀孔子的地方，东庑西庑是72高徒的宿舍。而今大成殿暂作古船陈列室，大成殿东庑主要是崇明知名人士的照片

▲ 崇明学宫 (Chongming Museum)

和事迹，还有一些崇明出土的古代器物；西庑是黄丕谟艺术馆；大成殿后的两幢建筑是崇明民俗陈列馆，还是比较有地方特色的。

● **东平国家森林公园**

东平国家森林公园很受上海人的欢迎，一到节假日，就能看到很多人开车到这里烧烤或者进行日光浴，公园很大，设施也很多，分为几个不同的主题区，人工的建筑也相对比较多一些，是华东地区最大的平原人工森林，也是上海最大规模的森林公园。公园位于崇明岛中北部，距南门港（县城）12公里，总面积3.55平方公里，其前身为东平林场，1959年围垦建场，后来才改建成为森林公园。现在公园里可进行游玩的项目比较多，比如森林滑草、攀岩等。坐环保车可绕森林一圈，各景点随叫随停。若在公园里露营，最好到桂花园沙滩，位于一个人工湖与森林之间，是很理想的宿营地，最好自带帐篷；公园内也出租烧烤用具以及食品，但价格大都比较昂贵，建议自带或在南门的超市采购。

上海时尚之都自助游　Self Help Tour to Fashion Shanghai

▲ 东平国家森林公园（Dongping National Forest Park）

● **东滩湿地公园**

　　崇明岛的北部和东部泥沙淤涨迅速，滩涂面积很大，滩涂上繁殖生长石璜（土鸡）、蟛蜞、芦苇、关草、丝草、芦竹等动植物，蕴藏着较丰富的生物资源。芦苇荡、杨柳群、水杉等景色宜人，但这里最让人心动的还不是景色，而是占地3公顷的候鸟保护区，目前正在申报世界重要湿地。东滩有116种鸟，尤其是小天鹅在东滩越冬数量有3000~3500只。更珍贵的如白额雁、绿鹭、黑脸琵鹭等

▲ 东滩湿地公园芦苇荡（East beach Wetland Park Reed Marshes）

也有。还有来自澳大利亚、新西兰、日本等国过境栖息候鸟，总数多达300万只。

● **长兴岛**

　　长兴岛素有"橘乡""净岛""长寿岛"的美称。是三岛中距市区最近的一个，仅需半小时航程。得天独厚的自然条件和丰富的自然资源使长兴岛的旅游业得到了充分发展。景点主要有上海橘园、蒙古村跑马场、垂珠园、上海特技城、先丰度假村、石沙野生动物园、绿岛芦荡迷宫、星岛度假乡村俱乐部等，每到深秋季节，岛上举办的上海柑橘节丰富多彩，热闹非凡。

● **横沙岛**

　　浓厚的乡村气息，是上海人避暑的好去处。竹林、橘园，自然天成的横沙岛有着生机盎然的乡村气息。横沙夏威夷水上乐园在横沙岛的东部海边。这里有水清沙缓、万米平展的铁板沙，还有摩托艇、滑板冲浪、水上降落伞、情侣划艇等娱乐项目。

> **温馨提示**
>
> 　　吃遍崇明最好的季节就是在秋冬。除了油满膏溢、肉质细嫩的老毛蟹外，崇明岛的白山羊也是在当地特定水土条件下孕育而成的最有名的特产之一。经国家批准，被命名为"长江三角洲白山羊"，系全国重点保护和发展的家畜品种。羊肉营养丰富，味道鲜美，是上品佳肴，更是冬令御寒、助暖抗病、延年益寿的滋补佳品。位于南门的东江羊肉馆在当地非常知名，大盆酥软浓香的红焖羊肉或是汤汁奶白浓郁的芋艿羊肉都是餐桌上会被一扫而光的佳肴。吃羊肉时再来一杯崇明老白酒，滋味更是非同一般。这酒是以糯米为原料，经淋饭后拌药加水精心酿制而成，味道甜润，色呈乳白，故又有"甜白酒""米酒""水酒"之称，在崇明已有数百年酿造历史。

257

美丽中国经典线路 Beautiful China Classic Route

游园林、宿水乡，江苏全景游

Panoramic Tour to Garden and Water Town in Jiangsu

线路：南京➡扬州➡常州➡无锡➡苏州
Route: Nanjing ➡ Yangzhou ➡ Changzhou ➡ Wuxi ➡ Suzhou

江苏印象
Impression of Jiangsu

烟花三月下扬州，正是一年好时节。沿着"南京—扬州—常州—无锡—苏州"这条江苏全景旅游线，听着秦淮河畔的昆曲，品评苏州园林的温婉，泛舟太湖，再配上无锡排骨等各色小吃，时间就可以在此停住了。江苏历史悠久，早在4000多年前的新石器时代，就有了人类活动。春秋时代的吴越，在此冶炼和铸造铜器。三国以后，南京曾为六朝古都，为南方的经济文化中心。隋唐以后，全国经济重心向南移动，开凿了大运河，扬州成为东南财富、漕运、盐铁转运中心。江苏省经济、文化发达，旅游资源极为丰富，是山水园林、名胜古迹和旅游城市高度集中的地区，也是我国历史文化名城最多的省份。国家重点风景名胜区有南京钟山、太湖、扬州瘦西湖等。苏州园林和明孝陵已被列入世界遗产名录。

游园林、宿水乡，江苏全景游 Panoramic Tour to Garden and Water Town in Jiangsu

行程推荐
Describe the itinerary

江苏无论是铁路还是公路运输都十分发达，京沪铁路连接了所有的苏南城市，其余宁通铁路和新长铁路等则分布在江北各大城市，每个城市都可乘坐铁路直达。新开通的高铁将上海和南京的行程时间缩短在2～3小时，其余城市也都可以在半小时内到达。江苏的每个地级市之间几乎都有长途客车直达，临近的城市之间还有县镇长途车。京杭运河纵贯江苏南北，长江则横切东西，乘船的话可以从南京下达南通，镇江到扬州之间还有轮渡。如果您不赶时间的话，乘船游览也是个很好的选择。

在南京不建议自助旅游的朋友租车游玩，成本高且市内交通堵塞较多，建议使用公共交通比较好。南京旅游集散中心位于中山南路汽车站。建议游客出去游玩坐地铁比较方便，基本上所有景点地铁都覆盖了，而乘坐公交车的话遇上堵车很不方便。

扬州市中心的文昌阁是公交线路最密集的地带，基本上可通达全市各处。如果找不到直达目的地的公交车，可选择任何一部到文昌阁的车换乘。除此之外，扬州还特设旅游专线公交，经过扬州市内主要景点。扬州城市面积不大，无论从城内何处打的到所去景点一般在10元之内都可到达。30块钱就可以在城内转一圈。扬州分为东区和西区两大片，东区以老街建筑为主，羊肠小道只允许公交车通过，特别是国庆路一带。所幸有勤勤恳恳的三轮车师傅，起价4元，每公里

▲ 苏州拙政园 (Suzhou Humble Administrator's Garden)

1元。因为没法计算公里数所以都是大家看着来的。所以要提前和师傅商量好价钱再坐车。

在常州市内游览主要依靠公交车。公交1路到淹城；11路或30路到天宁寺；3路到舣舟亭、篦箕巷；26路、302路到中华恐龙园。

推荐两条无锡市内旅游专线：1. 环蠡湖观光专线，途经鼋头渚、蠡湖公园、蠡湖大桥河垮口等著名景点。环蠡湖观光专线只在法定节假日运行，其他时段停运。2. 吴文化旅游专线（K763），途经鸿声客运站、吴文化广场、锡梅花园、许巷、坊前商业街、向阳路、坊前、江溪、锡士路、春江桥、尤渡苑等地点。

苏州城区内公交线路很多，乘坐方便。市内设有5条旅游线路，几乎覆盖了苏州城区的所有景点。此外，苏州还有5条快速公交线路（BRT），走快速路很少发生堵车现象。推荐游1路：途经虎丘、留园、广济桥、石路老街坊、玄妙观、苏州博物馆（拙政园、狮子林）。

美丽中国经典线路　Beautiful China Classic Route

第一站：南京
The first station: Nanjing

　　南京，简称宁，古称金陵、建康，是中国东部地区重要中心城市、全国重要的科研教育基地和综合交通枢纽。南京是中国四大古都、首批国家历史文化名城，是中华文明的重要发祥地，历史上长期是中国南方的政治、经济、文化中心。公元229年，吴大帝孙权在此建都，此后东晋、南朝的宋、齐、梁、陈均相继在此建都，故南京有"六朝古都"之称。继此之后，南京又先后成为杨吴西都、南唐国都、南宋行都、明朝京师、太平天国天京、"中华民国首都"，故又称"十朝都会"。南京旅游资源丰富，名胜古迹众多。南京旅游景点包括了夫子庙、中山陵、南京大屠杀遇难同胞纪念馆等。

● 南京市夫子庙秦淮风光带

　　夫子庙秦淮风光带位于南京市秦淮区，以夫子庙为核心、十里秦淮为轴线、明城墙为纽带，串联起众多全国重点文物保护单位、省级和市级文物保护单位，以儒家思想与科举文化、民俗文化等为内涵，集旅游观光、美食购物、科普教育、节庆文化等功能于一身，是南京历史文化荟萃之地，也是中国著名的开放式国家5A级旅游景区。秦淮河是南京古老文明的摇篮，南京的母亲河，历史上极负盛名。这里素为"六朝烟月之区，金粉荟萃之所"，更兼十代繁华之地，"衣冠文物，盛于江南；文采风流，甲于海内"，被称为"中国第一历史文化名河"。

▲ 秦淮河风光（The Qinhuai River Scenery）

　　南京夫子庙是中国四大文庙之一，为中国古代江南文化枢纽之地、金陵历史人文荟萃之地，不仅是明清时期南京的文教中心，同时也是居东南各省之冠的文教建筑群，是中国最大的传统古街市。

　　夫子庙秦淮风光带内历史人文丰厚，夫子庙小吃位列中国四大小吃之首，每年春节至元宵节间举行的夫子庙灯会，是首批国家级非物质文化遗产，也是中国最著名的灯会活动，吸引着无数游人赏灯，共度佳节，具有浓郁地方特色和文化氛围。

温馨提示

推荐餐馆咸亨酒店

　　始创于清光绪年间（1894年）。咸亨酒店主要以传统绍兴菜、绍兴酒为主导产品，同时兼容各地风味、时尚菜肴的特色餐饮企业。主要特色菜品有：茴香豆、油炸臭豆腐、干菜焖肉、咸煮花生、野生大黄鱼、富贵天香、糟熘虾仁等，另外咸亨太雕酒也颇具特色。

　　地址：南京市秦淮区夫子庙大石坝街138号

260

游园林、宿水乡，江苏全景游　Panoramic Tour to Garden and Water Town in Jiangsu

▲ 南京中山陵（Sun Yat-sen Mausoleum）

● 南京钟山风景名胜区

钟山风景名胜区，简称钟山风景区，位于南京市玄武区紫金山，是中国著名的风景游览胜地、首批国家级风景名胜区、首批国家5A级旅游景区、国家森林公园、国家文明风景名胜区。

钟山风景区以中山陵园为中心，明孝陵和灵谷寺为依托，分布各类名胜古迹多达200多处，84个可供游览景点。其中世界文化遗产1处，全国重点文物保护单位15处，江苏省文物保护单位和市级文物保护单位共31处。风景区分为明孝陵景区、中山陵景区、灵谷景区、头陀岭景区和其他景点五大部分。

钟山因山顶常有紫云萦绕，又得名紫金山。钟山与后湖相依相望，奠定南京先天形胜。其间龙蟠虎踞，山水城林浑然一体，可谓南京山水人文之精萃。故诸葛亮有"钟山龙蟠，石头虎踞，此帝王之宅也"的盛赞，钟山以"龙蟠"之势，屹立于扬子江畔，饮霞吞雾，历经千年而郁郁葱葱，纳数朝君王和英雄豪杰而松青柏翠，融多元文化和数种天工而卓然于众山之中，囊六朝文化、明朝文化、民国文化、山水城林文化、生态休闲文化、佛教文化系列于一山之中，是为"中华城中人文第一山"。

● 侵华日军南京大屠杀遇难同胞纪念馆

侵华日军南京大屠杀遇难同胞纪念馆坐落在中国南京江东门街418号。纪念馆建立在南京大屠杀江东门集体屠杀场地及"万人坑"遗址之上。建筑物采用灰白色大理石垒砌而成，庄严肃穆，是一处以史料、文物、建筑、雕塑、影视等综合手法，全面展示"南京大屠杀"特大惨案的专史陈列馆。该馆正大门左侧镌刻着邓小平手书的"侵华日军南京大屠杀遇难同胞纪念馆"馆名。陈列分广场陈列、遗骨陈列、史料陈列三大部分。广场陈列由悼念广场、祭奠广场、墓地广场3个外景陈列场所组成。

旅游锦囊

最佳旅游时间

南京属亚热带湿润气候，年平均气温15.3℃，年降水量1106.5毫米，6月中旬~7月初为梅雨季节。南京以前有"火炉"之称，7~8月极端最高气温达40℃，一般也在35℃左右。不过南京是全国绿化先进城市，市区绿化率超过30%，因此夏天到南京旅游的人越来越多。"夏热冬寒"是南京较之其他江南城市有过之而无不及的显著气候特征，通常12月份下雪机会最多，如果您有缘在南京遇上大雪，那也是令人神往的，江南的雪景更显妩媚动人。

261

美丽中国经典线路 Beautiful China Classic Route

▲ 南京市雨花台烈士陵园 (Nanjing City, Yuhuatai Martyrs Cemetery)

● **南京市雨花台烈士陵园**

位于城南中华门外，是座高约 60 米，宽约 2 公里的山冈，占地面积 1137 公顷。传说梁代高僧云光法师在此讲经说法，感动上苍，天上坠花如雨，故名雨花台，为历代著名的游览地。冈上盛产雨花石，色泽瑰丽，可供观赏。新中国成立前，有无数革命志士和爱国者在此英勇就义，新中国成立后辟为烈士陵园。目前，雨花台风景名胜区由名胜古迹区、烈士陵园区、雨花台文化区、雨花茶文化区、游乐活动区和生态密林区六大功能区组成。园内有全国规模最大的石雕烈士群像，为缅怀革命先烈丰功伟绩，教育后代而建立。

● **南京长江大桥**

大桥始建于 1960 年，1968 年 10 月建成通车。它是我国目前最大的双层双线铁路公路两用桥，共 9 个桥墩，高约 80 米。铁路桥全长 6772 米，宽 14 米。公路桥全长 4589 米，宽 195 米。正桥长 1557 米，两端建有 70 米高的桥头堡，堡内有电梯可上下。南北两端桥头堡前各有一座 10 余米高的工农兵雕塑。公路桥人行道上整齐地竖立着 150 对玉兰花灯组，每当夜幕降临，华灯齐明，犹如银河落人间。

● **明孝陵**

是明太祖朱元璋的陵墓。坐落在钟山南麓独龙阜玩珠峰下，是我国现存古代最大的帝王陵之一，始建于明洪武十四年（1381 年），至今已有 600 多年的历史。陵墓建筑宏伟，陵园围墙长达 22.5 公里，孝陵分前后两大部分。前部从下马坊开始经四方城，内有"大明孝陵神功圣德碑"巨碑及神道，两旁有石兽、望柱、石翁仲等。后部由正门、"治隆唐宋"碑、孝陵殿、方城、宝城等组成。朱元璋和马皇后就葬在宝城后的土山独龙阜下。为国家重点文物保护单位。

▲ 南京长江大桥夜景 (Night Scenery of Nanjing Yangtze River Bridge)

游园林、宿水乡，江苏全景游　Panoramic Tour to Garden and Water Town in Jiangsu

第二站：扬州
The second station: Yangzhou

扬州是我国一座具有2400多年历史的文化名城，是江苏中部重要城市，轻工业发达，为苏北外贸出口商品基地之一。位于江苏省中部，南依长江，中贯大运河，历史上曾是江淮经济中心，也是对外贸易和国际友好交往的重要港埠，被誉为"淮左名都"。2000多年来，扬州人民在这里创造了灿烂文化，留下了大量宝贵的文物古迹。这里有举世闻名的大运河，有历史悠久的古刹大明寺，还有隋炀帝、康熙、乾隆等帝王留下的行宫遗址，也有山明水秀，风格多样的古典园林。扬州自古以来，文人荟萃，"扬州八怪"书画独树一帜。至今扬州仍是一座富有魅力的旅游城市。

● 瘦西湖公园

位于扬州市西郊。瘦西湖原是扬州蜀冈山水流入运河的一段自然河道，原名"保障湖"，也称"长春湖"。湖长5公里许，因湖面清瘦秀丽，故称瘦西湖。隋唐以来，劳动人民因地制宜在湖畔相继建造了长堤春柳、大虹桥、徐园、熙春台、小金山、白塔、莲花桥、二十四桥、桂花厅、月观、四桥烟雨等景点，楼台亭阁玲珑俏丽，花木山石奇异，风光旖旎，形成一个"两堤花柳全依水，一路楼台直到山"的风景秀丽的游览区，可与杭州西湖媲美。

▲ 扬州瘦西湖 (Slender West Lake)

● 个园

位于扬州盐阜路。建于清嘉庆二十三年（1818年），是清代盐商黄至筠的私家园林。园内翠竹成林，因竹叶形似"个"字，故名。个园以假山堆叠精巧著名，并饰以楼、台、亭、阁。假山采取分峰叠石的手法，运用不同的山石，表现春、夏、秋、冬四季景色，号称"四季假山"。游园一周，似历一年。

旅游锦囊

瘦西湖节庆活动
每年4月8日～5月8日举办"瘦西湖万花会"。另有春季蕙兰展、夏季荷花展、秋季菊花会、冬季双梅展。

263

美丽中国经典线路 Beautiful China Classic Route

▲ 何园风光（Ho Park Scenery）

● 何园

位于扬州市内古运河畔徐凝门西街，又名寄啸山庄，是光绪年间一位何姓官僚的私家园林。何园占地1.4万平方米，建筑面积7000多平方米。园内最大的特色是四周建有串楼，逶迤曲折，长400余米，构成立体交通路径，与园内各厅相连。不但起到立体观景效果，遇上下雨，还能使游客免遭淋雨之苦。园内假山重叠，古木参天，四季花卉盛开。

● 大明寺

位于扬州西北蜀冈中峰。始建于南朝刘宋大明年间（457～464年），故名。迄今已有1500余年的历史，曾几度兴废更名。这里曾是鉴真大师居住和讲学的地方。1980年，为迎接鉴真塑像回扬州，复号"大明寺"。寺前有一座古朴的牌楼，寺内有天王殿、大雄宝殿，后院有晴空阁。鉴真纪念堂于1973年建成，它包括正殿、碑亭、门厅等。

● 大运河

大运河扬州段是整个运河中最古老的一段。现在扬州境内的运河与2000多年前的古邗沟路线大部分吻合，与隋炀帝开凿的运河则完全契合，从瓜洲至宝应全长125公里。其中，古运河扬州城区段从瓜洲至湾头全长约30公里，构成著名的"扬州三湾"。这一段运河最为古老，可谓历史遗迹星列、人文景观众多。

▲ 大运河扬州段（The the Grande Canale section of Yangzhou）

游园林、宿水乡，江苏全景游　Panoramic Tour to Garden and Water Town in Jiangsu

第三站：常州
The third station: Changzhou

常州市位于美丽富饶的长江三角洲中心地带，地处江苏省南部，北携长江，南衔太湖，与上海、南京等距相望，沪宁铁路、沪宁高速公路、京杭大运河均穿城而过。常州还是季子故里，近代工业发祥地，现代装备制造城，科教名城。常州旅游资源丰富，其中著名的常州旅游景点包括：天宁寺，号称"东南第一丛林"；环境宜人的南山竹海生态旅游区；集森林度假、农业观光、环境保护和湖上娱乐于一身的省级旅游度假区天目湖；名胜古迹与自然风光相结合的江南园林东坡公园以及瓦房山旅游度假区等独特的旅游资源。近年来，常州加快旅游资源开发，推出了中华恐龙园、溧阳天目湖旅游度假区、金坛茅山风景区等。

● 常州环球恐龙城

国家5A级旅游景区环球恐龙城位于江苏省常州新北区。是一座占地面积4800余亩的"恐龙王国"。环球恐龙城包括中华恐龙园、迪诺水镇、恐龙谷温泉、恐龙城大剧场、香树湾花园酒店、维景国际大酒店、恐龙主题度假酒店、三河三园亲水之旅等旅游项目，是一座集主题公园、游憩型商业、文化演艺、温泉休闲、动漫创意于一身的一站式恐龙主题综合度假区，是常州对外交流的一张闪亮名片。

恐龙园的主体建筑中华恐龙馆是收藏展示中国系列恐龙化石最为集中的专题博物馆。

▲ 恐龙模型（Dinosaur model）

● 天目湖旅游度假区

天目湖旅游度假区，位于溧阳市区南部8公里，区内坐落着沙河、大溪两座国家级大型水库，因属天目山余脉，故名"天目湖"。旅游度假区总体规划面积为10.67平方公里（不包括水面7.25平方公里）。天目湖的周围，现存许多历史文化遗址：以春秋时代楚人伍子胥名"员"命名的伍员山、东汉大文学家蔡邕读书台、太白楼、报恩禅寺、唐代名刹龙兴寺旧址、"天下第一石拱坝"等。天目湖地区物产丰富，有"沙河桂茗"绿茶、乌龙茶、珍珠栗、桂圆栗、砂锅鱼头等。天目湖旅游度假区是融观光、旅游、度假、会议等活动为一体和具有"行、游、住、食、购、娱"一条龙服务的国家级旅游度假区。

美丽中国经典线路 Beautiful China Classic Route

● 天宁寺

常州天宁寺始建于唐朝贞观、永徽年间，即627~655年。为全国重点佛教寺院之一，江苏省文物保护单位，与镇江金山寺、扬州高旻寺、宁波天童寺并称为中国禅宗四大丛林。天宁宝塔始建于2002年4月，于2007年4月30日开光。总建面积2.7万平方米，塔高13层153.79米，为国内4000多座宝塔之最；从底层地宫到顶层钟楼，整座宝塔以佛教文化为主线，以东阳木雕、扬州漆器、常州乱针绣、惠安石雕等手工艺术为表现手法，巧妙地诠释了大乘佛教的诸多教义。

● 金坛茅山风景区

"秦汉神仙府，梁唐宰相家"的中国道教圣山茅山位于常州市西部，镇江市西南部，常州金坛区与句容市交界处，南北走向，面积50多平方公里。海拔372.5米的茅山山势秀丽、林木葱郁，有九峰、二十六洞、十九泉之说，峰峦叠嶂的群山中，华阳洞、青龙洞等洞中有洞，千姿百态、星罗棋布的人工水库使茅山更显湖光山色，可谓"春见山容，夏见山气，秋见山情，冬见山骨"。茅山是著名的道教圣地，相传汉元帝初元5年（前44年），陕西咸阳茅氏三兄弟来茅山采药炼丹，济世救民，被称为茅山道教之祖师，后齐梁隐士陶弘景集儒、佛、道三家创立了道教茅山派，唐宋以来，茅山一直被列为道教之"第一福地，第八洞天"，曾引来诸多文人墨客留下诗篇。抗日战争时期，陈毅元帅等革命先辈在此与敌开展游击战，使之成为我国著名的六大抗日根据地之一。茅山有"山美、道圣、洞奇"之特色，区内主要景点有东方盐湖城、宝盛园、茅山道院、九霄福宫（顶宫）、乾元观、华阳南洞、金牛洞、八卦台等。

定位于"道教养生、休闲度假、生态观光"，金坛市近年先后复建乾元观、崇寿观、元阳观等千年道观。同时整体策划108平方公里茅山旅游区，突出茅山道教、山水（温泉）、茶文化和知青文化特色，加大招商力度，先后引进宝盛园、紫云湖、东方盐湖城、金沙湾乡村俱乐部等休闲旅游项目。

▲ 天宁寺古塔 (Tower in Tianning Temple)

▲ 茅山 (Maoshan)

游园林、宿水乡，江苏全景游　Panoramic Tour to Garden and Water Town in Jiangsu

第四站：无锡
The fourth station: Wuxi

无锡被誉为太湖边的一颗明珠，是一座具有3000多年历史的古城。早在商末，泰伯、仲雍就到无锡梅里建勾吴国。无锡地处长江三角洲中心地带，南临太湖，京杭大运河绕境而过，土地肥沃，物产丰富，素称"鱼米之乡"。工农业生产发达，市场繁荣，有"小上海"之称。

无锡风光秀丽，为我国重点旅游城市之一。茫茫太湖为无锡增添了艳丽秀色和无穷魅力，太湖已被定为国家级自然风景区。无锡的风光具山水之胜，有湖海之美，兼人工之巧，深受旅游者喜爱。近年来，随着中央电视台在无锡建造三国城、唐城、水浒城、欧洲城、太空城等影视基地，已使无锡影视城呈现东方好莱坞的雏形。

▲ 灵山大佛 (Grand Buddha at Lingshan)

● 无锡灵山景区

无锡市灵山景区，国家5A级旅游景区，中国最佳佛光普照景区，最美中国·文化魅力旅游目的地景区，20个最受欢迎的长三角世博主题体验之旅示范点，世界佛教论坛永久会址。无锡市灵山景区位于江苏省无锡市太湖之滨，占地面积约30公顷，由小灵山、祥符禅寺、灵山大佛、天下第一掌、百子戏弥勒、佛教文化博览馆、万佛殿等景点组成。集湖光山色、园林广场、佛教文化、历史知识于一身，是中国最为完整、也是唯一集中展示释迦牟尼成就的佛教文化主题园区。

旅游锦囊

精华游程推荐

灵山大照壁—五明桥—胜境门楼—洗心池—佛足坛—五智门—菩提大道—九龙灌浴—降魔浮雕—阿育王柱—天下第一掌—百子戏弥勒—祥符禅寺—灵山大佛（佛教文化博物馆、随喜堂）—五印坛城—曼飞龙塔—灵山梵宫—梵宫圣坛（妙音堂）欣赏《灵山吉祥颂》演出。

推荐餐馆

灵山蔬食馆

位于灵山胜境、祥符禅寺广场东侧，是景区中融素食餐饮、休息品茗、佛教聚会等多功能于一体，具有民族建筑风格、现代服务设施的游客消费和活动场所。建筑面积2200平方米，大厅营业面积600平方米，可同时容纳散客和旅游团队700人。

灵山梵宫餐饮

位于灵山胜境梵宫内，品尝灵山特色健康餐饮，品味禅意人生。梵宫内提供素食自助餐、包厢餐饮、宴席等餐饮服务。让更多的人能在灵山享用宁静喜悦的一餐，体悟简单之美，专心之悦。

267

美丽中国经典线路 Beautiful China Classic Route

▲ 无锡中视股份三国水浒景区 (CCTV Wuxi Movie/TV Base)

▲ 鼋头渚长春桥风光 (Turtle Head Islet Changchun Bridge Scenery)

● 无锡中视股份三国水浒景区

中央电视台无锡影视基地是中国首创的大规模影视拍摄和旅游基地。始建于1987年,是我国首家影视文化与旅游相结合的主题园,也是国家首批5A级旅游景区,它以其独特的功能和魅力每年吸引着上百个摄制组在这里拍摄1000部集以上的电视剧和电影,同时每年吸引着超过300万人次到这里来探索影视制作奥秘和旅游的游客,而且随着景区的不断翻新变化和良好的服务,知名度的日益提高,来这里的摄制组和旅游人数逐年稳步增长,这在业内是首屈一指的,是国内公认的最早最成功的影视基地,被誉为"东方好莱坞"。

● 无锡太湖鼋头渚风景区

无锡太湖鼋头渚景区是太湖西北岸无锡境内的一个半岛,因有巨石突入湖中,状如浮鼋翘首而得名,是太湖风景名胜区的主景点之一。太湖风光,融淡雅清秀与雄奇壮阔为一体,碧水辽阔,烟波浩渺,峰峦隐现,气象万千。鼋头渚独占太湖风景最美一角,山清水秀,天然胜景。大文豪郭沫若诗赞:"太湖佳绝处,毕竟在鼋头",更使鼋头渚风韵名扬境内海外。鼋头渚风景区现有充山隐秀、鹿顶迎晖、鼋渚春涛、横云山庄、万浪卷雪、湖山真意、十里芳径、太湖仙岛、江南兰苑、樱花谷、无锡人杰苑及中犊晨雾、广福古寺等十多处景点。自1916年鼋头渚始建园林以来,鼋头渚已经历了百年的历史发展,经无锡市政府、景区管理处多年统一规划布局,精心缀连,又大规模扩建新景点,使这一太湖风景名胜游览区日趋完美,面积扩大到500公顷,成为江南最大的山水园林之一。

旅游锦囊

七桅帆船游太湖

A线:太湖水上精华游(限30人)

游程:鼋头渚码头—长春桥—包孕吴越—万浪桥—大觉湾—鼋头渚码头

B线:太湖水上逍遥游(限30人)

游程:鼋头渚码头—登仙岛—万浪桥—包孕吴越—长春桥—鼋头渚码头

配套服务:茶水、导游讲解。

包船时均需与当天风景区游览票同时使用。

游园林、宿水乡，江苏全景游　Panoramic Tour to Garden and Water Town in Jiangsu

第五站：苏州
The fifth station: Suzhou

苏州位于长江三角洲之南，太湖之东，是一座古老的历史文化名城。早在公元前6世纪中叶，吴王阖闾就在此建筑了周长3100余米的"阖闾大城"，至今已有2500多年的历史，留下了众多的名胜古迹，文物保护单位国家级有15处、省级85处。

苏州又是一座美丽的水乡城市。烟波浩渺的太湖枕于其旁，开凿于我国隋朝的京杭大运河纵贯其境。城区更是水道纵横，举目见桥，河街相邻，水陆并行，早在13世纪就被意大利旅行家马可·波罗誉为"东方威尼斯"。苏州还是一座驰名中外的园林城市。据《苏州府志》记载，明代苏州有大小园林270处，现存50多处，其中大多为宋、元、明、清所建私家花园。这些花园可游可居，有不出城郭而获山水之怡，身居闹市而得林泉之趣，集中体现出我国江南园林之精华，历来有"江南园林甲天下，苏州园林甲江南"之誉。

● **拙政园**

位于东北街178号。是苏州四大名园之一，是中国古典园林的经典之作。全园面积约5.2公顷，为苏州古典名园之最。拙政园始建于明正德四年（1509年），为御史王献臣辞官回乡时所建。园名拙政，是取晋代文学家潘岳《闲居赋》中"拙者之为政"的句意。王献臣死后，拙政园屡易其主，几度兴废，太平天国时忠王李秀成曾居于此。拙政园分为东、中、西三部分。东部以平冈远山、松

▲ 拙政园风光（Humble Administrator's Garden Scenery）

林草坪和竹坞曲水为主，有兰雪堂、芙蓉榭、天泉亭等。中园为全园精华所在，配以山池亭阁，意境开朗舒畅，以远香堂为主建筑，临水布局。堂南黄石假山，重峦叠嶂；堂北平台宽敞，池中皆植荷花，并垒土石作二山，游人可从四面厅远香堂中欣赏堂外一幅幅美景。主要景点有远香堂、香洲、荷风四面亭、见山楼、枇杷园等。西园有主厅、"卅六鸳鸯馆"和"十八曼陀罗花馆"，缀有水廊、留听阁、浮翠阁、笠亭、扇亭等建筑，或水波倒影，或明静幽雅，别具意境。1997年2月，被联合国教科文组织列入世界遗产名录。

苏州园林博物馆是中国第一座园林专题博物馆，园林博物馆新馆紧邻拙政园，占地面积3205平方米，建筑面积3390平方米，园林博物馆设有序厅、园林历史、园林艺术、园林文化、园林传承等五大展厅，以苏州历代名园为例，向游人展示苏州古典园林的丰厚内涵和艺术魅力。博物馆以造园工具、陈设家具、建筑构建等实物为主要载体展示园林的传统造园工艺，并运用了现代科技手段展示古典园林的艺术魅力。

美丽中国经典线路 Beautiful China Classic Route

● 留园

　　留园位于苏州阊门外留园路79号。占地面积约3万平方米。原为太仆寺少卿徐泰时的私家园林，称东园。始建于万历二十一年（1593年）。后因泰时去世，东园渐废。清乾隆年间园为刘恕所得（刘与"留"同音）。意为园景之美，使人流连忘返。又因经过战乱，阊门外独留此园，故名留园。在苏州诸古典园林中，以拙政园和留园最具代表性，留园又是苏州四大名园之一。留园与北京的颐和园、承德的避暑山庄、苏州的拙政园并列为中国四大名园。留园不但因建筑宏敞、华丽著称，且庭院布局又独具风格，充分体现了高深、曲直、虚实、明暗等造园艺术。留园全园分四大景区：中部是全园精华所在，西、北为山，东、南为建筑。假山广植林木，凸显山林繁茂氛围。以涵碧山房为主景，辅以明瑟楼、闻木樨香轩等建筑，显得明洁清幽，峰岳环抱。东部以五峰仙馆、林泉耆硕之馆（又称鸳鸯厅）等大型厅堂建筑见长，富丽堂皇，古朴精美，并置以"冠云峰""瑞云峰""岫云峰"等立峰名石，其中冠云峰相传为宋代"花石纲"遗物。西部以自然山林风光为特色，漫山枫林，绕以清溪，景色十分动人。北部系田园风光。贯通全园连绵不断的曲廊将四区园景厅堂连成一体，所以偌大的留园，游人一入园门便可不受日晒雨淋之苦，尽兴观光游览。1997年2月，被联合国教科文组织列入世界文化遗产名录。

● 虎丘

　　位于苏州城西北35公里处。虎丘又称海涌山，海拔34.3米，占地约20公顷。春秋时，阖闾死后，吴王夫差葬其父阖闾于此，相传葬后三日，"有白虎踞其上"，故名。这里丘壑奇特，景色秀丽，古迹集中，享有"吴中第一名胜"之誉。我国宋代文学家苏东坡曾云："到苏州而不游虎丘，乃是憾事！"虎丘景点很多，最著名的是云岩寺塔和剑池。云岩寺塔俗称虎丘塔，始建于后周显德六年（959年），建成于北宋建隆二年（961年），七级八角，砖建仿木楼阁式，高47.7米。现存塔为明崇祯十一年（1638年）重建，塔身已向东北偏北方向倾斜，最大倾角为3°39′，被称为"中国的比萨斜塔"。剑池神秘莫测，据传底下埋有吴王阖闾墓葬。剑池左壁有篆书"剑池"二字，相传为晋代大书法家王羲之所书，右壁有"风壑云泉"四字，为宋代米芾所书。其他还有断梁殿、憨憨泉、试剑石、真娘墓、枕石、千人石、五十三参等景点。另外，虎丘每年春季花会和秋季庙会也形成特色旅游节目，深受游客欢迎。

▲ 留园（Lingering Garden）

游园林、宿水乡，江苏全景游　Panoramic Tour to Garden and Water Town in Jiangsu

▲ 金鸡湖风光（Jinji Lake scenery）

● **金鸡湖景区**

金鸡湖景区是国家 5A 级旅游景区，国家商务旅游示范区，中国最大城市湖泊公园，是 21 世纪苏州"人间新天堂"的象征。金鸡湖景区位于江苏省苏州工业园区，总面积 11.5 平方公里，其中水域面积 7.4 平方公里，景区投资 89.53 亿元，按照"园区即景区、商务即旅游"的城市商务旅游功能布局，精心打造了文化会展区、时尚购物区、休闲美食区、城市观光区、中央水景区五大功能区。金鸡湖景区八大景观带来奇丽的感官之旅，六大商旅体验提供高端时尚品鉴，三大旅游产品为商务人士、游客、市民提供丰富的定制化旅游产品，金鸡湖景区是国内极少数免费对外开放的国家 5A 级旅游景区之一。

● **苏州吴中太湖旅游区**

太湖风光美，精华在吴中！苏州吴中太湖旅游区位于天堂苏州西南隅的太湖之滨，境内有"中国碧螺春之乡"东山景区，"天下第一智慧山"穹窿山景区和"苏州最美的山村"旺山景区。盈盈碧水、脉脉青山、渺渺湖岛、点点风帆，秀美的湖光山色与散落在太湖山水间的人文古迹相映生辉，俨然一幅绝佳的江南山水画卷。太湖是吴文化的发源地，是天然的历史文化博物馆。古镇、古村、古岛等历史人文景观，宛如点缀在太湖山水间的颗颗明珠，数量之多、档次之高，堪称世界之最。闻名中外的"兵圣"孙武、"塑圣"杨惠之、"草圣"张旭、"绣圣"沈寿、天安门和故宫的设计者蒯祥、王鏊等历史名人，都曾于此烙下生活的印记。

太湖三山岛，古称蓬莱，明代始称小蓬莱，又称笔架山、金龟山，位于苏州城西南五十余公里的太湖之中；三山岛因一岛三峰相连而得名，面积约 1.6 平方公里，三山岛有得天独厚的自然地理环境，气候温和、四季分明，冬不太凉，夏不太热，苍山碧水，风景优美。三山岛四季花果累累，除有"洞庭红"橘外，更有名果"马眼枣"为全国所罕见，果大二寸许，鲜甜爽口，现尚有百年以上古枣树 692 棵。

吴中太湖经典旅游线路

东山一日游（重点推荐线路）

启园—环山公路—陆巷古村—紫金庵—雕花楼

上午至"中国湖滨皇家园林——启园"领略太湖之畔皇家园林的精致神韵；欣赏环山公路沿途风景，抵达"江南第一古村落——陆巷古村"领略"一街六巷"的明代村落格局和宰相王鏊的三元牌坊。

中餐后前往"南宋佳构，天下无双——紫金庵"欣赏艺绝天下的彩绘泥塑罗汉；最后到"江南第一楼——雕花楼"体验中华传承的"砖、木、石、金"雕刻艺术之精妙。

美丽中国 经典线路 Beautiful China Classic Route

▲ 同里古镇风光 (Tongli Ancient Town Scenery)

● **苏州同里古镇游览区**

同里镇，江南六大古镇之一，同里旧称"富土"，唐初改为"铜里"，宋时将旧名拆字为"同里"。始建于宋代，已有1000多年历史，是汉族水乡文化古镇。同里镇位于苏州市吴江区，距苏州市市区18公里，距上海80公里。同里面积33公顷，为5个湖泊环抱，由49座桥连接，网状河流将镇区分割成7个岛。古镇镇内家家临水，户户通舟；宋元明清桥保存完好。1982年成为江苏省最早也是唯一将全镇作为文物保护单位的古镇。1995年被列为江苏省首批历史文化名镇。1998年水乡古镇和退思园被列入世界文化遗产预备清单。

● **苏州市周庄古镇景区**

周庄古镇是世界文化遗产预选地、首批国家5A级旅游景区，位于苏州城东南，位于昆山、吴江、上海三地交界处。周庄古镇四面环水，因河成镇，依水成街，以街为市。"井"字形河道上完好保存着14座建于元、明、清各代的古石桥。800多户原住民枕河而居，60%以上的民居依旧保存着明清时期的建筑风貌。周庄古镇主要景点有富安桥、双桥、沈厅等。

▲ 周庄双桥 (Zhouzhuang Double-bridge)

旅游锦囊

最佳季节

3~5月。春季最佳，四季皆宜。同里是典型江南水乡，气候宜人，无寒冬酷暑。春季的同里烟雨绵绵，春雨和薄雾笼罩在古城之上，使水乡的景致更添几分韵味，极有诗情画意之感。夏季气温稍高，但此时有许多民俗活动，如6月下旬的闸水龙、7月末的烧地香放水灯、8月初有铜铜鼓等。秋季古镇桂花飘香，秋高气爽，天蓝如画，适合游玩。冬季的古镇也不冷，游人稀少，更能体味古镇寂美，可来此晒晒太阳，享受闲散时光。最好不要周末或节日去同里，在滚滚人潮之中，很难领略古镇水乡的宁静秀美。

温馨提示

周庄特色美食万三蹄

万三蹄是江南巨富沈万三家招待贵宾的必备菜，"家有筵席，必有酥蹄"。经数百年的流传，已经成为周庄人过年过节、婚宴中的主菜，意为团圆，亦是招待宾客的上乘菜肴。在周庄街边到处都有卖万三蹄的小铺。

游园林、宿水乡，江苏全景游　Panoramic Tour to Garden and Water Town in Jiangsu

● 苏州西部生态旅游度假区

度假区位于苏州高新区西部的太湖之滨，坐拥苏绣之乡——镇湖，自然环境优美，人文底蕴深厚，是太湖沿岸养生、休闲、旅游、度假的理想之地。作为苏州高新区首个省级旅游度假区，苏州西部生态旅游度假区旅游资源丰富。区内有苏州太湖国家湿地公园，有中国刺绣艺术馆景区。沿太湖25公里岸线有自然岛屿——大、小贡山，太湖大堤创意文化闸站，省级自驾游基地——太湖一号房车露营公园等时尚、生态、休闲旅游景点。是承办国家一类赛事的杵山生态公园已经成为集生态环保湿地、娱乐休闲旅游、国际专业垂钓等功能于一体的生态型主题公园。

● 寒山寺

位于苏州城西约5公里的枫桥镇。寺院坐东朝西，占地面积约106万平方米，是苏州著名的古刹之一。始建于梁天监年间（502～519年），初名"妙利普明塔院"。唐贞观年间（627～649年），因高僧寒山、拾得曾在此住持，遂更名寒山寺。唐天宝年间（742～755年）诗人张继赴京应试落第，返途经该寺时，赋有《枫桥夜泊》诗一首："月落乌啼霜满天，江枫渔火对愁眠。姑苏城外寒山寺，夜半钟声到客船。"从此，诗韵钟声，名扬天下。寒山寺山门前有黄墙照壁，进入题额"古寒山寺"山门，便是大雄宝殿，须弥座上供奉如来佛坐像，其左右有阿难和迦叶立像。藏经楼环壁嵌有《金刚经》石刻，共41块。碑廊嵌有寒山、拾得等画像及历代名人岳飞、唐伯虎、文徵明、董其昌、俞樾、邓石如、康有为、刘海粟等人的诗文碑刻，都是珍贵的历史文物。

知识链接

新年钟声

寒山寺素以钟声闻名天下。每年除夕夜或元旦晚上，寒山寺都会举行敲钟仪式，钟敲108下。每一下代表一个烦恼，听完钟声，来年烦恼便随风而去。据说当年唐代诗人张继夜泊枫桥，在客船听钟声，也是因为屡试不中，听人指点前来扫除烦恼。

旅游锦囊

常熟经典二日游

D1：参观常熟名胜古迹曾赵园，是常熟园林史上的杰出之作，均以借景造园而闻名于世；后参观"虞山第一湾"，宝岩生态观光园，"看杨梅、烧莳香"有着900多年的风俗，延传至今；下午参观国家首批湿地公园——尚湖风景区，因姜尚在此垂钓而得名，太公岛、拂水山庄、水上森林、紫藤长廊，让人流连往返；

D2：早餐后参观全国百家红色经典旅游区——沙家浜，游览芦苇荡风景区；革命历史传统教育区、雕塑瞻仰广场、红石民俗文化村、芦苇迷宫、横泾老街影视基地等，后参观全国最大的批发市场之一的中国常熟服装城，拥有35个专业市场，2.8万个商铺，8万多名经营人员，入驻知名品牌5000多个。

▲ 枫桥夜泊景区（Fengqiaoyebo Scenic Area）

273

美丽中国经典线路 Beautiful China Classic Route

浙江游西湖、住水乡之旅
Tour to West Lake, Live Water Town in Zhejiang

线路：杭州➡湖州➡嘉兴
Route: Hangzhou ➡ Huzhou ➡ Jiaxing

细品真正的江南，感受梦里的水乡
Taste the real Jiangnan, feel the dream of the water town

从古至今"江南"一直是个不断变化、富有伸缩性的地域概念，在人文地理概念中特指长江中下游以南。江南往往代表着繁荣发达的文化教育和美丽富庶的水乡景象，是人人向往的世外桃源。现在，让我们沿着"杭州—湖州—嘉兴"这条江南特色鲜明的线路出发，领略沿途湖光山色连绵不绝、梦里水乡烟雨蒙蒙的美好意境。如果说浓妆淡抹总相宜的西湖是江南湖泊中的大家闺秀，那么清澈而明净的湘湖、闹中取静的西溪湿地、被誉为"天下第一秀水"的千岛湖等一众湖泊就是她各领风姿的姐妹，我们要逐个去欣赏、品评她们独特的美，她们一定会让您赞不绝口。代表江南的不仅有秀水，还有古镇，在富庶的南浔、繁华的乌镇、朴素的西塘，我们可以白天乘船，夜宿水乡，尽享江南水乡古镇的生活情趣。

在浙江游西湖、住水乡之旅　Tour to West Lake, Live Water Town in Zhejiang

行程推荐
Describe the itinerary

这条线路要以杭州为中心，整体路程不长，路况非常好，首先推荐可以灵活掌握时间的自驾游。如果不愿开车也可完全依赖公共交通在各个景点之间穿梭。在杭州市内游览，如果时间充裕可以租辆自行车慢慢骑行游览，公共自行车60分钟内免费使用，全市范围内通租通还。但如果赶时间的话还是利用地铁比较快速，不用担心交通拥堵。杭州有专门用来游览西湖的电瓶车：西湖新南线长3.5公里，分为公园、涌金门、柳浪闻莺、学士桥和长桥5个区域。杭州水上巴士是杭州市内的水上公交系统，按站（码头）停靠，用于缓解陆上交通压力和为游客提供旅游服务，目前有3条公交线路，连接大运河、西溪、钱塘江等水系。杭州当地的旅行社经营多条1日游线路可供游客选择，如：杭州船游西湖—雷峰塔—灵隐寺1日游、杭州西湖—宋城—黄龙洞1日游等。去往千岛湖游览可从杭州西站、杭州客运中心站乘汽车到达。杭州不仅有美景，美食也绝对让人终生难忘，"清爽别致"是杭州菜的最大特色。宋代大诗人苏东坡曾盛赞"天下酒宴之盛，未有如杭城也"，且有"闻香下马"的典故。杭州天香楼的东坡肉、楼外楼的西湖醋鱼名扬中外。风味小吃品种极多，吴山酥油饼、金华醺饼、杭州奎元馆的虾爆鳝面，知味观的幸福双点心、湖州丁莲芳千张包子都家喻户晓。

去往湖州有从杭州东站出发乘高铁和从杭州汽车北站出发乘长途汽车两种方式。

▲ 西湖风光 (West Lake scenery)

湖州市内的公交系统比较发达，线路很多，分为市区线路、德清县线路、安吉县线路、南浔区线路、长兴县线路和城乡公交等。也可以乘坐出租车灵活来往于各个景点之间，只是注意要和不打表的司机先商量好价钱。湖州的吃食比较有特色的是白扁豆和湖羊。特产超市里有很多小包装的白扁豆，方便旅客带回家与亲朋好友分享。湖羊就要在当地品尝啦！上好的湖羊肉肥而不腻，十分美味。喜欢小吃的游客不妨去老字号的"周生记""丁莲芳"尝一尝特色小吃，价格实惠，味道还正宗。

从湖州到嘉兴也有汽车和高铁两种方式。嘉兴市内交通可选择出租车和公交，多数公交车在晚上6点左右停止运营，公交车停运后游客就只能打出租车了。嘉兴美食丰富多样，品类繁多，于细节处更见功夫，既融合江南水乡的特色，浸透吴越之灵气，尽显南方美食细腻冲淡之特色，又凸显千年古文化之底蕴。故嘉兴美食可谓江南美食之典型代表。如五芳斋粽子、南湖船菜、南湖菱等，不可不尝。

275

美丽中国经典线路 Beautiful China Classic Route

第一站：杭州
The first station: Hangzhou

杭州，曾经因为一句"上有天堂，下有苏杭"而成为人们印象中天堂的化身。杭州是吴越文化的发源地之一，历史文化积淀深厚。其中主要代表性的独特文化有良渚文化、丝绸文化、茶文化，也曾因为《梁祝》《白蛇传》而披上凄美浪漫的头纱。直到今天，西子湖的一潭碧水和杭州人内敛隽秀的个性，让杭州仍保持着大家闺秀的风范，它有得天独厚却不张扬的美貌。浓妆淡抹总相宜的西湖、清澈而明净的湘湖、闹中取静的西溪湿地、被誉为"天下第一秀水"的千岛湖，让每一个来过杭州的人赞不绝口。

子，淡妆浓抹总相宜"，是对西湖美的高度概括，已成为脍炙人口的千古绝句。

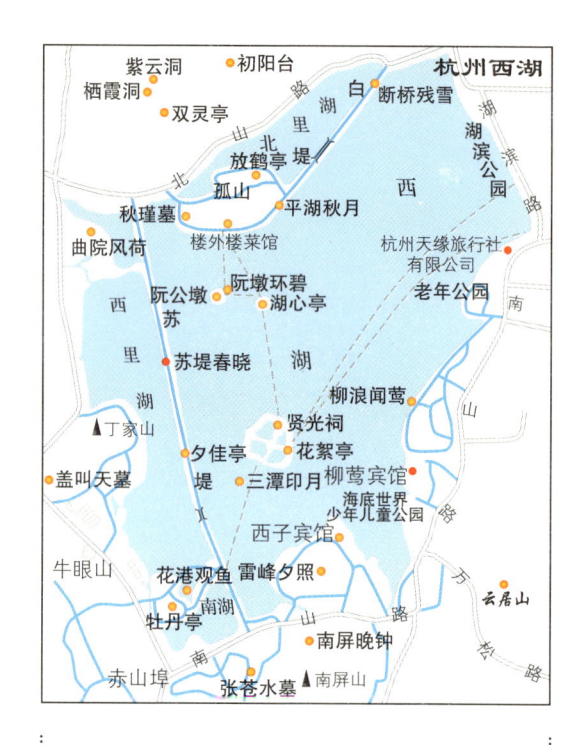

● **杭州西湖风景名胜区**

西湖因其位置在杭州城西部而得名。西湖景区由一山（孤山）、两堤（苏堤、白堤）、三岛（阮公墩、湖心亭、小瀛洲）、五湖（外湖、里湖、西里湖、岳湖和南湖）、十景（曲院荷风、平湖秋月、断桥残雪、柳浪闻莺、雷峰夕照、南屏晚钟、花港观鱼、苏堤春晓、双峰插云、三潭印月）构成。20世纪80年代，杭州又评出云栖竹径、满陇桂雨、虎跑梦泉、龙井问茶、九溪烟树、吴山天风、阮墩环碧、黄龙吐翠、玉皇飞云和宝石流霞"新西湖十景"。西湖的美，不仅在湖，也在于山。诸多山峰如众星拱月，捧出西湖这颗珍珠。清初盛世君主康熙南巡杭州5次，乾隆6次到杭，他们四处游山玩水，舞文弄墨，为湖山留下不少碑碣。苏轼诗句"欲把西湖比西

旅游锦囊

最佳旅游时节

2月时节雾蒙蒙，雾西湖景色卓然，宛若瑶池仙境；4月时间雨纷纷，雨西湖似真似幻，风姿独特；10月夜晚，皓月当空，泛舟于湖上，品酒赏月，自在写意；12月里白雪皑皑，银装素裹，雪西湖宛如小家碧玉踏雪行来。故此，西湖不同时节，有不同景致。

西湖龙井开茶节

西湖产茶历史悠久。西湖龙井始于宋，扬于明，盛于清，汇"色翠、香郁、味甘、形美"四绝于一身，集名山、名寺、名湖、名泉于一体，名贯古今、饮誉中外，与西湖同辉，是杭州城市品牌的巨大无形资产。西湖龙井开茶节每年农历清明节前（3月底）举办，活动中除了盛大的祭茶仪式，以茶文化为主题歌舞、民俗表演等，还有许多具有浓郁地方风味的节目。

在浙江游西湖、住水乡之旅　Tour to West Lake, Live Water Town in Zhejiang

● 灵隐景区

位于西湖西南，隐藏在灵隐山和天竺山之间的谷地中。那里千峰竞秀，万壑争流，景色极佳，为杭州诸景区之冠。景区主要包括三处名胜古迹：飞来峰、冷泉和灵隐寺。

过合涧桥即入灵隐景区。左边是怪石嶙峋、林木葱茏的飞来峰；山旁是一泓晶莹明净，淙淙潺潺的泉水，即冷泉，又名龙溪；沿着溪边石板大道经青淙、壑雷、冷泉三亭，就到了灵隐寺。

坐落在冷泉溪旁的飞来峰，是一座平地拔起的石灰岩孤峰，高仅168米。岩石色呈青紫，莹浸清润，千态百姿，如蛟龙如奔象。飞来峰又叫灵鹫峰，说是从印度灵鹫山飞来的，故名。飞来峰的精粹不仅在于美丽的自然景色，而且还保存了从五代到宋、元的大量石刻造像，共有380多尊，保存完整的有333尊，大多集中在飞来峰东南麓的溶洞内外石壁上，以东南隅的射旭、玉乳、龙泓三洞较著名，整个飞来峰成为一座巨大的"艺术陈列馆"。

最逗人喜乐，常伴游人摄影留念的石像是宋代的弥勒佛像，这是飞来峰最大的一尊造像，身躯丰满，不羁的坐姿，倚着布袋，袒胸露腹，笑口大开。弥勒佛像两侧为十八罗汉像，或坐或立，形态各异，均呈笑容。整组造像画面和谐统一，活泼自然，富有生活气息。飞来峰石刻造像在中国石窟雕刻史上占有特殊地位。

灵隐寺初建于东晋咸和元年（326年），迄今已有1600多年历史。开山祖师是印度高僧慧理和尚，龙泓洞口的理公塔就是为纪念这位创建者而建。灵隐寺为禅家的十大名刹之一。现存的灵隐寺建筑主要有天王殿、大雄宝殿、东西回廊和西厢房、联灯阁等。寺最前面天王殿的殿匾"云林禅寺"为清康熙皇帝手笔。大殿正中佛龛里为袒胸露腹的弥勒佛坐姿像。其后壁的佛龛里为手执降魔杵的韦驮菩萨站姿像，南宋时由独块香樟木雕成。大雄宝殿占地1200平方米，高536米，为我国现存最高单屋重檐古代建筑。1954年全面修整，改为永久性钢筋水泥建筑。大殿气势宏伟，殿正中的释迦牟尼佛像高196米，由24块香樟木雕成。灵隐寺现存最古老的文物为大雄宝殿丹墀东西两座宋代石塔和天王殿前两座北宋经幢。

▲ 灵隐寺（Lingyin Temple）

277

美丽中国经典线路 Beautiful China Classic Route

● **西溪国家湿地公园**

国内第一个也是唯一的集城市湿地、农耕湿地、文化湿地于一体的国家湿地公园。坐落于杭州市区西部,距离杭州西湖5公里,在杭州天目山路延伸段,是罕见的城中次生湿地。曾与西湖、西泠并称杭州"三西"。西溪之胜,首在于水。水是西溪的灵魂,园区约70%的面积为河港、池塘、湖漾、沼泽,正所谓"一曲溪流一曲烟",整个园区六条河流纵横交汇,水道如巷、河汊如网、鱼塘栉比如鳞、诸岛棋布,形成了西溪独特的湿地景致。西溪占地面积10.08平方公里,分为东部湿地生态保护培育区、中部湿地生态旅游休闲区和西部湿地生态景观封育区。西溪湿地以独特的风光和生态,形成了极富吸引力的一种湿地景观旅游资源。湿地内河流众多,水渚密布,温度适宜,雨量充沛,植被繁多,大面积的芦荡,众多飞禽走兽,到处鸟语花香,空气清新。

▲ 西溪湿地 (Xixi Wetland)

● **浙江湘湖旅游度假区**

湘湖地处杭州市钱塘江南岸,与西湖、钱塘江构成杭州旅游风景的金三角。度假区以杭州国际风景旅游城市为依托,以历史文化湘湖、自然生态湘湖、休闲度假湘湖为定位,拥有湘湖景区、杭州乐园、极地海洋公园、东方文化园4个国家4A级旅游景区,形成了城山、老虎洞、跨湖桥遗址博物馆、下孙文化村、金沙戏水、音乐喷泉等数十个景点,为游客带来丰富多样的人文历史、娱乐休闲体验。

温馨提示

东区是西溪湿地自然风光的精华所在,坐船穿行于错综复杂的水道,是感受自然生态最佳的方式。西溪湿地东区很大,如果全程步行游览要4～6小时,不仅费时间,走得也很累,所以建议以游船和步行相结合的方式游览。游客基本上都是坐船到公园小景点一个一个游览,坐船到小景点下船后,船上的工作人员会告诉您下一趟船的时间,您要在这个时间内回到停船的地方,要是错过了只能等下一趟了,就好像摆渡船一样,可以随意乘坐,门票已涵盖船票费用。

景区内很少有卖食品的地方,所以要带够食品进去游览,免得饿肚子。

西溪民俗文化活动尤其丰富多彩,至今仍保留了"龙舟盛会""碧潭网鱼""竹林挖笋""清明野餐"等诸多传统民俗表演节目。具体的活动举办时间请留意官方网站。

▲ 湘湖跨湖桥 (Bridge over the Xianghu Lake)

在浙江游西湖、住水乡之旅　Tour to West Lake, Live Water Town in Zhejiang

● 杭州宋城旅游景区

位于西湖风景区西南，北依五云山、南濒钱塘江，是中国最大的宋文化主题公园。

宋代是中国封建社会发展成熟的朝代，其经济、科技、文化的发展在当时居世界领先地位。宋城就是反映两宋文化内涵的杭州第一个主题公园，它主要分为：《清明上河图》再现区、九龙广场区、宋城广场区、仙山琼阁区、南宋风情苑区等部分。

宋城旅游景区的建设运用了现实主义、浪漫主义、功能主义相结合的造园手法，源于历史、高于历史，依据宋代杰出画家张择端的《清明上河图》画卷，严格按照宋代营造法工再现了宋代都市的繁华景象。在景观上创造了一个有层次、有韵味、有节奏、有历史深沉感的游历空间。在中国传统山水园林艺术手法基础上，吸取了西方开朗、飘逸、注重功能的艺术处理手法，使之既有《清明上河图》再现区的古朴、凝重、严谨，又有九龙广场、城楼广场、宋块广场轴线式人流

▲ 大型歌舞《宋城千古情》(Large Dance "Song cheng Eternal love")

集散功能，还有景观的包容性和冲击力。斗拱飞檐，车水马龙，渗透出一幅浓郁的古宋风情。规模宏大的瀛洲飞瀑，营造出一个凝幻似真的传奇氛围，使悠古的宋城融进了一股生命的动感，构成了一派宋城之水天上来的奇景。

温馨提示

来宋城一定要看大型歌舞《宋城千古情》

这是宋城景区倾力打造的一台立体全景式大型歌舞，唯一获得国家五个一工程奖的旅游演艺类作品。该剧以杭州的历史典故、神话传说为基点，融合世界歌舞、杂技艺术于一体，运用了现代高科技手段营造如梦似幻的意境，给人以强烈的视觉震撼。《宋城千古情》每年300万游客争相观看，推出至今累计演出12000余场，接待观众2800余万人次，是目前世界上年演出场次最多和观众接待量最大的剧场演出，被海外媒体誉为与拉斯维加斯"O"秀、法国"红磨坊"比肩的"世界三大名秀"之一。

宋城里的鬼屋是真吓人（名为"聊斋惊魂"）

第一个房间是墓地。里面有真人装的鬼！会站在门背后，然后突然冒出来吓你！第二个房间是模仿《聊斋志异》里面的一个电闪雷鸣的房间，音响里会说"我冤啊！"很恐怖的话。第三个房间是坟场，里面的"鬼"会时不时摸你的头。然后再经过一小段木桥，这桥是在水里的！接着还有一小块软绵绵的地方，走着就好像踩上了死人！最后到达一个停尸房，里面有大概五张床，上面的"鬼"躺在白白的床上，盖着白白的被子。在你经过他的时候，他会突然从床上坐起来吓你个半死！（应该是工作人员在扮演）

这里真的让人感觉毛骨悚然，带着老人和小朋友的还是不要冒险进入了，年轻人可以来练练胆，女士最好跟着男士凑成一队进入，免得在里面吓得走不动路。

▲ 宋城内的街景（The Street in Songcheng）

279

美丽中国经典线路 Beautiful China Classic Route

▲ 千岛湖风光（Qiandao Lake Scenery）

● 淳安县千岛湖风景区

位于淳安县境内。是新安江水电站建成蓄水后形成的一个人工湖，面积达573平方公里，比杭州西湖大108倍。湖中有大小岛屿1078个，故称千岛湖。它既有太湖的浩渺气势，又有西湖的娟秀风韵。千岛湖绿视率达100%，湖水能见度达12米。千岛湖的风景以千岛、秀水、金腰带（岛屿与湖水相接处环绕一圈金黄色的土带）为重要特色景观。其中尤以龙山、羡山、密山、桂花岛诸岛最引人入胜。龙山以山形如苍龙而得名。山上有龙山书院和观音洞等遗迹。羡山岛上多果树，四季飘香，硕果累累，令人垂涎，还多奇洞怪石。密山为千岛湖东南面的屏障。山巅有密山泉，水质甘洌，四季不竭。岛上有3个和尚圆寂塔。相传"三个和尚没水吃"的故事就发生在这个山上的马石庙里。桂花岛又称龙羊山，相传是龙女牧羊的地方。全岛遍植桂花，仲秋季节，树树堆金，浓香扑鼻，令人心醉。岛上岩奇石怪，有"蟾宫仙坞""犀牛啸天""清波印月""通天石门"等石景。千岛湖周围的石景很多，最为壮观的要数赋溪石林，金属迷宫式的喀斯特地貌。其中尤以蓝玉坪石林、玳瑁石林、西山坪石林3处为最佳。

温馨提示

推荐玩法

1. 环湖骑行

租自行车在自行车专用道上慢慢骑行，欣赏秀美绝伦、移步换景的湖光山色，道路两边种满了金灿灿的菊花和大团大团的绣球花，一路美景，目不暇接。路上还设置了趣味行车道，增加了骑行的趣味和难度，年轻人一定要来挑战一下。

2. 乘船上岛

在湖边的旅行社购买船票，乘船抵达湖中主要岛屿。梅峰岛是千岛湖海拔最高的岛屿，位于千岛湖中心湖区西端的状元半岛上。它以群岛星罗棋布、港湾纵横交错、生态环境绝佳而被确定为千岛湖的一级景点。"不上梅峰观群岛，不识千岛真面目"，站在梅峰岛的山上，大小岛屿尽收眼底，是千岛湖登高览胜的最佳地点。

特色美食

千岛湖美食以烹调湖鲜为主，色、香、味俱佳。千岛湖盛产85种淡水鱼，还有大森林中盛产的山珍野味，均是城里难以吃到的美味佳肴。

在浙江游西湖、住水乡之旅　Tour to West Lake, Live Water Town in Zhejiang

第二站：湖州
The second station: Huzhou

　　湖州是中国环太湖地区唯一因湖而得名的城市。它地处浙江省北部，东临上海，南接杭州，西近南京，北与苏州、无锡隔太湖相望，是江、浙、皖、沪三省一市毗邻地区重要的商品集散地和水陆运输要塞。湖州素有"丝绸之府、鱼米之乡、文物之邦"之称。湖州是世界丝绸文化发祥地之一。湖州丝绸不仅早已"冠绝海内"，而且经丝绸之路获得"湖丝衣天下"的美誉。湖州的游览点众多，有著名的湖州太湖旅游度假区，南浔镇有浙江三大藏书楼之一的嘉业堂藏书楼，德清的莫干山已久负"清凉世界"的避暑胜地盛名，安吉的中南百草园是动植物的王国，游人往往流连忘返。

● **湖州太湖旅游度假区**

　　太湖旅游度假区位于太湖的南岸，因此又被叫作"南太湖"。是湖州滨湖大城市建设重点打造的滨湖新区，融旅游、购物、休闲、度假、居住为一体的国家5A级景区、国家级旅游度假区。度假区内有法华寺、太湖乐园、高尔夫球场和众多的度假酒店，以及一条比较有特色的湖鲜街。这里环境优美，也有完善的配套设施，许多周边城市的游客自驾来这里度假。您可以沿湖走走逛逛，在湖边找一家餐馆坐下，一边临湖赏景，一边吃太湖中打捞上来的水产，性价比很高。想体验湖州的生活节奏，不妨在度假区内的酒店住上两三天。湖边半环形的喜来登

▲ 月亮酒店 (The Moon Hotel)

温泉度假酒店是南太湖的地标，晚上灯光亮起的时候格外好看，被当地人称为"月亮酒店"，如果预算充足可住在这里（每晚价格通常在2000元/间起）。附近也有更亲民一些的哥伦波太湖城堡、太湖山庄等可以住宿。太湖上的快艇大约是每10分钟30元，也是值得体验的项目之一。

美丽中国经典线路 Beautiful China Classic Route

▲ 南浔古镇小莲庄（The Ancient Town of Nanxun Little Lotus Manorin）

● 南浔古镇

南浔是浙江北部的一个古镇，位于湖州市南浔区东部，毗邻江苏，是江南六大古镇之一，国家5A级旅游景区。这里古迹众多，与自然风光和谐统一，充满着浓郁的历史文化底蕴和灵气。拥有小莲庄、嘉业堂藏书楼、独具江南风情的明清古建筑群——百间楼等一批历史遗存；双林镇被誉为"古桥之乡"，是全国古桥保存最集中最完整的地区之一；善琏镇被誉为"湖笔之都、蚕花胜地"。景区没有太多的现代商业文化喧嚣，有的是相当怀旧的麦芽糖、斑驳的石板路、蜿蜒的小河道。原生居民的生活状态始终未改，河中的浣洗、河边的早茶，都是现代文明中的一股清泉。嘉业堂藏书楼，隔溪与小莲庄毗邻，因清帝溥仪所赠"钦若嘉业"九龙金匾而得名。该楼规模宏大，藏书丰富，原书楼与园林合为一体，以收藏古籍闻名，是中国近代著名的私家藏书楼之一。小莲庄，是清光绪年间南浔首富刘镛的私家园林，与嘉业堂藏书楼隔河相望，由亦庄、家庙和园林三部分组成，是刘镛三代用40多年时间建造而成。张石铭旧宅是江南巨富、南浔"四象"之一张颂贤之孙张均衡所建的大宅院，是江南罕见的基本保持明清历史旧貌的豪门巨宅之一，被称为"江南第一民宅"。

旅游锦囊

交通

南浔位于湖州市北部，乘坐客车到南浔最为便捷。南浔有两个汽车站，长途汽车一般坐到南浔汽车站，湖州去南浔到泰安路汽车站的居多。周边的朋友也可以选择自驾去南浔。从杭州市区到南浔古镇约113公里，1小时40分钟可到达。湖州没有机场，游客一般坐飞机到杭州，再转车到南浔。乘火车的游客可以先到湖州或者嘉兴，再转车去南浔古镇。南浔古镇当地的交通有公交车、出租车、游船和人力三轮车等方式。

旅游季节

四季皆宜，相对而言，以春暖花开或秋风送爽之时为最佳。春天，水暖花开，阳光明媚，沿河两岸新绿的柳树分外迷人，是水上游古镇的最好时节。秋季凉风习习，行走于古镇细长的石板路上，感受百间楼的古朴与幽静，让人沉醉其中。夏冬两季也各有看点。夏天是赏小莲庄荷花的最好时候，满池盛开的荷花映衬着古老的宅院楼阁，美不胜收。冬季，古镇春节的热闹气氛与古建筑散发的浓厚文化气息，会让人流连忘返。

第三站：嘉兴
The third station: Jiaxing

嘉兴，是浙江省地级市，位于浙江省东北部、长江三角洲杭嘉湖平原的腹心地带，是长江三角洲重要城市之一。城市处于江、海、湖、河交汇之位，扼太湖南走廊之咽喉，与上海、杭州、苏州、宁波、绍兴等城市相距均不到百公里，位于浙江北部的沪杭、苏杭交通干线中枢，交通便利，历史悠久，人杰地灵。嘉兴有2000多年悠久历史，建制始于秦。嘉兴自古为富庶繁华之地，素有"鱼米之乡""丝绸之府"之美誉，是国家历史文化名城、中国优秀旅游城市和国家园林城市。著名景点有南湖、乌镇、西塘、钱江潮等。

● 嘉兴南湖风景名胜区

南湖风景名胜区位于嘉兴市区，是5A级旅游景区，规划区域总面积276.3公顷，其中水域面积98公顷。南湖因地处嘉兴城南而得名，与西南湖合称鸳鸯湖。嘉兴南湖与南京玄武湖和杭州西湖并称江南三大名

▲ 南湖风光（South Lake Scenery）

湖，素来以"轻烟拂渚，微风欲来"的迷人景色著称于世。烟雨楼坐落在湖心岛上。乾隆六下江南，六次驻跸南湖烟雨楼，盛赞南湖可与蓬莱仙岛媲美。烟雨楼前有御碑亭，碑镌乾隆御笔亲书诗两首。东侧有宝梅亭，内有清代画家彭玉麟画的梅花碑两块，亭旁还有一段4万年之久的血柏化石。1959年设计仿制了一艘中国共产党"一大"会议纪念船，泊于湖边，船中陈设悉如当年。近在岸边新建"纪念馆"，陈列"一大"史料、文物等。楼东北方向另有一小岛，上有仓颉祠和一块"花石纲"遗下的太湖石。石上刻有两字"舞蛟"，传为元代大书法家赵孟頫所书。

农历六月二十四日定为当地荷花诞，形成一个游览性的节日活动——"观莲节"。观莲节期间，南湖有举办"荷花灯会"的民间风俗。南湖现有电动机渡船、划桨游艇、汽艇等供游客游湖，湖心岛的水上餐厅则可供游客在用膳时领略湖上风光，南湖菱、南湖大蟹是著名特产。

旅游锦囊

1. 南湖、月河套票说明：110元/人，嘉兴一日游：包含南湖景区和月河历史街区以及船游环城河，景点包含：会景园、湖心岛、南湖革命纪念馆、伍相祠、文字书碑苑、端午文化民俗体验馆、粽子博物馆、大昌当铺、高公升酱园、嘉禾水驿。另中共一大会址"红船"为自费项目，门票20元/人。

2. 南湖门票说明：60元/人（南湖景区联票）包含：会景园、湖心岛、文字书碑苑、伍相祠、南湖革命纪念馆。

购买联票2天内有效，建议游客先游玩南湖景区。南湖至月河换乘点：揽秀园码头，换乘时间为11:30、12:00、12:30。月河返回会景园码头时间为15:00。

美丽中国经典线路 Beautiful China Classic Route

▲ 乌镇夜景 (Night view of Wuzhen)

● 乌镇古镇旅游景区

　　乌镇位于浙江省桐乡市北端，距桐乡市区13公里，与周庄、同里、甪直、西塘、南浔并称为江南六大古镇，素有"鱼米之乡，丝绸之府"美称。乌镇曾名乌墩和青墩，具有6000余年悠久历史。作为典型江南水乡，乌镇完整地保存着原有晚清和民国时期水乡古镇的风貌和格局。以河成街，街桥相连，依河筑屋，水镇一体，组织起水阁、桥梁、石板巷等独具江南韵味的建筑因素。乌镇的东、西、南、北四条老街呈"十"字交叉，构成双棋盘式河街平行、水陆相邻的古镇格局。乌镇的东栅景区主要聚集了老街传统的居民区和作坊区，您可以选择上午游览东栅，去感受古风犹存的民居格局，中午可在传统小吃一条街品尝风味小吃。到了下午则可以去聚集商铺区的西栅逛逛。择一两日在江南的梅雨季节到来之时，来到乌镇静静享受慢时光是许多人梦寐以求的休闲方式。清晨的乌镇一如着了古朴素裙的少女，静默着等待爱人；夜晚的古镇又似一位哀愁的闺怨妇人，回眸点点洒落一河星子。恍惚来到《追忆似水年华》的故事里。乌镇小巷道旁许多老人守护着这方水土，抽着旱烟，唱着小戏，摇着小船，走着他们的日子。可约上三两好友，围坐乌篷船一品阿婆茶，泊在清秀碧水上，大快朵颐地享用白水鱼、三珍斋酱鸡，再添以三白酒，散却一段过往。此外，乌镇还有许多地方特产，包括乌锦、丝棉、篦梳、蓝印花布、湖笔等。

乌镇美食

三白酒

　　三白酒是乌镇人的美酒，天然原料纯手工酿成。何谓三白酒？《乌青镇志》上说"以白米、白面、白水成之，故有是名"。此酒醇厚清纯、香甜可口，男女老少皆宜饮用。以其香气浓郁、酒味醇厚、入口绵甜、回味爽净、余香不绝而名声远扬。几百年来风靡江南，经久不衰。三白酒除了55°的白酒外，还生产12°的白糯米酒以及4°的甜白酒。

红烧羊肉

　　乌镇的红烧羊肉选料十分讲究，一定要以当年的"花窠羊"即青年湖羊为原料，这种羊肉肉嫩脂肪少，皮细洁多膏，是乌镇冬令不可少的进补菜，民间有"一冬羊肉，赛过几斤人参"的说法。

在浙江游西湖、住水乡之旅　Tour to West Lake, Live Water Town in Zhejiang

▲ 西塘风光(Xitang Scenery)

● **嘉善西塘古镇**

西塘古镇位于江、浙、沪三省交界处的浙江省嘉善县，古名斜塘、平川，距嘉善市区10公里。西塘古镇作为中国首批历史文化名镇，国家4A级旅游景区，以"桥多、弄多、廊棚多"的三大特色而赢得广大游人的青睐，而其中临河而建的沿街廊棚最为引人注目，它是水乡特有的建筑，其至今保存着1300多米长的廊棚，已变成当代人赏古、探幽的休闲之地，除此之外景区内多处保存完好的明清建筑群，具有较高的艺术性和观赏性。西塘古镇自1997年开发旅游以来，深受众多海内外游客的青睐，接待游客的数量平均每年都以超过30%的速度递增。西塘坐落在水网之中，这里的居民惜土如金，无论是商号或是民居、馆舍，在建造时对面积都寸寸计较，房屋之间的空距压缩到最小范围，由此形成了多条长长的、深而窄的弄堂，形成了多处"一线天"。西塘是个平民化的小镇，所有一切都如此朴素，没有周庄的繁华，没有南浔的富甲之态，没有浓厚的商业氛围！但是西塘的独特魅力令留宿旅者陶醉！

● **钱塘江大潮**

钱塘观潮是浙江省历史悠久的汉族传统民俗活动。钱塘江涌潮为世界一大自然奇观，钱塘观潮始于汉魏，已成为当地的习俗。

每年的农历八月十八前后，是观潮的最佳时节。这期间，秋阳朗照，金风宜人，钱塘江口的海塘上，游客群集，兴致盎然，争睹奇景。观赏钱塘秋潮，有三个最佳位置，其中嘉兴市海宁市盐官镇东南的一段海塘为第一佳点。这里的潮势最盛，且以齐列一线为特色，故有"海宁宝塔一线潮"之誉。潮头初临时，天边闪现出一条横贯江面的白练，伴之以隆隆的声响，酷似天边闷雷滚动。潮头由远而近，飞驰而来。宛若一群洁白的天鹅排成一线，万头攒动，振翅飞来。潮头推拥，鸣声渐强，顷刻间，白练似的潮峰奔来眼前，耸起一面三四米高的水墙直立于江面，倾涛泻浪，喷珠溅玉，势如万马奔腾。潮涌至海塘，更掀起高9米的潮峰，果然"滔天浊浪排空来，翻江倒海山为摧！"这一簇簇声吞万籁的放射形水花，其景壮观，其力无穷，据说有一年，曾把一只一吨多重的"镇海雄师"冲出100多米远。当潮涌激起巨大回响之后，潮水又坦然飞逝而去。有人这样写道，"潮来溅雪俗浮天，潮去奔雷又寂然"，十分确切地描绘了潮来潮往的壮观景象。

285

美丽中国经典线路 Beautiful China Classic Route

游鲁迅故里，祈福普陀山之旅

Tour to Visit the Hometown of Lu Xun, Pray in Mount Putuo

线路：杭州➡绍兴➡宁波➡舟山➡台州➡温州
Route: Hangzhou ➡ Shaoxing ➡ Ningbo ➡ Zhoushan ➡ Taizhou ➡ Wenzhou

百魅江南
The charm of Jiangnan

"杭州—绍兴—宁波—舟山—台州—温州"这条旅游线路将带您领略江南的文化魅力。江南的魅力不仅在于湖泊的秀美、古镇的繁华，还在于历代名人留下的文化气息。在东方威尼斯——绍兴，跟着课本游鲁迅故里，感受那个"早"字，再看看以王羲之《兰亭集序》而闻名的兰亭，因陆游、唐婉的爱情悲剧而令人叹息的沈园，众多文化名胜可供游人寻访瞻仰，缅怀凭吊。江南的魅力更在于深厚的佛教文化底蕴，拥有海天佛国之称的祈福圣地——普陀山四面环海，风光旖旎，幽幻独特，堪为第一人间清净地。快到这里来一场祈福之旅吧，为朋友、家人也为自己。 如果时间充裕，您的行程还要加上雁荡山、天台山、奉化溪口、桃花岛等众多风景名胜区，这些地方山清水秀，美不胜收，为您的江南之旅更添魅力。

游鲁迅故里，祈福普陀山之旅 Tour to Visit the Hometown of Lu Xun, Pray in Mount Putuo

行程推荐
Describe the itinerary

浙江各个城市之间公路状况良好，非常适合自驾游，自驾车在各个景点间移动可以非常方便、灵活。因此游玩这条线路首推自驾的方式。另外，各个城市之间都有火车和长途汽车往来，所需时间都在一个小时以内，车票在十几到几十元，时间短，价钱也划算。但是普陀山等舟山群岛的一些岛屿除外，上岛只能乘坐轮渡。可以先坐车到沈家门的半升洞码头，然后坐轮渡到普陀山。如果不想提前做功课，来场说走就走的轻松旅行，报个旅游团也是很好的选择。途牛网上有"绍兴—兰亭—宁波—普陀山—雁荡山—奉化溪口—大楠溪—石桅岩—崖下库—江心屿—温州双卧9日游"这条线路，基本上将浙江东部重要景点都覆盖了。

在市内交通方面，宁波、台州、温州市内都有完善的公交网络，也可打出租车游览。需要特别说明的有绍兴和舟山。

在绍兴市内有公共汽车线路20多条，游客常乘坐的公交有88路（去往鲁迅故里）、1路（去往东湖）、3路（去往兰亭）等。另外，乌篷船是江南水乡的独特交通工具，因篾篷漆成黑色而得名。一般40元/半小时。在柯岩、鉴湖、东湖、柯桥码头等各大景点有租用点。例如从咸亨酒店坐到三味书屋，单船收费45元。绍兴菜富有江南水乡风味，以淡水鱼虾河鲜及家禽、豆类为烹调主料。梅干菜烧（扣）肉可说是绍兴当地最有名的家常菜。还有与鲁迅笔下人物孔乙己

▲ 普陀山南海观音像 (statue of the Quan Yin Bodhisattva in Mount Putuo)

紧密相联的茴香豆，早已成为远近皆知的绍兴地方小吃，绍兴黄酒您也不可错过。老字号的饭馆有咸亨酒店（鲁迅路44号）、兰香馆（上大路1号）、同心楼（解放北路87号）、聚乐园菜馆（胜利路37号）等。绍兴的美食聚集地主要是鲁迅故里一带及府山西路一带。

舟山本岛上有多条公交线路到达本岛各个角落。其中游2、游3线为环定海城公交线。20路、25路、26路、27路、28路、29路为定沈公交车，连接定海和普陀两大区，车程约40分钟。间隔时间约10分钟。舟山本岛与各岛之间的交通基本依靠轮船。建议大家首选舟山港定海客运站，地址在定海区滨港路港务码头附近。舟山不仅是我国最大的渔场，也是世界著名四大渔场之一。在饮食方面自然以海鲜为特色。主要的风味名菜有白鲞扣本鸡、黄鱼鲞烤肉、嵊泗螺酱等。

美丽中国经典线路　Beautiful China Classic Route

第一站：杭州
The first station: Hangzhou

这条线路仍然以杭州为起点，杭州的介绍可参考上一条线路——"游西湖、住水乡之旅"。

第二站：绍兴
The second station: Shaoxing

毛泽东曾说绍兴为"鉴湖越台名士乡"，因为绍兴从古至今的名人太多了，勾践、王羲之、陆游、徐渭、徐锡麟、秋瑾、鲁迅、周恩来等。他们不仅为绍兴写下灿烂的历史篇章，还留下了众多的纪念地，供后人寻访瞻仰，缅怀凭吊。绍兴的著名景点非常多，以王羲之《兰亭集序》而闻名的兰亭，因陆游、唐婉的爱情悲剧而令人叹息的沈园，从百草园到三味书屋的鲁迅故里，以及会稽山、东湖、新昌达利丝绸工业园等。到绍兴不坐乌篷船，等于没有到过绍兴。绍兴的风土人情，以乌篷船、乌毡帽、乌干菜这"三乌"为代表，积淀了丰富的文化内涵并呈现独特的地方风采，令人仰慕神往。

▲ 三味书屋（Sanwei Bookstore）

● 鲁迅故里

位于浙江省绍兴市市区鲁迅中路上的鲁迅故里，是一条独具江南风情的历史街区，是原汁原味解读鲁迅作品，品味鲁迅笔下风物，感受鲁迅当年生活情境的真实场所。一条窄窄的青石板路两边，一溜粉墙黛瓦，竹丝台门，鲁迅祖居（周家老台门）、鲁迅故居（周家新台门）、百草园、三味书屋、寿家台门、土谷祠、鲁迅笔下的风情园、咸亨酒店穿插其间，一条小河从鲁迅故居门前流过，乌篷船在河上晃晃悠悠，此情此景不能不让人想起鲁迅作品中的一些场景。反映鲁迅故里优美景色的美术作品众多，以国家一级美术师、全国"画中华名人故居第一人"、著名画家拇指先生的《鲁迅故里》最为有名。

精心保护和恢复后的鲁迅故里已成为立体解读中国近代大文豪鲁迅的场所，成为浙江绍兴的"镇城之宝"。

游鲁迅故里，祈福普陀山之旅　Tour to Visit the Hometown of Lu Xun, Pray in Mount Putuo

● 绍兴市东湖景区

东湖在绍兴古城东约6公里处，是浙江省的三大名湖之一。东湖虽小，但因它的奇石、奇洞所构成的奇景使东湖成为旅游业界人士公认的罕见的"湖中之奇"。湖光潋滟，水黛山青。湖内有陶公洞、仙桃洞，最富情趣。湖畔有听湫亭、饮绿亭等亭台楼阁，各式古桥横跨两岸，尽显江南水乡风光。乘坐乌篷船游览东湖，为东湖特色之一。湖西有"陶社"，为纪念辛亥革命烈士陶成章所建。近代孙中山、毛泽东等名人均留遗踪。东湖秀丽旖旎的湖光山色和丰富的人文景观交相辉映，堪称浙东著名的山水风景胜地。孙中山、陶成章、徐锡麟、鲁迅等都曾到过东湖游览或商量革命大计。陶成章遇难后，绍兴人民为纪念英烈，在东湖建立了陶社。新中国成立后，毛泽东等党和国家领导人曾多次到过东湖。郭沫石在东湖还留下诗歌一首："箬篑东湖，凿自人工。壁立千尺，路隘难通。大舟入洞，坐井观空。勿谓湖小，天在其中。"游船观东湖，最奇妙的是近观陶公洞与仙桃洞，可以说未进二洞等于没有到过东湖。陶公洞入口处仅容一艘小舟通行，进入洞内之后却是另有洞天，在洞底仰望小片天空，坐井观天的意境悠然在目。除在湖中观光外，人们还可以上山。山顶有茶园和茶室，还是登山远眺的好地方。阳春季节，东湖东北方向的平原风光是外地很难见到的江南水乡秀色。

▲ 东湖风光（East Lake Scenery）

● 新昌达利丝绸工业园旅游区

景区占地320亩，是浙江省首个工业旅游示范基地。景区以"走江南丝绸之路，赏丝绸美丽风华"为主题，由千年桑树园、丝绸文化特色街、丝绸文化博览馆、达利生态体验休闲区和丝绸精品展示购物中心五部分组成，是集蚕桑文化园林、丝绸博览馆、现代丝绸工业生产、丝绸文化科普教育、生态农业体验和休闲、娱乐、购物等多种旅游元素和形态于一身的综合性旅游景区。

美丽中国经典线路 Beautiful China Classic Route

第三站：宁波
The third station: Ningbo

宁波历史悠久，秦汉称县，宋称鄞县，明朝改称明州府，后又称宁波，取"海定则波宁"之意。自古以来宁波是一个重要的对外贸易港口，又是一个山明水秀、古迹众多的旅游城市。主要游览点有：我国最古老的藏书楼——天一阁；烟波浩渺风景秀丽的东钱湖；全国唯一的爱情主题公园——梁祝文化公园等；距宁波市区37公里，还有著名古镇——蒋氏故里溪口镇。

● **宁波帮博物馆**

宁波帮博物馆位于宁波市镇海区，地处杭州湾跨海大桥的南端，舟山连岛大桥的终点，占地70亩，建筑面积2.4万平方米，主要由博物馆和会馆两部分构成，2009年10月22日建成开馆。

宁波帮博物馆主建筑群为"甬"字形结构，玻璃廊道结合水街长庭的"时光甬道"，从北向南贯穿整个建筑群，各展厅间隔着玻璃竹院与"甬道"相接。

宁波帮博物馆以中国近代经济史上重要的商帮——宁波帮为展陈对象，以年代为脉络、史实为线索、人物为亮点，以优秀的商道财智、桑梓情怀为展陈内容，以传承、弘扬宁波帮精神为展陈宗旨，系统展示了明末至今宁波帮艰苦奋斗、玉汝于成的发展史诗，借以营造"情感地标、精神家园"，倡导寻根谒祖、慎终追远的人文主题。

▲ 宁波帮博物馆 (Ningbo Group Museum)

游鲁迅故里，祈福普陀山之旅　Tour to Visit the Hometown of Lu Xun, Pray in Mount Putuo

● **滕头生态旅游示范区**

宁波滕头生态旅游区是国家5A级旅游景区，位于浙东沿海开放城市奉化市城北6公里处，景区总面积1.1平方公里。这里田园秀美，生态怡人。以江南风情园、将军林、盆景园、绿色长廊等几十处景点组成生态旅游区；以植物组培观光园、花卉苗木观赏区、蔬菜种子种苗基地、时令瓜果采摘等组成观光农业区；以纺纱织布、阡陌、车水、舂谷砻米等参与项目和憨牛猛斗、温羊角力、笨猪赛跑、凤鸡争雄等动物表演组成别开生面的农俗风情游乐区。滕头生态旅游区充分发挥联合国全球生态500佳、全国生态示范区、全国环境教育基地的功效，让您远离都市喧嚣，尽享生态自然之美、农家风情之乐。

奉化溪口风景区

在宁波奉化西侧，有一个传说中的"世外桃源"，在民国时期，因为出了蒋介石、蒋经国父子而声名鹊起，又因深厚的佛教文化而享誉中外，更因亚洲唯一入选上海世博会"城市未来馆"而名扬天下，它就是历史悠久、山川秀丽、文化底蕴深厚的国家级风景名胜区、国家5A级旅游景区——溪口。

溪口东靠武岭，南濒剡溪，北临雪窦山，水绕山环，景色秀丽：这里有国家重点文物保护单位"蒋氏故居"系列人文景观，有北宋仁宗皇帝梦中到此一游而得名"应梦名山"的雪窦山，有"天下禅宗十刹之一"的

▲ 蒋介石故居 (Former residence of Jiang Jieshi)

雪窦寺及世界最高的坐姿铜质露天弥勒大佛造像。溪口，集人文之精华，山水之灵秀，佛教之庄严。民风淳朴，特产丰富，千层饼、芋艿头、水蜜桃闻名遐迩。景区内接待、娱乐、交通等基础设施一应俱全。

旅游锦囊

时令鲜果采摘期：（自费）

草莓：(12月底～5月初)、葡萄(7月底～9月初)、黄花梨(7月中旬～8月底)、水蜜桃(7月中旬～8月底)、滕头土鸡蛋(全年)。

291

美丽中国经典线路 Beautiful China Classic Route

● 天一阁

位于宁波城西天一街10号。建于明嘉靖四十年（1561年），占地面积约2.6万平方米，分藏书文化区、园林休闲区和陈列展览区。为明代兵部右侍郎范钦所建，毕生藏书7万余卷。晚年他自己精心设计、建造了藏书楼，为两层木结构，防潮防霉，为了防火，楼前凿水池，埋暗沟连通月湖。楼上面南背北一大统间，不置隔墙，排列书橱，空气流通，干燥明亮；楼下六间。为"天一""地六"之意，符合"天一生水，地六成之"之说，故取名为天一阁。到清代乾隆下旨营造书楼放置《四库全书》时，曾派人去考察宁波天一阁的结构布局，索取图纸，

▲ 天一阁藏书楼（Tianyi Pavilion Library）

在全国仿造文渊、文澜、文津、文汇、文源、义溯、文宗七大阁，分藏7部《四库全书》，可见天一阁影响之大。现藏书总数达30余万册，阁藏的善本已逾8万册。藏书中最珍贵的有两类，一类为明刻全国各地地方志274种；另一类为明朝乡试会试登科录410册。此外，还有不少名贵手抄本。天一阁不仅以最古老的藏书楼称誉海外，而且还以幽美的园林闻名江南。这里集中安置宁波自宋到清的碑刻，称明州碑林，成为天一阁附属部分。阁内辟有"宁波史迹陈列"和"宁波工艺美术陈列"。

● 梁祝文化公园

梁祝文化公园位于浙江省宁波市西郊。梁祝文化公园是一座爱情主题公园，是梁祝故事的发源地。梁祝文化公园以梁祝爱情传说作为美丽的故事背景，向人们展示了"东方罗密欧与朱丽叶"绚丽多姿的一页。它地处宁波市鄞州区高桥镇，为晋代梁祝墓、庙古遗址所在地。1997年，梁山伯古墓遗址和出土文物在梁祝公园被发掘。梁祝文化公园以倡导梁祝爱情为文化内涵，以梁祝故事情节"草桥结拜""三载同窗""十八相送""楼台相会""化蝶永伴"为主导游线，占地面积300余亩，形成一个规模宏大的爱情主题公园。

梁祝文化公园开放于1999年，为国家4A级旅游景区，是一个集游览、休闲、度假、娱乐、学术、活动于一身的大型爱情主题公园，也是全国唯一的爱情主题公园。

游鲁迅故里，祈福普陀山之旅　Tour to Visit the Hometown of Lu Xun, Pray in Mount Putuo

● 象山影视城

象山影视城，坐落在风景秀丽的浙江象山县大塘港生态旅游区，集影视文化与旅游休闲于一身。以灵岩山为大背景，巧妙结合了当地的山、岩、洞、水、林等自然景观，占地面积1091亩，主要由大门广场区、村街作坊区、墓府山洞区、庄园湖塘区、店铺城宅区五大景点区域组成。象山影视城以其独特、众多的设计建筑，远可拍春秋、秦汉、唐宋，近可摄明清，不同历史阶段的影视题材均可在这里找到合适的场景。开业至今，相继接待拍摄《神雕侠侣》《碧血剑》《少年杨家将》《封神榜》等知名影视剧。分为一期和二期两个区块。一期项目主要是为《神雕侠侣》而建，包括古战场、襄阳城等8个景区和160多个单体建筑；二期项目包括"春秋战国城""西游记乐园""经济型宾馆""贵宾楼"和"摄影棚"。

● 东钱湖

东钱湖位于宁波市东侧，距市中心15公里。素有"西子风韵、太湖气魄"之称。东钱湖现为浙江第一大淡水湖，与青山平原相依，烟波浩渺风景秀丽。又名"万金湖"，历尽沧桑，积淀了浓厚的文化底蕴，留下了众多具有较高历史及艺术价值的文化历史遗存。湖内有小普陀山、陶公岛、二灵夕照等景点，区域内的天童寺为佛教禅宗五山之一。春秋时越国大夫范蠡隐退后携西施避居湖畔伏牛山下，晚年自号陶朱公。湖边民居保留了明清江南建筑的风貌：高墙长弄，粉墙黛瓦。东钱湖全湖可分为三个部分，其中西湖以师姑山、笠大山为界，称"谷子湖"；东北以湖里为界，称"梅湖"，其余湖面称为"外湖"，外湖又分为南、北两部分。三者统称为"东钱湖"。东钱湖周围群山环绕：东南方雄峙着福泉山，西北方横亘着月波山；东北方则围以龙蜷山和梨花山、陶公山、百步尖等。四周有72条溪汇流于湖。景区内山水相依，清风徐徐。据不完全统计，景区内现存文物古迹11处，其中国家级重点文物保护单位2处。宁波商帮、陶朱公、大慈禅寺、左右南宋王朝百年命运的史氏家族等为东钱湖留下了灿烂的商、佛、官文化。

▲ 象山影视城（Xiangshan Film and Television City）

知识链接

东钱湖佛文化

区域内的天童寺为佛教禅宗五山之一，至今已有1600年历史，在日本和东南亚各国影响很大；阿育王寺为我国佛教"中华五山"之一，至今已有1700多年历史，因寺内珍藏佛国珍宝"释迦牟尼真身舍利"而闻名中外。福泉山麓大慈禅寺在南宋时期曾名振浙东，有"千僧过堂"之说，是为千年古刹，在中日佛教文化交流史中具有不可磨灭的地位。

美丽中国经典线路　Beautiful China Classic Route

第四站：舟山
The fourth station: Zhoushan

舟山群岛，宛如一串串翡翠珍珠，散落在东海海面上，拥有上千处佛教文化、海岛民俗和历史文化景观，更为迷人的是气势磅礴的瀚海浪涛，千姿百态的奇崖岩穴，宏伟典雅的名刹寺院，洁净宽阔的金沙浴场，桅林万盏的渔港夜景，淳朴浓郁的渔家风情，构成独特的海岛、海洋旅游资源，成为世人瞩目的游览、避暑、休养胜地。舟山旅游集海岛风光、海洋文化和佛教文化于一身，拥有普陀山和嵊泗两个国家级风景名胜区和岱山、桃花岛两个省级风景名胜区。舟山众多的岛屿，如嵊泗、岱山、普陀山、朱家尖、桃花岛等都有金沙绵亘、风光旖旎的沙滩，或弯弯相连，或相互辉映，就像一条金色的项链镶嵌在碧波青山之间，柔软细腻的沙质，滩平潮缓的海湾，加上充足的阳光，温度适宜的海水，给四方的游客提供了优良的海域和开展水上运动的场所。

● 普陀山风景名胜区

普陀山岛是舟山群岛1300多个岛屿中的一座，与著名的沈家门渔港隔海相望。景区由普陀山、洛伽山和朱家尖组成，总面积4195平方公里，木岛面积1276平方公里，呈狭长形，最高点为佛顶山菩萨顶，海拔292米。普陀山是我国佛教四大名山之一，为观世音菩萨的道场。唐咸通四年（863年），日僧慧锷从五台山请得观音像回国，途经普陀山海面时触新罗礁受阻，于潮音洞登岸，留佛像于民宅中供奉，称"不肯去观音院"，观音道场自此始。历朝相继兴建寺院，至近代一度有寺院庵堂218个，僧尼2000余人。

明清以来，普陀山以观世音菩萨道场著称，名声大振，岛上一切景物都蒙上了宗教色彩。如西山磐陀石旁有观音说法台；山腰的洞穴称观音洞；岛东南端的岩石叫观音跳；潮音洞和梵音洞附近的特殊气象则说成是观世音菩萨现身地；连山上的野生小竹，也名为观音竹。

节庆活动

观音文化节

观音文化节是普陀山最盛大的旅游节庆，始创于2003年，每年举办一届；它是以海天佛国深厚的观音文化底蕴为依托，以弘扬观音文化、提升名山文化品位为目标的佛教旅游盛会。节庆紧紧围绕观音文化这一主题展开，通过弘法讲经、祈福朝拜、放生法会、佛教音乐会、传灯法会、莲花灯会、佛教论坛、佛教摄影大赛、佛教用品展等一系列内涵丰富、形式多样的活动，融文化、经济、旅游为一体，吸引了来自全国各地及海外的观音弟子、佛教信徒、游客聚缘海天佛国，共享文化盛宴。

游鲁迅故里，祈福普陀山之旅　Tour to Visit the Hometown of Lu Xun, Pray in Mount Putuo

▲ 嵊泗风光 (Shengsi S cenery)

● **嵊泗**

嵊泗县是浙江省最东部、舟山群岛最北部的海岛县，一处国家级列岛风景名胜区。嵊泗列岛风景区是以"碧海奇石，金沙渔火"为主要景观特色，有泗礁、花绿、嵊山、洋山4个景区。融海洋文化与海岛民俗风情为一体，以观光游览、休闲度假和科教活动为主要功能的列岛型国家重点风景名胜区。嵊泗海域广阔，岛屿密布，有沙滩、海礁、奇洞、悬崖、险峰等自然景观。嵊泗列岛属亚热带海洋性季风气候，冬无严寒，夏无酷暑。绚丽迷人、独具魅力，素有"海上仙山"之称，是旅游、观光、度假、休闲、海钓、尝购海鲜和海上运动的理想场所。嵊泗也是我国东海的渔场中心，号称"东海鱼库"，海域盛产黄鱼、带鱼、墨鱼、黄龙虾米等。闻名全国的嵊泗渔场在其境内，入汛期间，万船云集，桅樯如林，白昼鱼市兴隆，入夜渔火点点，堪称海景一绝。

● **桃花岛风景名胜区**

桃花岛风景名胜区位于我国最大的群岛——舟山群岛东南部，是金庸笔下东邪黄药师的居住地。桃花岛地处东海环抱之中，气候宜人，峰峦起伏，山海云雾，风景独特，是理想的旅游、度假、休闲胜地。岛上碧海金沙与蓝天白云交相辉映，灵岩怪石与神话相互衬托，涛声与鸟声相映成趣，气候宜人，旅游资源种类多，品位高，包括山、海、沙、岩、洞、石、礁、溪、潭、瀑、林、鸟、花、古庙、寺院、古代军事遗址、历史纪念地、摩崖石刻，再加上武侠文化、神话传说和海洋文化等。

▲ 桃花岛风光 (Taohua Island S cenery)

旅游锦囊

旅游季节

　　7～9月是嵊泗的最佳旅游时间。这个时候的嵊泗海岛风光无限，海水蔚蓝，是一年中最美的时节。7月底，泗礁岛上还有隆重的嵊泗贻贝文化节，更为这时的列岛增添一道亮丽的风景线。阴历初一和十五日是大潮。此时海水上涨，波浪滚滚，景色十分壮观。但这一时期也是台风多发季节，前往各岛最好留意气象预报。

美丽中国经典线路 Beautiful China Classic Route

第五站：台州
The fifth station: Taizhou

台州是中国黄金海岸线上一个年轻的滨海城市，位于浙江沿海中部，上海经济区的最南翼。台州历史悠久，是江南翼龙化石的发现地和5000多年前新石器时代的下汤文化的发祥地。台州兼得山海之利，历史上就有"海上名山"之美称。台州是浙江粮食的主要产地之一，也是中国主要的水果之乡，名果黄岩蜜橘和玉环文旦中外驰名。台州自古学风兴盛，为文化之邦。教育科技发达，人才辈出。物华天宝，为中国黄金海岸带上的富庶之地。山海风光秀丽，名胜古迹众多。

● **天台山风景名胜区**

全国名为天台山的有多处，但以"佛宗道源，山水灵秀"著称的却非浙江天台山莫属，《徐霞客游记》的首篇就是《游天台山日记》。天台山是佛教天台宗的发源地、道教南宗祖庭和活佛济公故里，是"中华十大名山"之一。天台山自古闻名，作为"佛宗道源"，

▲ 天台山琼台仙谷（Tiantai Mountain Qiongtai Fairy Valley）

▲ 国清寺的隋塔（The Sui Tower in Guoqing Temple）

天台山最著名的寺庙是建于隋代、重修于清雍正年间的国清寺，有殿宇14座、房屋600余间，大殿中有明代铸造的重13吨的铜铸释迦牟尼坐像。天台山的景点可概括为古、清、奇、幽四个字。赤城栖霞、双涧回澜、华顶秀色、琼台月夜等被称为天台八景。此外不能不提的是广布千米高山的云锦杜鹃，树龄逾百，每年暮春，一树千葩，望之似锦若霞，乃天台山的一大植物奇观。

温馨提示

推荐美食

天台原有"十景糕"，是在糕上印上天台山十景图案，后来就成了"什锦糕"，品种多样，带有喜庆色彩。"十景糕"主要用各种形状的麦粉团放到木模上印制而成。图案主要有"寿"字、"双喜"字、吉祥结、梅花，也有印成云朵形、鱼形、鸟形的，这种糕点一般是甜馅或实心的。从外形来看，真是一种艺术品。

游鲁迅故里，祈福普陀山之旅 Tour to Visit the Hometown of Lu Xun, Pray in Mount Putuo

● 神仙居风景名胜区

神仙居为国家 5A 级景区，位于浙江省台州市仙居县县城约 20 公里的白塔镇南境，诸永高速公路"神仙居出口"。景区于 1998 年开发并营业，2013 年 9 月 26 日，政府投资 1.5 亿元重新打造的新神仙居景区正式开业。新的神仙居景区建设了南北两条上下山索道，修建悬崖栈道，架设高空索桥，将景区有机连接，形成了峡谷探幽区、山顶风光区、溯溪探险区、奇闻探秘区等许多特色板块。

景区内原有西罨寺。据《光绪志·寺观》载，这里本是宋代雪崖禅师的卓锡之地。明万历年间僧广正又募捐重建。因风雨侵蚀，如今已寺毁成墟，钟声不再。据统计，每年至此的游人不下数万。赢得了"神仙居""桃源仙境"等众多赞誉。神仙居引人入胜之处，在于一山一水、一崖一洞、一石一峰都自成一格。一字以蔽之："奇"。峰奇、山奇、石奇、崖亦奇。自县城出发，迤逦西行，大雷山、括苍山，均绵延不断。唯独白塔镇南境，神仙居周围的众山巍兀独立，险峻无比，迥然各异。

神仙居是世界上规模最大的火山流纹岩地貌，景观丰富而集中。有观音岩、如来像、迎客山神、将军岩、睡美人、十一泄飞瀑等 100 余个景点。

● 长屿硐天

世界地质公园、国家重点风景名胜区、国家 4A 级旅游景区——长屿硐天位于浙江省温岭市东北，总面积为 16.18 平方公里，由八仙岩、双门硐、崇国寺和野山四大景区

▲ 长屿硐天风光 (Changyu Cave scenery)

组成。其中八仙岩、双门硐以硐群景观为主，崇国寺和野山景区融人文景观和自然景色为一体，堪称世界奇观和中华瑰宝，是避寒消暑的天然休闲度假胜地。1998 年 4 月荣获世界吉尼斯之最，2007 年被国家建设部评为"中国十大最具特色的风景区"。2010 年荣获国家矿山公园的称号。长屿硐群是自南北朝以来人工开采石板后留下来的石文化景观，迄今已有 1500 多年的历史，"虽由人作，宛若天成"。千百年来，石工们依势取石留下了 28 个硐群，1314 个硐窟。景区以硐群为主体框架，间以峭壁、巉岩、飞瀑、流泉、碧潭、幽谷、茂林，而寺观、摩崖、石桥、山径、村舍点缀其间，种类丰富，风貌各异。2002 年 3 月，经国内著名音乐家实地考察，发现了堪称天下一绝的国内首个"自然岩洞音乐厅"，并成功举办了"中国首届岩洞音乐会"。"长屿硐天，世界罕见"，目前开发的景点有八仙岩、凌霄硐、观夕硐、水云硐、双门硐、双门石窟等，集雄、险、奇、巧、幽于一身，石文化内蕴深厚，交通便捷，成为我国独具魅力的风景名胜区。

297

美丽中国经典线路 Beautiful China Classic Route

第六站：温州
The sixth station: Wenzhou

温州位于浙江省东南部，东濒东海。温州历史悠久，人杰地灵，奇山秀水，气候温和，冬无严寒，夏无酷暑，是旅游度假之胜地。"东瓯山水甲江南"，温州旅游资源极为丰富。有被誉为"海上名山、寰中绝胜"的雁荡山和号称"天下第一江"的楠溪江两个国家级风景名胜区；有以"东方夏威夷"著称的南麂山列岛和有"动植物王国"之称的乌岩岭自然保护区两个国家级自然保护区。温州的省级风景区有仙岩、洞头、百丈祭、瑶溪、滨海玉苍山、泽雅、寨寮溪、瓯江、氡泉九个；市级风景区有天柱、南雁门、桐溪、茶山、岷岗、圣井、铜盘山、赤岩山八个。风景旅游区密度大，种类多，品位高，集山、江、海、湖之大成。旅游景区占全市国土面积的15.89%，名列全国前茅。

● 雁荡山风景名胜区

雁荡山位于浙江省温州市东北部海滨，山水奇秀，是中国十大名山之一。

雁荡山，开山凿胜始于南北朝，兴于唐，盛于宋。梁昭明太子在芙蓉峰下建寺造塔，为雁荡山开山之始；唐西域高僧诺讵那因慕雁荡山"花村鸟山"之美名，率弟子三百来雁荡山弘扬佛教。被奉为雁荡山开山鼻祖；至宋，雁荡山开发规模逐渐增大，共建有十八寺、十院、十六亭，为雁荡山发展鼎盛时期。历代文人墨客纷至沓来，谢灵运、贯休、沈括、徐霞客、康有为、张大千、沙孟海、

▲ 雁荡山风光（Yandang Mountain scenery）

潘天寿、郁达夫、郭沫若、邓拓、舒婷等都留下了不朽的诗篇和墨迹。

温馨提示

特产美食

雁荡山特产有雁茗、香鱼、观音竹、金星草、山乐官，世称雁荡五珍。五珍中的雁茗，主要是指白云茶。香鱼，学名鲇鱼，有"淡水鱼之王"之誉。观音竹，茎小叶细，高约1米，为观赏植物之雅品。现几乎绝迹。金星草为药用草本植物。山乐官为一种鸟，形似金雀，其鸣声高低婉转，回响山谷，如山中乐队，故名。此外，还有诸如芝麻酥、花生酥、冬米糖、黑米酥等旅游食品，海鲜干货也是您居家旅行和馈赠亲友的佳品。

游鲁迅故里，祈福普陀山之旅 Tour to Visit the Hometown of Lu Xun, Pray in Mount Putuo

● 楠溪江风景名胜区

楠溪江是国家级风景名胜区，位于温州市永嘉县北，东邻雁荡山，以"水秀、岩奇、瀑多、村古、滩林美"著名。景区总面积达625平方公里，由大若岩、楠溪江及沿江农林文化、石桅岩、四海山、陡门、北坑、水岩七景区组成，约有800个景点。楠溪江江水清澈，可乘竹筏在狮子岩附近游览，或顺流而下。古村苍坡最有特色，以街为笔、池为砚、石为墨、村作纸，作文房四宝局；芙蓉村作"七星八斗"构思。

大若岩（小楠溪）为楠溪江景观最丰富区，有百丈瀑、陶公洞、石门台、十二峰、岩下库等。百丈瀑高124米，为浙江第二瀑，仅次于雁荡大龙湫，瀑后围岩如桶壁，称"虎穴"。陶公洞因南朝陶弘景得名，为道教"天下第十二福地"，洞呈螺壳状，宽敞而无曲折。石门台有瀑9级，颇为壮观。岩下库为岩下一小石洞，洞侧岩后隐藏着含羞瀑，瀑下有潭。石桅岩三面环水，突兀一岩，高306米；乘船入水仙洞，尤叹为观止。四海山是原始森林，海拔高，炎夏也盖被，宜避暑疗养。

● 江心屿旅游区

位于温州市北，横卧在瓯江之中。总面积7万余平方米，屿上原有两峰对峙，中贯川流，东西两峰上各造佛寺及宝塔。南宋绍兴七年（1137年），有蜀僧清了和尚来此住持东峰的龙翔寺，率众填塞了中川，在填塞的土地上建造一寺，名江心寺，现存建筑为清乾隆年间（1736～1795年）所建，占地面积5100平方米，建筑面积3100平方米。主殿为圆通殿，供观音。寺西有谢公亭、温州市历史博物馆。寺东有文天祥祠、浩然楼、温州市革命烈士纪念馆等。江心屿两端江中，东有象岩，色白皎洁；西有狮岩，青翠欲滴。若在渡口远眺，屿上古木森森，垒石峥嵘，楼阁错落，双塔高耸，堪称"瓯江蓬莱"。位于东峰山的东塔，始建于唐咸通十年（869年），六面七级，高30余米；位于西峰山上的西塔，始建于北宋开宝二年（969年），高32米。

旅游锦囊

最佳季节

3～5月、9～11月游玩最佳。春季草长莺飞，楠溪江两岸生意盎然。秋季天高水阔，山林色彩斑斓，十分好看。夏季过于炎热，而冬季寒冷，不宜出游。

美丽中国经典线路 Beautiful China Classic Route

安徽黄山、九华山、天柱山连线之旅
Tourist Line of Huangshan Mountain, Jiuhua Mountain, Tianzhu Mountain in Anhui

线路：黄山➡池州➡安庆
Route:Huangshan ➡ Chizhou ➡ Anqing

安徽的三大名山
The three Famous mountains in Anhui

　　安徽，是汤显祖笔下"一生痴绝处，无梦到徽州"的美丽意境；是李安《卧虎藏龙》里那青瓦白墙镶嵌着的悠长历史；是世代传唱的黄梅戏中的淳朴流畅；是新安画作里的那股水墨情浓。安徽拥有丰富的旅游资源，自然景观与人文景观交相辉映：有小桥、流水、人家的古镇水乡，有众口传颂的千年名刹，有烟波浩渺的湖光山色，有规模宏大的帝王陵寝，有雄伟壮观的都城遗址，纤巧清秀与粗犷雄浑交会融合。安徽山多秀丽，其中以黄山市的黄山、池州市的九华山、安庆市的天柱山最负盛名。登黄山赏奇松怪石，品黄山之俊美；游中国佛教名山——九华山，为家人祈福；探天柱山，寻安徽之源，感受灿烂的古皖文化。这三大名山，各有各的魅力，来安徽旅游时一个都不能错过。赶快约好朋友，带上家人，一起来爬山吧。

安徽黄山、九华山、天柱山连线之旅 Tourist Line of Huangshan Mountain, Jiuhua Mountain, Tianzhu Mountain in Anhui

行程推荐
Describe the itinerary

这条线路上的重要景点是黄山、九华山、天柱山，如果时间富余可以选择游览这三座名山周边的景点。

黄山位于黄山市黄山区，作为中国最重要的旅游胜地之一，黄山市对外交通非常便利。黄山市有火车站、机场，游客可从各城市乘火车、飞机直达黄山市，黄山的北面是长江，长江上游的省份如四川、湖北的朋友可以乘坐江轮经水路来黄山，乘船到贵池上岸，再乘汽车来黄山。随着黄山旅游的不断快速发展，如今黄山市已经修成了通往华东各地的各条高速公路，大体有如下2条：1.徽杭高速：杭州—临安—歙县—黄山市区，全程约200公里，约2.5小时；2.合铜黄高速：合肥—铜陵—九华山—黄山风景区—黄山市区，全程约300公里，约3小时。到达后可先去黄山景区脚下汤口镇吃饭、住宿。第二天一早登上黄山，可以选择住在山上看日出，也可以选择当日下山。游览黄山周边景点及西递、宏村后，从黄山市汽车站或汤口汽车站乘长途汽车去池州市青阳县九华山景区，可以住在九华街，就在景区里面。九华山景区观光车穿梭于九华山大部分景点。在山门购买了门票的游客（3天内有效），可凭门票在景区内不受次数限制免费乘坐，到重要景点观光游览非常方便。然后从青阳县去安庆市潜山县，游览天柱山。如果您坐火车到天柱山站，可以选择6路公交车或者打的；坐6路公交车至潜山汽

▲ 黄山云海 (Huangshan sea of clouds)

车西站下，在潜山汽车西站停车场坐天柱山旅游客运班车（不用进售票厅）；打的的话直接到天柱山风景区管理委员会门口上车至天柱山游客中心（茶庄），打的费用约6元。如果您坐汽车至潜山汽车总站，您可以出站，沿天柱山路步行200米至天柱山风景区管委会门口上车至天柱山游客中心（茶庄），步行约5分钟。如果您乘坐汽车至潜山汽车西站，可以直接在潜山汽车西站停车场坐天柱山旅游客运班车至天柱山游客中心（安庆、芜湖、铜陵等方向旅客最佳选择）。游客可在天柱山自驾游驿站（山门旁）领取免费导游图及详细咨询天柱山旅游情况。游客抵达天柱山游客中心（茶庄村）后统一换乘景区交通大巴入山，沿途设2个入山口，即：马祖（南大门/佛光寺：徒步登山口）、大龙窝（大龙窝索道）。游客可根据自身体力，自由选择入口登山。完成旅行后可以从天柱山火车站乘火车到合肥，从合肥乘火车或飞机返程。

301

美丽中国经典线路 Beautiful China Classic Route

▲ 黄山晨曲（Morning in Huangshan）

第一站：黄山
The first station:Huangshan

黄山市地处皖、浙、赣三省交界处，被称为"三省通衢"。1987年废除徽州建制，以境内山岳"黄山"之名设立地级市。黄山古称徽州，已有2200多年的历史，既是徽商故里，又是徽文化的重要发祥地，新安画派、新安医学、徽派建筑、徽州四雕、徽派盆景等影响深远，徽剧是京剧的前身，徽菜是中国八大菜系之一。黄山市境内的黄山为世界自然与文化双遗产，皖南古村落西递、宏村为世界文化遗产。

● **黄山国家重点风景名胜区**

黄山：世界文化与自然双重遗产，世界地质公园，国家5A级旅游景区，国家级风景名胜区，全国文明风景旅游区示范点，中华十大名山，天下第一奇山。

黄山位于安徽省南部黄山市境内，有72峰，主峰莲花峰海拔1864米，与光明顶、天都峰并称三大黄山主峰，为36大峰之一。黄山是安徽旅游的标志，是中国十大风景名胜唯一的山岳风光。黄山原名"黟山"，因峰岩青黑，遥望苍黛而名。后因传说轩辕黄帝曾在此炼丹，故改名为"黄山"。黄山代表景观有"四绝三瀑"，四绝：奇松、怪石、云海、温泉；三瀑：人字瀑、百丈泉、九龙瀑。黄山迎客松是安徽人民热情友好的象征，承载着拥抱世界的东方礼仪文化。明朝旅行家徐霞客登临黄山时赞叹："薄海内外之名山，无如徽之黄山。登黄山，天下无山，观止矣！"被后人引申为"五岳归来不看山，黄山归来不看岳"。

安徽黄山、九华山、天柱山连线之旅　Tourist Line of Huangshan Mountain, Jiuhua Mountain, Tianzhu Mountain in Anhui

● 黄山主要景点介绍

迎客松

此松是黄山松的代表,乃至整个黄山的象征,它恰似一位好客的主人,挥展双臂,热情欢迎海内外宾客来黄山游览。此外,还有送客松、陪客松。迎客松在玉屏楼左侧、文殊洞之上,倚青狮石破石而生,树龄至少已有800年,是黄山"四绝"之一。其一侧枝丫伸出,如人伸出一只臂膀欢迎远道而来的客人,另一只手优雅地斜插在裤兜里,雍容大度,姿态优美。

莲花峰

位于黄山中部。海拔1873米,为莲花峰、光明顶、天都峰三大主峰之最高者,也是安徽省境内最高峰。主峰突兀,群山簇拥,俨然似一朵新莲,仰天怒放,故称莲花峰。从莲花岭到莲花峰顶仅有一条蜿蜒登山小道称为莲花梗,长约15公里,沿途有飞龙松、倒挂松、四个洞穴及黄山杜鹃,绝顶处方圆仅丈余,名曰石船,中间有香砂井。置身于此,犹如顶天立地。眺望四方,可欣赏千峰竞秀,万壑生烟美景,绝顶还有一奇观,即四周铁索上挂满各种式样的锁,其中有情侣或夫妻永结同心的"同心锁",还有祝福全家幸福的"全家福锁",以及企盼孩子健康成长的"长命锁"等。

光明顶

位于黄山中部。海拔1860米,为莲花、光明顶、天都三大主峰的第二高峰。相传古时有位在此修行的智空和尚,一日见"日华"出现天门,山顶大放光明,故名"光明顶"。峰顶宽阔平坦,面积约6万平方米,为看日出、观云海最佳处。于此可东观"东海"奇景,西望"西海"群峰,向南有炼丹、天都、莲花、玉屏、鳌鱼诸峰尽收眼底,黄山气象站就设在光明顶。

西海

位于黄山西部。是黄山风景中最秀丽处,群峰挺立,直插霄汉,知名者如双笋、石床、尖刀、飞来峰等。每逢云雾萦绕,峰峦时隐时现,类似岛屿出没海中,蔚为奇观。崖壁建有排云亭,凭栏眺望,则仙人晒鞋、仙女绣花、武松打虎等奇观,映入眼帘。

温泉

位于紫云峰下,已有上千年历史。古称汤池,流量稳定,每小时约出水48吨,常年水温42℃左右,水质以含重碳酸为主,对皮肤病、风湿病、肠胃病均有一定疗效,多数进山游览者皆视温泉为入山第一站。附近景点也较集中,如人字瀑、三叠泉、鸣弦泉、丹井、醉石和慈光阁等均为观景胜处。

▲ 黄山迎客松(Guest-Greeting Pine in Huangshan)

303

美丽中国经典线路 Beautiful China Classic Route

● 翡翠谷

翡翠谷景区在安徽黄山市黄山区，素有天下第一丽水、美好情爱圣地、黄山第五绝之美称。翡翠谷又称"情人谷"。峡谷中分布着百余形态各异、大小不同或方或圆的翡翠彩池。池水或清明或翠绿，绚丽多彩，宛如颗颗翡翠洒落谷中，故名翡翠谷。《卧虎藏龙》影片中，竹梢打斗、池边恋爱、深潭寻剑、飞瀑踏波等美妙情景即取于谷中。艺术大师刘海粟赞曰：没有到过黄山的人，不能称到过中国。未游过翡翠谷彩池者，不能称到过黄山。

▲ 翡翠谷翠绿的池水（Green Water in Emerald Valley）

● 九龙瀑

九龙瀑位于黄山风景区南大门以东3公里处，景区内的景点名字多带有"龙"字，山路边一直有流水相伴，特色在于一条折成九段的瀑布，每一段瀑布底下都有漂亮的水潭，水色碧绿，不亚于附近的翡翠谷，是亲水的好去处。九龙瀑虽然就在黄山脚下，但是门票不包含在黄山门票内，和黄山分开售票。游玩九龙瀑最好在春夏季的雨后，瀑布气势恢宏，若逢冬季枯水季，瀑布只是细流，以看山景为主。观瀑亭是观赏此瀑布的最佳处。景区内物种丰富，有黄山天然植物园之称；人文资源荟萃，留有黄山胜境坊、乾隆御道、梅林书屋等文化景观。

▲ 九龙瀑中的青龙涧（Qinglong Ravine in Nine-Dragon Waterfalls）

安徽黄山、九华山、天柱山连线之旅 Tourist Line of Huangshan Mountain, Jiuhua Mountain, Tianzhu Mountain in Anhui

● 黄山市古徽州文化旅游区

　　古徽州文化旅游区位于徽文化发祥地安徽省黄山市，由徽州古城、牌坊群鲍家花园、唐模、潜口民宅、呈坎五大精品景区组成，北依黄山，南接千岛湖。徽州古城是徽州府治所在地，是保存最为完好的中国四大古城之一。棠樾牌坊群为中国最大的牌坊群落，由明清7座紧紧相连的石坊组成，蔚为壮观。唐模，有中国水口园林第一村的美誉。田园风光优雅别致，法式浪漫风情与徽州古村落丝丝入扣。呈坎，被誉为中国风水第一村，这里融自然山水为一体，按《易经》八卦风水理论选址布局，诠释了天地万物相生相克的先哲理论。潜口民宅被誉为我国明清民间建筑艺术的活专著，荟萃了明清时期徽州最经典、最具代表性的徽州民居。古徽州文化旅游区通过对古城生活、宗祠文化、牌坊文化、徽商文化、村落文化、民居文化的聚集，将中华三大地域文化之一的"徽文化"完美鲜活地呈现于世。

● 齐云山

　　位于休宁县城西15公里处的岩前镇附近，海拔585米。《齐云山志》载："一石插天，直入云汉，谓之齐云。"为中国道教四大名

▲ 齐云山石碑（Qiyun Mountain Stone Tablet）

山之一。齐云山属丹霞地貌，岩石呈紫红色横向节理，经万千年的风雨侵蚀，形成了众多的危岩怪石，有36奇峰、72怪崖、24飞涧，以及池、泉、溪、瀑遍布其间。齐云山由白岳、齐云、青狮、白象、岐山、太山、南山、苑山和万寿山9峰组成，分为月华街、楼上楼、云岩湖、南山和横江五大游览区。清乾隆巡游江南，誉之为"天下无双胜景，江南第一名山"。齐云山文化留存丰富，有道教的宫、殿、院、坛和阁等108处，曾拥有1400余处碑刻和摩崖石刻、今存537处。虽年代久远，寺观颓败，而奇峰幽谷，景色不减。

旅游锦囊

古徽州文化旅游区推荐旅游线路

徽州歙县—绩溪—渔梁坝—渔梁古镇老街—太白问津处—岩寺文峰塔—潜口塔—潜口民宅—呈坎八卦村—宝纶阁—唐模—棠樾牌坊群—新安碑园·太白楼—许国石坊。

美丽中国经典线路　Beautiful China Classic Route

● 宏村

宏村是以徽派建筑为特色的村落，位于黟县城西北角，因奥斯卡获奖电影《卧虎藏龙》而闻名中外，被誉为"中国画里乡村"。该村始建于北宋，距今已近千年历史，原为汪姓聚居之地。古宏村人独出机杼开"仿生学"之先河，规划并建造了堪称"中华一绝"的牛形村落和人工水系，统看全村，就像一头昂首奋蹄的大水牛，成为当今"建筑史上一大奇观"。全村现保存完好的明清古民居有140余幢，著名景点有南湖春晓、月沼风荷、牛肠水圳、双溪映碧、雷岗夕照等。民间故宫"承志堂"富丽堂皇，可谓皖南古民居之最。村内鳞次栉比的层楼叠院与旖旎的湖光山色交相辉映，处处是景，步步入画。从村外自然环境到村内的水系、街道、建筑，甚至室内布置都完整地保存着古村落的原始状态。南宋绍兴年间，古宏村人为防火灌田，独运匠心开仿生学之先河，建造出堪称"中国一绝"的人工水系，围绕牛形做活了一篇水文章。九曲十弯的水圳是"牛肠"，傍泉眼挖掘的"月沼"是"牛胃"，"南湖"是"牛肚"，"牛肠"两旁民居为"牛身"。湖光山色与层楼叠院和谐共处，自然景观与人文内涵交相辉映，是宏村区别于其他民居建筑布局的特色，成为当今世界历史文化遗产一大奇迹。在宏村，并非凭借门票就可以自由出入各大宅院。想要深入了解村落，最好小住三两天，让房东领着参观当地地道的宅院。

▲ 宏村（Hongcun Village）

● 西递

西递坐落于黄山南麓，距黄山风景区仅40公里，素有"桃花源里人家"之称，它始建于北宋皇祐年间，发展于明朝景泰中叶，鼎盛于清朝初期，至今已960余年历史。现代的阳光还没有照耀在西递青灰的屋瓦上，在都市的喧哗之外，它抱残守缺，在皖南的清澈中向我们呈现了一种朴素的民间生活。这里自古文风昌盛，到明清年间，一部分读书人弃儒从贾，他们经商成功，大兴土木，建房、修祠、铺路、架桥，将故里建设得非常舒适、气派、堂皇。历经数百年社会的动荡，风雨的侵袭，虽半数以上的古民居、祠堂、书院、牌坊已毁，但仍保留下数百幢古民居，从整体上保留下明清村落的基本面貌和特征，建筑和路面都用大理石铺砌，两条清泉穿村而过，99条高墙深巷使游客如置身迷宫。2000年，西递村被联合国教科文组织列入世界遗产名录。

安徽黄山、九华山、天柱山连线之旅　Tourist Line of Huangshan Mountain, Jiuhua Mountain, Tianzhu Mountain in Anhui

第二站：池州
The second station:Chizhou

池州境内以九华山为中心，分布着大小旅游区300多个，其中有4处国家级旅游品牌：国家重点风景名胜区、国家5A级旅游区、国际性佛教道场、中国四大佛教名山之一——九华山；被誉为华东"动植物基因库"的国家级野生动植物保护区——牯牛降；被誉为"中国鹤湖"的国家级湿地珍禽自然保护区——升金湖；九华山国家森林公园——九子岩。还有首批4个国家级工农业旅游示范点，以及平天湖国家级水上运动训练基地和杏花村等人文景观，是理想的休闲胜地。

● **九华山国家重点风景名胜区**

九华山位于安徽省青阳县西南20公里处。与五台山、峨眉山、普陀山合称中国佛教四大名山，为地藏王菩萨道场。景区面积达120平方公里，共99峰，以天台、莲花、十王等9峰最为雄伟，主峰十王峰海拔1342米，高度为诸峰之冠。唐刘禹锡赞之为"奇峰一见惊魂魄"，素有"东南第一山"之称。相传唐高宗永徽四年（653年），新罗（今朝鲜）国王近宗金乔觉渡海来此，居山苦修75年，辟地藏王道场，至唐玄宗开元十六年（728年）农历七月三十圆寂。从此佛寺大兴，历宋、元、明、清四朝，佛寺达300余座，僧众4000余人，号称"佛国仙城"。现尚存化城寺、肉身宝殿、慧居寺、万岁宫等古刹80余座，僧尼300余人，佛像1500余尊，藏经及其他玉印、法器等文

▲ 九华山天台峰（Tiantai Peak in Jiuhua Mountain）

物1300余件。在中国佛教四大名山中，九华山以"香火甲天下""东南第一山"的双重桂冠闻名海内外。

旅游锦囊

九华山一日游
A线：化城寺—肉身宝殿—闵园—天台
B线：化城寺—肉身宝殿—百岁宫—五百罗汉堂—通慧禅林—大悲宝殿

最佳游览季节
3～10月最佳。九华山常年有雾，春秋两季更多，迷雾、低云和着毛毛雨，山峦时隐时现，云雾时涨时消，赏九华旖旎风光，览九华经典奇观，十分美妙。春季的九华山，时常能见到壮观非常的云海。秋冬季节，九华山阵阵松涛，竹海翻腾，景象壮观。感受佛教文化，参观古寺庙，一年四季皆可。各大佛教节庆活动期间，佛教盛会众多,适合朝拜。

美丽中国经典线路 Beautiful China Classic Route

▲ 牯牛降雪景（The snow scene in Guniujiang）

● 石台牯牛降风景区

安徽省石台县牯牛降景区，是以森林生态系统为主的综合性自然保护区，被生态学者称为"绿色自然博物院"。2010年被授予国家4A级旅游景区。牯牛降是黄山山脉向西延伸的主体，古称"西黄山"，其主峰海拔1727.6米，为安徽省南部的第三高峰，因其山形酷似一头牯牛从天而降，故名牯牛降。牯牛降总面积6700公顷，其地层古老，气候优越，山高林密，人迹罕至，保存着较为完整的天然森林植被，是我国东部中亚热带常绿阔叶林带的重要典型地区之一。这里，旅游资源极为丰富，生物种类繁多，区系成分复杂，生态关系协调；同时区内险峰深壑，奇松怪石，烟云飞瀑，自然景观十分瑰丽。石台牯牛降风景区有灵山、双龙谷、牯牛峰、龙门四大景区。

● 安徽升金湖国家级自然保护区

安徽升金湖国家级自然保护区为永久性淡水湖泊湿地，位于安徽省东至县境内，是水禽赖以生存的天然场所。升金湖保护区是中国主要的鹤类越冬地之一，也是世界上种群数量最多的白头鹤天然越冬地，因此升金湖亦有"中国鹤湖"之称。升金湖自然保护区的主要保护对象为湿地生态环境及越冬水禽。升金湖分上湖和下湖，以升金湖大桥为中线，东北是下湖，西南是上湖。上湖基本是南北走向的，可以分为上湖东岸和西岸。东岸的观鸟点有杨鹅头、余干，按理说东岸的观鸟点上午是顺光，但冬季太阳从偏南的方向升起，而水鸟聚集在这两个观鸟点的黄溢河南岸。所以，到了这两个观鸟点附近，还需要找到合适的方向才能好好赏鸟。西岸的观鸟点有联合和大洲，在国道206沿线。升金湖大桥附近就是所谓的核心区，养殖业很发达。下湖的形状呈东西走向，观鸟点在国道206沿线，就是北岸，一是黄溢河闸附近的保护点；二是七星墩北侧大堤和西侧大堤以及东侧机耕路，上午的时候下东侧机耕路有机会顺光观鸟。

▲ 升金湖观鸟（Birdwatching in Shengjin Lake）

安徽黄山、九华山、天柱山连线之旅　Tourist Line of Huangshan Mountain, Jiuhua Mountain, Tianzhu Mountain in Anhui

第三站：安庆
The third station: Anqing

安庆，古称舒州，别称宜城，简称"宜"。位于安徽省西南部，长江下游北岸，皖河入江处，安庆素有"万里长江此封喉，吴楚分疆第一州"的美誉。是国家历史文化名城、中国优秀旅游城市、国家园林城市、国家森林城市，素有中国"黄梅戏乡"之称，是国粹京剧的起源地。

"千年古城、文化之邦、百年省会、戏剧之乡。"2000多年前为春秋古皖国，安徽省简称"皖"即源于此，安徽省的名称是由"安庆府"与"徽州府"各取一字而来。1260年建城至今，安庆已有近800年历史，是安徽省最早的省会所在之地。

● 天柱山

位于潜山县境内西北部，主峰天柱峰海拔1488.4米，如擎天之柱，故名天柱山，景区面积82.46平方公里。被称为"第二黄山"。天柱山属花岗岩峰石景观为主的山岳型风景区，以峰雄、石奇、崖险、洞幽、水秀著称。有天柱、飞来等45峰；有麒麟、熔药等16岩；有霹雳、鹦鹉等53怪石；有试心、千丈等17崖；有宝公、司元等25洞。《天柱山志》载：（天柱山）峰无不奇，石无不怪，洞无不杳，泉无不吼。史载汉武帝元封五年（前106年）南巡，登祭天柱，封号为南岳，今祭台遗址尚存。著名旅游景观有号称"花岗岩第一秘府"的神秘谷，有中华禅宗第三代祖庭三祖禅寺，有天下奇观

▲ 天柱山天柱峰（Tianzhu Peak in Tianzhu Mountain）

石牛古洞摩崖石刻和人称"江淮第一漂"的潜河漂流。1992年，被林业部批准为国家级森林公园。

旅游锦囊

行：天柱山目前开发的精华景区分为西关和东关，西关有西关小循环和新游线，东关是大循环。西关小循环两条索道后上行1334级台阶，下行1101级台阶；新游线上行1334级台阶，下行6华里；东关大循环全程是"上七下八"共15华里。天柱山上有由300多人组成的一支滑竿队可随时为您"减负"。

娱：白马潭漂流、潜河漂流、天龙关攀岩是游客可以直接参与并非常有趣的娱乐项目，乘坐竹筏之上，不仅可以欣赏地道的黄梅小调和山歌对唱，还可以打起水仗，玩起儿时的游戏；在沙滩之上还能进行沙滩排球、沙滩足球、篝火晚会等。黄梅戏专场和天柱气功表演，有着浓厚的地方特色，游客不可不看。

购：在天柱山除了一些有趣的工艺品外，还有许多造型各异的根雕、木雕供您选择。天柱山土特产，如石耳、竹笋、野生葫芦籽、茶叶等，质量上乘，是馈赠亲友的上等佳品。大家可登录天柱山官方淘宝旅行店自行购买。

309

安徽北线天堂寨之旅

Tour to Tiantang Cottage in Northern Anhui

线路：合肥 ➡ 六安 ➡ 阜阳 ➡ 亳州
Route: Hefei ➡ Liu'an ➡ Fuyang ➡ Bozhou

安徽北线印象
Impression of northern Anhui

如果第一次来安徽首先看名山，那么第二次来就要深度体会安徽厚重的历史文化。淮河流域是中华文明的发祥地之一，淮河文化历史悠久，内涵丰富，博大精深，灿烂辉煌。我国的孔孟儒家学说，墨家学派，韩非、李斯的法家学派，都是在淮河流域创立。三国时著名的政治家、军事家和文学家曹操的出生地在安徽亳州。安徽是戏曲之乡，黄梅戏已成为全国性的大剧种。安徽北线天堂寨之旅以合肥市为中心，合肥名胜古迹众多，尤以"三国故地，包拯家乡"著称于世。因此，展示包公生平事迹的包公祠、保护和展示三国文化的合肥三国遗址公园是合肥旅游的重点。六安的天堂寨和阜阳的颍上八里河风景区是安徽北部著名的风景名胜区，不能遗漏。亳州的酒文化博物馆、花戏楼和天静宫景区分别展示了安徽的酒文化、戏曲文化、老子文化，要作为重点进行游览。

安徽北线天堂寨之旅　Tour to Tiantang Cottage in Northern Anhui

行程推荐
Describe the itinerary

这条线路以合肥为中心。合肥是我国东部地区一个重要的交通枢纽，交通十分发达。市内拥有一个机场——合肥新桥国际机场，从机场到市区非常方便快捷。便捷的高铁建设使合肥一跃成为全国性铁路枢纽，目前合肥拥有三个火车站，分别是市内的合肥站、合肥南站和停靠高速列车的合肥北城站。除此之外，合肥还拥有多个长途客运站，承担着周边省份以及省内到达合肥的大巴班次。在合肥市内游览，坐公交和地铁就能到达包公祠、逍遥津公园游览。去往三河古镇可从合肥的旅游汽车站坐小巴。路程在1小时左右，基本全天都有车。很多去那个方向其他地方的车也会途经三河。去三国遗址公园可以乘公交3路、8路、22路转300路公交车到三国遗址公园站下。

从合肥去六安天堂寨，可以在合肥旅游汽车站上车，上午7：20、中午12：30发车。另外合肥市内有很多旅行社组织天堂寨两日游，可以跟团游。动车组列车从合肥到六安只需36分钟，在六安南站有专线车开往天堂寨。六安市内的公交车线路比较少，打出租车游览比较方便。

从六安到阜阳可以乘坐火车或长途汽车。阜阳市内出租车价格起步5元/3公里，超过3公里后每公里1.5元。阜阳城区面积很小，公交车也不多。从火车站坐13路公交车可以到阜阳长途汽车站，也叫汽车南站，从汽车南站乘坐去颍上县的班车，20

▲ 三河古镇（Sanhe Ancient Town）

分钟一班，票价10元左右。

从阜阳到亳州同样可以乘坐火车或长途汽车。亳州的市内主要公交线路有1路、2路、3路、5路、6路、7路、8路。乘公交可到达大部分景点，出租车的起步价为5元/3公里，超出3公里后每公里1.2元。亳州中心汽车站是亳州市唯一一家长途车站，有发往全国400公里以上的班线（含郑州、合肥、蚌埠），该站位于亳州市光明路东段，坐2路、3路公交车可到达。

游览完毕后，游客可回到合肥再转乘飞机或火车返程。

美丽中国 经典线路　Beautiful China Classic Route

第一站：合肥
The first station:Hefei

合肥市位于安徽中部，巢湖北岸，是安徽省省会，全省的政治、经济、文化中心和水陆交通枢纽。合肥历史悠久，名称最早见于《史记》，因东淝河与南淝河"两河归异出同肥"故称。合肥为长江、淮河两大河流水运相接最近点，有"淮右襟喉，江南唇齿"之称，为历代兵家必争之地。合肥交通发达，淮南线穿越市区，北通蚌埠，南达芜湖，每天有直快车通往上海、北京。位于南郊的骆岗机场，为我国大型机场之一，国内外各大城市间均可通航。合肥名胜古迹众多，尤以"三国故地，包拯家乡"著称于世。市内有环城公园、逍遥津公园、古教弩台、包公祠，市西鸡鸣山东麓有三国合肥故城遗址，对研究古城合肥变迁有很重要价值。此外城西大蜀山，城南巢湖均为有名的风景区。

● 包公祠

位于合肥市包河公园香花墩上。包公祠（全称"包公孝肃祠"）是我国历史上清廉为民的代表人物包拯的祠堂，包拯（999～1062年），字希仁，庐州合肥（今安徽合肥市）人，北宋天圣五年（1027年）进士，官至枢密副使，一生刚正不阿，廉洁奉公，受到人民爱戴，香花墩曾是包拯读书处，明弘治元年（1488年）由庐州知府宋鉴（字克明）将一小庙改建为包公书院，顺治年间（1644~1661年）复修。现有建筑为清光绪八年（1882年）由李鸿章筹银重建。包公祠占地约1公顷，正门朝南，为白墙青瓦构筑的封闭式三合院组成。主建筑为包公亭堂，端坐八尺高包公塑像，两旁侍立王朝、马汉、张龙、赵虎，并置有龙头、虎头和狗头铡刀。亭堂西筑有长廊，陈列包氏支谱，包公家训及包公墨迹等史册资料。祠东南有"廉泉"，西南有读书亭。包河东南松柏丛中为包公和夫人及子孙墓园。祠四周即包河，相传生红花藕，断之无丝，"包老直道无私，竟及于物"，因此传为佳话。 综合服务区内设有餐厅、停车场、商品部、导游部、高档卫生间、公用电话、咨询台等，能为游客提供导游、购物、餐饮、停车、咨询、摄像等多项服务。 开封包公祠还与开封博物馆、延庆观、大相国寺等共同组成了开封包公湖风景旅游区，交通、食宿、购物、观光等极为方便。

▲ 包公祠内景（Indoor Scenery in Bao Gong Temple）

安徽北线天堂寨之旅　Tour to Tiantang Cottage in Northern Anhui

▲ 逍遥津公园雪景（Xiaoyaojin Park Snow Scenery）

● **逍遥津公园**

位于合肥市东北隅。古为淝水上的渡口，有津桥可渡。东汉建安二十年（215年），孙权率军攻合肥未下，反为曹操守将张辽所袭，张辽以7000人马大败孙权10万大军。孙权狼狈逃窜，纵马跨淝水脱险。《三国演义》中"张辽威震逍遥津"故事即发生于此。新中国成立后经大力整修，辟为公园。全园分东、西两园。东园为青少年活动区和儿童乐园。西园以植物造景为主，建筑和园林小品有梅花山、牡丹园、杜鹃园、盆景园、独秀峰等。园内有张辽横刀跃马塑像及衣冠冢。园内湖面似镜，亭台楼榭，花木成荫，为游览胜地。

● **三河古镇**

三河古镇，古名鹊渚、鹊尾（渚）、鹊岸，是江南水乡古镇，国家5A级旅游景区。位于肥西县南端，地处肥西、庐江、舒城三县交界处。丰乐河、杭埠河、小南河在此汇合，经新河向东流约15公里入巢湖。总面积2.9平方公里，有古城墙、古炮台、太平军指挥部旧址、英王府、一人巷、万年台、李府粮仓、鹤庐、刘同兴隆庄、杨振宁旧居、孙立人故居、董寅初生平事迹展览馆、大夫第、三县桥、望月桥、望月阁、鹊渚廊桥、"八古"等历史遗迹，是庐剧的发源地。三河镇原是巢湖中的高洲，因泥沙淤积，渐成陆地。南北朝后期称三汊河，明、清置三河镇。三河镇的小吃和土菜也很有名气和特色，有米饺、牛皮糖、酥糖、麦芽糖、茶干、米酒等，三河还是著名的富光口杯的故乡。

● **合肥大蜀山森林公园**

合肥大蜀山森林公园位于安徽省合肥市西部，距离市中心10公里，是合肥近郊唯一的一座大山，为国家级森林公园、省级风景名胜区、省级地质公园。公园内主要有安徽名人园、蜀峰湾、合肥野生动物园、西扩景区等景点。公园内有森林、湖泊以及湿地，为合肥市净化环境、保持生态平衡发挥着重要作用，也是合肥市的旅游资源宝库。

美丽中国经典线路 Beautiful China Classic Route

第二站：六安
The second station: Liu'an

六安，别称"皋城"。位于安徽省西部，处于长江与淮河之间，大别山北麓，地理意义上的"皖西"特指六安。六安之名始于公元前121年，汉武帝取"六地平安、永不反叛"之意，置六安国，历史悠久。因舜封皋陶于六安，故后世称六安为皋城。六安市素有"白鹅王国、羽绒之都"美誉，是全国重要的优质羽绒原产地和集散地。六安荣膺"国家级园林城市""国家级生态示范区""中国人居环境范例奖""水环境治理优秀范例城市""中国特色魅力城市200强"等称号。

● **天堂寨风景名胜区**

位于安徽省六安市金寨县与湖北省罗田县交界的地区，是国家5A级旅游景区。天堂寨古称"多云山"，最高峰海拔1729.13米，为大别山主峰之一，古称"吴楚东南第一关"，景区内有大小瀑布108道，其中落差达50米以上的18道。天堂寨所处的大别山，是中国南北水系的分水岭，山北水往北流注入淮河，山南水往南流注入长江。所以在天堂寨峰顶北可望中原，南可眺荆楚，海拔1729米的天堂顶有一口天塘，塘水不溢不涸，俗称"瑶池"。景区总面积120平方公里，境内千米以上的高峰25座，天堂寨最高峰为大别山主峰之一。其主要景点有白马大峡谷、龙剑峰、白马峰、瀑布群等。

● **游玩推荐**

金三角漂流

天堂寨金三角漂流汇聚天堂寨瀑布群之水，游人坐在皮艇上，顺河道蜿蜒环绕在青山之中，感觉"甜丝丝清凉凉的"。金三角漂流配套服务设施齐全：有专供游客、司陪休息的遮阳凉亭、豪华娱乐休息室、公共洗手间、专用更衣室、寄存处、商品部等。金三角漂流设有上、中、下三站，漂流全长3000多米，落差100多米，形成了气势磅礴的急流。大面积的原始森林渗透出甜美的山泉，产生大量的空气负氧离子，清新怡人，益身养颜。岸边怪石嶙峋、竹涛林涌、山鸟鸣翠、禅钟远扬，艇下溪流湍急，一波三折，更有那清风扑面夹着绿野芳香，令人心旷神怡。

▲ 天堂寨风景名胜区 (Tiantang Cottage Scenic Spot)

> **温馨提示**
>
> **推荐八湾八大碗一店**
>
> 八湾新村是农家小院集聚区，以主推当地最隆重的婚庆喜宴"八大碗"而出名，八湾八大碗一店，是一家集住宿、餐饮、娱乐为一体的农家乐。一店餐饮以"土"为特色，所用食材不管从取材还是烹饪角度都极其讲究，全部是选用农家菜园的新鲜蔬菜，肉类食材都是散养的牲畜，最重要的烹饪工具和设施都是农家土锅土灶，这就是我们俗称的农家大锅饭。厨娘是当地婚庆喜宴的"掌勺"，制作出的菜品原汁原味，食之酥软而不烂、味美而不腻，令人唇齿留香、回味无穷，故一店又被称为"土膳坊"。
>
> 地址：金寨县天堂寨镇八湾新村八大碗一店

安徽北线天堂寨之旅　Tour to Tiantang Cottage in Northern Anhui

第三站：阜阳
The third station:Fuyang

阜阳，别名颍州、汝阴、顺昌，位于安徽省西北部，华北平原南端。阜阳代表文化是淮河文化，是甘罗、管仲、鲍叔牙、吕蒙、刘福通的故里，晏殊、欧阳修、苏轼曾在此为官。阜阳风景优美，颍州西湖历史上曾与杭州西湖齐名，颍上县八里河公园为国家5A级旅游景区，阜阳生态园和迪沟生态旅游风景区均为国家4A级旅游景区。阜阳剪纸、颍上花鼓灯、界首彩陶等列入《国家非物质文化遗产名录》，阜南县出土的商代青铜器龙虎尊被列为中国十大国宝青铜器之一。阜阳咸鸭蛋、太和贡椿、红薯粉丝、太和樱桃等是阜阳的特产美食。

● **颍上八里河风景区**

位于安徽省颍上县南部的八里河镇，主园区为"西区""东区""十二花岛"，占地15.8平方公里，风光秀丽，景色迷人，交通便捷，设施齐全。"西区"以微缩西方著名建筑展示世界风情。"东区"集中华建筑文化之大成，融古典园林艺术于其中。徜徉在碧波中的十二花岛以十二生肖所属幸运花予以点缀，采用现代科技进行培育养殖，四时有花，岛岛不同。八里河风景区是依托自然原始资源的湖泊水域型风光，以湖光水色见长，是大自然的恩赐。自然景区有田园野趣，光顾八里河有回归自然、返璞归真之感。

▲ 颍上八里河风景区（Yingshang Balihe Scenic Spot）

美丽中国经典线路 Beautiful China Classic Route

● **颍州西湖风景名胜区**

阜阳市颍州西湖风景名胜区位于阜阳市西9公里处，系安徽省级风景名胜区、省级湿地自然保护区、国家4A级旅游景区、国家湿地公园。是一个以历史文化为核心的，集生态湿地旅游、休闲度假、会议餐饮为主题的综合型旅游休闲度假区。主要有兰园、怡园、女郎台、紫竹苑、醉仙居、西湖碑林、百花园、清涟阁、九曲桥、梳妆台、苏堤、欧堤等20多个景点。另有与景区相比邻的面积为6平方公里的国家湿地公园。颍州西湖曾与杭州西湖、惠州西湖和扬州瘦西湖并称为中国四大名湖。苏轼曾有数十篇赞美颍州西湖的诗词，留下了"西湖虽小亦西子，萦流作态清而丰""大千起灭一尘里，未觉杭颍谁雌雄"这些盛赞颍州西湖的名句。

会老堂

北宋熙宁四年（1071年），欧阳修致仕归颍，赵康靖公概年逾八十，自南京（今河南商丘）来访于湖上。时吕公著为郡守，作堂于西湖书院旁，名叫"会老堂"。明三暗五，重梁叠架，柱石斗拱，砖刻花纹，形式古朴。壁间有月门相通，窗为六角形，堂前栀门，至20世纪80年代仍存。2005年由阜阳市颍泉区政府重新修复。

万木百花园

万木百花园位于颍州西湖最南部分。颍州西湖以花木为景是一大特色，欧阳修在多首诗词中赞道：平湖十里碧疏璃，四面清荫乍合时；西溪水色春分绿，北渚花乏暖自薰。所以说历史上的颍州西湖八大景有四景与植物有关。新建的万木百花园更好地再现了古西湖景观。它有著名的十里桃花、百亩樱花园、牡丹园、菊花园、芍药园，堪称皖北之最，还有银杏园、梨树园、盆景园、石榴园、柿树园和水杉林、松柏林、杨柳林等。

苏堤

苏轼以龙图阁学士的身份出任颍州太守，在颍州期间，为发展农业生产，大修水利，差人疏浚颍州西湖，直通焦坡塘，并修建了三座水闸，清淤的泥土堆成颍州西湖的护堤，遍植垂柳，时人称为苏堤。苏堤上还栽植玉兰、樱花、芙蓉、木樨等多种观赏花木。南宋时，这里一度形成湖中集市。

● **阜阳生态园**

位于安徽省阜阳市城北新区（古颍州西湖遗址），是国家4A级旅游景区、全国农业旅游示范点、全国休闲农业与乡村旅游示范点、全国休闲农业与乡村旅游五星级园区、全国科普基地、全国林业科普教育基地。风景区始建于2001年7月，2002年5月1日开园，是一家以农业观光为主线，集"农业示范、科普教育、生态环保、休闲娱乐"为一体的著名旅游景区，总面积1200亩，有现代农业园、热带植物园、精品果园、采摘园、江南水乡、九和塔、龙泉瀑布、竖琴广场、熊猫馆、百鸟园、欧阳修故居——会老堂、水上乐园等18处主题景观组成，风光旖旎，景色秀美，被誉为"欧公故居、生态仙境"。

安徽北线天堂寨之旅　Tour to Tiantang Cottage in Northern Anhui

第四站：亳州
The fourth station:Bozhou

亳州，简称亳，别称谯城。是一座历史悠久的古城，早在新石器时代，就有人类在此活动。自秦时置谯县以来，历经朝代更迭，大都系州、郡或县建制，其间元至正十五年（1355年），刘福通起兵反元，拥韩林儿在亳州称帝，建"宋"政权，以亳州为国都。至此亳州正式成为"三朝"古都之地。亳州是国家历史文化名城，中国优秀旅游城市，中原经济区，长三角城市群成员城市，皖北旅游中心城市，享有"药都"的美誉，是全球最大的中药材集散中心和价格形成中心。

▲ 曹操雕像（A Statue of Cao Cao）

● 曹操运兵道

曹操运兵道又称曹操藏兵道，位于安徽省亳州市老城内主要街道下，以大隅首为中心，向四面延分别通达城外。是中国现存最古老、保存最完整的地下大型军事设施，亦是古代汉族劳动人民智慧的结晶和古代地道战术的总汇。整个地道经纬交织，纵横交错；布局奥妙，变化多样；立体分布，结构复杂；规模宏伟，工程浩大。目前已发现8000余米，是迄今发现历史最早、规模最大的地下军事战道。它远远超过地面上保留的一座完整古老城池的价值，被誉为"地下长城"，2001年6月25日被列为第五批全国重点文物保护单位。

● 古井酒文化博物馆

古井酒文化博物馆以"古井酒文化"为主线，全面展示了古井酒文化对中国酒文化的继承和发展，被誉为"华夏第一白酒博物馆"。古井酒文化博物馆占地3200平方米，建筑面积2200平方米，由汉阙、角楼、清式长廊和大殿组成。该馆分为楼上、楼下两个展厅和中国酒文化、古井酒文化、古井发展史、名酒荟萃、古井画廊等五个展区。作为古井人成果的集中展示区，名酒展廊里还存放了古井建厂以来各个时期、不同系列、不同品种规格的几百个酒品代表，包括白酒、药酒以及古井年轻的啤酒和葡萄酒，琳琅满目，蔚为大观，这里不仅展示了1989年最后一届全国评酒会评出的17大名酒，而且还展示了当时全国所有参赛的368种地方名酒，酒品共达868种之多。几乎每一个到过古井酒文化博物馆的人，都可以在名酒展廊里惊喜地找到自己家乡的名酒。

福建山水风情游
Fujian Landscape Style Tour

线路：武夷山➡福州➡厦门➡永定
Route: Wuyishan ➡ Fuzhou ➡ Xiamen ➡ Yongding

福建山水城市印象
Impression of Fujian Landscape and City

福建风光的特点是"依山傍海"，福建的山多，且多为丘陵，被称为"八山一水一分田"。由于山多，森林覆盖率也就高，达65.95％，居全国第一。福建的海岸线也长，有3751公里，以侵蚀海岸为主，岛屿星罗棋布。依山傍海的特点造就了福建丰富的旅游资源：像鼓浪屿、武夷山、泰宁、清源山、白水洋、太姥山等，一个个都是绝胜山水，印象中绿得滴油，其秀其深其幽，决不亚于其他地方。还有，福建由于山多山深，在古代是避祸的福地，所以，福建客家人多，客家带来中原的诗书文化，还有客家人建筑的一座座土楼，也是游览中难得的人文景观。

福建也是美食大省，最出名的"佛跳墙"自不用说，还有菊花鲈鱼、陈年菜脯鸡、永安淮山干贝羹，蚵仔煎、沙茶面、烧肉粽、客家擂茶……来福建旅游一定不要忘了尝美食啊！

福建山水风情游　Fujian Landscape Style Tour

行程推荐
Describe the itinerary

福建山水风情游可以考虑三条线路：第一条线路，厦门—鼓浪屿—福建土楼。这条线路的特点是，以云水谣古镇的土楼为重点，可以实地进入怀远楼、和贵楼，参观客家人的起居饮食，兼顾厦门市的景点，不但可以参观厦门大学，还可以沿着环岛路，慢慢地观赏厦门海景，并且可以品尝福建客家美食。这条线路推荐携程网4日3晚跟团游。行程为：中山路步行街—云水谣古镇—怀远楼—和贵楼—鼓浪屿—万国建筑博览—菽庄花园—钢琴博物馆—毓园—胡里山炮台—南普陀寺—厦门大学—环岛路—曾厝垵。

第二条线路，武夷山—厦门—鼓浪屿—福建土楼—福州—泉州。这条线路的特点是，福建省最重要的风景区都能够观赏到，重点是武夷山、永定土楼和福州市景点。这条线路推荐携程网9日跟团游，行程为：天游峰—隐屏峰—云窝—九曲溪竹筏漂流—武夷宫—一线天—中华武夷茶博园—大红袍景区—林则徐纪念馆—西湖公园—三坊七巷—开元寺—厦门大学—南普陀寺—鼓浪屿—毓园—高北土楼群—承启楼—五云楼—世泽楼—厦门老院子民俗文化风情园景区。

第三条线路，厦门—泉州，这条线路的特点是，以游览厦门海景为重点，可以从海上观赏金门。这条线路推荐神舟国旅的双飞4日跟团游，行程为：南普陀寺—厦门大学—海上游金门—鼓浪屿—毓园—高北土楼—

▲ 鼓浪屿鸟瞰（Overlooking Gulangyu）

南靖云水谣—集美学村—老院子景区。

自驾游推荐福建永定土楼3日游，这一线路的特点是，专题观赏永定客家土楼。线路为：龙岩—永定南溪村（土楼公主振福楼）—永定洪坑村景区—土楼王子振成楼（洪坑村景区内）—梦田客栈（餐饮住宿）—红坑村观景台—榕荫消夏—振成楼—梦田客栈（餐饮住宿）—水车—庆城楼—天后宫—林氏家庙—如升楼—福裕楼—日升学堂—奎聚楼—梦田客栈（餐饮住宿）—振成楼—和坑土楼群（裕昌楼）—厦门。建议土楼游览一定要在景区内住上两晚，景区消费不高，淡季住宿人均50元左右，餐饮人均30元左右，清晨和傍晚的村落，更能感受真正的小桥流水人家，感受真正的客家文化。

319

美丽中国经典线路 Beautiful China Classic Route

第一站：武夷山
The first station: Wuyishan

武夷山是福建省重点旅游区，全国著名。武夷山是典型的南方山水，山水交融，苍秀滴翠，山不在险峻，在于秀在于幽，就像福建的女人灵秀而婀娜。

武夷山文化传承深厚，武夷山历史上是道教"升真元化第十六洞天"，秦汉以来，武夷山留下了不少宫观、道院和庵堂故址。武夷山更是朱子理学的摇篮。南宋大儒朱熹从14岁到武夷山，在武夷山从学、著书、授徒、生活达50余年。朱熹在武夷山创办紫阳书院、考亭书院，门人弟子一代传一代，形成有影响的学派，使武夷山成为著名的理学名山。

游武夷山一定要乘竹筏从九曲顺流漂流，坐在竹排上，巍巍青山两岸走，这样的意境可以让人忘却烦恼无数。沿途可以观赏到玉女峰、大王峰、三面红旗和汉堡包等景点……

武夷山还是一座茶山，随便在景区的街头走走，到处都是销售武夷岩茶——大红袍的商店。游罢武夷山一定要带一包大红袍回家，好茶与家人、朋友共享，是难得的雅趣。

武夷山的美食也不错——胡麻饭、文公菜、五夫田螺、岚谷熏鹅、薜荔冻、粿仔、苦槠糕，令人嘴馋。

● **九曲溪**

发源于武夷山自然保护区黄岗山南麓，全长62.8公里，经星村入武夷山，折为九曲，

▲ 武夷山景区九曲溪暮色 (Wuyishan Scenic JIUQUXI Twilight)

到武夷宫前汇于崇溪，盘绕山中约7.5公里。九曲溪从西向东，蜿蜒自如，水绕山转，溪水晶莹，可谓曲曲含异趣，湾湾藏佳景。游览九曲溪一定要乘竹筏从星村顺流而下，或从武夷宫溯流而上，只半天时间，你可以尽览武夷山的山光水色，意趣无穷。

● **天游峰**

为武夷山第一胜地，位于武夷山景区中部的五曲隐屏峰后九曲溪北，景区中心海拔408.8米。东接仙游岩，西连仙掌峰，壁立万仞，高耸群峰之上。天游峰有上、下之分，一览亭左，是为上天游；下有崎岖丘，沿胡麻涧一带，是为下天游。上天游的一览亭，濒临悬崖，高踞万仞之巅，是一座绝好的观赏台。从这里凭栏四望，云海茫茫，群峰悬浮，九曲蜿蜒，竹筏轻荡，武夷山山水水尽收眼底。

福建山水风情游　Fujian Landscape Style Tour

第二站：福州
The second station: Fuzhou

福州，别称榕城，榕树是福州的标志。福州的街上到处可见到古老的榕树，它们盘根虬枝，华盖如云，让人过目难忘——它的根竟可以长在半空中。丝丝缕缕地垂下来，似老人的胡须，让人肃然起敬。

福州又是个温润的城市。它依山傍水，一边躺在历史的摇篮里，一边融进自然山水之中。福州的鼓山林壑幽美，溪泉潺潺，摩崖石刻，引人入胜。夜里登上鼓山观景台，倚靠着栏杆极目远眺，华灯初上的榕城夜景尽收眼底，阵阵凉风吹来，令人仿佛置身仙境。怪不得有人说"到了福州没上鼓山等于没来"。

还有三坊七巷，仿佛是一个明清建筑历史的活化石，坊坊相连，巷巷相通，粉墙黛瓦，布局严谨，房屋精致，匠艺奇巧。福州许多名垂青史的名人，也都出自"三坊七巷"或与之密切相关。

● 三坊七巷

三坊七巷是一片街区，三坊是衣锦坊、文儒坊、光禄坊；七巷是杨桥巷、郎官巷、安民巷、黄巷、塔巷、宫巷、吉庇巷，都在东街口附近，南后街是其主干道。在这个街区内，全是明清古建筑，有民居，有官商府第，有佛寺，坊巷纵横，粉墙黛瓦，曲线山墙，间或缀以亭、台、楼、阁、花草、假山，融人文、自然景观于一体。参观重点为二梅书屋、小黄楼、水榭戏台、林聪彝故居、严复故居、王麟故居、谢家祠、刘家大院、郭柏荫故居、

▲ 三坊七巷街景 (Sanfang Qixiang Street)

鄢家花厅、尤氏民居、刘齐衔故居、周哲文艺术馆等13处景点。

● 青云山景区

位于福州市永泰县岭路乡境内。自然景观有山、岩、崖、谷、水、瀑、泉、洞、潭。分为五个主要景区——青龙瀑布景区、云天石廊景区、白马峡谷瀑布景区、九天瀑布水帘宫景区、刺桫椤神谷景区。其中云天石廊位于青云山景区主峰，在青云峰近山顶处，高1000米，又称"登天廊"。此处山势挺拔，峡谷崎岖险峻，以一道云龙穿崖、横断绝壁的千米石廊而闻名遐迩。

▲ 青云山水帘洞景区 (Qingyun Mountain Waterfall Cave Scenic Area)

321

美丽中国经典线路 Beautiful China Classic Route

● 鼓山

鼓山位于福州市东郊、闽江北岸。鼓山历来是福州的佛教圣地，在大顶峰西南侧的山间盆地中，有历史悠久的涌泉寺。该寺建筑规模宏伟，布局精巧，有"进山不见寺，入寺不见山"之妙，是中国古代建筑艺术之精华。寺旁有以陶烧造的宝塔千佛陶塔，在国内十分罕见。鼓山东有自宋以来摩崖石刻200多段，还有灵源洞、喝水岩、水云亭、石门等20多景。当地人说"到了福州没上鼓山等于没来福州"。

● 十八重溪

位于福州约20公里的闽侯县南通乡境内。此溪发源于县南古崖山尾东麓，为大樟溪下游南岸支流。景区内水系发达，干流长约10.8公里。溪流两岸生长着茂密的常绿阔叶林、次生灌木林，有娃娃鱼、桫椤树等国家一类保护动植物，林中常有猕猴成群出没。全区散布着由火山岩构成的峰、岩、崖、谷、洞、石，山水交融，天然浑朴，有西溪瀑布、乌龙戏珠、大帽山、文笔峰、宝塔峰、三仙洞等景点多处。

● 海坛岛

位于福州平潭县境内，岛屿南北长29公里，东西宽19公里，状似奔马，以形似坛、兀峙海中得名。海坛岛被誉为"海蚀地貌博物馆"。有世界上最大的天然花岗岩自然风化造型巨型石，有举世无双的天下奇观石牌洋，还有"东海仙境"海蚀造型系列景观，其中仙人井、仙人峰、仙人台、仙人洞以及金光灿烂、神奇莫测的"金观音"，雄奇瑰丽，神秘诱人。

● 西禅寺

福州五大禅林之一，位于西郊怡山之麓。相传南北朝时炼丹士王霸居此"炼丹成药，点石为金"。每逢饥岁，便靠卖药卖金换米救济穷苦百姓。后来人们便在王霸故居建寺纪念他。隋末废圮。唐咸通八年重建，定名为"清禅寺"，后改"延寿寺""怡山西禅长庆寺"，俗称"西禅寺"。寺内有天王殿、大雄宝殿、藏经阁、玉佛楼等佛殿，重要文物有《唐福州延寿禅院故延圣大师塔内真身记》碑、五代慧棱禅师舍利塔、清康熙御笔《药师经》、清代壁画等。

▲ 西禅寺 (Xichan Temple)

福建山水风情游　Fujian Landscape Style Tour

第三站：厦门
The third station: Xiamen

厦门市又称鹭岛，一个富有形象和动感的名字。印象中，厦门是一个音乐之岛，厦门的鼓浪屿，岛上的居民音乐素养很高，走到哪个偏僻的街巷都能听到悠扬的钢琴声，鼓浪屿又称为"琴岛"，的确不是虚名。

厦门是一个充满浪漫和爱情的地方。到厦门，如果沿着临海的环岛路走走，宽阔的大道上，展现在你眼前的是一幅蓝天、大海、沙滩、绿地和四季花开不断的美好图画，道上那依依相恋的情人，一定会激起你浪漫的情思，环岛路还被国际誉为世界最美的马拉松赛道。

厦门还有"中国最美丽的校园"——厦门大学。走进厦门大学，平展如茵的草地，树冠巍峨的榕树成片成片，芙蓉湖碧波荡漾，情人谷水库情人依依……厦门大学的建筑也极富有特色——琉璃顶、清水墙，被喻为"穿西装、戴斗笠"。半遮半露的飞檐红顶，错落的楼群分布于山上湖边，无比精致。

● **鼓浪屿**

为厦门市思明区的一个小岛，位于厦门半岛西南隅，与厦门半岛隔海相望，只隔一条宽600米的鹭江，轮渡四五分钟可达。由于历史原因，岛上建有中外风格各异的建筑，因此有"万国建筑博览"之称。此岛的居民音乐素养非常高，走进民居小巷深处，经常听到钢琴的叮咚声，钢琴拥有密度居全国之冠，又得美名"钢琴之岛""音乐之乡"，

▲ 在鼓浪屿眺望厦门（Overlooking Xiamen on Gulangyu）

是一个非常浪漫的旅游景点。

● **南普陀寺**

位于厦门市思明区。南普陀寺始建于唐末五代，初称泗洲院。清康熙二十三年（1684年），靖海侯施琅收复台湾后驻镇厦门，捐资修复寺院旧观，更名为南普陀寺，至民国初年，已构成三殿七堂俱全的禅寺格局，成为近代闽南最具规模的名刹。南普陀寺坐北朝南，依山面海。中轴线主体建筑依次为天王殿、大雄宝殿、大悲殿、藏经阁。殿阁依山层层升高，层次分明，俯仰相应。东西两侧建有回廊，回护三殿两侧，使之成为一个整体。

▲ 南普陀寺（Nan Putuo Temple）

323

美丽中国经典线路 Beautiful China Classic Route

▲ 厦门大学（Xiamen University）

● **厦门大学**

厦门大学依山傍海，正大门与南普陀寺景区大门紧邻，另一边则是美丽的海滨沙滩与胡里山炮台，被喻为"中国最美丽的校园之一"。厦门大学是由著名爱国华侨领袖陈嘉庚先生于1921年创办的。厦门大学的旧建筑极富特色，红色的琉璃顶时隐时现在树影婆娑中，十分优美。校内建有厦门大学人类博物馆和鲁迅纪念馆。校园风景十分优美，有芙蓉湖、情人谷水库等景点，气氛静谧而浪漫，故有"谈情说爱在厦大"之说。

● **胡里山炮台**

胡里山炮台位于厦门东南端海岬突出部。胡里山炮台实际上是一座公园，炮台只是它的其中一个亮点。胡里山炮台三面环海，始建于清光绪二十年（1894年），总面积7万多平方米，城堡面积1.3万平方米，分为战坪区、兵营区和后山区，炮台结构为半地堡式、半城垣式，具有欧洲风格，又有我国明清时期的建筑神韵，历史上被称为"八闽门户、天南锁钥"。

● **环岛路**

为环绕厦门市全岛的城市干道，全长43公里。环岛路也是厦门国际马拉松赛的主赛道，被国际誉为世界最美的马拉松赛道。路间的绿化镶嵌有《鼓浪屿之波》的乐谱，路旁有马拉松塑像，路旁红色道路的部分只限行人通行。环岛路的建设一直奉行"临海见海，把最美的沙滩留给百姓"的宗旨，有的依山傍海，有的凌海架桥，有的穿石钻洞，如果绕着环岛路骑自行车，聆听海浪，轻拂海风，也是一种享受。

第四站：永定
The fourth station: Yongding

福建有一个去了就永远忘不了的地方——永定土楼。当你看着那一座座圆形、方形的巨大土楼，你一定会惊叹古代客家人惊人的想象力。据说，美国的卫星拍摄了土楼以为是巨大的飞碟。可以毫不夸张地说，土楼这样的民居建筑在地球上是独一无二的，的确是中国古建筑的一朵奇葩。

永定土楼不仅建筑外形惊人，深入到土楼之中，你会发现客家人有着深厚的传统文化内涵，土楼内部结构按八卦而设，楼中有楼，楼外有楼，层层按八卦而设，卦与卦之间还设卦门，关闭起来，自成一方，开启起来，各方都可以相通。还有那些处处可见的对联、题匾，如果你的古文不好，也许你还看不懂其中的深意。

永定的土楼藏在深山中，藏在翠绿的植被和潺潺溪流之中。走在永定乡间的小路上，你能呼吸到最新鲜的空气，能沐浴到最新鲜的阳光。永定人享受着闲适，享受着安逸，也给外地游客带来了无限的乐趣。

记住，永定的土楼是可以住的，甚至振成楼里都有开放的房间。这些楼是属于村民自己的，可以租给游客，一般旺季100多元一晚，大床单间，有独立卫生间。

● 承启楼

位于永定县高头乡高北村，据传从明崇祯年间破土奠基，至清康熙年间竣工，历世3代，其规模巨大，造型奇特，充满浓郁的乡土气息。全楼为三圈一中心。外圈4层，高16.4米，每层设72个房间；第二圈二层，每层设40个房间；第三圈为单层，设32个房间，中心为祖堂，全楼共有400个房间，3个大门，2口水井。全楼住着60余户，400余人。三环主楼层层叠套，中心位置耸立着一座祖堂。

● 集庆楼

位于永定县下洋镇，依山面水，与紧邻的4座圆土楼和31座方土楼相呼应，构成风光秀丽的初溪土楼群。集庆楼是永定现存圆楼中结构特殊的一座。一般圆楼，小的设置两处公共楼梯，大的设置4处楼梯，底层相通且层层环廊通达，相互往来，十分方便。唯独此楼，按底层每户从1楼到4楼各自安装楼梯，各层通道用木板隔开，72道楼梯把全楼分割成72个独立的单元。房间、楼梯、隔墙全用杉木材料构建，全靠隼头衔接，不用一枚铁钉。

▲ 俯瞰土楼（Overlooking the Earth Building）

美丽中国经典线路 Beautiful China Classic Route

江西徽派文化与山水风情游

Jiangxi Huizhou Culture and Landscape Style Tour

线路：南昌➡三清山➡婺源➡景德镇➡庐山➡江西·明月山

Route: Nanchang ➡ Mount Sanqing ➡ Wuyuan ➡ Jingdezhen ➡ Mount Lu ➡ Jiangxi · Ming YueShan

江西赣风、徽派印象
Impression of Jiangxi

　　江西简称赣，历史上是一个文化大省。历史上，江西有陶渊明开田园诗派，有黄庭坚开江西诗派；还有江西书院甲天下，随便数一下，就有白鹿洞书院、鹅湖书院、华林书院、白鹭洲书院，一个个声名赫赫；另外，江西人汤显祖被誉为"东方莎士比亚"，其戏剧作品《牡丹亭》至今奉为经典。江西不但凝聚了赣文化，还有徽派文化。江西的婺源原属古徽州，浑身浸透了徽州的神韵。一到婺源，青山绿水中，处处有牌楼、祠堂、古桥、古寺、古塔；走进民居，砖雕的门罩，石雕的漏窗，木雕的窗棂、楹柱等，建筑精美如诗，恍惚间走进了一座古典建筑艺术的博物馆。还有江西的庐山，"匡庐奇秀甲天下山"。江西的三清山，东晋时的道教仙人葛洪就曾在此山中炼丹……总之，到江西旅游，你不仅仅可以欣赏如诗如画的山水，还可以欣赏深厚的古文化传承，欣赏文学艺术和建筑艺术。

江西徽派文化与山水风情游 Jiangxi Huizhou Culture and Landscape Style Tour

行程推荐
Describe the itinerary

江西徽派文化游可以考虑四条线路：第一条线路，"清婺景·最美之旅"，这条旅游线路集结了世界最美的山——三清山、中国最美的乡村——婺源和最美的瓷窑——景德镇古窑这三个世界级旅游景区，"清婺景"拥有得天独厚的资源禀赋，旅游产品各具优势，资源差异性明显，且淡旺季互补性强。"清婺景"之间的交通便捷，三家景区相依为邻、高速互连，自驾车程在一小时以内。可以安排三日游，驾车从上饶方向出发，实地体验"清婺景"这条线路上的风景。占据"天时、地利、人和"的"清婺景"，带给游客很好的旅游体验。

第二条线路，江西庐山—婺源。这条线路的特点是，能够欣赏婺源的乡村美景，细致地观赏婺源民居建筑艺术，还能在鄱阳湖石钟山品味正宗全鱼宴。这条线路推荐携程网5日4晚跟团游，行程为：庐山博物馆—芦林湖—含鄱口—三叠泉—仙人洞—如琴湖—锦绣谷—庐山险峰—花径—庐山天桥—石钟山—李坑—晓起神樟—江湾景区。

第三条线路，庐山—三叠泉—碧龙潭—白鹿洞书院，这条线路的特点是，以游览庐山为主，沿途有数不尽的山峰，数不尽的溪流瀑布和石洞石栈道。同时还能够参观中国四大书院之首的白鹿洞书院。这条线路推荐神舟国旅的双卧5日跟团游，行程为：九江—御碑亭—乌龙潭—芦林一号—美庐—庐山植物园—芦林湖—碧龙潭景区—白鹿洞书院—锁江楼—烟水亭。

第四条线路，婺源—安徽黄山—景德镇，这一线路的特点是，既能细致地参观婺源乡村美景和建筑艺术，又能观赏黄山云海奇景。这条线路推荐神舟国旅的双卧5日游，行程为：李坑—江湾—下晓起村—黄山—彩虹桥—源头景区—景德镇缘源陶瓷创意园。

婺源自驾游推荐：从景德镇进入婺源，如果走高速，在赋春鸳鸯湖出口下高速，下来后向右转到赋春镇，穿过赋春镇然后转往清华方向；如果是在景德镇东出口下高速，往婺源方向走，到赋春镇口上有一路口，左转往清华方向，路过严田，到达清华，游彩虹桥，然后到思溪、延村，再往县城转往东线的李坑、汪口、江湾、晓起等村，再由江湾去黄山。

▲ 三清山东方女神（Mount Sanqing Oriental Goddess）

美丽中国经典线路 Beautiful China Classic Route

第一站：南昌
The first station: Nanchang

南昌给人印象最深的，一是巍峨于赣江边上的滕王阁，此阁高达云天，以天下第一楼的气势，配以王勃的"落霞与孤鹜齐飞，秋水共长天一色"（《滕王阁序》）而名扬天下；二是八一广场，除了天安门广场，全国没有哪个广场比它大，这里诞生了中国共产党第一支独立领导的人民军队，被誉为军旗升起的地方。南昌是一座历史文化名城，更是一座革命英雄之城。到南昌，你必须要到八一起义纪念馆、八一南昌起义纪念塔、朱德旧居、二十军指挥部址、方志敏烈士墓……实地感受当年激动人心的革命之潮。

南昌满街高楼大厦，却是个生活气息很浓的城市，特别当你深入到了南昌的老街，你会看到陈旧和时尚并存，那里仿佛没有太多的物质欲望和浮躁匆忙，一切是那样慵懒舒适，南昌人生活在其中，怡然自得、风情万种。

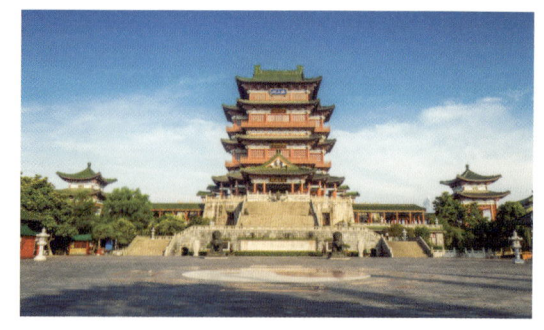

▲ 滕王阁（Pavilion of Prince Teng）

● 滕王阁

滕王阁位于南昌市沿江路赣江边。占地面积3～4公顷，为中国古代三大名楼之一。唐永徽四年（653年）唐太宗李世民之弟滕王李元婴任洪州都督时营建，落成之日元婴被诏封为滕王，故名"滕王阁"。唐高宗上元二年（675年）重阳节王勃作《滕王阁序》于此，成为千古传诵的名篇。滕王阁历时1300多年，屡毁屡建，最后一次在1926年，被军阀邓如琢焚毁。1989年金秋重阳，重建后的滕王阁高耸于南昌城西，抚河与赣江的交汇处，距唐代阁址仅百余米。绿瓦丹柱，古朴典雅，宋式建筑，巍峨壮丽。新阁由主阁及南北两侧压江、挹翠两亭组成。建筑面积13000平方米，主阁净高57.5米，上下9层，基座高近17米。正门以王勃"落霞与孤鹜齐飞，秋水共长天一色"原句为联，另有行、草、隶、篆等字体为楹联者计30余副。并以《时来风送滕王阁》《人杰图》《地灵图》等大型壁画为饰。主阁周围还有多处园林假山、亭台廊榭、曲池荷塘，构成具有一流园林艺术水平的古典建筑群。

● 八一南昌起义纪念馆

位于中山路与胜利路交接处的洗马池。原为"江西大旅社"，建于1924年，是幢灰色钢筋水泥结构的5层楼房，共有96间房。1927年8月1日，南昌起义的总指挥部就设于此。1959年10月1日，在旧址建立"南昌八一纪念馆"并对外开放，馆额为陈毅亲笔书题，在大楼的第二、第三层辟出4个陈列室和一个题词纪念室，展出大量文献资料、图表。革命文物和历史照片，生动而系统地介绍南昌起义爆发的背景、经过和意义。

江西徽派文化与山水风情游　Jiangxi Huizhou Culture and Landscape Style Tour

第二站：三清山
The second station: Mount Sanqing

三清山又名少华山，位于江西上饶市玉山县与德兴市交界处。因玉京、玉虚、玉华三峰宛如道教玉清、上清、太清三位尊神列坐山巅而得名。三清山风景秀丽，被称为兼具"泰山之雄伟、黄山之奇秀、华山之险峻、衡山之烟云、青城之清幽"，也就是说名山的优点都有了。其实，三清山之得名并不在于山水风光，而在于道教。东晋的高道葛洪曾"结庐炼丹"于山，因此三清山又是道教的福地。自古享有"清绝尘嚣天下无双福地，高凌云汉江南第一仙峰"的盛誉。三清宫等道教建筑依山水走向，顺八卦方位，将自然景观与道家阴阳风水合一，不仅道貌岸然，且为精美的古代楼阁建筑，层层叠叠，弯弯曲曲，方圆数十里，道风郁然。还有人考证，此宫为明代失踪皇帝——建文帝朱允炆终隐藏身之所。

● 三清宫

三清宫位于海拔 1500 多米的三清山上。三清山自东晋高道葛洪开山以来迄今 1600 多年，历代道教先人在此山建有宫、观、殿、府、坊、泉、池、桥、墓、台、塔等古建筑及石雕 260 多处。特别是古建筑依据"先天八卦图式"和"后天八卦图式"交相融合，随山就势，精巧布局，令人称奇。现存三清宫为明代所建，坐南朝北，前殿后阁，左右厢房，两层两进。前殿供奉道教三清——玉清元始天尊、上清灵宝天尊、太清道德天尊；

▲ 三清山风光 (Mount Sanqing Scenery)

后阁为观音堂，供奉佛教观世音菩萨和十八罗汉。

● 南清园

为三清山核心景区，平均海拔 1577 米。三清山的三大标志性景观：巨蟒出山、东方女神、观音赏曲等都处在该景区；景区几大观景台均为观赏晚霞、日出的绝佳位置，如浏霞台的晚霞、云海，玉台的日出、日落及神光等，气势恢宏，绚丽多姿。景区内方圆数百亩的高山大树杜鹃林更为三清山平添了一道姹紫嫣红的美丽风景线，树龄千年的古杜鹃树比比皆是。

● 玉京峰

为三清山最高而又最中心的景区，海拔 1819.9 米，景区内除了玉京、玉虚、玉华三座主峰高凌云端，还有蓬莱三峰、垂直千米的飞仙谷、深渊万丈的王母谷，更有天象奇观云海、雾涛、日出、宝光，其插天奇峰、迷离幽壑，构成道教圣山的仙境风光，素有"不登玉京峰，难得三清妙"之美誉。

美丽中国经典线路 Beautiful China Classic Route

第三站：婺源
The third station: Wuyuan

婺源县原属古徽州，现为江西上饶市下属县。婺源被称为"江南曲阜，山里书乡"，又被评为"中国最美乡村"，的确，婺源有着无尽的书香魅力，吸引四方游客源源而来。婺源的山层层叠叠，极有层次；婺源的水则是迷人的，无论哪一条小溪都是清澈晶莹，水底游鱼、卵石清晰可见；婺源的油菜花开得极有气势，大气磅礴，加上远近的碧绿茶园的衬托，汇成一片波浪起伏的花海，令人沉醉迷离。

婺源最迷人的还是建筑，当你在田野中时不时看到古老的牌坊、祠堂、寺庙、石桥，看到粉墙、青砖及马头墙式的民居，那叫一个"小桥流水人家"扑面而来。婺源的建筑是凝固的音乐，民居建筑中的木雕、石雕、砖雕，则是音乐中最迷人的华章，从那里可以读出诗情画意，读出历史和文化。

● 李坑

李坑是一个以李姓聚居为主的古村落，距婺源县城12公里。李坑坐落于群山环抱之中，山清水秀，风光旖旎。村中的民居宅院沿溪而建，依山而立，全是明清徽派建筑，粉墙黛瓦、参差错落。村内街巷溪水贯通，青石板路纵横交错，并有石、木、砖各种溪桥数十座，沟通两岸。徽派民居、古桥、石板路构筑了一幅"小桥流水人家"的美丽画卷。

● 江岭

江岭位于婺源县最东北，南临晓起，东接溪头，是婺源田园风光最美的地方。从江岭开始，公路始终在山间盘旋，从江岭向下看，只见层层梯田，曲折的线条，山谷盆地中的小河，河边聚集的三四个村庄，构成了一幅极美的农村风光画卷。江岭有一庆源村，村庄沿着一条湍急的小溪两岸而建，沿着村庄河边的青石板街道而走，每隔一二十米便有一座长长的石板铺成的小桥，依河的店铺多在河边建起供行人休息、纳凉的长条靠椅。村庄中保留有"大史弟""大夫弟""资政弟"等官宅。

▲ 李坑全景图 (Panorama of Likeng)

江西徽派文化与山水风情游　Jiangxi Huizhou Culture and Landscape Style Tour

第四站：景德镇
The fourth station: Jingdezhen

景德镇位于江西省的东北部，原是一个大镇，现在则发展为地级市。景德镇瓷器历史上就有名，现代又被封为"世界瓷都"，因此来景德镇主要是看古窑，是看瓷器。如果你在景德镇问古窑方向，当地人没有不知道的，一定会热情指点你。古窑景区不仅仅有古代制瓷作坊、清代镇窑、明代葫芦窑、元代馒头窑、宋代龙窑、风火仙师庙、瓷行等，还有一片明清古建筑群，这里有牌坊，有亭有阁，御窑厂山门、博物馆也是仿古建筑，加上到处可见的精美瓷器，自有一番幽雅的感觉。

当地人叫景德镇为"镇里"，孩子不小心打破一只瓷碗，大人会说"给你送上了镇"。景德镇是以传统手工业为主，它的劳动力来源、劳动者观念、生产组织方式都跟乡村传统贴得很紧。拿大都市来衡量，景德镇可以说比较土、比较乡，但正是这种乡和土，使得景德镇的民风淳厚，使外地人也倍感轻松、亲切。

景德镇除了古窑之外，还有瑶里风景区、洪岩仙境、德雨生态园，那里的风景也很美；还有浮梁古县衙、中国瓷园值得参观。

● **景德镇古窑民俗博览区**

景区分历史古窑展示区和陶瓷民俗展示区，进景区大门后，右手边是历史古窑展示区，有风火仙师庙，供奉着明代万历年间为烧窑而献身的童宾；还有古窑作坊，出售

▲ 景德镇陶瓷博物馆 (Jingdezhen Ceramic Museum)

精美的陶瓷工艺品；再往里依次看到清代镇窑、明清御窑（青窑、龙缸窑）、明代葫芦窑、元代馒头窑、宋代龙窑。大门左手边是陶瓷民俗展示区，有明清两代的建筑群清园、明间，还有瓷音水榭（水上戏台）。

● **瑶里**

瑶里历史上是景德镇制瓷原料的产地之一，又是皖、浙、赣边境大米、木柴，茶叶、茶油的集散地，还是景德镇通往浙江、安徽的古道。瑶里村古建筑群至今保存完好的有明清商业街、宗祠、进士第、大夫第、翰林第、老屋、狮冈胜览等。其中以一步岭建筑群最具代表性，这里集中了一步岭牌楼、老屋、大夫第、狮冈胜览等。在瑶里峡谷有气势磅礴的高际山瀑布，从60米的峭壁上倾泻直下，银纱缥缈，云雾蒸腾，声憾山谷。

美丽中国经典线路 Beautiful China Classic Route

第五站：庐山
The fifth station: Mount Lu

庐山虽不属五岳，却有"匡庐奇秀甲天下"之美誉。庐山地处江西省北部，耸峙于长江中下游平原与鄱阳湖畔，南靠南昌。古诗云："长江南岸鄱湖畔，拔地庐山风景妍；峭壁陡崖飞瀑布，奇峰秀岭绕云烟。"庐山多峭壁悬崖，瀑布飞泻，云雾缭绕。险峻与柔丽相济，大山、大江、大湖浑然一体。

有人说，"庐山属于诗词，属于政治，属于文化，属于自然"，的确，这就是庐山的品格，提到诗词，没有人不想起李白和苏轼的诗句："飞流直下三千尺，疑是银河落九天"，"不识庐山真面目，只缘身在此山中"；提起政治，没人不想到蒋介石、宋美龄、毛泽东、彭德怀以及国共两党在庐山的种种遗迹；提起文化，没人不想到陶渊明、慧远、陆静修、陆羽、徐霞客……提起自然，没人不想到观音桥、锦绣谷、白鹿洞、桃花源、三叠泉、仙人洞、含鄱口、五老峰、碧龙潭……

● 牯岭

位于庐山风景区的中心，是一座海拔1167米的公园式的"云中山城"。牯岭镇面积46.6平方公里，常住人口达1.3万，为庐山风景名胜区管理局所在地。牯岭街商店鳞次栉比，有邮局、银行、电影院、大会堂等，有庐山大厦、云中宾馆、芦林饭店等高档酒店。干净整洁的街道两旁，溪水潺潺，绿树成荫，上千栋欧美各种风格的别墅、教堂、宾馆、饭店，错落有致地分布在绿叶丛中，

与周围环境十分和谐，号称"东方瑞士"。

● 观音桥

观音桥是庐山中保存最完好的石拱桥，始建于北宋大中祥符年间，因石拱桥架在三峡涧上就叫三峡桥。后来到了清代末年，因当地的老百姓在桥南头修建一座观音庙，从此后人就习惯称观音桥了。

● 锦绣谷

上庐山后，自天桥循左侧石级路前行至仙人洞，有一段长约1.5公里的秀丽山谷，这便是锦绣谷。锦绣谷是庐山最美的一段山谷，一路景色如锦绣画卷，令人陶醉。其中最著名的便是天桥一景。锦绣谷相传为晋代名僧慧远采撷花卉、草药处。位于锦绣谷中的天桥，其实有天无桥，桥临绝谷，绝谷之内，多峭壁峥嵘，层层刻剥，如堆如砌，蔚为壮观。

▲ 庐山锦绣谷 (Mount Lushan Jinxiu Valley)

江西徽派文化与山水风情游　Jiangxi Huizhou Culture and Landscape Style Tour

第六站：江西·明月山
The sixth station: Jiangxi·MingYueShan

　　整个风景区由八部分构成：潭下景区——云谷飞瀑、竹海万顷；青云景区——栈道天池、嫦娥奔月；温汤小镇——水墨江南、富硒温泉、康疗养生、华夏一绝；太平山景区——云中草原、雪景日出；玉京山华木莲景区——奇花异树、古木参天；明月山羊狮慕景区——壁立千仞、深壑幽谷、原生诡异；仰山景区——沩仰祖庭、千年梯田；洪江景区——兰若古村、氡泉禅修。

● 明月山简介

　　明月山温泉风景名胜区位于江西省宜春市西南，距离中心城区仅15公里，总面积389平方公里。明月山，由12座海拔千米以上的大小山峰组成，主峰太平山海拔1736米。明月山景区素有"天然氧吧""天然动植物园""地质博物馆"的美誉，拥有国家级风景名胜区、国家ＡＡＡＡＡ景区、国家森林公园、国家地质公园、国家自然遗产、中国温泉之乡等多项国字号桂冠。也是全国温泉休闲度假示范基地、全国自驾游示范基地、国家亚健康温泉SPA养生示范基地、中国最具影响力森林公园、中国首批自驾车旅游统计信息数据采集点及中国最佳旅游休闲目的地，是一个是以硒温泉闻名中外的康疗养生休闲度假胜地。

　　（官方网址：http://www.myswq.com　咨询电话：0795-3516666）

▲ 明月山—高山观光小火车 (Mountain Tourist Train in MingYueShan)

▲ 明月山—青云栈道 (Qingyun Road in MingYueShan)

▲ 明月山—羊狮慕 (Yangshimu in MingYueShan)

▲ 明月山—云谷飞瀑 (Valley Waterfall in MingYueShan)

美丽中国经典线路 Beautiful China Classic Route

看山看海寻仙拜圣之山东行

Climb Mountain, See the Sea, Look for Immortal & Worship Sage in Shandong

———— ✳ ————

线路：济南 ➡ 泰安 ➡ 济宁 ➡ 临沂 ➡ 日照 ➡ 青岛 ➡ 烟台 ➡ 威海 ➡ 青州 ➡ 淄博
Route: Jinan ➡ Tai'an ➡ Jining ➡ Linyi— ➡ Rizhao ➡ Qingdao ➡ Yantai ➡ Weihai ➡ Qingzhou ➡ Zibo

好客山东邀您游
Hospitable Shandong Invite You to Take a Tour

提起山东，你会有太多的联想，想到五岳独尊的东岳泰山，想到茫茫无际的大海，想到海上仙境蓬莱以及各显神通过海的八仙，更会想到千百年来中华尊崇的儒家文化的创始人孔子。

山东，简称鲁，是春秋时期齐、鲁国地，是齐鲁文化的诞生地，是儒家文化的发源地。儒家思想的创立人孔子、孟子，以及墨家思想的创始人墨子、军事家吴起等，均出生于鲁国。悠久的历史与良好的自然地理环境使山东的旅游资源十分丰富：山，有泰山、崂山、蒙山、沂山、水泊梁山；海，山东境内海岸线长达3100多公里，日照、青岛、威海等众多沿海城市构成中国东部唯一的黄金海滨城市群。山东省比较注重旅游业的发展，从2008年开始就提出"好客山东"的口号，以山东人特有的豪爽与热情，诚迎八方游客。

看山看海寻仙拜圣之山东行　Climb Mountain, See the Sea, Look for Immortal & Worship Sage in Shandong

行程推荐
Describe the itinerary

本条线路是从山东首府济南出发，向南到泰安、济宁，登泰山、拜孔子，然后再折向东边的临沂，游蒙山，重温当年沂蒙山革命的红色历史，从临沂向东到沿海城市日照，游五莲山，在刘家湾赶海，然后从日照沿海一路上行，经青岛、烟台，直至威海。这条线比较适合自驾游，山东的公路条件较好，除高速公路四通八达外，国道、省道都修建得比较漂亮，不但路况好，且风景优美，很值得走一走。在青岛，汽车可以从黄岛直接轮渡到青岛市区，不用再绕胶州湾，这也是不错的体验。

不能自驾游的话，既经济又安全的交通工具当数火车，山东铁路网络较为发达，铁路客运几乎覆盖了省内所有城市。青烟威荣城际铁路比较适合本条线路，该线从青岛北出发至荣城，途经烟台、威海多个站点。正在建设的济青高铁贯穿山东半岛，从济南过临沂、日照到青岛，预计2018年将建成通车，届时自济南至青岛最快1小时就可到达。

如果时间不够充裕，最快捷的就是飞机。山东有客运机场8个，分别为济南遥墙国际机场、青岛流亭国际机场、烟台国际机场、威海国际机场、潍坊机场、临沂机场、东营机场和济宁曲阜（嘉祥）机场。山东境内各城市之间飞行时间最长不超过1小时。

山东省自打出"好客山东"口号以来，非常注重旅游基础设施建设，星级饭店、商务宾馆、度假村、农家乐、渔家乐、公寓式酒店、家庭旅馆等住宿设施一应俱全。来山东旅游，无论您选择哪种住宿设施，都会得到好客的山东人热情周到的服务。

▲ 山东旅游标识（Sign for Shandong Tourism）

▲ 泰山（Taishan Mountain）

美丽中国经典线路 Beautiful China Classic Route

第一站：济南
The first station: Jinan

济南市，简称"济"，山东省省会城市，是山东政治、文化、教育中心。济南处在山东省的心脏地带，地势南高北低，利于地表水和地下水向城区汇集，因这一独特地形地质，使得济南泉水众多，济南因而被称为"泉城"。

▲ 趵突泉公园 (Baotu Spring Park)

泉城济南，百余处天然甘泉，汇流成护城河，流淌到大明湖，与周围的千佛山、鹊山、华山构成了一幅独特的风光画卷，使这座城市成为集"山、泉、湖、河、城"于一体、"家家泉水，户户垂柳""四面荷花三面柳，一城山色半城湖"的宜居宜游之佳地。

济南的气候四季分明，一年四季都是旅游的好时光。春季可赏百花，夏季可观泉听泉品泉，秋季可赏漫山红叶，而冬季，看一看老舍的《济南的冬天》吧，游过之后你一定会觉得济南的冬天，依然很美。

● **天下第一泉景区**

天下第一泉风景区，位于山东省济南市市中心。景区由"一河（护城河）一湖（大明湖）三泉（趵突泉、黑虎泉、五龙潭三大泉群）四园（趵突泉公园、环城公园、五龙潭公园、大明湖风景区）"组成，是集独特的自然山水景观和深厚的历史文化底蕴于一体的旅游景区。

护城河，始建于汉代，形成于元代，完全贯通于明代，是一条连接泉湖、与泉城历史文明相伴而生的城市河流。2010年年底济南护城河正式全线通航，将黑虎泉、趵突泉、五龙潭、珍珠泉四大泉群连为一体，构成一条新的泉水游览景观带。

大明湖由济南众多泉水汇流而成，四季分明，景色秀丽，湖水水色澄碧，拥有历下亭、铁公祠、南丰祠等著名景点，夏季杨柳荫浓、荷花满塘，沿湖亭台楼阁、水榭长廊，名胜古迹点缀其间，不愧于"泉城明珠"的美誉，是国家5A级旅游景区天下第一泉风景区的核心组成部分之一。

趵突泉是泉城济南的象征与标志，位于济南市历下区，南靠千佛山，东临泉城广场，北望大明湖，五龙潭。是以泉为主的国家5A级旅游景区特色园林，国家首批重点公园。该泉位居济南七十二名泉之首，被誉为"天下第一泉"，也是最早见于古代文献的济南名泉。

温馨提示
1. 经科学检测，趵突泉泉水符合国家饮用水标准，是理想的天然饮用水，可以直接饮用。
2. 从火车站乘坐3路可于"趵突泉东门站"下车，下车后向回走50米到丁字路口，再往左拐就能看到趵突泉的东门。车程约20分钟。
3. 出了趵突泉公园往东走即是泉城广场，泉城广场北为旧城区，西为趵突泉，南可眺千佛山，东能望解放阁，是济南市民休憩盘桓的胜地。

看山看海寻仙拜圣之山东行　Climb Mountain, See the Sea, Look for Immortal & Worship Sage in Shandong

● 九如山瀑布群风景区

这里有"八潭、九瀑、二十四泉、三十六峰",这里有齐长城遗址,有明清人士曾往来穿梭的石板古道,这里有清山、瀑布、栈道、溪流与清泉,这里是中国北方首屈一指的大型国家级森林公园——九如山瀑布群风景区。风景区位于济南历下区的西营镇,距济南市区约40公里。景区内群山连绵,峰峦叠翠,怪石嶙峋,数十处瀑布如天河飞练,银雪倾泻。景区内泉涌成溪,溪流成瀑,瀑落成潭,潭潭相通,游人可以在潭中泛舟,如行于画中。景区内的齐长城比秦长城早400余年,堪称"中国长城之父"。景区内长达10公里的实木栈道,或沿绝壁山崖攀缘而设,或横跨山涧飞瀑之上,栈道上的游人也成了风景……

● 千佛山风景区

千佛山风景区位于济南市南部偏东,是国家4A级旅游景区,与趵突泉、大明湖并称济南三大风景名胜区。千佛山并不算高,海拔仅有285米,由于隋代开皇年间,山东境内佛教盛行,虔诚的佛教徒在山中崖壁上镌刻了数不清的佛像,并在山腰处修建了"千佛寺",此山从此得名"千佛山"。唐贞观年间,重新修葺千佛寺,并改称为"兴国禅寺"。千佛山遂成为香火圣地。自元代始,每年"九九"重阳节会举办庙会。新中国成立后于1959年千佛山辟建为公园,2005年被评为国家4A级旅游景区。千佛山主要景点有兴国禅寺、万佛洞、千佛崖、历山院、观音园众多景观。自2005年起,每年的农历三月三及七夕节,千佛山风景区内都会举办相亲会,为单身男女提供相知相恋的机会。

● 红叶谷生态文化旅游区

红叶谷生态文化旅游区位于济南市历城区仲宫镇锦绣川乡南部山区,南依五岳之首泰山,是济南泉水的主要涵养补给地。景区海拔约500米,平均气温比市区低5℃左右。景区的植被覆盖率高达97%,空气中负氧离子的含量是市区的300多倍,故称红叶谷是"泉的源头、云的故乡、花的世界、林的海洋、休闲度假的天堂"。红叶谷风景区内花繁木杂,但以野生的灌木黄栌为最多,这是红叶谷独有的观赏树种,每到秋季,这里万山红遍,层林尽染,美不胜收,是观赏红叶的最佳地。

▲ 济南千佛山 (Qianfo Hill)

337

第二站：泰安
The second station: Tai'an

泰安，听名字总会让人想到"国泰民安"，而这也正是泰安这一名称所寓意的。这是一座位于山东省中部、泰山脚下、依山而建的城市。泰安市山与城一体，是一座著名的文化旅游城市，境内的泰山横跨岱岳区、泰山区和肥城市，雄伟壮观。泰山风景区是国家重点风景名胜区，有"五岳之首""天下第一山"的美誉，是世界自然文化遗产。到泰安旅游，泰山是必到之处。登上泰山之巅，体味过"一览众山小"，相信每一个人的心胸与气度与登上泰山之前相比都将有些或微或巨的变化。

泰安中部的岱岳区还有一座山，名徂徕山，著名的唐朝诗仙李白就曾隐居于此，宋初理学家石介在此创建了徂徕书院，其与金山书院、岳麓书院、石鼓书院并称为中国古代四大书院。在泰安旅游，走完天险十八盘、一览众山小之后，体格再健壮的人怕也会腰酸腿痛了，这时最惬意的莫过于泡泡温泉，泰山温泉城为您提供了这样的方便，青山环抱中，泡在温暖的泉池里，爬山的疲劳瞬间消散，剩下的，只是无可言说的舒爽与悠然。

● 泰山风景区

泰山风景区位于泰安市北部，主峰玉皇顶海拔1532.7米，相对高度1391米，是山东省内第一高峰，拔地通天，气势雄伟。泰山古称东岳，亦称岱山、岱宗，山峰突兀，壮丽非凡，自古以来，中国人就崇拜泰山，有"泰山安，四海皆安"的说法。在汉族传统文化中，泰山一直有"五岳独尊"的美誉。自秦始皇封禅泰山后，历朝历代帝王不断在泰山封禅和祭祀，并且在泰山上下建庙塑神，刻石题字。古代的文人雅士更对泰山仰慕备至，纷纷前来游历，作诗记文。泰山宏大的山体上留下了20余处古建筑群，2200余处碑碣石刻。从山脚到山顶，登山的路分中西两路，路上名胜古迹处处可见，中西两路会于中天门，从中天门到南天门之间，是著名的天险十八盘。十八盘是泰山登山路中最险要的一段，也是泰山的主要标志之一。十八盘共有石阶1827级，两边崖壁如削，陡峭的山路蜿蜒盘旋，宛如登天之云梯。其间有多处景点，如朝阳洞、三仙庙、升仙坊等，南天门处有碧霞宫等景点。如果体力有限，可选择登山索道，不过那样的话就走不成天险十八盘，多少会让泰山之游留点遗憾。泰山最为有名的四大奇观是：泰山日出、云海玉盘、晚霞夕照、黄河金带。

温馨提示

1. 泰安有两个火车站，一个是泰安站，是新建的高铁站，一个是泰山站。泰山站近市中心，较为方便，是泰安市的交通枢纽，该站建于1909年，由德国人修筑，也是有一些历史的老站。

2. 登泰山，最好穿舒适的登山鞋，穿防雨长袖冲锋衣或带雨衣，备防晒用品，带手电，备防蚊药。如果要看日出，最好在山上住一夜。如果选择夜里爬山，务必选择晴天，因为阴雨天路会很滑，爬山有危险不说，上去了还不一定能看到日出。另外，夜爬泰山一定带上强光手电筒，带登山杖，最好再带些吃的。

看山看海寻仙拜圣之山东行　Climb Mountain, See the Sea, Look for Immortal & Worship Sage in Shandong

▲ 泰山 (Taishan Mountain)

● **徂徕山国家森林公园与泰山温泉城**

徂徕山国家森林公园位于泰安市东南部，北距泰山20公里，是国家森林公园、国家地质公园和世界地质公园。徂徕山是道教、佛教圣地，有古庙宇遗址30多处。相传吴王伐齐鲁曾在中军帐驻军扎营。老子、孔子也在此山会面谈话，建有二圣宫，唐代大诗人李白曾在徂徕山隐居。徂徕山碑刻、刻石众多，尤以"大般若经"和"波罗蜜经"闻名。

徂徕山还是山东省抗日武装起义的革命圣地，建有徐向前元帅题写碑名的"抗日武装起义纪念碑"，是全省爱国主义教育基地。

徂徕山自然景观宜人，森林茂密，山势雄伟，其主峰太平顶海拔1027米，与泰山玉皇顶的直线距离为30公里。徂徕山夕照与泰山日出同属"泰安八大景"之列。

泰山温泉城就建在徂徕山国家森林公园之中。景区是由山东泰山温泉旅游开发有限公司投资建设，是国家4A级旅游景区。温泉城里有建筑风格迥异的汤屋汤院，各类温泉设施齐全，餐饮、客房、会议等配套设施齐备，是集温泉养生、休闲度假、商务会议、康体娱乐和生态旅游等多功能于一体的休闲度假好去处。

● **泰安方特欢乐世界**

泰安方特欢乐世界，位于泰安市泰山区东部新区明堂路北段，属第四代大型高科技科幻主题乐园，由恐龙危机、飞越极限、神秘河谷、聊斋、维苏威火山、海螺湾、未来警察、生命之光等17个主题项目区组成，包含主题项目、游乐项目、休闲及景观项目300多项。泰安方特欢乐世界是一个以科技和幻想为主题的乐园，用现代计算机、自动控制、数字模拟与仿真、数字影视、声光电等高科技手段与艺术完美结合，为游客打造的参与方式新颖、惊险刺激的现代游乐园。

温馨提示

徂徕山国家森林公园内有穿越东西的干线公路30公里，可直达主峰太平顶，并有通往各景点的分支路线。

美丽中国经典线路 Beautiful China Classic Route

第三站：济宁
The third station: Jining

说起济宁，你一定会想起孔子、孟子，想到水泊梁山的英雄好汉，也许，还会想到梁山伯与祝英台。对，这就是济宁。济宁文化底蕴深厚，是轩辕黄帝、少昊和孔子、孟子、颜子、曾子、子思子五大圣人的故乡，是孔孟文化、水浒文化、运河文化的发源地。始祖文化、佛教文化、李白文化、梁祝文化、汉碑汉画像石文化、山水文化在此交相辉映，使济宁成为中华传统文化的旅游胜地。

济宁位于鲁西南腹地，地处黄淮海平原与鲁中南山地交接地带，东邻沂蒙山，西接菏泽，南望苏北徐州，北面与泰安交界，西北角隔黄河与聊城相望。济宁历史悠久，旅游资源丰富，有世界文化遗产 2 处，国家级重点文物保护单位 19 处，有国家历史文化名城 2 座，中国优秀旅游城市 3 座，有国家 4A 级以上旅游景区 7 处，其中明故城（三孔）旅游区是中国第一批 5A 级旅游景区。济宁是发现和保存汉代碑刻最多的地区之一，已知的汉碑刻石藏量多达 40 种，有"天下汉碑半济宁"之说。

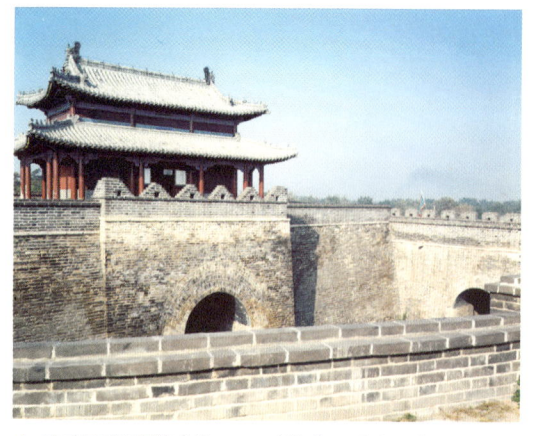

▲ 孔子像 (Confucius' Portrait)

▲ 孔庙万仞宫墙 (Wanren Walls of Confucius' Temple)

● **明故城（三孔）旅游区**

济宁曲阜明故城旅游区位于济宁曲阜市静轩西路，是以孔庙、孔府、孔林（三孔）为中心，与北京故宫、承德避暑山庄并列为中国三大古建筑群。

孔庙，是祭祀我国古代著名思想家和教育家孔子的祠庙。建于公元前 478 年，后不断扩建，目前占地 327 公顷，是中国

温馨提示

1. 古济宁八景：铁塔清梵、太白晚眺、墨华泉碧、凤台夕照、灌冢晴烟、南池荷净、西苇渔歌、获麟晚渡。
2. 济宁最佳旅游季节为 6 ~ 10 月。

看山看海寻仙拜圣之山东行　Climb Mountain, See the Sea, Look for Immortal & Worship Sage in Shandong

▲ 孔府大门（Gate of Confucius' Mansion）

现存规模仅次于故宫的古建筑群，堪称中国古代大型祠庙建筑的典范。孔庙共有九进院落，纵向轴线贯穿整座建筑，左右对称，布局严谨。全庙共有五殿、一祠、一阁、一坛、两堂、十七碑亭、五十三门坊，共计有殿庑四百六十六间，分别建于金、元、明、清及民国时期。孔庙内最为著名的建筑有棂星门、二门、奎文阁、杏坛、大成殿、寝殿、圣迹堂、诗礼堂等。孔庙内的圣迹殿、十三碑亭及大成殿东西两庑，陈列着大量碑碣石刻，特别是这里保存的汉碑，在全国是数量最多的，历代碑刻亦不乏珍品。

孔庙的东侧是孔府，本名为衍圣公府，俗称孔府，是孔子嫡长孙世袭的府第。孔府是衙宅合一、园宅结合的建筑，是一座典型的封建贵族庄园。始建于宋代，经历代不断扩建，形成现在的规模。占地200余亩，有房舍480余间。官衙和住宅建在一起，衙署大堂用于接受皇帝颁发的圣旨，或处理家族内事务。孔府也是九进院落，大院最后有一座花园，布局别具匠心，假山由各地奇石怪岩构成，依山势远山近水，高峰低峦，幽雅清新，景色之美如同仙境。

孔林，又称至圣林，在曲阜城北门外，占地3000亩，周围砖砌林墙长达7公里，是孔子及其后代子孙们的家族墓地。孔林内柏桧夹道，进入孔林要经过1200米的墓道，然后穿过石牌坊、石桥、甬道，到达孔子墓前。孔子的坟墓封土高6米，墓东是孔子之子孔鲤和他的孙子孔伋的坟墓。在孔林中，有的墓前还存有石雕的华表、石人、石兽。这些都是依照墓中人当时被封爵位的品级设置的。整个孔林沿用2500年，是延续年代最久、保存最完整的家族墓地。孔林内有坟冢10余万座，其墓葬之多，保存之完好，举世罕见。

温馨提示

1. 每天孔庙8:00～8:30有开城门仪式，不要错过。
2. 交通：可乘公交2、3、5路孔府南门下即到；9路公交车到孔庙南门下车。
3. 从2016年1月1日起，曲阜市三孔景区等对60周岁以上老年人实行免费开放。
4. 如果能完整背诵30条《论语》并正确解释其中5条（由考官随机抽选）的话可以获赠荣誉证书，免费游三孔。学霸们可一定要来试试啊。

第四站：临沂
The fourth station: Linyi

临沂因临沂河得名，古称"琅琊"。临沂历史悠久，是中华文明的重要发祥地之一。临沂境内有沂山、蒙山、尼山3条主要山脉，海拔1000米以上的山峰有10余座。其中蒙山主峰海拔1156米，为山东第二高峰，素称"岱宗之亚"，久负盛名，享誉中外。临沂境内还有不少由流水侵蚀造成的桌状山，当地称为"崮"，沂蒙有七十二崮，蒙阴县的孟良崮就是其中之一。

提起临沂，很多人会想起沂蒙山，想起革命老区。其实沂蒙山是泰沂山脉的两个支系，一为沂山，一为蒙山。沂蒙山自古人杰地灵，早在四五千年以前这里就有先民们活动。沂蒙山不仅是革命老区，还是风光优美的旅游胜地。沂蒙山区峰峦起伏、谷壑幽深。"人人那个都说，沂蒙山好，沂蒙那个山上，好风光，青山那个绿水，多好看，风吹那个草地，见牛羊。"这首旋律优美的沂蒙小调，使风光秀美的沂蒙山区成为众多旅游爱好者的向往之地。

随着游客的日渐增多，临沂旅游业发展迅速，为满足更多游客的需求，临沂市大力发展以沂蒙山水为依托的"绿色沂蒙"、以革命老区为依托的"红色风情"、以历史文化为依托的"文韬武略"、以独特的地质地貌为依托的"地质奇观"、以地热温泉为依托的"温泉养生"等旅游板块，旅游市场越来越成熟，旅游基础设施也日趋完善。

温馨提示

临沂物产丰富、食俗久远，独具特色的食品有：糁、六姐妹煎饼、莒南锅饼、沂水丰糕、咸豆粥等。特色菜有：光棍鸡、莒南炉肉、孝山藕、八宝豆豉等。

▲ 临沂蒙山鹰窝峰 (Yingwo Peak of Mountain Mengshan)

看山看海寻仙拜圣之山东行　Climb Mountain, See the Sea, Look for Immortal & Worship Sage in Shandong

● 沂蒙红色影视基地

电视剧《沂蒙》《永不磨灭的番号》《娘》《地道英雄》《平原枪声》《红高粱》《战神》……无数的抗日影视作品在这里拍摄，从这里取景，由这里诞生，这里就是中国沂蒙红色影视基地。

中国沂蒙红色影视基地位于沂南县马牧池乡常山庄村，总占地1129亩。由中国红嫂革命纪念馆、常山古村、沂州古县城、山乡梦影视服务中心等多部分组成，总投资2.6亿元。是一处集红色旅游、影视拍摄、党性教育、餐饮娱乐等功能于一体的综合性休闲度假旅游景区。

沂蒙山是革命老区，是抗日根据地的中心，是百姓集体英雄主义的纪念地，是沂蒙精神的发源地。这里有用乳汁救伤员的英雄红嫂，这里有创办"战地托儿所"养育革命后代的"沂蒙母亲"，这里有带领姐妹们为部队架"火线桥"的妇救会长，这里有千万个推磨、碾米、烙煎饼、做军鞋、缝军衣拥军支前的沂蒙老姐妹……革命老区人民的英雄事迹时刻鼓舞着每一个中国人，让我们永远铭记那段战火纷飞的岁月，提醒着我们珍惜先烈们用鲜血与生命换来的和平。

在不足10平方公里的范围内就有"小车队长"李家才故居、战邮会纪念馆、中共山东分局旧址、山东纵队司令部旧址、苏鲁豫皖边区省委旧址、山东抗日军政干部学校、抗大一分校旧址、北海银行旧址、火线桥旧址、战地托儿所旧址、战时总医院旧址、战时兵工厂旧址、战地供销社旧址等红色遗迹30余处，是典型的革命传统教育基地。

● 沂蒙山旅游区

沂蒙山，自古以来就是中华历史文明发祥地之一，自古地灵人杰。在其麓区发现的大汶口文化以及与其相承发展的龙山文化，岳石文化等新石器时代遗址几十处。

沂蒙山是泰沂山脉的两个支系，指的是以沂山、蒙山为地质坐标的地理区域，这里不仅只是革命老区这么简单，同时它还是一个相对独立的文化圈，历史上属于东夷文明，是古青州海岱文化的重要组成部分。沂蒙山区地貌类型多样，融北国的粗犷风光与南国的鱼米之乡风韵于一体，钟灵毓秀，仪态万方。北部是绵延起伏的群山，中部是逶迤的丘陵，南部是一望无际的冲积平原。北部的蒙山，以"天然氧吧""养生长寿"而闻名，横亘数百里，七十二主峰、三十六洞天，集险、奥、幽、旷、奇、雄、秀于一体，遥对泰山，雄奇壮美。蜿蜒的沂河，如镶嵌的玉带，纵贯全境，充满灵气。南部的临郯苍平原，沃野万顷，稻花飘香。优美的《沂蒙山小调》唱出了沂蒙山无限秀美的风光。

沂蒙山不仅是一个人文概念，同时也是一个旅游概念，沂蒙山旅游区位于山东省中南部，包含龟蒙景区、云蒙景区、沂山景区三个景区，核心景区面积69平方公里，是世界文化遗产齐长城所在地、世界著名养生长寿圣地，现为国家5A级旅游景区、国家森林公园、国家地质公园、国家水利风景区。

美丽中国经典线路 Beautiful China Classic Route

第五站：日照
The fifth station: Rizhao

日照，光听名字就会让你觉得阳光满满，心舒意畅。日照就是因日光先照而得名。阳光、沙滩、碧海、蓝天就是这个海滨小城的最佳写照。日照东临大海，西靠临沂，北连青岛、潍坊，拥有海岸线168.5公里，其中优质金沙滩64公里，资源优势得天独厚。日照是山东半岛"仙境海岸"四个主体城市之一，环境优美，是著名的"水上运动之都"与"东方太阳城"，是联合国评选的宜居城市之一。

日照底蕴深厚、富有内涵，是中国远古时期的太阳文化起源地，是世界五大太阳文化起源地之一，历来有太阳崇拜的习俗。日照是"龙山文化"的重要发祥地，是中国现代民间绘画之乡。这里有佛教圣地五莲山，有近4000年树龄的"天下第一银杏树"（在浮来山），有"亚洲第一、世界领先"的水上运动基地；这里是西周时期伟大军事家和政治家姜子牙的故乡，这里还是拥有深水良港的港口城市……

日照的旅游资源非常丰富，山，有五莲山风景区、浮来山风景区；海，有万平口海滨旅游区、日照海滨的国家森林公园；玩儿，有刘家湾赶海园、桃花岛风情园，有奥林匹克水上运动公园、世帆赛基地。如果只想静静地看看海，那么就在淡季时来日照吧，这座海滨小城是安静的，漫步在海边细腻洁白的沙滩上，沐浴着和煦的阳光，看碧空万里，海浪轻涌，一望无际的湛蓝的大海会让你忘掉所有的烦恼与忧伤。

● 日照海滨国家森林公园

日照海滨国家森林公园是1992年在日照市东港区大沙洼林场的基础上设立的国家级森林公园。森林公园总面积788公顷，森林覆盖率达75.8%，建有森林旅游区、滨海游乐区、疗养度假区、观光探险区及海鲜养殖区五个功能景区。森林公园南北长，东西短，拥有海岸线近7公里，沙滩平均宽度200米。这里沙细、浪小、水清、滩平，是天然的沙滩运动场，是开展沙滩运动项目的绝好佳地。每年国庆期间，公园都举办林海风情节，届时会有夏威夷草裙舞、狩猎舞、印第安舞等具有民族风情的表演节目。经过20多年的建设，公园的基础设施基本完善，旅游服务功能不断增强，旅游接待能力不断提高，日照海滨国家森林公园已经成为人们休闲观光、避暑度假、休闲疗养、商务旅游和开展海上运动的理想胜地。

温馨提示

火车
日照市火车站就在市区，火车站周围公交车、打车都很方便，可以去往各个景点。

飞机
日照机场于2015年年底开始通航，目前运行航线6条。另外可先飞青岛流亭机场（航班更多）然后转往日照。青岛流亭机场有大巴车直达日照，几乎每小时一班，很方便。

自驾
日照是日兰高速和沈海高速的交会处，由于山东的高速公路网在全国数一数二，所以通过高速公路网的各条高速都可以抵达日照。山东省内的高速公路路况都很好，如果是邻近省份，自驾是首选。

看山看海寻仙拜圣之山东行　Climb Mountain, See the Sea, Look for Immortal & Worship Sage in Shandong

第六站：青岛
The sixth station: Qingdao

青岛市地处山东半岛东南部沿海，胶东半岛东部，东、南濒临黄海，隔海与朝鲜半岛相望。青岛别称"琴岛""岛城"，被誉为"东方瑞士"。青岛拥有国际性海港和区域性枢纽空港。青岛是山东省经济中心城市、全国首批沿海开放城市、中国海滨城市、国家历史文化名城、全国文明城市、国家卫生城市、国家园林城市、国家森林城市，也是中国最具幸福感城市。

● 崂山风景名胜区

提起崂山，我们都会记起著名的《崂山道士》，崂山在我们心中就是有仙风道骨的道士们隐居之地，是有灵气、接仙气之圣地。

崂山耸立在黄海之滨，高大雄伟，是中国海岸线第一高峰，有着海上"第一名山"之美誉。崂山是我国著名的道教名山，是道教发祥地之一，道教文化历史悠远，仙道传说丰富，兴盛时期曾有"九宫八观七十二庵"之繁荣，使崂山成为"道教全真天下第二丛林"。如今保存下来的规模最大、历史也最

▲ 青岛 (Qingdao)

▲ 崂山风景区 (Laoshan Mountain Scenic Area)

悠久的建筑是太清宫，太清宫始建于北宋初年，迄今已有近千年的历史。太清宫的全部建筑由"三官殿""三皇殿""三清殿"组成，前后三进院落，现已成为崂山游览区的中心。

除了底蕴深厚的道教文化，崂山风景区的自然旅游资源也极为丰富。崂山主峰巨峰俗称"崂顶"，海拔1127.3米。巨峰三大奇观"云海奇观""旭照奇观""彩球奇观"绮丽壮美，令人叹为观止。崂山上有木本、草本植物1400余种，有黑松、赤松、落叶松、山杜鹃等景观树木，更有汉柏、唐榆和银杏等古树名木。崂山风景区于1992年就被批准为国家森林公园。

温馨提示

1. 青岛作为一个海滨城市，当然是夏季时来最好，尤其是8月的啤酒节更是不可错过。

2. 青岛众多的老建筑构成了红瓦绿树、碧海蓝天的独特城市特色，穿梭于欧亚风情的老建筑中，静静享受属于你的惬意时光。

3. 免费开放的"青岛栈桥"就在青岛火车站旁边，是青岛标志性建筑物和著名景点。如果是情侣来到栈桥，一定要去走一走，据说如此爱情会绵长持久。

美丽中国经典线路 Beautiful China Classic Route

▲ 暮色中的奥帆中心 (Twilight of Olympic Sailing Center, Qingdao)

● 青岛奥林匹克帆船中心

青岛奥林匹克帆船中心位于青岛市东部新区浮山湾畔，北海船厂原址，毗邻五四广场和东海路，是2008年第29届奥运会和第13届残奥会帆船比赛举行地。青岛奥林匹克帆船中心占地面积约45公顷，其中场馆区30公顷，赛后开发区15公顷。景区内有两大标志性建筑，一个是巨大的奥运祥云火炬雕塑，另一个是场馆前的帆船雕塑建筑。游青岛奥林匹克帆船中心最好是晚上，这里灯光璀璨，霓虹斑斓，伴着微浪翻涌的大海，魅色无穷，真的会令人流连忘返。

● 青岛极地海洋世界

青岛极地海洋世界是海昌集团在青岛投资兴建的一个包含海洋动物展示、极地动物展示、海洋极地动物表演以及海洋科技馆、渔人码头等为主题的综合性海洋主题公园。公园位于青岛东海东路，三面临海，它集吃、住、行、游、购、娱为一体，是目前国内最大、拥有极地海洋动物品种最全、数量最多的海洋主题公园。2014年公园经过全新升级改造，新增高科技互动设备、动漫故事演绎、探险情景体验、亲子互动娱乐、5D动感体验馆等项目，全方位、多层次的为游客打造科普性、娱乐性、互动性更强的情景式海洋主题公园。

温馨提示

交通
公交11、102、317、504路、都市观光1线在极地海洋世界站下，公交104、110、125、301、304、311、321、382、501、632路在王家麦岛站下，公交222、225、232、316、403路海游路站下。

自驾
青银高速出口至海尔路到达东海东路；或驶入市内后，经山东路、香港中路往东行至东海东路。

看山看海寻仙拜圣之山东行　Climb Mountain, See the Sea, Look for Immortal & Worship Sage in Shandong

第七站：烟台
The senventh station: Yantai

烟台，烟台，烽火狼烟之台，其名得于境内的烟台山，而烟台山上曾于明洪武三十一年（1398 年）为预防倭寇设狼烟墩台。而今，人们提起烟台最先想到的一定不是当年的烽火狼烟，而是美如画卷的海上仙山——蓬莱。

其实，除了蓬莱仙山，烟台还有众多宜游宜赏宜玩之地。烟台地处山东半岛东北部，北濒渤海，南临黄海，南北海岸线 900 多公里。烟台依山傍海，气候宜人，风光绮丽，名胜古迹众多。烟台是环渤海经济圈内重要节点城市，是海上丝绸之路重要节点之一，是"一带一路"国家战略重点建设港口城市，是获联合国人居奖的宜居城市，是国家历史文化名城，是全国文明城市、中国优秀旅游城市、国际葡萄·葡萄酒城、中国北方水果之乡……

● **蓬莱阁旅游区**

蓬莱阁旅游区位于蓬莱市区西北的丹崖山上，是国家 5A 级旅游景区。蓬莱阁始建于北宋嘉祐六年（1061 年），与黄鹤楼、岳阳楼、滕王阁并称为"中国四大名楼"。蓬莱素有人间仙境之称，传说蓬莱、瀛洲、方丈是海中的三座仙山，是神仙居住的地方，相传吕洞宾、李铁拐、张果老、汉钟离、曹国舅、何仙姑、蓝采和、韩湘子八位神仙，在蓬莱阁醉酒后，凭借各自的宝器，凌波踏浪、漂洋渡海而去，留下"八仙过海、各显其能"的美丽传说。

蓬莱阁后经明代扩建，清代重修，现已经成为庙宇和园林交错的宏丽建筑群，主要建筑有吕祖殿、蓬莱阁、三清殿、天后宫、龙王宫、弥陀寺等。主体建筑蓬莱阁雄居丹崖之顶，云拥浪托，其他建筑环绕左右，如众星拱月。登临蓬莱，面朝大海，把酒临风，自会有种飘飘欲仙之感。

▲ 蓬莱阁（Penglai Pavilion）

美丽中国经典线路 Beautiful China Classic Route

▲ 三仙山景区瀛洲仙境（Yingzhou Fairyland, Three Magic Hills Scenic Area)

● 蓬莱三仙山·八仙过海旅游景区

三仙山·八仙过海旅游景区在蓬莱阁旅游区的东边不远处，由八仙过海景区与三仙山景区两部分组成。八仙过海景区又名八仙渡、八仙过海口，其位于蓬莱阁东面伸向大海中的一座小岛之上，与丹崖山、蓬莱阁隔海相望，周围海域天高水阔，景色壮观。最有意思的是春夏相交之季，常有虚幻缥缈的海市蜃楼奇景出现，令人浮想联翩。三仙山景区将传说中的"蓬莱、方丈、瀛洲"三座仙山真实再现。景区由和气大殿、小怡和园、蓬莱仙岛、方壶胜境、瀛洲仙境、瀛洲书院、歌舞大剧院等景观组成，配有完善的旅游接待设施。

● 烟台南山旅游区

南山旅游景区是首批国家5A级旅游景区，位于龙口市黄城南偏西7公里处。南山旅游区自然景观秀丽宜人，人文景观底蕴丰厚。旅游区分宗教文化园和中华历史文化园两部分，景区内的景点均为晋、唐、宋、元、明、清代遗迹。景区内最著名的是锡青铜释迦牟尼大坐佛，高38.66米、重380吨，堪称世界第一铜铸坐佛。大佛莲花座下建有功德堂、万佛堂、佛教历史博物馆。其中万佛殿内陈列着9999尊造型逼真、栩栩如生的金铜佛像，与大坐佛共同构成了万尊佛像的宏大阵容。南山旅游区是中国有名的佛教道场之一。

● 张裕国际葡萄酒城

张裕国际葡萄酒城位于烟台经济技术开发区广州路与206国道西南交会处，占地6200亩，计划总投资60亿元人民币。酒城包括葡萄与葡萄酒研究院、葡萄酒生产中心、丁洛特葡萄酒酒庄、可雅白兰地酒庄、葡萄种植示范园、先锋国际葡萄酒交易中心、海纳葡萄酒小镇共七大主题功能区，是中国第一个葡萄酒工业旅游高等级景区，是亚洲首座葡萄酒主题乐园。酒城集葡萄酒生产、旅游观光、葡萄酒科普等功能于一体。常年举办葡萄酒修学之旅、体验之旅、风情采摘节、体验购物节等特色活动，是工业观光、商务考察及休闲度假的好去处。

温馨提示

从烟台市乘21、28、201、203、205、206、210路公交车可达张裕国际葡萄酒城。酒城内部分葡萄酒可免费品尝，也可以现场购买。

看山看海寻仙拜圣之山东行　Climb Mountain, See the Sea, Look for Immortal & Worship Sage in Shandong

第八站：威海
The eighth station: Weihai

威海别名威海卫，意为威震海疆。而"威震海疆"却总是让我们想起北洋水师在甲午海战的悲壮一幕。威海位于山东半岛最东端，北、东、南三面濒临黄海，是中国大陆距离日本、韩国最近的城市。中国近代第一支海军北洋水师就诞生于威海卫刘公岛。北洋水师是清朝建立的四支近代海军中实力最强、规模最大的一支，其实力曾是东亚第一。然而在1894年至1895年的甲午海战中，这支超强海军却全军覆没，为中国近代抗击日本侵略谱写了最为悲壮的篇章。

国家5A级旅游景区刘公岛景区真实再现了当年北洋水师及甲午战争的历史面貌。到威海旅游，刘公岛已经成为必去之地。除刘公岛以外，威海还有极为丰富的旅游资源，海岸线长近1000公里，沿线海水清澈，岸边松树成林，有港湾30余处、大小岛屿168个。威海国际海水浴场、乳山银滩、文登小观金滩都是有名的海滩。秦始皇东巡

▲ 威海天鹅湖（Swan Lake, Weihai）

▲ 刘公岛甲午海战馆（Exhibition Hall of the Sino-Japanese War in 1894）

过的成山头，中国道教全真派发祥地圣经山，亚洲最大的天鹅栖息地天鹅湖，大东胜境——铁槎山……一系列的美景都在等你。

● 刘公岛风景名胜区

刘公岛风景区位于市区之东的威海湾中。刘公岛面积仅有3.1平方公里，却因为这里是北洋水师的诞生地，是甲午战争的古战场而享有盛名。岛上有当年的水师学堂及水师提督丁汝昌的府邸"丁公府"，建有中国甲午战争博物馆、甲午海战馆，还保留着多处炮台及其他遗迹。

除了人文古迹，刘公岛的自然风光也十分优美，岛上峰峦起伏，植被茂密，森林覆盖率达85%，树木葱茏，鸟语花香，有"海上仙山"和"世外桃源"的美誉。

温馨提示
到刘公岛需再乘游轮前往。可从威海火车站、汽车站乘坐1、103、33、24路车到旅游码头。自驾游客可将车停放在刘公岛旅游码头，然后乘游轮前往。

349

美丽中国经典线路　Beautiful China Classic Route

第九站：青州
The ninth station: Qingzhou

历史上的青州并非一座籍籍无名的小城，青州的历史大概可从"禹分九州"算起。传说大禹治水后，将天下划分为九州，青州便居其一。历史上青州面积最广的时候，包括了济南郡在内的九个郡国和一百多个县，其地理面积远远超过了现在的潍坊所辖之地。两汉至明初之间，青州一直作为中国东部一个区域的政治、经济、文化中心而存在着。

现在，青州隶属于潍坊，是一座静谧而又安详的小城，这里还保留着青石板路、明清建筑的老街、风格独特的真教寺。在这份似乎是远离尘嚣的恬静中，青州淡泊地守望着过往的喧闹与繁华，直到有一天，人们从地下掘出了那400尊让世人震惊的造像，青州才被重新关注，连同它作为"东夷文明"发祥地的兴衰与变迁。

作为长期处于南北文化交流的中心地带、历代兵家必争之重镇、佛教昌盛之地，历史在青州留下许多的痕迹，也让青州成为旅途中不容错过的一座城市。

● 青州博物馆

有人说，青州博物馆在青州人们心目中的地位，就如同故宫在北京人心目中的地位。1959年落成的青州博物馆，虽然是一座综合性地志博物馆，但是藏品非常丰富，著名艺术家黄胄称之为"小大博物馆"。博物馆共有12个展厅，分别为：青州简史陈列厅、陶瓷陈列厅、龙兴寺佛教造像群陈列厅、龙兴寺佛教造像精品厅、古代书画艺术厅、铜镜陈列厅、石刻雕塑陈列厅、石刻碑碣陈列厅、玉器陈列厅、青铜塑像陈列厅、革命文物陈列厅和古钱币陈列厅。其中，龙兴寺佛教造像精品厅、古代书画艺术厅、石刻雕塑陈列厅、石刻碑碣陈列厅最为重要。藏品中，除青州造像外，汉代以来华美精致的玉器、瓷器，各种流派的名家书画是该馆展品的重要组成，如明代赵秉忠状元卷等20多件馆藏被定为国家一级文物。

▲ 中国十大历史文化名街——青州昭德古街（Qingzhou Zhao Howard Street）

看山看海寻仙拜圣之山东行　Climb Mountain, See the Sea, Look for Immortal & Worship Sage in Shandong

第十站：淄博
The tenth station: Zibo

淄博市位于山东中部，南依泰沂山麓，北濒九曲黄河，西邻省会济南，东接潍坊、青岛。淄博历史悠久，是齐文化的发祥地。临淄为春秋五霸之首齐国的故都，历史上曾出现过许多著名人物，姜太公、齐桓公、管仲、晏婴、孙武、左思、淳于意、房玄龄、蒲松龄、赵执信、王渔洋等是其中的杰出代表。淄博市文物古迹众多，被列入保护的重点文物有177处。东部齐国故城文物浩繁，有"地下博物馆"之称，东周殉马坑举世罕见，中国古车博物馆堪称中国之最，中部有"世界短篇小说之王"蒲松龄的故居；南部有早于秦长城的齐长城遗址；西部的周村作为历史商埠重镇有"天下第一村"之誉。

● 周村古商城

是中国活着的古商业建筑博物馆群。周村是封建社会后期经济转型中兴起的手工业商业城镇，明清时期发展成为我国北方的重要商镇，号称"天下第一村"。周村古商城坐落于周村城区西部，为古老的商业中心所在地，历经数百年风雨至今仍保留完好，街区纵横，店铺林立，建筑风格迥异，被誉为"中国活着的古商业建筑博物馆群"。是张艺谋电影《活着》以及电视剧《大染坊》《闯关东》等的主要外景拍摄基地。

周村古商城由大街、丝市街、银子市街、绸市街等古商业街区组成，南有山东讨袁护国军司令部旧址及魁星阁庙宇，北有明教寺、千佛阁、汇龙桥。

● 淄博齐文化遗址

是展示齐国风云、齐文化风采之地。齐文化景区主要集中在齐都镇，这里曾是春秋时期齐国的故都，从公元前11世纪姜太公封齐建国，经春秋桓公称霸，至西晋废齐，临淄作为诸侯王国的都城累计1300余年。姜太公、齐桓公、管仲、晏婴、司马穰苴、齐威王、孙膑、田单等圣君明主、贤相良将，都曾在这里施展过他们的雄才大略。

● 松龄故居

蒲松龄故居坐北朝南，前后四进，西有侧院，北院的三间正房就是著名的"聊斋"，这座农家小院是蒲松龄当年居住的地方。正房内有蒲松龄亲笔题字的画像，两旁悬有郭沫若题写的"写鬼写妖高人一等，刺贪刺虐入骨三分"的对联。正房的后面有6间书画展室，展出了中外蒲氏研究家的多种论著，以及当代名人书画家为故居所作的书画和题词。

● 马踏湖

马踏湖位于淄博市桓台县东北起凤镇，是由三河汇流形成的天然湖泊。相传桓公称霸后于起凤会盟诸侯，大批战马蜂拥而至踏平成湖，因而得名"马踏湖"。马踏湖碧水滢滢，自然人文景观丰富，村村靠湖，家家连水，户户通船，小桥流水人家，如北国江南。

美丽中国经典线路 Beautiful China Classic Route

河南中原文化环线之旅
Tour to Henan ZhongYuan culture circle

线路：郑州➡开封➡商丘➡许昌➡三门峡➡洛阳➡焦作➡安阳➡新乡➡郑州

Route: Zhengzhou ➡ Kaifeng ➡ Shangqiu ➡ Xuchang ➡ Sanmenxia ➡ Luoyang ➡ Jiaozuo ➡ Anyang ➡ Xinxiang ➡ Zhengzhou

河南印象
Henan impression

在河南旅游，恍若走进了历史文化博物馆。河南的旅游景点大多与黄河有关，黄河九曲贯穿河南全境而过，正因为如此，河南是中华民族文化的发祥地之一。河南有四大古都——洛阳、开封、安阳、郑州（商都），从夏代到北宋，先后有20个朝代建都于此。河南文化遗址众多，文物古迹众多，地下文物和馆藏文物众多：裴李岗文化遗址、仰韶文化遗址、龙山文化遗址；伏羲太昊陵、黄帝故里、周公测景台、函谷关、白马寺、嵩山少林寺、相国寺；还有洛阳龙门石窟和安阳殷墟，等等。河南的山川壮美，风光秀丽，随便一数就有巍巍太行、中岳嵩山、洛阳龙门山、白云山、信阳鸡公山、焦作云台山、济源王屋山……

总之，在河南旅游最好事先了解一些历史背景，因为河南到处是古迹和文物，有了必要的知识，相信你对河南的内涵会理解更深。

河南中原文化环线之旅　Tour to Henan ZhongYuan culture circle

行程推荐
Describe the itinerary

河南省的旅游可以考虑5条线路：第一条线路，河南少林寺—洛阳龙门石窟—白马寺院—云台山—开封，这条线路的特点是，可以近距离接触佛教寺庙文化，观赏龙门佛教石刻造像。这条线路推荐携程网5日跟团游。行程为：嵩阳书院—少林寺—少林寺武术馆—三皇寨—白马寺—龙门石窟—白园—香山寺—隋唐洛阳城国家遗址公园—红石峡—云台山风景名胜区—清明上河园——开封包公祠。

第二条线路，河南云台山—龙门石窟—少林寺—青天河—太极陈家沟—宝泉。这条线路的特点是，除了接触佛教文化外，还能到太极拳的发源地一探究竟。这条线路推荐携程网6日跟团游，行程为：青天河—龙门石窟—万佛洞—莲花洞卢舍那大佛—宾阳洞—少林寺禅宗—陈家沟太极拳祖祠—宝泉—云台山风景名胜区。

第三条线路，晋城—万仙山—太行山—安阳，这条线路的特点是，以登山为主，沿途有数不尽的山峰，数不尽的溪流瀑布和石洞石栈道。这条线路推荐携程网5日跟团游，行程为：晋城皇城相府—王莽岭—郭亮村—万仙山景区—太行山大峡谷—桃花谷—殷墟博物苑。

第四条线路，林州—太行大峡谷—红旗渠，这一线路的特点是摄影之旅，并兼顾革命传统教育——红旗渠精神。这条线路推荐携程网3日2晚跟团游，行程为：王相岩

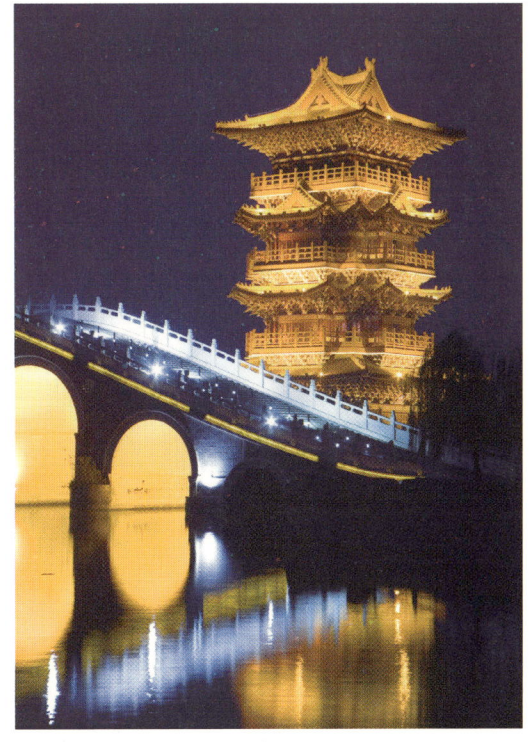

▲ 河南开封清明上河园（Millennium City Park in Kaifeng city）

—桃花谷—太行大峡谷景区—太行大峡谷漂流—红旗渠青年洞—红旗渠。

第五条线路，三门峡—豫西大峡谷，这一线路的特点是，穿流于翠岭幽谷之间，尽享峡谷漂流激情，也是照相的好去处。这条线路推荐携程网2日1晚跟团游，行程为：游览豫西大峡谷—大淙潭瀑布群、龙泉沟原始林区—白龙潭—九曲瀑—三叠峡谷。

如果自驾车游河南，可以重点考虑这几条线路：龙门石窟—云台山；开封大相国寺—龙亭—铁塔—清明上河园；登封嵩阳书院—少林寺—陈家沟太极拳发源地；还有林州的红旗渠—漯河的南街村。

美丽中国经典线路　Beautiful China Classic Route

第一站：郑州
The first station: Zhengzhou

郑州市是河南省会，地处河南省中部偏北，北临黄河，西依嵩山，东南为广阔的黄淮平原。有人说，郑州的文化离不开黄河，其实，何止是黄河，郑州还有商都文化、轩辕黄帝文化、儒家书院文化、禅武文化，文物资源众多。如商城遗址、裴李岗遗址、北宋皇陵、轩辕黄帝故里、杜甫故里、潘安故里；观星台（最早的天文建筑）、中岳庙（最大的道教建筑群）、东汉三阙（太室阙、启母阙、少室阙）、会善寺、嵩阳书院（宋代四大书院之一）、嵩岳寺塔、嵩山少林寺，真是灿若群星。

▲ 河南博物院馆藏文物（Henan Museum Collections of Cultural Relics）

郑州不光是历史，当代郑州的建设一日千里，郑州经济繁荣，商业发达，人口超过了千万。出了火车站，望着扑面而来的座座高楼大厦；走进二七广场中心商业圈，感受灯火灿烂不夜城，你能亲身感受到郑州经济发展的气势。

到郑州要做两件事，一是吃烩面，一是看豫剧。郑州号称"烩面之城"，烩面馆遍布郑州市的大街小巷，不吃烩面会有没到郑州的感慨。豫剧则是郑州传统戏曲，走进公园听到票友一声声唱腔，外地人往往直觉到这就是郑州，这就是河南。

● 河南博物院

位于河南省郑州市农业路，展馆面积1万余平方米，馆藏文物14万件。馆藏文物多来自于20世纪初商丘、洛阳、安阳、开封、淅川、三门峡、辉县、新郑等地的考古发掘，史前文物、商周青铜器、历代陶瓷器、玉器最具特色。其中国家一级文物与国家二级文物5000余件，历史文化艺术价值极高，一部分藏品被誉为国之重器。

● 二七纪念塔

二七纪念塔全称"郑州二七大罢工纪念塔"，为了纪念发生于1923年2月7日的二七大罢工而修建。该塔为仿古联体双塔，塔高63米，共14层。塔式新颖、独特，雄伟壮观，具有中国民族建筑的特点。塔内陈列有"二七"大罢工的各种历史文物、图片、文字资料。

河南中原文化环线之旅　Tour to Henan ZhongYuan culture circle

▲ 轩辕黄帝塑像(Yellow Emperor Statue)

● 少林寺

少林寺位于登封城西北15公里处的少室山北麓五乳峰下，始建于北魏太和十九年（495年）。因寺院建在少室山阴的茂密丛林之中，故名"少林寺"。

少林寺气势极其宏伟，有"天下第一名刹"之称。顺着长长甬道来到寺前，山门外石坊对称，石狮雄踞。正中山门，清代康熙帝亲书的横匾高挂。步入山门，甬道东侧是著名少林寺碑林。正对山门是重檐歇山顶的天王殿，四大天王各持法器，卫护禅寺。神座上供着唐太宗的御书碑，两旁分别放着明代大石磨和重700公斤的大铁锅，使人回想起少林寺拥田千顷、僧众数千的鼎盛时期。

● 黄帝故里

河南新郑古为有熊氏之国，轩辕黄帝降于轩辕之丘，定都于有熊，汉代在新郑北关轩辕丘前建有轩辕故里祠。历史上黄帝故里祠有毁有修，直到2002年至2007年，新郑市政府两次扩建黄帝故里，现景区分五个区域：中华姓氏广场、轩辕故里祠前区、轩辕故里祠、拜祖广场、轩辕丘与黄帝纪念馆区。

● 北宋皇陵

北宋皇陵位于河南省巩义市的西村。北宋的皇帝，除徽、钦二帝被金兵掳去死于五国城外，有7个皇帝及赵弘殷(赵匡胤之父)均葬在巩义，通称"七帝八陵"，再加上后妃和宗室亲王、王孙及高怀德、蔡齐、寇準、包拯、杨六郎、赵普等功臣名将共有陵墓近千座。963年开始营建宋陵，前后经营达160余年之久，形成了一个规模庞大、气势雄伟的皇家陵墓群，是研究宋代典章制度和石刻艺术的十分珍贵的实物资料。

▲ 少林寺塔林 (Pagoda Forest at Shaolin Temple)

355

美丽中国经典线路 Beautiful China Classic Route

第二站：开封
The second station: Kaifeng

提到开封，马上想到大相国寺和清明上河图。想到大相国寺是与《水浒》人物鲁智深有关；想到《清明上河图》，则是从此图可以寻觅到古代开封的景象。开封只是河南省地级市，但开封却不少皇都的气派，开封是世界上唯一一座城市中轴线从未变动的都城。开封古称东京、汴京，为八朝古都。历史上的开封有着"琪树明霞五凤楼，夷门自古帝王州"，"汴京富丽天下无"的美誉。有人说，明清文化看北京，汉唐文化看西安，大宋文化看开封。真是一语破的。

开封的夜市可以和全国任何地方比高下，尤其开封鼓楼夜市更是珍品。夜市整夜灯火通明，小吃一摊接一摊，小笼灌汤包、张二炒凉粉、尚记红焖羊肉串、小毛油泼面……来自四方的吃货络绎不绝，热闹非凡。来这里你不愁没有美食，但愁没肚子。

● 清明上河园

清明上河园位于开封市龙亭湖西岸，它是以北宋画家张择端的写实画作《清明上河

▲ 清明上河园内的建筑（Millennium City Park Building）

▲ 大相国寺（Daxiangguo Temple）

图》为蓝本，按照《营造法式》为建设标准，以宋朝市井文化、民俗风情、皇家园林和古代娱乐为题材，以游客参与体验为特点的文化主题公园。

● 大相国寺

《水浒》中"鲁智深倒拔垂杨柳"的故事就发生在大相国寺。大相国寺位于开封市自由路西段，始建于北齐天保六年（555年），唐代延和元年（712年），唐睿宗因纪念其由相王登上皇位，赐名大相国寺。北宋时期，大相国寺为皇家厚爱，多次扩建，是京城最大的寺院和全国佛教活动中心。清康熙十年（1671年），该寺重修，现保存有天王殿、大雄宝殿、八角琉璃殿、藏经楼、千手千眼佛等殿宇。1992年复建钟、鼓楼等建筑。整座寺院布局严谨，巍峨壮观，为历史名寺。

每逢新年伊始，大相国寺都要举行元宵灯会。每逢金秋十月，随着开封市菊花花会的开幕，大相国寺会举办一年一度的水陆法会，祈祝五谷丰登、百业兴旺、国家强盛、万世太平。

河南中原文化环线之旅　Tour to Henan ZhongYuan culture circle

第三站：商丘
The third station: Shangqiu

商丘城市很小，但却是中国夏、商朝最早建都的城市，有5000余年的建城史、1500余年的建都史，甚至是传说中燧人氏、神农氏、高辛氏等三皇五帝的建都地。如果把商丘的简史列出来，足以让人瞠目结舌。

商丘到处是古迹，到处散发着历史的幽香，这里有抗击"安史之乱"的睢阳太守张巡祠，有《桃花扇》中出身青楼但不坠气节的江南名媛香君墓，有明末清初的著名文学家侯方域的"壮悔堂"，有篆刻着唐朝大书法家颜真卿真迹的八关斋，还有中国四大书院之一的应天书院。商丘还有国内保存最为完好的明代古城墙，历经战火至今，城郭、内城、护城河基本保存完好，令人惊叹不已。

商丘小吃似乎也沾染了古风。商丘人说，"北关香喷喷的油茶，西关焦酥劲道的炸麻花，味美巷深的冉家糟鱼，闻香知味的刘家羊肉垛子，再来上一只骨酥肉嫩的郭村烧鸡，配上一碟精美别致的大有丰酱菜，夹在沾满芝麻的吊炉烧饼里，就着清醇飘香的林河佳酿，只让你大快朵颐，大呼过瘾……"

● 归德古城墙

位于商丘市睢阳区。归德府古城墙的城郭、内城、护城河保存基本完好，气势肃穆雄伟。现存古城墙建于明正德六年（1511年），为古城堡式建筑，城池外圆内方，形似铜钱。砖城墙周长3.6公里，城门为拱券门。东门曰宾阳，西门曰垤泽，南门曰拱阳，北门曰拱辰。城内共93条街道，俯瞰全城如棋盘状。

● 八关斋

位于商丘城南，进入院内，可以看到一座造型优美的八角亭，亭后有一斋堂，歇山顶，宽三间。八关斋重点在八角亭，亭内有座八棱石幢，高3.2米，每面宽0.5米，上面有唐代名臣颜真卿晚年撰写的《宋洲八关斋会报德记》，共983字，结字谨严，体方笔圆，端庄雄伟，行笔兼用篆隶笔意。

▲ 商丘城市建筑 (Shangqiu city building)

美丽中国经典线路 Beautiful China Classic Route

第四站：许昌
The fourth station: Xuchang

许昌地处河南省中部，北临九曲黄河，西依中岳嵩山，东、南接黄淮海大平原。许昌是一座历史名城，印象中，许昌与《三国演义》关系密切，曹操迎汉献帝于许，许昌因此成为当时中国北方的政治、经济、文化中心。众多的三国遗址——曹丞相府、汉魏故城、受禅台、春秋楼、灞陵桥……三国历史人物，随便数数就有徐庶、司马徽、郭嘉、钟繇、华佗；除三国人物外，还有杂家吕不韦、法家韩非子、西汉留侯张良、名臣晁错、画圣吴道子、行书鼻祖刘德升，都是响当当的名士。

到许昌一定要寻觅钧瓷。钧瓷产于许昌所属的禹州市，是我国宋代五大名窑之一，以独特的窑变艺术而著称于世，素有"黄金有价钧无价"和"家有万贯，不如钧瓷一件"的美誉。

许昌人爱吃熬菜、烩菜，虽然名俗，但却是美味。许昌人即便在大酒店里吃过酒席，还常有客人提出，弄碗熬菜吧！

● 华陀墓

位于许昌城北15公里苏桥镇石寨村。墓高4米，占地360平方米。墓呈椭圆形，墓前有清乾隆十七年(1752年)立石碑一通，上镌楷书"汉神医华公墓"。墓地六角形，青砖花墙环绕，翠柏青松掩映。

▲ 春秋楼内的关公像 (Guangong statue in Spring-Autumn Building)

● 春秋楼

春秋楼为建安五年(200年)曹操赐给关羽的府宅，一宅两院，皇嫂居内院，关羽只身在外。春秋楼始建于元代至元年间，后经多次修葺，形成了"一宅分两院"的基本格局，外院中轴线上依次有雉门、钟鼓楼、春秋楼、刀印楼、关圣殿等；内院有问安亭、甘糜二后宫、挂印封金堂，总占地面积约30亩。

● 小西湖

许昌市的小西湖，为东汉末年挖土筑城的坑洼。后屡经扩建，浚湖引水，风光宜人，成为历代诗人墨客雅集胜地。苏轼为官杭州时，致许州官赵德邻，建议许州西湖更名小西湖。新中国成立后在旧址上重建了德星亭、展江亭、读书亭、听水亭、鼓琴台等，辟为西湖公园。

河南中原文化环线之旅　　Tour to Henan ZhongYuan culture circle

第五站：三门峡
The fifth station: Sanmenxia

如果说有哪个城市与黄河最贴近，那就是三门峡市。三门峡是因"黄河三门峡大坝"的兴建而崛起的新兴城市，三门峡人早晨跑着步就到了黄河。三门峡应该说是一块很特殊的地方，三面环山，西北面有奔腾的黄河，有古老的函谷关和崤关，这些使得三门峡成为躲避战乱的福地，甚至古代的修道者也愿意隐居于此。这里有着相对的闭塞，又有着难得的轻松和闲适。当代，三门峡因黄河大坝的修建而打破了闭塞的状态，外地人慢慢听说了这座藏在深山中的小城。三门峡的天鹅湖景区逐渐全国闻名，每年都有数万摄影爱好者来这里拍天鹅，三门峡市因此被誉为"天鹅之城"。还有豫西大峡谷，那密密的森林，数不清的瀑布、峡谷、河滩……所以，外地人总是说三门峡的环境好、绿化好、空气好，如果在三门峡休闲养老，那是最好不过了。

三门峡是古老的虢国所在地，这里有仰韶村遗址、庙底沟遗址、宝轮寺塔、北阳平遗址、虢国墓地遗址、鸿庆寺石窟等古迹名胜。

● **黄河大坝**

黄河在三门峡市全长 120 公里，形成了水势浩渺的壮观景象，其中以黄河大坝最为壮观。大坝主坝坝长 713.2 米，最大坝高 106 米；副坝为钢筋混凝土心墙，坝长 144 米，最大坝高 24 米。在三门峡大坝下游北岸可以看到黄河古栈道，栈道上还有魏、隋、唐、宋、明、清的石刻。三门峡大坝下方的激流之中还有一"中流砥柱"。黄河上的艄公又叫它"朝我来"。冬天水浅的时候，它露出水面 7 米左右；洪水季节它只露出一个尖顶。

● **天鹅湖景区**

天鹅湖有 5000 亩水面和 5 万亩林地，每年入冬时节到次年的初春，在风寒雪飘的季节里，成千上万只白天鹅便从遥远的西伯利亚飞到三门峡栖息越冬。碧波荡漾的湖面，成了黄河上最大的白天鹅聚集和观赏地。它们在这里悠然自得，或翱翔高空，或浮游水面，千姿百态，引无数人观看。

▲ 黄河三门峡 (The Yellow River Sanmenxia)

美丽中国经典线路 Beautiful China Classic Route

第六站：洛阳
The sixth station: Luoyang

提起洛阳马上想到巍峨的龙门石窟，其实洛阳内涵深厚远不是一个石窟能够概括的。洛阳是十三朝古帝都，中国古代帝喾、唐尧、虞舜、夏禹等神话，多传于此。中华民族文化最初之源"河图洛书"就出自洛阳。三皇之首的伏羲氏，据河图洛书而画八卦、九畴。还有，周公"制礼作乐"，老子著述文章，孔子入周问礼，班固在这里作《汉书》，司马光在这里写《资治通鉴》，程颐、程颢在这里开创宋代理学……以洛阳为中心的河洛文化和河洛文明，是中华民族文化的核心和源头。

洛阳还是中国佛教的发源地，佛法西来首先在洛阳建白马寺，尤其是龙门石窟的修建，大大扩展了佛教的影响。

洛阳的牡丹花也是全国闻名，洛阳人爱牡丹，他们培养了牡丹独特的气质神韵——富贵、娇艳、大方。

洛阳还是全国有名的美食城，美食尤为厚重和奢华，号称"金枝玉叶"的洛阳燕菜，充满豪气的鲤鱼跃龙门，等等。在洛阳街头，遍地可见各色汤水，胡辣汤、牛肉汤、不翻汤、浆面条……洛阳人说，来洛阳，名贵宫廷菜要吃，街头汤水更要吃。做了皇帝又做乞丐，可谓快哉！

● 龙门石窟

位于洛阳市南郊的龙门山和香山崖壁上，与敦煌莫高窟、大同云冈石窟、天水麦

▲ 洛阳国家牡丹园 (Luoyang National Peony Park)

积山石窟并称为中国四大石窟。石窟开凿于北魏孝文帝年间，今存有窟龛2345个，造像10万余尊，碑刻题记2800余品。其中《龙门二十品》书法是魏碑的精华，历来为书家所珍重；唐初大臣褚遂良所书的《伊阙佛龛之碑》，则是初唐楷书艺术的典范。龙门峡谷东西两崖的峭壁间，有伊水流过，看上去宛若门阙，所以又称为"伊阙"，这里山清水秀，气候宜人，是文人墨客的观游胜地。龙门山色因之被列为洛阳八大景之冠。

● 洛阳国家牡丹园

位于洛阳白马寺对面，所在区域原为隋朝西苑、唐朝神都园的旧址，是中国最早的牡丹种植区。牡丹园占地面积600亩，盛唐建筑风格，山水园林景观，集中收集国内外名优牡丹品种1021个，40余万株。园中的千年凤丹林，为宋朝董氏西园和明清李家花园的遗物，其中的一株"千年牡丹王"为隋朝西苑遗物，是洛阳牡丹的"活化石"。

河南中原文化环线之旅　Tour to Henan ZhongYuan culture circle

第七站：焦作
The seventh station: Jiaozuo

焦作市位于河南省西北部，北依太行山，与山西晋城市接壤，南临滔滔黄河。焦作市有两张城市名片：一是云台山；一是太极拳。云台山有着独具特色的"北方岩溶地貌"，峡谷、怪岩、瀑布比比皆是，而且，云台山待见人，你来了，它不会居高临下让你不堪，也不会金贵得像个公主等你来服侍它。喜欢它就登上去吧，那里有无限的美景。太极拳盛行于全世界，起源就是焦作的陈家沟，近年来许多人来陈家沟寻根学拳，促进了焦作的旅游。走到焦作的公园，不少男女老少扎着马步打太极拳，满脸威武，外地人好像来到了武术之乡。

焦作城市不大，但小吃众多，闹腾驴汤、羊杂汤、酱黄鸡翅、剃尖面、辣子鸡、酸丁鱼、蚂蚁上树等都是一绝。

还有，焦作影视城全国有名，像《三国》《西施秘史》《传奇》《大秦帝国》等都是在焦作拍的。

▲ 云台山（Yuntai Mountain）

● 云台山

位于焦作修武县境内，是全球首批世界地质公园。景区面积190平方公里，含泉瀑峡、潭瀑峡、红石峡、子房湖、万善寺、百家岩、仙苑、圣顶、叠彩洞、青龙峡、峰林峡等十一大景点。泉瀑峡有亚洲最大的瀑布——云台瀑布，落差314米，上吻蓝天，下蹈石坪，宛若银河飞落，蔚为壮观。在云台山风景画廊里，潭瀑峡（小寨沟）是大自然的杰作。它三步一泉、五步一瀑、十步一潭，呈现出大自然的千变万化。

● 青天河

位于焦作市西北部博爱县境内，被誉为"北方三峡"。景区面积106平方公里，由大坝、大泉湖、三姑泉、西峡、佛耳峡、靳家岭、月山寺七大游览区组成。青天河三步一泉，五步一瀑，青山绕碧水，绿树掩古寺，飞泉流瀑，如诗如画。有世界独一无二的天然长城，有中原高山峡谷湿地景色；有最大出水量每秒7立方米的"华夏第一泉"——三姑泉，有碧波荡漾、妩媚婉约的大泉湖，有两岸青峰翠岭、水面如镜的西峡，有距今1500年的北魏摩崖石刻、北魏官道等景观。

▲ 青天河风光（Qingtian River Scenery）

美丽中国经典线路　Beautiful China Classic Route

第八站：安阳
The eighth station: Anyang

安阳是一座非常古老的城市，位于河南省最北部，地处山西、河北、河南三省交汇处。安阳的古老，可以追溯到殷墟，也就是商朝的都城；殷墟的羑里曾是囚禁周文王的地方。承殷墟之王气，安阳先后成为曹魏、后赵、冉魏、前燕、东魏、北齐六个王朝的都城。而且，安阳还是甲骨文的故乡，是《周易》的发源地，因此称安阳为中华文化的发源地也不为过。安阳还有一张城市名片——岳飞，北宋抗金英雄岳飞的故里就在安阳汤阴镇，安阳每年都在岳庙举行隆重的祭祀活动，以表达家乡人民对他的敬仰之情。

来到安阳，当你面对宽阔的大道、汹涌的车流、耸立入云的大厦，你感觉不到古老，那是现代化的前进步伐，是安阳今天的面貌。安阳的街市没有嘈杂的叫卖和堵塞的车辆，人们的穿着朴素洁净，在祥和、宁静之中，无形中都透出厚重的文化底蕴。

安阳的美食在于俗，在于土，听名字就知道——安阳皮渣、安阳粉浆饭、道口烧鸡、内黄灌肠、楚旺扒糕、安阳血糕、安阳扁粉菜、老庙牛肉、安阳蓼花、炒三不沾……

● 殷墟

位于安阳西北郊，横跨洹河南北两岸。古称"北蒙"，又称"殷虚"，是中国商代晚期的都城，距今已有3300年的历史。商灭亡后这里沦为废墟。殷墟规模巨大，范围广阔。东起郭家湾，西至北辛庄，南起刘家庄，北至后营，东北至三家庄，长约6公里，宽约5公里，总面积约24平方公里。殷墟的总体布局以小屯宫殿宗庙区为中心，沿洹河两岸呈环形放射状分布，是一座开放形制的古代都城。现存有宫殿宗庙区、王陵区、后冈遗址和众多聚落遗址（族邑）、家族墓地群、甲骨窖穴、铸铜遗址、制玉、制骨作坊等众多遗迹。

● 太行大峡谷

地处河南省西北部，南太行山东麓的林州市西侧，南北长100华里，东西宽2.5华里，海拔800～1739米，境内断崖高起，群峰峥嵘，台壁交错，苍溪水湍，流瀑四挂，姿态万千，是"北雄风光"的典型代表，号称"太行大峡谷"。景区内有三大奇观：三九严寒桃花开的桃花谷，三伏酷暑水结冰的太极冰山，千古之谜猪叫石。另有太行之魂王相岩，潭深谷幽仙霞谷，晋普龙洞小洞天，原始森林太极山，亦真亦幻仙台山，鬼斧神工鲁班门，华夏一绝桃花瀑，太行平湖南谷洞八大景观。

▲ 殷墟博物馆（Yin Ruins Museum）

河南中原文化环线之旅　Tour to Henan ZhongYuan culture circle

第九站：新乡
The ninth station: Xinxiang

新乡位于郑州以北、南临黄河，古称为牧野，中国历史上著名的牧野大战就发生在这里。牧野原非地名，是指相对于殷都朝歌而言的。从朝歌城由内向外，分别称作城、郭、郊、牧、野。新乡不但有着深厚的文化渊源，也有着精彩的自然山水。新乡人说"天下美景在太行，太行美景在新乡"。新乡西靠太行的莽莽群山，八里沟景区、万仙山景区、九莲山景区、百泉景区……既有南太行的雄奇，又有着南方山水植被丰茂的秀美。

初到新乡，如果沿着卫河两岸的垂柳前行，但见高楼林立，商贸中心灯火灿烂，人声鼎沸，物流业、服务业、餐饮业兴旺发达。再沿着宽阔、笔直的金穗大道往东而行，你会发现新区规划井然有序、道路宽广、绿树成荫，大大小小的花园式住宅小区扑面而来。

新乡的小吃具有浓厚的民俗色彩——火烧、酥饼、生煎包、豆腐皮、罗锅肉、香酥鸡……虽然又俗又贱，但那滋味一定让你吃了忘不了。

● 万仙山

位于新乡辉县市西北部太行山腹地，由郭亮村、南坪、罗姐寨三部分组成。景点主要有红岩绝壁、大峡谷、影视村、绝壁长廊、天池、莲花盆、白龙洞、喊泉、日月星石、黑龙潭瀑布、五峰林农场、磨剑峰、丹分沟等。绝壁长廊长1200多米，完全由人工开凿，被誉为"世界第八大奇迹"。红崖绝壁雄壮而苍茫，

▲ 郭亮村（The Village of Guoliang）

犹如壮丽无比的画面，令人感叹。还有郭亮村，古老而幽静，其山乡风韵为游人所迷。

● 八里沟

位于太行山南麓的深山区，距新乡市50公里。主要景区有桃花渡、山神庙、羊洲地、红石河等，步移景异，各有所奇。景区的精华有两处：一处是八里沟大瀑布，落差180米，凌虚而下，咆哮奔腾，山鸣谷应；一处是红石河，河床为红石砂岩，光洁平莹，碧水横溢，红绿相映，色彩斑斓，如梦似幻。此河源自山西，海拔1500米，故又称"太行天河"。从八里沟还可登上太行主峰玉皇峰，东观日出，西望云海，南眺黄河九曲，北览千峰竞秀。

▲ 万仙山（Wanxian Moutain）

美丽中国经典线路 Beautiful China Classic Route

湖北神农架、武当山和长江三峡经典游

Tourist Routes of Shennongjia Mountain, Wudang Moutain and Three Gorges in Yangtze River

线路：**武汉➜宜昌➜神农架➜武当山➜十堰**
Route: Wuhan ➜ Yichang ➜ Shennongjia ➜ Wudang Mountain ➜ Shiyan

武当山与三峡城市印象
Wudang Mountains and the Three Gorges city impression

　　从武汉出发，沿长江而上，过宜昌、三峡大坝，再进入莽莽苍苍的神农架崇山峻岭之中，或者登上高峻巍峨的武当山，最后进入十堰市，观赏丹江口水库的风光，这是多么惬意的一次旅行。特别是三峡大坝，能够登上大坝顶，亲证那横空出世的人类伟力，真是难得的人生体验。神农架为人文始祖神农氏的诞生地，到处是原始的荒莽和野趣，民俗中流行的神秘巫筮文化，足以让你动心；再就是武当山，能够登上这片道教武当派的圣地，或者观赏那红墙碧瓦、金碧辉煌的仙宫，或者学习武当道人的养生之法和绝世武功，绝不虚此行也。

湖北神农架、武当山和长江三峡经典游 Tourist routes of Shennongjia Mountain ,Wudang Moutain and Three Gorges in Yangtze River

行程推荐
Describe the itinerary

湖北神农架、武当山和长江三峡经典游可以考虑三条线路：第一条线路，武汉—武当山—神农架—三峡大坝。这条线路的特点是，以观赏大江大山为主，大山即是武当山和神农架，大江则是西陵峡、葛洲坝、三峡大坝，最后还可以参观屈原故里。这条线路推荐携程网的武汉—武当山—神农架6日5晚跟团游，行程为：第一天，自由活动；第二天，归元寺—户部巷—黄鹤楼；第三天，琼台中观—武当山；第四天，太子坡—紫霄宫—南岩宫—武当山—神农架；第五天，小龙潭野考站—板壁岩—神农谷—神农架—神农祭坛；第六天，西陵峡—葛洲坝—三峡大坝—屈原故里。

第二条线路，恩施—宜昌—神农架—武当山—武汉。这条线路的特点是，顺长江而下，从西往东，先游大山，再欣赏大江，最后游览大城市。这条线路推荐携程网的恩施—宜昌—神农架—武当山—武汉9日8晚跟团游。行程为：第一天，自由活动；第二天，恩施清江蝴蝶崖风景区—恩施土家女儿城；第三天，璧合桥—五彩黄龙瀑布—石帘—云龙风雨桥—恩施大峡谷—大楼门群峰—绝壁长廊—迎客松；第四天，恩施土司城；第五天，三峡大坝旅游区—坛子岭—185观景平台—截流纪念园；第六天，小龙潭野考站—神农谷—板壁岩—金猴岭；第七天，琼台中观—金殿—太和宫—太子坡—紫霄宫—南岩宫—龙头香；第八天，东

▲ 武汉东湖樱花园 (Cherry Garden of east lake in Wuhan)

湖—楚河汉街；第九天，黄鹤楼—户部巷。

第三条线路，武汉—长江三峡—重庆，这条线路的特点是，以观赏长江为重点，可以游览长江三峡全程，也可以登临三峡大坝，还可以顺便游览重庆。这条线路推荐携程网的武汉—长江三峡—重庆6日5晚跟团游。行程为：第一天，自由活动；第二天，黄鹤楼；第三天，西陵峡—三峡大坝旅游区—三峡大坝；第四天，神农溪纤夫文化旅游区—巫峡—瞿塘峡—夔门；第五天，石宝寨；第六天，长江索道—渣滓洞—白公馆—磁器口古镇—三峡博物馆—人民大礼堂—洪崖洞商业街。

美丽中国经典线路 Beautiful China Classic Route

第一站：武汉
The first station: Wuhan

武汉包含三座城市——汉口、汉阳、武昌，因此武汉也是一个超级大城市，印象很大，也很乱。加上武汉的江多湖多，城市的街道、高楼大厦就融合在江湖的拥抱中，在武汉出行，简直就像绕迷魂阵，路上随便就耗一两个小时。

外地人到武汉，黄鹤楼是不可不去的，黄鹤楼是武汉的名片，并且，那座高大美丽的仿古建筑，承寄着一个虚无缥缈的传说和一首古诗，无形中让武汉提升了无限的诗意和形而上的哲学品位。

如果要寻觅武汉的历史，最好逛逛宝通禅寺和归元古寺。宝通禅寺始建于南朝刘宋年间，建寺时武汉只是龟山小小的夏口城。宝通禅寺历史上曾得到唐文宗等十位皇帝的大力护持，是最具典范的皇家寺院，享尽富贵和荣耀。归元寺虽然建寺晚（清代建寺），但归元寺直接建在武汉城中，见证了近代武汉的政治社会巨变，其历史价值一点也不亚于宝通禅寺。

如果要了解武汉的市井生活，建议到户部巷和吉庆街走走，前者是黄鹤楼下一条著名的小吃街，后者是电影《生活秀》里面描述的汉口老街。再说，武汉的小吃味美价廉，一点也不输重庆，路边的烧烤便宜得令人可疑，一串烤鱿鱼只要一元钱，不知成本到底多少。

● 黄鹤楼

位于武昌长江南岸的蛇山顶上，相传始建于三国，唐时，得崔颢"昔人已乘黄鹤去，此地空余黄鹤楼"诗句，全国闻名。历史上黄鹤楼屡建屡毁，清同治七年（1868年）重建，但只存在了十几年。1981年，武汉市政府根据清代楼貌的照片重建黄鹤楼，楼高5层，总高度51.4米，建筑面积3219平方米。72根圆柱拔地而起，雄浑稳健；60个翘角凌空舒展，恰似黄鹤腾飞。楼的屋面用10多万块黄色琉璃瓦覆盖。在蓝天白云的映衬下，黄鹤楼色彩绚丽，雄奇多姿。

▲ 武汉黄鹤楼 (Yellow Crane Tower in Wuhan)

湖北神农架、武当山和长江三峡经典游 Tourist routes of Shennongjia Mountain ,Wudang Moutain and Three Gorges in Yangtze River

▲ 户部巷小吃 (Hubuxiang snacks)

● 户部巷

位于武昌最繁华的司门口，是一条长150米的百年老巷，被誉为"汉味小吃第一巷"。户部巷于明代形成，清代因毗邻藩台衙门（对应京城的户部衙门）而得名。武汉人将用早点称为"过早"，这最初来自于清代的一首《汉口竹子枝词》。以"小吃"闻名的户部巷，就是武汉最有名的"早点一条巷"，民间有"早尝户部巷，夜吃吉庆街"之说，是来武汉的游人必到的景点。经过多年的建设改造，户部巷小吃特色街区已发展为户部巷老巷、自由路和民主路西段三部分，集小吃、休闲、购物、娱乐为一体，年接待游客逾千万。

● 武汉辛亥革命博物馆

位于武昌阅马场首义广场南侧，是为纪念辛亥革命·武昌首义100周年而兴建的一座专题博物馆。该博物馆总建筑面积2万多平方米，分为地下一层和地上三层，设有1个序厅、5个基本陈列展厅和1个多功能展厅，集陈列展示、文物收藏、宣传教育与科学研究等功能于一体，是现有辛亥革命专题博物馆中展览规模最大、陈列科技含量最高、复原场景最多、参观导览系统最全的博物馆。

▲ 武汉辛亥革命博物馆 (Wuhan Revolution Museum)

367

美丽中国经典线路 Beautiful China Classic Route

第二站：宜昌
The second station: Yichang

说宜昌一般人可能没有印象，但只要说三峡大坝那几乎没有人不知道，是的，宜昌就在三峡大坝的旁边，也因大坝而闻名。现在的宜昌，离不开长江，离不开三峡，更离不开三峡大坝。对宜昌来说，三峡大坝不仅仅是旅游，是名片，而且是宜昌的城市外延和经济支撑，是宜昌的灵魂。

不过，宜昌还有丰富的历史遗产，随便说说也吓人一跳：屈原祠，昭君故里，关羽陵，个个都是顶级古代历史文化名人，还有长坂坡、猇亭古战场、关羽败走麦城、火烧连营七百里，《三国演义》中那些令人感叹不已的故事就发生在这里。

由于城市小，又由于宜昌人精于治理，宜昌的环境还真不错。宜昌街上的人不多，车不堵，宽阔的街道上没有一点点垃圾，两旁尽是四季常青树木，高大的树冠，郁郁葱葱；沿街鲜花盛开，路边的绿化带似长锦缎带，随街而行；各具特色的建筑墙体或灰或蓝，或亮或暗，与整座城市的情趣相得益彰，一切是那样干净、安逸，即使是小街小巷。宜昌之美，就像邓丽君唱的"小城故事多，充满喜和乐"。

● **三峡大坝**

三峡大坝又称三峡水电站，位于宜昌市上游不远处的三斗坪。水电站大坝高185米，蓄水高175米，水库长600余公里，安装32台单机容量为70万千瓦的水电机组，是

▲ 三峡大坝 (Three Gorges Dam)

全世界最大的（装机容量）水力发电站。大坝高大宏伟，特别是站在185观景处（因与三峡大坝的坝顶同高而取名），与俯视大坝的感觉完全不同。在此，2300多米长的坝身如横空出世，泄洪闸，封闭的发电厂房近在咫尺。尤其是看长江，江水清澈，波平如镜，可以领略高峡出平湖的景象。

● **湖北屈原祠**

位于宜昌秭归县东的向家坪，又称清烈公祠，为纪念屈原而建。屈原祠包括山门、大殿和左右配殿等建筑。山门为四柱三楼式牌坊，正中额题"清烈公祠"四字，两侧榜题"孤忠""流芳"。大殿为明清风格的仿古建筑，翠瓦飞檐，高耸于崇台之上，益显宏伟壮丽。大殿后的屈原墓，乃人们营建的衣冠冢。今墓前的门阙、石坊等，全是清道光年间原物。屈原祠内有屈原铜像、屈原石雕像、碑廊、屈大夫墓，还有屈原纪念馆。

湖北神农架、武当山和长江三峡经典游 Tourist routes of Shennongjia Mountain ,Wudang Moutain and Three Gorges in Yangtze River

第三站：神农架
The third station:Shennongjia

神农架林区位于湖北省西部，西与重庆市巫山县毗邻，北倚房县且近武当山，林区辖6镇2乡，是中国唯一以"林区"命名的行政区。神农架区内山体高大，原始森林茫茫一片，由于地貌复杂，形成众多的峡谷、壁峰、深潭、怪洞、溪流、瀑布，并且由于一年四季受到湿热的东南季风和干冷的大陆高压的交替影响，以及高山森林对热量、降水的调节，形成夏无酷热、冬无严寒的宜人气候。并随海拔的升高形成低山、中山、亚高山3个气候带，故"一山有四季"，立体气候十分明显。

一般人印象中，神农架是一个神秘的地方，不光是无边际的原始森林，也不光是野人的传说，竟然是指游览神农架途中总要发生一些稀奇古怪的事。因此，神农架越发引起了人们的兴趣，看看那终年雾霭茫茫的神农顶，常年栖息着千万只燕子的燕子洞，洞怪石怪寨险的红坪，金丝猴栖歇的保护区金猴岭，还有神农架地区发现的史诗《黑暗传》，还有淳朴和浓厚的民间习俗，还有神农尝百草的传说……

● 神农顶

位于神农架西南部，面积约2平方公里，海拔3105.4米。区内以原始洪荒特点著称，高山草甸绵延千里，箭竹林遮天蔽日，高山石林突兀阴森，冷杉刺破苍天，杜鹃争艳夺目，更有众多珍禽猛兽出没其间，自然造化

▲ 神农架板壁岩风光 (Shennongjia plate wall rock scenery)

之地形迷宫，光怪陆离，给这一方天空披上浓厚的神秘之纱。神农顶端，岩石裸露，石林耸天，沉沉云雾织就了一块厚厚的面纱，终年罩在其上，使人难识真面目。唯有夏秋之季，天晴之日，立身于峰顶，俯视四野，万千景象方可尽收眼底。

● 红坪景区

位于神农架天门垭南麓，是一小块峡谷盆地，绵亘15公里。此地景色有"奇、怪、险、秀"的特点。"奇"指奇峰林立；"怪"指洞石之怪；"险"指寨岭、峰之险；"秀"指河、瀑、桥集结处之幽之秀。红坪景区又被称为"画廊"，这里的河、溪、瀑、桥、潭、洞、塔、寨，吸引了无数画家至此写生。张步的"神农架画展"和罗国士的大型组画"神农架奇观"引起了国内外的强烈反响，红坪画廊因而蜚声中外。

第四站：武当山
The fourth station: Wudangshan

俗话说，天下名山僧占多，唯有武当山是由道观所主宰，而成为道教第一名山。武当山的山，自古就与修仙连在一起，因此被誉为"亘古无双胜境天下第一仙山"。武当山山势奇特，一峰擎天，众峰拱卫，既有泰山之雄，又有华山之险，悬崖、深涧、幽洞、清泉星罗棋布。这些险境和幽境，便是道教先人炼内丹和武功的胜地，所以，金庸武打小说里描述了许多武当派的武功，其中多有想象的成分，也有一部分源自武当派的实际。所以，自古上武当山求仙求武之人络绎不绝。

武当山因为是明成祖朱棣的"皇室家庙"，因此建设规模之宏大，世所罕见。武当山的宫观不仅多，而且建筑依山就形，位置营造玄妙而寓意丰富：像紫霄宫，背依展旗峰，面对照壁、三台、五老、蜡烛、落帽、香炉诸峰，周围山峦天然形成一把二龙戏珠的宝椅。还有玉虚宫，主体建筑仿故宫"三朝五门"制，平面布局呈三路五进，沿中轴线层层叠砌递进，营建山门、龙虎殿、朝拜殿，最终把玄帝大殿推向高潮，以父母殿作精悍的结尾。不仅体现了明代建筑凝重、严谨的风格，更隐喻着道家天人合一的玄妙。

● **玄岳门**

位于武当山镇东，为进入武当山的第一道门户。玄武门是"治世玄岳"牌坊的俗

▲ 武当山太和瑞雪（Taihe snow of Wudang Mountains）

称，始建于明嘉靖三十一年（1552年）。此门系石凿仿大木建筑结构的牌坊，三间四柱五楼，高12米，阔14米。此坊结构简练，构件富于变化，全用卯榫拼合装配，均衡严谨。坊身装饰华丽，雕刻精工，运用线刻、圆雕、浮雕等方法雕刻了人物、动物和花卉图案等，是南方石作牌楼之佳作，也是明代石雕艺术珍品。

● **净乐宫**

位于武当山北麓。是武当山八宫之首，始建于明代永乐十一年（1413年）。原净乐宫由东中西三院组成，主要建筑有牌坊、大宫门、二宫门、正殿、二圣殿、真宫祠、方丈堂、斋堂、浴室、神厨、神库、配舍等，四周红墙碧瓦环绕，宫内重重殿宇，环境幽雅，宛如仙宫。1958年，因兴修丹江口水库，净乐宫淹没在水库之中，宫中的牌楼、龟驮碑等一批文物搬迁至丹江口。2002年，丹江口市启动净乐宫复原工程，经过2年多的施工，一期工程广场、山门、御碑亭、三大殿及配殿等已初现雏形。

第五站：十堰
The fifth station: Shiyan

十堰市是一座新兴的城市，其出名，一是因为靠近道教圣地武当山，二是境内有南水北调中线工程的调水源头丹江口水库，三是东风商用车公司（原第二汽车制造厂）总部所在地，手握"武当山""丹江水""汽车城"三张名片，焉能不出名。

其实，十堰坐落在秦岭、武当、大巴山交界之山窝里，自然环境好得令人赞叹，外地人印象，高楼旁边就是大山，苍山莽莽，古木参天，马路两旁浓荫垂地，空气清新，路上一尘不染……由于位于秦岭和巴山之间，气候温暖，冬无严寒（秦岭阻挡了南下的寒流），夏无酷暑（山地起伏产生阴坡阳坡），有山有水（气候湿润），实在是一个难得的养生胜地，被誉为鄂西生态文化旅游圈的核心城市。

境内的丹江口水库是南水北调中线工程的水源地。水库总面积846平方公里，总库容达到290.5亿立方米。一期工程年均可向河南、河北、天津、北京等四省市的20多座城市调水95亿立方米，将有效缓解中国北方水资源严重短缺局面。

● 牛头山森林公园

位于十堰市区中心仅5公里处。牛头山森林公园总面积16平方公里，森林覆盖率达93%。以牛头山为主峰，沟壑纵横，境内有大小5个人工湖。境内山清水秀，植被繁茂，峰峦叠嶂，气候宜人，有盆景园、岩石园、岩屋沟、老虎寨、神农采药、犀头拜将、梅园、镜子潭、高峰寺、思古亭、百年栎树、虎延池等景点。老虎寨历史悠久，是一座珍贵的古遗址，寨内有白虎庙、泰山庙、财神庙、白虎石、乱石坡、峰包山、中子山等大量庙宇遗址，至今保存完好，是一个寻古探幽的好去处。

● 丹江口水库

为亚洲第一大人工湖，是中国南水北调中线工程的水源地。大坝总长2.5公里，最大坝高97米，内装6台发电机组，装机容量90万千瓦，年平均发电量40亿度。登上坝顶，鸟瞰丹江口城区，楼房林立，鳞次栉比，青山碧水，粉墙黛瓦尽收眼底；回首平视，巍巍大坝锁汉江，丹江口水库碧波万顷，构成了一幅绚丽多彩的画卷。

▲ 丹江口大坝 (Danjiangkou Dam)

美丽中国经典线路 Beautiful China Classic Route

湖湘大地精华游

Hunan tour

线路：岳阳➡长沙➡衡山➡湘西凤凰古城➡张家界
Route: Yueyang ➡ Changsha ➡ Hengshan ➡ Xiangxi Phoenix Town ➡ Zhangjiajie

湖湘大地印象
Hunan impression

　　湖南在洞庭湖之南，故得其名。如果说江浙的南方是桃的胭脂、柳的水烟编织的一道分隔江南江北的帘，那么湖南则骨子里具有中国南方的气质和禀性，男人是山样的汉子，湘女则如水样的柔情。

　　湖南的地理条件一次次地让这里陷入战乱，但作为中国粮食基地的湖南，还为中国的文化史增添了"湖湘文化"这份给养。九寨看水，张家界看山。张家界拥有令世人惊叹的风光。唐代诗人王维曾有诗云："居人共住武陵源，还从物外起田园。"凤凰，文学家沈从文的故里，一个苗族、土家族聚居的湘西边城。人们携着沈从文的作品来寻访，发现凤凰一如文章中描绘的那么美，白塔有着漂亮的倒影，水车吱吱呀呀地流转，吊脚楼里传出优美的歌声。

湖湘大地精华游　Hunan tour

行程推荐
Describe the itinerary

游览湖南主要有三条特色线路。一是湘西风情之旅：凤凰古城—德夯苗寨—洗车河镇—芋头古寨—皇都侗文化村—洪江古城。作为"中国最美丽的小城"之一的凤凰古城在清清沱江边已经亭亭玉立了数百年，厚重的青石板路、古朴的木质吊脚楼，别有一番风情。依山傍水的德夯苗寨有着浓郁的苗族风情，景区内有流沙瀑布和燕子峡瀑布，以及公路急弯等景色。洗车河镇建于乾隆年间的风雨桥及青石板铺就的东平将小镇居民的祖传古屋连缀成洗车河畔一道美丽的风景。芋头古寨是一座侗族文化的"实物博物馆"，它囊括了鼓楼、风雨桥、门楼、古井、萨岁坛、吊脚木楼居室、古驿道等侗族建筑中的所有门类。皇都侗文化村鼓楼里、凉亭内、风雨桥边，处处琴声悠扬，歌声如潮。

二是喀斯特地貌之旅：张家界—崀山。张家界以独特的石英砂岩峰林地貌著称，融雄、奇、幽野、秀为一体，被称为"缩小的仙境、扩大的盆景"。张家界奇峰三千，秀水八百。山上峰峻石奇，或玲珑秀丽，或峥嵘可怖，或平展如台，或劲瘦似剑。崀山是我国丹霞地貌风景区中品质最具代表性和最优美的景区之一，有"丹霞地貌博物馆"之称。崀山多奇异的石头山峰、幽深的溶洞。资江上游的扶夷江蜿蜒贯穿南北，风光如画。

三是名山湖泊之旅：岳麓山—君山—洞庭湖—天门山—南岳衡山。岳麓山是南岳衡山的最后一峰。山上林木参天，植被完好，以云麓宫、爱晚亭、麓山寺、望麓亭、麓山寺碑、禹王碑最为有名。君山岛像一个与尘世无染的玲珑世界，湘女祠、柳毅井，每个景点都纪念一段美丽的爱情故事。整个洞庭湖分为5个部分：东、南、西、北洞庭湖以及大通湖，其中东洞庭湖面积最大，君山也在此湖面上。衡山是中国著名的五岳名山之一的南岳，它以祝融、天柱、芙蓉、紫盖、石廪五峰最著名，其中祝融峰是南岳看日出的好地方。

▲ 湖南包峰湖 (Hunan Baofeng Lake)

373

美丽中国经典线路 Beautiful China Classic Route

第一站：岳阳
The first station: Yueyang

岳阳因为一座古楼而得名，这座楼因为范仲淹的一篇《岳阳楼记》而为世代所知。岳阳古称巴陵，又称岳州。论资格是中国历史文化名城，论性格是水做的骨肉，她依水而建、依恋着水，街道也弯成了河道的形状。在2500多年的历史里，这里的人们与水结下了生生死死的缘分。不过现在再从上空俯瞰岳阳，会发现这座城市已经极大地向东漫延，它的最东边，已经离水很远了。老城区像一只晒干的鱼干，谦卑地夹在广袤的洞庭湖和同样广袤的新城区之间。

▲ 岳阳楼 (Yueyang Tower)

● 岳阳楼

岳阳楼东依巴陵山，西临洞庭湖，雄踞岳阳古城西门之上，气势雄伟。岳阳楼声名之盛，古已有之。三国时的东吴大将鲁肃曾在此操练水军，建阅军楼。唐开元四年（716年），中书令张说谪守岳阳，将阅军楼进行扩建，改名为岳阳楼。接着就是著名的"庆历四年（1044年）春，滕子京谪守巴陵郡"，这就是宋朝时的重修岳阳楼，谁也没想到此楼的一次维修记录能够流传千古。前前后后的1700多年中，岳阳楼屡毁屡修，然其古朴之形貌始终代代相传。

现存岳阳楼为清末制式，平面呈长方形，楼中四柱高耸，楼顶檐牙高琢，雄伟壮丽，金碧辉煌。院内还有岳阳门、"北通巫峡"和"南极潇湘"牌坊，岳阳楼东北侧是三醉楼，纪念吕洞宾在岳阳三醉的故事，东面有周瑜夫人小乔的墓地。岳阳楼碑廊中有宋、元、明、清历代文人的诗作和墨宝，陈列馆中有众多书法大家书写的《岳阳楼记》。另陈列有宋、元、明、清历代岳阳楼的不同模型。

● 洞庭湖

洞庭湖为我国第二大淡水湖，湖的北面就是湖北省，湖的南面就是湖南省。

整个洞庭湖分为5个部分：东、南、西、北洞庭湖以及大通湖，其中东洞庭湖面积最大，君山也在此湖面上。洞庭湖不仅风光佳绝，而且素称鱼米之乡，滨湖盛产稻谷，湖中盛产鱼虾，自古为我国淡水鱼著名产地。洞庭湖湿地面积占我国亚热带湿地的面积1/4。对于洞庭湖的美景，古人早有总结，清代《洞庭湖志》所载"潇湘八景"中的"洞庭秋月""远浦归帆""平沙落雁""渔村夕照""江天暮雪"以及"日景""月影""云影""雪影""山影""塔影""帆影""渔影""鸥影""雁影"等洞庭湖"十影"，如今仍能观赏到。

湖湘大地精华游　Hunan tour

第二站：长沙
The second station: Changsha

拥有近3000年历史的长沙虽然没有留下任何大规模的地上遗迹或建筑群，只留下一些曲折伸展不知尽头的小巷和堆着大堆文物的博物馆供人瞻仰。然而，这里虽没有厚土，但却有司门口、定王台、藩正街、府后街这样的地名，和马王堆西汉古墓女尸、走马楼三国孙吴纪年简牍这样的历史碎片，供后人体察出这块楚地承载的过去；这里没有出过名垂史册的皇帝，却有屈原、贾谊、欧阳询、李白、杜甫这样的文化名人曾客居于此；这里虽没有出过什么大儒，但却拥有全世界最古老的大学——岳麓书院。

● 岳麓山

岳麓山风景名胜区位于古城长沙湘江两岸，因南北朝刘宋时《南岳记》载有"南岳周围八百里，回雁为首，岳麓为足"而得名。

每到秋冬之际，红枫林叶尽染，红橘满挂枝头，麓山更加艳丽、妖娆，是长沙秋季赏枫叶的最佳去处。除了美丽的自然风光，岳麓山中也不乏各样名胜古迹。首当其冲的即为中国古代四大书院之冠的岳麓书院；其次，还有号称"汉魏最初名胜、湖湘第一道场"的麓山寺以及云麓宫、爱晚亭、白鹤泉、禹王碑、赫曦台、半山亭、舍利塔、响鼓岭、蟒蛇洞、笑啼崖、穿石坡等，每一处古迹都让人流连忘返，琢磨玩味。黄兴、蔡锷、陈天华、刘昆涛、黄爱、庞人铨等近代革命家均葬于此。

▲ 岳麓山 (Yuelu Mountain)

● 爱晚亭

与北京陶然亭，滁州醉翁亭，杭州湖心亭并称中国四大名亭。爱晚亭始建于清乾隆年间，取杜牧诗句"停车坐爱枫林晚，霜叶红于二月花"之意命名。坐落在岳麓山清风峡，亭身纤细小巧，亭后两条小溪自幽壑中潺潺而来。青年毛泽东在长沙求学时常携友到此读书聚会，纵谈时势，爱晚亭成了新民学会会员开展革命活动的重要场所。1952年重修爱晚亭时，毛主席应湖南大学校长李达之请，题写了"爱晚亭"三字。秋天到来时，亭边的枫叶红转，加上两侧泉水叮咚，金鲤在池中游曳，景色十分宜人。

美丽中国经典线路 Beautiful China Classic Route

● 岳麓书院

岳麓书院位于长沙市湘江畔岳麓山下，是我国古代四大书院之一，其前身可追溯到唐末五代（958年）智睿等二僧办学。北宋开宝九年（976年），潭州太守朱洞在僧人办学的基础上，正式创立岳麓书院。至今，历经千年，弦歌不绝，故世称"千年学府"。北宋天禧二年（1018年），宋真宗赐书的"岳麓书院"门额曾使书院名声大振。宋代全盛时期曾有"道林三百众，书院一千徒"之誉，张、朱熹曾在此讲学，是湖湘学派的发祥地。

书院大门上有一副楹联，曰："惟楚有材，于斯为盛。"大意是说楚地的人才在此地会聚。上联是清代嘉庆年间任岳麓书院院长的袁名曜所出，下联是当时书院的一位学生张中阶所对，两句话分别出自《左传》和《论语》。主轴线上依次为前门、赫曦台、大门、二门、讲堂、御书楼。主体建筑左为文庙，右为百泉轩及园林建筑，大门两侧为斋舍。

▲ 岳麓书院（Yuelu Academy）

从明末起，岳麓书院造就了王夫之、魏源、曾国藩、左宗棠等一大批旷世奇才，其师生为正史立传者达26人之多。

岳麓书院以保存大量的碑匾文物闻名于世，如唐刻"麓山寺碑"，是唐开元十八年（730年），由著名的书法家李邕撰文并书写的；江夏黄仙鹤勒石刻篆，因为文、书、刻石都十分精美，所以向有"三绝"之称。碑高4米，宽1.35米，碑文共1400余字，此碑以其书法著称于世，最为艺林所看重，传拓碑文曾风靡一时，笔法刚劲有力，是最为著名的唐碑之一。除此之外，还有明刻宋真宗手书"岳麓书院"石碑坊、"程子四箴碑"，清代御匾"学达性天""道南正脉"，清刻朱熹"忠孝廉洁碑"、欧阳正焕"整齐严肃碑"、王文清"岳麓书院学规碑"等。

● 橘子洲头

毛主席有一首《沁园春·长沙》："独立寒秋，湘江北去，橘子洲头，看万山红遍，层林尽染。"这里所说的橘子洲就在长沙市区的湘江中心，是长沙市的重要名胜。橘子洲南北长约6公里，东西宽约0.5公里。橘子洲尾，水净沙明，开辟了天然游泳池。橘子洲头，地广江阔，建成了美丽的橘洲公园。耸立在公园中央的巨型汉白玉纪念碑格外醒目，正面镌刻着毛泽东手书"橘子洲头"，背面是《沁园春·长沙》全文。洲头，还建有一座具有民族特色的亭阁，飞峙在湘水之上。

第三站：衡山
The third station: Hengshan

中国著名的五岳名山之一的南岳。位于衡阳衡山县境内。南起衡阳回雁峰，北至长沙岳麓山，逶迤400公里，大小山峰72座，以祝融、天柱、芙蓉、紫盖、石廪五峰最著名，也是湖南省内著名的冬季观雪地。

● **祝融峰**

祝融峰海拔1289.8米，为南岳72峰最高峰。峰顶有祝融殿，又名老圣帝殿。明万历年间建开元祠，以祀祝融，塑有祝融火神像。清乾隆十六年（1751年）改建为殿。光绪七年（1881年）重修。石墙铁瓦，进门有厢房和正殿。殿后为峭壁；两侧石崖有望月台，东侧300米处有观日台。附近有"天半祝融""一日千里""山耸天止""乾坤胜览"等崖刻。

● **上封寺**

位于祝融峰东300米处。隋以前名光天观，隋大业年间，炀帝下诏改为寺，故名上封寺。寺历经修建，今有前后三殿。前殿原有明嘉靖二十四年（1545年）铸造的铁天王像四尊，寺后山顶即观日台，为元世祖至元十三年（1276年）建。

● **南岳庙**

位于南岳衡山风景区南岳镇北街，是中国五岳名山中规模最大、总体布局最完整的古代寺庙建筑群之一。始建于唐开元十三年（725年）。历代曾6次重建，17次重修。现有建筑为清光绪八年（1882年）重建。嘉应门、御碑亭、寝宫等尚保存有宋明时期的建筑构件。庙为宫殿式建筑，占地9.85万平方米，九进，坐北朝南，包括棂星门、奎星阁、正川门、御碑亭、嘉应门、御书楼、正殿、寝宫、北后门。檐下的腾龙飞凤和大门上的木雕故事极为精美。大殿四周石柱间嵌有清康熙四十四年（1705年）刻制的双面汉白玉浮雕144块，花木鸟兽，千姿百态，栩栩如生，内容取材于《山海经》等传说。大庙东侧有8个道观，西侧有8个佛寺，以示南岳佛道平等。

行程推荐

一日游行程

南岳衡山1日游A

D1. 乘凌晨到达的火车到衡山火车站，然后包车前往衡山。先登上山顶祝融峰看日出，然后再经由会仙桥、上封寺，一直往下，直达山下。然后游览山下的南岳大庙。下午返程。

南岳衡山1日游B

D1. 乘凌晨到达的火车到衡山火车站，然后乘当地的旅游专车（一般凌晨四五点就有了）前往衡山脚下，游览南岳大庙。8:00左右开始登山。由忠烈祠—黄巢试剑石—玄都观—半山亭，在半山亭吃午饭。再向上经南天门—黄帝岩—狮子岩—高台古松—上封寺—祝融峰，直到会仙桥。然后下山。

二日游行程

南岳衡山2日游

D1. 上午先游览南岳大庙，然后登南岳衡山，由忠烈祠—黄巢试剑石—玄都观—半山亭，在半山亭吃午饭，然后再向上经南天门—黄帝岩—狮子岩—高台古松—上封寺—祝融峰，直到会仙桥。宿山上。

D2. 早上前往望日台看日出，然后前往藏经殿，经磨镜台—神秘山洞—南台寺—金刚舍利塔—福严寺—灵芝泉—麻姑仙境—神州祖源—水帘洞，一直往下返程。

美丽中国经典线路 Beautiful China Classic Route

第四站：湘西凤凰古城
The fourth station: Xiangxi Phoenix Town

历史上的湘西，因为地处山地腹部，一直处于"养在深闺人未识"的状态。这个被称为"蛮夷之地"的著名"匪乡"；这个占据全省1/3地盘的山区里，却隐藏着湖南全省最精华的风光。因此大凡老辈人里知道湘西的，都是在沈从文老先生的《边城》里慢慢地认识的。21世纪借着凤凰南方长城的一次成功的商业炒作，凤凰这个被新西兰作家路易·艾黎誉为"中国最美丽的两座小城"之一的古镇终于惊动了世界，终于引起了自助旅行者们的青睐。

● 凤凰古城

这座曾被新西兰作家路易·艾黎称作中国最美丽的小城之一的"凤凰古城"建于清康熙年间。现东门和北门古城楼尚在。城内青石板街道，江边木结构吊脚楼，以及朝阳宫、古城博物馆、杨家祠堂、沈从文故居、熊希龄故居、天王庙、大成殿、万寿宫等建筑，无不具古城特色。

古城依山傍水，清浅的沱江穿城而过，红色砂岩砌成的城墙伫立在岸边。城内以古街为中轴，连接无数小巷，沟通全城。古街是一条纵向随势成线、横向交错铺砌的青石板路，自古以来便是热闹的集市。

行程推荐

从凤凰开始的湘西6日游

铜仁乘车前往凤凰，随后游览凤凰古城（沈从文故居、熊希龄故居、北门城楼、沱江、虹桥、游万名塔、跳岩等）。

D2. 上午游览都罗寨，下午参观黄丝桥古城，夜游沱江。

D3. 早上乘车前往王村，然后去猛洞河漂流，后夜宿张家界市区。

D4. 上午从张家界市出发到张家界国家森林公园，进山后可观赏金鞭溪秀色，看金鞭岩、夫妻岩。随后攀黄狮寨，再去砂刀沟，后步行或骑马下山。

D5. 然后乘车前往吉首或怀化上午从水绕四门出发到十里画廊。随后前往天子山，观赏黄龙泉景区、老屋场景区、茶盘塔景区等。午餐后游览贺龙故居。随后可乘车回索溪峪住宿。晚上还可以在当地茶楼观看土家族民族风情表演晚会。

D6. 上午从索溪峪出发到达黄龙洞，游览完后去百丈峡，然后返程。

▲ 凤凰古镇 (Fenghuang ancient town)

378

湖湘大地精华游　　Hunan tour

第五站：张家界
The fifthstation: Zhangjiajie

● **张家界景区**

张家界国家森林公园又名青岩山，是1982年成立的中国第一个国家森林公园，与天子山、索溪峪自然保护区连成一体，构成武陵源风景名胜区。1992年12月，联合国教科文组织世界遗产委员会正式批准以森林公园为主体的武陵源列入世界遗产名录。

森林公园以独特的石英砂岩峰林地貌著称，集雄、奇、幽、野、秀为一体，被誉为"缩小的仙境，扩大的盆景"。公园景区植被丰富，同时还有"天然动物园"之称。

张家界国家森林公园

园内有3000多座奇峰异石，似人似物，神形兼备。或粗犷，或细密，或奇绝，或诡秘。现主要有金鞭溪、黄狮寨、琵琶溪、腰子寨、砂刀沟、袁家界6个小景区游览线。

杨家界景区

杨家界东接张家界，北邻天子山，有香芷溪、龙泉峡和百猴谷3个游览区。

相传，北宋杨家将围剿向王天子时曾在天子山安营扎寨。后因战争旷日持久，杨家便在此地繁衍后代，因此得名"杨家界"。如今仍然保存着的《杨氏族谱》和明清时代的杨家祖墓，以及"天波府""六郎湾""七郎湾""宗保湾"等地名似乎都证明了这一传说的真实性。此外，杨家界内的三面排列、气势恢宏的八座石峰，也传说为杨家将的八位将士的身体所化。

▲ 张家界 (Zhangjiajie)

1000多年来，这里的地名一直沿袭着杨家将后裔为纪念先祖而取的地名，所以对于杨姓的人来说，除了游览外，还是一次姓氏寻根之旅。

天子山景区

原名"青岩山"，因当地土家族领袖向大坤被义军拥为"向王天子"而得名。天子山的自然景观主要有天兵聚会、神堂湾、御笔峰、仙女献花、武士驯马等。除了自然景观外，天子山还有人文景观贺龙公园、贺龙铜像、天子阁等。此外，天子山云雾也非常著名。

379

美丽中国经典线路 Beautiful China Classic Route

▲ 张家界 (Zhangjiajie)

袁家界景区

位于张家界森林公园砂刀沟北麓，是以石英砂岩为主构成的一座巨大而较平缓的山岳。有天下第一桥、迷魂台、后花园等景点，是张家界的核心景观区和精品游览线。

▲ 张家界 (Zhangjiajie)

索溪峪自然保护区

索溪峪为土家语音译，意为"雾大的山庄"。索溪峪位于武陵源风景名胜区东北部。景区内以军地坪为中心，与张家界、武陵源景区内各景点之间有步行游道。景区以峰秀、谷幽、水碧、洞奥为主要特征。

★ 背景资料：张家界与武陵源

张家界市是一座新兴的城市，其前身为大庸市，下辖慈利、桑植两县，永定区和武陵源区，武陵源人民政府驻索溪峪镇，也就是军地坪。

"武陵源"一词最初见于盛唐诗人王维的《桃源行》一诗："居人共住武陵源，还从物外起田园。"从此"武陵源"一词也用于指代美好的生活境地。1984年，在湘西著名画家黄永玉的提议下，将武陵山脉的这片美轮美奂的自然风景区命名为"武陵源"，其中包括：张家界国家森林公园、索溪峪自然保护区、天子山自然保护区和杨家界自然保护区，以山、水、林、洞为景观主体，以独特的石英砂岩峰林、奇妙的溶洞、幽静的峡谷、茂密的森林、多姿的溪涧、变幻的云海和充满浓郁乡土气息的田园风光为多姿多彩的风光内容，形成了有"天下第一奇山"之称的武陵源景区。但因为人们对"张家界"这个地名更为熟悉，所以多以"张家界"来统称整个景区。

380

湖湘大地精华游　Hunan tour

● 天门山

天门山海拔1517.9米，古称嵩梁山。三国吴永安六年（263年），因山壁崩塌而使山体上部洞开一门，南北相通，形成迄今罕见的世界奇观——天门洞。据地质专家考证，门洞中央系东西岩层的交会处，因挤压而导致岩石破碎崩塌。三国时吴王孙休以为吉祥，赐名"天门山"。

天门山拔地腾空、气势冲天，为处于发育期的喀斯特岩溶地貌，天门山索道以7455米世界罕见的长度和世界第一流的技术著称于世，而蜿蜒迂回的"通天大道"为天下第一公路奇观。景区里最著名的旅游景点以世界最高海拔的天然穿山溶洞——天门洞为主，就像一座镶嵌在天幕上的通天之门。

湘西佛教中心——天门山寺就坐落在山顶，始建于唐朝，建寺以来一直香火鼎盛。

● 茅岩河

主要景点有茅岩滩、温塘温泉、麻阳古渡、茅岩河峡、水洞子瀑布等。河的两岸青山绿水，风光如画，故又称"百里画廊"。

茅岩河的漂流段在大庸城西20公里青鱼潭往北的一段，这里虽然滩险流急，但河床坡度小，水位落差不大，险滩一般仅有20余米长，而且险滩与险滩间的距离又很长，所以在这里漂流是有惊无险的。

● 黄龙洞

黄龙洞共有4层，垂直高达100余米，洞里有1库、2河、3瀑、4潭、13厅、46廊以及无法计数的石笋、石柱、石幔、石花、石瀑。所有钟乳石，又以定海神针和龙王宝座最为神奇，定海神针高达19.2米，直径10厘米，通体透明，直抵宫顶。

▲ 张家界天门山 (Zhangjiajie Tianmenshan Mountain)

美丽中国经典线路 Beautiful China Classic Route

广东岭南文化深度游

Guangdong South of the Five Ridges cultural depth Tour

线路：广州➡珠海➡深圳➡惠州➡汕尾➡汕头➡潮州➡韶关➡海陵岛·大角湾
Route: Guangzhou ➡ Zhuhai ➡ Shenzhen ➡ Huizhou ➡ Shanwei ➡ Shantou ➡ Chaozhou ➡ Shaoguan ➡ HaiLingDao · DaJiaoWan

岭南山水城市印象
South of the Five Ridges city landscape impression

　　岭南是中国一个特定的区域，古称百越之地，范围在五岭之南（五岭即越城岭、都庞岭、萌渚岭、骑田岭、大庾岭），大体分布在广西东部至广东东部一带。岭南的深圳是一个新兴的城市，从1979年建市至今30多年发展飞速，不但以改革开放的前沿阵地著称，更是成为中国经济中心城市。岭南的惠州、汕头、潮州、韶关则是岭南历史文化传承深厚的城市：惠州是北宋苏轼被贬的地方，半城山色半城湖的惠州给了苏轼心灵的安慰，苏轼的功业和诗文也让惠州名扬天下。还有潮州那个美食之城，唐代的大文人韩愈也被贬于此地，他大兴教育，大修水利，造福于当地。汕头则是闻名的华侨之乡，汕头人勤奋，敢于闯天下。韶关曹溪的南华寺是惠能的弘法之地。

广东岭南文化深度游　Guangdong South of the Five Ridges cultural depth Tour

行程推荐
Describe the itinerary

岭南文化深度游可以考虑四条线路：第一条线路，广州—韶关—肇庆—开平—珠海—深圳。这条线路的特点是，以观赏岭南地区的山水风光为主，如丹霞山、鼎湖山、七星岩等，又可以澳门环岛游，参观深圳明斯克航母世界。这条线路推荐携程网8日跟团游。行程为：韶关—丹霞山—阳元山—丹霞山—阴元石—广州越秀公园—黄埔军校旧址—鼎湖山—七星岩—马降龙碉楼群—立园—澳门环岛游—地王观光—深圳明斯克航母世界—大梅沙海滨公园。

第二条线路，广州—顺德—中山—珠海—深圳。这条线路的特点是，以红色革命和改革开放为主题，以此了解从辛亥革命一直到改革开放的发展脉络。这条线路推荐神舟国旅的5天VIP红色之旅，行程为：黄埔军校—岭南印象园—广州烈士陵园—德广东工业设计城—顺德黄龙村—孙中山故居—珠海横琴开发区—东江纵队纪念馆—中英街历史博物馆—莲花山邓小平画像。

第三条线路，韶关南华寺—百丈崖漂流—丹霞山，这条线路的特点是，可以亲临禅宗六祖惠能的祖庭南华寺祈福，了解"南宗禅法"文化，甚至可以瞻仰惠能真身；同时也可以游览美丽的红石崖公园——丹霞山。这条线路推荐携程网的2日1晚跟团游，行程为：南华寺—百丈崖漂流—韶关风采楼—百年东街—丹霞山。

第四条线路，广东潮州—汕头开元寺—

▲ 广州塔夜景（Night view of Canton Tower）

滨江长廊—礐石风景区—汕头美食。这条线路的特点是，以观赏潮汕古文化为主，兼品尝潮汕美食。这条线路推荐携程网的2日1晚跟团游，行程为：韩文公祠—开元寺—甲第巷—潮州滨江长廊—湘子桥—礐石风景区—汕头大学—龙泉岩。

自驾游推荐追寻潮州古城、品汕头美食自驾2日游，这一线路的特点是，以观赏潮州古文化为主，兼品尝潮州美食。线路为：滨江长廊—古城墙—广济桥—百年小吃店胡荣泉（品尝潮州春饼）—牌坊街—开元寺—淡浮院—泰佛殿—礐石风景区—汕头（品尝潮菜十八式）—陈慈黉故居。

美丽中国经典线路 Beautiful China Classic Route

第一站：广州
The first station: Guangzhou

广州是岭南地区政治、经济、文化中心，凡岭南地区的诸多文化元素，应该说广州多少都具有，以建筑来看，岭南地区的个性独特的骑楼和民居，在广州不仅有，而且建设得更加富丽堂皇，成街成片；还有岭南地区的诸多美食，广州无不具有，而且以广州的品种最为丰富，质量最为上乘，外地人只要早上去尝尝广州早茶就会对"食在广州"有切身体会。从历史来看，广州是南越国的都城，秦代在广州设南海郡治和番禺县治，到西汉时赵佗建立了南越国。因此，广州作为一个政治文化中心，其影响力一定会辐射到岭南其他地区，反过来，其他地区的文化也会随着人员向广州集中而日益丰富。所以，如果你对岭南文化有兴趣，广州将是你一定要去的地方，从广州来看岭南，再从岭南其他地区看广州，你会对岭南文化的传播和影响印象深刻。当然，广州除了岭南传统文化以外，近代还增加了红色的革命元素，比如广州有中山纪念堂，有农民运动讲习所，还有黄埔军校旧址……这不仅仅是广州对中国现代史的贡献，更不妨看作是丰富了岭南文化的内涵。

● **华南植物园**

前身是"国立中山大学农林植物研究所"，由著名植物学家陈焕镛院士创建于1929年。是我国面积最大的南亚热带植物园。主体部分占地4237亩，建有木兰园、

▲ 中山纪念堂（Sun Yatsen Memorial Hall）

棕榈园、姜园、兰园等30余个专类园，引种有国内外热带、亚热带植物11000多种，被誉为永不落幕的"万国奇树博览会"，有"中国南方绿宝石"之称。

● **中山纪念堂**

位于广州市越秀区。1931年11月建成。由著名建筑师吕彦直设计，总体布局采用中国宫殿式风格与西洋平面设计手法结合，建筑面积为3700平方米，高49米，四面为4个重檐歇山抱厦，烘托中央八角攒尖式巨顶。白色花岗岩石为基座和台阶，淡青色大理石为墙裙、乳黄色贴面砖为墙身，紫红色水磨大柱上盖宝蓝色琉璃瓦顶，层叠舒卷，显得格外雍容华贵，富丽堂皇。前檐下横匾高悬孙中山手"天下为公"4个大字，雄浑有力。

广东岭南文化深度游 Guangdong South of the Five Ridges cultural depth Tour

第二站：珠海
The second station: Zhuhai

有人说，珠海是一个浪漫的城市。不错，珠海有一条环海的情侣路，沿途，蓝色的天空，白色的海浪，伴着翻飞的海鸥，再加上依依相恋的青年男女，那情景仿佛是人间天上，浪漫迷离。珠海自然环境优美，山清水秀，海域广阔，有100多个海岛，并且城市规划、建设独具匠心，极富海滨花园情调和现代气息。珠海的宜居不仅因为环境优美，而且城市内的人口很少，一到下午，道路上就看不到什么人，甚至路上行驶的公交车大部分是空着的，根本不用站着乘车。不过，珠海也有人多的地方，一个是拱北口岸附近，那是全市最热闹的地方，即使半夜12点，在这里通关的澳门人也络绎不绝。给人的感觉是，这个城市就是通往澳门的通道。珠海还有一个人多的地方，那就是餐馆大排档，珠海的餐饮业特别火爆，特别是珠海靠海，海鲜自然是许多饭店的招牌。海鲜的种类和烹制方式都很丰富，价格比内地便宜许多，喜欢吃海鲜的游客一定不会失望。

● **情侣路**

情侣路沿海边从南向北长达28公里，分为三个主要地段：香洲、吉大和拱北。情侣路是珠海的名片，入夜时分的情侣南路就是这张名片上最亮丽的部分。情侣路像一条飘逸的巨幅绸带，从珠海市东头的香洲蜿蜒迤逦至与澳门接壤处的拱北口岸，依山势而傍海浪，景色秀丽而温馨，夕阳西下，华灯初

▲ 情侣路海滨"珠海渔女"雕塑像 (Beach lovers road "Zhuhai female fish" statue)

上，凭栏听涛，低语相拥，美丽的珠海凭空增添了一道亮丽的风景线。情侣路下便是苍茫大海，近岸的地方有许多小海岛和大礁石，对着岸上的大山近看是一片绿色的海洋，十分漂亮，近岸的山上亭台楼阁，星罗棋布。

● **东澳岛**

位于万山群岛中部，面积4.62平方公里。东澳岛四周海域水质清澈，毫无污染。冲浪、潜水、风帆等是这里的主要旅游项目。岛上有建于清乾隆年间的古堡铳城，有"万海平波"等石刻，有汉白玉送子观音像及送子仙泉。在东澳岛，最吸引的要数沙滩。东澳岛有南沙湾、大竹湾、小竹湾三个沙滩，尤以南沙湾为好，沙质洁白细腻，海水清澈见底，沙滩平缓宽阔，海浪多而不大。不愧为冲浪、海浴的好去处。

美丽中国经典线路 Beautiful China Classic Route

第三站：深圳
The third station: Shenzhen

深圳是中国改革开放建立的第一个经济特区，创造了举世瞩目的"深圳速度"，同时享有"设计之都""创客之城"等美誉。

来到深圳，你可以看到一幢幢高楼大厦，看到一条条宽阔的马路向前延伸，看到夜景无数霓虹灯辉映的奇景。还有那幅市区中心广场上耸立着邓小平的巨幅油画，那不仅仅是外地游客摄影留念的风景，而且是一个标志，标志着"时间就是金钱""让少数人先富起来""深圳不相信眼泪"已经深入深圳人血液。

深圳具有空前的包容性和多元文化。在深圳，95%以上是外地人，却没有任何语言障碍，因为一到这里，大家都自觉讲普通话。

要了解深圳的发展速度，你可以逛逛中心商业街华强北商业圈，逛逛以电子数码产品为主的东门商业圈，再逛逛以服装为主的白马服装批发市场。还可以去地王大厦、中信广场、茂业百货、天虹商场看看。或者去东部看华侨城，去蛇口看世界之窗、欢乐谷、蛇口中心广场。相信你会对深圳速度有切身的体会。总之，深圳很开放，很年轻，很现代，很繁华，很包容，很环保，很有发展前景，的确是一颗新的东方之珠。

● 深圳世界之窗

位于深圳市深圳湾的华侨城内。占地48万平方米。景区分为世界广场、亚洲区、

▲ 深圳世界之窗夜景 (Shenzhen window of the world night)

太平洋区、欧洲区、非洲区、美洲区、现代科技娱乐区、世界雕塑园、国际园九大景区，内建有118个景点。其中包括世界著名景观金字塔、吴哥窟、大峡谷、凯旋门、悉尼歌剧院、比萨斜塔等。每当夜幕降临，华灯初上，由世界民族歌舞和民俗节目组成的狂欢之夜艺术大巡游，把游园活动推向高潮。

● 深圳欢乐谷

位于深圳南山区华侨城杜鹃山。占地面积为35万平方米，是一座融观赏性、参与性、体验性、娱乐性、趣味性于一体的大型高科技现代主题乐园。由欢乐谷主题乐园和欢乐干线两部分组成。欢乐谷主题乐园由西班牙广场、卡通城、冒险山、欢乐时光、金矿镇、香格里拉森林、阳光海岸、飓风湾和玛雅水公园九大主题区构成，包含各种参与性项目近百个。欢乐干线是世界上最先进的无人驾驶城市高速单轨列车，车程全长3.88公里，共设6个车站，游客可沿途观赏华侨城区佳景。

广东岭南文化深度游　Guangdong South of the Five Ridges cultural depth Tour

第四站：惠州
The fourth station: Huizhou

相比于深圳，惠州是一座历史文化名城，北宋大诗人苏东坡那首"日啖荔枝三百颗，不辞长作岭南人"，就是在惠州写出来的。惠州中心城区有一个丰湖，苏东坡曾酬资在湖上筑堤建桥，并赐名为西湖，民间留下了"东坡到处有西湖"的佳话；东坡还有《江月》一诗咏西湖玉塔："一更山吐月，玉塔卧微澜，正似西湖上，涌金门外看。"

惠州有"半城山色半城湖"之称。惠州的老城是沿着湖岸建的，一层层向外扩展着，直到远山脚下。湖中有山，山上有塔，山是青山，塔是白塔，倒映湖中，动人可爱。湖中亦有堤、有桥、有亭、有楼台……惠州的街道多是弯弯曲曲的，高大的榕树、樟树在街道两旁垂下浓绿的叶子。

隔着浑黄的东江，老城对面是惠州的新城，这是一个崭新的惠州，它没有老城的沧桑感和古典的山水气韵，却简洁、整齐、干净，平添了一种现代化的大气，当你开着车驶过东江大桥，跨越老城和新城，你会感受到历史在跨越。

梅菜扣肉与盐焗鸡、酿豆腐被称为"惠州三件宝"。梅菜扣肉据说还是苏东坡谪居惠州时，教当地厨师仿照杭州东坡肉，配上当地特产梅菜做出来的。

● 惠州西湖

位于惠州市中心区域。惠州西湖古时已有五湖、六桥、八景之胜，现代则发展成20多处引人入胜的景观，著名的有玉塔微澜、苏堤玩月、西新避暑、南苑绿絮、芳华秋艳、丰山浩气等。历史上，惠州西湖引来无数文人题咏，最著名的如大诗人苏东坡，还有北宋大学士余靖也赞其"重岗复岭、隐映岩谷、长溪带蟠、湖光相照"，清代诗人陈恭尹则留下"峰峰水上开芙蓉""远近纤浓似画图"的诗句。

● 冲虚观

冲虚观位于广东省惠州市博罗县罗浮山北麓朱明洞南。相传葛洪在罗浮山创建了东南西北四庵，南庵即是今天的冲虚观，也即是道教在罗浮山的中心首府。冲虚观总建筑面积4400平方米，平面呈四合院布局，观内有殿宇五重，分别为灵官殿、三清殿、黄大仙殿、吕祖殿和葛仙殿。山门、三清殿、两庑斋堂均为悬山式屋顶，三清殿顶双龙戏珠为清代佛山著名陶工吴奇玉所制。主殿周围绿树苍苍，但屋顶从无落叶，殿内亦无蛛网，令游者称奇。

▲ 冲虚观 (Chongxu Taoist Temple)

美丽中国经典线路 Beautiful China Classic Route

第五站：汕尾
The fifth station: Shanwei

如果不知道汕尾市的，只要一提海陆丰起义，或者提到革命烈士彭湃大概就知道了。汕尾就是过去的海陆丰，它不仅仅是革命纪念地，也是广东四大渔港之一。汕尾地处粤东沿海，汕尾的一切似乎都与海滩和渔业有关。汕尾市沿着海滩而建，市区到处都能见到海滩，一到夜晚，男男女女都来到海滩边吹着海风漫步，还有放孔明灯的，那感觉的确浪漫，也是内陆城市享受不到的幸福。

汕尾市很小，一个小时的公交车就可以把城区走遍！但麻雀虽小五脏俱全，汕尾到处都是风景，那无数海滨浴场不用说，就山来说，有玄武山、凤山、莲花山、清云山、华帝山；就佛教的寺庙来说，有凤山祖庙、玄武山元山寺、清云山定光寺，还有妈祖文化广场。无论你到哪里去游览，没有半天一天是玩不过来的。

还有，汕尾的小吃街不可不去，这里的小吃都与海鲜有关，如菜茶，其实就是泡开的炒米，再加上一些叫不出名的海鲜做成的汤粥；又如扁食面，就是云吞面，海鲜一大堆，内地人看着就馋；还有鱼粥，看起来简单，其实好吃极了。

● 玄武山元山寺

位于陆丰市碣石镇，元山寺建在玄武山南麓，是佛道两教合一的宗教活动场所。元山寺原名玄山庙，始建于南宋建炎元年（1127年），该庙供奉"北极真武玄天上帝"，与湖北武当山祖庭、佛山祖庙一脉相承。且供奉释迦牟尼、观音菩萨、弥勒大佛、达摩祖师等佛像。清康熙时，为避玄烨名讳，改"玄"为"元"，故名元山寺。历史上，朝廷钦差、官员和名人达士到这里防务聚会、游览观光，留下许多摩崖石刻和题匾。元山寺主体建筑现存建有山门、前、中、后殿和配殿以及厅堂、僧房等。

● 莲花山

位于海丰县西北部的莲花山脉间，处于海丰八景的"莲峰叠翠"和"银瓶飞瀑"之间，距县城14公里。海拔1336米的莲花山脉主峰，是登高赏景之佳处。莲花山旅游风景区以鸡鸣寺为主体建筑。明代崇祯元年（1628年），印真和尚到海丰化缘，适海丰连续发生5次地震，印真和尚意欲为海丰辟邪聚福，始在莲花山建造庵寺。相传当时半夜可闻山中鸡鸣，故名"鸡鸣寺"，又因庵庙建于半岭之上，俗称"半岭庵"。莲花山茶以莲花山出产的最为有名，再泡莲花山的泉水，馨甘久存，沁人心脾。

▲ 汕尾海滨街日落 (Shanwei Beach Street sunset)

广东岭南文化深度游　Guangdong South of the Five Ridges cultural depth Tour

第六站：汕头
The sixth station: Shantou

汕头是中国著名的华侨之乡，似乎只要一提李嘉诚的名字，内地人就知道了。汕头位于广东东南一隅，濒临南海，是一个重要港口城市。汕头的城市建设起步早，所建的楼也不高，一般都是10层左右的高度，亲切地在道路两边排开，不像京沪广那些一线城市的石头森林——完全是一副不近人情的样子。奇怪的是，汕头的街道多起内地山水名——长平路、黄河路、长江路、珠江路、大华路、天山路、光华路、嵩山路、衡山路、中山路……这些路名是否可以折射汕头人的包容性呢？还是处于海角的偏僻所带来的心理憧憬。

汕头又是有名的"慢城"，工夫茶泡一泡，八卦琐事侃一侃，日子就过了大半。汕头人每天最重要的大事不外乎喝茶和吃饭，就连政府机关的办公室里也摆着茶具，不管忙不忙，喝杯茶先。不过，潮汕功夫茶味道香，喝起来口感极佳，因此名扬海内外。

潮汕美食天下闻名，汕头的小吃更是堪称经典：腐乳饼、春卷、糯米糍、番薯芋、牛肉粿条、橄榄菜……不过，在汕头要想吃到地道的潮汕美食，要么就去当地市民家里，要么就去街边的大排档，好吃又便宜！

● 海湾大桥

位于市区东部，经妈屿岛，跨越汕头港入海处，是一座主孔航道跨径432米的大跨度悬索桥，也是我国第一座大型预应力

▲ 汕头海湾大桥 (Shantou bay bridge)

混凝土悬索桥。全长2500米，宽23.8米，设双向6车道。海湾大桥连接深汕高速公路和汕汾高速公路，已成为我国沿海高等公路主干线的重要纽带，使深圳、珠海、厦门与汕头四个经济特区的联系更加方便快捷。

● 礐石风景名胜区

位于汕头市南、北市区之间，背靠南市区、与北市区隔海相望。礐，（音确què），有二义：一是风或水击石成声，为象声词；一是山多大石。以此解释，"礐"字不仅有巍峨巨石之形，且有海浪击石之声。礐石因濒临大海，山多巨石而得名。礐石风景名胜区是以风景绮丽、丘峦簇拥、怪石奇峭，古朴的民居与殖民地洋楼并存，海湾环抱的亚热带植物为特色的滨海自然风景名胜区。

389

美丽中国经典线路 Beautiful China Classic Route

第七站：潮州
The seventh station: Chaozhou

潮州是一座古城，并且是一座搭载着厚重历史文化的古城。人们用"潮州文化"概括了这座古城的一切——潮州话、潮剧、潮州音乐、潮州木雕、潮绣、潮州工夫茶、潮州菜，等等，所以，潮州素有"海滨邹鲁""岭海名邦""岭东首邑"之美誉。

走在潮州的大街小巷，那感觉很像在佛山，时不时就会看见点缀在高楼大厦中的古建筑，一亭一阁一楼一寺，美丽古朴的广济桥，院落森严的许驸马府，琉璃灿烂的潮州开元寺，还有散落在小巷中的民居，这就是潮州文化，就是岭南文化。来潮州，你没有大城市建筑的压迫感，你感觉空间是疏朗的，仿佛一砖一瓦都有古典的生命，有淡淡的文化韵味。

说潮州不得不说潮州菜，虽然吃喝是凡人俗事，但潮州人把潮菜做出了文化。潮州菜以昂贵著称，一桌潮州菜端上桌，满目灿烂，其色香味，其做工精细，令人叹为观止。品尝潮州菜，是舌尖上的文化，你品尝的就是潮州文化，是岭南文化。

● 滨江长廊

即潮州一段古城墙。绵延8里的城堤上，保存有4座城楼，分别是下水门城楼、广济门城楼、竹木门城楼、上水门城楼。崭新的仿古建筑，似乎仍在顽强地牵挽着一丝老潮州的记忆。滨江的夜景非常美丽，多种多样的赏景观灯吸引着市民和外地游客，从上水门到下水门，城楼上的楼台装饰彩灯金碧辉煌，与湘子桥、韩江大桥以及凤凰洲公园的夜景相互映照，气象万千。

● 广济桥

民间称为湘子桥，位于潮州古城的东门外。初建于宋代，距今已有800余年的历史。它是中国第一座也是世界第一座启闭式桥梁。广济桥全长500余米，东岸桥墩13座，西岸桥墩11座。由于"中流警湍尤深，不可为墩"，中间只能用18只梭船并排构成一列横队，用铁索连成浮桥。每遇洪水或要通船，可解掉系船铁索，移开梭船，变成开闭式浮梁桥。

▲ 潮州菜 (Teochew cuisine)

▲ 广济桥 (Guangji Bridge)

广东岭南文化深度游　Guangdong South of the Five Ridges cultural depth Tour

● 韩文公祠

为纪念唐代文学家韩愈的祠庙。位于城区东面的韩江东岸、笔架山中峰"双旌石"下。笔架山或称东山，又因韩愈而称韩山。韩祠主体建筑古朴典雅，肃穆端庄，分前后二进，并带两廊。后进筑在比前进高出几米的台基上，内供韩愈塑像。祠内梁间遍挂名家题写匾额，沿壁则环列历代碑刻40面，其中不乏书法珍品和研究专访文史的珍贵资料。祠前有一古橡树，相传为当年韩愈所植。

● 凤凰山

位于潮州市北30多公里处，以群峰竞秀，形似凤凰而得名。主峰凤凰髻海拔1497米，山势嵯峨，峡谷深邃，万壑争流，是粤东第一高峰。以峭拔雄伟的山色，绚烂多彩的畲寨风情和奇香卓绝的凤凰茶传名于世。凤凰山是畲族发源地，以龙犬为图腾，有许多美丽的民间传说，其中石鼓坪村是畲族的聚居地。

▲ 韩文公祠（Hanwengong Temple）

● 潮州西湖

昔时是潮州古城的护城壕，俗称"城壕池"。随着城市建设重心的西移，这里已成为古城区与新城区绿色的分水岭。景区除了极富有诗情画意的"西湖渔筏"的景致之外，沿湖滨至山下，名胜古迹，楼台亭榭，比比皆是，有的天然成趣，有的人工雕琢，总要把西湖装扮成"秀色可餐"的园林。且每个景均有一个雅称，如"古洞佛灯""水仙夜月""梅庄新雪""紫竹钟声""钓台秋色"等。

旅游锦囊

市内交通

公交：公交线路票价2元，自动投币不设找零。

出租车：根据车辆的不同档次来定价，按每公里起步价从3~5元进行打表计费，同时加收1元燃油附加费。

人力三轮车：潮州市内有持牌人力三轮车，租一辆人力三轮车开始环城游，这是潮州古城游的精髓之一。价格可以讨价还价。

391

美丽中国经典线路 Beautiful China Classic Route

第八站：韶关
The eighth station: Shaoguan

韶关是岭南的重镇，只要是说岭南，韶关是绕不过去的。韶关也是客家人的聚居地，最著名的客家人就是六祖惠能。惠能的父亲是河北沧阳人，做官被贬到广东新州（新兴县），惠能得道后则在韶关的南华禅寺弘扬佛法，并圆寂于南华寺，现在南华禅寺成为韶关的城市名片。

韶关也是一个多民族地区，其中瑶族是一大族，全市有一个乳源瑶族自治县，境内有一个必背瑶寨，是观赏瑶族风情的好去处。韶关语言复杂，韶关人有说粤语的，有说客家话的，有说瑶语的，还有说粤北土话的，但不管说什么，本地人都能听得懂。

韶关还有一张山水名片，这就是著名的丹霞山。丹霞山是以丹霞地貌命名，所谓"色如渥丹，灿若明霞"，每天到丹霞山的游客络绎不绝，如果说"丹霞山水甲天下"，真的是不过分。

韶关还有两个必去的地方：一个是风采楼，风采楼是明代的古建筑，东临浈江，西望武水，气势轩昂，古色古香，被誉为韶关的标记；一个是满堂客家大围，其建筑既有古建筑的精致，又因承载深厚的客家文化而充满诗情高雅。

● 南华寺

坐落于韶关曲江区马坝东南的曹溪之畔，是禅宗六祖惠能弘扬"南宗禅法"的发源地。由曹溪门、放生池、宝林门、天王殿、

▲ 丹霞山风光 (Mount Danxia scenery)

大雄宝殿、藏经阁、灵照塔、六祖殿等建筑群组成。大雄宝殿正中供奉释迦牟尼、药师、阿弥陀佛像，两侧墙壁上雕刻有五百罗汉像。六祖殿供奉有六祖惠能的真身。离六祖殿不远处，建有虚云老和尚纪念堂，记载了虚云老和尚的生平事迹。再往西行，则是虚云老和尚的舍利塔。

● 丹霞山

位于韶关仁化县境内。丹霞山由多座顶平、身陡、麓缓的红色沙砾岩构成。景区内有大小石峰、石墙、石柱、天生桥680多座，群峰如林，高下参差，所以也称之为"露天的地质博物馆"。景区有一条锦江纵贯南北，锦江沿途，丹山碧水，竹树婆娑，渔舟徐行，田园牧童。此外，丹霞山还有着悠久、丰厚的历史文化传承，有灿烂的摩崖石刻和碑刻，有多处神奇的古山寨和岩庙、尼姑庵，有广东十大禅林之一的别传禅寺，还有神秘的悬棺葬和岩棺葬，都具有极大的历史文化价值。

广东岭南文化深度游　Guangdong South of the Five Ridges cultural depth Tour

第九站：海陵岛·大角湾
The ninth station: HaiLingDao · DaJiaoWan

　　大角湾风景名胜区位于广东省阳江市西南端，地处珠三角两小时经济圈，与珠三角、湛江、肇庆接壤，毗邻港澳，地理位置优越。景区距阳江市中心48公里，距阳江港28公里，距阳江北惯机场60公里，与325国道、广湛高速、沿海高速、罗阳高速接轨，交通便捷。大角湾景区地处南亚热带，全年日照时间长，晴天310天，平均气温22.8℃，水温23.5℃，降雨量1816毫米，四季气候宜人，是滨海旅游度假的理想之所。

　　大角湾景区是全国著名的滨海旅游景区，1989年被广东省评为首批省级风景名胜区，1994年被评为广东省首批省级旅游度假区，2001年被国家旅游局评为首批国家5A级旅游景区和省级文明风景区旅游区示范点，2006年后分别被旅游协会和媒体评为"广东省最受欢迎自驾游目的地""广东省最佳沙质海滩""广东省十佳滨海旅游景区""中国最佳旅游去处""中国十佳休闲旅游景区""中国自驾车旅游品牌百强景区"等称号，2015年10月荣膺国家5A级旅游景区。

▲ 大角湾——乐园门 (Dajiao Wan Park Gate)

▲ 夏威夷风情伞 (Hawaii style umbrella)　　▲ 铁索桥 (Chain bridge) 　　▲ 机械乐园——海盗船 (The pirate boat in mechanic park)

广西全景无憾之旅

Guangxi panoramic tour

线路：南宁➡崇左➡百色➡河池➡桂林
Route:Nanning ➡ Chongzuo ➡ Baise ➡ Hechi ➡ Guilin

广西印象
Impression of guangxi

广西壮族自治区，区内聚居着汉、壮、瑶、苗、侗、京、回等民族。以壮族为代表的广西民俗具有鲜明的特色，旅游景区内多有民族歌舞表演，令游客近距离感受浓郁的民族风情。

广西属亚热带季风气候区，全年适合旅游，炎热湿润的气候孕育了大量珍贵的动植物资源，尤其盛产水果，被誉为"水果之乡"。

广西的美景真的太多了，有奇山秀水甲天下的桂林迷人景色，有神奇而美丽的巴马长寿乡，还有德天瀑布、名仕田园被誉为接近仙境的地方。众多美景使祖国南疆的广西成为令人神往的旅游观光度假胜地。本条线路主要选取广西西部新开发的热门景点，且兼顾传统景点集中的桂林地区，一次出游，将瀑布、田野、农庄、群山、河流、溶洞各种美景一网打尽。

行程推荐
Describe the itinerary

广西西部山川河流众多,景点多隐藏在崇山峻岭之间,道路多为盘山路,因此给自驾游带来一定难度。推荐从南宁出发,经崇左、凭祥、龙州、德天到靖西,然后再去那坡。一路上可以领略边城的风采、欣赏中越边境上的名关古镇、感受边关群峰浪漫气息、德天跨国大瀑布的雄伟气势、深度体验黑衣壮山寨,再从田阳返回,感觉很是特别。如果嫌自驾游太累,可以选择途牛旅游网上的跟团游——南宁—德天—通灵—桂林—漓江—阳朔双飞7日游,基本涵盖了广西全景,省时又省力。

如果您时间不够充裕,只能做两三天的旅行,那么推荐您以南宁或桂林为中心做市内加周边的短途旅行。

在南宁市内游览青秀山、大明山、广西博物馆、南湖公园后再选择游览周边美景,如德天瀑布、通灵大峡谷、巴马长寿乡等。南宁市内大部分公交车都是无人售票车,票价1元。还有空调专线巴士,当地叫作"冷巴",票价2元。运营时间一般为6:00~23:00,沿途各公交车站点都明确标有沿途通达线路及票价。出租车普通车起步价6元,每公里1.2元。南宁市内摩托车的拥有量居全国第一,被称为"摩托车上的城市",有很多人用摩托车做载人生意,价格较便宜,当地人称为"摩的"。游客也可以选择搭乘"摩的"前往较近的目的地,方便又省钱。在南宁一定要品尝老友粉、干捞粉、八宝饭、柠檬鸭等当地特色美食。

▲ 漓江风光 (Scenery of Lijiang River)

以桂林为中心,可以选择游览象鼻山、漓江、刘三姐景观园、龙脊梯田后,再游览乐满地主题乐园、资江、银子岩、侗寨等景区。桂林市区的公交十分方便,可到达市区的每个角落。公交车基本上都是无人售票,部分线路票价是1元,还有些线路是2元。桂林出租车白天起步价9元,夜晚起步价为11元。超公里后白天每公里1.9元。在桂林市内租自行车游览各景区,不失为一个好主意,租借点主要在各大宾馆内以及附近主要干道上,收费按计时和计日两种,一般游览时间较长的话按日租借为主。在桂林要尝尝桂林米粉、竹筒鸡、啤酒鱼、水糍粑。

美丽中国经典线路 Beautiful China Classic Route

第一站：南宁
The first station:Nanning

南宁，广西壮族自治区首府，位于广西西南部，与越南社会主义共和国毗邻，是红豆的故乡，也是一座历史悠久的边陲古城，具有深厚的文化积淀，古称邕州，是一个以壮族为主的多民族和睦相处的现代化城市。南宁别称绿城、凤凰城、五象城，分别因市内有凤凰岭、五象岭而得名。南宁市的旅游资源十分丰富。早在宋代，当时的文人墨客就评出了古"邕州八景"（望仙怀古、青山松涛、象岭烟岚、罗峰晓霞、马退远眺、弘仁晚钟、邕江春泛、花洲夜月）。这里山、河、湖、溪与绿树鲜花交相辉映，南亚热带自然风光与现代园林城市的风貌融为一体，以南宁为中心的桂南旅游区是广西三大旅游区之一。

● 青秀山

青秀山旅游风景区位于广西首府南宁市中心，坐落在蜿蜒流淌的邕江畔，规划保护面积13.54平方公里，核心景区面积6.43平方公里。青秀山群峰起伏、林木青翠、岩幽壁峭、泉清石奇，以南亚热带植物景观为特色，常年云雾环绕，具有高浓度的负氧离子，形成一个独特的天然休闲氧吧，素有"城市绿肺""绿城翡翠，壮乡凤凰"的美誉，是南宁市最亮丽的城市名片之一。

青秀山旅游风景区是融旅游观光、休闲娱乐、文化交流、科研科普为一体的著名风景旅游区，拥有迁地保护和园林造景完美

▲ 青秀山龙象塔（Longxiang tower in Qingxiushan mountain）

结合的经典之园——千年苏铁园、独具热带雨林特色的生态园林景观——雨林大观、全国最大的自然生态兰花专类园——兰园、富有民族特色的壮锦广场、青秀山友谊长廊；汇聚东盟各国国花、国树和南宁友好城市代表性雕塑的东盟友谊园；具有历史文化的状元泉、董泉、明代风格的龙象塔以及具有鲜明亚热带风光特色的棕榈园、芳香色艳的香花园、桃花岛等知名景点；还拥有佛教名刹——观音禅寺、水月庵以及别具异国风情的中泰友谊园等50多个景点。

广西全景无憾之旅　Guangxi panoramic tour

第二站：崇左
The second station:Chongzuo

崇左市位于广西的西南部，西部和南部与越南民主共和国接壤。境内山环岳绕，丘陵起伏，山多地少，地貌复杂多样，以喀斯特岩溶地貌为主体。西部为大青山山脉，南部为公母山山脉和十万大山余脉。在崇左市这片美丽而神奇的土地上，有山水风光、人文古迹、珍稀动物、名贵古树、原始生态等多种类型的旅游资源。

▲ 明仕田园 (Mingshi pastoral)

● **大新德天跨国瀑布景区**

德天瀑布位于广西壮族自治区崇左市大新县硕龙乡德天村，中国与越南边境处的归春河上游。夏季是丰水期，瀑布气势磅礴、蔚为壮观，与紧邻的越南板约瀑布相连，是亚洲第一、世界第四大跨国瀑布，年均水流量约为贵州黄果树瀑布的三倍。瀑布的水流在周围翠绿山峰的映衬下如白色绸带般分三级跌落，时分时聚，活泼灵动，将大气和秀美集于一身。游客可乘竹排靠近瀑布，听瀑布落水轰鸣咆哮，感受水汽蒸腾云雾缭绕，宛如置身仙境。因为是仙侠剧《花千骨》的外景拍摄地而成为热门旅游景点。

● **明仕田园景区**

明仕田园景区距县城53公里，为国家一级景点。方圆20公里的景区山环水绕，素有小桂林之称。这里翠竹绕岸，农舍点缀，独木桥横，稻穗摇曳，农夫荷锄，牧童戏水，风光俊朗清逸，极富南国田园气息。美丽的山峰，明镜似的小河，划入天际的扁舟，潇洒的翠竹，绿油油的稻田，乡土风味十足的水车、水渠与独木桥，让您泛舟河上，感受竹丛山峰蓝天白云倒影如镜，再衬以小桥流水，百鸟啼鸣，以及村舍中的鸡鸣狗吠，是一处难求的令人迷醉的田园风光。

▲ 德天瀑布 (Detian waterfall)

特别推荐

德天瀑布景区的山上有中越53号界碑，界碑旁边有好多越南人开的店铺，可购买越南特产：香水、烟酒、药膏、水果干、橡胶拖鞋等。

美丽中国经典线路 Beautiful China Classic Route

第三站：百色
The third station:Baise

百色地处广西西部，是我国大西南通往太平洋地区出海通道的"黄金走廊"，是一片洒满先烈鲜血的热土，是一座英雄的城市。百色市历史悠久，经考古发现，至少在几万年前，已有人类活动痕迹。从1730年建城至今，已有270年的历史。百色山川秀丽，人文景观和民族风情多姿多彩，有国家级景点——百色起义纪念馆、靖西的通灵大峡谷等，构成了百色的旅游品牌线路。境内山峦起伏、群峰叠翠，加上高原风光与亚热带情调的柔和，造化出独具神韵的自然和人文景观。

● 靖西通灵大峡谷景区（4A）

通灵大峡谷位于广西百色市靖西县境内，距县城30公里。通灵大峡谷是地球上一道美丽的伤痕，更是一块充满灵气的神奇山水。景区由通灵峡（又称母峡）、念八峡（又称公峡）组成，全长2800米，宽50～200米，深300米。两个峡谷由地下河溶洞连接。景区荟萃了188米特高瀑布、洞内瀑布、通灵宝洞、水帘洞、永灵洞、古石垒、崖棺葬、对歌台等自然和人文景观。景区内植被茂盛，有2000多种原生珍稀植物，古老而珍贵的物种如：桫椤、原始观音坐莲、变幻莫测的无忧树、硕果累累的桄榔树、奇异的咬人树以及绚丽的瀑台蕨坪等。整个峡谷生机勃勃，高深的峡谷、瀑布与清澈的溪流、绿色的植被交相辉映，使峡谷充满生命的活力和灵性。丰富的负氧离子、奇观异景以及壮族妹子甜美的山歌，令您心旷神怡，流连忘返。

● 百色起义纪念馆

百色起义纪念馆为全国爱国主义教育基地、全国一百个"红色旅游经典景区"之一。位于广西百色市迎龙山公园内，始建于1961年，原名"右江革命文物馆"。纪念馆共有7个展厅，面积2200平方米，分百色风雷、革命英杰、邓小平与百色、建设新百色四个部分，陈列革命文物和图片资料1400多件（幅）。借助声、光、电、多媒体等现代科学技术，以及壁画、雕塑、油画、场景复原、半景画、幻影成像、虚拟现实等多种展现手段，使纪念馆具有极强的感染力和吸引力。

▲ 通灵大瀑布（Tongling Fall）

第四站：河池
The fourth station:Hechi

河池是广西实施西部大开发的重点区域，是一座以壮族为主的多民族聚居城市。河池素有"六乡之誉"，是中国有色金属之乡、中国水电之乡、世界长寿之乡、世界铜鼓之乡、歌仙刘三姐故乡、韦拔群故乡。河池有巴马长寿村、水晶宫、百魔洞、百鸟岩等知名景区。

● **巴马长寿村**

巴马长寿村，地处桂西北山区的巴马瑶族自治县，自古以来就有寿命超过百岁的老人存在，它是一个令人神往、神奇而美丽的地方，人称长寿之乡。甲篆乡平安村巴盘屯是巴马的长寿村。全屯515人，百岁老人多达7人，是国际上"世界长寿之乡"标准的近200倍。当地人几无肿瘤，多数老人无疾而终。众多患者和养生者慕名前来广西巴马长寿村，希望以"巴马疗法"延长寿命。村里有几处长寿老人之家，接待游人进屋参观并可和百岁老人合影聊天，可接待游人的家庭大门口都有醒目的标志，很好找。

▲ 百魔洞 (Baimo Hole)

● **百魔洞**

百魔洞位于广西河池市巴马县甲篆乡坡月村西侧，是最为雄伟壮观的石灰岩溶洞。洞的平均高度为80米，宽70米，主游路程4000多米，盘阳河从百魔洞下流过。百魔洞的独到之处还在于它的钟乳石高大气派；据测量，最高的石笋为39米、直径为10米。景点设有：孔雀迎宾、良田万顷、金山猴王、杜甫吟诗等。据说洞内负氧离子含量极高，可治病强身，吸引了众多追求健康的人每天到洞内打坐吸氧，壮观的吸氧队伍也可算是一道独特的风景。

▲ 巴马长寿村长寿人家 (Bama longevity village of longevity family)

美丽中国经典线路 Beautiful China Classic Route

▲ 巴马水晶宫景区（Bama Crystal Palace Tourism Area）

● 巴马水晶宫景区

水晶宫有地下溶洞大厅5个，最高大厅顶部距地面高度近50米。走进水晶宫，恍若置身一个冰雕玉砌的动画世界，地上发育着鲜活、透明的蘑菇状晶体；空中垂悬着态形态各异的水晶球、水晶花、水晶草；而那些洁白无瑕通体透亮的玉柱、玉笋则在天地间尽情舒展，婀娜有致。水晶宫洞穴母岩形成于2.8亿年前的海底，而洞内钟乳石是十几万年以来形成的，甚至还正在生长发育中。步入水晶宫不仅能看到举世罕见的地质奇观，还能融入世界长寿之乡的长寿文化氛围。那些发出水晶般光泽的钟乳石就像一个个老寿星排列着、舒展着。当游客穿行在由"寿星探秘""圣母祝寿""寿乡活力""寿成正果"等景致组合的空间里时，不得不惊叹大自然的造化！

● 百鸟岩

百鸟岩，位于广西巴马瑶族自治县甲篆乡烈屯西北面的漠斋山下，别名龙虎洞。因洞内燕子栖集，蝙蝠掠飞，又名百鸟洞。盘阳河自吉屯白熊洞潜入山下，形成1000多米的伏流暗河后，在此洞流出。洞口宽50米，一石壁把洞口分成两个略呈三角形的左右洞口。洞中水平如镜，深不可测，宽处约40米，窄处10米，从洞口行舟至300米转折处，距水面30米处有一圆形天窗，山坳之光照到水面，犹如舞台上的光束，色彩纷呈，近右侧洞口处有沙滩，可停靠舟船。洞内有石鹰、石柱、石幔、石观音菩萨等，百态千姿，令人目不暇接。侧面洞口外香椿林下野花艳目，植被繁衍，把洞口点缀得幽静雅致。洞中歧洞、叉水道不可胜数，密如蜂房，不知所向，整个洞仿佛一座装饰华丽、变幻莫测的水下龙宫。其奇特的景象似桂林芦笛岩，又因非乘舟不能游览，游人赠予"水上芦笛岩"的美誉。

▲ 百鸟岩（Bird Rock）

特别提示

游百鸟岩只要一个半小时。去半个多小时，回半个多小时，时间虽短，其乐无穷。百魔洞是在岸上走，百鸟岩是在水上游。百魔洞还有几盏照明灯，百鸟岩一盏照明灯都没有，拍照很困难。"夜里"根本没法拍，"白天"的光线也很弱。那昼夜交替、光与影变幻的奇观，一般相机是很难把它表现出来的，手机的照相功能在这里基本上算失灵了。

广西全景无憾之旅　Guangxi panoramic tour

第五站：桂林
The fifth station:Guilin

桂林是世界著名的风景游览城市和历史文化名城。桂林是广西的交通、文化中心。桂林市地处南岭山系的西南部，平均海拔150米，属典型的"喀斯特"岩溶地貌，遍布全市的石灰岩经亿万年的风化侵蚀，形成了千峰环立、一水抱城、洞奇石美的独特景观，被世人美誉为"桂林山水甲天下"。其中最具有代表性的景点有：象鼻山、伏波山、南溪山、尧山、独秀峰、七星岩、芦笛岩、甑皮岩、冠岩、明代王城、榕湖、杉湖等。而我们所说的漓江山水最精彩的一段则在阳朔境内，桂林其他县区也有数不胜数的美景等着我们前去游览，龙脊梯田、资江漂流、五排河漂流、八角寨、宝鼎瀑布等都会为您带来更多的惊喜。

● **桂林象山景区**

象山景区成立于1986年，2003年被列为"世界旅游组织推荐游览景区"，是一个集山清、水秀、洞奇、石美于一身的多元化国际精品旅游景区。景区以象鼻山为中心，涵盖了象山水月、爱情岛、普贤塔、云峰寺、三花酒窖等景观。景区因有一座酷似大象的象鼻山而得名，象鼻山位于桂林市漓江与桃花江的汇流处，以其独特的山形和悠久的历史成为桂林城徽标志。位于象鼻与象身之间的水月洞内留存摩崖石刻50余件，是广西重点文物保护单位。2013年9月象山景区获央视新闻频道网络评选的"中国最美赏月地"称号。

山顶上建有明代的供奉普贤菩萨的普贤宝塔，大象托宝瓶寓意吉祥美好，它也成为清末太平天国起义在桂林战役的历史见证者。自宋代象鼻山山腹内成为桂林三花酒的天然酒窖，至今藏酒千吨。

花团锦簇、四季飘香的爱情岛位于景区北侧，占地面积15000平方米，濒临漓江，是观看象鼻山的最佳观景点之一。岛上环境优美、植被茂盛。是20世纪70年代当地人谈恋爱的最佳之处，故称之为爱情岛，"爱情岛"是桂林的母亲河"漓江"孕育的杰作，也是桂林人追求幸福培育爱情的摇篮。

▲ 象鼻山 (Elephant Trunk Hill)

美丽中国经典线路 Beautiful China Classic Route

▲ 靖江王城大门（Gate of Jingjiang Nobality Town）

▲ 漓江风光（Scenery of Lijiang River）

● 靖江王城景区

靖江王城坐落于桂林市中心，它是明太祖朱元璋其侄孙朱守谦被封为靖江王时修造的王城，是一组金碧辉煌、规模宏大的建筑群。靖江王府是中国为数不多的集大学院校、风景名胜区（独秀峰）、完整历史建筑物、历史背景于一身的综合性景区。主体布局有承运门、承运殿、寝宫、左宗庙、右社坛。主体两侧有众多的厅堂楼阁、书屋轩室。所有建筑系大式歇山顶，红墙碧瓦。整个王城的宫殿建筑采取严格的中轴对称，"左祖右社、前朝后寝"的布局方式营造，中轴线上的承运门、承运殿高大华丽，气势非凡，体现了王权至上的思想。城中有桂林众山之王独秀峰，平地拔起，众山环绕，孤峰独秀，为我独尊，有天然的王者气势。在独秀峰读书岩，还可找到 800 年前南宋人王正功留下的 "桂林山水甲天下" 的摩崖石刻真迹，"桂林山水甲天下" 这一千古名句就是从这里开始的。

● 桂林漓江景区

漓江流经桂林市，以流域孕育着独特绝世而又秀甲天下的自然景观——桂林山水，这里风景秀丽，山清水秀，洞奇石美，是驰名中外的风景名胜区。漓江流域拥有丰富的自然山水景观。早在南宋时期，"桂林山水甲天下" 就已名扬天下。漓江，这条萦绕在祖国南疆的秀丽江水，自古以来以其悠久的历史文明，令无数文人墨客为之倾倒。"江山惹得游人醉，印入肝肠都是诗" 便是无数游人抒发的感慨。

"江作青罗带，山如碧玉簪"，以漓江风光和溶洞为代表的山水景观有山清、水秀、洞奇、石美 "四绝" 之誉。从桂林至阳朔的 83 公里漓江河段，也称漓江精华游，还有 "深潭、险滩、流泉、飞瀑" 的佳景，是岩溶地形发育典型、丰富和集中地带，集中了桂林山水的精华，令人有 "船在水中游，人在画中游" 之感。景区内现有游船 179 艘，有普通空调船和豪华空调客船。

广西全景无憾之旅　Guangxi panoramic tour

● 桂林乐满地休闲世界

　　位于桂林市兴安县灵湖风景区内，距桂林市70公里。占地约4平方公里，由主题乐园、森林度假村、高尔夫俱乐部和度假酒店组成。乐满地主题乐园是一个类似于美国迪士尼乐园的大型娱乐场，包括有美国西部区、中国城、梦幻世界、海盗村、南太平洋区等特色游乐景观区。森林度假村创造一种休闲环境，按功能分为小木屋区、露营平台区和森林游乐区。高尔夫俱乐部为目前广西最大的也是全国唯一的国际标准18洞美式丘陵球场，球道总长7084码，标准杆72杆。度假酒店为五星级，建筑面积38万平方米，有368间客房。

● 龙胜龙脊梯田景区

　　桂林龙胜龙脊梯田位于桂林市龙胜县和平乡龙脊村和平安村之间，距桂林市80公里。分为金坑（大寨）瑶族梯田观景区和平安壮族梯田观景区。通常意义上的龙脊梯田是指龙脊平安壮族梯田，也是开发较早的梯田。梯田分布在海拔300～1100米，最大坡度达50°，前往梯田几乎都是盘山公路，一直升到约海拔600米以上，到梯田时海拔达到880米。桂林龙胜龙脊梯田气势磅礴，规模宏大，不禁感叹壮族人民历时几百年时间的辛勤劳作。梯田高低错落有致，一道道梯田有的似行云流水，从山脚盘绕到山顶，纵横交错，让人感到变换无穷。

▲ 龙脊梯田（Longji Terrace）

美丽中国经典线路　Beautiful China Classic Route

广西绝美海滩、边境连线之旅

Guangxi beautiful beach, border line trip

线路：北海➡涠洲岛➡防城港
Route: Beihai ➡ Weizhou Island ➡ Fangcheng port

爱上北海的 N 个理由
N reasons to fall in love with Beihai

　　看过海南岛的喧嚣，青岛的现代，大连的繁华，然而北海显得更宁静。碧波荡漾的大海，银色闪闪发亮的沙滩，清新的微风，让人流连忘返。可以去赶海，捉小螃蟹，捞小鱼，或者找渔民直接买海产，都是新鲜而可爱。再去涠洲岛，原生态，做一个三毛笔下的素人渔夫，打打渔，赶赶海，围着火焰来一场欢歌笑语的舞蹈，感觉自己忘记了所有的烦恼。北海的夜市也值得一去。海鲜烧烤让您停不了嘴。北海，一座来了就不想离开的城市。与越南交界的防城港民风淳朴，风光旖旎；江山半岛滩平沙软，大坪坡白浪滩、怪石滩、月亮湾、白龙炮台美景不断，有"中国夏威夷"之美誉。看够了海，再顺便到防城港的东兴国门领略一番边境风情，或者干脆就地报个旅游团跨过中越友谊大桥，来趟出国游吧。

广西绝美海滩、边境连线之旅　Guangxi beautiful beach, border line trip

行程推荐
Describe the itinerary

这条线路可以北海为中心，交通方便，适合自助游。游览北海市内景点可坐公交车，北海的公交车干净舒适，不拥挤、不堵车，但线路较少，共9路车，票价一般为1或1.5元，上车投币即可。无人售票车2元。站最集中的地区在北部湾广场和人民剧场，乘公交游北海，3路车可谓万能，可到达北部湾广场、汽车总站、国际客运码头、海滩公园、银滩等主要景点和地区。运行时间：6：00～22：00。

去往涠洲岛可乘3路公交车到北海国际客运码头，再乘快船（行程：约1.5小时）或慢船（行程：3小时）前往。船下午15：30从岛上返回。涠洲岛上的交通工具有出租摩托车和自行车，还可打的。

从北海前往防城港，需要到北海南珠汽车站乘长途车，票价55元左右。游客还可选择乘坐北海至防城港北的特快旅客列车，每天开行两对。防城港市内只有1、2、3路三路公交车开往市内各地，空调车和非空调车票价都是1元，港口区到防城区要2.5元；在火车站、汽车站、兴港大道等市中心地带有小巴载客到上思、东兴等地，票价为6元左右。防城港市内一般不提供无司机的租车服务，到此旅游可以包一辆出租车，如果包租吉利车，游览市区及万尾金滩、江山半岛等景点，全天收费在300元左右，但不包括过桥费等额外花销，如果租车天数较多，还可以讲价。

▲ 涠洲岛风光（Weizhou Island scenery）

如果选择参团旅游的话，途牛旅游网上有北海—银滩—涠洲岛3日游，可带您玩遍北海和涠洲岛上的主要景点，之后您可自行前往防城港游玩，如果时间充足的话，还可在东兴报个团前往越南旅游。

特别要推荐涠洲岛上的海鲜，涠洲岛海产丰富，龙虾、对虾、蟹、红鱼、马鲛鱼、鱿鱼、海螺等应有尽有，傍晚可以到小广场上吃海鲜烧烤大餐，这里的海鲜当然都是鲜活的，拉把椅子，面向大海，看着余晖照耀下宁静的海面，眼睛和嘴巴同时满足，这和在星级宾馆的包间里吃空运来的"海鲜"绝对是不一样的感觉。不过要提醒您，这里的海鲜第一餐，千万别多吃，多吃了可能会过敏。涠洲岛海域没有任何污染，海鲜特别鲜。除了海鲜，涠洲岛的鸡、羊都是散养的，肉质鲜嫩可口。

美丽中国经典线路 Beautiful China Classic Route

第一站：北海
The first station: Beihai

北海市地处广西南端，北部湾东北岸。市区南北西三面环海，有涠洲、斜阳两个海岛。这是个浪漫的城市，风光旖旎，气候宜人。阳光、沙滩、海水是北海给人的最深印象。如果说，温暖的阳光和洁净的海水在其他地方未必稀罕，那么有"天下第一滩"美誉的北海银滩，毫无疑问是北海市一张叫得最响的"旅游王牌"，沙软如毯的银滩铺成直通大海的走廊。北海市的旅游资源丰富，海洋旅游资源综合优势更为突出。国家4A级景区景点有北海银滩、海洋之窗、海底世界等。

● **北海银滩度假区**

位于广西北海市银海区，由西区、东区和海域沙滩区组成，沙滩均由高品质的石英砂堆积而成，在阳光的照射下，洁白、细腻的沙滩会泛出银光，故称银滩。广西以"北有桂林山水，南有北海银滩"而自豪。北海银滩度假区内的海域海水纯净，陆岸植被丰富，环境幽雅宁静，空气格外清新，可容纳国际上最大规模的沙滩运动娱乐项目和海上运动娱乐项目，是中国南方最理想的滨海浴场和海上运动场所。

度假区由三个度假单元（银滩公园、海滩公园、恒利海洋运动度假娱乐中心）和陆岸住宅别墅、酒店群组成。海水浴、海上运动、沙滩高尔夫、排球、足球等沙滩运动以及大型音乐喷泉观赏、旅游娱乐等是在北海银滩旅游度假区内游玩的主要内容。

海滩公园里有亚洲最大的音乐雕塑喷泉，它就是号称亚洲第一钢塑的"潮"，整座雕塑高23米，钢球直径20米。巨大的钢球用不锈钢镂空制成，以象征一颗大明珠的球体和七位少女护卫球为主体，以大海、潮水为背景，使传统的人文精神与现代雕塑建筑艺术融为一体，形成完美和谐的统一体。它由环绕着的5250个喷头和3000盏水下彩灯组成，互为映衬，显示出海的风采，构成了潮的韵律。每天晚上有4次喷泉表演，每次15分钟。每当华灯初上时，随着音乐的旋律节奏，水池里的5250个喷头就从不同方位、不同角度喷射出一条条银色水柱，最高水柱可达70米，为亚洲第一。水声、音乐声、涛声与变幻的激光彩灯融为一体，气势磅礴。

▲ 北海银滩度假区（Beihai Silver Beach Tourist Area）

广西绝美海滩、边境连线之旅　Guangxi beautiful beach, border line trip

▲ 北海老城历史文化旅游区 (Beihai Old City History & Culture Tourism Area)

● **北海园博园景区**

位于北海市银滩大道以北、南珠大道以东，毗邻著名的银滩景区和滨海湿地公园，园博园包括一主两副三个园区，总用地面积约 298 公顷。其中，园博园核心展区占地 75.7 公顷，人工湿地占地 116.3 公顷，国家级滨海湿地公园占地 106.5 公顷，以后将成为北海未来城市绿心和重要的公共绿色开放空间。园博园在景观建设上突出海洋文化，构造"一轴三环""水陆双游""三海呼应""双塔遥望""扬帆起航"等布局，园区主入口即进入景观主轴"花海丝路"，沿主轴依次为"铜凤迎宾""北海印象"和"盛世领航"三大环形景观区，分别代表了城市历史上三次对外开放行程，寓意从汉代海上丝绸之路始发港，到近代通商的中西文化交流会，再到现代改革开放大发展的时代特色。园博园规划了十大主题景观区。整个园区通过 14 个城市展园充分展示广西各地民族文化、园林建筑精华和园林园艺最新成果。

● **北海老城历史文化旅游区**

北海老城是北海城市的发源地，总面积 0.4 平方公里。始建于 1821 年，全长 1.27 公里，宽 9 米，被国内外专家学者誉为"近代建筑年鉴"。这条街最大的特点是"建筑风格中西合璧，文化生活中西融合"。主要景点有东安马头、基督教礼拜堂、三皇庙、丸一药房、街渡口、治安告示碑、摇水井、永济隆、双水井、单水井、北海海关大楼旧址、大清邮政北海分局、宜仙楼、电报局旧址、房产界碑等，特别是北海老城历史文化馆、北海圩兴陶馆、北海明清木雕馆、北海水彩画馆等展馆浓缩了北海老城历史文化的精华，展示了独具魅力的老城文化底蕴。

北海老城历史文化馆位于珠海中路 102 号，该馆在梳理北海老城的历史脉络中，重现老城昔日繁华景象，展示老城独具特色的历史遗存，深度挖掘老城的精神文化内涵，展示出一种缘海而生、伴海而兴、中西合璧的滨海古城历史文化底蕴。通过高科技多媒体、场景复原、实物等的穿插展示，将整个老城的发展历程完整地铺陈开来。

美丽中国经典线路 Beautiful China Classic Route

第二站：涠洲岛
The second station: Weizhou Island

涠洲岛是一座位于广西壮族自治区北海市南方北部湾海域的海岛，是中国最大、地质年龄最轻的火山岛。同时，涠洲岛是中国最美的海岛之一，阳光、沙滩、海水、火山岛、海蚀地貌，还有那150年历史的古老教堂……这些都让人流连忘返，回味无穷。涠洲岛不仅风景优美、适合旅游度假，还是一个海钓天堂。涠洲岛海域没有大规模的捕捞作业，海洋生态环境保护得很好，海洋生物种类繁多，堪称"人间天堂""蓬莱宝岛"。

● 涠洲岛鳄鱼山景区

平日涠洲岛上是安宁祥和的，但是唯独在西南方向暗藏杀机。西南远望，鳄鱼山景区宛如一只"绿色巨鳄"潜伏于海岸之上，或许在准备捕食过往的渔船，或许在望着汪洋大海。"绿色巨鳄"似欲要张开双臂将浩然大海怀抱于胸。现今站在鳄鱼山景区仍然能够看到偌大的火山口，当年磅礴大气的火山喷发景象恍若昨日，闭上双目似乎仍能够感受得到那种轰然而现的壮观与美丽。

鳄鱼山树木葱郁，站在鳄鱼山上万千海洋可尽收眼底。鳄鱼山脚奇石怪岩，经过千百年的水蚀风刻情态各异，十分具有观赏价值。观赏鳄鱼山景区的最佳旅游时间为每年的4～11月，尤其是在起风的时间过去游览为最佳。大浪拍岸，激起千层水花，甚是壮观。在涠洲岛旅游可以说鳄鱼山是观赏海景与火山岩石最佳的理想去处。

▲ 涠洲岛风光 (Weizhou Island scenery)

广西绝美海滩、边境连线之旅　Guangxi beautiful beach, border line trip

▲ 天主教堂 (Catholic Church)

● 天主教堂

该教堂由法国巴黎外方传教会传教士修建，落成于1880年。该教堂为哥特式建筑，楼高21米，总建筑面积774平方米，连同附属建筑在内总面积达到2000余平方米，是广西沿海地区最大的天主教教堂，2001年被列为全国文物保护单位。

高大雄伟的天主教堂，在四周低矮民居的衬托下，显得规模庞大，颇有气势。正门顶端是钟楼，高耸着罗马式的尖塔，有着随时"向天一击"的动势，造成一种"天国神秘"的幻觉，堪称别具一格。

钟楼有一个10多级的石造螺旋梯，只容一人盘旋而上直达二楼。顶层挂有一口铸于1889年的白银合金大钟。据说是一法籍寡妇教徒所赠，当年的钟声能传遍整个涠洲岛。每个礼拜天的上午，司钟人上二楼拉响教堂的大钟，圣堂村及近邻的信徒们听到钟声，会自觉地、安静地步入祈祷大厅。阳光透过祭台间后面的彩色玻璃和大厅两侧尖拱大窗，使教堂内部显得绚丽多彩，就在这"天国之光"中，教徒虔诚地聆听"天主"的教诲。

教堂的左侧，是一座两层的券廊式神父楼。天主堂的大院内还设有修道院、医院、育婴堂、孤儿院和学校。这些大大小小的建筑，可看出天主教在岛上传播的广泛和影响的深远。

● 广西涠洲岛珊瑚礁国家级海洋公园

涠洲岛珊瑚礁国家级海洋公园位于北海市南部海域，总面积2512.92公顷。涠洲岛珊瑚礁主要分布于涠洲岛北面、东面、西南面，是广西沿海的唯一珊瑚礁群，也是广西近海海洋生态系统的重要组成部分。到目前，已探明的珊瑚分属26个属科、43个种类。珊瑚礁生态系统是南海区特色生态系统，具有高生物多样性、高生产力的特点，对维护生物多样性、维持渔业资源、保护海岸线有重要作用。

▲ 珊瑚礁

第三站：防城港
The third station:Fangcheng port

防城港市位于广西西南沿海，拥有防城港、东兴等四个国家一类口岸。防城港拥有以"边、海、山"为主的丰富多彩的旅游资源以及京、壮、瑶等别具一格的少数民族风情：横亘中部的十万大山森林公园苍茫广袤，峰峦叠嶂，雄奇险秀；以万尾金滩为代表的京族三岛集碧海、金滩、绿岛、京族风情于一身，民风淳朴，风光旖旎；江山半岛滩平沙软，大坪坡白浪滩、怪石滩、月亮湾、白龙炮台美景不断。另外，以东兴口岸为首的中越边贸旅游也成为中外游客交流沟通的平台。在防城港可以旅游，可以上山下海又出国。

● 防城港西湾旅游景区

西湾是位于市中心城区、岸线优美、风情独具的第一大港湾。海湾四周建有西湾码头、白鹭公园、红树林生态湿地及北部湾海洋文化公园等，还有城市四大场馆、仙人山公园、"胡志明小道"等，景区融滨海观光、沙滩休闲、水上运动、文化体验、城市游乐等功能于一体，最能体现防城港"海在城中、城在海中"的全海景生态海湾城市特质，是广西具有代表性的城市滨海景区之一。

● 江山半岛

位于防城港市港口区江山乡北部湾畔，与防城港码头隔海相望，是广西最大的半岛。江山半岛海岸线绵长，沿岸分布有沙软海蓝的月亮湾、乱石穿空的怪石滩、长滩坦荡的大坪坡白浪滩和有"龟蛇守水口"之称的白龙炮台等众多旅游景点。这里沙质细软，海不扬波，林带葱郁，鹤舞白沙，是滨海旅游度假的理想场所。

▲ 防城港港口 (Fangcheng port)

广西绝美海滩、边境连线之旅　Guangxi beautiful beach, border line trip

▲ 白浪滩（Bailang Beach）

● 白浪滩

白浪滩又名大平坡、太平坡，位于广西壮族自治区防城港市江山半岛，是江山半岛景区的重要组成部分。白浪滩被认为是防城港滨海旅游的首选，素有"西南第一大滩"之誉。白浪滩宽2.8公里，长5.5公里，因含钛矿而白中泛黑色。宽广的沙滩壮观美丽，白沙海湾名副其实，白沙细软，粗细均匀。涨潮时海面波涛汹涌，活跃在浪潮之中，或戏水，或冲浪，可尽情感受大海的澎湃；当潮水退去，沙滩坦荡如砥，一马平川，可供几万人开展海滨体育运动，进行沙滩汽车赛、沙丁车、沙滩足球、排球，还可以进行海上摩托艇、海上降落伞、海上滑水等活动。伫立在大平坡洁白的岩石边，一排排数千米长层层而来的白浪，激起无穷的逸兴壮思，漫步在沙滩上，被海风吹拂着，全身环绕无限的惬意。夜色降临时，沙滩周围的大排档便开始热闹起来，选择繁多，不必担心用餐问题。

● 十万大山国家级自然保护区

位于广西壮族自治区防城港市上思县境内，距首府南宁市136公里。保护区内景观资源丰富，群山绵延，峭壁林立，沟谷纵横，飞泉流泻，林海茫茫，云雾缭绕，有奇峰、幽谷、溪泉、瀑布、密林、山花、云海等自然胜景以及取材拍摄于十万大山的电影《英雄虎胆》中阿兰姑娘等动人的神话传奇，集"华山之峻峭、衡岳之烟云、匡庐之飞瀑、雁荡之巧石、峨眉之清凉、黄山之苍莽"于一身，呈现出幽静、神秘、峻险、古野的自然景观。

旅游锦囊
到十万大山一定要先到上思县

上思县县城距离广西首府南宁市仅100公里，距南宁吴圩机场75公里，距防城港市116公里，上思不通铁路，广西各地都有往来上思的巴士。上思到十万大山在上思汽车站下车后乘摩托车到西门汽车站（2元），那里有班车开往森林公园，车票5元，一般要等人满后才开车；也可搭三轮摩托车去，包车20元，可坐6个人，但山路崎岖，不太安全，最好还是乘巴士。公园返回县城的车比较少，返程的时候要事先问好发车时间。

美丽中国经典线路 Beautiful China Classic Route

▲ 金滩（Golden Beach）

● 金滩

位于东兴市万尾岛上，面积15平方公里，因沙色金黄而得此名。金滩之沙金黄、细腻而柔软，纯天然的沙滩延绵数十里，站在金滩上，迎着海风、隔着蔚蓝色的海水，可以遥望西南方向水天一色的越南海景。每当潮水退下，湿漉漉的十里沙滩上，潮纹隐现、珠玑遍地，各种各样的海滩动物纷纷"崭露头角"，大大小小的螃蟹横行无忌。在这里常常能见到头戴金色葵叶帽、身穿彩衣的京族妇女身影。万尾金滩优美迷人的风景和独特的京族民族风情，每年都吸引着来自全国各地成千上万的游客。

● 东兴市屏峰雨林公园

景区位于东兴市"绿色后院"的马路镇平丰村内，坐落在海拔900多米高的罗华山脚下。总体分为红石谷、石门谷两大景区。现已开发出一期漂流"逍遥漂"、二期漂流"勇士漂"等旅游项目。

石门谷观光瀑布群游览时间需要1.5小时左右，沿路峡谷植被森林茂密，清溪潺潺、怪石层叠，飞瀑壮观，群山环绕，其特色是林密谷幽、藤蔓密布，还有着优美的溪瀑景观。公园内森林覆盖面积超过72%，空气中负氧离子是中国大城市的500～1000倍，堪称"天下氧吧"，养生胜地。河水是从罗华山上流下来的纯正山泉。高质高量的水资源，独特的国门屏峰的地理位置，为领略亚热带雨林风情，体验红石谷激情漂流，尽享石门谷移步换景观光瀑布群，提供了得天独厚的条件。

旅游锦囊

红石谷漂流

漂流分为逍遥漂和勇士漂，勇士漂河道总长度约3.2公里，全程隐蔽在绿色河道中，两岸奇峰耸立，河道落差大、水势急、险滩多，一路巨石险滩，神秘动感让您快乐无穷，激流澎湃令人健康增活力。

逍遥漂区别于勇士漂在于享受刺激的同时，更增添了几分宁静与悠闲，既可享受泛舟观景的意境，又可以体验挑战激流的刺激。这里河水清澈见底，听流水潺潺，享受习习凉风带来的清新空气，欣赏迷人景色，感受坦然怡情、险滩过后是美景，这正是逍遥漂漂流别具一格的享受，优哉游哉，老少皆宜。

广西绝美海滩、边境连线之旅　Guangxi beautiful beach, border line trip

● 东兴口岸

处于北仑河与越南哥龙河交汇处，相距越南芒街口岸仅100米，是我国唯一与越南海陆相连的国家一类口岸。每年进出口货物近百万吨，出入境人数每年高达300万人次以上，在广西同类口岸中位居第一，在全国陆路口岸中排名第三。随着中国—东盟自由贸易区的建立，东兴口岸在中国对外开放中将发挥越来越重要的作用。从东兴口岸中越大桥出境，可到越南下龙湾旅游也可经越南的河内、胡志明市到柬埔寨、老挝、缅甸、泰国去观光。中越大桥中间的一道红线是中越分界线，人们出境便在此"跨一步而出国"。主要景点有大清国五号界碑、胡志明亭、口岸联检区、中越友谊大桥、越南免税店等。

▲ 东兴口岸（Dongxing port）

▲ 东兴街景

旅游锦囊

从东兴口岸出国前往越南旅游

游客可以在广西东兴口岸公安局办理中越通行证到越南旅游。中国游客可以轻松在广西东兴市办理一张中越通行证到越南芒街1日游。游客只需要拿着身份证到广西东兴市河州路附近的北投集团大厦的办证大厅即可办理，未满16周岁的游客则需要在监护人的陪同下携带居民户口簿办理。目前办证大厅拥有20个业务受理窗口，如全部开放，日均可接待3000多名游客的出入境手续办理。出入境证件可以申请到的出境时间最长只有三天到四天，办理费用需根据出境时间的长短而决定，价格是由220元起不等。整个证件的办理过程自受理申请材料之日起3日内审批签发并制作完毕，淡季当日客流量较少时，当天即可完成办理，具有其他特殊情形的可延长至5日。

此外，申请出入境证的游客需报名参加当地合作的旅行社出境游，而旅行社的旅游线路也将根据出境时间1~4天不等而有相应的区别。同时，针对想出境到越南旅游的外籍游客以及港、澳、台地区的游客，东兴已经恢复开通口岸签证业务，有护照的游客只需持护照到东兴口岸签证即可。

防城港开通边境游网上办证

2016年7月27日，防城港市边境旅游网上预约系统正式启动。从此以后，来自全国各地游客即可通过边境旅游网上预约系统网上申请办理边境旅游通行证，整个过程只需几分钟，一日内即可顺利办理边境游通行证轻松出行。各地游客可以登录"防城港市网上公安局"网站，进入"办证大厅"的"边境旅游办证"平台，自助选择"个人自行办证申请"或"委托旅行社办证"提交申请资料，成功后只要在15天有效期内携带本人身份证及两张2寸白底照片到东兴市出入境办证大厅面见即可办证，整个过程只需要短短几分钟。

美丽中国经典线路 Beautiful China Classic Route

海南阳光沙滩度假天堂之旅

Tour to sunshine beach resort paradise in Hainan

线路： 海口➡琼海➡万宁➡三亚
Route:Haikou ➡ Qionghai ➡ Wanning ➡ Sanya

海南印象
Impression of Hainan

　　海南是中国唯一的热带岛屿省份，是中国最受欢迎的热带滨海度假胜地。这里四季无冬，阳光充沛，空气清新，水质纯净。堪称人间天堂、南海明珠。以海口和三亚为两个端点，中间穿起琼海和万宁，就形成了东海岸的海滨旅游风景线。其中，三亚是海南旅游中的精华所在，是度假的好地方，这里海水很清澈，号称中国最美的海滩，沙滩、海水、蓝天、人气都是一流的。海南处处皆精彩，千万不要只关注优质海滩众多的三亚，历史名人遗迹聚集的海口、因红色娘子军的故事而闻名的琼海、拥有海南美食天堂称号的万宁都是海南旅游不可错过的精彩城市。在海南，晒太阳，吃海鲜，与椰林树影为伴，在碧海蓝天下尽情放松，快来这儿寻找梦想中的度假天堂吧。

海南阳光沙滩度假天堂之旅　Tour to sunshine beach resort paradise in Hainan

行程推荐
Describe the itinerary

这条线路从海口出发，途经琼海和万宁，最后抵达三亚。海南东部沿海美景众多，旅游业兴盛，道路交通发达，很适合自助游。游览方式可选择自驾游、高铁游、跟团游。

自驾的优点就是便捷、自在，您可以开着车在市区里游荡，也可以沿着海滨大道看看风景，抑或在高速上飞驰，完全随心而易，还有个优点就是不必担心刚买的水果和土特产无处存放，另外开着车到处找饭馆也挺有趣。岛上交通以公路为主，223、224、225三条国道从北到南纵贯全岛，干线可直通各港口、市、县，并有支线延伸到全岛200多个乡镇和各旅游景点，还有环岛高速公路已建成通车。所以建议有本儿的朋友到海南旅游一定要租辆车，可以到海南租车网咨询预约，体会一下在海南开车的乐趣。

东环高铁为我国第一条海岛高速铁路，东环高铁全长308.11公里，北起海口，南止三亚，最高时速250公里，全程运行90分钟。线路北起海口火车站，沿途经过海口、文昌、琼海、万宁、陵水，最后至终点三亚站。东环铁路沿着东海岸，穿越最具旅游发展潜力的东部城市带和滨海旅游带。沿线风光旖旎，景点荟萃，如海口的东寨港、文昌东郊椰林、高隆湾、琼海的博鳌水城、万泉河、万宁的神州半岛、东山岭、兴隆、月亮湾、石梅湾、陵水的香水湾及三亚海棠湾、亚龙湾等热带海滨风景名胜区。乘高铁游海南方便、快捷、便宜，是游览海南的一种好方式。

▲ 三亚风光（Sanya scenery）

另外各家旅行社都推出了种类丰富的海南跟团游产品。有专门玩三亚一地的，也有沿着东海岸从海口一路玩到三亚的，影响价格的重要因素是酒店的档次，但总体上价格合理，比您自己订酒店要便宜很多（尤其在春节等旅游旺季，海南的酒店价格会飞涨）。

在海南旅游，怎么能让自己错过数之不尽的海鲜特产呢？肥美多汁的海螃蟹，价廉物美的大龙虾，肉质甜美的杭果螺，新鲜爽口的海胆……这里有琳琅满目的各种海鲜品种，让热爱海鲜的您一次吃到嗨。除了海鲜您还能尝到海南当地的特色菜，比如糯米糕、椰子饭、抱罗粉，以及海南四大名菜（文昌鸡、加积鸭、东山羊、和乐蟹），还有石山扣羊肉、曲口海鲜、四宝琼山豆腐、斋菜煲这些在海南都能吃到。

美丽中国经典线路 Beautiful China Classic Route

第一站：海口
The first station:Haikou

海口，别称"椰城"，海南省省会，地处热带，热带资源呈现多样性，富于海滨自然特色风光景观。自北宋开埠以来，已有近千年的历史。

海口旅游资源丰富，有著名的五公祠、海瑞墓、李硕勋烈士纪念亭、秀英炮台、人民公园、万绿园、假日海滩、热带海洋世界、金牛岭烈士陵园、滨海公园、石山火山口等景区各具特色，且位于市内，交通方便。海南热带野生动植物园、火山口国家地质公园等一批新景区的相继建成标志着海口正在发展成为集观光游览、度假休闲、疗养健身、商务会展、文化娱乐于一身的多功能、综合型全国热带滨海旅游休闲胜地。

● 石山火山群国家地质公园

石山火山群世界地质公园位于海口市西南石山镇，距市区仅15公里，西线高速公路转绿色长廊可达，绕城高速公路穿过园区。属地堑—裂谷型基性火山活动地质遗迹，也是中国为数不多的全新世（距今1万多年）火山喷发活动的死火山群之一，具有极高的科考、科研、科普和旅游观赏价值。是国家4A级景区。

据地质学家考证，琼北火山喷发于新生代早第三纪，最后一次喷发是第四纪全新世，距今约1.3万年前。历经万年沧海，大地变迁，这里还保存了36座环杯锥状火山

▲ 石山火山群国家地质公园（Rock and Vocanal National Geopark）

口地貌遗址，其中马鞍岭火山口海拔222.8米，乃琼北最高峰。

旅游锦囊

最佳旅游时间
每年10月至次年5月。海口风平浪静，气候怡人。

景区美食
火山椰子雄鸡汤采用上乘的火山雄鸡，以天然椰子汁炖制而成。原汁原味，天然醇香，口感清鲜。

自驾线路
（1）东线高速：东线高速—龙桥立交—绕城高速—石山立交—绿色长廊（路口有"火山群世界地质公园"引导牌）—公园；

（2）机场：机场—绕城高速—石山立交—绿色长廊（路口有"火山群世界地质公园"引导牌）—公园。

海南阳光沙滩度假天堂之旅　　Tour to sunshine beach resort paradise in Hainan

● **海南热带野生动植物园**

　　海南热带野生动植物园坐落在风景秀丽的东山湖畔，距海口市区仅有 27 公里，是中国首家以热带野生动植物博览、科普为主题的公园，是海南省重点旅游项目，全国科普教育基地，周边交通极为便利。园内景观纯属自然天成，茫茫林海和茂密的植物为动物营造了良好的野生环境；而人工开辟的丛林小径和种植的各种奇花异草，又使游客犹如置身于鸟语花香、生机盎然的大自然中，进入一个奇丽多姿、惊险有趣的动物世界。海南热带野生动植物园一改其他城市动物园高墙铁笼的囚兽格局，让野生动植物拥有热带丛林自由生活的空间，让动物野性得以淋漓展露，尽显各类珍禽异兽的风采，"群狮争食"的血腥、"天下第一猴山"的谐趣、"钓鳄鱼"的刺激、"百鸟争鸣"的壮观、"狮虎恋"的浪漫、植物绞杀的残酷……您都可以在园区内一览无余。

▲ 海南热带野生动植物园中的大象（Elephant in the Tropical Wildlife Garden of Hainan）

▲ 假日海滩旅游区（holidays Beach Tourism Area）

● **假日海滩旅游区**

　　海口假日海滩旅游区有海南岛最大的热带温泉滨海海岸之称，位于海口市区西北部，北邻琼州海峡，东依西秀海滩，西靠贵族游艇会，南临滨海大道，全长 7 公里，占地约 33 公顷（不包括沙滩和海域）。距秀英 3 公里，距海口市中心区 10 公里，海岸线绵长，沙细水清，景点丰富，视野开阔，拥有热带岛屿景观代表元素——阳光、海水、沙滩、新鲜空气以及椰林树影。

● **观澜湖旅游度假区**

　　海口观澜湖旅游度假区为世界各地的游客提供了一个集高尔夫球运动、旅游度假、休闲娱乐、环球美食和温泉水疗于一身的绝佳旅游目的地。在这里，您将体会到前所未有的高尔夫球感受，不管是职业球员，还是业余球员，这里都是当仁不让的首选场所。数不胜数的世界级休闲养生设施，让您身心彻底放松，为追求休闲和健康生活方式的游客提供一个绝佳的度假胜地。

美丽中国经典线路 Beautiful China Classic Route

第二站：琼海
The second station: Qionghai

琼海市位于海南岛的东部，风光旖旎，以举世闻名的万泉河为主体，包括万泉河、白石岭、官塘温泉、沙洲岛、万泉河出海口、博鳌海滨玉带滩与"博鳌亚洲论坛"国际会议中心，构成了海南东部大琼海的旅游体系，被海南省列为全省重点旅游区之一对外开放。

● 万泉河游览区

名歌《我爱五指山，我爱万泉河》《万泉河水清又清》，一部名剧《红色娘子军》使琼海市万泉河风景名胜区美名远扬，成为来琼中外游客必游之地。万泉河游览区是以自然河流景观为主体，以观光旅游休闲度假为主要功能的省级风景名胜区，它主要以万泉河游览休闲码头、巨石、椰树一条街、购物街、红色娘子军塑像、沙洲岛、万泉河大坝组成，游览项目有大型水上观光游船、摩托艇、快艇、竹排等。游客乘坐竹排时，可手拿水枪，展开激烈的水枪大战，感觉非常快乐刺激。

● 博鳌亚洲论坛永久会址景区

博鳌是著名的国际会议组织——"亚洲论坛"永久性会址所在地。区内交通便利，基础设施日渐完善，拥有索菲特、金海岸温泉大酒店等星级酒店7家，开发区2个。开发区分别为博鳌滨海旅游开发区和博鳌水城国际会展休闲度假区。"亚洲论坛"永久性会址就坐落于博鳌水城国际会展休闲度假区中心。因为"博鳌亚洲论坛"在海南成功召开并永久落户于博鳌，使博鳌这个名不见经传的小渔村成为亚洲的博鳌、世界的博鳌。博鳌水城自然风光优美，婆娑的椰林，洁净的白云，金色的沙滩，各具神韵的江、河、湖、海、泉，令您陶醉于其中。东部的"玉带滩"被载入吉尼斯世界之最；在山岭、田园的怀拥下有水面生态保护完美的沙美内海；万泉河、龙滚河、九曲江三河相汇；东屿岛、沙坡岛、鸳鸯岛三岛相望；金牛岭、田涌岭、龙潭岭三岭环抱。这里椰林葱郁，潮起潮落，被国内外专家誉为世界河流入海口自然环境保存得最完美的地方之一。

▲ 万泉河漂流 (Wanquan river drift)

海南阳光沙滩度假天堂之旅　Tour to sunshine beach resort paradise in Hainan

第三站：万宁
The third station: Wanning

万宁市位于海南岛东南部沿海，素有中国著名的长寿之乡、咖啡之乡、槟榔之乡、温泉之乡、书法之乡、华侨之乡、海南美食天堂、中国冲浪之都等美誉。由于地处热带北缘，气候温和。主要旅游景点有兴隆热带植物园、东山岭风景区等。

● 兴隆热带植物园

兴隆热带植物园，位于海南省著名风景旅游区兴隆温泉旅游区内。兴隆热带植物园划分为五大功能区：植物观赏区、试验示范区、科技研发区、立体种养区和生态休闲区；收集有12类植物：热带香辛料植物、热带饮料植物、热带果树、热带经济林木、热带观赏植物、热带药用植物、棕榈植物、热带水生植物、热带濒危植物、热带珍奇植物、热带沙生植物和蔬菜作物等。走进植物园，便如同打开一本关于热带植物的百科全书，大自然的种种奇妙在这里五彩纷呈，名优稀特植物遍布其中。

● 东山岭风景区

东山岭风景区在万宁市东2公里处，因三峰并峙，形似笔架，历史上又叫笔架山，是海南开发较早的旅游景点之一，曾与五公祠、鹿回头、天涯海角等景点齐名，素有"海南第一山"之称。东山岭面积有10平方公里，海拔只有184米高的东山岭遍山都是奇石，"一线天"胜景之处的风动石重达百余吨，能在海风的吹拂和人力的推摇下产生晃动。东山岭濒临南海，景色十分秀丽。岭上还有多处古迹和庙宇，均为省重点保护文物，其中潮音寺尤为海外侨胞重视。潮音寺面积1530平方米，为连体庙宇，气势轩昂，雄伟壮观，古朴别致，落落大方。

旅游锦囊
兴隆热带植物园园内可免费品尝饮料
如果您游玩累了，还可以在园区的休息处免费品尝到植物园自产的各种饮品，有香浓的兴隆咖啡、可可椰奶和甘香清冽的香兰茶、苦丁茶等。

▲ 兴隆热带植物园（Xinglong Tropical Botanical Garden）　▲ 东山岭风景区（Dongshan Ridge Tourism Area）

美丽中国经典线路 Beautiful China Classic Route

第四站：三亚
The fourth station:Sanya

三亚市位于海南岛最南端，是中国最南部的滨海旅游城市。它是一个黎、苗、回、汉多民族聚居的地区。三亚拥有被无数城市嫉妒的清新空气、柔和海滩。在沙滩悠闲散步、沐浴傍晚温和阳光，在海边玩耍，在雨林里面健康呼吸，欣赏自然奇观，一切都是那么令人享受。三亚涌现出一批旅游景点创造和打破了多项世界纪录，获得多项世界之最，还荣获了"2012中国特色魅力城市"称号。

● 三亚南山文化旅游区

位于三亚市西部40公里处南山南麓。园区规划面积50平方公里，其中海域面积十多平方公里。该旅游区由三大主题公园组成：一是南山佛教文化园，主要建筑有南山寺、南海观音像、观音文化苑、天竺圣迹、佛名胜景苑、十方塔林与归根园、佛教文化

▲ 南海观音像 (The South China sea goddess of mercy)

特别提示

1. 南山拒绝烧高香和带大香入园，园区内各个佛教道场均免费赠香礼佛，不要在外面买香以免浪费钱财；
2. 南山文化旅游区里建有南山迎宾馆，口碑还不错，有需要的也可以选择入住；
3. 南山文化旅游区内的缘起楼、禅悦苑素斋自助餐厅，提供一两十种"寺院素斋"自助菜肴，都以豆制品和蔬菜为原料，很有特色，可作为午餐地点；
4. 长寿谷这个景区是登高望远的地方，往返约3小时，如果跟一日游的团去的话是没有时间攀登，只能在入口处照个相，如果时间充裕，可以选择攀登；
5. 园区主要景点均禁止吸烟，标有吸烟区标志之处方可吸烟。

交流中心和素斋购物一条街等；二是中国福寿文化园，集中突出中华和平、安宁、幸福与祥和等文化内容；三是南海风情文化园，展现中国海南独特海滨自然风光和黎村苗寨文化风情，也兼具欧美现代文明园区，主要建筑有滑沙场、滑草场、黎苗民族风情园、黄道婆纪念馆、海洋公园和花鸟天堂等。

海南阳光沙滩度假天堂之旅　Tour to sunshine beach resort paradise in Hainan

▲ 小洞天 (A Smaller Cave Heaven)

● 三亚大小洞天旅游区

三亚大小洞天位于三亚市西部的南山山麓，这里融汇了秀丽的海景、山景和石景，可以看到"小洞天""海山奇观""仙人足"等摩崖石刻，还分布着许多株"不老松"，是国内独一无二的"寿比南山不老松"景观区。来这里可选择乘坐电瓶车轻松游览景区。有两条乘车路线可供选择，无论选择哪条乘车路线，都不会影响拍照、观看景点。乘车途中会有工作人员沿途讲解景区文化及主要景点位置。第一条路线是上山路线：从椰林吧出发直达半山腰观海平台玄妙阁终点站，然后再继续步行游览山上及海边所有景点，在指定乘车点乘车返回。第二条路线是海边路线：从椰林吧出发直达最远的景点小月湾终点站，然后往回走看海边及山上所有景点，在指定乘车点乘车返回。

● 亚龙湾国家旅游度假区

在榆林港东侧，三亚市区东南约25公里，又称牙龙湾。因此地海湾似初升月牙，故名。亚龙湾依山面海，湾口宽8公里，凹深约6公里，湾内大小岛屿5个，湾线总长达20公里，海水清澈透明度可达10米，沙滩洁白细软，是极为少见的优良海滨浴场。被称为"中国的夏威夷"，沙滩长度是夏威夷的三倍。这里每年日照达300天以上，全年平均气温在22℃，除了在海水浴场戏水外，非常适宜进行高尔夫球、风帆、赛艇等运动。

● 天涯海角风景区

在市区西南约26公里处。天涯海角意喻天之边缘、海之尽头。古为封建王朝流放逆臣之地。天涯海角面对一望无际的南海，在一片银白色的海滩上，上百块大小不一的奇石组成天涯海角风景群。这些被海水冲蚀得光滑无棱的巨石上，镌刻着名人题字，中央一块高约10米、周长60米的巨石上刻"天涯"两字，是清雍正十一年（1733年）崖州州守程哲手迹；其后清末文人在巨石刻有"海角"两字，此即"天涯海角"由来。其东300米处有一块圆锥形大石，上刻"南天一柱"4个大字。这里风光旖旎，椰林散布，建筑别致。

▲ 天涯海角风景区 (Tianya-Haijiao Scenic Area)

美丽中国经典线路 Beautiful China Classic Route

▲ 亚龙湾热带天堂森林旅游区 (Yalong Bay Tropical Paradise Forest Tourism Zone)

● 亚龙湾热带天堂森林旅游区

亚龙湾热带天堂森林公园是电影《非诚勿扰Ⅱ》在海南的主要取景地，整个环境呈现热带风格，树木繁多茂密，是很原始的热带自然风格。爬到最高峰，可以从上而下俯瞰亚龙湾。园内有"树中之王"高山榕，还有另类的藤竹等，都是山中不可错过的景观，还能时不时地见到蝴蝶在您身边扑闪而来，极尽野趣。

亚龙湾热带天堂森林公园分东园和西园，游览整个公园需要步行加车行结合，景区门票已经包括了游览车的费用在内。一般在西园入园，门口就有游览车的候车点。

游园时可以在峰回路转中欣赏远近高低不同角度的亚龙湾，还可以看到一个叫作峭壁天池的泳池，电影也在这边取景过，无边泳池美极了。

● 蜈支洲岛度假中心

蜈支洲岛的风景很好，岛上一派热带风光。这里海水能见度高，水下世界绚丽多彩，是我国最重要的潜水基地之一。同时，还是进行摩托艇、香蕉船、水上降落伞等水上活动的好地方。岛上还有景点古迹妈祖庙和岛主别墅、情人桥等，有兴趣的话也可以去参观（岛主别墅只能外观），情人桥是上岛后的第一个景点，是一座铁索桥，因为寓意很好，经常有人在这里拍摄婚纱照。

除了美丽的风光，蜈支洲岛还有极具特色的别墅、木屋以及酒吧、海鲜餐厅等配套设施。岛上还有蜈支洲岛珊瑚酒店及蜈支洲岛度假中心，可提供住宿，但房间都比较抢手，需要提前预订。蜈支洲岛度假中心比较老牌，而珊瑚酒店是2013年刚开业的，两家酒店的价格都不便宜。如果仅是来岛上体验水上活动，建议早点上岛，且不必在岛上住宿。如果住在岛上的话一定记得去观日岩看日出，那里是海南观日出的绝佳之地。

住宿和餐饮

著名的酒店人间天堂——鸟巢度假村就位于亚龙湾热带天堂森林公园内，入住鸟巢可以免森林公园门票。这里有敞开式帐篷房、黎族船形茅屋等，电影《非诚勿扰Ⅱ》的女主角舒淇和姚晨都曾下榻东区最高端的丹顶鹤区，木屋非常有特色，当然酒店价格也不菲。如果入住酒店，可以第二天上龙头岭看海上日出，而主峰红霞岭不论看日出还是日落，都别有一番景致。整个景区目前共有三家餐厅，分别是位于主峰的流云轩餐厅、海阔天空泰餐厅和位于飞龙岭的西餐厅。景区一般3~4小时就玩完了，如果不入住，可以考虑带点干粮来此，回市区再吃大餐。

海南阳光沙滩度假天堂之旅　Tour to sunshine beach resort paradise in Hainan

● **大东海旅游区**

　　距市区东南约3公里。在榆林港侧兔尾岭和鹿回头两个山头之间，是个弧形浅水海湾，河滩岸长约23公里。此处海水清澈，绿树成荫，风景秀丽。附近建有大东海旅游中心、金陵度假村等设施。进入大东海旅游中心，就能望见一幢大型别墅式主楼，底层是餐厅、舞厅、酒吧等，二层和三层是客房。从楼上向南望去，海边小山突出海湾，浪花飞溅；水滩上椰林和木麻金黄翠绿成荫，亭、台和各色太阳伞把小山的沙滩装点得五光十色。这里的海滨没有暗礁，1月份平均水温为20℃，"水暖、沙白、滩平"，最适宜四季游泳。沙滩上五颜六色的贝壳信手可得，跳鱼、小蟹在沙上到处乱窜，引得游客不亦乐乎。还开设有沙滩排球、潜水观光等游乐项目。

● **三亚湾**

　　三亚湾地处三亚市区西部海滨，是一片延绵22公里的绵长海滩。虽然这里的沙质没有亚龙湾好，但这一带的住宿价位要比

▲ 三亚湾的日落 (Sanya Bay sunset)

亚龙湾便宜很多，而且这里到市中心交通便利，餐饮也很方便。同时，三亚湾也是欣赏日落的好地方。三亚湾是三亚最大的海湾，这里的椰树林由东向西延伸至天涯湾，椰梦长廊就是这里的著名景点。三亚的三大海湾中，三亚湾开家庭旅馆的小区最多，设施不错且价格便宜，可以按照个人的需求选择。如果要住高档酒店，三亚湾也有三亚君澜度假酒店等住处。晚上的三亚湾非常热闹，沿线各家酒店的啤酒吧人气十足，也有好多街头演出可以观看。另外，傍晚的三亚湾可以看见渔民赶海拉网的景象，同时可以欣赏红霞满天的日落美景。由于三亚湾的海岸线绵长而且视角开阔，所以在这里看到的落日非常壮观，傍晚带着相机来这里走走，一定收获颇丰。

▲ 大东海旅游区 (Great Eastern Sea Tourism Area)

旅游锦囊

　　1. 住在大东海不用担心餐饮，打车到三亚市区各海鲜市场15元左右，饱尝海鲜十分方便。在酒店里也有各式自助烧烤和望海酒吧。沿海滩边还有各式风情餐吧等待您的光顾。

　　2. 大东海旅游区免费参观，可自由随意出入。安全起见，游泳应在景区规定范围内。

美丽中国经典线路 Beautiful China Classic Route

重庆市区周边游
Tour to Chongqing and its outskirt

线路：重庆➡武隆➡涪陵➡大足

Route: Chongqing ➡ Wulong ➡ Fuling ➡ Dazu

重庆周边印象
Impression of Chongqing and its outskirt

　　重庆是山城，周边全是山，而且山高路险，高江急峡，正因为如此，重庆周边的景色特别美。来到武隆仙女山，你会感觉眼睛不够用，到处是美景，深深的山谷，山谷中古老的驿站，还有仙境般的草原，森罗鬼脸似的天坑、地缝，游客诉说，最大的收获是照相，照片上的美景回去可以跟家人朋友共享。不仅景色美，而且重庆周边历来是受佛教影响大的地区，一到大足，当你看到一排排的众多精致的佛菩萨石刻，你会在一瞬间忘记现实的世界，你的灵魂会在佛国中飘浮……你不得不佩服古人那种执着的宗教精神，那一凿一凿、一锤一锤，要付出多少汗水。重庆周边不仅是风景突出，而且到处都是美食，即使是仙女镇那样的小地方，你在农家乐仍然可以美美地吃上一顿肥肠乌江鱼。如果是重庆市区，那就更不用说了，重庆的火锅将为你敞开它红通通、火辣辣的胸怀。城市周边的区域很大，景点很多，尽是高江急峡、山谷森林，历史文化名人、遗址多得数不过来。

424

重庆市区周边游 Tour to Chongqing and its outskirt

行程推荐
Describe the itinerary

重庆周边游可以分为三条线路，第一条是从重庆到武隆。这条线的特点是武隆的自然风光，主要景点有仙女山、芙蓉洞、芙蓉江、天生三桥、后坪天坑群、龙水峡地缝、白马山。跟团游推荐携程网重庆+武隆2日1晚跟团游，行程为：第一天，天生三桥—仙女山镇—天坑寨子—仙女山森林公园；第二天，芙蓉洞—返回重庆市区。

第二条是从重庆到大足。这条线的特点是佛教、道教石刻文化，主要景点有：大足石刻（北山石刻、宝顶山石刻、南山石刻、石篆山石刻、石门山石刻）、龙水湖风景区、玉龙山国家森林公园。推荐携程网重庆+武隆+大足5日4晚跟团游，行程为：第一天，入住重庆酒店；第二天，武隆天生三桥—天坑三桥景区—唐朝古驿站；第三天，仙女山国家森林公园—龙水峡地缝；第四天，昌州古城—宝顶山景区—北山石刻；第五天，返回重庆。

第三条则是市区游，主要景点有解放碑、朝天门、洪崖洞、磁器口、白公馆、渣滓洞、罗汉寺等。市内游推荐这条路线：第一天，前往重庆，在周边逛逛小吃街，可以按照"十八梯—解放碑步行街—洪崖洞"的步行路线游览，晚上到洪崖洞观夜景；第二天，上午前往千年古镇磁器口，下午参观白公馆与渣滓洞，晚上到南山一棵树，饱览重庆夜景；第三天，游览四川美术学院与其附近的涂鸦一条街，下午乘坐两路口的皇冠大扶梯，晚上到朝天门码头，可以坐游轮游览嘉陵江与长江，或者观赏长江夜景。

▲ 解放碑（Liberation Monument）

另外推荐涪陵自驾游：武陵山大裂谷、白鹤梁水下博物馆一日游。

沿江高速（沪渝高速南线）：重庆市外环高速公路东段茶园开发区迎龙收费站上道—经G50s沿江高速—至涪陵南下道—沿319国道至涪陵城区白鹤梁水下博物馆（105公里约90分钟车程）—沿319国道涪陵至白涛—过建峰乌江大桥—至武陵山大裂谷（45公里约60分钟车程）。

425

美丽中国经典线路 Beautiful China Classic Route

第一站：重庆
The first station: Chongqing

重庆是山城，四面环山，整个城市基本没有平路，不是上坡就是下坡，所以在重庆旅游，一定是要坐车的，走路会很累。重庆的旅游资源，都与山城的历史文化相关。大体有三条线索：第一条线索与老重庆和巴渝文化相关，像磁器口、洪崖洞，像朝天门，罗汉寺等，如果对老重庆和历史有兴趣的，这些景点是一定要去的。第二条线索与国共两党历史相关，如歌乐山、渣滓洞、白公馆、红岩村等，这些景点都有许多展览馆，你可以细心地检索历史。第三条线索是当代重庆城市发展涌现出来的景点，如人民大礼堂、过江索道、解放碑步行街、三峡广场、洋人街等，这些展现的是重庆的现代风貌，可以从中感受社会发展的步伐。不管到哪里，记住，到重庆一定是要吃火锅的，从中可以感受重庆人的"热油"风骨。

● 解放碑

解放碑，原名抗战胜利纪功碑，建于1947 年。1997 年重庆市政府把解放碑周边的民权路、民族路和邹容路改造为步行街，即现在的解放碑中心购物广场。该广场是集购物、休闲、旅游、商务、餐饮、娱乐等综合功能为一体的现代商贸区，被誉为"中国西部第一街"。有人说，站在解放碑观望，"三步一个张曼玉，五步一个林青霞"，这是形容重庆美女多。你要看到那层层拔节的大厦，流光溢彩的霓虹灯，奔驰的车流和游走的风

▲ 朝天门游船码头 (Chaotianmen cruise ship terminal)

景，你会感觉来到了中国香港或者是东京。

● 朝天门

朝天门位于重庆城东北长江、嘉陵江交汇处，过去是重庆的水码头，现在则是重庆一张响亮的名片。朝天门的左侧是嘉陵江，此江流碧绿，细流缓缓；朝天门的右侧为长江，江水浑浊，呈褐黄色，两水交汇，激流撞击，漩涡滚滚，清浊分明，形成"夹马水"景观，其势如野马分鬃，十分壮观。重庆本地人喜欢在黄昏时去朝天门，在落日余晖的渲染下，朝天门码头金色灿烂，这时你不仅可以感受到长江的博大，而且也能感受到长江的诗意和温柔。

重庆市区周边游　Tour to Chongqing and its outskirt

▲ 磁器口 (Ciqikou)

● 磁器口

"一条石板路，千年磁器口"，"白日里千人拱手，入夜后万盏明灯"，这是磁器口商业街的生动写照。磁器口东临嘉陵江，西靠歌乐山，距沙坪坝区中心仅3公里，因明清盛产、转运青花瓷器而得名。古镇磁器口有12条街巷，街道两旁大多是明清风格的建筑，地面由石板铺成，沿街店铺林立。磁器口的建筑分为商业店铺、私家住宅、庭院和寺庙。大部分建筑是原有的古建筑改建的，也有一部分新建的仿古建筑。

● 歌乐山

歌乐山现为国家森林公园，总面积800亩，主峰海拔693米，为重庆近郊群峰之冠，素有"渝西第一峰"的美称，有"山城绿宝石"和"天然氧吧"之美誉。歌乐山不仅历史文化积淀深厚，自然风光绮丽，还是体育休闲胜地，有歌乐飞降、空中探险迷宫、攀岩、森林攀爬、山地卡丁车等体育项目。公园内有一座"陪都历史陈列馆"，以大量的图片和文字介绍了重庆陪都抗战的历史。

● 渣滓洞

渣滓洞在重庆市歌乐山麓，三面是山，一面是沟，位置比较隐蔽。1939年，国民党军统在此设立了监狱，分内外两院：外院为特务办公室、刑讯室等；内院一楼一底16间房间为男牢，另有两间平房为女牢。关在这里的共产党人最多时达300多人，著名的革命者江竹筠、许建业、何雪松等都在这里被杀害。1949年11月，国民党特务在溃逃前夕策划了震惊中外的大屠杀，仅15人脱险。有小说《烈火中永生》以此为原型。

● 白公馆

白公馆位于重庆市沙坪坝区，原是四川军阀白驹的别墅。1939年军统局将此改建为看守所关押政治犯。原一楼一底的十余间住房改为牢房，地下储藏室改为地牢。抗日爱国将领黄显声，同济大学校长周均时，爱国人士廖承志，共产党员宋绮云、徐林侠夫妇及幼子"小萝卜头"等皆被囚禁于此。

▲ 歌乐山烈士陵园雕塑（Geleshan martyrs cemetery sculpture）

427

第二站：武隆
The second station: Wulong

武隆，春秋时为巴国属地。武隆是一个小小的县城，距重庆市区大约170公里，整个地区属于喀斯特地貌。县城中有美丽的乌江穿城而过。乌江两岸除了街道就是陡峭的群山，石峰壁立，植被丰厚。在武隆游览，出门不想爬山也得爬山，要不就是钻天坑地缝，要不就是在河里漂流。这里有6大特色看点，分别是芙蓉洞景区、芙蓉江风景名胜区、天生三桥风景名胜区、仙女山国家森林公园、龙水峡地缝和大型实景演出《印象·武隆》。

● 仙女山

仙女山有四绝：林海、奇峰、草场、雪原。登峰远眺仙女山山原地貌，起伏而又不失平坦；茫茫林海，苍翠欲滴，松涛阵阵；令人不解的是，茫茫林海中竟有辽阔草场，延绵天际，牛羊在草地上悠闲吃草，真是如诗如画一般。武隆的山峰，形势陡峭，巨石峥嵘，却又有着数不清的瀑布和草场，甚至远望绝顶，竟有皑皑白雪，给人以阴柔与阳刚相济的和谐美。

● 天生三桥

武隆为喀斯特地貌，多熔岩天生桥。天生三桥分别为天龙桥、青龙桥、黑龙桥。天龙桥即天坑一桥，桥高200米，跨度300米，因其位居第一，顶天立地之势而得名。一桥桥中有洞，洞中生洞，洞如迷宫。青龙桥即天坑二桥，是垂直高差最大一座天生桥。桥高350米，跨度400米，夕阳西下，霞光万道，忽明忽暗，似一条真龙直上青天。黑龙桥即天坑三桥，桥孔深黑暗，桥洞顶部岩石如一条黑龙藏身于此，令人胆战心惊。

▲ 天生三桥景观（Three Natural bridge landscape）

旅游锦囊

到武隆仙女山镇一定要吃肥肠乌江鱼，镇上的农家乐饭店都有。乌江鱼是武隆乌江的特产，有点像普通的鲇鱼。当地做法一般是麻辣水煮，满满一大锅，有菜有豆腐，有肥肠，别有一番风味：肉质嫩滑，汤浓稠，极其鲜美，超级好吃！

重庆市区周边游　Tour to Chongqing and its outskirt

● 龙水峡地缝

龙水峡地缝距武隆县城15公里。该地缝是几千万年前造山运动而形成，属典型的喀斯特地貌景观。峡谷长5公里，游程约2公里，谷深200～500米。景区玲珑秀丽，风光优美。以峡深壁立、原始植被、飞瀑流泉、急流深潭为其特色。银河飞瀑、九滩十八潭、蛟龙寒窟为其标志性景观。景区内的高山、峻岭、峡谷、流水共同构成一幅完美的山水画卷。

● 芙蓉洞

芙蓉洞是一个大型石灰岩洞穴。芙蓉洞主洞长2700米，游览道1860米，底宽12米以上，最宽69.5米；洞高一般8～25米，最高48.3米；洞底总面积37000平方米，其中辉煌大厅面积在1000平方米以上。洞中主要景点有：金銮宝殿、雷峰宝塔、玉柱擎天、玉林琼花、犬牙晶花、千年之吻、动物王国、海底龙宫、巨幕飞瀑、石田珍珠、生殖神柱、珊瑚瑶池等。

▲ 龙水峡地缝 (The dragon water gorge seam)

● 芙蓉江

芙蓉江发源于贵州省绥阳县的石瓮子，由南向北流经黔渝两省，在武隆江口注入乌江，全长231公里。芙蓉江古名濡水，又名盘古河，因与乌江交汇处的江口镇沿岸多芙蓉树，故称芙蓉江。芙蓉江在武隆段的高峡平湖游览区，江水碧绿发蓝，两岸苍劲树根千姿百态，丝竹垂钓，绿影婆娑。加之飞泉流瀑，高山翠峡，伟峰石笋，横亘10余里而不绝，真可谓"芙蓉水美胜九寨沟，风光不减大宁河"。

▲ 芙蓉洞 (Furong cave)

429

美丽中国经典线路 Beautiful China Classic Route

第三站：涪陵
The third station: Fuling

涪陵区居重庆市中部、三峡库区腹地。涪陵因乌江古称涪水、巴国王陵多在此而得名。春秋战国时间曾为巴国国都。秦昭王三十年（前227年）置枳县，为境内置县之始。历来为州、郡、专区、地区、地级市治所。名胜景点主要有白鹤梁、武陵山大裂谷、白鹤森林公园、大木花谷等。涪陵区被誉为中国榨菜之乡、千里乌江第一城、中国绿色生态青菜头之乡、中国绿色生态龙眼之乡、重庆市级森林城市。涪陵区特产主要有涪陵榨菜、涪陵红心萝卜、涪陵油醪糟等。

● **白鹤梁**

白鹤梁位于长江三峡库区上游涪陵城北的长江中，是一块长约1600米、宽16米的天然巨型石梁。白鹤梁景观是三峡文物景观中唯一的全国重点文物保护单位，每年12月到次年3月长江水枯的时候，才露出水面。相传唐朝时朱真人在此修炼，后得道，乘鹤仙去，故名"白鹤梁"。联合国教科文组织将其誉为"保存完好的世界唯一古代水文站"。水下博物馆已于2009年5月18日正式对外开放，整个保护工程，由"水下博物馆""连接交通廊道""水中防撞墩"和"岸上陈列馆"四部分组成。水下博物馆就是在白鹤梁原址上修建一个保护壳体。游客可下到带参观窗的水下通道，透过玻璃舷窗欣赏白鹤梁题刻。

● **武陵山大裂谷**

武陵山大裂谷，位于长江上游地区、重庆涪陵区城东南约45公里的武陵山乡境内，系国家4A级旅游景区。景区以地球上最古老的"伤痕"——剧烈地壳运动所致绝壁裂缝称奇，有着"中国第一动感峡谷"美誉。景区1380米天然落差，10公里喀斯特地貌原生态裂谷，景区森林覆盖率达95%以上，夏季平均气温低至22℃，负氧离子含量每立方厘米高达10万个以上。2015年12月，武陵山大裂谷入选长江三峡30个最佳旅游新景观之一。

● **白鹤森林公园**

涪陵白鹤森林公园位于重庆市涪陵江南片区。涪陵白鹤森林公园以"生态、休闲、健身"为主题，通过一条贯通全园的健身主环道和由北向南从城市到公园再通向森林的景观通廊为轴，将整个公园分成两大核心景观片区，即北部片区和南湖片区。

▲ 白鹤梁石刻水下博物馆的观光走廊 (Baiheliang stone underwater Museum sightseeing corridor)

重庆市区周边游　Tour to Chongqing and its outskirt

第四站：大足
The fourth station: Dazu

大足是重庆市的一个区，地处重庆市西郊。大足因石刻而著名，大足石刻是中国石窟艺术宝库中的一颗璀璨明珠，与云冈、龙门鼎足而立，是中国晚期石窟艺术的优秀代表。大足石刻分为北山石刻、宝顶山石刻、南山石刻、石篆山石刻、石门山石刻，现公布为文物保护单位的摩崖造像多达75处，雕像5万余尊，铭文10万余字。石刻的内容大部分为佛教佛经记载的佛、菩萨、罗汉、诸天事迹、故事，也有一部分中国民间宗教信仰的内容。对爱好文化的游客来说，"五山石刻"是必去之地，尤其是北山、宝顶山，而且，每年农历二月十九日（千手观音的生日），佛教信众如云，人人背着黄色的僧包，一步一拜香，别有风光。大足区南部还有龙水湖风景区，湖水延绵10余公里，有108个小岛点缀湖中，形成了山、水辉映的独特景观。

▲ 宝顶山石刻 (Baodingshan carved stone)

● 北山石刻

位于大足城西北2公里的北山，即古龙岗山，共290龛窟。北山石刻始刻于唐景福元年（892年），共有摩崖造像近万尊。著名龛窟如心神车窟，窟正中之蟠龙"心神车"尤为奇伟。其间净宝瓶观音、文殊、玉印观音、如意珠观音、普贤、日月观音、数珠手观音等，雕刻对称，严谨有序，浑然一体。还有北宋著名大臣蔡京所书《赵懿简公神道碑》，艺术价值比较高。

● 宝顶山石刻

位于大足城东北15公里处，始刻于南宋淳熙六年（1179年）。宝顶山石刻以圣寿寺为中心，包括大佛湾、小佛湾等13处造像群。大佛湾为幽深的马蹄形山湾，雕刻分布在东、南、北三面，先以小佛湾为蓝图，后在此雕造。由19组佛经故事组成的大型群雕，各种雕像达15000多躯，设计之精巧，竟无一雷同，破了"千佛一面"之说。

● 南山石刻

位于大足城东南，始刻于南宋（1127～1278年）时期，明清两代亦稍有增补。南山石刻共有造像15窟，题材主要以道教造像为主，作品刻工细腻，造型丰满，表面多施以彩绘。南山石刻是现存中国道教石刻中造像最为集中，数量最大，反映神系最完整的一处石刻群。

美丽中国 经典线路 Beautiful China Classic Route

天府之国·四川

The Land of Abundance Sichuan

线路：成都➡都江堰➡乐山➡峨眉山➡凉山彝族自治州➡九寨沟➡黄龙

Route: Chengdu ➡ Dujiangyan ➡ Qingchengshan ➡ Leshan ➡ The Mount Emei ➡ Yi Autonomous Prefecture of Liangshan ➡ Jiuzhaigou ➡ Huanglong

四川好玩
Sichuan, a Place for Fun

四川山水壮丽、植物清华、气候温润、云霞低垂轻灵，也是我国拥有世界遗产和文化遗产最多的地区之一。这里有早在西方现代钻井技术出现几百年前就深达几百米的盐井；有世界上最珍惜的动物——大熊猫；有大海一样无边无垠的竹林。早在几千年前，祖先们就用古老的智慧与无与伦比的毅力创造了造福万世的都江堰工程，并开启了"天府之国"的文明之旅。而青城山与峨眉山两处宗教圣地在历经漫长岁月的洗礼后，更是留下了无数凝固的建筑和宗教人文意境。乐山大佛那博大高远的俯瞰气势，注视着四川人的生活源源不断地流淌。在四川，人们以食为天、以食为乐，对食物的专注、追逐和兴趣滋养着川菜，从秦砖汉瓦的高堂正厅伴随着袅袅炊烟，绵绵不绝地飘到了今天。

天府之国·四川　The Land of Abundance Sichuan

行程推荐
Describe the itinerary

四川是一个让人来了就不想走的地方，沉浸在本地人慵懒闲适的调调里，走走停停，或者直接找个水边的茶馆坐下，品一壶好茶，呼吸着湿润的空气，用最舒服的姿势静止在时间里，如诗如画。如果你想看更多的风景，那么你有很多种线路可以选择：成都休闲之旅、古镇漫步之旅、三国文化之旅、九寨沟—黄龙世界自然双遗产之旅、峨眉山—乐山大佛世界自然人文双遗产之旅抑或美食之旅、大熊猫之旅等。

我们提供的这条路线以成都为中心，由远及近向四周辐射，尽量囊括了四川形形色色的美景。成都是这条线路的出发点，作为西南地区的交通枢纽，交通非常便利。成都双流国际机场，是中西部地区最繁忙的民用机场，航线非常多；目前投入使用的火车站是成都站和成都东客站；成都也是西南地区最大的公路枢纽，长途客运十分发达。成都的市内景点众多，市内交通也同样非常便利：目前成都已开通地铁1、2、4号线，起步价为2元/人，最高单程票票价为7元。2号线单程票背面图案是成都十大景点，分别是青城山景区、都江堰景区、成都大熊猫繁育研究基地、武侯祠、西岭雪山景区、杜甫草堂、街子古镇、黄龙溪古镇、安仁古镇、平乐古镇。公交车也很方便，目前大多数公交车为无人售票车，需要自备零钱。普通车1元，空调车和高档车2元。视车型不同，成都的出租车按车型有不同起步价，

▲ 九寨沟诺日朗瀑布秋景 (Jiuzhaigou NuoRiLang waterfall in autumn)

爱丽舍、捷达等起步价8元，速腾（1.4T、2.0L）起步价9元。从成都到都江堰可以选择乘坐高铁，车次密集，车程约半小时。到达都江堰后可选择班车、公交或自驾前往青城山。从成都到乐山走高速公路仅162公里，成都北门、新南门车站有定时班车，各旅行社有旅游车。乐山与峨眉山市相距31公里，有高速公路相通，每10分钟就有一班车。去往九寨沟有多种途径可以选择，飞机、火车、长途大巴均可到达。但从整体成本来看，搭乘长途大巴或者飞机去往景区，是最快捷、便利的途径。在九寨沟景区内，有绿色环保观光车或者选择在景区内的栈道步行。连接九寨沟和其他各景区还可以包车、乘出租车或者坐景点间的直达车。黄龙景区可以与九寨沟景区一同游览，包车前往也是常见的到达方式。景区内有黄龙索道，乘坐索道可直接到达黄龙景区的精华景点，十分便利。

433

美丽中国经典线路 Beautiful China Classic Route

第一站：成都
The first station: Chengdu

成都被誉为休闲之都和美食之都，成都人常挂在嘴边的"巴适"是舒服合适的意思，满城的茶馆正是这座城市悠闲的气质的最好体现。闲适的生活节奏是这座城市的名片，而满街的川菜馆、火锅店、小吃店更是让人流连忘返。

● 武侯祠

位于武侯祠大街。是纪念三国时蜀汉丞相诸葛亮的祠堂。该祠初建于西晋末年，与刘备墓和刘备庙毗邻。明初武侯祠并入昭烈庙，后毁于战火。清康熙十一年（1672年）重建时，创立前后两殿，分祀刘备和诸葛亮的君臣合庙格式。武侯祠坐北朝南，坐落于一条中轴线上的五重建筑，依次是大门、二门、刘备殿、过厅和诸葛亮殿，西侧是刘备陵园。进入祠庙大门，东、西两侧有唐、明碑各一通。唐碑高3.67米，宽0.95米，建于唐宪宗元和四年（809年）。由宰相裴度撰文，著名书法家柳公绰（柳公权之兄）书写，名匠鲁建刻石，被称"三绝碑"。刘备殿正中为蜀汉皇帝刘备贴金塑像，东西偏殿有关羽、张飞等塑像。东西两廊有文武廊房，塑蜀汉文武侍臣28人。诸葛亮殿正中为武侯贴金塑像，羽扇纶巾，栩栩如生。两侧为其子诸葛瞻、其孙诸葛尚塑像。西侧刘备墓史称惠陵，高12米，有180米砖墙环护，为刘备及其甘、吴二夫人合葬墓。

● 锦里

锦里由成都武侯祠博物馆恢复修建，作为武侯祠（三国历史遗迹区、锦里民俗区、西区）的一部分，街道全长550米，现为成都市著名步行商业街，号称"西蜀第一街"，被誉为"成都版清明上河图"。清末民初建筑风格的仿古建筑，以三国文化和四川传统民俗文化为主要内容。古街布局严谨有序，酒吧娱乐区、四川餐饮名小吃区、府第客栈区、特色旅游工艺品展销区错落有致。锦里曾被评选为"全国十大城市商业步行街"之一，与北京王府井、武汉江汉路、重庆解放碑、天津和平路等老牌知名街市齐名。 锦里作为成都的文化名片之一，依托武侯祠，"拜武侯 泡锦里"已成为成都旅游的必选项目。

▲ 锦里夜景 (Night view of Jinli Street)

天府之国·四川　The Land of Abundance Sichuan

▲ 宽窄巷子（Kuan Alley and Zhai Alley）

● **宽窄巷子**

　　宽巷子古街市位于成都市蜀都大道西端，全长约500米。是一处独具老成都民居特色的文明街。宽窄巷子是成都遗留下来的较成规模的清朝古街道，与大慈寺、文殊院一起并称为成都三大历史文化名城保护街区。由宽巷子、窄巷子和井巷子三条平行排列的城市老式街道及其之间的四合院群落组成。院落文化共分为三个主题。宽巷子是"闲生活"区，以旅游休闲为主题。窄巷子是"慢生活"区，以品牌商业为主题，这里是国际化的业态，是拥有世界眼界的时尚中心，这里又是最成都的生活，在巷子里品味缓慢的下午和时光的停驻。井巷子是"新生活"区，以时尚年轻为主题，是成都的新生活区域酒吧区。这里是成都的夜晚最热闹的地方，是华灯初上的成都风，是笑靥如花的芙蓉女子。

● **杜甫草堂**

　　杜甫草堂位于成都西门的浣花溪畔，是唐代伟大现实主义诗人杜甫客寓成都时的故居。杜甫（712～770年），字子美，河南省巩县（今巩义市）人，一生坎坷不得志。唐乾元二年（759年），为避安史之乱，杜甫在友人帮助下在此结庐定居，自诩为"草堂"。杜甫在草堂居住近4年，创作诗篇240多首，千古名篇《茅屋为秋风所破歌》，即是居住草堂时所作。原宅中唐后已不复存，现存建筑修建于清嘉庆十六年（1811年）。草堂建筑从正门始，依次为大廨、诗史堂、柴门、工部祠。工部祠左侧有"少陵草堂"碑亭，"少陵草堂"为清代恭亲王手书。杜甫草堂建有博物馆，馆内珍藏有各类资料30万余册，文物2900余件。如今草堂合并了梵安寺和一座私家花园，成为一座面积达24万平方米的现代园林。园内溪水环绕，楠木参天，花径柴门，古朴典雅。为全国重点文物保护单位。

▲ 杜甫草堂（Du Fu Cottage）

435

美丽中国经典线路 Beautiful China Classic Route

▲ 青羊宫（Qingyang Taoist Temple）

● **青羊宫**

青羊宫位于成都市西门一环路内侧，原名青羊肆。青羊宫是成都市内建筑年代最久、规模最大的一座道教宫观。传说春秋时老子曾西行至函谷关，为关令尹喜著《道德经》，临别告之"子行道千日后，成都青羊肆录语"。后关令尹喜到成都青羊肆见一儿童牵一对羊子，认定儿童是老子的化身。据此传说，唐代便开始在此修建道观。现存建筑为清代重建。主要建筑依次有灵祖殿、乾坤殿、八卦亭、三清殿、斗姥殿、唐王殿。八卦亭为青羊宫最壮观的主体建筑，呈八角形，以琉璃圆盔盖顶。宫内道教文物有木刻《道藏辑要》、石刻吕祖像等。三清殿前有铜羊一对，最引人注目。其中一独角铜羊外形似羊，实为十二生肖化身：鼠耳、牛鼻、虎爪、兔背、龙角、蛇尾、马嘴、羊胡、猴颈、鸡眼、狗腹、猪臀。

● **春熙路**

位于成都市中心，是指东大街以北，南新街、中新街、北新街以东，总府路以南，红星路以西的范围及临街区域，面积约20公顷。春熙路是一条历史悠久，热闹繁华的商业街，是成都最具代表性、最繁华热闹的商业步行街。春熙路的最大特色在于汇集了众多品牌的各类专卖店以及拥有众多的中华老字号商场，是外地游客和本地白领偏爱的购物地点。春熙路商圈中也不乏大型商场、酒店等。众多"中华老字号"的成都名小吃：钟水饺、赖汤圆、夫妻肺片、韩包子、龙抄手都聚集在春熙路上。而且春熙路的美食价格指数和美味指数的对比绝对让你在大饱口福的同时，丝毫不担心钱包的迅速缩水。香港《大公报》说："城市掘金哪里去，春熙路；品味时尚哪里去，春熙路；打望美女哪里去，春熙路……哪里都不想去？还是可去春熙路。"

● **四川快捷叁壹捌汽车旅馆投资管理有限公司**

四川快捷叁壹捌汽车旅馆投资管理有限公司是中国一家以自驾车旅游和越野探险旅游为服务重点的连锁型酒店投资与管理公司。公司依托于被誉为"中国最美的景观大道"——国道318旅游沿线，主要从事著名景区景点的快捷型汽车旅馆、酒店、旅游规划及旅游服务的策划、投资、经营与管理。

作为中国时代巅峰旅游概念的倡导者和先行者，公司采用科学管理与连锁经营的国际化运作模式，为喜欢自驾、喜欢越野的时代精英们营造心随意动、情溢旅途的浪漫旅游气氛，提供干净快捷、安全周到的后勤服务保障，实现人文与风景的完美结合。

天府之国·四川　The Land of Abundance Sichuan

的栏杆窗棂，无不给人以古朴宁静的感受。镇内还有6棵树龄在300年以上的黄桷树，枝繁叶茂，遮天蔽日，给古镇更增添了许多灵气。镇内现还保存有镇江寺、潮音寺和古龙寺三座古庙，每年农历六月初九和九月初九的庙会，还能再现昔日阳古镇的喧闹场面。古镇黄龙溪之所以为游人所青睐，是因为这里不仅山清水秀，没有大城市的喧嚣与嘈杂；更因这里弯弯曲曲的石径古道，河边飞檐翘角的木质吊脚楼，街道上的茶楼店铺，古庙内的缭绕青烟等，展现出一幅四川乡镇的民俗风情图，给人一种古朴而又新奇的感受。

● **洛带古镇**

　　洛带古镇，素有"东山重镇"之称。明末清初时期的移民运动和"湖广填四川"的历史使这些来自于异乡的客家人在四川洛带生了根。经过数百年的繁衍生息，在洛带古镇形成了独特的客家风俗和客家文化。洛带古镇依山傍水，背靠龙泉山，面临成都平原。古镇内传说众多、古迹遍地。场镇老街以清代建筑风格为主，呈"一街七巷子"格局，广东、江西、湖广、川北四大客家会馆、客家博物馆和客家公园坐落其中，又被人们称为"客家名镇、会馆之乡"。四川是中国5大客家人聚居省之一，客家人的数量在200万以上，其中多数是清初广东、福建、江西一带老移民的后裔，主要聚居在川西的成都东山区域，学术界统称"东山客家"。至今仍有150余万人能讲客家语言，并保持客家的风俗习惯。

▲ 黄龙溪古镇（huanglongxi ancient town）

● **黄龙溪**

　　历史悠久并拥有浓厚文化底蕴的川西水上古镇是十大水乡古镇之一。位于成都平原南部，距成都市区40公里，双流县西南部府河、鹿溪河交汇处。2011年荣获"四川最美古镇"大奖，有着1700余年的历史，是有浓郁特色的旅游型山水小城镇。这里清代风格的街肆建筑仍然保存完好。青石板铺就的街面，木柱青瓦的楼阁房舍，镂刻精美

美丽中国经典线路 Beautiful China Classic Route

第二站：都江堰
The second station: Dujiangyan

都江堰位于都江堰市西岷江上游，距成都市49公里。创建于公元前276～前251年，是我国古代劳动人民创建的一项巨大水利工程，闻名中外。由战国秦昭王时蜀郡守李冰组织修建，工程由鱼嘴分水堤、飞沙堰溢洪道、宝瓶口进水口三大部分组成，科学地解决了江水自动分流、自动排沙、控制进水流量问题。2000多年来，一直发挥着巨大的防洪和灌溉作用，使川西平原"水旱从人，不知饥馑"，成为"天府之国"。新中国成立后，经改造扩建，有大小3万多条灌溉渠道，灌溉面积现已达到8000平方公里。每年清明节，都江堰市都举行隆重放水活动，纪念李冰父子不朽功绩。2000年与青城山被列入世界文化遗产名录。

- **伏龙观**

位于都江堰宝瓶口侧离堆顶上。相传李冰治水时在此降服孽龙，故名。现有殿宇三重，系清代重修。前殿正中安放一尊李冰石刻像，高2～9米，重约4吨，为1974年时在江心发现，据考为东汉建宁元年（168年）刻造。后殿有电影放映室，向中外游客放映中、英文彩色影片《都江堰》。殿后有观澜亭，凭栏远眺，鱼嘴、安澜索桥、飞沙堰尽收眼底；近观宝瓶口，岷江流水奔腾不息，扣人心弦。

- **青城山**

青城山位于都江堰市城西16公里，是著名道教名山和避暑胜地。主峰老霄顶海拔1600米，山上树木苍郁，四季常青，故名"青城山"。唐代杜甫有诗"自为青城客，不唾青城地。为爱丈人山，丹梯近幽意"咏赞。自此，享有"青城天下幽"之美誉。青城山是我国道教发祥地之一，道家称"第五洞天"。东汉末年，道教创始人张道陵来青城山设坛布道，著书立说。晋、唐时山中道教渐盛，最盛时有道观70多座，现存道观有建福宫、天师洞、祖师殿、上清宫、玉清宫等。2000年与都江堰被列入世界遗产名录。

▲ 都江堰大坝（Dujiangyan dam）

天府之国·四川　The Land of Abundance Sichuan

第三站：乐山
The Third station: Leshan

乐山市位于四川省中部，为岷江、青衣江、大渡河汇合处。古称嘉州，又称海棠香国。乐山风光秀丽，古迹众多，经济繁荣，物产富庶，是四川著名的旅游胜地。峨眉山——乐山大佛景区被评选为"中国最令人向往的地方"，每年都吸引着来自五湖四海的国内外游客。除了这两座世界遗产，还有西南地区最大的城市广场乐山新世纪广场、风光旖旎的蜀国水乡五通桥、建筑奇特的船形古镇罗城、被誉为"中国百慕大"的黑竹沟景区、有"工业革命的活化石"之称的犍为嘉阳小火车，以及夹江千佛岩，等等。1983年发现的自然巨型睡佛又给乐山大佛增添了更多的神秘色彩。乐山还是一个地灵人杰的文化之乡，宋代大文豪"三苏"（苏洵、苏轼、苏辙父子）以及当代著名的文学家郭沫若都是乐山人。

● **乐山大佛**

乐山大佛位于乐山市东郊凌云山。始凿于唐开元元年（713年），由名僧海通创建。至贞元十九年（803年）竣工，前后历时90年。大佛依山而凿，通高71米，头高14.7米，宽10米，头顶有发髻1021个，耳长7米，鼻长5.6米，眉毛长5.6米，眼长3.3米，嘴长3.3米，颈长3米，肩宽28米，手指长8.3米，脚背长11米，宽9米。在大佛头顶上可置一张圆桌，在大佛耳朵中间可并立2人，在大佛脚背上可围坐百余人。

▲ 乐山大佛 (Leshan Giant Buddha)

"山是一尊佛，佛是一座山"是对乐山大佛的确切描绘。乐山大佛不仅是我国也是世界摩崖造像史上的创举。

● **芭蕉沟**

"说起芭蕉沟，心里凉悠悠，跟倒工人走，又有纸烟抽，再过三五年，还有娃儿逗"，这首流传于新中国成立初期的民谣，印证了芭蕉沟历史上曾经有过的辉煌。芭蕉沟被众多的游客誉为人间仙境、世外桃源，他们最看重的，就是芭蕉沟的原生态和不加任何修饰的淳朴。芭蕉沟是川西南民居建筑保护较好、风格较统一的地方，小角楼民居建筑群、苏式建筑特色突出。穿行其间会让您仿佛回到古代，再次让您体会汽笛拉响般的时空错乱感觉。所有的一切都仿佛停留在那个年代，芭蕉沟的环境氛围很容易让人想起20世纪30年代。

美丽中国经典线路 Beautiful China Classic Route

第四站：峨眉山
The four station: The Mount Emei

● **峨眉山风景名胜区**

峨眉山位于四川省中南部，在峨眉山市西南7公里处。因"蠓首峨眉，细而长，美而艳"而得名。山体南北延伸，绵延23公里，面积115平方公里。峨眉山以其自然风光秀丽，佛教文化浓郁闻名天下。它与山西五台山、浙江普陀山、安徽九华山并称我国四大佛教名山，为国家级风景名胜区。

峨眉山由大峨山、二峨山、三峨山和四峨山组成。泛说峨眉指大峨山而言，大峨山高峰有三：金顶、千佛顶和万佛顶，其中万佛顶最高，海拔3079米，到此可观云海、日出、佛光和圣灯。

● **报国寺**

报国寺位于峨眉山麓，为峨眉山门户。始建于明代万历四十三年（1615年），明光道人建于伏虎右侧虎头山下，叫会宗堂；清初移现址，清康熙重修时，康熙帝亲题"报

▲ 峨眉山金顶（Mount Emei Golden Summit）

国寺"匾额，遂更名为报国寺。寺依山势而建，自前至后逐级升高，从山门进去，依次为弥勒殿、大雄宝殿、七佛殿、普贤殿、藏经楼、吟翠楼和待月山房等。建筑布局井然，气势雄伟，园林优美。寺内存有明永乐十三年（1415年）彩釉瓷佛一尊，高2.47米，为国内罕见。

● **金顶华藏寺**

金顶华藏寺位于峨眉山顶峰，海拔3077米，为峨眉古刹之一。始建于东汉，称普光殿，后改名元相寺。明代妙峰和尚建铜殿一座，殿顶镏金称"金顶"。后华藏寺及金顶皆毁于火，现存华藏寺为1986～1989年按原貌重建，为钢筋结构。华藏寺侧卧云庵，左有睹光台，登台可观日出、云海、佛光和圣灯，统称"金顶禅光"，为峨眉十景之一。"华藏寺"横匾为赵朴初书写。华藏寺后为舍身崖，悬崖突兀，万仞绝壁。举目眺望，群山江河，尽收眼底，可体验"会当凌绝顶，一览众山小"的意境。

▲ 峨眉山报国寺（Baoguo Temple in Mount Emei）

天府之国·四川　The Land of Abundance Sichuan

▲ 泸沽湖

第五站：凉山彝族自治州
The Fifth station: Yi Autonomous Prefecture of Liangshan

这是我国最大的彝族聚居区。位于四川省西南川滇交界处，幅员面积6万余平方公里。境内有汉、彝、藏、蒙古、纳西等10多个世居民族。现州府所在地西昌市位于成昆铁路中段，自古以来就是通往云南和东南亚的"南方丝绸之路"的重镇。这里冬无严寒，夏无酷暑，四季如春。平均气温17℃可同春城昆明媲美，享有"万紫千红花不谢，冬暖夏凉四时春"之誉。凉山州资源富集、得天独厚，开发潜力巨大。一是水能资源富甲天下；二是矿产资源得天独厚；三是农业资源极为丰富；四是旅游资源绚丽多彩；五是民族文化资源极具魅力。绚丽多彩的旅游资源。凉山自然风光秀美，自然、人文景观遍布各地，民族民俗风情别具特色，是四川省旅游资源最丰富的地区之一。有代表性的景区、景点160多个，极具观光旅游和开发价值。

● 泸沽湖

泸沽湖是现今仍旧保留有母系社会传统的摩梭族心中的"母亲湖"，更是无数旅行者梦中的隔世仙境。无论是恍如隔世的自然景观，还是今世仅存的文化传统，都吸引着热爱旅行与探索的人们。泸沽湖素有"高原明珠"之称，是一个未被污染的处女湖。湖中各岛形态各异，林木葱郁，翠绿如画，身临其间，水天一色，清澈如镜，缓缓滑行于碧波之上的猪槽船和飘浮于水天之间的摩梭民歌，使其更增添几分古朴、几分宁静。这里还是传说中的女儿国，摩梭人世代生活在泸沽湖畔，至今仍保留着由女性当家和女性成员传宗接代的母系大家庭。在这里一切都是那么神奇，那么古朴，每个礼仪，每种风俗，都是一个优美动人的故事，一支悠扬动听的山歌。

美丽中国 经典线路 Beautiful China Classic Route

第六站：九寨沟
The sixth station: Jiuzhaigou

九寨沟风景名胜区位于四川省北部阿坝州九寨沟县境内，在青藏高原东南边缘的尔纳山峰北麓，海拔在2000~4300米，因沟内有盘信、日则、牙腊、盘亚、则查洼、黑角、树正、荷叶和扎如9个藏族村寨而得名。距黄龙风景区约118公里。景区面积约720平方公里，景区内有118个翠海（高山湖），17个瀑布群及多处大面积钙化滩流，是国家级风景名胜区和国家自然保护区，被列入世界文化与自然遗产名录，并荣获世界生物圈保护区、绿色环球区、景观保护与管理国际荣誉奖等多项殊荣。

九寨沟以其独特的石灰岩地质构成，莽莽的原始森林，优越的高原气候，孕育了翠海、叠瀑、彩林、雪峰和藏情"五绝"风光，被誉为"人间仙境"。九寨沟景区精华在水，高山湖泊晶莹纯净，清澈见底，动静结合，刚柔相济，千颜万色，多姿多彩。"九寨沟归来不看水"成为广大旅游者的共鸣。

● **诺日朗瀑布**

诺日朗瀑布位于中国四川省九寨沟，海拔2365米，瀑宽270米，是中国最宽的瀑布，中央电视台1986年版电视剧《西游记》的片尾拍摄地。藏语中诺日朗意指男神，也有伟岸高大的意思，因此诺日朗瀑布意思就是雄伟壮观的瀑布。滔滔水流自诺日朗群海而来，经瀑布的顶部流下，如银河飞泻，

▲ 九寨沟五花海 (Colorful autumn of Jiuzhai Valley)

声震山谷。南端水势浩大，寒气逼人，腾起蒙蒙水雾。早晨阳光照耀下，常可见到一道道彩虹横挂山谷，使得这一片飞瀑更加丰姿迷人。瀑布对面建有一座观景台，站在台上，瀑布全景尽收眼底，秋季时，瀑布的300米飞流在秋色、云雾的衬托下，化成了一幕波澜壮阔的画面。众多影视剧曾在这里取景。

"远离俗世恋山幽，飞瀑如帘一望收。心似滔滔千丈水，只存清澈不存愁。"正是形容诺日朗瀑布雄伟景观的诗篇。

● **五花海**

有"九寨沟一绝"和"九寨精华"之誉的五花海，位于日则沟孔雀河上游的尽头，海拔2472米处，珍珠滩瀑布之上，熊猫湖的下部。五花海是九寨沟诸景点中最精彩一个。清澈多彩的湖面下显现出一段段的树木躯干。湖面整体呈绿松色，不同区域，颜色变换从黄色到绿色，又到蓝色，展现出湖水五彩的美艳。四周的山坡，入秋后便笼罩在一片绚丽的秋色中，色彩丰富，姿态万千，独霸九寨。

天府之国·四川　The Land of Abundance Sichuan

第七站：黄龙
The seventh station: Huanglong

● **黄龙**

　　黄龙名胜风景区位于四川省阿坝藏族羌族自治州松潘县境内，为国家5A级旅游景区，已列入世界遗产名录。景区由黄龙本部和牟尼沟两部分组成。黄龙本部主要由黄龙沟、丹云峡、雪宝顶等景区构成，牟尼沟部分主要是扎嘎瀑布和二道海两个景区。主要因佛门名刹黄龙寺而得名，以彩池、雪山、峡谷、森林"四绝"著称于世，是中国唯一的保护完好的高原湿地，这里山势如龙，又称"藏龙山"。这一地区还生存着许多濒临灭绝的动物，如大熊猫和四川疣鼻金丝猴。

　　黄龙以规模宏大、结构奇巧、色彩丰艳的地表钙华景观为主景。梯田般层层错落向上的彩池，映出奇幻的色彩，五光十色；浅滩上水流涌动，阳光照射，波光粼粼，晶莹透亮；水下铺垫着一层细细的浅黄色苔藓，涉足滩流，恍若进入瑶池仙境。黄龙景区早以罕见的岩溶地貌蜚声中外。景区内整个山谷几乎全被乳黄色的碳酸钙质覆盖，从高处看去，宛若一条从岷山雪峰飞腾而下的黄龙，蜿蜒于茂林翠谷之中。千层碧水形成层层叠叠的梯状湖泊、池沼，如璞玉，似牙雕。池水澄清无尘，水色因水底沉积物和树木、山色的千变万化，而呈黄、绿、浅蓝、蔚蓝等颜色，堪称人间仙境。黄龙沟的彩池大小共有2300多个，沿沟谷向上，聚集成8群，每群各不相同，独具特色。该区属高原温带亚寒带季风气候类型。气候特点是：湿润寒冷，一年

▲ **牟尼沟雪景**（Munigou snow）

中冬季漫长，夏无几日，春秋相连。

● **牟尼沟**

　　牟尼沟位于四川省阿坝藏族羌族自治州松潘县境内，距成都300多公里，占地160平方公里，最高海拔4070米，最低海拔2800米，年平均气温7℃，自然风光迷人、民族风情浓郁、汇聚了原始森林之神韵，牟尼沟风景主要以原始森林、高山湖泊、温泉、巨型钙华瀑布、环形瀑布、钙华彩池为主要特色，景区由扎嘎瀑布和二道海两部分组成。山、水、林、在这里巧妙地融为一体。主要景点有：扎嘎瀑布、牟尼森林、百亩杜鹃、翡翠温泉、百花湖、月亮湖、天鹅湖和溶洞群等。

美丽中国经典线路 Beautiful China Classic Route

神州大地　醉美贵州
China earth beautiful Guizhou

———— ✻ ————

线路：贵阳➡安顺➡六盘水➡兴义➡荔波➡西江千户苗寨➡遵义
Route: Guiyang ➡ Anshun ➡ Liupanshui ➡ Xingyi ➡ Libo ➡ Xijiang qianhu miaozhai ➡ Zunyi

多彩贵州
Colorful Guizhou

　　贵州之美，如上天之恩赐，在于岩石之独特，在于溶洞之瑰丽，在于林木之天然，在于山水之灵韵，在于地貌之隽奇。贵州素有"八山一水一分田"之说，是全国唯一没有平原支撑的省份，这里是古人类发祥地之一，这里是世界上岩溶地貌发育最典型的地区之一，这里有着绚丽多彩的喀斯特景观。贵州天然的斜坡地势，水往低处而走，江河在脚底下，自然看见的江河就少。随着交通大发展，高原天堑变通途，我们清晰地看见贵州除了万山之外，同样还有千水乌江、清水江、都柳江、赤水河、潕阳河、南盘江、北盘江……气势非凡。闻名遐迩的黄果树大瀑布在群山列翠之间，水自山顶泻崖而下，捣入重渊，阔数余丈的飞流，万练飞空。有了千水的环绕，千姿百态的群峦、巍峨起伏的丛林、参天对峙的山脉也变得更加钟灵毓秀。

神州大地　醉美贵州　China earth beautiful Guizhou

行程推荐
Describe the itinerary

贵州拥有一众精品旅游线路，赏花游、红色征途游、民族风情游、古寨亲水游、苗侗风情游等，我们为您介绍的这一条是涵盖了多个重量级景区的经典线路。

这条线路从贵阳出发。省会贵阳有一个国际机场，是西南地区重要的航空枢纽。陆路交通十分发达，市内有一个火车站和三个主要的汽车客运站。市内的公交车实行无人售票和IC卡电子计票，票价1元。出租车8元起步，1元燃油费，起步价包含三公里。市内景点文昌阁、甲秀楼、黔灵山、花溪公园等都可以乘坐公交车或者出租车前往。去青阳古镇可以选择在贵阳河滨公园旁的郊区车站乘坐38路车直达，也可以在延安西路的客运总站坐从贵阳到惠水，或是贵阳到高坡的班车，在青岩下车即可。包车前往的费用在100元左右。从贵阳去安顺可以选择火车或者汽车。每天有多对火车往返于贵阳和安顺之间，行程1个多小时；也可在贵阳火车站对面的长途汽车站乘坐开往安顺的汽车，沿贵黄高速公路从贵阳经安顺直达黄果树，仅需2个小时，非常方便。另外安顺的黄果树机场也已开通，目前有到北京、重庆、广州、青岛、昆明、济南等城市的航班。安顺有许多中巴、小巴专跑黄果树瀑布，到黄果树的小面包满客即走。客车南站、西站和火车站广场上也都有去往景区的专线车。从安顺去兴义一般选择大巴、包车或者自驾。安顺汽车东站有直达兴义的班车，终点在兴义客运西站。

▲ 黄果树瀑布 (Huangguoshu Waterfall)

美丽中国 经典线路 Beautiful China Classic Route

第一站：贵阳
The first station: Guiyang

贵阳市是贵州省省会，位于中国西南云贵高原东部，是我国西南地区重要的中心城市之一，是贵州省的政治、经济、文化、科教、交通中心和西南地区重要的交通通信枢纽、工业基地及商贸旅游服务中心，被誉为"高原明珠"。贵阳因位于境内贵山之南而得名，沿用至今，已有400多年历史。古代贵阳盛产竹子，以制作乐器"筑"而闻名，故简称"筑"。贵阳是一座千百年来具有独特人文气息的城市，又是避暑之都。独特的夜郎文化孕育了贵阳这座依山傍水、四季分明、旖旎无限的魅力之地。贵阳属亚热带湿润季风气候，冬无严寒，夏无酷暑，多雨多山，有"又一春城"之誉。是一个多民族聚居的城市，每逢民族节日，可以看到独特的民俗风情。

● **文昌阁**

位于贵阳市东门月城上。始建于明万历三十七年（1609年），清康熙八年（1669年）重修，以后各朝多有修缮与改建，占地约1200平方米，是一座中国古代罕见的三层楼阁。底层为四角，二、三层各为九角，角边不对称，各层间立柱不相衔接。状似宝塔形建筑，独立在宽厚高大的月城上，主楼高约20米，面阔11.47米，进深11.58米，宏伟壮观。阁楼用料数字都与"九"数相关，柱为"六九"54根，梁有"九九"81档。登阁远眺，山川景色尽收眼底。

● **甲秀楼**

位于贵阳市滨河路与西湖路交叉处、南明河中的万鳌头石矶之上。始建于明万历二十六年（1598年）。明代巡抚江东之筑堤与南岸连接，并建甲秀楼。甲秀乃含"科甲挺秀"之意。高约20米，三层三檐四角攒尖顶，红棂雕窗，底层有12根石柱托檐，四周有白色石栏护卫。屋脊雕甍，堪称杰作。楼立河边，右面是观音寺、翠微阁。前列圆形大铁柱两根，各长3米多，面面有字。下为浮玉桥，犹如长虹横卧。楼中古人题咏碑刻甚多，清代诗人刘玉山所撰174字长联最为著名。为贵阳市标志性建筑。

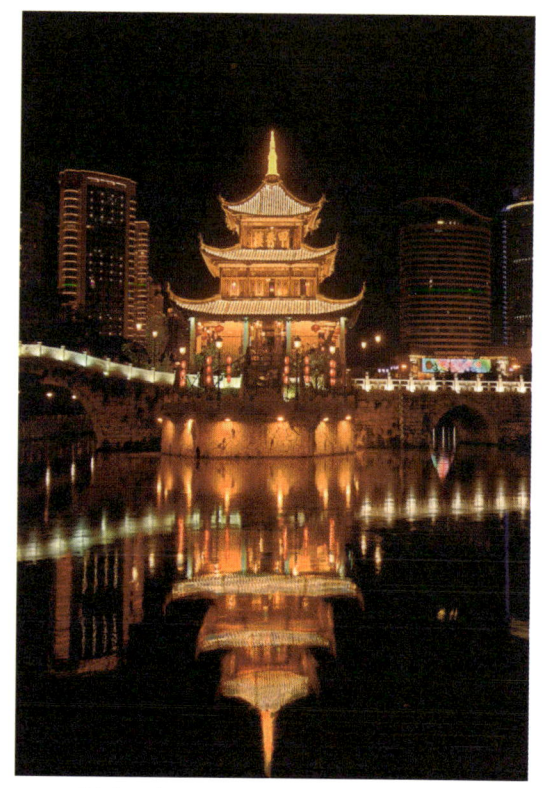

▲ 甲秀楼夜景 (Jiaxiulou night)

神州大地　醉美贵州　China earth beautiful Guizhou

● 花溪

南明河自广顺流入贵阳，从龙山峡至济番桥这一段，称花溪河。有小山几座参落其间，组成了山环水绕，水沿山淌的绮丽风光。花溪公园景点主要由麟山、凤山、蛇山和龟山组成。麟山是花溪公园的主峰，因外形酷似麒麟，有"云卷青麟"之名。麟山奇石高耸，半山腰有名叫"飞云岫"的石洞，入洞横穿花溪河床，可闻汩汩流水声。洞外缘岩建有"飞云阁"，俯瞰放鹤桥近在咫尺。凤山坐落于阡陌田野中，登顶可欣赏颇具特色的石屋、石墙、石路。地处花溪中心的龟山，山左有"玉棋亭"，山右有坝上桥，桥下河水奔流，瀑布直泻。瀑布流入的一段河流，波平水绿，是泛舟之处。蛇山与龟山中隔一水，对峙耸立，蜿蜒起伏，状似蟒蛇爬行曲折为三个小岫，岫顶皆建一亭，左为"柏亭"，中为"蛇山亭"，右为"观瀑亭"。坝上桥与龟山连接。过平桥为深藏不露的碧云窝，高峻地势有数幢别墅俯瞰于绿林丛中。公园深处百步桥曲曲弯弯于河坝之上，游者观赏水中倒影，如入仙境。大将山在公园对面，碧绿葱翠，有如屏风遮挡。山麓布依族聚居，时闻歌声飞扬。

● 黔灵山

被誉为"黔南第一山"，是国内为数不多的大型综合性公园之一。黔灵意为集贵州灵秀之地，由象王岭、檀山、狮子岩、白象岭、大罗岭等群山连接而成。黔灵公园以明山、秀水、幽林、古寺、圣泉和灵猴闻名。清康熙十一年（1672年），赤松和尚在山

▲ 黔灵山灵猴 (Monkeys in Qianlingshan Park)

上修建宏福寺（也称弘福寺），成为全贵州第一大寺。寺右面是1300米高的象王岭，与回首的狮子崖对峙，又与白象岭、大罗岭、檀山相互依托。山前有麒麟洞、古佛洞、洗钵池、"虎"字摩崖。一笔而成的"虎"字，由清代书画家吴竹雅书写，字高6米。穿过九曲径旁长达300米的隧道，就到黔灵湖。青峰倒映湖中，景色如画诱人。湖旁有波光榭、清影亭。山后还有灵泉。从宏福寺侧登上山顶的瞰筑亭，山城风光尽收眼底。山上除奇石古树外，有1500多种植物、1000多种名贵药材。还有数十只猴群和50多种鸟类。在黔灵山麓的麒麟洞，因洞口有一状似麒麟的钟乳而命名。洞口峭壁耸立，布满藤萝，洞里曲折幽深，冬暖夏凉，多石花、石幔、石椅、石榻。山后有动物园，园内有金丝猴、华南虎、大熊猫、娃娃鱼等动物。山上还保存有第四纪冰川期遗迹，是地质学、生物学教学及科研场所。抗日战争后期蒋介石先后将爱国将士张学良、杨虎城囚禁于麒麟洞内。

美丽中国经典线路 Beautiful China Classic Route

▲ 天河潭瀑布（Tianhe Lake Waterfall）

青岩古镇

青岩古镇是贵州省著名的历史文化名镇，形成于明洪武年间，历明清两代，迄今600余年。历史悠久，人文荟萃，文化氛围极为浓郁。因附近多青色岩峰而得名，古为屯田驻兵之地。位于贵阳市南郊，距市区约29公里，距花溪南12公里处。它是贵州四大古镇（青岩、镇远、丙安、隆里）之一，始建于明洪武十年（1377年），至今已有600多年历史。古镇内设计精巧、工艺精湛的明清古建筑交错密布，寺庙、楼阁画栋雕梁、飞角重檐相间。悠悠古韵，被誉为中国最具魅力小镇之一。

● 天河潭

天河潭风景区位于贵阳市花溪区石板镇境内，距贵阳市24公里。天河潭兼具黄果树瀑布之雄、龙宫之奇与花溪之秀，集飞瀑、清泉、深潭、奇石、怪洞与天生石桥于一身，浑然天成；农舍水车，小桥流水，野趣盎然，清幽宜人。景区有宽210米的钙化滩瀑布，是目前国内最宽的钙化滩瀑布。景区内的龙潭洞由水洞和旱洞组成水洞，洞内有石钟乳、石笋、石柱等喀斯特景观。景区附近民族村寨的石板建筑，一番农家异境，颇具情趣。黔中一绝——高空滑翔天河潭滑索，全长400米，飞架于景色秀美的天河流水，南北两岸悬崖高峰之巅。整个景区分为钙化滩的瀑布观赏、香粑沟水文化、水洞游船和旱洞游览四大游览系统。天河潭是典型的薄层碳酸盐岩裸露地块，褶皱频繁，河谷拐曲；河床上堆积的20多处钙化滩坝，串联着20余个溶洞，形成明河、暗洞、桥中洞等复杂纷坛、多姿多彩的岩溶洞景观。在天河潭，可穿瀑布、钻弯洞、过小桥、看水车、访农家，观赏苗家姑娘亲手织的精美刺绣；或去参观离潭不远的石砌圆形屯堡——古代战争中防御工事。最早发现和赞美天河潭的是著名诗人吴中蕃，曾留下天河潭八景诗，现已整理编印成书的有《名人颂天河潭》《洞桥天生——天河潭》和《吴中蕃诗萃详释》。尤以谷牧题写的"黔中一绝"最为高度赞美天河潭之美景。

神州大地　醉美贵州　China earth beautiful Guizhou

第二站：安顺
The second station: Anshun

● 安顺

安顺是黄果树瀑布和龙宫风景名胜区所在地。黄果树瀑布让你在无意间熟悉它，在钞票上、烟盒上都有它的身影。龙宫是后起之秀，一旦你走进去，真犹如进入了龙的肚肠，暗河溶洞九曲回肠。在安顺市100公里的半径范围内，有7个国家级风景名胜区，除了黄果树和龙宫，还有"中国第一水旱溶洞"溶洞群——镇宁夜郎洞，幽深碧绿清澈宁静的绿色世界——九龙山，喀斯特天然公园——紫云格凸河，有罕见的大型地下公园——织金洞，风光秀丽、烟波浩渺的高原湖泊——红枫湖。有震惊中外考古学界的"亚洲文明之灯"普定穿洞古人类遗址，有中国八大神秘文字之一的"千古之谜"关岭红岩天书，有遗存完整的明代屯堡村落群云峰屯堡、有古寺庙建筑奇迹平坝天台山，还有石雕艺术瑰宝安顺府文庙等，安顺又是老一辈无产阶级革命家王若飞的故乡……

● 龙宫

位于安顺市西南27公里马头乡龙潭村。是国内著名熔岩景观，以水溶洞为主，集旱溶洞、瀑布、峡谷、湖泊、溪河、峰丛、民族风情和宗教文化为一体，由中心景区、漩塘景区、油菜河景区和蚂蟥菁景区组成，面积约60平方公里。中心景区龙宫，它自天池至小菜花湖之间，长3000米，是一大型

▲ 龙宫景区 (Yonggungsa scenic)

溶洞暗湖，很像神话中的水晶宫，故名龙宫。龙宫门口有一碧池称"天池"，三面为峭壁，一面是一穿洞称"龙门"，天池水从34米高处泻下，形成大瀑布，壮观无比。龙宫出口处为悬崖，高80余米，景观雄伟。龙宫以"水溶洞最长，洞内瀑布最大、天然辐射率最低"著称。为全国重点风景名胜区。

● 龙门飞瀑

龙宫的水流自高向低，完成途经水溶洞的旅程后，汇集由高50余米，宽26米的龙门洞口喷泻而下，形成绝妙的洞中瀑布景观——龙门飞瀑，壮美不已。称为中国洞中瀑布之最的龙门飞瀑，游客尚未走近，就能远远听见涛声，从瀑布的下方桥上看去，高34米的瀑水从洞窟顶部月牙形的天窗涌出，像一条愤怒的蛟龙钻山劈石，气势磅礴，万马奔腾，十分壮丽。该瀑丰、枯期流量变幅达70倍左右，丰水期时，飞瀑之水往往在阳光照射下，形成五光十色之彩虹，增添难见的气象景观。

美丽中国经典线路 Beautiful China Classic Route

● 黄果树风景名胜区

黄果树风景名胜区位于贵州省西南部，是世界喀斯特地区罕见的巨型瀑布。景区以黄果树瀑布景区为中心，分布有天星桥景区、陡坡塘景区、滴水滩瀑布景区等几大景区。在瀑布上游和下游，由18个雄奇险秀、风格各异的瀑布组成黄果树瀑布群，有落差高达410米的滴水滩瀑布，有瀑面宽达110米的陡坡塘瀑布，有滩面长达350米的螺丝滩瀑布及形态秀美的银链坠潭瀑布等，是天然的"瀑布博物馆"。我国明代著名旅行家徐霞客对其有"如鲛绡万幅""从无此之间而大者"的评论。黄果树风景区不仅具有瀑布景观特色，而且民族特色风情多彩醉人，生态环境优越，旅游设施完备，集文化、观光、休闲为一体，为旅游、度假胜地。

● 黄果树瀑布

黄果树瀑布是黄果树的核心景区，享有"中华第一瀑"之盛誉，是除尼亚加拉瀑布和维多利亚瀑布之外的第三大瀑布，国家首批5A级风景区。黄果树大瀑布是世界上唯一可以从上、下、前、后、左、右六个方位观赏的瀑布。它以其雄奇壮阔的大瀑布、连环密布的瀑布群而闻名于海内外，十分壮丽。瀑布属喀斯特地貌中的侵蚀裂典型瀑布，以它为核心，共形成了雄、奇、险、秀风格各异的瀑布18个。1999年被大世界吉尼斯总部评为世界上最大的瀑布群，列入世界吉尼斯纪录。黄果树瀑布因当地一种常见的植物"黄果树"而得名，是珠江水系打邦河的支

▲ **水上石林** (stone forest in the Water)

流白水河九级瀑布群中规模最大的一级瀑布，瀑布高度为77.8米，其中主瀑高67米；瀑布宽101米，其中主瀑顶宽83.3米。

● 天星桥

天星桥景区位于黄果树瀑布下游六公里处，景区开发游览面积4.5平方公里，如果说黄果树大瀑布的特点是气势磅礴，天星桥区则是玲珑秀美。"风刀水剑刻就万顷盆景，根笔藤墨绘制千古绝画"的对联，概括了天星桥景区的神韵。分为三个相连的片区，包括天然盆景区、天星洞区景和水上石林区。这里石笋密集，植被茂盛，水到景成，集山、水、林、洞为一体。水是风景区的灵魂，这里充足的流水，更使风景区充满了灵气。天星桥又名天生桥，在石林里不是指具体那一座大桥，而是白水河忽隐忽现穿流石林其间。石林的道路下面，往往就是白水河的暗流。因此，在石林的小路上穿行，便如同穿越过一道道天生的石桥。据勘测，白水河在天星桥的暗流长1公里，宽300米。天星桥也可称是一道长1公里的长桥。

450

神州大地 醉美贵州 China earth beautiful Guizhou

第三站：六盘水
The third station: Liupanshui

六盘水，别称"中国凉都"，位于贵州西部，市名来自最初下辖的六枝、盘县和水城三个特区的头一个字组成，是"三线建设"诞生的一座年轻工业城市。它以煤炭工业为主，因此被誉为"江南煤都""高原明珠"；同时这里也是一片古老而文明的土地，历史悠久。六盘水山奇水秀，气候宜人，容民族风情和喀斯特地貌风光为一体的旅游别具一格。喀斯特自然风貌、古文化遗址、30多个民族灿烂的民俗民风和民间文化，犹如颗颗明珠镶嵌在这块乌蒙大地。在六盘水市中心区，有"地海浮山"之誉的麒麟洞公园；在六枝江风景名胜区，有夜郎古国遗风、亚洲仅有的生态民俗长角苗博物馆，有北盘江峡谷奇山异景；竹海风景名胜区，有记载人类起源的旧石器遗址，有以半部藏经闻名的丹霞山，有徐霞客游记记载的岩溶幽景，有提供古植物演化过程的妥乐千株古银杏、大洞旧石器文化遗址；水城野钟黑叶猴自然保护区、天生桥，红军第二第六军团盘县会议会址，以及南开苗族跳花节、玉舍和普古彝族火把节、坝湾布依族"郎节山"等。

● 野玉海国际山地旅游度假区

野玉海国际山地旅游度假区位于"中国·凉都"六盘水市区南郊，距市中心城区12.57公里，景区总面积509.76平方公里，核心区面积68平方公里，核心区由野鸡坪亚高原户外运动基地、玉舍国家森林公园和海坪彝族特色旅游度假小镇组成，是贵州省委、省政府重点规划打造的100个旅游景区之一，景区规划的空间结构为"一核两翼"，"一核"即海坪彝族文化核心区，"两翼"即东翼的玉舍国家森林公园和西翼的野鸡坪亚高原山地旅游度假区。

水城玉舍国家森林公园是集生态观光、休闲度假、会议聚会、文化探寻、登山活动、植物科普、回归自然为一体的综合性国家森林公园。其位于贵州省水城县南部，距六盘水市中心30公里，交通便利，有水柏铁路和两水线通过景区。该公园以浩瀚的"林海"为主，总面积50134亩，有林面积40680亩，有300亩保存完好的原始林，森林覆盖率在90%以上，拥有光叶珙桐、西康玉兰、水青树、十齿花、南方红豆杉等多种国家一、二级珍稀植物，野生保护动物有白腹锦鸡、红腹锦鸡、白狐、花面狸、香獐。

● 明湖国家湿地公园

明湖国家湿地公园位于六盘水市中心城区西部，是新建的六盘水市西出口的地标性建筑，明湖湿地公园是贵州省第一个国家级湿地公园。澄澈的湖水和西侧的自然山体相连，长达1.13公里的彩虹桥凌驾于澄澈的湖面之上，犹如一条飘舞的彩带。2013年10月8日，贵州省六盘水明湖正式通过国家林业局试点验收，成为贵州省第一个获得正式授牌的国家湿地公园。

美丽中国经典线路 Beautiful China Classic Route

第四站：兴义
The fourth station: Xingyi

兴义市是我国西南地区重要的中心城市之一，是贵州省第四大城市，是黔西南布依族苗族自治州首府，是黔西南的政治、经济、文化、科教中心和西南地区重要的交通通信枢纽、工业基地及商贸旅游服务中心，东与本省安龙县接壤，南与广西壮族自治区的西林、隆林两县隔江相望，西与云南省罗平、富源两县毗邻，北与本省兴仁县、普安县和盘县连接，南盘江横贯市境，历史上是三省毗邻地区的商业集散地和通衢要塞。

● 马岭河峡谷

位于黔西南布依族苗族自治州兴义市。谷长74.6米，谷深120～280米，谷底低于地面200米。人称峡谷景区有双绝：山峰，壮阔雄伟；河流，奇险幽深。马岭河两岸，自然景观有其特色，人文景观也独特多彩，有万屯汉墓群，猫儿洞古人类遗址和马别布依寨，那叠红庙山寨的民族风情博物馆等。

● 泥凼石林

泥凼石林风景名胜区位于兴义县城南面，南盘江左岸泥凼乡（中国国民党陆军一级上将何应钦的故乡），距县城约47公里。石林东起距泥凼乡人民政府所在地2公里的风波弯，经戴家坝、白马地，西至陇戛（又名"李家弯子"）。东西长约4公里，南北宽约2公里。石峰耸立，千嶂苍翠。石林分布在土山、石山相间的台地和缓坡上，面积3000余亩。这座无人工雕琢痕迹、迷宫式的石林景观，形成于古生代，是发育典型的岩溶地貌。泥凼石林，为"金州十八景"之一，位于兴义城南部，长达20公里，总面积约3万余亩。位于烟波浩渺的万峰湖畔，是万峰林中的一个盆景。石林区比较集中的有风坡弯、戴家坝、小寨等处。石林呈东北——西南走向的长条形，长15公里，宽1～3.2公里，面积近6.7平方公里，为距今2亿年前后形成的水平状薄层灰岩，经大自然鬼斧神工雕琢成的锥状和叶片状石林。石林单个石峰最高20米，一般高10米，最低8米。泥凼石林分为前后两部分，前石林在风波弯和戴家坝一带，石灰岩形成的石峰、石柱、石牙、石笋，星罗棋布，独立成趣，或互衬为景。有的形同珍禽异兽，跳跃奔驰；有的形似人物，姿态各异；有的拔地而起，直冲天际。李家弯子溶洞壁上，石钟乳形成的石龙，与戴家坝的卧虎石，遥相对峙，民间有"石龙对石虎"的传说。

▲ 马岭河峡谷瀑布 (Malinghe gorge waterfall)

神州大地　醉美贵州　China earth beautiful Guizhou

第五站：荔波
The fifth station: Libo

荔波县位于贵州省南部，隶属黔南布依族苗族自治州。荔波山川秀丽，四季如春，是一块神秘的土地。被誉为地球腰带上的"绿宝石"。荔波以原始、古朴、神奇、多姿多彩而著称，主要有四大景区：水春河峡谷景区、樟江田园风光景区、大七孔景区、小七孔景区。

这里自然风光和民族风情古朴、神奇而神秘。来此一游，有悦目赏心、超凡脱俗、世外桃源之感。荔波是一个少数民族聚居县。世居于这块秀美土地上的布依、水、苗、瑶、汉等民族，长期和睦相处共同创造丰富多彩的民族文化和古朴浓郁的民族风情。长期以来，各民族的花灯表演、山歌对唱、赛龙舟、爬刀山、跳芦笙舞、陀螺赛、打猎舞等，至今仍很好地传承着。

● 大七孔景区

大七孔景区位于贵州黔南荔波，是以原始森林、峡谷、伏流、地下湖为主体的景区，景观峻险神奇、气势雄峻磅礴，尤其是风神洞、恐怖峡、地峨宫景点，洞中有瀑，瀑下有湖，湖上有窗，阳光投下形如日月星斗，极富惊险性、神秘性、奇特性。高百米、宽数十米跨江而过的天生桥被专家们誉为"大自然神力所塑造的东方凯旋门"，观之令人肃然起敬，为大自然神力所折服。大七孔以进入景区的一座大七孔古桥而得名。充满了神秘、奇特的色彩。从大七孔桥溯流而上，迎面而来的是一道长长的天神峡谷，峡谷内危崖层叠，峭壁耸立，岚气缭绕。

● 小七孔景区

小七孔景区是国家级风景名胜区，于2007年成为世界自然遗产地，中国最美丽的地方之一。该景区在宽仅1公里、长12公里的狭长幽谷里，集洞、林、湖、瀑、石、水多种景观于一体，玲珑秀丽，令游客耳目常新，有"超级盆景"的美誉。具有多处景点可供游人观赏。现已经向游客开放的景点有铜鼓桥、小七孔古桥、涵碧潭、拉雅瀑布、68级跌水瀑布、野鸭池、龟背山、一龙戏九珠、飞云洞、野猪林、水上森林、天钟洞、鸳鸯湖、卧龙潭、卧龙河生态长廊漂游等。

▲ 小七孔古桥 (Hole Bridge of Xiaoqikong)

第六站：西江千户苗寨
The sixth station: Xijiang qianhu miaozhai

西江千户苗寨是一个保存苗族"原始生态"文化完整的地方，由十余个依山而建的自然村寨相连成片，是目前中国乃至全世界最大的苗族聚居村寨。它是领略和认识中国苗族漫长历史与发展之地。西江每年的苗年节、吃新节、十三年一次的牯藏节等均名扬四海，西江千户苗寨是一座露天博物馆，展览着一部苗族发展史诗，成为观赏和研究苗族传统文化的大看台。西江有远近闻名的银匠村，苗族银饰全为手工制作，其工艺具有极高水平。

● 吊脚楼

西江千户苗寨的苗族建筑以木质的吊脚楼为主，为穿斗式歇山顶结构。分平地吊脚楼和斜坡吊脚楼两大类，一般为三层的四榀三间或五榀四间结构。底层用于存放生产工具、关养家禽与牲畜、储存肥料或用作厕所。第二层用作客厅、堂屋、卧室和厨房，堂屋外侧建有独特的"美人靠"，苗语称"阶息"，主要用于乘凉、刺绣和休息，是苗族建筑的一大特色。第三层主要用于存放谷物、饲料等生产、生活物资。

● 风雨桥

出于改善村寨风水条件和方便居民生活考虑，多数苗寨在村寨附近建有风雨桥，以关风蓄气和挡风遮雨。

西江以前有风雨木桥，主要有平寨通往欧嘎的平寨风雨桥和南贵村关锁整个西江大寨风水的南寿风雨桥。由于以前的风雨桥的建造属全木式结构，容易被大水冲垮，现所修建的风雨桥全采用水泥和木材的混合结构，使得风雨桥的坚实性和抵御洪水的能力大大增加。

▲ 西江全景 (General view of Xinjiang)

神州大地　醉美贵州　China earth beautiful Guizhou

第七站：遵义
The seventh station: Zunyi

遵义俗称黔北，距省会贵阳154公里，离重庆市300多公里，从赤水市乘船沿赤水河而下进入长江仅60公里，是川渝黔金三角旅游区的重点景区，也是长江三峡国际旅游热点中的生态旅游的理想王国。遵义山川秀丽，风光独特，尤以山、水、林、洞为主要特色。这里有一个国家级风景名胜区和四个省级风景名胜区，近千处文物点。如被称为"西南古代雕刻艺术宝库"的杨粲墓、被誉为"生物活化石"的桫椤大面积生长于赤水桫椤国家级自然保护区、以及被誉为"丹霞第一瀑"的赤水大瀑布等，真可谓处处有佳境，步步有名胜。遵义城市不大，但五脏俱全，购物、美食、娱乐等生活配套设施一应俱全，繁华程度相当高，素有"小上海"的称号。

● **赤水大瀑布**

由神奇的丹霞地貌景观、密集高大的瀑布群和亚热带常绿阔叶原始森林构成；有被专家学者赞誉为"川南黔北第一胜景""神州又一瀑布奇观"的赤水大瀑布，瀑布宽80米，高76米，瀑布如银河天降，狂涛倾注，气势磅礴，数里之内声如雷鸣，数百米内水雾弥漫。赤水大瀑布与附近的张家湾转石奇观、会水寺摩崖造像、美女梳瀑布、奇兵古道、香溪湖、万年灵芝石、泼彩岩穴、丹岩石柱、百亩茶花林、蟠龙瀑布群、田园风光等景点景观和大片野生杜鹃林、桫椤林

▲ 赤水桫椤国家级自然保护区 (Chishui Alsophila National Reserve)

互为映衬。

● **赤水桫椤国家级自然保护区**

赤水桫椤国家级自然保护区是世界上以桫椤及其生存环境为保护对象的唯一的自然保护区，也是中国距离长江最近的一处国家级自然保护区之一，拥有世界上数量最多、面积最广的桫椤林区。桫椤作为历史的见证，科学研究的"活化石"，对研究古环境的演变，对探索生物进化的奥秘，对保证遗传物种生态系统的永续利用具有极重要的保护及科学研究价值。桫椤也因树形优美、生态环境特殊而极富观赏价值。

美丽中国经典线路　Beautiful China Classic Route

旅游天堂　七彩云南

Tourism paradise of the world　colorful Yunnan of China

线路：昆明➡石林➡大理➡丽江➡西双版纳
Route: Kunming ➡ Shilin ➡ Dali ➡ Lijiang ➡ Xishuangbanna

魅力云南
Attractive Yunnan

云南，从来都是一片绚丽的风景。一座座山峰耸立，一片片森林凝翠，一朵朵鲜花怒放，一条条飞瀑流泉。云南的风情如一朵彩云追赶着另一朵彩云，一份情怀撞击着另一份情怀；云南的颜色如一道赤橙黄绿青蓝紫的长虹，彰示着五彩缤纷的灵气，流淌着千姿百态的动感。

悠久的历史，厚重的文化，丰富的旅游资源，汇聚了世界上除海洋旅游以外的其他各种旅游资源，集绚丽多姿的自然风光之美、丰富多彩的民族风情之美、古朴悠远的历史文化之美、地绿水净的生态环境之美、地处边疆的区位之利于一域。

"旅游天堂，七彩云南"，去云南吧，去看壮丽的大山大河、去品味传统的民居与建筑、去花市买论斤称的鲜花、去融入多彩的民族文化、去感受泼水节的新鲜与刺激、去做一个幸福的吃货……

旅游天堂　七彩云南　Tourism paradise of the world　colorful Yunnan of China

行程推荐
Describe the itinerary

云南的旅游线路非常多，而且条条经典，有香格里拉的环线之旅、滇中滇东的五彩花海之旅、有热带雨林之旅、有茶马古道之旅、有梅里雪山之旅，每条线路都会带给你惊艳的感触。但囿于时间和精力，我们提供了一条尽量囊括了云南大多数类型的风光的线路：城市、古镇、高山、大河、建筑，以及茂密的热带植被和少数民族风情，让你最省力地体会云南最美的景色。

这条线路的起点是云南的省会昆明。昆明市作为云南的省会，是中国西部最重要的交通枢纽之一，公路和铁路成网，还有直达的航空线路。市内轨道交通也十分便利，以城市公交为主、出租汽车为辅，地铁各大线路也陆续开通中，目前已经开通两条。昆明公交设有专用公交车道，线路几乎覆盖了市区的所有地方，各主要街道、景区景点和近郊都可通达，大部分公交车票价1元。

昆明地铁六号线和一号线已经开通。六号线连接东部汽车站和机场；一号线连接晓东村和大学城南。昆明出租车的起步价是8元，燃油附加费3元。所有出租车行驶超过10公里后要加收50%的费用，如果打车去石林等地，过路费也需由乘客承担。从昆明到大理，交通非常便捷。可以选择搭乘飞机、乘坐火车或者乘坐长途客车。火车最快的要5个多小时，慢的要8个小时；坐长途汽车或者包车的话需要4～5小时（这就是云南的十八怪之一，火车没有汽车快）相比之下乘飞机去往大理最节约时间，飞行时间约半个小时。大理机场距离市中心不是十分远，到达机场后乘坐机场大巴就可到市区。大理和丽江之间的公路和铁路交通便利，车程在3～4小时。丽江去往西双版纳的行程推荐乘坐飞机，西双版纳机场为云南第二大机场，预订到特价机票的话很实惠。 其次就只能乘坐大巴（长途汽车）了，车票较贵，旅途时间较长。

▲ 洱海风光（Erhai scenery）

457

美丽中国经典线路 Beautiful China Classic Route

第一站：昆明
The first station: Kunming

昆明市位于云南省中部、滇池北岸，为全省政治、经济、文化中心，国家历史文化名城。昆明，无愧于"春城"这一雅称，四季如春，夏天避暑，冬天避寒，所谓"昆明腊月可无裘，三伏轻棉汗不流，梅绽隆冬香放满，柳舒新岁叶将稠"。无论从哪个角度看昆明，一定是春光明媚，天空碧蓝又高远，仿佛是透明的。太阳肆意地迸发着耀眼的光，迎着每一位在这座城中漫步的人。多民族融合在这里，有各色的风土人情，也有各色的美食……昆明有着遍地的故事，陌上花开，携一抹余香，在这座充满生活气息的城里走走停停，多一刻逗留，多一分感受。

一早乘车前往西山，在西山俯瞰滇池；随后乘高空索道到达海埂公园，人鸥共嬉。而后驱车前往昆明地标性建筑——金马碧鸡坊，徒步到南屏街，吃桥香园的过桥米线。闲来可以悠游大观楼，左眼是昆明的湖光山色，右眼是云南的千年历史，若把它吞进肚里，简直就是来云南饱餐了一顿千年美味。转天再去品读云南石林雄、奇、险、幽的地貌风光。

● **西山风景区**

西山位于昆明西郊，西山公园东濒滇池，西迤长坡，古称碧鸡山。西山山脉连绵，由碧鸡山、华亭山、太华山、罗汉山、挂榜山等山峰组成。相传，有凤凰栖息于此，故称"碧鸡山"；又因远眺西山群峰，既像一尊庞大的睡佛，又似一个美丽的少女仰卧在滇池畔，所以有"卧佛山"或"睡美人"之称。西山森林茂密，花草繁盛，清幽秀美，景致极佳。徐霞客曾游遍西山，写下《游太华山记》。西山为文物古迹、名胜风光、森林兼备的风景名胜区。名胜古迹分布在鸟语花香，层林叠翠的山腹之中，有华亭寺、太华寺、三清阁、龙门以及人民音乐家聂耳墓，南段还有观音山、白鱼口等游览及疗养胜地。

● **滇池**

位于昆明市西南，又称昆明湖，古称滇南泽，为断层陷落湖，素有高原明珠之称。是我国第六大淡水湖，水源有盘龙江等20余条河流由南注入。滇池东西两岸有金马、碧鸡两山夹峙，池上烟波浩渺，风帆点点，被誉为云贵高原翡翠。明代著名学者杨慎在《滇海曲》诗中赞道："苹香波暖泛云津，渔樵歌曲水滨。天气常如二三月，花枝不断四时春。"滇池周围多名山胜景，有大观楼、西山、海埂、观音山、白鱼口、郑和公园等。

▲ 滇池 (Dianchi Lake)

旅游天堂　七彩云南　Tourism paradise of the world colorful Yunnan of China

第二站：石林
The second station: Shilin

石林是位于云南省昆明市石林彝族自治县境内的一个风景区，也是世界自然遗产。它拥有世界上喀斯特地貌演化历史最久远、分布面积最广、类型齐全、形态独特的古生代岩溶地貌群落石林，被誉为"天下第一奇观"。

石林彝族自治县，原名路南彝族自治县，是云南省昆明市远郊县，距昆明78公里，是中国阿诗玛的故乡。以阿诗玛为代表的彝族文化内涵丰富，影响深远。这里有世界上最奇特的喀斯特地貌，约3亿年前还是一片泽国，经过漫长的地质演变，形成千千万万拔地而起的石峰、石柱、石芽、石笋和石钟乳，犹如一望无际的莽莽森林，气势磅礴，故名"石林"。景区是一座名副其实的由岩石组成的"森林"，穿行其间，但见怪石林立，突兀峥嵘，姿态各异。有双马渡食、孔雀梳翅、凤凰灵仪、象距石台、犀牛望月；有唐僧石、悟空石、阿诗玛等无数像生石，细看确有几分像。有一处"钟石"，能敲出许多种不同的音调。整个石林就是一座巨大的自然石景艺术宝库，任凭大家去观察，去发现，去自由地想象。石林风景区为350平方公里。由大小石林、乃古石林、芝云洞、长湖、大叠水瀑布、月湖和奇风洞7个景区组成。

● 大、小石林

大、小石林是石林风景区主要游览景点。进石林入口处，是碧波荡漾的石林湖，因湖中一石柱酷似观音菩萨，名为"出水观音"。进石林大门，左转穿越石壁怪峰，前方草坪上石柱林立，重重叠叠，酷似城堡，甚为壮观，即为"石林胜境"，峰腰上刻有隶书"石林"两字。过"千钧一发"和"且住为佳"两景点，到著名的剑峰池。小石林位于大石林东北，过莲花池可进入小石林。小石林特点是石峰稀疏挺拔，孤峰高耸，空旷幽静。其主要景点是矗立于玉鸟池畔的阿诗玛石峰，该石峰宛若一位撒尼少女背篓归家的身影，亭亭玉立，青春焕发。

● 大叠水瀑布

位于石林县城西南，距大、小石林约40公里。为南盘江支流巴江水从断层悬崖上飞泻而下所形成的瀑布。宽约30米，落差96米，水急潭深，声如雷鸣，极为壮观，为云南省内众瀑之最。

▲ 云南石林 (stone forest in Yunnan)

美丽中国经典线路 Beautiful China Classic Route

第三站：大理
The third station: Dali

大理市位于云南省中部偏西，在洱海南岸，是滇藏公路起点，为大理白族自治州首府，滇西经济、文化中心和交通枢纽。大理州历史悠久，素有"文献名邦"的美称，是云南最早的文化发祥地之一。唐宋500多年间（即从南诏国建立至大理国覆灭），大理一直是云南的政治、经济、文化中心。地处低纬高原，四季温差不大，干湿季分明，以低纬高原季风气候为主，常年气候温和，土地肥沃，以秀丽山水和少数民族风情闻名于世，境内以蝴蝶泉、洱海、崇圣寺三塔等景点最有代表性。大理山水风光秀丽多姿，有"风花雪月"的美称，即下关风、上关花、苍山雪、洱海月。

● 蝴蝶泉

位于苍山云弄峰麓。距大理市20公里，泉水由树根流入泉池，圆形泉池约50平方米，泉水碧清，泉底石块一览无余。泉旁一棵古树横过泉池，泉周有蝴蝶楼、望海亭、蝴蝶标本馆等建筑。每年农历四月，古树开满状如彩蝶样黄色小花，引来成千上万只蝴蝶群集于此。时而在泉旁树丛中一只只首尾相衔，钩足连须似彩带从树梢倒悬于水面；时而突然惊散，漫天飞舞，十分壮观，故名蝴蝶泉。当地群众把农历四月十五定为"蝴蝶会"，每年此时附近白、彝等各民族老老少少都前来观蝶。

● 崇圣寺三塔

位于大理古城西北1.5公里处。俗称大理三塔，三塔一大二小，成鼎状矗立于苍山、洱海之间，气势宏伟。因塔西曾有崇圣寺，故名崇圣寺三塔。现寺庙已不存。大塔名千寻塔，高约70米，为正方形中空16级密檐式砖塔，各级正中央开券龛，存白色大理石佛像一尊，塔顶四角各有一只巨大金翅鸟。据考证，该塔建于唐开成元年（836年）。两小塔均高42米，为一对10级八角形实心砖塔，各级塑有券龛、莲座、花瓶等，约建于五代。1978年重修时，从大塔塔基与塔顶中发现唐、宋时期珍贵文物6000余件，历史和艺术价值极大。为全国重点文物保护单位。

> **小 贴 士**
>
> 大理不仅是旅游胜地，同时也是美食王国，大理三道茶，历史悠久，回味无穷，还有特色小吃乳扇、饵块、大理砂锅鱼等，在古城的小摊边，在某个意境悠远的餐馆里，在饱览美景的同时，还可以在大理享受一次饕餮盛宴。

▲ 崇圣寺三塔 (Three Pagodas of Chong Sheng Temple)

旅游天堂　七彩云南　Tourism paradise of the world colorful Yunnan of China

▲ 静静的洱海 (Peaceful Erhai)

● 洱海

位于大理市下关东北隅。因形似人耳，风大浪急如海而得名。洱海古称叶榆泽、洱河或昆弥川。唐宋时，为南诏大理国政治、经济、文化中心，至今仍保存当时众多文物遗迹，如湖中金梭岛上的南诏避暑宫遗址、西岸的太和城遗址、阳苴咩城遗址等。洱海北起洱源，南至下关，南北长41公里，东西宽约9公里，面积约为250平方公里，蓄水量约30亿立方米。湖水碧清，绿波粼粼，与西岸苍山构成"银苍玉洱"胜景。湖中鱼类丰富，年产数十万斤，其中以弓鱼最为著名。南岸下关辟有洱海公园。为全国重点风景名胜区。

● 大理古城

大理古城东临碧波荡漾的洱海，西倚常年青翠的苍山，形成了"一水绕苍山，苍山抱古城"的城市格局。由南城门进城，一条直通北门的复兴路，成了繁华的街市，沿街店铺比肩而设，出售大理石、扎染等民族工艺品及珠宝玉石。街巷间一些老宅，也仍可寻昔日风貌，庭院里花木扶疏，鸟鸣声声，户外溪渠流水淙淙，"三家一眼井，一户几盆花"的景象依然。古城内东西走向的护国路，被称为"洋人街"。这里一家接一家的中西餐馆、咖啡馆、茶馆及工艺品商店，招牌、广告多用洋文书写，吸引着金发碧眼的"老外"，在这里流连踯躅，寻找东方古韵，渐成一道别致的风景。大理古城可以算是全云南外来常住人口最多的古城景区。在很多人眼里这里是文艺青年的聚集地和理想主义者的后花园。以前的媒体人、作家、公务员等在这里变身成为人民路地摊摊主，某个小吃店的厨师，某家客栈的掌柜……肤色不同的他们从世界各地来到这里，选择了一种更自然更接地气的生活方式。所以在古城某个别致的小店或摊位上，哪怕菜市场，你都有可能邂逅一位有这样故事的人。

▲ 大理古城 (Dali Old City)

461

美丽中国经典线路 Beautiful China Classic Route

● 苍山

位于大理市城西 2 公里处。苍山又名点苍山，属横断山脉。南北并列长 42 公里，东西宽 74 公里，平均海拔 3000 米以上，主峰马龙峰海拔 4122 米。苍山有 19 座雄伟陡峭的山峰，18 条溪水百折千转，飞流而下，东入洱海。苍山以雪、云、峰、溪著称。山顶终年积雪，是有名的"苍山雪景"，为大理"风花雪月"四景之最。苍山飞云变化多姿，时而淡如烟，时而浓如墨。苍山水源丰富，溪水四时不绝。山顶上还有一些高山冰碛湖泊，为第四纪冰期遗留的痕迹。苍山也是著名的大理石产地。

● 双廊

双廊镇位于大理市东北部，是"苍海风光第一镇"。这个小渔村，景色不多，周围有玉几岛、金梭岛和小普陀等岛屿，玉几岛上还有舞蹈家杨丽萍的私人别墅和画家赵青的青庐。静谧是双廊的一大特点，小小的渔村里，不用刻意去寻找什么景色，只要你拥有一颗善于发现的心，那便处处是景，处处是惊喜。登上南诏风情岛，更可目睹 17 米高的汉白玉观音拜弥勒佛山的奇观。

● 三月街

三月街又称月街或观音街，是白族传统的节日和街期。每年农历三月十五日至二十一日，在大理城西的苍山中和峰山脚下举行。始于唐代，已有 1000 多年历史。新中国成立后，逐渐发展成为各族人民文化和

▲ 鸡足山晨曦 (Gyejoksan dawn)

物资交流的活动。1991 年起，被定为"大理白族自治州三月街民族艺术节"。每年此时，白族和彝族等各族同胞从各处会集于此，举行歌舞、竞技、赛马或商贸活动，人头攒动，热闹非凡。

● 鸡足山

位于宾川县西约 30 公里处。又名九曲岩，山背西北，面朝东南，前展三趾，后出一趾，形如鸡足得名。东西长 7 公里，南北宽约 6 公里，主峰金顶海拔 3248 米，登峰可"绝顶四观"：可东观日出，南瞰浮云，西望苍山、洱海，北眺玉龙雪山。鸡足山是我国著名的佛教圣地之一。在蜀汉时期，就有佛教徒在山上营建寺庙，唐代盛时有大小寺庙百余座。现存有金顶寺、祝圣寺和楞严塔等。

旅游天堂　七彩云南　Tourism paradise of the world colorful Yunnan of China

第四站：丽江
The fourth station: Lijiang

● 丽江

　　丽江地处滇西北高原，金沙江中游。如果说一千个读者心中有一千个哈姆雷特，那么一万个游客心中有一万个丽江也不为过。丽江是喧嚣的，你可以彻夜狂欢；丽江是宁静的，你可以坐在洒满阳光的院落发呆良久。这座充斥了爱与奇遇的风情古城，承载着满满的情意与感性。也许是丽江古城内小桥流水人家的柔软风情让人在静谧中左思右想，抑或是夜晚风格各异的酒吧让人魅惑张扬。不过，无论是蓝天白云，雪山潺流，炊烟人家，还是风情酒吧，闲适的一切生物，这一切怎能不让人为她张望，为她痴狂。我们来丽江，遇见自己，遗忘过往，漫步古城感受闲适光阴里的一花一木，让午后的一米阳光一下子照进心中最柔软的地方。

● 大研古城

　　大研古城位于云南省丽江市丽江坝的中部，北依象山、金虹山，西枕狮子山。它自古就是远近闻名的集市和重镇，也是中国历史文化名城中两个没有城墙的古城之一。东南面临数十里的良田沃野，古城内小巧流水，城内的民居建筑布局错落有致。发源于城北象山脚下的玉泉河水分三股入城后，又分成无数支流，穿街绕巷，流布全城，形成了"家家门前绕水流，户户屋后垂杨柳"的诗画图。街道不拘于工整而自由分布，主街傍水，小巷临渠，300多座古石桥与河水、绿树、古巷、古屋相依相映，极具高原水乡古树、小桥、流水、人家的美学意韵，被誉为"东方威尼斯""高原姑苏"。充分利用城内涌泉修建的多座"三眼井"，上池饮用，中塘洗菜，下流漂衣，是纳西族先民智慧的象征，是当地民众利用水资源的典范杰作，充分体现了人与自然的和谐统一。

▲ 丽江大水车 (Lijiang big waterwheel)

463

美丽中国经典线路 Beautiful China Classic Route

● 玉龙雪山

玉龙雪山位于玉龙纳西族自治县境内，是北半球最南的大雪山。高山雪域风景位于海拔4000米以上，以险、奇、美、秀著称于世，随着节令和气候变化，有时云蒸霞蔚，玉龙雪山时隐时现，有时碧空万里无云，群峰晶莹耀眼。玉龙雪山景观大致可分为高山雪域风景、泉潭水域风景、森林风景、草甸风景等，主要景点有玉柱擎天、云杉坪、雪山索道、黑水河、白水河、蓝月谷及宝山石头城等。纳西族民间流传着一个神奇的故事：玉龙雪山和哈巴雪山是一对孪生兄弟，他们相依为命，在金沙江淘金度日。一天，突然从北方来了一个凶恶的魔王，他霸占了金沙江，不准人们淘金。玉龙、哈巴兄弟俩大怒，挥动宝剑与魔王拼杀，哈巴弟弟力气不支，不幸被恶魔砍断了头，玉龙哥哥则与魔王大战两天三夜，一连砍缺了十三把宝剑，终于把魔王赶走了。从此，哈巴弟弟变成了无头的哈巴雪山，玉龙哥哥为了防止恶魔再次侵扰，日夜高举着十三把宝剑，后来也变成了十三座雪峰。而他那战斗的汗水化为了黑水、白水。玉龙雪山常被当作纳西族的外在象征，而这个传说中的玉龙英雄，则成为纳西人民内在精神的象征。纳西族的保护神"三朵"，就是玉龙雪山的化身。

● 长江第一湾

在丽江市石鼓镇、距离丽江县城约50公里的地方，奔腾而下的滚滚长江被海罗山崖阻挡，不得不急转一个"V"形大弯，折头向东北流去，这个"V"形大弯就是闻名的万里长江第一湾。这里水流很急，但由于江面宽阔，看过去江水平缓如镜。江湾两岸绿柳依依，白云蓝天下群山隐隐，不远处就是整齐划一的田畴、炊烟袅袅的村镇，在这样一片高原上竟有如江南水乡一般的景致，让人啧啧称奇。

▲ 玉龙雪山 (Yulong Snowmountain)

旅游天堂　七彩云南　Tourism paradise of the world colorful Yunnan of China

● 白水河

　　白水河是位于云南丽江玉龙雪山东麓山箐的云杉坪旁的一条河流。白水河是一条由玉龙雪山融化的冰川雪水汇成的河流，沿着山谷层叠跳跃而下，因河床由沉积的石灰石碎块组成，呈灰白色，清泉流过，远看就像一条白色的河，因此而得名。流过之处有神奇的神仙水、深不可测的溶洞、满山遍野的杜鹃花、天然形成的龙口水瀑布、山腰神海、雪山的腰带、一线天等自然奇观引人入胜。白水河在纳西东巴文化中是保平安的重要河流。

● 拉市海

　　拉市海位于丽江县城西面10公里处的拉市坝中部，是云南省第一个以"湿地"命名的自然保护区。拉市海原为滇西北古地槽的一部分，中生代燕山运动时褶皱隆起成陆，至中新世成为一个准平原，随着横断山脉造山运动的发展，到上新世末至更新世初，这个准平原又分割成三个相对高差在100～200米的高原山间盆地，即拉市坝、丽江坝、七河坝。拉市坝是其中最高的坝子，坝中至今仍有一片水域，便是拉市海，湖面海拔2437米。拉市海边山清水秀，森林茂密，花草繁盛。海边共有鸟类57种，每年来此越冬的鸟类有3万只。越冬鸟类中，特有珍稀濒危鸟类9种，包括青藏高原特有鸟类斑头雁，国家一级保护鸟类中华秋沙鸭、黑颈鹤、黑鹳等。如镜的湖面倒映着玉龙雪山，越冬水鸟安然栖息，构成高原湿

▲ 拉市海 (lashi lake)

地特有的气息。在拉市海可以游湖赏鸟，骑马驰骋；还可以边吃烤鱼，边听纳西民歌。

● 束河

　　束河，处于丽江所有景区的核心部位，是游览丽江古城、玉龙雪山、泸沽湖、长江第一湾和三江并流风景区的枢纽点，从丽江古城往北，沿中济海东侧的大路程行约4公里，便见两边山脚下一片密集的村落，这就是被称为清泉之乡的束河古镇。束河是纳西先民在丽江坝子中最早的聚居地之一，也是茶马古道上保存完好的重要集镇。喜欢安静的朋友在这里可以好好逛一逛并留宿一晚，体验一下淳正的纳西风情。在茫茫夜幕下，河东有一把火把，河西也有一把火把，很快，把把成串，两岸热闹了起来，连成了一片火把的海洋，映照得天空如同白昼，刹那间变成了一个狂欢一样热闹的节日。夜市里有吃的、喝的、玩的、乐的，似乎要把人世间所有的欢乐都会集到这里一样。

465

美丽中国经典线路 Beautiful China Classic Route

第五站：西双版纳
The Fifth station: Xishuangbanna

西双版纳傣族自治州地处云南省最南端，东、西、南分别与老挝、缅甸、老挝接壤。首府为景洪。西双版纳，古代傣语为"勐巴拉那西"，意思是"理想而神奇的乐土"，这里以神奇的热带雨林自然景观和少数民族风情而闻名于世，是中国的热点旅游城市之一。州内遍布高山峻岭，澜沧江横贯而过。美丽富饶的土地上，森林覆盖率达34%，生长着莽莽热带雨林和攀缘植物、绞杀植物及各种奇花异草，素有"孔雀之乡""植物王国""动物王国""药物王国"等美称。

● **曼阁佛寺**

位于景洪城北2公里澜沧江大桥东堍，为小乘佛教建筑。始建于南宋隆兴二年（1164年），明万历十六年（1588年）迁建至此。大殿为三重檐歇山式屋顶，屋面中部高，两侧低，呈凸形，状如花瓣，由16根红椿木圆柱支撑。屋檐下、梁头上雕有龙、凤、孔雀和大象等动物。墙上壁画描绘佛经故事，整座建筑造型优美，富丽堂皇。

● **橄榄坝**

橄榄坝是位于澜沧江的下游的一个坝子，距离景洪城只有40公里。橄榄坝，在傣语中叫作勐罕，"罕"意思是卷起来。传说，佛祖释迦牟尼到这时讲经，教徒们就用棉布铺在地上，请佛祖从上面走过去，佛祖走过去后，教徒又把布卷起来。勐罕就是这样得名的。橄榄坝是西双版纳海拔最低的地方，也是气候最炎热的地方，不过，这炎热的气候也给橄榄坝带来了丰富的物产，有椰子、槟榔、香蕉、杧果、荔枝、阳桃、波罗蜜、西番莲等，除鲜果外，橄榄坝还出产大量的果脯。每年4月13～15日，是傣族传统新年泼水节，人们到佛谷浴佛后，在欢声笑语中互相泼水，表示真诚的祝福。

● **望天树**

望天树是西双版纳州特有的树种之一，仅分布在州内勐腊县的补蛙、景飘等地。望天树属龙脑香科，常绿高大乔木。因它长得挺拔笔直，高达七八十米，如利剑般直刺蓝天，有"林中巨人""林中美王子"之美誉。"空中走廊"就架设在望天树林区，是从国外引资建设的项目。走廊全长2.5公里，用钢绳和锁链直接在大树上捆绑而成，走廊上面铺置木板路面，四周有绳索保护，高20米以上。游客走在上面还可以眺望自然保护区一片绿海的景观。

▲ 橄榄坝傣族园建筑（Olive dam Dai garden building）

466

旅游天堂　七彩云南　Tourism paradise of the world colorful Yunnan of China

▲ 曼飞龙群塔 (Manfeilong group)

● 曼飞龙佛塔

位于景洪市大勐龙乡北3公里曼飞龙村寨北的后山顶上。始建于傣历565年（1204年）。因塔形似笋，塔身洁白，故又称"笋塔""白塔"。塔群为小乘佛教建筑，砖石结构，由9座佛塔建在一个8角形的须弥座上，周长42.6米。主塔居中，高16.29米，8座副塔分建8个角上，各高9.1米。主塔副塔均为多级葫芦形，级级都有佛龛，饰有彩色卷云纹，龛内供有佛像。塔群布局和谐，古朴秀丽，雄伟挺拔。塔正南岩石上有一双"脚印"，传说是佛祖足迹。

● 景真八角亭

位于勐海县城西17公里景真山上。建于傣历1063年（1701年），是西双版纳傣族从事宗教活动的中心，1978年重新修葺。亭高22米，亭的基座长和宽都是8～25米，为砖木结构，由亭座、亭身和亭顶三部分组成。开四门，墙内外皆抹浅红色泥皮，镶各种彩色琉璃，用金银粉印出各种花卉、动物及人物图案，艳丽夺目。亭顶为木结构锥形10层屋檐，呈八角，上铺平瓦，屋脊上装有各式传统花鸟饰物，檐系铜铃。整座建筑优美华丽，造型独特不凡，是傣族建筑中的精品。为全国重点文物保护单位。

● 热带植物园

位于勐腊县西北95公里处的葫芦岛上。隶属中国科学院，由著名植物学家蔡希陶教授于1958年率一批年轻学者所创建，占地1～3平方公里，园内建有棕榈园、百竹园、榕树园、兰花园、热带百果园、民族植物园、龙脑香植物园、热带香料及药用植物园、滇南濒危植物迁地保护区等10多个专类植物区。其中有1700多年前的古茶树和"独木成林奇观"，引种国内外野生植物、观赏植物、热带经济植物等1500多种，既是观光胜地，又是全国最大的植物科学教育基地。

▲ 西双版纳热带植物园 (Xishuangbanna Tropical Botanical Garden)

467

美丽中国经典线路 Beautiful China Classic Route

● 西双版纳民族风情园

民族风情园位于景洪西南1公里处的流沙河河畔，占地面积66.7万平方米，其中，陆地面积53.4万平方米，水域面积13.3万平方米。整个园区分为南园和北园。郁郁葱葱的热带园林内，建有西双版纳6个世居少数民族的展馆，它将西双版纳珍贵的热带动植物和浓郁的民族风情融为一体，是美丽而又神奇的西双版纳的一个缩影。

南园分为植物标本、热带水果、沙滩日浴游泳3个游览区，种植着椰子、柚子、杧果、荔枝、阳桃、波罗蜜等热带水果600多亩，咖啡55亩，还有棕榈、槟榔、速生林、砂仁等珍贵植物标本数十个品种，这里有弯月形的池塘100余亩，在丛林北侧的动物园内，还饲养着大象、绿孔雀和各种热带鸟类。北园又分为民族情展览和民族游乐活动两部分，民族情展览由傣族馆、哈尼族馆、瑶族馆、基诺族馆等组成。各民族展览馆分别由包含民族传说的小楼组成村寨群落，在每个村寨出口处，有代表本民族的导向标志。民族游乐活动有赶摆、放高升、放孔明灯、丢包、泼水、斗鸡、寨龙舟、划竹筏、放焰火、竹炮、剽牛、傣族婚礼等。在这座郁郁葱葱的民族风情园，还设有大象馆、孔雀馆、鸟馆、爬行动物馆。

● 热带雨林

西双版纳热带雨林自然保护区位于云南省南部西双版纳州景洪、勐腊、勐海3县境内，是当今我国高纬度、高海拔地带保存最完整的热带雨林。西双版纳原始森林公园融汇了独特的原始森林自然风光和迷人的民族风情。园内有北回归线以南保存最完好的热带沟谷雨林、孔雀繁殖基地、猴子驯养基地、大型民族风情演艺场、爱尼寨、九龙飞瀑、曼双龙白塔、白米花岗岩浮雕、金湖传说、民族风味烧烤场十大景区50多个景点，突出体现了"原始森林、野生动物、民俗风情"三大主题特色。《中国国家地理》评选出的中国最美的十大森林，西双版纳热带雨林位列其中。世界上与西双版纳同纬度带的陆地，基本上被稀树草原和荒漠所占据，形成了"回归沙漠带"，而西双版纳这片绿洲，犹如一颗璀璨的绿宝石，镶嵌在这条"回归沙漠带"上。5000多种热带动植物云集在西双版纳近两万平方公里的土地上，令人叹为观止。"独木成林""花中之王""空中花园"、婀娜的孔雀等，都是大自然在西双版纳上精心绘制的美丽画卷，是不出国门就可以完全领略的热带气息。

▲ 雾中的热带雨林（The fog in the rainforest）

旅游天堂　七彩云南　Tourism paradise of the world colorful Yunnan of China

▲ 西双版纳野象谷(Xishuangbanna Wild Elephant Valley)

▲ 孔雀开屏(A peacock)

● 野象谷

　　位于景洪以北的勐养自然保护区内，地处东西两片林区结合部的河谷。野象谷是最引人入胜的热带森林公园，园内建有动物观赏区：百鸟园、蛇园、蝴蝶园和大象表演区，还有国内第一所驯象学校。在这片上百万亩的热带雨林里生长着多种植物，为亚洲象等野生动物提供了最适宜生长、繁衍的栖息之地。现存亚洲象近300头。公园内有一口水塘，距水塘不远的隐蔽处，修有一座碉堡式的观察站，在这里，旅客可以清楚地观察野生亚洲象及其他动物到河边饮水嬉戏的情景。另外，在原始森林里辟了一条10公里的旅游冒险线，供游人沿着野兽的足迹考察野象、野牛等野生动物的生活习性。这里还建有国内第一个人工繁殖饲养蝴蝶实验场，向游客展示蝴蝶恋花生长的全过程，并提供标本作纪念。

● 曼典瀑布

　　曼典瀑布位于景洪西南方向27公里处，共有10多级瀑布，形成落差20米，宽10米，其声如400只愤怒的野兽的嘶鸣。这里各类植物千姿百态，穿过森林，路过河沟小桥，抬头可见瀑布从悬崖处飞泻而下，水雾腾腾，遮天盖地，漫步古老的森林中，景致优雅，令人赏心悦目。距景洪城区最近的瀑布，是曼典瀑布。此瀑布在景洪市嘎栋乡曼典村公所西北的曼典河上。瀑布所在地系纳板河流域生物保护区的边沿，有公路通到曼典。此瀑布分为左、中、右三道，左侧水帘宽而涌，任何时节都有瀑水飞流直下，中间一道的水帘比左右两侧都小，枯水季节会变为涓涓细流。瀑布宽约15米，落差在25米左右。瀑水从高处飞落下来，冲入深谷，发出震耳之声。俯视瀑水飞落之谷，但见水雾蒙蒙，偶见白色水花如珍珠般在水雾中跳跃。飞瀑两旁浓荫密布，高大的常绿阔叶乔木遮天蔽日，古藤曲蔓攀爬，悬挂在高大的乔木上。曼典河像雪链似的在一派绿色中蜿蜒而来，河床突然"断落"，河水从近30米高的地方飞流而下，形成了跌水，雪白的水帘像一道帷幔高挂在沟谷雨林中。

469

美丽中国经典线路 Beautiful China Classic Route

探访西藏，世界屋脊的明珠
Visiting Tibet, the roof of the world Pearl

线路：拉萨➔日喀则➔珠穆朗玛峰➔阿里
Route: Lhasa ➔ Xigaze ➔ Mount Qomolangma ➔ Ali

世界屋脊印象
The roof of the world impression

最能概括西藏地理特征的，莫过于"世界屋脊"这四个形象而生动的汉字。是的，如果地球是一栋房子的话，西藏所在的青藏高原就是这栋屋子的制高点，这片高高隆起于中国西部的大地，既有无数海拔高峻的高山（全世界超过8000米的高山共有14座，青藏高原上就有9座），也是无数源远流长的大河的发源地。说不完的西藏。多少年了，这一片神奇的土地因为被险峻的高山和咆哮的河流所阻隔，除了太阳和月亮可以任意将它细细打量外，多少年来，对西藏以外的人而言，这是一片神奇得近乎神话的土地。

于是，众多被好奇之心驱使的人们从四面八方涌向西藏，于是，青藏线、川藏线、滇藏线，一条条道路被向往西藏的人充斥。于是，多少进藏的人在这里得到了回报：那高峻的喜马拉雅，那奔腾的雅鲁藏布，那比天空还要湛蓝的纳木错……

探访西藏，世界屋脊的明珠　Visiting Tibet, the roof of the world Pearl

行程推荐
Describe the itinerary

西藏的特色旅游可以分成三个主题。一是朝拜之旅：这条旅游线路从拉萨到日喀则，再到拉孜、樟木，这是传统的西藏旅行黄金线。在这条旅游线上，你会看到西藏的第二大城市日喀则，扎什伦布寺辉煌耀目的金顶镇守着这个城市，班禅新宫也在此地；在雅鲁藏布江与年楚河交汇的河谷前，你能尽情感受这种生命起源的悸动；你还会看到古朴庄重的萨迦寺中的精美壁画、唐卡，以及密如蜂房的藏书阁；看到世界屋脊上珠穆朗玛峰和希夏邦马峰等连绵不断的雪山。

二是洗涤之旅：从拉萨到羊八井，再到大竹卡，从日喀则到定日再到珠峰绒布寺，从樟木到加德满都，这一路上你可以领略拉萨全景，在羊八井感受地热温泉，到加德满看看都巴德岗、活女神庙、加德满都皇宫广场。这是一条贯穿西藏最具特色景点最多的线路；一个从拉萨到珠峰不再走重复路的行程；一段体验珠峰南北迥异自然景观的历程；一回感悟西藏尼泊尔两种佛教真谛的人生经历；一次历尽艰辛后遁入另外一种境界的心灵震撼。

三是圣水之旅：从拉萨出发，过日喀则，走拉孜，择道措勤，经改则入革吉，又到狮泉河，最后到普兰，这条线路漫长，但是充满了魅力。我们经过广袤的阿里草原，沿途你可以看到桑木巴提山圆锥形的金黄色山峰，扎日南木错辽阔清碧的湖面，达瓦错丰美的水草，巴林冈日群峰上的皑皑白雪，札

▲ 西藏人物 (Tibet people)

达一带神秘的古格遗址和荒漠而奇特的土林地貌，以及普兰境内被多种教派誉为圣地的神山冈仁波齐和圣湖玛旁雍错，都会倾倒前来游览的旅客。西藏有神山圣水，水的存在形式众多，但是西藏的湖水别具一格，它们更像是一群天生慧根、淡定而智慧的高僧大德，拈花看世事皆如是。这一路上我们可以尽览西藏圣水真容，尤其是玛旁雍错，海拔将近 4588 米，是世界上海拔最高的淡水湖之一，绝对让你大开眼界。

美丽中国经典线路 Beautiful China Classic Route

第一站：拉萨
The first station: Lhasa

拉萨是世界上海拔最高的城市之一，是一座具有1300年历史的古城，独特的地理历史因素和宗教文化使其自然风光和人文景观并存，尤以寺庙居多。

如果只游览拉萨的精华景点，两到三天就足够，如果要全城浏览一遍，则至少需要一个星期。不能错过的是被列为世界文化遗产的布达拉宫、大昭寺和罗布林卡。喜欢宗教寺庙的要看看大昭寺、小昭寺、哲蚌寺、色拉寺、楚布寺和甘丹寺等。如果想欣赏拉萨的自然景观。可以游览下拉萨河，还有闻名已久的羊八井和纳木错。

● **布达拉宫**

矗立于拉萨市中心玛布日山（红山）上的布达拉宫不仅仅是这座城市的象征，更是雪域高原的象征，也是藏文化的博物馆。这座拔地参天的宫殿始建于7世纪松赞干布时期，从松赞干布到十四世达赖的1300多年间，先后有9个藏王和10个达赖喇嘛在这里施政布教。主体建筑分为红宫和白宫，红宫居中，白宫横贯两翼。红宫有历代达赖喇嘛的灵塔和各类佛堂及经堂；白宫部分是达赖喇嘛处理政务和生活居住的地方。布达拉宫是一个庞大的建筑群，其附属建筑还包括山上的僧舍、僧官学校、朗杰扎仓、东西庭院和山下的老城及西藏地方政府的印经院、雪巴列空、马基康以及监狱、马厩和布达拉宫后园龙王潭等。

300余年来，布达拉宫收藏和保存了大量极为丰富的历史文物。其中有2500多平方米的壁画、近千座佛塔、《甘珠尔》经、上万幅唐卡、贝叶经等珍贵的经文典籍，还有明清两代皇帝封赐达赖喇嘛的金册、金印、玉印以及大量的金银工艺品。布达拉宫每一座殿堂的四壁和走廊里，大都绘有色彩绚烂的壁画。

● **龙王潭**

龙王潭藏名鲁康，或称作龙王塘，位于布达拉宫山后，初建于传奇人物六世达赖仓央嘉措时期，六世达赖仓央嘉措在湖心建了三层八角琉璃亭，经常到此憩息。龙王潭园区东西长207米，南北宽约112米，呈长方形。水潭是由于在修建布达拉宫和第巴·桑结嘉措所筑布达拉宫红宫及经房僧舍时，从山脚大量取土而形成的。

▲ 布达拉宫 (the Potala Palace)

探访西藏，世界屋脊的明珠　Visiting Tibet, the roof of the world Pearl

▲ 大昭寺（Jokhang Temple）

● **大昭寺**

在拉萨，藏族人将大昭寺为中心的八廓街一带称为"拉萨"，藏文意思是佛地。大昭寺是拉萨人生活的中心，他们的一切都是围绕着它展开的，由此可见大昭寺在拉萨人日常生活中的主要意义。

大昭寺又名"祖拉康""觉康"（藏语意为佛殿），始建于唐贞观二十一年（647年），是藏王松赞干布为纪念尺尊公主入藏而建的，后经历代修缮增建，形成庞大的建筑群，建筑面积达2.5万多平方米。作为藏传佛教最神圣的寺庙，大昭寺并不从属于哪个教派。过去每年都会在这里举行传召法会，历代的达赖或班禅的受戒仪式就在这里举行。

● **八廓街**

位于拉萨市旧城区的八廓街，又称八角街，是一整片旧式的、有着浓郁藏族生活气息的街区。最初它只是一条环绕大昭寺的普通街道，后来成为朝圣者的转经路。如今这里已成为西藏最著名的转经道和拉萨的旅行商业中心。它集宗教街、观光街、民俗街、文化街、商业街和购物街于一身。

八廓街最初只是围绕大昭寺的一条转经道，也就是"八廓"。藏传佛教认为，以大昭寺为中心顺时针绕行被视为"转经"，表示对供奉在大昭寺内释迦牟尼佛像的朝拜，是拉萨著名的3条转经线路之一。八廓街上每日围绕着大昭寺转经的人流，证实它是拉萨最为著名的"转经道"。除此之外，还有两条与八廓街呼应的转经道，那就是围绕整个拉萨老城区连同布达拉宫在内的"林廓"即外转经道，另一条则是充满神秘色彩的"囊廓"，就是大昭寺内的转经回廊道。这3条转经道证实并维护着大昭寺的中心地位，寺内不仅仅是一座供奉佛像及圣物的殿堂，更是佛教经典中关于宇宙理想模式的现实再现，即指"曼陀罗"（坛城）这一密宗义理。

如今"八廓街"的地理概念宽泛了许多。围绕着大昭寺的周围一片街区都称为"八廓街"，是拉萨保存完好的旧城区。

八廓街充分展示了拉萨古城的原有风貌，这里除了一些本地的老住户以外，还有一些定居拉萨10多代的穆斯林和尼泊尔侨民。这里临街的房子几乎都是商店，流动的货摊超过千家，他们经营大小各异的转经筒、藏袍、藏刀、宗教器具等各式用品，还有从印度和尼泊尔远道而来的各种商品。各种民族的旅行商品集中在周长仅1000多米的八廓街，可谓物美价廉。八廓街上还分布着一些古老的艺术品店，店主经营的多是传统的唐卡绘画和手绢藏毯的精品。

美丽中国经典线路 Beautiful China Classic Route

第二站：日喀则
The second station: Xigaze

日喀则是历代班禅驻锡之地，位于青藏高原南部、喜马拉雅山北麓、雅鲁藏布江与年楚河交汇的冲积平原。藏语称"溪卡孜"，意思是土地肥美的庄园。在过去，这一地区被称为后藏，日喀则就是后藏的首府。人们到达青藏高原总有几处必去的地方，而日喀则辖区内的众多地方也是被列为旅行必到之地。

日光、雪山、寺庙还有那大片大片盛开于雅鲁藏布江江畔的油菜花。江孜宗山城堡上可以触摸到的历史，夏鲁寺内精美绝伦的壁画，每日下午卷着沙尘掠过雅鲁藏布江的风，日光下灿烂辉煌如同金字塔般的珠穆朗玛峰。夜间抬头满眼皆是令人眼花缭乱的繁星……日喀则留给人们的印象不再只是西藏第二大城市，而是我们每个人美丽的家乡。

● 扎什伦布寺

扎什伦布寺，全名为"扎什伦布白吉德钦曲唐结勒南巴杰瓦林"，意为"吉祥须弥聚福殊胜诸方州"，简称扎什伦布寺。位于日喀则城西北的尼玛日山南坡上，依山而筑，宫殿毗连错落，雄伟壮观，是由格鲁派的祖师宗喀巴的著名弟子根敦珠巴（即第一世达赖喇嘛）主持兴建的，1600 年，四世班禅罗桑确吉坚赞任扎什伦布寺住持时，对该寺进行了大规模扩建。它是西藏最大的寺庙之一，与拉萨的哲蚌寺、色拉寺和甘丹寺合称藏传佛教的四大寺院，再加上青海的塔尔寺、甘南的拉卜楞寺并称为格鲁派的六大寺。

▲ 扎什伦布寺 (Zhaxihunbu Monastery)

扎什伦布寺主要由大经堂（即措钦大殿）、甲纳拉康佛堂、强巴佛殿、灵塔殿等构成。

● 班禅新宫

班禅新宫是十世班禅在 1954 年建造的夏宫，位于扎什伦布寺以南。新宫建筑富丽堂皇，十分幽雅，是避暑的好地方。宫内存放有很多西藏历史文物及艺术精品，其中以一幅《八思巴会见忽必烈》的壁画最为精美。

● 夏鲁寺

夏鲁寺始建于宋代，由喇嘛吉尊西绕琼乃创建并在此传播佛经，从此寺庙的香火便开始兴旺起来。1333 年，进行了大规模重建与扩建，许多从内地来的汉族工匠参加了这一工程，因此整个建筑呈现为藏式殿堂、汉式殿顶，使得夏鲁寺明显地有别于其他藏传佛教寺。寺内主要建筑为夏鲁拉康（大殿）和卡瓦、康清、热巴、安宗四个拉仓（经院）。拉康内供有木质及泥塑佛像，一层是藏式内院大经堂，二层为四座汉式殿堂，分别为前殿、正殿和左右配殿，皆为重檐歇山绿色琉璃顶。

探访西藏，世界屋脊的明珠　　Visiting Tibet, the roof of the world Pearl

第三站：珠穆朗玛峰
The third station: Mount Qomolangma

● **珠穆朗玛峰**

海拔 8844.43 米，是喜马拉雅山脉的主峰，位于东经 86.9°、北纬 27.9°，地处中尼边界东段，北坡在中国西藏定日县境内，南坡在尼泊尔王国境内。

"珠穆朗玛"，藏语意为"神女第三"。它第一次出现在地图上是 1717 年，那时清政府编绘的《皇舆全览图》就精确地标出了珠峰的地理位置，并根据藏语名之为"朱姆朗马阿林"（阿林系满语，意为"山峰"）。到了 1771 年，《乾隆内府舆图》以"珠穆朗玛"一名替代了"朱姆朗马"，沿袭至今。

由联合国教科文组织认定并写入各国教科书中的珠峰海拔高度是 8848.13 米，此高度是 1975 年 5 月由中国国家测绘局及登山队联合测定的。2005 年 10 月 9 日上午，国务院新闻办公室举行新闻发布会，向全世界公布了最新的珠穆朗玛峰高度数据：8844.43 米，比原来公布的 8848.13 米低了 3.7 米。原 1975 年公布的珠峰高程数据停止使用。

发现、测定并攀登珠峰的历史，一直是短短几百年来人类与自然接触和认识过程中最值得激动的事件之一。珠穆朗玛峰不单是世界上最高的山峰，同时也是世界上最雄伟的山峰之一。它整体呈金字塔形，北坡海拔 5800～6200 米以上，南坡海拔 5500～6100 米以上全为终年覆雪区域，其东北山脊、东南山脊和西山脊 3 条主山

▲ 珠穆朗玛峰（Mount Qomolangma）

脊间形成三大陡壁，陡壁间冰川满布，达 548 条之多。在珠峰周围 20 公里的范围内，有 40 多座 7000 米以上的山峰，其他高度的雪峰更是多不胜数。在它们的拱卫与映衬下，无论是在视觉还是精神影响力方面，都没有能与珠峰相比的山峰。

大体说来，每年 6 月初至 9 月中旬为雨季，强烈的东南季风造成暴雨频繁、云雾弥漫、冰雪肆虐无常的恶劣气候。11 月中旬至翌年 2 月中旬，因受强劲的西北寒流控制，气温可达 -60℃，平均气温在 -50℃～-40℃，最大风速可达 90 米/秒。所以一年中只有两段时间是登山的最佳季节。一是 3 月初～5 月末，一是 9 月初～10 月末，但是考虑到各种不确定因素，实际上的好天气总共加起来也不过 20 天的时间。在这两段时间里，海拔 8000 多米高处的风速较小，而且很少有雨雪。

珠峰山体在中国这边看，地形陡峭高峻，山峰上部终年为冰雪覆盖，呈令人震慑的金字塔状，而尼泊尔方面的景色稍逊，所以，如去西藏不观珠峰不能不说是一件遗憾的事。

美丽中国经典线路 Beautiful China Classic Route

第四站：阿里
The fourth station: Ali

阿里地处西藏西部，平均海拔4500米以上，西藏被称为"世界屋脊"，而阿里则是"屋脊"上的"屋脊"。因为高原缺氧，气候条件恶劣，交通极为不便，所以这里是祖国最地广人稀的地区之一，因此成为野生动物的天堂，奔腾在阿里草原上的野驴、藏羚羊和其他动物维系了高原生命禁区的勃勃生机。

这里有狮泉河、马泉河、象泉河和孔雀河，有神山——冈仁波齐，圣湖——玛旁雍错，这里雪山围绕普兰，土林围绕札达，湖泊围绕日土。无数信徒年复一年从四面八方或徒步或三步一拜地磕着长头徐徐而来，他们有被阳光、风雪摧残如石雕的脸庞，无邪笃定的目光。这里有日土岩画、古格王朝遗址、石窟壁画辉映着阿里源远流长而又独一无二的文化传承；连绵不绝的雪峰、众多宽阔无垠的高原湖泊以及草场、牛羊，构造了阿里最壮阔的画卷。

● **神山冈仁波齐**

冈仁波齐峰是冈底斯山的主峰，海拔6638米，被称为神山，它在藏语中意为"神灵之山"，在梵文中意为"湿婆的天堂"（湿婆为印度教主神），苯教便发源于此。每年来自印度、尼泊尔、不丹以及我国各大藏族聚居区的朝圣队伍络绎不绝。冈仁波齐因其在宗教意义上的神圣地位，至今是一座无人登顶的处女峰。

▲ 冈仁波齐（Kangrinboqe）

冈仁波齐是世界公认的神山，同时被印度教、藏传佛教、西藏原生宗教苯教以及古耆那教认定为世界的中心。印度创世史诗《罗摩衍那》以及藏族史籍《往世书》《冈底斯山海志》等著述中均提及此山。从这些记载推测，人们对于冈仁波齐峰的崇拜可上溯至公元前1000年左右。

冈仁波齐的顶峰常年被积雪覆盖，在阳光照耀下闪耀着神圣的光芒。该峰四壁分布极为鲜明对称，形似圆冠金字塔（藏族同胞称像"石磨的把手"），特殊的山形与周围的山峰迥然不同，冈仁波齐峰经常是白云缭绕，信徒认为如果能看到峰顶是很有福气的。由南面可见冈仁波齐峰著名的标志——由峰顶垂直而下的巨大冰槽与横向岩层构成的佛教"万字"格。

探访西藏，世界屋脊的明珠　Visiting Tibet, the roof of the world Pearl

● **玛旁雍错**

玛旁雍错位于冈仁波齐峰东南 20 公里处，纳木那尼雪峰北侧，海拔 4588 米，面积 412 平方公里，湖水最深达 70 米，是世界上最高的淡水湖。玛旁雍错在宗教上的地位与神山冈仁波齐起名，许多宗教典籍和传说中都曾记载描述过玛旁雍错。印度传说中称，这里是湿婆大神和他的妻子——喜马拉雅山的女儿乌玛女神沐浴的地方，而西藏的古代传说认为这里是广财龙神居住的地方。

● **普兰"国际贸易市场"**

普兰自古以来就是高原西部的重要对外贸易通道，现为国家二类口岸。每年夏季，尼泊尔商人携带如香水、手表等商品从这里入境，在普兰的国际市场做买卖；在冬季前，再将收购的羊毛和羊运回尼泊尔。这里曾经是旅行者淘宝的好去处，近年市场在治理整顿，陆续搬迁到新的大市场中，不如原来兴旺。在普兰可以购买尼泊尔人制作的木碗，做工精美的要几百上千一个，看个人喜好了。

● **札达土林**

是阿里地区最具震撼力的自然风光之一。土林地貌是阿里的一大自然奇观。据科学家考证，这里曾经是一个方圆 500 公里的大湖，是喜马拉雅造山运动使湖盆升高，水位递减，露出水面的山岩经洪水冲刷、风化剥蚀而形成。札达县有著名的土林地貌风光区。札达县城外围的山坡上，土林到处都

▲ 札达土林 (Zanda soil forest)

是。驱车到札达时，途中就能看到大峡谷般的土林景色。

其中又以毛刺沟的土林最为壮观。蜿蜒的象泉河水在土林的峡谷中静静流淌，宛若置身于仙境中，梦游一个奇幻无比的世界。

● **托林寺**

托林寺为 11 世纪建国的古格王朝第二代国王益西沃所建，距今有 900 多年的历史。11 世纪中叶，著名的印度僧人阿底峡大师进藏后，便居住在托林寺。现为阿里地区最古老的西藏佛教寺院，古格王朝覆灭后托林寺属黄教格鲁派。

它的主要建筑布局仿照吐蕃赞普松赞干布统治时期建造的桑耶寺，其形制依然以中央须弥山为中心，四周分布象征佛教四大护法金刚的佛塔，中央大殿之中供奉着镏金佛像，并藏有大量珍贵的佛教壁画。托林寺由殿堂、僧居、塔林三部分组成，均为土木结构或者土构建筑。

美丽中国经典线路　Beautiful China Classic Route

陕西秦风、汉唐长安行

Tour to Chang'an City with Culture of Qin, Han and Tang Dynasty in Shaanxi

线路：西安➜临潼➜华山➜延安➜榆林
Route: Xi'an ➜ Lintong ➜ Huashan ➜ Yan'an ➜ Yulin

陕西秦风、汉唐印象
Chang'an City with Culture of Qin, Han and Tang Dynasty in Shaanxi Impression

　　如果说"恋上一个人，爱上一座城"，那么来到陕西就是"恋上一座城，爱上中华历史"。作为十三朝古都所在地，陕西无须过多去证明自身的博大和精深，一曲"长安"，一嗓子"秦腔"，仿佛就带出了周、秦、汉、唐这一幕幕大戏。陕西的黄土塑造了中华民族最初的原型，扬起了上万上千年的民族文化，再现了雄壮的兵马俑、浑厚的窑洞，至今还埋葬着那么多的千古帝王。帝王陵寝虽然是前尘往事，但能揣摩到整个王朝的气象。比如汉朝的帝陵，都是从帝王继位的第二年开始修造的，国家每年要拿出全国财政收入的1/3来建设陵墓。汉武帝在位54年，他的茂陵就建设了53年，这样的积淀就足以让我们去体会当年的盛世风貌。而大唐陵墓"以山为陵"的方式就宣布了它的一种胸襟。

478

陕西秦风、汉唐长安行　Tour to Chang'an City with Culture of Qin, Han and Tang Dynasty in Shaanxi

行程推荐
Describe the itinerary

　　这条线路是以西安为中心的，景点之间的交通方便，比较适合自助游，游玩的话大体可分为两个部分，第一部分是西安市内的景点，比如钟鼓楼、清真大寺、陕西省博物馆、城墙、书院门、碑林和大雁塔。西安市内的景点可以乘坐火车站610（游8）路，这条公交线是旅游专线，除了碑林以外的其他市内景点都能到，并且都是景点正门。首班06:30，末班19:30。一元一票制。第二部分就是西安市周边的景点以及华山、延安一线。最火爆的是西边的临潼一线，如兵马俑、秦始皇陵、华清池和骊山景区，只要在西安火车站乘坐游5路专线车就可以，西线这些景点都能路过。西安的旅游交通比较成熟，著名景点都有公营的专线车，但也要防止被黑导游拐骗。去华山的交通也比较方便，可以在西安火车站坐游1路直达华山索道。从西安到延安最好的选择是坐晚上的卧铺车火车，晚上上车早上就到延安，还省住宿费。在延安市区抵达黄帝陵轩辕庙、壶口瀑布、延安、枣园（或杨家岭）和王家坪都比较方便，坐线路车或公交即可。

　　如果选择参团游的话，可以参考中青旅旗下的遨游网推出的"陕西西安深度全景双高7日游"，内容包括西安市内景点、兵马俑、法门寺、华山和延安壶口瀑布等。本文提到的线路基本涵盖了这些景点，可以拿着本书在行前进行准备工作。

　　如果自驾的话，可以走西安—包茂

▲ 玄奘和大雁塔（Xuan zang and Dayan Pagoda）

高速—延安—南泥湾这一线，包茂高速、G210国道路况都不错，沿途关注油糕、油馍馍、洋芋擦擦、煎饼、羊杂碎、钱钱饭、荞面饸饹、果馅等风味美食。还可以自驾去华山，走西安（连霍高速G30）—30公里—临潼（连霍高速G30）—95公里—华阴（华山风景区），西铜高速路况不错，顺路关注白吉饼与肉夹馍、蜂蜜凉粽子、柿面糊塌、石子馍、水盆羊肉、麻食泡、太后饼等美食。最经典的自驾线路是走临潼—骊山/华清池—秦兵马俑—西安—黄陵县—黄帝陵一线，沿包茂高速，进入绕城高速，进入西潼高速。沿途有牛羊肉泡馍、肉夹馍、石子馍、锅盔、石榴、柿子饼等美食。

美丽中国经典线路 Beautiful China Classic Route

第一站：西安
The first station: Xi'an

西安犹如一个古戏台，古往今来，13个王朝在此你方唱罢我登场，历时1100多年。公元前约11世纪，周文王在沣河西岸建立丰京，武王继位后伐纣灭商建立西周王朝，并在沣河东岸建都镐京，开创了西安长期作为中国古代政治、经济、文化中心的历史地位。秦始皇在此铸造了兵马俑，汉唐盛世的长安万国来朝，这里是沟通东西方文明丝绸之路的起点。来到西安是最能触摸历史情怀的。

西安的旅游资源丰富，旅游服务也比较成熟，近几年西安更增加了休闲的格调，大雁塔外的音乐喷泉广场，书院门旁边风格时尚的酒吧街，历史和现实在这里交相辉映。

● 钟鼓楼

钟鼓楼位于西安市中心，东、南、西、北四条大街的交会点，始建于明洪武年间（1380~1384年）。楼高86米，有2层，重檐3层。楼檐四角如鸟展翅欲飞。各层装饰斗拱，四周绕有游廊。楼内贴金彩绘，画栋雕梁，金碧辉煌，大金顶在阳光照耀下金光闪闪。整幢钟楼庄严瑰丽，登上顶层，可俯视古城街景。钟楼原有大钟一口，每天清晨叩钟报时，故名。

▲ 钟鼓楼夜景 (The bell tower night)

● 清真大寺

是西安最大的伊斯兰教寺院，为我国四大古清真寺之一。历经宋、元、明、清各代的维修保护，成为目前以明清建筑为主的格局。全寺共分四进院落，布满了礼拜大殿、省心楼、凤凰亭等精巧建筑和花草树木，每一进院落都能带给人惊喜。殿前有六角亭，殿后有很多雕画。寺内以阿拉伯文碑刻最为珍贵。现已全面整修一新，不仅是回族礼拜之地，还接待伊斯兰教国家外宾瞻谒。

▲ 西安清真大寺 (Xi'an Great Mosque)

陕西秦风、汉唐长安行　Tour to Chang'an City with Culture of Qin, Han and Tang Dynasty in Shaanxi

▲ 陕西省博物馆 (Shaanxi Provincial Museum)

● 陕西省博物馆

博物馆内馆藏文物有上起远古人类初始阶段使用的简单石器，下至 1840 年前社会生活中的各类器物，时间跨度长达 100 多万年，分为史前、周、秦、汉、魏晋南北朝、隋唐、宋元明清七大部分，完整系统地展示了陕西的历史，同时也是整个中国历史的浓缩。其中商周青铜器精美绝伦，历代陶俑千姿百态，汉唐金银器独步全国，尤其是举世无双的唐墓壁画，有 450 多块，1000 多平方米，居全国各博物馆之冠，其中《马球图》《狩猎出行图》更被定为国宝。

特别提示

参观时，应把重点放在第三展厅的唐代部分。盛唐的贵族气质、艺术上空前的开放，使得那些玉器、陶俑、壁画，都像通灵一般，其中的镶金兽首玛瑙杯，是至今唐代唯一的一件做工最精湛的俏色玉雕。

● 城墙

西安城墙是至今全国保存得最为完整的中国古代大型城垣建筑。周长约 11.9 公里。因为西安城墙是明太祖朱元璋"高筑墙、广积粮、缓称王"政策的产物，所以建筑上充分体现了"防御"的战略思想。城墙顶部宽 15 米，甚至超过了城墙本身的高度，使得城墙稳固如山。宽阔的墙顶以前用来跑车和操练，而现在熙熙攘攘的游人代替了当年守卫的战士。除了步行，还可以在墙顶骑自行车或者乘坐游览观光车绕城一周。

● 书院门

书院门是西安的一条仿古街，位于西安城区之南，沿西安的南城墙蜿蜒向东，与名满天下的西安碑林相通。书院得名于"关中书院"，关中书院是明、清两代陕西的最高学府，也是全国四大著名书院之一。

懂行的人来书院门是看"书"的，涵盖了书、画及相关的一切。这里有一些名画家的作品，"长安画派"石鲁虽然当年穷困潦倒，但画在这里也留下不少。在书院门尽头向右一拐，字帖、拓片和各种古玩的店铺就多起来了，不妨走走看看。

▲ 书院门 (Academy door)

481

美丽中国经典线路 Beautiful China Classic Route

● 碑林

西安碑林是我国最大的一处碑林，是书法艺术的宝库。碑林位于西安市三学街陕西省博物馆内。

碑林始建于北宋元祐二年(1087年)，为保存唐开成年间(836～840年)所镌刻的《开成万经》《石台孝经》而建。后经历代增添，新中国成立后又整修、补充了许多。今碑林中保存了汉、魏、隋、唐、宋、元、明、清碑刻2300余件。

碑刻都出于历代书法家之手，有"书圣"王羲之、名家欧阳询、柳公权、颜真卿、虞世南、张旭、怀素、米芾、苏轼、董其昌、赵孟頫和李隆基等帝王将相的手笔。成了隶、篆、草、楷诸体书法俱全的碑刻之林。

特别提示

碑林外的三学街、书院门有非常多的店铺在出售碑林中的名碑拓片，肯定不是原版所拓，但不妨讨价还价后随便买几幅作为旅游纪念品。

● 大慈恩寺、大雁塔

大慈恩寺是一座昔日的皇家家庙，而大雁塔是一座我国最著名的古塔。

唐贞观二十二年(648年)，时为太子、后为唐高宗的李治为其母文德皇后追荐冥福，将建于隋、后于唐武德初年废弃的无漏寺进行重修再建，并取名"慈恩"，以报答慈母之恩。寺院由印度取经归来的高僧玄奘为首任住持，玄奘在此翻译佛经10余年，创立了中国佛教的唯识宗，为中国佛教的一大宗派。

大雁塔坐落于大慈恩寺内，建于唐永徽三年(652年)，是为安放玄奘由印度带回的佛经而建造。底层四面石门，门楣刻有建筑图案和线刻佛像。两面门楣上有阿弥陀佛说法图。大雁塔常是帝王、权贵、文人会聚赋诗之地。

值得一提的还有大雁塔北广场，号称亚洲最大的音乐喷泉、最大的水景广场，喷泉开放的时候气势磅礴，美不胜收。更漂亮的景色是在晚上，广场和大雁塔灯火通明，再加上音乐喷泉，这已成为西安的一道著名风景。

▲ 大雁塔 (Dayan Pagoda)

陕西秦风、汉唐长安行　Tour to Chang'an City with Culture of Qin, Han and Tang Dynasty in Shaanxi

第二站：临潼
The second station: Lintong

临潼区内历史遗迹十分丰富。著名的"褒姒一笑失天下""鸿门宴"和震惊中外的"西安事变"等重大历史事件就发生在此。姜寨遗址是仰韶文化早期保存较为完整的历史遗迹。秦始皇兵马俑、华清池2个国家5A级景点，骊山、秦始皇陵2个国家4A级景点，其中秦始皇陵和兵马俑被列为世界文化遗产，骊山风景区是国家首批公布的风景名胜保护区之一。

● **秦始皇兵马俑博物馆**

到了陕西，一定不能错过的就是兵马俑。

兵马俑博物馆在秦始皇陵东侧，原为秦始皇陵的从葬坑。共有3坑，其中一号坑1975年开始挖掘，二号坑和三号坑随后也相继进行了试挖掘，现均已开放。

一号坑面积最大，以车兵为主体。二号坑中最吸引人的是跪射俑和骑兵俑，姿态生动，在腐朽的战车旁边犹自充满活力。三号坑面积最小，仅有4马1车和68个陶俑，可能是整个地下军阵的指挥部。

兵马俑有几大看点：一是每个陶俑、陶马的大小都和真人、真马相似。二是种类多、造型独具特色，有将军俑、军吏俑、御手俑、立射俑、跪射俑等。三是仔细观察，每个陶俑的脸部特征都不尽相同，制作工艺高超。博物馆中还有两辆被誉为"奇中之奇，宝中之宝"的秦陵彩绘铜车马，是我国时代最早、

▲ 兵马俑 (Terra-cotta Warriors)

驾具最全，级别最高，制作最精的青铜器珍品，也是世界考古发现的最大青铜器。观众不但能看到文物，而且能看到现场挖掘的过程。从1974年开始发现并挖掘兵马俑到如今，我们对兵马俑的认识仅仅有1/5，随着技术手段的成熟，这份财富会逐渐展现在世人眼前。

▲ 秦陵彩绘铜车马 (Terra-cotta painted copper carriage in the Mausolem of Qin shihuang)

483

美丽中国经典线路　Beautiful China Classic Route

▲ 秦始皇陵（The Mausolem of Qin shihuang）

● 秦始皇陵

这是最具神秘色彩的帝王陵墓，其陪葬坑兵马俑已经引起了世人极大的兴趣，别说这样一座主陵墓了，陵墓的地下部分并没有挖掘。地上部分保留到现在的只有一座封土堆，不过站在87米高的封土堆上也能感受历史风云变幻。秦始皇陵和兵马俑很近，可以一路参观。

● 华清池

华清池是温泉胜地，位于临潼区城南，骊山西北麓。西周末期，周幽王就在今华清池所在地修建"骊宫"。唐贞观十八年（644年）唐太宗李世民曾在此建汤泉宫，后多次扩建，到唐玄宗与杨贵妃在此厮守之时，华清池达到鼎盛时期，俨然是当时的政治中心。而安史之乱后，华清池由盛转衰，一曲《长恨歌》使这里千古留名。

如今的华清池，温泉水仍常年保持在43℃，内含丰富矿物质和微量元素，很适合温泉浴。

● 骊山景区

骊山国家森林公园，最高峰九龙顶海拔1301.9米。周、秦、汉、唐以来，这里一直是游览胜地。这里有被称为"关中八景"之一的"骊山晚照"；烽火戏诸侯的"烽火台"；纪念西安事变的兵谏亭；纪念女娲补天的老母殿等。骊山山势逶迤，树木葱茏，远望宛如一匹苍黛色的骏马。骊山也因景色翠秀，美如锦绣，又名"绣岭"。

● 临潼博物馆

从华清池出来往右走，步行5分钟左右即到临潼博物馆，这是一座地方性博物馆。建于1979年，博物馆沿袭中国北方四合院的形式，馆内重点介绍周秦艺术、唐代佛教艺术和汉唐艺术。收藏了自新石器时代至明清时代文物1万余件，其中有最早的西周青铜器，这是唯一记载武王伐纣的遗物，还有从唐庆山寺遗址出土的金棺银椁、释迦牟尼舍利宝帐等。

▲ 华清池（Huaqing Hot Springs）

陕西秦风、汉唐长安行　Tour to Chang'an City with Culture of Qin, Han and Tang Dynasty in Shaanxi

第三站：华山
The third station: Huashan

华山位于西安以东120公里的华阴市南，是家喻户晓的五岳名山，是中华民族文化的发祥地之一，据清代著名学者章太炎先生考证，"中华""华夏"皆因华山而得名。《尚书》里就有关于华山的记载；《史记》中也有黄帝、尧、舜华山巡游的事迹；秦始皇、汉武帝、武则天、唐玄宗等数十位帝王也曾到华山进行过大规模祭祀活动。奇拔俊秀的山色，富有情趣的爬山过程，以及金庸杜撰的"华山论剑"的典故，都使得游人蜂拥而至。

"奇险"两字，是华山风光的精髓。长空栈道，鹞子翻身，以及在峭壁绝崖上凿出的千尺幢、百尺峡、老君犁沟等处，亲临其境者，无不叹为观止。当你爬过所有险道山峰，跃上极顶，看到山谷中雾气升腾、云海翻滚之时，必定会有豪气冲天、大气磅礴之感。华山以北7公里处的西岳庙，是古时祭祀西岳华山神的庙宇。如今每年的农历三月期间，华山都会举办盛大的祭山庙会，三月十五日是朝山盛会日，这一天西岳庙将举行盛大的拜岳大典。

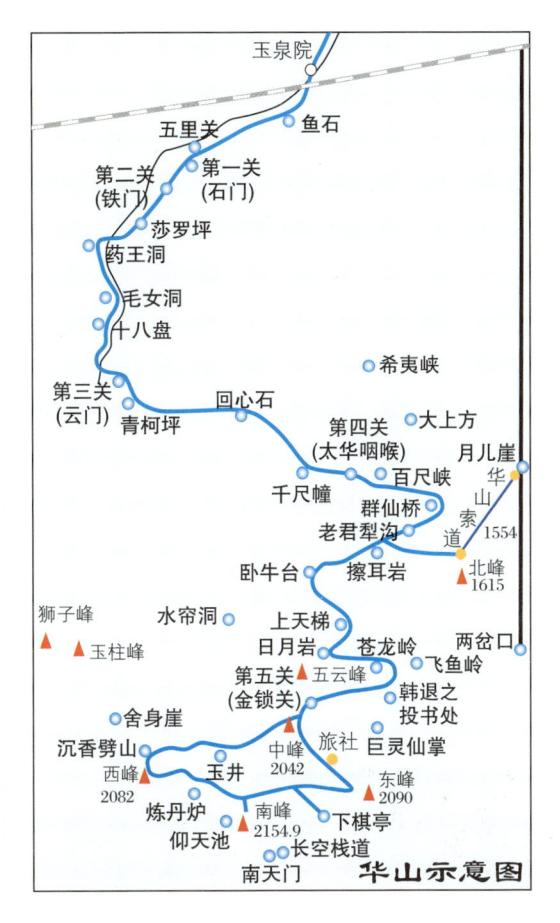

▲ 华山 (Mt. Huangshan)

旅游锦囊

最佳季节

4～10月。华山四季景色神奇多变，不同的季节可以欣赏到"云华山""雨华山""雾华山""雪华山"。春季雨足雾稀，万物初醒，山花烂漫，是踏青访春的好去处；夏季能见度高，气候凉爽宜人，可看到日出和山间瀑布，时常伴有云海出现；秋季温度适中，红叶满山，山崖为底松桧为墨，一抹绚烂令人心颤，是登山的最佳季节；冬季白雪皑皑，雪凇峭壁远山相望，给人以仙境美感。而日出则是华山一年四季都不可少的景致。

485

美丽中国经典线路 Beautiful China Classic Route

第四站：延安
The fourth station: Yan'an

延安是中国革命的圣地，党中央和毛主席等老一辈无产阶级革命家在延安生活战斗了 13 年。但延安的辉煌并不始于近代，历史上延安一向是陕北地区的政治、经济、文化和军事中心。黄帝陵埋葬着中华民族的祖先黄帝，表明延安是中华民族的发祥地之一；钟山石窟、万佛寺石窟、石泓寺石窟、清凉山石窟的精美石窟造像又显示了黄土高原上灿烂的石窟艺术；大名鼎鼎的壶口瀑布则是黄河峡谷中最壮观的一景，是黄土高原自然风景的典型代表。另外，陕西的黄土风情也让人心驰神往，热烈的安塞腰鼓、粗中有细的剪纸、色彩奔放的农民画都是这片土地最真实最生活化的风景。

▲ 公祭黄帝陵 (Memorial Huangdi tomb)

● **黄帝陵轩辕庙**

黄帝陵位于黄陵县东北 1 公里的桥山之巅，史记所载"黄帝崩，葬桥山"就在此地。桥山是我国面积最大的古柏林地，共 8 万株古柏，千年以上的有 3 万株，使得山巅的黄帝陵愈发肃穆。陵园内陵冢前是汉武仙台，为当年汉武帝祭奠黄帝时祈仙求神之处。祭亭中立着郭沫若手书的"黄帝陵"碑。

桥山下建有轩辕庙，是黄陵县城最醒目的建筑，庙前有开阔的广场和湖。轩辕庙是谒陵前进行祭拜的地方，每逢清明、重阳，海内外炎黄子孙都会在这里举行隆重的祭祖仪式。轩辕庙门左侧的"黄帝手植柏"已有 4000 余岁，相传为黄帝所植。庙内建筑宏伟，碑石林立，寄托着人们对"人文初祖"的崇敬。

▲ 陕北窑洞 (ave dwelling in northern area of Shaanxi)

特别提示
黄陵在陕北算是最繁华的县城了，各个档次的宾馆一应俱全。比较好的宾馆有轩辕宾馆、黄陵宾馆，而普通的宾馆标准间在 100 元 / 间左右。

陕西秦风、汉唐长安行　Tour to Chang'an City with Culture of Qin, Han and Tang Dynasty in Shaanxi

● 壶口瀑布

黄河壶口瀑布位于陕北宜川县与山西吉县之间的九曲黄河之上，距宜川县城48公里。黄河流至壶口时，宽约300米的河水突然收缩，形成特大马蹄状瀑布群，落差30余米，宽度30～50米，浑黄的浊流以千钧之势砸将下来，激起10多米高的白色水雾，气势磅礴，动人心魄。而水雾之中，还经常出现彩虹，给雄浑阳刚的瀑布添了几分柔美。壶口的下游，黄河如同地下河一般在峡谷下流淌，两岸悬崖峭壁，壮观得让人心惊胆战。

四季的壶口各有其不同奇景：夏季雨水充沛时，瀑布会扩展到百米宽；雨水枯竭的旱季，亦不用担心瀑布断流，再水平如镜的河面到了这里都会汹涌激荡；冬季最冷的时候，黄河冰封，瀑布银装素裹成为一条白练，也是一道美丽风景。

▲ 壶口瀑布 (The Hukou Waterfalls of the Yellow River)

● 延安宝塔山

宝塔山又称"嘉岭山"，位于延安市区延河之滨。山上巍然屹立的古塔建于唐代大历年间，是延安的标志。塔身青石砌就，八角形楼阁式，高44米，共9层。入口处刻有"俯瞰红尘"四个大字，可以爬到塔顶，俯瞰延安城的新貌。

宝塔山下有很多历代的摩崖石刻，包括北宋时延安郡守范仲淹的真迹。宝塔旁边有一口铸于明代的铁钟，中共中央在延安时曾用它来报警和报时。宝塔后面的一个山头，建有一座摘星楼，视野比宝塔处更佳。

▲ 宝塔山 (Yan'an Pagoda Hill)

特别提示

观赏瀑布以4～5月和9～11月最佳。4～5月称为"三月桃花汛"，9～11月叫作"壶口秋风"。这两个时期，水大而稳，瀑布宽度可达千米左右。主瀑难以接近，但远远望去，烟波浩渺，威武雄壮。大浪卷着水泡，奔腾咆哮，以翻江倒海之势，飞流而下。数九寒冬，壶口瀑布又换上了一派银装玉砌的景象，在那瑰丽的冰瀑面上，涌下清凉的河水，瀑布周围的石壁上，挂满了长短粗细不一的冰滴溜，配上河中翻滚的碧浪，更显示出一幅北国特有的自然风光。

美丽中国经典线路 Beautiful China Classic Route

● 杨家岭革命旧址

杨家岭革命旧址位于延安城西北。1938年11月，日本飞机轰炸延安城，中共中央陆续由凤凰山麓迁驻到这里，这里也成为毛泽东等中央领导同志在延安居住时间最长的驻地。毛泽东的旧居是三孔接口土窑洞，非常朴素，他在这里住了5年时间。

▲ 杨家岭革命旧址中央大礼堂 (Central Hall of Yangjialing revolution site)

旅游锦囊

当代著名小说家路遥与陕北

路遥是陕西作家群中的一位，他英年早逝，但给我们留下了《人生》《平凡的世界》这样的作品，展示了黄土高原的全景，也展示了陕北人的当下生存状态。

路遥故里在清涧县石嘴驿镇王家堡村，位于210国道旁，1949年12月3日路遥出生于此。故居是整洁简单的几孔窑洞。郭家沟村位于延川县文安驿镇一个小山沟的黄土坡上，这里是路遥伯父母的家。路遥7岁时被过继给伯父母，于是这里成为他的第二个家。

延安大学位于延安市区，是我们党创办的第一所综合大学，也是路遥的母校。路遥墓就建在学校背后的文汇山上，墓上刻着"像牛一样劳动，像土地一样奉献"，43岁的作家在此长眠。

陈家山煤矿位于铜川市耀州区庙湾镇，这里是路遥《平凡的世界》第一部的写作地点，也是第三部中出现的煤矿的原型。如果你前往寻找这个几乎与世隔绝的偏僻煤矿，你就会得知2004年11月28日这里发生矿难，伤亡100多人，这惊人的消息在小说的渲染下，让人心中充满悲凉。

这里还保留了周恩来、朱德、刘少奇的旧居。中共中央和毛泽东在此领导了抗日战争、整风运动、大生产运动和解放战争，在这里，毛泽东同志还在与美国记者安娜·路易斯·斯特朗的谈话中，提出了"一切反动派都是纸老虎"的著名论断。杨家岭的中央大礼堂就是中共七大召开的地方，毛泽东还在此召开了延安文艺座谈会。

● 枣园革命旧址

枣园原是一家地主的庄园。1943年10月，中共中央书记处由杨家岭迁驻此地。当时在这里筹备了中共七大，并继续领导整风运动和大生产运动。毛泽东旧居在枣园东北半山坡，与张闻天、朱德旧居左右为邻。1947年中共中央撤离延安后，国民党军队对延安进行了毁灭性破坏，枣园也遭到严重损坏。1953年后，开始陆续依照原貌维修。现枣园旧址有中央书记处小礼堂、毛泽东、周恩来、刘少奇、朱德、任弼时、张闻天、彭德怀旧居、"为人民服务"讲话台、中央医务所、幸福渠等景点。

▲ 枣园冬雪 (Winter snows of Jujube yard)

陕西秦风、汉唐长安行　Tour to Chang'an City with Culture of Qin, Han and Tang Dynasty in Shaanxi

第五站：榆林
The fifth station: Yulin

榆林是黄土高原和毛乌素沙漠交界的地带，历史沉积下来的人文景观和独特的地貌形成独一无二的风格。统万城是匈奴族首领赫连勃勃建立的大夏国的都城，残存的遗迹屹立在一处沙丘之上，显得格外沧桑。红石峡被称为天然书法宝库，但更让人惊叹的是这里的自然风景，黄土高原、沙漠、溪流、树林和残长城融合在了一起。佳县白云山是陕北最大的道观，建在黄河边的山巅，周围是黄河峡谷特有的沉积岩地貌，气势惊人。即使在榆林市区，在老街上感受着古镇的风貌时，却同时看见了黄土高原和窑洞，完全超出了我们印象中对古镇的记忆。

▲ 佳县白云山 (Baiyun Mountain in Jiaxian County)

● 红石峡、镇北台

红石峡位于榆林城北4公里处，因山皆红石而得名，开凿年代可上溯到宋元时期，是榆林最漂亮的一处景区。进入景区的路是黄土高原的风貌；景区入口处的峡谷一侧是近千年来文人墨客的题刻和大大小小的石窟，整个崖壁都仿佛成了一张宣纸；峡谷底是榆溪河，清澈妖娆，溪边是松软的沙滩和丛生的树木，仿佛江南的一处幽静山林；峡谷另一侧的山，山腰还长满郁郁葱葱的沙柳，山顶却变成了茫茫沙漠；几座高高的夯土台立在沙漠之中，是长城的烽火台，充满了沧桑。镇北台在公路的另一侧，原是明长城的一处观察哨所，也是蒙汉两族办理交涉的地方，是明长城上现存最大的烽火台。

● 佳县白云山、香炉寺

佳县在金元明清四朝称葭州，民国改为葭县，1964年9月改称佳县。位于陕西省东北部黄河中游西岸，榆林市东南部，毛乌素沙地的东南缘。有佳榆、佳米、佳吴三条公路干线与县内支线公路相连通以及新建成的太佳、榆佳高速公路。境内有白云山庙、香炉寺、云岩寺等著名景观。

白云山位于佳县南5公里的黄河边，是道教圣地，山上白云观始建于明朝，经数百年的修建，已成为西北最大的道观。白云山虽不算高，但从山脚到山顶白云观，是一道直来直去如同天梯一样的石阶，气势逼人。白云观的古建筑群存留完整、规制宏大，包括庙堂、牌坊、亭台、通道、桥梁等，从整体布局到屋脊兽头等细节都严谨优美。香炉寺位于佳县县城，是很小的一个道观，其奇巧之处在于它是建在半山腰的一块突兀而出的山体上，而且有一亭子是建在一根孤零零的石柱上，四面皆空，只有一桥相连，桥底下即是浩荡的黄河。"香炉晚照"是佳县的八景之一，每当夕阳西下时，太阳的余辉将孤亭的倒影投射在黄河水流中，如诗如画。

美丽中国经典线路 Beautiful China Classic Route

陕西一路南行，一路风情

Travel south in Shaanxi Province with beautiful pictures and local customs

---

线路：西安➡咸阳➡宝鸡➡秦岭➡汉中➡成都
Route: Xi'an ➡ Xianyang ➡ Baoji ➡ Qinling ➡ Hanzhong ➡ Chengdu

陕西一路南行，一路风情印象
Travel south in Shaanxi Province with impression of beautiful pictures and local customs

走咸阳、宝鸡、秦岭和汉中这条线，穿越了汉、三国和唐的历史文化，以及古代隐士心中的终南山——秦岭。

秦始皇选择咸阳建立了中国第一个封建王朝，西汉帝陵中也有9座分布在咸阳，唐十八帝陵中有6座也在此地，乾陵、昭陵、茂陵、阳陵……昔日以山为陵，琼楼玉宇的盛况虽然已逝，但都提醒我们这里曾经的辉煌。无数的帝王将相、风流才子也在咸阳和宝鸡谱写了众多脍炙人口的历史。秦岭不但是我国地理上的南北分界线，更是野生动植物的天堂，是陕西境内最完美的户外探险之地。陕西的自然风光大半都在秦岭之中。陕西最显著的汉文化特征在汉中，汉中是最早的天府之国，汉文化发祥地，刘邦在汉中建朝立国，人民叫"汉人"，文字称"汉字"，语言称"汉语"。

陕西一路南行，一路风情 Travel south in Shaanxi Province with beautiful pictures and local customs

行程推荐
Describe the itinerary

这条线最适合自助游，可以乘坐火车或者汽车到下一站，西安—咸阳—宝鸡—秦岭—汉中这条线路上，每两个站点之间的距离都在一个多小时的路程，火车都能到。在陕西境内的交通以咸阳、宝鸡和汉中三个城市为中心，咸阳和宝鸡之间有西宝高速公路以及陇海线的贯穿，108国道是进入秦岭的一条主要公路，北端是周至县城，南端是汉中。汉中到成都可以乘坐晚上的硬卧，这样不耽误白天的旅行，也可以节省一晚的住宿费。这几个地方的住宿价格还可以，在150元/间~180元/间就能有比较好的住宿体验。

自助游的好处是时间充裕，可以尽情品尝当地的美食，比如宝鸡就有很多美食，像岐山臊子面、宝鸡擀面皮、豆花泡馍、烙面皮、麻酱凉皮、西府扯面（中华名吃）、文王锅盔、金钱肉、腊驴肉、驴肉泡馍、腊汁肉夹馍、水煎包等。

来汉中不能不看油菜花海。每年3~5月，汉中盆地和浅山丘陵的100多万亩油菜花同时怒放，盛开的油菜花与镶嵌其间的麦苗及青山绿水相互掩映，形成了汉中盆地一道独特亮丽的风景线。金黄灿烂、蔚为壮观，面积大、立体感强、观赏性强是此间油菜花海的最大优势。

咸阳的旅游主要是以东方金字塔群著称，即汉武帝茂陵，唐太宗昭陵，女皇乾陵，此外还有咸阳博物馆，有咸阳湖景区等。宝鸡的旅游重点是法门寺景区和关山草原。去秦岭主要去太白山穿越、佛坪大熊猫自然保护区和终南山。武侯祠、武侯墓、青木川、古汉台和拜将坛是汉中的主要景点。之后就可以转站成都吃美食了。

▲ 莲花峰瀑布（Lotus Peak falls）

▲ 陕西歌舞（Shaanxi dance）

491

美丽中国经典线路 Beautiful China Classic Route

第一站：咸阳
The first station: Xianyang

咸阳位于陕西省八百里秦川腹地。渭水穿南，宗山亘北，山水俱阳，故称咸阳。咸阳风景秀丽，四季分明，物产丰富，人杰地灵。咸阳是历史上第一个统一中国的封建王朝：秦王朝建都之地，有着2350多年的建城史，是中国文物资源大市之一，其文物品类之丰富、文物典藏之独特，号称举世无双。想要体味东方文明的深邃内蕴，就有必要亲自到咸阳来探古寻幽。

● 汉阳陵

汉阳陵是汉景帝刘启及其皇后的合葬陵园，位于咸阳市渭城区正阳镇张家湾，在西安市的正北方向。可参观文物陈列厅以及登帝陵，但现在汉阳陵最大的魅力是新建成的帝陵外葬坑保护展示厅，这是我国首座现代化的帝王陵地下博物馆，集中展示81座外葬坑中的10座。建于地下的坑道中，铺设了玻璃通道，游客可以透过玻璃看到脚下按原样摆设的陪葬品，新奇神秘，同时又大饱眼福。文物中数万件陶塑文物和木质雕刻文物是一大亮点。另外，博物馆的现代化还体现在幻影成像演示厅，这里用先进的光成像技术，再现了"文景之治"的历史场景，15分钟恍惚千年。

▲ 汉阳陵博物馆（Hanyang Mausoleum Museum）

● 茂陵

茂陵位于兴平市东北南位镇，为汉武帝刘彻的墓，是咸阳原上九座帝陵中最高最大的一座，这和汉武帝时国力达到极盛和茂陵修建时间久远有关。西汉的帝王陵和唐代的不一样，通常是在平地上垒起高大的封土堆，茂陵便是如此，形似金字塔的封土堆高465米，庄严稳重，有台阶可登至顶部。

▲ 茂陵（Maoling Tomb）

492

陕西一路南行，一路风情 Travel south in Shaanxi Province with beautiful pictures and local customs

第二站：宝鸡
The second station: Baoji

宝鸡，是华夏始祖炎帝的诞生地，也是周秦王朝的发祥地。唐至德二年（757年），因市区东南鸡峰山有"石鸡啼鸣"之祥兆而改称宝鸡。这里是佛、儒、道三家文化的汇集地，以出土佛骨舍利而闻名于世的法门寺在盛唐时期已成为皇家寺院和世界佛教文化的中心。

▲关山水牛（Guanshan Grassland Buffalo）

● 法门寺

法门寺位于扶风县北约15公里的法门寺镇。这座似乎一夜成名的寺院其实历史悠久，早在东汉末年便已建立。传阿育王在世界各地建塔，供奉佛祖舍利，这里就是其中之一。法门寺因塔建寺，便有了"关中塔庙之祖"的美称。1987年重修清理塔基时发现了唐代地宫，获得释迦牟尼真身舍利，唐朝历史上，佛指骨舍利曾6次被请至皇宫供奉。地宫还出土了上千件法物宝器，法门寺由此闻名海内外，终于恢复到当年的鼎盛时期。

寺的东边有千佛阁，有3层，可上到顶层看法门寺全貌，一间间考究的寺院建筑就在你眼前次第展开。千佛阁前是玉佛殿，供有缅甸白玉雕塑的释迦如来涅槃像。寺的西面是法门寺博物馆（珍宝馆），陈列着当时在地宫中发现的部分文物，有八重宝函、金银器，还包括秘色瓷的成批完整实物。

2009年5月法门寺文化景区正式成立，景区包括法门寺、法门寺珍宝馆、法门寺合什舍利塔和佛光大道，新落成的合什舍利塔安奉了佛指舍利，受到世界人民的敬仰。塔前是一条佛光大道，一些源于佛教故事题材的景观小品及金色菩萨像置于大道两旁，大道两头分别是可容10万人的朝圣广场与山门广场。

▲法门寺（Famen Temple）

493

美丽中国经典线路　Beautiful China Classic Route

第三站：秦岭
The third station: Qinling

广义的秦岭是横亘于中国中部的东西走向的巨大山脉，西起甘肃省临潭县北部的白石山，以迭山与昆仑山脉分界。向东经天水南部的麦积山进入陕西。秦岭山脉面积广大，气势磅礴，蔚为壮观。相传是春秋战国时秦国的领地也是秦国最高的山脉遂命名为秦岭。狭义的秦岭是秦岭山脉中段，位于陕西省中部的一部分。在汉代即有"秦岭"之名，又因位于关中以南，故名"南山"。秦岭—淮河是中国地理上最重要的南北分界线，秦岭还被尊为华夏文明的龙脉。

● 太白山穿越

太白山横卧在宝鸡眉县、太白、西安周至3县境内，是秦岭山脉的主峰，海拔3767米。山顶终年积雪是太白山名字的由来，而"太白积雪六月天"的奇景也使其成为关中八景之一。

太白山早在唐代便已是名山，李白、杜甫、柳宗元、韩愈、苏轼等文人墨客曾在这里写下了著名诗篇。如今太白山上还有很多古建筑，历代庙宇达14处。但太白山最引人入胜的，还是它壮丽的自然风光以及和谐的生态环境。大爷海、二爷海、三爷海是太白山顶的3个湖泊，属于标志性景点，池水清澈，在高山之巅让人心醉。拔仙台是太白绝顶唯一不规则三角形台锥，太白山最大的庙宇群就修建在这里。

太白山为自然保护区，是一天然植物园和动物园，山上古木参天，古有"太白山上无闲草"之说。植物种类有1550余种。太白山的独叶草为世界罕见，极其珍稀。太白米、太白参都为上等中药。太白山有鸟类230余种，兽类40余种，其中尤以大熊猫、金丝猴、羚牛最为珍稀。

▲ 太白绝顶拔仙台（Baxian Stage on Mt.Taibai）

▲ 太白积雪（Mt.Taibai Snow）

旅游锦囊

1. 最佳徒步穿越季节：5~10月。
2. 大熊猫的主要栖息地不是在太白山，因此仅仅登一次山是不大可能看见它的，但羚牛、麻羊等还是有希望撞见的。碰见羚牛要小心躲开，千万别惊慌逃跑。

陕西一路南行，一路风情 Travel south in Shaanxi Province with beautiful pictures and local customs

● 佛坪大熊猫自然保护区

佛坪自然保护区位于太白山以南，佛坪、洋县和太白3县交界的三角地带，是大熊猫的一个集中分布区。保护区建立于1978年，是一处以保护大熊猫为主的自然保护区。保护区大熊猫的数量占到秦岭整个地区的1/3，而秦岭地区的野生大熊猫将近我国大熊猫总数的3/16，其重要性可想而知。保护区管理局下设三官庙、大庙坪和岳坝3个保护站。区内的鲁班寨为最高峰，海拔2900米。区内有高等植物1580种，野生动物265种，大熊猫、牛角羚、金丝猴和云豹都是国家一级保护动物。

● 秦岭野生动物园

秦岭野生动物园位于秦岭北麓浅山地带，距西安市区28公里。是集野生动物移地保护、科普教育、旅游观光、休闲度假等功能于一体的综合性园林项目。西安秦岭野生动物园是西北首家野生动物园。这里动物种类齐全，有兽类、鸟类、两栖类和爬行类动物，其庞大的动物种群、数量都是西北之最。其中大门园区共有野生动物300余种，近万只。西安秦岭野生动物园具有全国规模最大、功能最全的鸟语林；具有全国最大的黑豹基地；食草动物车入区面积为全国野生动物园之最。西安秦岭野生动物园园区分四个区域，即步行游览区、草食区、猛兽区、鸟语林。并拥有动物表演场、小小动物乐园、游乐场、动物医院、动物检疫场、珍稀动物繁育基地、名花园、快餐厅、咖啡厅、度假村等功能完善、服务一流的配套项目。

▲ 终南山（Mt.Zhongnan）

● 秦岭终南山世界地质公园

秦岭终南山世界地质公园位于陕西省西安市境内，总面积1074.85平方公里，以秦岭造山带地质遗迹、第四纪地质遗迹、地貌遗迹和古人类遗迹为特色。由翠华山山崩地貌区、骊山裂谷地垒构造区、冰晶顶韧性剪切带与构造混合岩化区、玉山岛弧型花岗岩峰岭地貌区、南太白板块碰撞缝合带与第四纪冰川区等五个各具特色又互相联系的区域组成。

公园地处中国南北大陆板块碰撞拼合的主体部位，是中国南北天然的地质、地理、生态、气候、环境乃至人文的分界线，有"中国天然动物园""亚洲天然植物园"之称。2009年8月，秦岭终南山地质公园被联合国教科文组织批准加入世界地质公园网络，戴上了"世界级"桂冠，成为我国西北地区首个世界地质公园。

美丽中国经典线路 Beautiful China Classic Route

第四站：汉中
The fourth station: Hanzhong

汉中是陕南历史最悠久的地方，虽然盛唐的光芒没怎么照耀到这里，但历史上最富传奇的时代却在这里熠熠生辉。汉中是刘邦西汉王朝的发祥地，刘邦拜韩信为大将军的拜将坛，以及张良辅佑刘邦之后隐居的紫柏山都有迹可循。到了三国，汉中更成为一个历史的大舞台，明修栈道暗度陈仓的典故发生于此，黄忠计斩夏侯渊的定军山也在此，诸葛亮的墓在此，马超的墓也在此。

▲ 武侯墓（Wuhou Tomb）

● 武侯墓、定军山

武侯墓位于勉县城南4公里的定军山下，据确认是我国历史上杰出的政治家、军事家、三国时期蜀汉丞相诸葛亮的真墓。墓地前后建有大殿、东西厢房、北院宫厅、南院道观、拜殿、崇圣祠、后坟亭，是一座三院并联的大庙。墓冢为覆斗式，为典型汉墓形式，高5米多，简单而威严。这里无论松、柏、银杏、黄果，皆为不同朝代的古物，墓旁就有两棵高大的桂树，恰像两名护卫，史称"护墓双桂"，此树高19米，直径1米以上，是三国时代所植。诸葛亮的文治武功，不但在当时被争鼎双方所敬仰，更为后世所推崇。

定军山距武侯墓仅2公里，是三国中鼎鼎大名的古战场，但现在显然已经被周围的苍茫林海淹没。诸葛亮在此操练军队，黄忠在此计斩夏侯渊，现在尚未开发，可以上山寻幽访古，寄发幽思。

● 武侯祠、马超祠墓

武侯祠位于勉县城西4公里，素有"天下第一武侯祠"之称。七进院落幽静古朴，建筑雕刻精细，保存完整。祠内存有碑刻56通，还有旱莲、银桂、丹桂、凌霄花等名贵树木，旱莲每年3月开花，凌霄花每年7月开花。

马超祠墓位于武侯祠东1公里，有殿宇3间，墓高3米，立有"汉征西将军马超之墓"。建筑多为仿古新建，不如武侯祠的繁复精美。

▲ 武侯祠（temple of Marquis wu）

陕西一路南行，一路风情 Travel south in Shaanxi Province with beautiful pictures and local customs

● 洋县朱鹮保护区

洋县朱鹮保护区位于洋县的姚家沟、金家河、三岔河等地，是国际级珍稀鸟类朱鹮的最后栖息地，据1984年统计，此鸟世界上只有20只，除日本笼养3只和北京动物园笼养的几只外，其余都生活在洋县，被命名为"秦岭一号朱鹮群体"。

朱鹮通体白色，两翅与腹部及尾渲染着美丽的朱红色泽，是非常漂亮的一种鸟。朱鹮以其特有的羽色和秀雅的体态以及起落时翩翩起舞的轻盈舞姿，为历代诗人所歌咏。早有"因风弄玉水，映日上金堤"，"朱鹮戏新藻，徘徊流涧曲"的优美诗句流传。保护区内还设有陕西朱鹮保护观察站，运气非常好才能看到朱鹮自由翱翔的样子。

● 长青华阳景区

华阳景区是国家AAAA级旅游景区，地处秦岭南麓的洋县华阳镇，距县城76公里，平均海拔1700米，山水风光以"高、寒、奇、险、秀"为特点，"一山有四季，十里不同天"是其气候变化多样的生动写照。朱鹮、大熊猫、金丝猴、羚牛同一区域繁衍，世所罕见。华阳古镇在秦汉时期形成集镇，唐、宋均被设为县治，有"千年古船城，秦岭第一镇"之称。

华阳景区先后被国家、陕西省命名为"中国最佳文化生态旅游目的地""中国著名文化旅游古镇""全国红色旅游经典景区""陕西省党史教育基地"。

● 青木川

青木川位于宁强县西南角的陕、甘、川三省交界处，这里曾是茶马古道的重镇。长长的老街，两边的明清民居错落有致，有四合院式、船形、中西合璧式等，飞凤桥、辅仁中学、魏辅堂豪宅是镇上主要建筑。古镇的田园风光亦成一景。作为藏在深山中的古镇，青木川因著名作家叶广芩的长篇小说《青木川》而再次为世人瞩目。

● 古汉台、拜将坛

古汉台位于汉中市区，刘邦受封汉王时在此兴建宫殿，依稀可以想见遍筑亭台楼阁的情景，其中望江楼为汉中标志性古建筑。古汉台现辟为汉中市博物馆，馆内有褒斜道史陈列馆、石门十三品陈列馆、出土文物陈列馆、生物化石陈列馆、古字画陈列馆和革命文物陈列馆6部分，珍藏出土文物和碑刻、拓片、书画等精品千余件，不少是国家一级文物，可以真切感受汉中文化的精髓。

▲ 古汉台（Ancient Chinese Dais）

美丽中国经典线路 Beautiful China Classic Route

甘肃北线嘉峪关敦煌之旅

Tour to Jiayuguan & Dunhuan, the North of Gansu

线路：嘉峪关 ➜ 酒泉（敦煌）
Route: Jiayuguan ➜ Jiuquan (Dunhuang)

敦煌千古飞天梦，今朝登月在酒泉
Flying to the moon, the dream of our ancestor thousand years ago in Dunhuang, now comes true in Jiuquan

　　甘肃地处黄土高原、青藏高原和内蒙古高原三大高原的交会地带，境内高山、盆地、平川、沙漠和戈壁兼而有之。甘肃省的地图像一只呆萌的想飞的长颈鹿，其省会兰州就位于它的心脏处。兰州向北的金昌似乎是它将要展开的翅膀。张掖是它的长颈，嘉峪关位于它的头颈相交处，也可说是它的咽喉要道。而整个酒泉地区就是它的头部。酒泉，这个因为卫星发射而闻名世界的地方，让我们实现了飞天的梦想，而飞天的梦想，则被我们的祖先描绘在了敦煌莫高窟的墙壁上，是巧合？是刻意而为？也许在这只长着小翅膀的长颈鹿的头脑中，飞天的梦想一直延续着，从古到今……

甘肃北线嘉峪关敦煌之旅　Tour to Jiayuguan & Dunhuan, the North of Gansu

行程推荐
Describe the itinerary

　　本线路只游甘肃北部的嘉峪关市及酒泉市。甘肃北线因为有著名的嘉峪关和敦煌莫高窟，因此一直是旅游热线。游客可以先到嘉峪关市，嘉峪关市交通较为方便，除了嘉峪关机场开有直达北京、上海、西安、兰州等地的航线外，铁路有兰新铁路、兰新铁路第二双线、嘉镜铁路、嘉策铁路等多条线路。自驾的话，有连霍高速（G30）可达。从嘉峪关到敦煌极为方便，有多趟列车及大巴可达，全程约5小时。另外嘉峪关市离酒泉市较近，有公交车直达。从酒泉到敦煌除有多趟列车可达外，大巴班次也略多些。

　　如果想先游敦煌的话，可选择乘飞机。敦煌机场位于敦煌市莫高镇国道313线安敦公路南侧，距敦煌市13公里，距莫高窟15公里。敦煌机场航空口岸已对外开放，是继兰州中川国际机场后甘肃第二个国际航空口岸。目前机场已开通至北京、上海、南京、兰州、金昌、张掖、西安、乌鲁木齐、成都、杭州等多条航线。

　　甘肃北线旅游一般最少需要4天时间，一路向西而行，第一天可游酒泉，著名的酒泉卫星发射基地"东风航天城"的卫星发射场、指挥控制中心、长征二号火箭、测试中心、卫星发射中心场史展览馆、革命烈士陵园、酒泉卫星发射基地东风水库等景区已经对游客开放（有发射任务时除外）。第二天从酒泉到嘉峪关，嘉峪关最好住一夜，欣赏

▲ 敦煌壁画飞天 (Dunhuang Frescoes-Flying to the Sky)

一下大漠边关的日落景色。第三天游敦煌莫高窟、鸣沙山、月牙泉，第四天安排玉门关及雅丹国家地质公园。甘肃北线旅游最佳季节为5～10月，如果5月份的话，新春景美，但要防备沙尘暴天气。夏季虽然气温很高，但天气干燥，人不会感觉难受，还可以夜赏星空。8月后各色瓜果成熟，吃货们可以在赏景后大饱口福。

温馨提示
西北风沙大，紫外线强，注意防晒，多饮水；夏季吃完水果后不要喝开水，以免腹泻；昼夜温差大，注意穿衣。

美丽中国经典线路　Beautiful China Classic Route

第一站：嘉峪关
The first station: Jiayuguan

嘉峪关这个概念有两个含义，一个是明代万里长城的西端起点，是"天下第一雄关"，是古丝绸之路的交通要冲，是历代兵家征战的"古战场"。另一个含义是指嘉峪关市，这是一座因1958年国家"一五"计划重点项目"酒泉钢铁公司"的建设而兴起的一座新兴的现代化区域中心城市，是中国四个不设市辖区的地级市之一。嘉峪关市位于河西走廊中部，地处酒泉盆地西缘，东临河西重镇酒泉市，西连石油城玉门市，南倚终年积雪的祁连山，北接酒泉卫星发射基地。嘉峪关市依托嘉峪关关城、长城第一墩、

▲ 嘉峪关（Jiayu Pass）

悬壁长城、新城魏晋壁画墓、七一冰川、国际滑翔基地等丰富的旅游资源，已经成为一座新兴的旅游城市。

● 嘉峪关长城文化旅游景区

嘉峪关长城文化旅游景区主要包括嘉峪关城、嘉峪关长城博物馆、长城第一墩、九眼泉湖、黑山石雕群等景点。其中最主要的嘉峪关城位于嘉峪关市西5公里处最狭窄的山谷中部，是明代万里长城最西端的关口，历史上曾被称为河西咽喉。嘉峪关城始建于明洪武五年（1372年），先后经过168年时间的修建，成为万里长城西端最为壮观的关城。关城呈梯形，由内城、外城、罗城、瓮城、城壕和南北两翼长城组成，关城四隅建有角楼，西面城垣门额刻有"嘉峪关"三字。嘉峪关城依山而筑，居高凭险，建筑雄伟，固若金汤，素有"天下第一雄关""边陲锁钥"之称。

▲ 夜色中的嘉峪关市（The Night of Jiayuguan City）

甘肃北线嘉峪关敦煌之旅　Tour to Jiayuguan & Dunhuan, the North of Gansu

第二站：酒泉（敦煌）
The second station: Jiuquan (Dunhuan)

酒泉市是甘肃省面积最大的城市，从甘肃省地图上看，它就是这只呆萌长颈鹿的头部。酒泉自古是中原通往西域的交通要塞，丝绸之路的重镇。而今酒泉市因卫星发射中心而世界闻名，位于酒泉市金塔县的酒泉卫星发射中心（又称"东风航天城"）是中国科学卫星、技术试验卫星和运载火箭的发射试验基地之一，是中国创建最早、规模最大的综合型导弹、卫星发射中心，也是中国目前唯一的载人航天发射场。目前，卫星发射中心已经对外开放，允许游客参观（有发射任务时除外）。

敦煌，现为酒泉市代管的县级市，位于酒泉市的最西端。敦者，大也，煌者，胜也。敦煌者，盛大辉煌之意。敦煌是国家历史文化名城，是古代中国通往西域、中亚和欧洲的交通要道——丝绸之路的咽喉。古人以敦煌为界，敦煌以西便称为西域。古诗"春风不度玉门关""西出阳关无故人"中所说的"玉门关""阳关"都在敦煌境内，世界遗产莫高窟和闻名天下的雅丹地貌也在敦煌境内。敦煌，这座谜一样的城市，静立于甘肃最西端，迎送着西出阳关和"度"入玉门关的每一位游人。

> **温馨提示**
>
> 1. 敦煌机场开辟了北京、上海、天津、南京、西安、成都、杭州、兰州、乌鲁木齐、嘉峪关、大连、吐鲁番12条往返航班航线。
>
> 2. 敦煌火车站目前开辟了兰州—敦煌、西安—敦煌、酒泉—敦煌、兰州—敦煌几条火车线路。
>
> 3. 敦煌火车站、机场到敦煌市区公交车单程车价为3元/人。

▲ 金塔胡杨林 (Populus Forest, Jinta)

美丽中国经典线路　Beautiful China Classic Route

● **敦煌莫高窟景区**

敦煌莫高窟景区俗称千佛洞，位于敦煌市东南25公里处的鸣沙山东麓断崖上，始凿于前秦建元二年（366年），隋唐时期，随着丝绸之路的繁荣，莫高窟更是兴盛，在武则天时有洞窟千余个，始称千佛洞。历经千余年的风雨与战火，至今仍保存有各朝代的洞窟近500个，南北逶迤1600余米。窟最大者高40余米，最小者高不过盈尺。存有壁画4.5万多平方米，彩塑像2400余尊。是世界上现存规模最大、内容最丰富的佛教艺术圣地。近代以来又发现了藏经洞，内有5万多件古代文物，由此衍生专门研究藏经洞典籍和敦煌艺术的学科——敦煌学。1961年，莫高窟被公布为第一批全国重点文物保护单位之一。1987年，莫高窟被列为世界文化遗产。

● **敦煌雅丹国家地质公园**

敦煌雅丹国家地质公园，俗称敦煌雅丹魔鬼城，位于敦煌市西北部，距离敦煌市区180公里，距玉门关100公里，地处甘肃、青海、新疆三省区的交接地带。公园面积346.34平方公里，是气候极端干旱区典型地貌类型的代表，主要是风蚀作用形成的地质遗迹。景区分南北两区，东西长约25公里，南北宽约13公里，主要地质景观包括气势磅礴的垄状、墙状、塔状、柱状等各种造型奇特的风蚀地貌，是迄今为止在世界上发现的规模最大、地质形态发育最成熟、最具观赏价值的雅丹地貌群落，属世界罕见，是宝贵的、不可再生的自然遗产。

敦煌雅丹国家地质公园内到处都有像"巧克力糖"一样的磁石，使得各种指南针失效，称其为魔鬼城大概也是因此吧。公园以其独特的大漠风光、形态各异的地质奇观、古老的民间传说，吸引了无数勇敢的探险者前来揭开"魔鬼城"神秘的面纱，探寻大自然的奥秘。

▲ 莫高窟（Mogao Grottoes）

温馨提示

1. 在莫高窟内参观时，因光线较暗，只能用手电筒观看，每位讲解员会带一个手电筒，你也可以自备一个冷光手电筒。
2. 窟内严禁拍照，请在进莫高窟参观之前把相机存放在入口处的寄存点。
3. 早上太阳东升，洞窟内自然光线最好，此时参观最佳。

甘肃北线嘉峪关敦煌之旅　　Tour to Jiayuguan & Dunhuan, the North of Gansu

▲ 鸣沙山月牙泉景区 (Mingsha Mountain & Crescent Moon Spring Scenic Area)

● 敦煌鸣沙山月牙泉风景名胜区

　　鸣沙山月牙泉风景名胜区位于敦煌城南5公里处，包括月牙泉、鸣沙山两大景区。鸣沙山因沙动有声而得名，古称"沙角山""神沙山"。山由流沙积聚而成，其东西长40余公里，南北宽约20公里，主峰海拔1715米，峰如刀刃，甚为壮观。鸣沙山上沙有粉红、黄、绿、白、黑五色，沙质晶莹无尘，如沙流动，便有鼓角之声，轻若丝竹，重若雷鸣。

　　月牙泉处于鸣沙山环抱之中，形似一弯新月。月牙泉古称沙井，又名药泉，一度讹传渥洼池，清代正名为月牙泉。月牙泉南北长近100米，东西宽约25米，泉水东深西浅，水质甘洌，澄清如镜，绵历古今，沙不进泉，水不浊涸。

　　"风夹沙而飞响，泉映月而无尘。"鸣沙山月牙泉风景名胜区的"沙岭晴鸣""月泉晓澈"均列入敦煌八景之中。由于水量充足，月牙泉周边植被茂盛，名胜区内有裸果木、胡杨林、梭梭林等珍贵植物资源。随着旅游的日益发展，到鸣沙山月牙泉风景名胜区的游客逐年增多，为此，名胜区在完善各项基础设施建设的同时，开发了滑沙、骑骆驼、驾乘沙漠越野车、卡丁车、跳牵引伞、滑翔伞以及沙浴、沙疗等活动。目前名胜区已经是集旅游观光、度假休闲、滑沙健身、文化交流和地质科研于一体的知名风景旅游区。

温馨提示

　　鸣沙山山体温柔绵软，可赤足攀登，既无石山摔伤磕碰之忧，也无荆棘刺痛划伤之虞，除观赏价值外，还可以活血化瘀，对风湿性关节炎、肩周炎、腰腿痛都有一定缓解，可以尽情放松身心，体验亲近自然、返璞归真的感觉。

503

美丽中国经典线路 Beautiful China Classic Route

甘肃南线兰州天水平凉之旅

Tour to Lanzhou, Tianshui & Pingliang, the south of Gansu

线路：兰州 ➤ 天水 ➤ 平凉

Route: Lanzhou ➤ Tianshui ➤ Pingliang

千年历史话甘肃
Gansu tells you the history of thousand years

　　位于黄河上游的甘肃省，早在先秦时期大部分属雍、凉二州，旧称"雍凉之地"。西周时秦人的祖先在今天的天水地区定居。待秦人一统天下后，甘肃属于陇西郡和北地郡。北宋年间，西夏统治河西时设有甘肃军司，这是最早出现的甘肃之名。唐代改郡为道，曾在此设置陇右道。元代设甘肃省，简称甘。甘肃省境大部分在陇山（六盘山）以西，故甘肃又简称"陇"。甘肃历史跨越8000余年，是中华民族和华夏文明的重要发祥地之一，也是中医药学的发祥地之一，被誉为"河岳根源、羲轩桑梓"。相传中华民族的人文始祖伏羲、女娲和黄帝都诞生在甘肃这片土地上。传说中掌管人类幸福和长寿之神西王母也曾降凡于平凉泾川县的回中山，回中山也因此称王母宫山。

　　如此众多的历史渊源，已经让我们有些迫不及待地走进甘肃了。

甘肃南线兰州天水平凉之旅　Tour to Lanzhou, Tianshui & Pingliang, the south of Gansu

行程推荐
Describe the itinerary

甘肃省地图似一只萌萌的长颈鹿，兰州就位于这只长颈鹿的心脏部位。不仅是地理位置上的心脏，兰州也是甘肃省经济政治、文化中心，黄河自西南流向东北，贯穿兰州全境。本条线路就是从心脏兰州出发，向东南行至有"羲皇故里"之称的天水，然后再折向北到达传说中的西王母降生地平凉。本线路可以说囊括了黄河文化、伏羲文化、道教神仙文化等多种中国传统文化。行走这条线，既可以体味黄河风情，也可拜祭华夏鼻祖，还可以寻仙问道，也许赶上西王母召开蟠桃盛会，你能吃到爽口的仙桃呢。

兰州市内有众多可圈可点的必游之地，兰州水车博览园、五泉山公园、甘肃省博物馆等都是深受游客喜爱之处。兰州因为是西北地区较大的游客集散地之一，旅游业发展比较成熟，旅游基础设施比较完善，一般情况下，兰州可安排2～3天时间。从兰州到天水约300公里，交通非常方便，火车车次有50趟，大巴差不多每20分钟就有一班，时间大约四五个小时。自驾的话，可以走连霍高速（G30），全程大约3小时45分钟，高速路费约100元。天水气候冬无严寒夏无酷暑，四季皆宜游，但秋季最佳。天水是羲皇始创八卦之地，故又被称为"易学之都"。天水麦积山石窟是中国四大名窟之一，号称"东方雕塑馆"，也是不可不到之处。建议天水旅游也至少安排2天。

▲ 平凉崆峒山 (Pingliang Kongdong mountain)

温馨提示
黄河横穿兰州市区，黄河以北多为山地，最近几年建设较快，黄河沿线有不少酒店可以住宿，推开窗就可以看到滚滚黄河水，景色极佳。但是夜里有些吵，睡眠不好的人要慎选。

从天水到平凉大约260公里，但交通并不很方便。以前的火车线路只有一趟到平凉南，大巴每天大约有5趟，行程约需6小时。自驾比较方便，大约4.5小时即可到达。2015年12月底，作为甘肃省"十一五"计划的天平铁路线正式开通，标志着平凉到天水的交通状况有了质的飞越，平凉旅游也将随着天平铁路的开通上升到一个新高度。

温馨提示
兰州美食除了名满天下的牛肉拉面外，还有炒面片、凉面等、黄焖羊肉、胡辣羊蹄等。兰州的黄河蜜瓜和白兰瓜汁多、味甜，"软梨"味道独特，热冬果是当地极富特色的冬季常备饮品。天水以面食小吃最为出名，有呱呱、凉粉、凉皮、浆水面、甜醅、清真碎面、打卤面、搅团等，种类繁多、样式丰富、味道香美。平凉的名小吃有静宁锅盔、静宁烧鸡、华亭核桃饺子、华亭麻腐、平凉酥饼、卤齿馍、华亭洋芋搅团等，平凉还有两种必吃名菜是红焖肘子和灵台清炖甲鱼。

美丽中国 经典线路 Beautiful China Classic Route

第一站：兰州
The first station: Lanzhou

"丝路重镇""黄河明珠""西部夏宫""水车之都""瓜果名城"……光凭这些词汇，怕是你已经爱上兰州这座城市了吧。再加上风靡全世界的兰州牛肉面，让你觉得此生不来兰州就是一大憾事。

兰州市简称兰，别称金城，是甘肃省省会，是中国陆域版图的几何中心。兰州是我国历史文化名城、丝路重镇，也曾是铁马金戈的古战场。黄河从兰州自西向东穿城而过，养育了世世代代的兰州人。兰州市区南北群山环抱，"两山夹一河"的城市风貌独具特色。

厚重的历史和慷慨的大自然为兰州留下了许多名胜古迹，兰州市拥有众多文物景点、古遗址、古城、古建筑。以前提起兰州总会让人想起大西北的荒漠，而今兰州拥有徐家山、吐鲁沟、石佛沟等多处国家级森林公园，南北两山处处青绿，鸟语花香。兰州市区有五泉山、白塔山、白云观等名胜古迹，还有兰山公园、西湖公园、滨河公园、水上公园等风格各异的景点。

兰州冬无严寒、夏无酷暑，交通便捷。"座中四联"的独特地理位置使兰州成为西北地区的交通枢纽。"中国西北游，出发在兰州"，瓜果名城兰州已经摆出各色水果，迎接各方宾朋。

● **五泉山公园**

五泉山公园位于兰州市区南侧的皋兰山北麓，是一处具有2000多年历史的旅游胜地。五泉山海拔1600多米，因有惠、甘露、掬月、摸子、蒙五眼泉水而得名，史有鞭响泉涌传说。其中蒙、惠二泉分列在五泉山东西两侧，有水从缝中流出，形成瀑布，俗称黄河母亲的东西"龙口"。五泉山早在唐、宋时期就建有寺庙，后毁于战火，现五泉山中峰高处的古建筑群，大多为明清时代建筑，有崇庆寺、嘛尼寺、蝴蝶亭、金刚殿、大雄宝殿、万源阁、文昌宫、地藏寺、千佛阁等，这些佛教古建筑多系依山就势而建，层层相叠，以石阶亭廊相连，错落有致，极为壮观。

五泉山公园有两个"镇山之宝"，其一为"铜接引佛"，铸于明洪武元年(1368年)，佛像高5.3米，围宽2.7米，重2万余斤，铜佛面露笑容，神态自然，为铜像之精品。另一宝为"泰和铁钟"，铸于金泰和二年(1202年)，高3米，直径2米，重达万斤。每年农历四月初八，五泉山公园内都举办庙会，朝山拜佛的善男信女纷至沓来，人海如云。每年春节期间公园还举办灯饰展览。

▲ 黄河岸边的兰州 (Lanzhou, the City on the Bank of Yellow River)

506

甘肃南线兰州天水平凉之旅　Tour to Lanzhou, Tianshui & Pingliang, the south of Gansu

第二站：天水
The second station: Tianshui

天水位于甘肃东南部，横跨长江、黄河两大流域，新欧亚大陆桥横贯全境。天水是华夏文明和中华民族的重要发源地，是国家历史文化名城，是羲皇故里、娲皇故里、轩辕故里。因羲皇在天水始创八卦，天水亦被称为"易学之都"。天水伏羲庙里有国内唯一的伏羲塑像，天水麦积山石窟为中国四大石窟之一，号称"东方雕塑馆"。"马谡失街亭"、"姜维三战小陇山"的历史故事就发生在天水。天水也是中国县制初始地，天水市甘谷县具有华夏第一县的美誉……

▲ **天水伏羲庙**（Fuxi's Temple, Tianshui）

伏羲文化、轩辕文化、大地湾文化、先秦文化、三国文化、石窟文化、易学文化……博大精深的中国传统文化让这座古老的城市走进千万人的旅游计划之中。天水，这座有着8000年历史文化的古城谱写了中华文明的序曲，成为全球华人寻根祭祖的圣地。

● **天水市伏羲庙景区**

天水伏羲庙原名太昊宫，俗称人宗庙，位于天水市秦州区西关伏羲路，是中国西北地区著名古建筑群之一。伏羲庙始建于明成化十九年至二十年间（1483～1484年），前后历经九次重修，是目前中国规模最宏大、保存最完整的纪念上古"三皇"之一伏羲氏的明代建筑群。

伏羲庙坐北朝南，临街而建，四进院落，宏阔幽深。整个建筑群在纵贯南北的主轴线两侧，布局对称，疏密相宜。主体建筑依次排列在主轴线上，统领全局，庄严雄伟。

伏羲庙主体建筑为先天殿，高大雄伟，稳坐于中院后部高约1.8米的砖筑月台上。殿内有伏羲彩塑巨像一尊，高3米有余。藻井顶棚正中绘太极河洛八卦图，四周等分为六十四格，内刻绘六十四卦图。

知识链接

1. 伏羲庙位于天水市秦州区伏羲路110号，从天水中心广场南侧街道一直向西步行20分钟即可到达。

2. 相传正月十六是伏羲诞辰，按照传统，每年这一天，伏羲庙都举办隆重而盛大的庙会，天水人都要到伏羲庙"朝人宗"，祭祀人文始祖伏羲。

507

美丽中国经典线路 Beautiful China Classic Route

● **麦积山风景名胜区**

麦积山，又名麦积崖，地处天水市东南方50公里的麦积区麦积山乡南侧，是西秦岭山脉小陇山中的一座孤峰，海拔1742米，形状奇特，孤峰崛起，犹如麦垛，故名麦积山。山峰的西南面为悬崖峭壁，著名的麦积山石窟就开凿在这峭壁上。石窟始凿于后秦（384～417年），大兴于北魏明元帝、太武帝时期，后经唐、五代、宋、元、明、清各代不断地开凿扩建，遂成为中国著名的石窟群之一。麦积山石窟群分为东、西崖两个部分，东崖保存有洞窟54个，西崖140个。石窟中佛像多为泥塑石雕，神情各异，栩栩如生。石窟有的距山基二三十米，有的高达七八十米。在如此陡峻的悬崖上开凿成百上千的洞窟和佛像，在中国的石窟中实属罕见。

麦积山风景名胜区除麦积山石窟外，还有仙人崖、石门、曲溪和一个古镇街亭温泉景区。仙人崖景区在麦积山石窟的东北方向，始建于南北朝，距今近1600年。宋代称"华严寺"，明代永乐皇帝赐名"灵应寺"。相传此处过去常有高人隐居于此修行，故名仙人崖。石门景区位于天水市麦积区东南方向50公里的陇南山区，其主要景点石门山壁立千仞，四周峭崖，素称"甘肃小黄山"。主峰上有明、清重修的真武祠、王母祠、三清殿等建筑。石门景区以西就是街亭温泉景区。街亭温泉水温40.5℃，矿物质含量极为丰富，沐浴之后，肌肤滑若凝脂，更兼保健医疗之功效。

▲ 麦积山 (Maiji Mountain)

甘肃南线兰州天水平凉之旅　Tour to Lanzhou, Tianshui & Pingliang, the south of Gansu

第三站：平凉
The third station: Pingliang

平凉的历史，深入鸿蒙，直追远古。这座位于陕、甘、宁三省区交会处的小城，也许并不为众多游客所熟知，然而它却是华夏文化的源头之一，这里有天下道教第一山——崆峒山，有天下王母第一宫——泾川王母宫，有神州祭灵第一台——古灵台，有皇帝祭天第一坛——华亭莲花台，有人类开元第一城——静宁成纪古城……

平凉自古就有"陇上旱码头"之称，是古"丝绸之路"必经重镇，是"西出长安第一城"。古时平凉西控陇干，东扼秦川，屏藩中原，连接边塞，历来是兵家必争之地，是商贾云集之埠。平凉是中原通往西域和古丝绸之路北线东端的交通和军事要冲，是西北地区的公路枢纽，是欧亚大陆桥第二通道的重要中转站。

如今随着旅游业的不断发展，富饶美丽的西北丝路重镇平凉，再一次得到全世界游客的青睐。

● **崆峒山风景区**

崆峒山属六盘山支脉，东瞰西安，西接兰州，南邻宝鸡，北抵银川，主峰海拔2123米，峰峦雄峙，危崖耸立，林海浩瀚，雾锁烟封，有如仙境。相传远古仙人广成子常常驾玄鹤到崆峒山与仙友赤松子对弈，而轩辕黄帝闻此亦来崆峒山问道于广成子。所以崆峒山被誉为"天下道教第一山"。

崆峒山风景区位于平凉市城西12公里

▲ **崆峒山景区 (Kongdong Mountain Scenic Area)**

处，受差异风化、水冲蚀、崩塌等外动力作用，形成了孤山峰岭，怪石突兀，气势雄伟奇特的丹霞地貌景观。崆峒山有许多大小不一、或深或浅的石洞，据说崆峒山得名既与这些石洞有关，亦与道教奉行的"大道无为""空空洞洞"而相契。崆峒山自古就有"西来第一山""西镇奇观""崆峒山色天下秀""雄秀甲于关塞""道源所在"等美誉。

崆峒山文化久远深厚，是上古三皇诞生之地，又是女娲、夸父的诞生地，中华民族尊为人文始祖的轩辕黄帝曾两次登临崆峒山，向隐居于此的仙人广成子请教治国之道和养生之术，最终修成正果，在"鼎湖"乘黄龙飞天，留下一段流传千古的美丽传说。

温馨提示
1. 崆峒山离平凉市区只有十几公里的路程，交通十分方便。13路公交车可直达崆峒山景区停车场。不过要是想乘缆车上山，一定记住先到崆峒古镇下车，然后从古镇乘缆车。
2. 崆峒山最佳旅游季节为6～11月，春、冬两季太冷，不宜旅游。

509

美丽中国经典线路 Beautiful China Classic Route

青海湖昆仑山之旅
Tour to Qinghai Lake & Kunlun Mountain

线路：西宁→格尔木

Route: Xining → Ge'ermu

寻觅青海
Discovering Qinghai

　　青海，这地方总让人觉得它是那么遥远，那么神秘，那么高不可及。它因境内有中国最大的内陆高原咸水湖青海湖而得名，它雄踞"世界屋脊"——青藏高原的东北部，境内山脉高耸，地形多样，河流纵横，湖泊棋布。长江、黄河、澜沧江的源头都在这里，因此它也被称作"中华水塔"。昆仑山、唐古拉山、祁连山，这里的每座山都仿佛蒙着一层神秘的面纱，从古至今，吸引着无数的人想揭开它们的谜底。有人说传说中神仙掌管的昆仑山不是现在的昆仑山而是祁连山，有人说《山海经》中的西海就是现在的青海湖，还有青海湖里众说纷纭的水怪、青海德令哈外星人遗址的沙漠怪圈……青海，有太多的谜，让你无法停止寻觅的脚步。

青海湖昆仑山之旅　Tour to Qinghai Lake & Kunlun Mountain

行程推荐
Describe the itinerary

青海省面积大（约 76 万平方公里），海拔高（平均 3000 米以上），境内山川众多，旅游资源极为丰富，其中大部分著名景区集中于省府西宁附近，因此本线路主要以西宁为中心，辐射周边的青海湖、塔尔寺、丹噶尔古城等众多景点。然后从西宁再往西到达海西州的格尔木市，这是京藏路的重要节点之一，景点有著名的昆仑旅游区、茶可盐湖旅游区、可鲁克湖—托素湖高原生态旅游区等。

以西宁为中心，从西宁向西就是著名的青海湖，去青海湖必经湟源县，从西宁到湟源大约 50 公里，有高速路可直达，车程大约需要 1 小时。也可以走国道 109 路，路况不错，风景也很好。火车的话，西宁西站每天有两趟开往湟源的火车，大约 40 分钟可达。湟源县内有著名的丹噶尔古城值得一游。从湟源到青海湖有南线与北线两条路。

南线从湟源经倒淌河、日月山到达青海湖，北线从湟源到刚察县的西海镇，沿湖北岸可一直到刚察县城。建议游青海湖最好租车前往，做环湖游。

从西宁往南可到达湟中县，那里有举世闻名的国家 5A 级旅游景区塔尔寺。

如果时间充足，在西宁停留时间长的话，还可以考虑向北到互助县一游，那里的互助土族风情园极富地方特色，很值得一游。

从西宁到格尔木，全程约 800 公里，如果自驾游，可走京藏高速，约需 10 小时。要想节省时间，可放弃环湖游，只走青海湖南线。从青海湖南路最西端直接上京藏高速继续向西。当然最快捷的方式是乘火车，西宁到格尔木每天都有多趟列车经过，时间大约为七八个小时。另外如果走的是青海湖北线，也可在刚察的哈尔盖火车站乘火车前往格尔木。

▲ 刚察县街道 (The Street of Gangcha County)

美丽中国经典线路 Beautiful China Classic Route

▲ 青海湖及油菜花田 (Qinghai Lake & Rape Flower Field)

第一站：西宁
The first station: Xining

西宁是一座有着2000多年历史的高原古城，古称西平郡，是青海省省会城市。西宁意为"西陲安宁"，是青藏高原的东方门户，古"丝绸之路"南路和"唐蕃古道"的必经之地，自古就是西北交通要道和军事重地。

西宁是多民族聚集、多宗教并存的城市。藏传佛教和伊斯兰教的影响尤为深远，塔尔寺是我国六大藏传佛教寺院之一，东关清真大寺是西北四大清真寺之一。

西宁历史文化源远流长，自然资源得天独厚，民族风情绚丽多彩，是青藏高原一颗璀璨的明珠。

● 青海湖旅游区

到西宁如果不去青海湖，就如同到北京不去天安门。青海湖是中国最大的内陆湖泊，也是中国最大的咸水湖。烟波浩渺、碧波连天的青海湖，古称"西海"，又称"仙海""鲜水海""卑禾羌海"。青海湖湖面海拔3195米，水域面积达4583平方公里，绕湖一周约360公里。湖面有5个岛屿，其中最大的是中央的海心山，最富魅力的是西部的鸟岛。每年7、8月时，在鸟岛可观赏到万鸟云集的壮观景象，但8月后期鸟儿们陆续南迁，数量会剧减。

青海湖畔有大片的油菜花田。每年油菜花开时，遍地黄花伴着碧蓝的湖水，令人赏心悦目。沿青海湖，其东有日月山、倒淌河，其南有二郎剑，其西是鸟岛，其北有刚察、西海镇原子城、金银滩草原，一路都是好风光。

温馨提示

1. 西宁最佳旅游季节为7、8月，油菜花正开，且这两个月其他地区都是酷暑难耐之时，而西宁的气温最高不过23℃，非常宜人，最是避暑好时节。

2. 西宁毕竟是高海拔地区，有高原反应的人最好提前做好预防工作，带好药品。

3. 西宁紫外线很强，要带防晒用品，随身带伞。

4. 青海湖沿岸到处都有大片的油菜花田，但也会有不少蜂农在旁边放蜂。如果想下车欣赏油菜花，一定要仔细找没有蜜蜂的地方再下去，不然和蜜蜂做亲密接触可就不好玩了。

青海湖昆仑山之旅　Tour to Qinghai Lake & Kunlun Mountain

▲ 塔尔寺 (Ta'er Temple)

● 塔尔寺

塔尔寺位于西宁市西南 25 公里处的湟中县城鲁沙尔镇，是国家 5A 级旅游景区。塔尔寺坐落在鲁沙尔镇西南隅的连花山坳中，是我国藏传佛教格鲁派（黄教）六大寺院之一，迄今已有 600 多年历史。塔尔寺是中国西北地区藏传佛教的活动中心，在中国及东南亚享有盛名。塔尔寺诸佛殿装饰的堆绣、壁画和酥油花被誉为"塔尔寺艺术三绝"，另外寺内还珍藏了许多佛教典籍和历史、文学、哲学、医药、立法等方面的学术专著。每年举行的佛事活动"四大法会"更是热闹非凡。

● 丹噶尔古城

丹噶尔古城距西宁市 40 公里，地处湟水源头。丹噶尔是藏语"东科尔"的蒙语音译，意为"白海螺"。丹噶尔古城始建于明洪武年间，距今已有 600 多年历史。这里自古便是商业、军事、宗教、民俗等多元文化交融的重镇，素有"海藏咽喉""茶马商都""小北京"之美称。古城内长不足千米的主街连接着城隍庙、文庙、丹噶尔厅等建筑。民国时期，这里贸易兴盛，商贾云集。每当黄昏来临，城内各个店铺和洋行的门上制作的具有浓郁民族特点的灯箱式广告招牌灯火辉煌，大放异彩，吸引了成千上万的游客，可以说湟源排灯是中国最早的广告灯箱。

● 东关清真大寺

东关清真大寺位于西宁市东关大街路南，是西宁古城著名的建筑。据传清真大寺始建于明初期，后不断遭到破坏又不断重建，现存大寺为 1913 年重建，1946 年进行改扩建，1979 年时又经过重修。东关清真大寺建造雄奇，雕梁彩檐，金碧辉煌，具有浓郁的伊斯兰特色。东关清真大寺是青海省最大的清真寺，与西北地区著名的西安化觉寺、兰州桥门寺、新疆喀什艾提尕尔清真寺并称为西北四大清真寺。大寺正中的礼拜大殿是全寺最大的建筑，大殿内宽敞、高大、明亮，清净素雅，可以容纳 10000 人同时做礼拜。殿顶的藏式鎏金宝瓶，是甘肃拉卜楞寺喇嘛所赠，为国内清真寺仅见。

温馨提示

交通

从西宁有两条路可去塔尔寺，一为西湟高速专用线，收费 15 元；一为去湟中的一级公路。建议走高速，因为去湟中的路虽好但车非常多，车速很难提高。

湟源特色小吃

酿皮、凉面、甜醅、酸奶、狗浇尿、羊杂碎等。

美丽中国经典线路 Beautiful China Classic Route

第二站：格尔木
The second station: Ge'ermu

格尔木地处青海省西部、青藏高原腹地，是一座站在世界屋脊上的城市。它的东面是西宁，北面是敦煌，南面是拉萨，其地理位置十分重要，是通往新疆、西藏等地的中转站。"格尔木"为蒙古语音译，意为河流密集的地方，其境内河流纵横，湖泊星列，沼泽众多。其中察尔汗盐湖是世界最大的盐湖，号称"盐湖之王"。昆仑山、唐古拉山横贯格尔木全境，山势高峻，气势磅礴。

得天独厚的地理与自然环境使格尔木市的旅游业发展迅速，相继开辟了青藏高原世界屋脊汽车探险、昆仑山道教寻祖、察尔汗盐湖观光、胡杨林自然风景、蒙古族草原风情、玉珠峰登山探险等十余条独具特色的旅游线路，建成了昆仑山口、玉虚峰、西王母瑶池、昆仑神泉、万丈盐桥、胡杨林、昆仑文化碑林等景点。2016年格尔木市开展"旅游接待服务提升年"活动，旅游景区建设更加完善，旅游接待能力不断提高，旅游服务、旅游餐饮、旅游购物市场逐步规范，格尔木正以崭新的面貌迎接世界各地游客的到来。

● 格尔木昆仑旅游区

昆仑山是中华民族的象征，是中华民族神话传说的摇篮，在中华民族的文化史上具有"万山之祖"的显赫地位，古人称昆仑山为中华"龙祖之脉"。

巍巍昆仑山西起帕米尔高原，茫茫苍苍，浩浩荡荡，横贯东西数千里。昆仑山脉地势

▲ 昆仑山口 (The Kunlun Mountain Entrance)

西高东低，分为东、中、西3段。格尔木市区南部160公里处昆仑山中段有昆仑山口，是青海、甘肃两省通往西藏的必经之地，也是青藏公路上的一大关隘，因山谷隘口而得名，亦称"昆仑山垭口"。昆仑山口地势高耸，气候寒冷潮湿，空气稀薄，生态环境独特，自然景象壮观。这里群山连绵起伏，雪峰突兀林立，草原草甸广袤。站在昆仑山口，东西昆仑尽收眼底，玉虚峰、玉珠峰和玉仙峰亭亭玉立，银装素裹，云雾缭绕，闻名遐迩的昆仑六月雪奇观就发生在这里。

温馨提示

格尔木的绵羊膻味小，肉质鲜美，手抓羊肉是当地最有特色的美食，不可不尝。

青海湖昆仑山之旅　Tour to Qinghai Lake & Kunlun Mountain

● **茶卡盐湖旅游景区**

茶卡盐湖位于海西州乌兰县茶卡镇附近，是柴达木盆地有名的天然结晶盐湖。盐湖水域宽广，湖面辽阔，景色宜人。无风的时候，洁净的湖面像一面镜子镶嵌在雪山草地间，倒映着清晰美丽的蓝天白云，堪称中国的"天空之境"。茶卡盐湖是一个干净而纯洁的地方。这里的盐粒晶大质纯，盐味醇香，是理想的食用盐但不可直接食用。因其盐晶中含有矿物质，使盐晶呈青黑色，故称"青盐"。茶卡盐湖是柴达木盆地四大盐湖中最小的一个，也是开发最早的一个，已有 3000 多年的开采史。茶卡盐极易开采，人们只需要揭开十几厘米厚的盐盖，就可以从下面捞取天然的结晶盐。茶卡盐湖现储盐量达 4.48 亿吨，据说可供全国人民使用约 85 年。

茶卡盐湖自开发旅游业以来，吸引着众多内地和欧美、东南亚、日本及我国港澳台游客。随着采、制盐工艺流程的不断完善，茶卡盐湖旅游景区已发展成生态游与工业游并举的新型景区。在这里游客既可观赏盐湖风光，又可参观机械化采盐作业。在这里，游客可以乘小火车深入湖中，观看现代化大型采盐船采盐时喷水吞珠的壮丽场景，欣赏盐湖日出和晚霞的绚丽画卷，可以透过轻盈的湖水，观赏形状各异、正在生长的栩栩如生的朵朵盐花，探求湖底世界的神秘，还可以领略涨潮后湖面上留下的滚滚盐涛奇观。

▲ 茶卡盐湖风光 (Scenery of Chaka Salt Lake)

美丽中国经典线路 Beautiful China Classic Route

塞上江南宁夏之旅

Ningxia, the Southern Style Region in the Northwest of China

线路：石嘴山➡银川➡吴忠➡中卫➡固原

Route: Shizuishan ➡ Yinchuan ➡ Wuzhong ➡ Zhongwei ➡ Guyuan

全域旅游在宁夏
Everywhere worth a visit in Ningxia

　　宁夏回族自治区在中国版图的中部偏北，地处黄河中上游地区，北倚贺兰山，南凭六盘山，历史上曾是东西部交通贸易的重要通道。

　　早在3万年前，宁夏就已有了人类生息的痕迹，1028年，党项族的首领李元昊在此建立了西夏王朝，并形成了独特的西夏文化。黄河自宁夏西边的中卫入境，纵贯宁夏北部，为其带来历史悠久的黄河文明。连绵起伏的贺兰山、有黄土高原上"绿色明珠"之称的六盘山、驰名中外的沙坡头、风景如画的老龙潭……占国土面积不足0.7%的宁夏，旅游资源类型却占全国旅游资源基本类型的48%，所以近年来，宁夏凭借着得天独厚的自然生态和历史人文资源优势，大力发展全域旅游。可以说，宁夏处处有美景，"塞上江南"不虚传。

塞上江南宁夏之旅　Ningxia, the Southern Style Region in the Northwest of China

行程推荐
Describe the itinerary

由于宁夏面积不大，景区类型众多，所以本线路将宁夏境内所有城市均串在其中。也是因为如此，这条线路特别适合自驾游。如果游客是从北面来，可从北面的石嘴山市开始，一路向南行去，过银川、吴忠、中卫，最后到达最南的固原。其他方向的游客可先到银川，以银川为中心，先向北游沙湖旅游区，这是石嘴山市最值得一游的景区，沙湖旅游区离银川也较近，游完可直接回到银川。然后再从银川向南行。近年来，宁夏加快公路网建设，以银川为中心，辐射方圆400公里的交通网络结构基本形成，银川到沿黄各城市均可2小时到达。且全区各县市已经实现10分钟内能上高速的目标。

如果不能自驾游，乘飞机的话，银川河东国际机场已开通各直辖市、计划单列市、省会及首府城市、中国香港、台北、首尔、曼谷等航线，可起降波音、空客等大中型客机。通航城市达到58个，航线达到70条。

乘火车的话，宁夏的铁路有包兰线，设有银川站、青铜峡站、中卫站。宝中铁路二线过固原、吴忠和中卫市。太中银铁路过中卫市、银川市。随着我国高铁建设的全面铺开，宁夏的中卫至兰州、银川至呼和浩特两条高速铁路也提上日程，另外吴忠至中卫城际铁路、银西高铁也相继开工建设，宁夏高铁梦正在变为现实。

温馨提示
宁夏最佳旅游季节为5～10月。宁夏是个适宜避暑的好地方，即使在雨季，降水也很少，有良好的空气质量和明媚的阳光。

▲ 星海湖与贺兰山 (Xinghai lake & Helan mountain)

517

美丽中国 经典线路　Beautiful China Classic Route

第一站：石嘴山
The first station: Shizuishan

石嘴山因贺兰山脉与黄河交汇之处"山石突出如嘴"而得名，位于宁夏回族自治区北部。石嘴山市是一座因生产无烟煤而闻名中外的新兴城市，号称"塞上煤城"。石嘴山市旅游资源十分丰富，除了著名的国家5A级旅游景区沙湖旅游区外，境内还有北武当生态旅游区、星海湖景区、石嘴山森林公园、平罗钟鼓楼、玉皇阁、马兰花大草原等。石嘴山市得黄河灌溉之利，土地肥沃，农、林业发展迅速，是宁夏回族自治区唯一一个获得"国家森林城市"称号的地级市。

● **沙湖生态旅游区**

我们很难想象把江南水乡与茫茫沙漠放在一起会是什么样子。大自然的力量是神奇的，它把这两者一起放入了沙湖生态旅游区中。旅游区位于石嘴山市以南、银川以北的平罗县境内，区内湖水面积8平方公里多，湖中芦苇成林成丛，荷叶田田，泛舟于芦苇丛中，赏荷垂钓，一派江南水乡风光。湖南面是面积近13平方公里的沙山，茫茫沙漠中有驼队行行，驼铃悠悠，尽显北国沙漠风情。沙湖生态旅游区内，有数万只的白鹤、黑鹳、天鹅等几十种鸟类栖居于此，游客在观鸟塔上可遥看群鸟翱翔。景区内，游客可以游湖、玩沙、戏水、观荷、品苇、赏鱼，有空中飞车、水上摩托、滑沙索道、沙漠铁骑等50余种娱乐项目，是集风景游览、观光娱乐、体育竞技、疗养避暑、休闲度假、会议接待、生物考察、养殖生产于一体的生态风景旅游区。

▲ 沙湖景区（Shahu Scenic Area）

塞上江南宁夏之旅　Ningxia, the Southern Style Region in the Northwest of China

第二站：银川
The second station: Yinchuan

银川是宁夏回族自治区首府，地处中国西北地区宁夏平原中部，旅游资源丰富，人文及自然景观众多。银川市是一座历史悠久的塞上古城和发展中的区域性中心城市，在民间传说中又称"凤凰城"。北宋宝元元年（1038年），李元昊在兴庆府（银川）筑坛称帝，建立大夏国（史称西夏），兴庆府为其首府。西夏国于1227年亡于蒙古，其国文字及历史资料从此消失，为后人留下无数难解之谜。银川历史上由于黄河不断改道，湖泊湿地众多，古有"七十二连湖"之说，现有"塞上湖城"之美称。神秘的西夏文化、诱人的水乡景色、奇特的塞上风光、多彩的回族民俗风情，使银川市成为中国西部最具魅力的城市之一。

▲ **西夏王陵**（Cemetery for Kings of Xixia Dynasty）

● 西夏王陵旅游区

西夏王陵旅游区位于银川平原西部，是国家4A级旅游景区。旅游区由西夏王陵、滚钟口、拜寺口和三关古长城四个景区组成。西夏王陵又称西夏帝陵、西夏皇陵，是西夏历代帝王陵以及皇家陵墓，是中国现存规模最大、地面遗址最完整的帝王陵园之一，也是现存规模最大的一处西夏文化遗址。西夏陵规模宏伟，布局严整。每座帝陵都是独立完整的建筑群体，坐北向南，呈纵长方形，规模与明十三陵相当。其建筑吸收自秦汉以来唐宋皇陵之所长，又受佛教建筑影响，在中国陵园建筑中别具一格，故有"东方金字塔"之称。

滚钟口，古为贺兰山胜境之一，俗称"小口子"，三面环山，山口面东敞开，形似大钟，故得名，口内有花岗岩风蚀地貌景群，还有伊斯兰教、佛教、道教三教合一的建筑。

拜寺口原名"百寺口"，因此处曾有多达100余座寺庙而得名。拜寺口内有著名的砖砌双塔，东塔是一座正八角形建筑，高13层，每层塔檐下，各面都有各种兽头的浮雕，西塔也是13层高，较东塔粗壮，外形呈抛物线状，曾发现梵文、西夏文题记和元代银币等。

三关古长城位于贺兰山东麓，是宁夏通往内蒙古阿拉善左旗的交通要道。明时修建，曾为当时宁夏镇城防的"四险"之一。后几经重修、增筑。墙体绵延山峰之巅，山陡壁峭，地形险要，颇有"一夫当关，万夫莫开"之势。

美丽中国经典线路　Beautiful China Classic Route

▲ 华夏西部影视城（China Western Studio City）

● **镇北堡华夏西部影视城**

被称为"东方好莱坞"的华夏西部影视城位于银川市郊镇北堡，是国家5A级旅游景区，被宁夏回汉乡亲誉为"宁夏之宝"，是中国文化产业成功的典范之一。华夏西部影视城是在西部荒漠废弃的明代古堡遗址上建立的集影视拍摄与旅游观光为一体的新景点。影视城以古朴、荒凉、原始、粗犷、民间化为特色，内有昊王宫、德明殿、夜落隔王宫等建筑。《红高粱》《大话西游》《新龙门客栈》《刺陵》《锦衣卫》《越光宝盒》等多部影视剧均在此拍摄。

镇北堡西部影城保留着各类影视片重要拍摄场景200余处，"借影视艺术之体，还民俗文化之魂"。影视城内集中了大量中华传统物质文化与非物质文化，再现了我们祖先的生活方式、生产方式、战争方式和娱乐方式。游客在这里仿若走进"时光隧道"，回到我们已经消逝了的过去。

● **水洞沟景区**

水洞沟是我国最早发现的旧石器时代遗址，是最早进入系统研究的旧石器时代文化遗址之一，被誉为史前考古的发祥地，中西方历史交流的见证地。独特的雅丹地貌，鬼斧神工地造就了魔鬼城、旋风洞、卧驼岭、摩天崖、断云谷、怪柳沟等20多处奇绝景观，记录了3万年来人类生生不息的活动轨迹，使这里充满了玄远、雄浑的旷古神韵。由"横城大边"、烽燧墩台、城障堡寨、藏兵洞窟等构成的古代长城立体军事防御体系，成为中国唯一保存最完整的军事防御建筑大观园。水洞沟景区依托这些独特的历史遗存而开发，主要景点有明长城、水岸长城、红山堡、大峡谷、藏兵洞等。这些景点或原始古朴纯净，或苍凉怪诞孤独，使水洞沟成为一个神奇的地方，"步步有亮点，处处有惊险"。

水洞沟景区已是一个集科考、观光、休闲、探秘、体验为一体的旅游区，是国家5A级旅游景区，是国家地质公园。

▲ 水洞沟遗址（Shuidonggou Site）

塞上江南宁夏之旅　Ningxia, the Southern Style Region in the Northwest of China

第三站：吴忠
The third station: Wuzhong

银川的南边就是吴忠。吴忠市位于宁夏中部，黄河之滨，是宁夏沿黄城市带核心区域，是一座历史悠久的内陆城市，是中华文明的发祥地之一，是河套文化的重要组成部分，是北方游牧民族与汉族文化的交会点。吴忠是我国回族主要聚居区之一，是驰名中外的"中国回族之乡"。吴忠的清真美食享誉海内外，早在清代吴忠就有"吴吃堡"之说，今天"吃在吴忠"已名扬天下。吴忠先后被授予"中国清真食品基地""中国清真食品穆斯林用品产业基地""中国清真美食之乡"等称号。

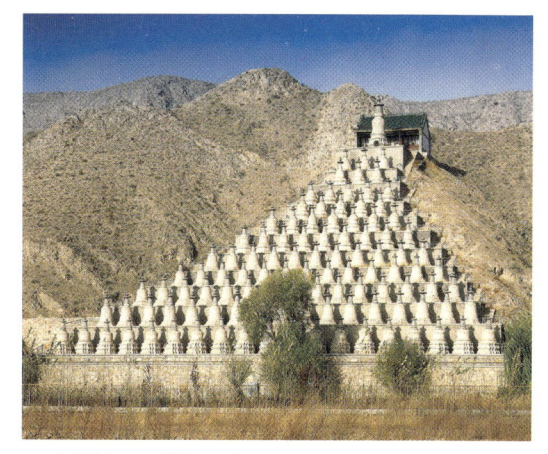

▲ 青铜峡108塔景区 (108 Pagodas in Qingtonxia valley)

星列于黄河两岸，让人目不暇接，集中展现了黄河文化、西夏文化、回族文化以及塞上江南风光。

● 青铜峡黄河大峡谷

青铜峡黄河大峡谷位于有着"塞上明珠"之称的回族之乡吴忠青铜峡市青铜峡镇。是黄河上游最后一道峡谷，素有"黄河小三峡"之称。景区内的青铜峡水利枢纽工程是我国在黄河上游建立最早的一座闸墩式水电站，它的建成结束了宁夏2000多年来无坝引水的历史，从此便有"天下黄河富宁夏，塞上明珠青铜峡"的美誉。景区内的108塔位于青铜峡黄河大峡谷西岸，是中国现存最大的古塔群之一，整个景区内以108塔为主体，南有塔林寺，北建塔林博物馆。也正因为这些塔，吴忠市亦被称为"东方的千塔之城"。青铜峡黄河大峡谷景区还有宁夏水利博览馆、大禹文化园、十里长峡、鸟岛、牛首山西寺、中华黄河坛等众多景点。

● 哈巴湖生态旅游区

哈巴湖生态旅游区位于吴忠市盐池县王乐井乡，是花马寺国家森林公园的景区之一。旅游区自然景观十分独特，南部沙丘连绵起伏，一望无垠，呈现出一派雄浑的大漠景观。北部绿树成荫，绿草盈尺，大小不等的湿地、水塘点缀其间。沙、水、草、鸟等风景要素在这里巧妙结合，形成独特的沙漠景观，被誉为"沙漠绿洲""天然氧吧"。

温馨提示

吴忠美食

吴忠饮食特色以清真菜为主，口味多为酸辣，略咸。最具特色的有：白水鸡、手抓羊肉、炒糊饽、甘草霜烧牛肉、羊肉枸杞芽、羯羊脖炖黄芪、羊杂碎、清真羊羔肉、黄河鲤鱼、炸馓子等。

美丽中国经典线路　Beautiful China Classic Route

第四站：中卫
The fourth station: Zhongwei

中卫市位于宁夏回族自治区中西部，东临吴忠市。得黄河灌溉之利，中卫土地肥沃，物产丰饶，素有"鱼米之乡"的美誉，是"世界枸杞之都""中国硒砂瓜之乡"。中卫历史悠久，早在春秋时期为羌戎杂居之地，明时朱元璋设军事建置"中卫"，逐成地名，沿用至今。中卫也曾是古"丝绸之路"北线的重要驿站，是汉儒、游牧、伊斯兰、军垦等多元文化的聚集地。中卫境内风景名胜、文物古迹众多，闻名遐迩的大麦地岩画，首批国家5A级旅游景区沙坡头等使得中卫这座整洁美丽的城市越来越受到游客的喜爱。

● 沙坡头旅游区

沙坡头旅游区是国家级沙漠生态自然保护区，位于中卫市城区西部腾格里沙漠的东南缘。保护区主要保护对象为自然沙漠景观、天然沙生植被、治沙科研成果、野生动物、明代古长城、沙坡鸣钟等人文景观及其自然综合体。因乾隆年间河岸边有一个宽2000米、高约100米的大沙堤而得名沙陀头，讹音沙坡头。天朗气清时，人从沙坡向下滑，沙坡内便发出"嗡——嗡"的轰鸣声，如金钟长鸣，悠扬洪亮，故称"沙坡鸣钟"。

沙坡头旅游区集大漠、黄河、高山、绿洲于一体，既有西北风光之雄奇，又有江南景色之秀美。景区内有中国最大的天然滑沙场，有横跨黄河的"天下黄河第一索"，有黄河文化的代表古水车，有黄河上最古老的运输工具羊皮筏子，有沙漠中难得一见的海市蜃楼。游客可以骑上骆驼，领略大漠孤烟、长河落日的沙漠奇观。

● 腾格里沙漠湿地——金沙岛休闲度假区

腾格里沙漠湿地——金沙岛休闲度假区也位于腾格里沙漠东南缘，距沙坡头旅游区约5公里。度假区内有马场湖、高墩湖、荒草湖等大小不等的湖泊和鱼塘，水域面积1万多亩，天然形成的沙漠、湿地、湖泊、鱼塘等多种景观并存，黄沙、绿草、蓝天、碧水组成了一幅塞上江南的美丽画卷。目前，度假区已完成湖面整合、景观水系、环湖绿化等基础设施配套项目，建有生态餐厅、别墅、景区游步路，可开展餐饮、住宿、会议、演艺、沙疗、度假娱乐等多种活动，将成为中国西北的休闲度假旅游基地。

▲ 腾格里沙漠(Tengger Desert)

温馨提示

1. 沙漠旅游一定要带防晒用品，带足水及防暑药品。
2. 冬春两季沙漠多沙暴，最好不要到沙漠旅游。
3. 在沙漠中骑骆驼、沙地摩托、沙漠赛车等娱乐设施时，一定遵循教练或导游的指导，切记安全第一。

塞上江南宁夏之旅　Ningxia, the Southern Style Region in the Northwest of China

第五站：固原
The fifth station: Guyuan

固原位于宁夏回族自治区南部，是省域副中心城市，有着悠久的历史。固原于公元前114年建城，是丝绸之路必经之地，明代九边重镇之一。固原物产丰富，山川秀美，浓郁的伊斯兰风俗和中原文化风情在这里交会。固原市文物古迹星罗棋布，风景名胜享誉天下。秦昭襄王时代修筑的秦长城，建于汉代的固原市古城遗址，始建于北魏，兴盛于唐代的须弥山石窟，元始祖忽必烈的避暑行宫等人文景观，六盘山国家森林公园、火石寨国家地质公园等自然景观使固原这座西北小城列入了更多人的旅游日程中。

▲ 须弥山石窟佛像 (Xumi Mountain Grotto)

● 六盘山国家森林公园

六盘山国家森林公园位于固原市泾源县境内，主峰米缸山海拔2942米。森林覆盖率达80%以上，是我国西部黄土高原上重要的水源涵养林基地和风景名胜区，是泾河、清水河、葫芦河的发源地。六盘山是1935年毛泽东主席率领中国工农红军长征时翻越的最后一座大山，因此山上建有"红军长征纪念亭"。六盘山国家森林公园的自然景观汇集了宁夏乃至西北地区生态旅游之精华。野荷谷、二龙河、鬼门关、凉殿峡、小南川、白云山六大景区60多个景点，容纳了中山峡谷、泉溪瀑布、气候天象、森林植物、野生动物、历史文化、民俗风情等多种景观。

● 须弥山石窟

须弥山石窟位于固原西北55公里的须弥山南麓，是著名的佛教石窟寺，是中国十大石窟之一。须弥山石窟始建于北魏，以后各代修葺重装，成为宁夏回族自治区境内最大的石窟群。1982年被国务院公布为全国重点文物保护单位。2011年被评定为国家4A级旅游景区。

须弥山峰峦叠嶂，林木繁茂，溪水潺潺，风景秀丽，是西北黄土高原不可多得的风景区。与仅开凿在一座石崖上的国内大多数石窟迥然不同的是，须弥山石窟开凿在鸿沟相隔的8座石山上，格局奇特，而且各沟之间有梯桥相连。

须弥山石窟雕像精美，令人称奇。在保存较为完好的350余尊各代造像和壁画、题记中，无论是佛教人物造像，还是彩绘壁画或佛教传说故事，都各自保留着鲜明的时代特征，具有珍贵的史料价值和精湛的艺术价值，是研究我国石窟艺术、民族宗教历史不可多得的宝贵实物资料。

美丽中国经典线路 Beautiful China Classic Route

新疆北部自然风光之旅

Tour to Natural scenery of northern Xinjiang

线路：乌鲁木齐 ➡ 吐鲁番 ➡ 阜康 ➡ 阿勒泰 ➡ 克拉玛依
Route: Urumqi ➡ Turpan ➡ Fukang ➡ Altay ➡ Karamay

北疆印象
The impression of northern Xinjiang

　　新疆维吾尔自治区是举世闻名的歌舞之乡、瓜果之乡、黄金玉石之乡。新疆面积辽阔，地大物博，山川壮丽，古迹遍地，民族众多，民俗奇异。旅游资源极为丰富，全国旅游资源共有68种，而新疆就有56种，占全国旅游资源类型的83%。去新疆旅行怎可不知道南疆、北疆——天山山脉将新疆分为南、北两大部分，习惯上称天山以南为南疆，天山以北为北疆。北疆，包括乌鲁木齐、吐鲁番地区、阿勒泰地区、塔城地区、昌吉地区、伊犁、博尔塔拉等地区。北疆环准格尔盆地旅游线涵盖了新疆最精华的景点，是最具魅力的新疆自然风光旅游线。北疆的森林、湖泊、雪峰，天山南北的草原、河谷、沙漠、雅丹地貌，盘旋曲折的金山公路，寂寞绵长的沙漠戈壁，让您一次体验，一辈子回味！

新疆北部自然风光之旅　Tour to Natural scenery of northern Xinjiang

行程推荐
Describe the itinerary

　　新疆北部自然风光旅游线是环绕准格尔盆地一周的旅游线，采用环线设计理念，217国道去、216国道回，环线行程不走回头路，可以体验新疆不同区域之美。玩转这条旅游线需要以乌鲁木齐市为中心点，第一天在乌鲁木齐市内游览大巴扎和红山等景点。第二天从乌鲁木齐出发前往吐鲁番，游览完吐鲁番的景区后要返回乌鲁木齐。第三天从乌鲁木齐出发前往阜康的天池景区，游览后再回到乌鲁木齐。第四天从乌鲁木齐出发前往阿勒泰地区游览喀纳斯湖等多处美好的自然风光需要花费3～4天时间，之后回到乌鲁木齐。游览吐鲁番和天池后回到乌鲁木齐住宿是因为吐鲁番和天池地区住宿条件比较简陋且价格昂贵，不如回到乌鲁木齐市内吃住便利，且有多种选择。

　　乌鲁木齐的公交线路已经很完善，除了有开往市区各个位置的公交线路，还有三条BRT快速公交线路，BRT有自己专用的车道，速度很快。

　　从乌鲁木齐前往吐鲁番，可以从市内打车前往乌鲁木齐火车站或碾子沟客运汽车站，之后换乘火车或汽车抵达吐鲁番。吐鲁番市内主要有8条公交线路，票价统一为1元/人。经过葡萄沟的公交车为5路公交车。经过坎儿井民俗园的公交车有1种、101路、102路公交车。

　　从乌鲁木齐前往天池有两种方式：1. 从乌鲁木齐市内的人民公园、红山宾馆门口有

▲ 喀纳斯湖风光 (Kanas lake scenery)

班车直达，2小时可到。首班早7:40，每8分钟一班。2. 从乌鲁木齐市搭乘出租车走高速公路去天池，约1.5小时到达，路程约92.4公里。

　　游客来阿勒泰地区旅游可从乌鲁木齐出发，沿吐（吐鲁番）—乌（乌鲁木齐）—大（大黄山）高等级公路过阜康，经国道216线向北前进，往东北方向可达阿勒泰地区东部的青河县、富蕴县，而由东向西可达福海县、阿勒泰市、布尔津县、哈巴河县和吉木乃县。旅游结束后，经国道217线向南取道克拉玛依，沿克（克拉玛依）—呼（呼图壁）公路回到乌鲁木齐，全程旅游主线约长2300公里。

　　总的来说，新疆北部地广人稀，景点和景点之间距离都比较远，尤其是从乌鲁木齐前往阿勒泰地区需要行车8小时以上，对司机的体力是个不小的考验。除了对自驾车旅游特别有信心的朋友，一般来新疆旅游还是推荐跟团游，旅行社会帮助您合理安排行程计划，尽量让您的新疆之行安全、舒适。

美丽中国经典线路 Beautiful China Classic Route

第一站：乌鲁木齐
The first station: Urumqi

乌鲁木齐市是新疆维吾尔自治区首府，简称乌市，是新疆政治、经济、文化的中心，中国西部对外开放的重要门户，是新欧亚大陆桥中国西段的桥头堡，地处亚洲大陆地理中心。乌鲁木齐市内居住着汉、维吾尔、哈萨克、回、蒙古等47个民族，各民族的文化艺术、风情习俗，构成了具有浓郁民族特色的旅游人文景观，独特的服饰和赛马、刁羊、姑娘追、达瓦孜表演、阿尔肯弹唱等民族文化活动以及能歌善舞、热情好客的各族人民，对异国他乡的游客颇具吸引力。乌鲁木齐环山带水，沃野广袤，古老的乌鲁木齐河自南向北，从市区穿过。城东是海拔5400多米的博格达峰，晶莹闪光，极为壮观；城南有雄伟壮丽的天山山脉，峰峦叠嶂，雪峰皑皑，气象万千；城西有充满神话色彩的妖魔山；城正中有红山，小巧而陡峭，状如飞来之物。山顶有一座九级砖塔，称镇龙塔，高耸入云，映衬着远处的雪山。

● **新疆国际大巴扎**

新疆国际大巴扎于2003年6月26日落成，是世界规模最大的大巴扎（维吾尔语，意为集市、农贸市场），集伊斯兰文化、建筑、民族商贸、娱乐、餐饮于一身，是新疆旅游业产品的汇集地和展示中心，是"新疆之窗""中亚之窗"和"世界之窗"，2004年入选乌鲁木齐市"十佳建筑"，具有浓郁的伊斯兰建筑风格，在涵盖了建筑的功能性

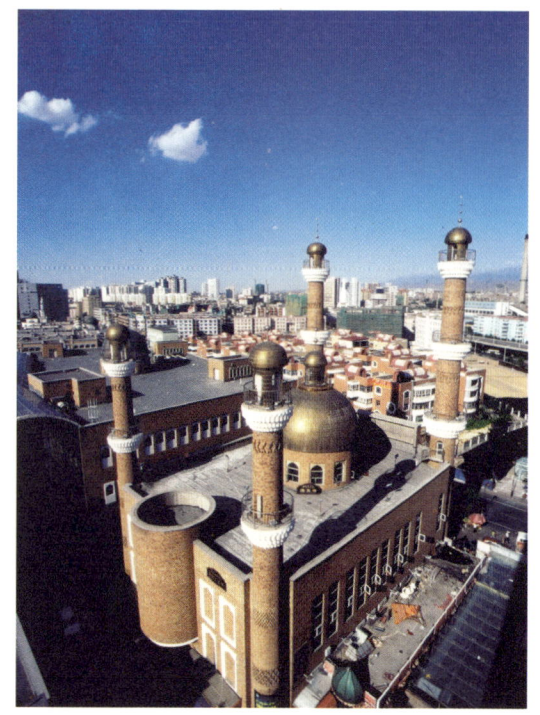

▲ 新疆国际大巴扎（Xinjiang International Grand Bazaar）

和时代感的基础上，重现了古丝绸之路的繁华，集中体现了浓郁西域民族特色和地域文化。国际大巴扎经营项目繁多，规模之大，蔚为壮观。如各类品牌服饰、鞋、帽等；如地毯、皮具、刀具、乐器、陶器和金银铜铁各类工艺品等；还有精品百货、化妆品、各类干果水果、特色美食和休闲娱乐项目等应有尽有。同时，国际商业巨头和世界驰名品牌的入驻，为大巴扎汇聚了鼎盛的人气。

交通信息
1. 乘坐公交10路、16路、61路、63路、104路、310路、911路、912路、920路、923路到二道桥站下车即可。
2. 乘坐乌鲁木齐城市快速公交BRT3路到二道桥站下车。

新疆北部自然风光之旅　Tour to Natural scenery of northern Xinjiang

● 天山大峡谷景区

天山大峡谷景区位于乌鲁木齐县境内，距市区48公里。景区规划总面积1038.48平方公里，三面环山，平均海拔2020米，年平均气温6℃，是天山北坡最完整、最具观赏价值的原始雪岭云杉林，囊括了除沙漠以外的新疆所有自然景观，是人类农耕文明之前游牧文化的活博物馆，具有极高的旅游欣赏、科学考察和历史文化价值，被评为国家级森林公园、国家级体育运动休闲基地、国家5A级景区、自治区全民健身拓展运动培训基地、自治区徒步运动基地、自治区全民健身登山运动培训基地。景区内有八大独特景点，即天山坝休闲区、照壁山度假游乐区、加斯达坂观光区、天鹅湖自然风景区、牛犊湖林海松涛观光区、哈萨克民族风情园区、高山草原生态区、雪山冰川观光区，同时兼容了"泰山之雄伟、峨眉之秀丽、雁荡之巧石、华山之险峻"，二湖、三瀑、四溪、十八谷相映争辉，尤以"奇松、怪石、云海"受到游客的青睐，留下"五岳归来不看山，大峡谷归来常忆谷""百里黄金旅游走廊，休闲度假户外天堂"的赞誉。

游程推荐

天山探秘冒险游

走进神秘的天山深处，探寻天山自古以来给人类带来的神秘与震撼，寻找传说中的天山雪莲，追寻七剑下天山的非凡足迹。

草场漫步休闲游

漫步在广阔的乔亚草场上面，与自己最亲密的人享受这大自然带给的无限恩赐，看牛羊成群，赏夕阳霞光。累了，给自己一个与广袤草原亲密接触的机会，或仰望白天悠闲的白云，或悉数晚上耀眼的星光。

徒步骑行健康游

想挑战自己的耐力极限吗？照壁山—进山沟—天鹅湖—天门—柳毛湖→照壁山，无论是徒步还是骑行让您体验不同的游览方式的同时也让您挑战自身的极限。

推荐住宿

天鹅湖接待中心

天鹅湖接待中心位于天山大峡谷景区的核心景点天鹅湖，而接待中心则位于天鹅湖畔，由40座哈萨克毡房组成，最高可同时满足400人住宿的需求。天鹅湖接待中心充满了浓郁的哈萨克民族风情，在这里，您可以亲身感受到草原气息浓郁的哈萨克民族表演，口味纯正地道的哈萨克手抓肉等大西北草原民族风情。

▲ 天山大峡谷

美丽中国经典线路 Beautiful China Classic Route

● 红山

红山位于乌鲁木齐市中心水磨沟区红山路北一巷40号红山公园内，被认为是乌鲁木齐的象征。红山因山体颜色呈红褐色而得名。它呈东西走向，最高海拔点910米。红山是乌鲁木齐市繁荣发展的象征。它气势雄伟，形态壮观，就像一条头西脚东的巨龙一样昂首屹立在乌鲁木齐市市区中心。耸立在红山峰顶的红山宝塔历经200多年的风雨变迁，至今完好无损地矗立在悬崖顶端，堪称乌鲁木齐一绝。"塔映夕阳"是乌鲁木齐老八景中第一个奇特的景观。红山宝塔在夕阳的余晖中，塔影斜长，呈现出迷人的风姿，故称"塔映夕阳"。红山宝塔建于1788年，塔高10.6米，为六面九级青砖实心塔。原来的乌鲁木齐河，浩浩荡荡地流经红山脚下，河的北岸是海拔910米、峭壁绝崖、飞红溢丹、巉岩凸起的红山；南岸是层峦叠嶂、巍峨挺拔的雅玛里克山。然而，时至今日，此处壮观的乌鲁木齐河变成了宽阔的河滩公路。

红山交通信息

1. 乘坐公交29路、35路、61路、62路、63路、73路、908路、927路到红山公园站下车即是。

2. 乘坐快速公交BRT2路到西大桥站，下车后步行约400米即是。

● 水磨沟景区

在乌鲁木齐市东郊约5公里处的山谷中，长约1公里，著名的温泉就在此地。1907年，清政府官衙利用这里的水势，创办了水磨，从而得名。这里泉水清澈，自南向北流淌，含有多种矿物质，能医治多种皮肤病，被赞誉为健身之"圣水"。山谷中有大小涌泉几十处，奔腾而下，汇合成溪，终年不涸，周围树木郁郁葱葱，清雅诱人。沟中建有盼云轩、萧曹亭、衣斗亭等，还设有花圃、小游园、温泉疗养院等，是游览胜地。

水磨沟交通信息

公交交通：537路、801路、34路、104路公交车到水磨沟风景区。

▲ 红山公园 (Hongshan Park)

新疆北部自然风光之旅　Tour to Natural scenery of northern Xinjiang

第二站：吐鲁番
The second station: Turpan

吐鲁番市是吐鲁番地区经济、政治和文化的中心，位于新疆维吾尔自治区中东部，天山支脉博格达峰南麓，吐鲁番盆地中部。有维吾尔、汉、回等民族。吐鲁番是古丝绸之路上的重镇，有4000多年的文化积淀，曾经是西域政治、经济、文化的中心之一。已发现文化遗址200余处，出土了从史前到近代4万多件文物，从目前出土文物来看，吐鲁番至少使用过18种以上的古文字、25种语言，大量的文物和史实证明，吐鲁番是世界上影响深远的中国文化、印度文化、希腊文化、伊斯兰文化四大文化体系和多种宗教的交融交会点。吐鲁番市主要景点有：交河故城、火焰山、葡萄沟、坎儿井等。最佳旅游时间是9～11月，此时气候宜人，不会受炎热夏季的影响。

▲ 葡萄沟 (Grape Valley)

● 葡萄沟景区

位于吐鲁番市东北约15公里处，是国家5A级景区，为火焰山西侧的一个峡谷。葡萄沟宽约500米，长约8公里，有葡萄田210多公顷。依山傍水，林木茂密，气候宜人，为全国著名葡萄产地，盛产无核白葡萄，还种植黑葡萄、红葡萄、马奶子、比夹干和琐琐葡萄等品种。葡萄酒和葡萄罐头也闻名中外。现已专辟旅游区，旅游旺季时，葡萄园民族歌舞表演吸引无数中外宾客。旅游区内设有葡萄博物馆和新疆维吾尔族民俗展览馆。

● 坎儿井民俗园

民俗园包括坎儿井、坎儿井博物馆、维吾尔古村、葡萄园等，它将具有悠久历史的坎儿井和具有民族特色的庭院式民居宾馆融为一体，既能让人们参观有400多年历史的坎儿井及其历史发展过程，又能了解维吾尔族民俗情况。走进民俗园，在品尝纯正的民族风味小吃的同时，还能欣赏到浓郁风情的维吾尔歌舞表演，步入坎儿井博物馆，可以通过最生动、最直观的方式，感受这凝聚着勤劳与智慧的人间奇迹。

知识链接

坎儿井

坎儿井与万里长城、京杭大运河并称为中国古代三大工程，古称"井渠"。新疆的坎儿井主要分布在吐鲁番盆地、哈密和禾垄地区，尤以吐鲁番地区最多，计有千余条，如果连接起来，长达5000公里，所以有人称之为"地下运河"。"坎儿"即井穴，是当地人民吸收内地"井渠法"创造的，它是把盆地丰富的地下潜流水，通过人工开凿的地下渠道，引上地表灌溉、使用。坎儿井由立井、暗渠、明渠三个部分组成，在盆地边缘由高向低打若干口立井，再将立井逐次从地下挖通连成串，水便从地下引出地表。

美丽中国经典线路 Beautiful China Classic Route

● **火焰山景区**

　　位于吐鲁番市东10公里处的吐鲁番盆地北部，海拔在500～800米。山为红砂岩构成，古代称为赤石山。在强烈的阳光照射下，热气流不断升腾，山上红光熠熠，犹如火焰奔腾，故名火焰山。这里即神话中孙悟空借芭蕉扇扑灭火焰之地。此地夏季气温特别高，高达48℃，山上的最高温度可达70℃以上，沙面热气可以烤熟鸡蛋，草木无法生存，飞鸟不敢前来。

● **交河故城**

　　在吐鲁番市西10公里的亚尔乃孜沟中。因故城地处两条古河道交汇之处，故名。又

▲ 火焰山的金箍棒温度计 (Flaming Mountains golden cudgel thermometer)

▲ 交河故城 (Jiaohe ruins)

称崖儿城。故城历史悠久，是公元前139年，西汉张骞所到之地，现尚存的遗址是唐代所建。城像横卧两河相交处（河心洲）的一叶柳片，长约1650米，宽约300米，崖体高约30米。城之东面、南面各有城门一座。城西北寺庙较多，留有遗址、佛塔。东南区有规模较大的建筑一座，有厅堂、通道、回廊、台阶、天井，为交河故城的政治中心和行政场所。1994年在城内西北的地下考古发掘出一个银罐，内有舍利子5枚、海珍珠3枚。此属新疆首次发现。城内尚可辨认的塔寺达49座，特别是城北的塔群，规模宏伟，气势磅礴，名为金刚宝塔，其周围有101个小佛塔，把它围在中心。城外还有三座贵族大墓，曾出土金牌、金骆驼、铜镜等文物。该处已列为国家重点文物保护单位，并受联合国教科文组织参与保护。

旅游锦囊

　　火焰山属于少数民族地区，宗教色彩浓厚，因此，旅游者应切记尊重穆斯林的习俗以免造成不必要的误会。还要特别注意防暑防晒。

新疆北部自然风光之旅　Tour to Natural scenery of northern Xinjiang

第三站：阜康
The third station: Fukang

阜康市位于新疆维吾尔自治区昌吉回族自治州境内、新疆维吾尔自治区中北部，地处天山东段（博格达山）北麓、准格尔盆地南缘。阜康历史悠久，早在汉唐时期就是古丝绸之路上的重要驿站，明朝时建特纳格尔，清乾隆四十一年（1776年）建县，乾隆皇帝取"物阜民康"之意赐名阜康。1992年11月撤县设市。

● **天山天池**

在乌鲁木齐市东北约110公里处，昌吉回族自治州阜康市境内、天山博格达峰山腰，是国家4A级景区。天池又名瑶池，还有神池、龙潭等名。"天池"一名来自清乾隆四十八年（1783年）乌鲁木齐都统明亮的题《灵山天池统凿水渠碑记》，海拔1980米，湖南呈半月形，长约3400米，最宽处约1500米，面积4～9平方公里，池最深105米，总蓄水量1亿～6亿立方米。它是一座在200余万年以前第四纪大冰川活动中形成的高山冰碛湖，在北岸的天然堤坎，就是一条冰碛垅。它是以高山湖泊为特征的自然风光景区。天池为高山雪水蓄积而成，湖水清澈如镜，状若碧玉天成。四周雪峰入云，云杉蓊郁，绿草如茵。天池风景名胜区大致分为4个自然景观带：低山带、山地针叶林带、高山亚高山带和冰川积雪带。天池附近还有东岳庙、铁瓦寺和娘娘庙遗址。天池的后面是天山第一峰——博格达峰（"博格达"，蒙古语意为"神灵"），海拔5445米，终年积雪，呈现条条冰川，是登山活动的好场所。天池已被列为国家重点风景名胜区。

▲ 天山天池 (Tianshan Tianchi Lake)

531

美丽中国经典线路 Beautiful China Classic Route

第四站：阿勒泰
The fourth station: Altay

阿勒泰地区位于新疆北部。西北与哈萨克斯坦、俄罗斯相连，东北与蒙古国接壤，有哈萨克、汉、回、维吾尔、蒙古等民族，少数民族约占总人口的56%，其中哈萨克族约占总人口一半。阿勒泰地区四面环山，地形奇异。主要风景名胜有闻名遐迩的喀纳斯湖风景区、布尔津五彩滩景区、富蕴县可可托海景区，以及高山风光、冰川雪岭、湖泊温泉、岩画石刻。

● 喀纳斯风景名胜区

喀纳斯位于新疆北部的阿勒泰地区，是集冰川、湖泊、森林、草原、牧场、河流、民族风情、珍稀动植物于一身的综合景区，被誉为"东方瑞士、摄影师天堂"。"喀纳斯"是蒙古语，意为"美丽富饶、神秘莫测"，在这里壮观的冰川映衬着宁静的湖水，茫茫的草原包容着幽深的原始森林。神秘的湖怪、古朴的图瓦人、变换的湖水、炫目的风景都让人痴迷。 在喀纳斯，主要游览喀纳斯湖、禾木村、白哈巴村这三个地方。喀纳斯湖是核心景点，有神秘的喀纳斯湖怪和神仙湾、卧龙湾、月亮湾。禾木和白哈巴都是当地人的村落，颇有瑞士小镇的风采，是人间仙境，许多人认为这两处村落才是喀纳斯的精华。 喀纳斯风景名胜区不仅自然资源和生物物种非常丰富，而且旅游环境和人文资源也别具异彩，喀纳斯既具北国风光之雄浑，又具有江南山水之娇秀，加之这里还有"云海佛光""变色湖""浮木长堤""湖怪"等胜景、绝景，可谓西域之佳景、仙景。 湖的北面是白雪皑皑的奎屯山、高耸入云的友谊峰。湖周重峦叠嶂，山林犹如画屏。不同的植物群落层次分明，色彩各异。每至秋季更是万木争辉：金黄、殷红、墨绿各呈异彩。风静波平时湖水似一池翡翠，随着天气的变化又更换着不同的色调。每当烟云缭绕，雪峰、春山若隐若现，恍若隔世。7、8月份雨后清晨登上湖南段的骆驼峰则可观览佛光奇景。

▲ 喀纳斯湖月亮湾（Kanas Moon Lake）

游览项目

双湖游船

喀纳斯双湖游船已于2015年6月1日开始售票。双湖游船寻幽探密线路：双湖码头—三道湾（上岸观景）—返程。双湖码头位于喀纳斯湖东侧第三个码头，往返时间约1小时。购票地点：双湖码头售票处，喀纳斯换乘中心售票处。票价：120元/人。

新疆北部自然风光之旅　Tour to Natural scenery of northern Xinjiang

▲ 秋天的白哈巴村 (The fall of the white Haba Village)

● **白哈巴村**

白哈巴村被称为西北第一村，地处中国版图最西北角哈巴河县铁热克提乡境内，是新疆阿勒泰地区图瓦人最集中的一个村子，是保存最完整的图瓦人居住的村落，具有浓郁的图瓦人风情。白哈巴村以图瓦人为主，位于阿尔泰山山脉的山谷平地上，与哈萨克斯坦的大山遥遥相望，阿尔泰山上密密麻麻的金黄的松树林一直延伸到白哈巴村里，村民住的木屋和圈养牲畜的栅栏错落有致地散布在松林和桦林之中，安宁、祥和。山村的西北遥对中国与哈萨克斯坦国界河，南面是高山密林。秋季一到，山村是五彩的红、黄、绿、褐色，层林尽染，犹如一块调色板，加之映衬阿勒泰山的皑皑雪峰，一年四季都是一幅完美的油画。

● **禾木**

禾木草原位于喀纳斯河与禾木河交汇处的山间断陷盆地中，盆地周围山体宽厚，顶部呈浑圆状，河流多切割为峡谷，地形复杂，禾木河自东北向西南贯穿其间，将草原分割为两半，山地阴坡森林茂密，苍翠欲滴，马鹿、旱獭、雪鸡栖息其间。禾木草原阴坡绿草满坡，繁花似锦，芳香四溢，蜜蜂在采花酿蜜，牛羊满山遍野觅食撒欢，一派迷人的广袤草原景色。禾木乡是大草原的最高行政机构，是中国西部最北端的乡。喀纳斯区域最美的秋色在禾木，层林尽染，绚丽多彩，是一处典型的原始自然生态风光。在禾木村周围的小山坡上可俯视禾木村以及禾木河的全景，远观日出、雪峰与涓涓溪流，近览图瓦人家，是拍摄日出、晨雾、木屋、禾木河的绝佳取景地。

交通信息

1. 喀纳斯方向：在喀纳斯游客中心购票乘车，区间车票124元。发车及回程时间由景区安排，一般为第一天下午4点发车（一路走走玩玩，约8点到达），第二天早上10点回程（必须乘坐原车）。

2. 哈巴河方向：哈巴河客运站每天17:00有一班车前来，票价约50元。此班车一般只在夏季运营，具体运营时间需咨询哈巴河客运站。

旅游锦囊

民族禁忌

在阿勒泰地区旅行，还应了解和尊重当地哈萨克族人、图瓦人的风俗习惯。

哈萨克族人禁忌：不能骑着快马直冲主人家门；主人做饭时，客人不要动餐具更不要用手拨弄食物或掀锅盖；主人割给客人吃的肉，或是送给客人晚上住宿用的被褥，一定不能拒绝，要愉快地接受；走路时遇到羊群应绕道而行，不能骑马直冲进羊群，以免羊群受到惊吓。

图瓦人的禁忌：图瓦人崇拜火，忌讳有人往火里吐痰、扔脏东西。图瓦人也特别崇拜水，忌讳有人在河水里洗澡、洗衣服、倒垃圾。

美丽中国经典线路　Beautiful China Classic Route

▲ 五彩滩（Wucai Beach）

● **布尔津五彩滩景区**

　　五彩滩位于新疆北端，属阿勒泰地区，布尔津县境内，地处我国唯一注入北冰洋的额尔齐斯河北岸的一二级阶地上，海拔480米，是前往喀纳斯湖景区的必经之路。兼有火（日出日落）、土（雅丹地貌）、金（巨型风车）、水（碧蓝河流）、木（河谷秋林）之美。五彩滩是典型的雅丹地貌，所不同的，便是它绚烂的色彩和诡异的形态，宽阔的河滩上，高耸的"山峰"，幽深的"峡谷"，错综的"街道"，纵横的"沟壑"，在夕阳下显得斑斓而又神奇，一切都沐浴在柔和的光线中，像是神灵们的天国，迷离而虚幻。

● **富蕴县可可托海景区**

　　可可托海风景区暨新疆可可托海国家地质公园，位于新疆北部阿勒泰地区富蕴县，占地面积788平方公里，距乌鲁木齐485公里，距富蕴县城53公里。景区由额尔齐斯大峡谷、可可苏里、伊雷木特湖、卡拉先格尔地震断裂带四部分组成。它以优美的峡谷河流、山石林地、矿产资源、寒极湖泊和奇异的地震断裂带为自然景色，融地质文化、地域特色、民族风情于一身，以观光旅游、休闲度假、特种旅游（徒步、摄影等）、科学考察等为主要特色的大型旅游景区。2012年，可可托海风景区晋升国家5A级旅游景区。

最佳游览季节

可可托海最好的季节是每年的8月中旬到10月上旬，这个时节树叶都黄了再配上蓝天白云和碧绿的额尔齐斯河真是一幅绝美的金秋图。

旅游锦囊

布尔津五彩滩景区每年的10月15日至次年4月15日景区因天气变化暂停营业。景区内有监控设施切记不可翻墙进入，违者需缴交补偿金200~500元或移交公安机关处理。

▲ 可可托海秋色（Koktokay autumn）

新疆北部自然风光之旅　Tour to Natural scenery of northern Xinjiang

▲ 世界魔鬼城 (World devil City)

第五站：克拉玛依
The Fifth station: Karamay

克拉玛依是以石油命名的城市，"克拉玛依"系维吾尔语"黑油"的译音，得名于市区东北角一群天然沥青丘——黑油山。克拉玛依是新中国成立后勘探开发的第一个大油田，于1958年建市，2002年，其原油产量突破1000万吨，成为中国西部第一个原油产量上千万吨的大油田。2011年12月20日，克拉玛依市获得"全国文明城市"荣誉称号。

克拉玛依拥有众多旅游景点，世界魔鬼城曾被评选为"中国最瑰丽的雅丹"和"中国最值得外国人去的50个地方之一"。

● 世界魔鬼城

魔鬼城又名乌尔禾风城。位于准格尔盆地西北缘，克拉玛依市东北部乌尔禾区境内，距克拉玛依市约100公里，呈西北—东南走向，整体面积约120平方公里。其中景区长约5000米，宽约3000米，面积约15平方公里，地面海拔350米左右。景区内地表沟壑纵横，岩层千姿百态，属于典型雅丹地貌，是世界著名的两大雅丹地貌之一。因该地处于风口，四季多风，每当大风到来，黄沙漫天，故称"风城"。又因大风在群岩间激荡回旋、凄厉呼啸，如同鬼哭狼嚎，令人毛骨悚然、惊恐万状，继而成为奇观美谈，故又得名"魔鬼城"。多年来，魔鬼城吸引了世界及全国各地众多游客旅游观光。2008年11月，魔鬼城景区被评为国家4A级旅游景区。2009年，被评为新疆维吾尔自治区优秀旅游景区。

知识链接

雅丹地貌

雅丹地貌是一种典型的风蚀性地貌。"雅丹"在维吾尔语中的意思是"具有陡壁的小山包"。现泛指干燥地区一种风蚀地貌，沙漠里的基岩构成的平台形高地，经风化作用、间歇性流水冲刷和风蚀作用，形成及盛行风向平行、相间排列的风蚀土墩和风蚀凹地（沟槽）地貌组合。

责任编辑：陈　冰
责任印制：冯冬青
版式设计：何　杰

图书在版编目(CIP)数据

美丽中国经典线路 / 《美丽中国经典线路》编辑部编. -- 北京：中国旅游出版社，2016.11
ISBN 978-7-5032-5702-5

Ⅰ.①美… Ⅱ.①美… Ⅲ.①旅游指南－中国 Ⅳ.① K928.9

中国版本图书馆 CIP 数据核字 (2016) 第 262292 号

书　　名	美丽中国经典线路
编　　著	《美丽中国经典线路》编辑部
出版发行	中国旅游出版社
	（北京建国门内大街甲 9 号　邮编 100005）
	http://www.cttp.net.cn　E-mail:cttp@cnta.gov.cn
	发行部电话：010-85166503
经　　销	全国各地新华书店
印　　刷	北京金吉士印刷有限责任公司
版　　次	2016 年 11 月第 1 版　2016 年 11 月第 1 次印刷
开　　本	720 毫米 ×970 毫米　1/16
印　　张	33.5
字　　数	760 千
定　　价	68.00 元
ＩＳＢＮ	978-7-5032-5702-5

版权所有　翻印必究
如发现质量问题，请直接与发行部联系调换